2022年度全国会计专业技术资格考试辅导教材

高级会计资格

高级会计实务

财政部会计资格评价中心 编著

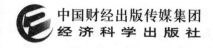

中国财经出版传媒集团
经济科学出版社

图书在版编目（CIP）数据

高级会计实务/财政部会计资格评价中心编著．——
北京：经济科学出版社，2021.10
2022年度全国会计专业技术资格考试辅导教材
ISBN 978 - 7 - 5218 - 2853 - 5

Ⅰ.①高…　Ⅱ.①财…　Ⅲ.①会计实务－资格考试－
自学参考资料　Ⅳ.①F233

中国版本图书馆 CIP 数据核字（2021）第 185840 号

责任编辑：宋学军
责任校对：隗立娜
责任印制：李　鹏　邱　天

防伪鉴别方法

　　封一左下方粘贴有防伪标识。在荧光紫外线照射下可见防伪标识中部呈现红色"会计"二字。刮开涂层获取防伪码，该防伪码可通过扫描二维码或者登录网站（http：//www.cfeacc.cn）进行考试用书真伪验证。正版图书可享受免费增值服务。

2022年度全国会计专业技术资格考试辅导教材
高级会计资格
高级会计实务
财政部会计资格评价中心　编著
经济科学出版社出版、发行　新华书店经销
社址：北京市海淀区阜成路甲 28 号　邮编：100142
总编部电话：010 - 88191217　发行部电话：010 - 88191522
天猫网店：经济科学出版社旗舰店
网址：http：//jjkxcbs.tmall.com
北京汇林印务有限公司印装
787×1092　16 开　32 印张　720000 字
2021 年 12 月第 1 版　2021 年 12 月第 1 次印刷
印数：00001—40000 册
ISBN 978 - 7 - 5218 - 2853 - 5　定价：80.00 元
（图书出现印装问题，本社负责调换。电话：010 - 88191510）
（打击盗版举报热线：010 - 88191661，QQ：2242791300）

前　言

　　为帮助考生全面理解和掌握全国会计专业技术资格考试领导小组办公室印发的 2022 年度高级会计专业技术资格考试大纲，更好地复习备考，财政部会计资格评价中心组织专家按照考试大纲的要求和最新颁布的法律法规，编写了《高级会计实务》《高级会计实务案例》辅导教材，并对《全国会计专业技术资格考试参考法规汇编》作了相应调整。编写和调整所参照的法律法规截止到 2021 年 8 月底。

　　本考试用书作为指导考生复习备考之用，不作为全国会计专业技术资格考试指定用书。考生在学习过程中如遇到疑难问题，可登录全国会计资格评价网咨询答疑栏目提出问题，并注意查阅有关问题解答。

　　书中如有疏漏和不当之处，敬请指正，并及时反馈我们。

财政部会计资格评价中心

二〇二一年十二月

目 录

第一章　企业战略与财务战略

本章要求

掌握：企业战略管理的内涵、原则、要素、体系与程序，企业总体战略、经营战略与职能战略的类型及选择，波士顿矩阵分析法和SWOT分析法，财务战略的类型及选择；**熟悉：**外部环境分析的PESTEL分析法和"五力模型"分析法、内部环境分析的内容与方法以及价值链的应用；**了解：**战略的概念及特征，企业愿景、使命与战略目标体系，战略制定程序、战略实施模式与支持系统，战略地图的概念。

本章主要内容

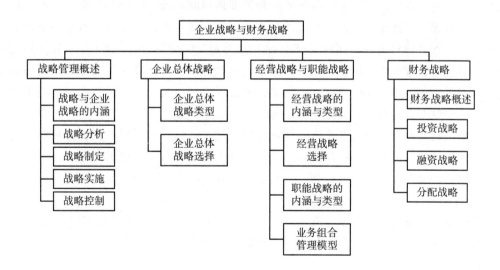

第一节　战略管理概述

一、战略与企业战略管理的内涵

（一）战略内涵

"战略"一词来源于军事，意为作战的谋略，后来逐渐被引申至政治和经济等领域，战略是一种从全局考虑和谋划，以实现全局目标的计划和策略。一般而言，战略具有以下特征：（1）全局性。战略是根据全局发展的需要制定的，它所追求的是整体效果，因而是一种整体的全局性的决策。（2）长远性。战略的着眼点是未来，是为了谋求未来的长远发展和长远利益。（3）指导性。战略是一种概括性和指导性的规定，是指导行动的纲领。（4）应变性。战略必须建立在对内外环境客观分析的基础上，是预先的计划和突发应变的组合。（5）竞争性。战略的重要目的就是要在竞争中战胜对手，是针对竞争对手制定的，具有直接的竞争性。（6）风险性。战略着眼于未来，但未来充满不确定性，从而导致战略方案带有一定的风险。

（二）企业战略管理内涵

企业战略是战略在企业这一特定领域的具体应用。企业战略是指企业为了实现长期的生存和发展，在综合分析企业内部条件和外部环境的基础上作出的一系列带有全局性和长远性的谋划。战略对于企业的成功越来越重要，没有战略的企业，就像一艘没有舵的船，只会在原地打转，不知向何处航行。20世纪90年代以来，由于企业外部环境的变化日益加快，战略不仅决定企业业务活动的框架并对协调活动提供指导，而且使企业能够应对并影响不断变化的环境；战略将企业偏爱的环境与它希望成为的组织类型结合起来，战略既是预先性的，又是反应性的。

企业战略管理是在分析企业内外部环境的基础上，选择和制定达到企业目标的有效战略，并将战略付诸实施、控制和评价的一个动态管理过程。一切关于企业全局性和长期性的谋划都属于战略管理的范畴。企业进行战略管理时，一般应遵循以下原则：

1. 目标可行原则。

战略目标的设定，一方面，应具有前瞻性，且通过一定的努力可以实现；另一方面，应具有一定的挑战性，并能够使长期目标与短期目标有效衔接。

2. 资源匹配原则。

企业应根据各业务部门战略目标的匹配程度，进行相应资源配置。

3. 责任落实原则。

企业应将战略目标落实到具体的责任中心和责任人，构成不同层级彼此相连的战略目标责任体系。

4. 协同管理原则。

企业应以实现战略目标为核心，考虑不同责任中心业务目标之间的有效协同，加强各部门之间的协同管理，提高资源使用的效率，达到预期效果。

（三）企业战略管理要素、体系与程序

1. 企业战略管理要素。

（1）产品与市场。企业战略管理首先要确定企业的产品与市场领域，不仅要确定企业现在要做什么，而且要考虑企业将来应该做什么。

（2）成长方向。在明确产品与市场领域的基础上，企业经营活动应循什么方向发展成为第二个战略管理要素。例如，是在现有产品市场进行扩张，还是开发新产品？是在新的市场开发现有产品，还是在新的市场开发新的产品？

（3）竞争优势。明确企业在产品与市场领域成长发展中的优势与条件，既要正确认识企业的竞争优势，还要充分利用企业的竞争优势。

（4）协同效应。企业应在从现有产品与市场领域向新的产品与市场领域拓展时取得"1+1>2"的效果。协同效应可表现在各个方面，如管理协同效应、生产技术协同效应等。

著名的管理学家安索夫指出，战略就是将企业活动与这四个要素连接起来的决策规划。

2. 企业战略管理体系。

企业战略管理体系可以细分为企业总体战略、经营战略和职能战略三个层次。

企业总体战略，也称公司层战略，它是企业最高决策层指导和控制企业的行动纲领。一般由公司董事会制定。企业总体战略通常可分为成长型战略、稳定型战略和收缩型战略。

经营战略，也称业务单位战略、竞争战略、事业部战略，是指在公司战略指导下，各战略业务单位所制定的部门战略，包括对特定产品、市场、客户或地理区域作出战略决策。经营战略通常包括成本领先战略、差异化战略和集中化战略。

职能战略是指为实施和支持公司战略及经营战略，企业根据特定管理职能制定的战略。企业职能战略的重点是提高企业资源的利用效率，降低成本。它由一系列详细的方案和计划构成，涉及企业经营管理的所有领域，如研究与开发战略、生产战略、人力资源战略、市场营销战略等。

3. 战略管理程序。

战略管理程序，也称战略管理应用程序，是指导企业应用战略管理工具、方法的具体程序。战略管理程序一般包括战略分析、战略制定、战略实施、战略控制、战略评价和战略调整等。

战略分析是整个战略管理过程的起点，对于企业制定何种战略具有至关重要的作用。其主要目的在于评价影响企业目前和今后发展的关键因素。战略分析包括外部环境分析和内部环境分析。外部环境分析包括宏观环境分析、行业环境分析和经营环境分析。内部环境分析包括企业资源分析、企业能力分析、核心竞争力分析和价值链分析等。

在战略分析的基础上进行战略制定的过程中会有多个选择。战略选择就是根据企业不同类型的战略特点，结合公司战略管理要素进行的选择。如公司战略选择、经营战略选择、职能战略选择；还有内部发展战略选择、并购战略选择、联合发展与战略联盟选择和国际化战略选择等。

战略制定，也称战略目标设定或战略规划，是指企业根据确定的愿景、使命和环境分析情况，选择和设定战略目标的过程。企业应根据战略分析结果，合理设定企业的使命和愿景，并将使命和愿景转化为战略目标。企业设定战略目标时，一方面，各部门都需要设定战略目标，并将其具体化为一套财务关键指标和非财务指标的预测值；另一方面，设定的各关键指标的目标值，应与本企业的可利用资源相匹配，并有利于执行人更加积极有效地实现既定战略目标。

战略实施，也称战略落地，是指将企业战略目标变成现实的管理过程。战略目标在企业高层达成一致后，应向中下层传导，并在各项工作中得以分解、落实；同时，应加强执行反馈，及时修正战略执行偏差，以确保实现战略目标。

战略控制是指应用管理会计的工具、方法等，将战略实施的关键业务流程化，融入企业现有的战略管理体系中，包括对战略制定、战略实施等方面的全方位控制。

战略评价是指企业通过检测战略实施的进展，评价战略执行效果，审视战略的科学性和有效性，不断修正战略举措，以实现预期战略目标。战略评价内容有：战略是否适应环境变化，是否有效配置资源，战略实施进度是否恰当，以及战略涉及的风险是否可以接受等。战略评价在本质上是战略控制的一种手段。

战略调整是指根据企业情况的发展变化和战略评价结果，即参照实际营运事实、营运环境和战略执行情况等，对所制定的战略进行及时调整，以保证战略对企业管理活动的有效指导。战略调整一般包括对企业的愿景、发展方向、战略目标及其战略举措等的调整。通过战略调整，保持和增强战略竞争力。当企业具有战略竞争力时，其战略实施会给顾客带来更多价值，给企业带来超额利润，进而形成竞争优势。超额利润是指一项投资所获得的超过投资者预期从其他相同风险投资项目获得的利润。对于那些不具备竞争优势的企业而言，至多只能获得平均利润。从长期看，如果企业连平均利润都无法获得，那么，经营业绩必然会下滑，最终导致经营失败。

上述战略管理程序如图1-1所示。

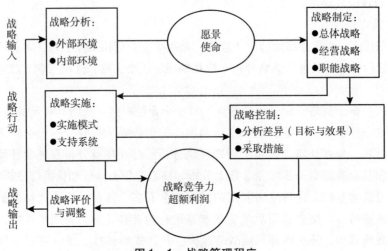

图1-1 战略管理程序

（四）企业愿景、使命与战略目标

实施战略管理之前必须确定企业的愿景，在此基础上明确企业的使命，然后形成企业的战略目标。

1. 愿景。

愿景是指一个组织或个人希望达到或创造的理想图景。企业愿景（或称"企业远景"）是指为企业所描述的未来发展的理想化定位和生动性蓝图，体现企业永恒的追求。企业愿景要解决一个问题即"我们要成为什么？"反映了管理者对企业与业务的期望，描绘了未来向何处去，旨在为企业未来定位，它是引导企业前进的"灯塔"。例如，迪士尼公司的愿景是"成为全球的超级娱乐公司"；索尼公司的愿景是"成为最知名的企业，改变日本产品在世界上的劣质形象"；联想公司的愿景是"未来的联想应该是高科技的联想、服务的联想、国际化的联想"。企业愿景可以展示未来的发展方向和结果，激发员工的斗志，形成强大的合力，为战略目标的实现奠定基础。

2. 使命。

使命是指一个企业区别于类似企业的持久性目的。它反映了一个组织之所以存在的理由或价值。

一般来说，绝大多数企业的使命是高度概括和抽象的，企业使命不是对企业经营活动具体结果的表述，而是企业开展活动的方向、原则和哲学。企业使命是对企业"存在理由"的宣言，它要回答"我们的企业为什么要存在以及我们的业务是什么"的问题。

使命，能够为企业确定一个始终贯穿各项业务的共同主线，建立起相对稳定的经营主题，为企业进行资源配置、目标开发以及其他活动的管理提供依据。企业的使命由高级管理层制定，使命的表述应是"需求导向"而非"产品导向"，表述范围不能太宽，也不能太窄。从立足需求特别是创造需求来概括企业的存在目的，使企业围绕不断发展的需求开发出更多更好的产品和服务。因此，企业使命是指向企业外部的而不应指向企业内部。

【例1-1】国内外部分企业使命表述如表1-1所示。

表1-1　　　　　　　　　　　　使命表述实例

企业	使命表述
百度	让人们最便捷地获取信息，找到所求
沃尔玛	让普通人享受富人一样的购物感觉
万科	建筑无限生活
京东	科技引领生活

3. 战略目标。

战略目标是企业愿景与使命的具体化，它反映了企业在一定时期内经营活动的方向和所要达到的水平，如业绩水平、发展速度等。与企业使命不同的是，战略目标要有具体的数量特征和时间界限。战略目标是企业制定战略的基本依据和出发点，是战略实施的指导方针和战略控制的评价标准。

企业战略目标是多元化的，既包括经济目标，又包括非经济目标；既包括定量目标，又包括定性目标。企业战略目标体系的内容主要有以下六类：

（1）盈利目标：利润额、销售净利率、净资产收益率、投资报酬率、每股收益等。

（2）产品目标：品种、规格、产量、质量、产品销售额、产品盈利能力、产品技术含量、新产品研发周期等。

（3）市场竞争目标：销售总额、市场占有率、竞争位次、市场覆盖率、企业技术水平、市场开拓、市场渗透、产品形象和企业形象等。

（4）发展目标：企业的规模、知名度、资产总额、技术创新、劳动生产率、产品结构调整等。

（5）职工发展目标：职工学习与成长、薪酬福利等。

（6）社会责任目标：合理利用资源、保护生态环境、支持社会公益事业、推动社会进步与和谐等。

任何一种企业战略的基本目标都是获得战略竞争力和超额利润。如果一家企业比竞争对手持续创造出更多的经济价值或超额利润，我们就说该企业具有较强的战略竞争力并显示出竞争优势。在实践中，可以利用财务比率、平衡计分卡（BSC）、经济增加值（EVA）等指标衡量不同企业的竞争优势。

二、战略分析

（一）外部环境分析

外部环境分析是战略管理的基础，其任务是确定未来应当达到的市场地位。

外部环境分析包括宏观环境分析、行业环境分析和经营环境分析。

1. 宏观环境分析。

宏观环境分析中的关键要素包括：政治环境因素（politic）、经济环境因素（economic）、社会环境因素（social）、技术环境因素（technological）、生态环境因素（environmental）和法律环境因素（legal）。对上述六种因素进行宏观环境分析的方法，一般称为PESTEL分析法。宏观环境分析的目的是要确定宏观环境中影响行业和企业的关键因素，预测这些关键因素未来的变化，以及这些变化对企业影响的程度和性质、机遇与威胁。

（1）政治环境因素包括：社会制度、政府政策、政治团体和政治形势国际上的贸易壁垒、双边关系等。

（2）经济环境因素包括：经济结构、经济增长率、财政与货币政策、能源和运输成本；消费倾向与可支配收入、失业率、通货膨胀与紧缩、利率、汇率等。

（3）社会环境因素包括：教育水平、生活方式、社会价值观与习俗、消费习惯、文化传统等；人口、交通、基础设施等。

近年来，我国社会发生了如下重要变化：大量农民进城务工、人口老龄化、自我价值实现愿望强烈、城市集群和新型城镇化、放开三胎生育政策等。

（4）技术环境因素包括：创新机制、科技投入、技术总体水平、技术转移和技术换代速度、企业竞争对手的研发投入、社会技术人才的素质水平和待遇等。

（5）生态环境因素，主要指各种自然资源和绿色环保问题，如水资源、土地资源、污染等。

（6）法律环境因素，主要指法律限制或立法变化，如国家或地方法律规范、国家司法、行政执法状况等。

【例1-2】甲航空公司是一家国内新成立的混合所有制航空企业，目前业务仅限于中国境内的客运和货运服务。根据PESTEL外部环境分析框架，有关影响因素如表1-2所示。

表1-2　　　　　　　　　　PESTEL对航运业的影响

环境因素		积极影响	消极影响
政治	政策支持，放宽管制	√	
	安全控制趋紧		√
经济	经济增长率稳中有进	√	
	燃料价格上升		√
	居民可支配收入增加	√	
社会	人们预期寿命增加	√	
	旅游休闲意识提高	√	
技术	高效节能发动机改进	√	
	安检技术提高	√	
	高铁技术持续改进		√
生态	噪声污染		√
	机场用地稀缺		√
法律	机场使用权限制		√

在使用PESTEL分析法时，一般应当遵循以下步骤：（1）分别考虑各项因素，从中找出需要重点考虑的因素；（2）对这些因素仔细分析，厘清它们对企业战略的影响；（3）对这些因素进行评价，确定关键战略因素。

2. 行业环境分析。

行业环境分析的目的在于分析行业的盈利能力。影响行业盈利能力的因素有许多，归纳起来主要分为两类：一是行业竞争程度；二是市场议价能力。

（1）行业竞争程度分析。

一个行业中的竞争程度和盈利能力水平主要受三个因素影响：第一，现有企业间的竞争；第二，新加入企业的竞争威胁；第三，替代产品或服务的威胁。

①现有企业间竞争程度分析。现有企业间的竞争程度影响着行业的盈利水平，通常

竞争程度越高，价格越接近于边际成本，盈利水平也越低。行业现有企业间的竞争程度分析主要应从影响企业间竞争的因素入手，通常包括以下内容：

第一，行业增长速度分析。行业增长速度越快，现有企业间越不必为相互争夺市场份额而展开价格战；反之，如果行业增长较慢或停滞不前，则竞争势必加剧。

第二，行业集中程度分析。如果行业市场份额主要集中在少数企业，即集中程度高，则竞争度较低；反之，则竞争度较高。

第三，差异程度与替代成本分析。行业间企业要避免正面价格竞争，关键在于其产品或服务的差异程度，差异程度越大，竞争程度越低。当然，差异程度与替代成本相关，当替代成本较低时，企业间仍可进行价格竞争。

第四，规模经济分析。规模经济性是指在一定的市场需求范围内，随着生产规模的扩大，企业的产品与服务的每一单位的平均成本出现持续下降的现象。价格竞争的基础是成本竞争。平均成本越低，价格竞争优势越强。

第五，退出成本分析。当行业生产能力大于市场需求，而行业退出成本又较高时，势必会引起激烈的价格竞争，以充分使用生产能力；如果退出成本较低，则竞争将减弱。

②新加入企业竞争威胁分析。当行业平均利润率超过社会平均利润率，即行业取得超额利润时，行业必然面临新企业加入的威胁。影响新企业加入的因素有许多，其主要因素有：

第一，规模经济因素。规模经济程度越高，新企业进入难度越大。因为，要进入该行业，要么大规模投资，要么投资达不到规模经济。两种可能都增加了新企业进入的困难。

第二，先进入优势因素。新进入企业与行业现有企业在竞争上，总是处于相对不利的地位。因为先进入企业为防止新企业进入，在制定行业标准或规则方面总是偏向于现有企业；同时现有企业通常具有成本优势，这也增加了新进入的难度。

第三，销售网与关系网因素。销售网与关系网对企业的生存与发展至关重要。新进入企业要在现有行业生存与发展，就必须要打入现有行业的销售网与关系网。而不同行业的销售网与关系网的规模与复杂程度是不同的，这也决定了新进入企业打入该行业销售网与关系网的难易程度，以及进入该行业的难易程度。

第四，法律法规因素。许多行业对新进入企业在法律法规上有所规定与限制，如许可证、专利权等。因此，法律法规限制程度就直接影响新企业进入的难易程度。

③替代产品或服务威胁分析。替代产品与替代服务对行业竞争程度有重要影响。当行业存在许多替代产品或替代服务时，其竞争程度加剧；反之，替代产品或服务少，则竞争性较小。消费者在选择替代产品或服务时，通常考虑产品或服务的效用和价格两个因素。如果替代效用相同或相似，价格竞争就会激烈。

（2）市场议价能力分析。

虽然行业竞争能力是行业盈利能力的决定因素，但行业实际盈利水平的高低，还取决于本行业企业与供应商和消费者（客户）的议价能力。

①企业与供应商的议价能力分析。影响企业与供应商议价能力的因素主要包括以下几种：

第一，供应商的数量对议价能力的影响。当企业的供应商越少，可供选择的产品或服务也越少时，供应商方面的议价能力就越强；反之，则企业的议价能力越强。

第二，供应商的重要程度对议价能力的影响。供应商对企业的重要程度取决于其供应产品对企业产品的影响程度。如果供应商的产品是企业产品的核心部件，而替代产品较少，则供应商的议价能力较强；反之，企业具有更好的议价能力。

第三，单个供应商的供应量。单个供应商对企业的供应量越大，往往对企业的影响与制约程度越大，其议价能力也越强。

②企业与客户的议价能力分析。影响企业与客户议价能力的因素有很多，如替代成本、产品差异、成本与质量的重要性、客户数量等。将这些因素归纳起来主要体现在以下两个方面：

第一，价格敏感程度的影响。价格敏感程度取决于产品差别程度及替代成本水平。产品差别越小，替代成本越低；价格敏感度越强，客户的议价能力越强。另外，客户对价格的敏感程度还取决于企业产品对客户的成本构成影响程度。如果企业产品在客户成本中占较大比重，客户将对其价格十分敏感；反之，则敏感程度下降。

第二，相对议价能力的影响。价格敏感程度虽然会对价格产生影响，但实际价格还取决于客户相对议价能力。影响其议价能力的因素有：企业（供应商）与客户的供需平衡状况、单个客户的购买量、可供选择的替代产品数量、客户选择替代产品的成本水平、客户的逆向合并威胁等。其中，逆向合并是与顺向合并相对应的。顺向合并是指并购公司将目标公司合并，目标公司注销；逆向合并是指在并购公司对目标公司进行并购过程中，发生的目标公司将并购公司合并的情况。逆向并购威胁的发生与企业的相对议价能力有关，也成为影响企业议价能力的因素。

迈克尔·波特（Michael E. Porter）将上述分析框架概括为"五力模型"，分别是：（1）行业新进入者的威胁；（2）供应商的议价能力；（3）购买商的议价能力；（4）替代产品的威胁；（5）同业竞争者的竞争强度。这五大竞争力量决定了产业的盈利能力。五力模型可以用来帮助企业寻找最有吸引力的行业以及行业中最有利的竞争位置，如图1-2所示。

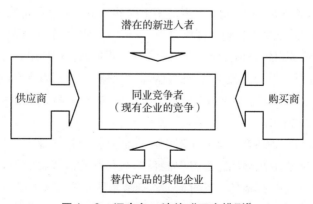

图1-2　迈克尔·波特"五力模型"

【例1-3】 某投资公司在投资战略决策进行行业选择时，聚焦于甲、乙、丙、丁四个产业，有关资料如表1-3所示。

表1-3 评估产业内企业的平均绩效水平

产业类别	甲	乙	丙	丁
新进入者威胁	大	小	大	小
同业竞争威胁	大	小	小	大
替代威胁	大	小	大	小
供应商威胁	大	小	小	大
购买商威胁	大	小	大	小
预期内企业平均绩效	低	高	?	?

表1-3中甲产业和乙产业的平均绩效一目了然，即甲产业平均绩效低，乙产业平均绩效高。而对于丙产业和丁产业来说，情况则有些复杂。在这类情况下，预测产业内企业的平均绩效所要回答的问题是："产业的环境威胁是否有足够的强度，使得产业内企业的大部分利润被攫取了？"如果答案是肯定的，则预期平均绩效将会较低；反之则较高。

3. 经营环境分析。

经营环境分析包括竞争对手分析、竞争性定位分析、消费者分析、融资者分析、劳动力市场状况分析等。

（1）竞争对手分析。应当在企业所在行业内的主要市场中为每个主要竞争对手建立一个具体的档案。分析竞争对手的主要作用在于帮助企业建立自己的竞争优势。竞争优势涉及企业在市场中与对手竞争的每个方面，包括价格、产品范围、制造质量、服务水平等。

（2）竞争性定位分析。竞争对手会有许多不同的分组，每个群组在相似产品、市场类别中遵循相似战略，这些群组被称为战略群组。只有处于同一个战略群组的企业才是真正的竞争对手。每个战略群组根据其所采取的竞争战略不同而在市场中具有不同的地位。

（3）消费者分析。消费者分析是对消费者的主要特征及消费者如何作出购买决定进行描述。为了解和满足消费者，可从三个战略问题来进行分析，即消费细分、消费动机以及消费者未满足的需求。

（4）融资者分析。评估融资者状况对于评价企业的经营环境十分重要。融资者能否提供足够支持是决定企业战略实施过程中能否顺利获取所需资源的关键因素。对于融资者状况的考察主要包括抵押条件、支付记录、贷款条件及贷款额度等。

（5）劳动力市场状况分析。能否方便快捷地雇用到优秀人才是决定企业经营能否成功的关键因素，这取决于企业所在区域的劳动力市场状况。企业能否在劳动力市场上雇用到合适的人员主要取决于三个因素：企业信誉、就业形势和专业人员的可获得性。

（二）内部环境分析

内部环境分析包括企业资源分析、企业能力分析、企业核心竞争力分析、价值链分析和战略地图分析。

1. 企业资源分析。

企业的资源主要分为三种：有形资源、无形资源和人力资源。在企业资源分析中，企业应当全面分析和评估内部资源的构成、数量和特点，识别企业在资源禀赋方面的优势和劣势。

（1）有形资源分析。有形资源是指可见的、能用货币直接计量的资源，主要包括物质资源（如厂房、设备、原材料等）和财务资源（如资本、现金、有价证券等）。有形资源分析重在评估其战略价值，充分发挥现有资源在价值创造中的作用。

（2）无形资源分析。无形资源是指企业长期积累的、没有实物形态的甚至无法用货币精确计量的资源，主要包括技术资源（如专有技术、专利权等）、声誉资源（如品牌、企业形象等）和文化资源（如企业文化、企业凝聚力、企业经验等）。尽管无形资源难以精确量化，但由于无形资源一般难以被竞争对手了解、购买、模仿或替代，因此，无形资源是一种十分重要的企业核心竞争力的来源。

（3）人力资源分析。人力资源是指组织成员向组织提供的技能、知识经验和决策能力。它是组织最为重要的资源。人力资源是管理学上的概念，强调人力作为一种经济资源的稀缺性和有用性。在经济学上称为人力资本，其分析侧重于人的价值研究，强调以某种代价所获得的能力和技能的价值。

企业的内部资源条件决定了其能否和如何有效利用外部环境提供的机会并消除可能的威胁，从而获取持久的竞争优势。单个资源或许无法创造竞争优势，而当资源组合成能力后，才更有可能成为创造竞争优势的资源。在战略分析中，企业应当全面分析和评估内部资源的构成、数量、特点、利用情况和应变能力，识别企业在资源禀赋方面的优势和劣势。其中，资源禀赋又称为要素禀赋，通常是指一国拥有各种生产要素，包括劳动力、资本、土地、技术、管理等的丰歉。一国要素禀赋中某种要素供给所占比例大于别国同种要素的供给比例，而价格相对低于别国同种要素的价格，则该国的这种要素相对丰裕；反之，如果在一国的生产要素禀赋中某种要素供给所占比例小于别国同种要素的供给比例，而价格相对高于别国同种要素的价格，则该国的这种要素相对稀缺。

2. 企业能力分析。

企业能力是指企业配置资源并发挥其生产和竞争作用的能力。能力来源于企业有形资源、无形资源和人力资源的整合，是企业各种资源有机组合的结果。企业能力主要由研发能力、生产管理能力、营销能力、财务能力和组织管理能力等组成。

研发能力已成为保持企业竞争活力的关键因素。企业的研发活动，能够加快产品的更新换代，不断提高产品质量，降低产品成本，更好地满足消费者的需求。企业的研发能力主要从研发计划、研发组织、研发过程和研发效果几个方面进行衡量。

生产管理能力主要涉及五个方面，即生产过程、生产能力、库存管理、人力管理和质量管理。

营销能力是指企业引导消费、争取竞争优势以实现经营目标的能力。企业的营销能力可以分解为三种能力：产品竞争能力、销售活动能力和市场决策能力。

财务能力主要涉及两方面：一是筹集资金的能力；二是使用和管理所筹资金的获利能力。可以运用杜邦指标体系和雷达图等工具进行财务能力分析。

组织管理能力主要可以从以下方面进行衡量：（1）职能管理体系的任务分工；（2）岗位责任；（3）集权和分权的情况；（4）组织结构（直线职能、事业部等）；（5）管理层次和管理范围的匹配。

3. 企业核心竞争力分析。

核心竞争力是指能为企业带来相对于竞争对手的竞争优势的资源和能力，是企业所特有的、能够经得起时间考验的、具有延展性的，并且是竞争对手难以模仿的技术或能力。核心竞争力的三个要素是：对顾客有价值、与企业的竞争对手相比有优势、很难被模仿或复制。

企业具备多种资源，但并不是所有的资源都能形成核心竞争力；相反，有的可能会削弱企业的核心竞争力。战略分析的一个重点是识别哪些资源可以形成企业的核心竞争力。

4. 价值链分析。

价值链是企业产品设计、生产、销售、交货以及对产品起辅助作用的各种活动的集合。价值链理论把企业的价值创造活动分为基本活动和辅助活动，

基本活动涉及：（1）内部后勤：与接收、存储和分配相关联的各种活动，如原材料的搬运、仓储和库存控制等；（2）生产运营：与各种投入转化为最终产品相关联的各种活动，如机械加工、组装、设备维修等；（3）外部后勤：集中、仓储和将产品发送给买方的各种活动，如产成品库存管理、送货车辆调度、订单处理等；（4）市场营销：提供一种买方购买产品的方式和引导他们进行购买的各种活动，如广告、人员推销等方式进行的促销、定价、渠道选择等；（5）服务：因购买产品而向顾客提供的，能使产品保值增值的各种活动，如安装、维修、培训、零部件供应和产品调整等。

辅助活动涉及：（1）采购：包括原材料、储备物资及其设备等方面的购买；（2）技术开发：工程管理、研究与开发、信息技术等；（3）人力资源管理：人员招聘、培训、绩效考核、薪酬管理等；（4）企业基础设施：包括总体管理、计划、财务、会计、法务、政治事务、质量管理等。

企业竞争优势有三个主要来源：一是价值活动本身。它是构筑竞争优势的基石，一般会受到企业管理者的高度重视。价值活动已列示在企业的价值链中，只要与其他企业比较，就不难发现竞争优势之所在。二是价值链内部联系。各种价值活动并不是彼此独立运行的，而是相互依存的价值链动态系统，这就要求企业管理者认真分析企业内部价值链上各项价值活动之间的联系，以发现竞争优势。三是价值链纵向联系。即存在于企业内部价值链与供应商、渠道平台和买方价值链之间的上下游联系。价值链系统各项活动都会为增强企业的竞争优势提供机会，定期进行价值链优化分析，能够不断增强企业的竞争优势。

　　价值链分析是从企业内部条件出发，把企业经营活动的价值创造、成本构成同企业的竞争能力相结合，与竞争对手的经营活动相比较，从而发现企业目前及潜在优势与劣势的分析方法。它是指导企业战略制定与实施的有力分析工具。

　　运用价值链的分析方法确定核心竞争力，就是要求密切关注企业或组织的价值形成和资源状态，寻求资源的战略作用。特别要关注和培养在价值链的关键环节上获得重要的核心竞争力，以形成和巩固企业在行业内的竞争优势。企业的优势既可来自价值活动所涉及的市场范围的调整，也可来自企业间协调或合用共享价值链所带来的最优化效益。企业必须理解价值创造体系内分工合作的重要性，进行价值链优化决策，依据对行业和企业特点分析构建自己的价值链。

　　5. 战略地图分析

　　战略地图是以平衡计分卡的四个层面目标（财务层面、客户层面、内部层面、学习与成长层面）为核心，通过分析这四个层面目标的相互关系而绘制的企业战略因果关系图。平衡计分卡的创始人卡普兰和诺顿两位教授在对实行平衡计分卡的企业进行长期指导和研究的过程中发现，企业由于无法全面地描述战略，管理者之间以及管理者与员工之间无法沟通，对战略无法达成共识，平衡计分卡只建立了一个战略框架，而缺乏对战略进行具体而系统、全面的描述，于是提出了新的战略分析工具，即战略地图。

　　企业战略地图的绘制、战略规划及实施首先是一个自上而下的过程，这要求公司高级管理层应当具备相应的能力及素养。

　　战略地图是在平衡计分卡的基础上发展的，与平衡计分卡相比，它增加了两个层次的东西，一是颗粒层，每个层面下都可以分解为很多要素；二是增加了动态的层面，也就是说战略地图是动态的，可以结合战略规划过程来绘制。战略地图是以平衡计分卡的四个层面目标为核心，通过分析这四个层面目标的相互关系而绘制的企业战略因果关系图。

　　战略地图的核心内容包括：企业通过运用人力资本、信息资本和组织资本等无形资产（学习与成长），才能创新和建立战略优势和效率（内部流程），进而使公司把特定的价值带给市场（客户），从而实现股东价值（财务）。

　　战略地图绘制流程如下：

　　（1）确定股东价值差距（财务层面），比如说股东期望五年之后销售收入达到5亿元，但是公司只能达到1亿元，比期望值差4亿元，这个预期差就是企业的总体目标。

　　（2）调整客户价值主张（客户层面），要弥补股东价值差距，实现4亿元销售增长，就需要对现有客户进行分析，调整客户价值主张。客户价值主张主要有四种：一是总成本最低；二是价值主张产品创新和领导；三是价值主张强调提供全面客户解决方案；四是系统锁定。

　　（3）确定价值提升时间表、针对五年实现4亿元股东价值差距的目标，要确定每年的提升时间表。

　　（4）确定战略主题（内部流程层面），要找关键的流程，确定企业短期、中期、长期做什么事，有四个关键流程：运营管理流程、客户管理流程、创新流程、社会流程。

　　（5）提升战略准备度（学习与成长层面），分析企业现有无形资产的战略准备度，是否具有支撑关键流程的能力，如果不具备，找出办法来予以提升。

（6）形成行动方案。根据前面确定的战略地图以及相对应的不同目标、指标和目标值，再来制定一系列的行动方案，配备资源，形成预算。

三、战略制定

（一）战略制定程序

战略制定的一般程序包括：战略的适宜性分析、战略筛选、战略的可行性分析、战略的可接受性分析、战略选择与制定行动计划。就其本质而言，战略制定过程也是战略选择过程。

1. 战略的适宜性分析。

适宜性是指备选战略是否与组织的期望和能力相一致，以及战略是否对周围相关的事件及趋势作出适当反应。战略适宜性分析围绕市场扩张、市场收缩、维持市场份额等几个选择展开。

（1）战略的适宜性分析应考虑的因素有：该战略是否充分利用了企业的优点？该战略在多大程度上解决了分析中所识别的难题？所选择的战略是否与企业的目标一致？

（2）生命周期分析。生命周期分析基于这样一个理念：一方面，产品或业务单元的生命周期的各个阶段之间存在可预测的关系；另一方面，战略的各个要素之间存在可预测的关系。

（3）资源和能力考虑。为了实现竞争优势，企业需要采用一个基于组织现有资源和能力的战略，并且需要制定战略来发展其他资源和能力。对任何新战略进行评估时，应重点考虑其是否适用于该企业的现有战略资源。

（4）企业概况分析。该方法将备选战略的预期效果与研究发现所确定的有利参数进行比较来评估备选战略的适宜性。这些参数包括市场地位、财务实力、质量、产量、生产能力、经营效率、营销支出、议价能力以及后勤等。

2. 战略筛选。

在评估战略的适宜性后，可进行战略筛选。一般来说，有三种可行的战略筛选方法：

（1）情景分析法，这种方法将特定战略与一系列可能的未来结果匹配在一起，它特别适用于存在高度不确定性的情况。

（2）评级和评分法，这种方法按照与企业战略情况相关的一套预定因素对战略进行分级。

（3）决策树法，这种方法按照一系列关键战略因素来评估特定战略。当需要按顺序作出几项决策且决策过程变得很复杂时，这个方法很有效。

3. 战略的可行性分析。

战略的可行性分析涉及评估战略是否能得以成功实施。在对战略的可行性进行分析时，必须考虑以下因素：

（1）该战略是否能得到足够的资金支持？

（2）企业的绩效是否能达到必需的水平？

（3）企业是否能达到必需的市场地位，并且是否具有必要的营销技巧？

（4）企业是否能应对来自竞争对手的挑战？

（5）企业将如何确保管理层和经营层具有必要的能力？

（6）企业是否具有足以在市场中进行有效竞争的技术（与产品和流程相关的技术）？

（7）企业是否能获得必要的原料和服务？

（8）企业是否能够交付该战略中指定的商品和服务？

（9）企业是否有足够的时间来实施该战略？

4. 战略的可接受性分析。

（1）评估可接受性的考虑因素。

在进行战略的适宜性和可行性评估后，应该进行可接受性评估。可接受性评估主要是对所有股东的看法进行评估，特别是那些拥有重大权力且愿意行使权力的股东。它涉及评估人们的期望值和战略的预期绩效，包括：企业会获得怎样的利润？财务风险（例如流动性）将如何变化？该战略会对资本结构（资产负债率或股份所有权控制权）产生哪些影响？部门、小组或员工的职责是否会发生重大改变？企业与外部的利益相关者（例如供应商、政府、团体和客户）之间的关系是否会改变？企业所处的环境是否接受该战略所产生的后果？

可接受性分析中还有一个重要问题——风险。不同的利益相关者对风险持不同态度。一个战略，无论是出于什么原因，一旦风险收益率改变，它就可能不会被利益相关者所接受。

（2）测试战略的可接受性。

有多种方法可用于测试选定战略的可接受性，它们包含了目标和行动计划应当达到的各种标准。首先，可将这些标准作为要素排列在矩阵的一个轴上，而该矩阵的另一个轴排列着各种备选战略；然后，针对每项标准对各战略进行评分；最后，可根据每个战略的得分来选出最佳战略。

（3）特定战略所产生的投资回报。

衡量战略的可接受性的主要方法是对特定战略可能产生的投资回报进行评估，对影响投资决策的战略性问题进行量化。通常需要使用以下四种财务技术方法（如净现值法等）：投入资本的会计收益率法、现金净流量法、投资回收期法和未来现金流量折现分析法。

5. 战略选择与制定行动计划。

一旦选定战略，管理层就可草拟行动计划。选定的行动计划应当与已明确理解的目标相联系，特别是那些与利润表现有关的目标。如果未能将行动计划与被广泛接受和理解的目标相联系，则难以对业绩进行监控。

行动计划除了要与目标相关联外，还应当将竞争对手的反击降到最低。这里应当考虑两个问题：首先，战略应避免在竞争对手最擅长的领域内与其进行直接对抗；其次，攻击竞争对手的弱点是一个风险较低的做法，但它产生的投资回报率可能不足以证明这种做法是正确的。

（二）战略制定的类型

企业战略制定从不同角度可分为不同的类型，如按战略层级可分为企业总体战略制定、经营战略制定、职能战略制定；按战略发展的思路可分为：内部发展战略制定、并购战略制定、联合发展与战略联盟制定和国际化战略制定等。

四、战略实施

（一）战略实施模式

战略实施是指如何确保将战略转化为实践。战略实施需要实现从高层战略管理者到各事业部及职能部门管理者的责任转移。

根据战略制定与战略实施主体的责任与权力转移程度不同，战略实施可分为五种模式：指挥型模式、变革型模式、合作型模式、文化型模式和增长型模式。

1. 指挥型模式。

这种模式的特点是企业高管层考虑如何制定一个最佳战略的问题。高管层确定了战略之后，向其他管理人员宣布企业战略，然后强制下层管理人员执行，而不再跟踪战略实施问题。

这种模式的运用要求总经理要有较高的权威，靠其权威通过发布各种指令来推动战略实施；要求战略制定者与战略执行者的目标比较一致；要求企业能够准确有效地收集信息并能及时汇总到总经理的手中。

这种模式的缺点是把战略制定者与执行者分开，即高层管理者制定战略，强制下层管理者执行战略，因此，下层管理者缺少了执行战略的动力和创造精神，甚至会拒绝执行战略。

2. 变革型模式。

这种模式的特点是企业高管层考虑如何实施企业战略。在战略实施中，总经理本人将在其他方面的帮助下对企业进行一系列的变革，如建立新的组织机构和激励机制、新的信息系统等以促进战略的实施，进一步增强战略成功的机会。

这种模式在许多企业中比指挥型模式更加有效，但这种模式并没有解决指挥型模式存在的如何获得准确信息的问题。在外界环境变化时使战略的变化更为困难，从长远观点来看，环境不确定性强的企业，应该避免采用这种模式。

3. 合作型模式。

这种模式的特点是企业高管层考虑如何让其他层级管理人员从战略实施一开始就承担有关的战略责任。为发挥集体的智慧，企业总经理要和企业其他该层管理人员一起对企业战略问题进行充分的讨论，达成较为一致的意见，制定出战略，进一步落实和贯彻战略，使每个层级管理者都能够在战略制定及实施的过程中作出各自的贡献。

合作型模式克服了指挥型模式和变革型模式存在的两大局限性，从而提高了战略实施成功的可能性。

该模式的缺点是由于战略是不同观点、不同目的的参与者相互协商折中的产物，有可能会使战略的经济合理性有所降低，同时仍然存在着谋略者与执行者的区别，仍未能充分调动全体管理人员的智慧和积极性。复杂而又缺少稳定性环境的企业适宜采用这种模式。

4. 文化型模式。

这种模式的特点是企业高管层考虑如何动员全体员工都参与战略实施活动，即企业总经理运用企业文化的手段，不断向企业全体成员灌输战略思想，建立共同的价值观和行为准则，使所有成员在共同的文化基础上参与战略的实施活动。由于这种模式打破了战略制定者与执行者的界限，力图使每一个员工都参与制定实施企业战略，因此使企业各部分人员都在共同的战略目标下工作，使企业战略实施迅速，风险小，企业发展迅速。

文化型模式的局限性是要求企业职工的各方面素质都相当高。

5. 增长型模式。

这种模式的特点是企业高管层考虑如何激励下层管理人员制定实施战略的积极性及主动性，为企业效益的增长而奋斗。这种模式鼓励员工的首创精神，企业战略不是自上而下的推行，而是自下而上的产生。

这种模式的局限性是要求企业有很好的战略实施支持系统，否则很难取得预期成效。

上述五种战略实施模式在制定和实施战略上的侧重点不同，指挥型和合作型更侧重于战略的制定，而把战略实施作为事后行为；而文化型及增长型则更多地考虑战略实施问题。在企业实务中上述五种模式往往是交叉或交错使用的。

【例1-4】H企业历史悠久，长期从事通信设备的生产。面对日益激烈的市场竞争，H企业所占的市场份额越来越小，生产经营陷入困境。2013年，H企业高层管理者决定开发市场需求较大的电视机、电冰箱、空调等产品。这一决定充分利用了H企业现有的人、财、物资源，因而使企业逐步走出了困境。H企业领导经过研究认为，本企业属于战略内容多、实施较复杂、外部环境变化大、新战略与原有战略有根本变化的企业。

本例中：

（1）战略实施模式主要有五种类型：指挥型模式、变革型模式、合作型模式、文化型模式和增长型模式。

（2）合作型模式适用于战略内容复杂、实施过程烦琐、外部不确定性高、追求创新突破的企业。根据上述材料，H企业战略内容多、实施较复杂、外部环境变化大、新战略与原有战略有根本变化，因此H企业适宜采用合作型战略实施模式。

（二）战略实施支持系统

战略实施过程中受许多因素影响，如组织结构、企业文化、领导者风格、信息沟通等，这些因素构成了战略实施支持系统，如图1-3所示。

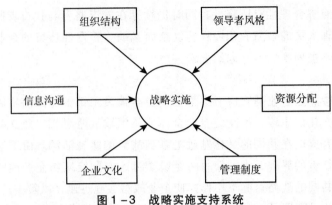

图 1-3 战略实施支持系统

战略实施支持系统进一步归类主要形成三个方面的支持系统：组织支持系统、资源支持系统和管理支持系统。

组织支持系统是指企业组织结构等应按照战略实施的要求进行调整，包括组织结构调整、业务流程调整、权责关系调整等。不同的战略要求企业具有不同的组织结构，创建支持企业成功运营的组织结构是关键。因此，组织支持系统是战略实施支持系统的基础与关键。

资源支持系统是指调动企业不同领域的各种资源来适应新的战略，包括人力资源、财务资源、技术和信息资源等，促进公司战略和经营战略的成功。

管理支持系统是指企业战略实施时，需要改变企业管理理念、管理制度及企业文化，因此，企业应围绕战略实施进行管理制度、内部控制制度等的创新；要使企业的文化、管理理念及风格等与企业战略选择相一致。

五、战略控制

（一）战略控制与管理控制

战略控制是指将预定的战略目标与实际效果进行比较，检测偏差程度，评价其是否符合预期目标要求，发现问题并及时采取措施，借以实现企业战略目标的动态调节过程。

广义战略控制包括三个层次：战略制定控制、管理控制和作业控制。战略制定控制是决定战略的过程控制；管理控制是决定如何执行战略的过程控制；作业控制是战略控制和管理控制过程中的具体任务被有效执行的控制。

狭义的战略控制实际上是管理控制，即管理者影响企业中的其他成员以保证企业战略目标实现的过程。管理控制涉及一系列活动，具体包括：计划组织的行动；协调组织中各部分的活动；交流信息；评价信息；决定采取的行动；影响人们去改变其行为。管理控制的目的是使战略被执行，从而使企业的目标得以实现。

（二）管理控制程序

管理控制程序通常包括战略目标分解、控制标准制定、内部控制报告、经营业绩评价、管理者报酬五个步骤。

1. 战略目标分解。

战略目标分解是管理控制的第一步骤。战略目标分解具体涉及从企业战略目标到战略规划，再从战略规划到战略计划的分解过程。

从一般意义上讲，战略本身是重大且重要的计划。战略规划是一个长期的战略计划，它决定企业将采取的战略方案和这一战略方案在未来的一些年度内所需进行的资源配置与使用。

战略计划是为实现企业长远战略规划在短期内（通常一年）所应采取的资源配置方案。战略计划是战略规划的分解，是战略规划得以落实的保证。在管理控制过程中，战略计划是关键，它一方面使企业战略目标和规划具体化、制度化、系统化；另一方面它是明确控制变量、制定控制标准的基础。

2. 控制标准制定。

管理控制必须按管理者（控制者）的意图进行，这个控制意图从总体上说是企业目标或控制目标，从具体上看是控制标准。因此，在战略计划的基础上制定管理控制标准是实施有效控制的重要步骤。

管理控制标准制定从具体环节上看包括：第一，明确企业目标影响因素或目标驱动因素；第二，找出影响战略目标执行的重要变量；第三，确定关键的风险变量作为控制重点；第四，制定先进、可行的管理控制标准。

管理控制标准制定从内容上看包括：财务标准和非财务标准。财务控制标准应用最广泛的主要是预算标准，如财务预算、经营预算、资本支出预算等。非财务标准从平衡计分卡方法看主要涉及顾客、供应商、员工等。

管理控制标准从形式上看包括：定量标准与定性标准、效率（比率或相对数）标准与效果（总量或绝对数）标准。

管理控制标准制定从水平上看包括：行业标准、历史水平和战略计划标准等。

3. 内部控制报告。

管理控制的关键在于运用标准控制实际经济运行。因此，在确定控制标准的基础上，对实际经济运行状况的真实计量与反映是管理控制的重要步骤。完成这一步骤的关键是编制内部控制报告。

内部控制报告实际上也是整个企业及各部门的业绩报告，内部控制报告的种类及内容应根据管理控制标准及要求而定。内部控制报告的编制应按控制标准、实际业绩、差异计量、差异程度、差异分析几个步骤进行，但其关键步骤在于实际业绩计量与差异分析。实际业绩计量包括会计核算、统计核算与业务核算等。在管理控制中，这些核算的关键一是要与控制标准相对应，即核算应符合控制的要求；二是要核算及时，即能根据核算及时纠正偏差。

差异分析的关键在于对差异原因进行分析，特别是分清可控差异与不可控差异，从而明确控制重点。另外，根据差异程度确定控制程度是管理控制过程中的重要环节。控制程度可分为紧控制与松控制，这要视被控项目的重要程度及通常差异程度而定，有的差异率超过1%需要进行纠正偏差，而有的差异率超过5%才需要纠正偏差。

4. 经营业绩评价。

经营业绩评价实际上也是对控制者业绩的评价，如果对控制成效缺少评价必然影响控制者的积极性。应当注意，一个企业的业绩与企业中管理者或控制者的业绩可能是不同的。管理控制中的经营业绩评价更侧重于对管理者或控制者业绩的评价。

经营业绩评价的原则主要有：第一，企业业绩评价与经营者业绩评价相结合；第二，经营成果指标评价与驱动因素指标评价相结合；第三，企业内部评价与企业外部评价相结合；第四，财务指标评价与非财务指标评价相结合。

5. 管理者报酬。

管理控制的主体是管理者。管理者的控制动机必然与其自身利益相关。因此，管理控制的效果只有与管理者的报酬衔接才能保证管理控制的长期有效运行。从这点看，管理者报酬既是管理控制的终点，也是管理控制的起点。

管理者报酬的构成主要有工资、福利和激励三部分。工资往往根据管理者的学历、经历、以前的业绩和职位等确定；福利往往是根据企业整体业绩状况及管理者的职位确定；激励往往是根据管理者当期对企业的贡献大小确定。前两部分是管理者基本价值的体现；激励则是管理者贡献价值的体现。管理控制水平高低或效果如何主要应与管理者激励相结合。从控制角度看，管理者激励是管理者报酬的关键。

对管理者的激励可分为精神激励与物质激励两方面。精神激励包括在职消费、晋升激励、授予激励（授权、荣誉称号）等。物质激励包括短期物质激励（如奖金、年薪制）和长期物质激励（如股票期权等）。管理控制中的精神激励与物质激励都是必要的，二者不可偏废。当然，在社会物质财富没有极大丰富的情况下，物质激励的作用可能更突出。而在物质激励中，长期激励可能更为重要。

目前，实践中的长期激励方式主要有股票期权、股票增值权、虚拟股票、业绩股份等，其中股票期权是最主要的长期激励方式。

【例 1-5】A 集团曾是一家在内地和香港地区都颇具影响力的外贸企业。改革开放后，A 集团通过一系列实业化投资，逐步发展成为以实业为核心的多元化控股企业集团。从 2001 年 A 集团提出新的战略目标以来，A 集团经营业绩呈现出稳步上升的态势。截至 2012 年末，A 集团资产规模达 9 393 亿港元，2012 年度的营业额为 4 046 亿港元，净利润为 410 亿港元。目前，A 集团的核心业务包括消费品（含零售、啤酒、食品、饮料）、电力、地产、医药、水泥、燃气和金融等，下设七大战略业务单元、19 家一级利润中心，在香港拥有 5 家上市公司，在内地间接控股 6 家上市公司。自 2005 年起连续获得国资委 A 级央企称号，2011 年在央企业绩考核中排第 7 位，2013 年在《财富》全球 500 强排名中进入前 200 位。

为什么 A 集团能够成功？透过 A 集团近年来的业绩变化轨迹和管理发展历程，可以发现 A 集团之所以取得成功，除了有正确的战略方针指导以外，在很大程度上是得益于其在 1999 年开始创建并行之有效的一整套管理办法，这就是已为人们所熟知的 6S

管理体系。A集团6S管理体系的核心是将A集团的多元化业务与资产划分为战略业务单元，并将其作为利润中心进行专业化管理，由此推进利润中心业务战略的构建、落实、监控和执行，如图1-4所示。6S管理体系在经过制度化、战略化、信息化等发展与创新过程后，其作用也从最初的仅仅是一套集团预算管理的报表工具，发展到今天的核心战略管理工具。

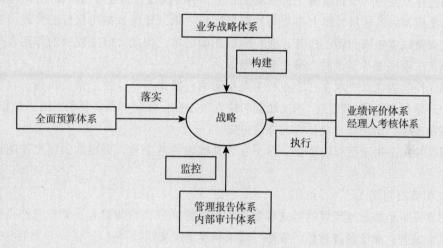

图1-4 A集团6S管理体系

事实上，6S管理体系就是一种管理控制系统。6S管理体系中的6个子系统都是围绕战略的实施而进行的，目标只有一个，那就是确保战略被有效执行，促进战略目标的实现。这一体系以战略为起点，涵盖了管理控制系统的所有程序，包括战略目标分解、控制标准制定、内部控制报告、经营业绩评价、管理者报酬等。其中，业务战略体系负责构建和分解战略目标；全面预算体系负责控制标准的制定，起到落实战略的作用；管理报告体系和内部审计体系构成了内部控制报告，发挥监控战略有效进行的功能；而业绩评价体系和经理人考核体系则负责引导和推进战略实施。

6S管理体系不是单项职能的简单汇总和无序集合，其独特之处正在于其形成了一个紧密连接、环环相扣的管理链条，是一个以战略为核心的一体化的有机组合。业务战略体系和全面预算体系相互结合为战略实施及其控制提供了依据和前提。管理报告体系为战略实施控制和业绩评价提供了信息与数据，内部审计体系是为了保证评价结果的客观性和真实性，经理人考核体系是为管理者实施战略和控制战略实施提供动力和压力，业绩评价体系是为奖金计算及其分配提供依据和前提。借用战略的语言来说，6S管理体系的竞争优势正是来自各项S的相互适应和相互支持，来自各项S组成的整体系统，因而6S比单项S更加有效。

（三）管理控制模式

管理控制的模式包括：制度控制模式、预算控制模式、评价控制模式和激励控制模式。

1. 制度控制模式。

制度控制是指为实现一定目标通过规章、准则等形式规范与限制人们的行为。管理控制中的制度控制，是指为实现企业目标，通过规章、准则等形式规范与限制企业中各级管理者与员工的行为，以保证管理活动不违背或有利于企业战略目标的实现。

制度控制作为管理控制的一种模式，应具备管理控制模式的基本要素和基本程序。从控制程序或控制环节角度看，包括制度制定、制度执行、制度考核及奖惩几个环节。

制度控制的目标从总体上与战略控制目标相一致，即保证战略目标的实现。具体目标是按规章制度做事，做不违背企业目标的正确的事。因此，制度控制的作用在于使管理者及员工明确哪些事该做，哪些事不能做。

制度控制的优点表现在：企业行为规则明确；操作简单，便于全员执行；制度控制建立的环境与条件限制较少。制度控制的缺点表现在：限制管理者及职工的主观能动性；定量控制不够，缺乏与企业目标的直接衔接。

制度控制适用于所有的企业。对于管理基础较差的企业，更应加大制度控制模式的建设。

2. 预算控制模式。

预算控制是指通过预算的形式规范企业的目标和经济行为过程，调整与修正管理行为与目标偏差，保证各级目标、策略、政策和规划的实现。

预算控制作为内部控制的一种模式，它应包括预算计划、预算控制、预算评价和预算激励几个环节。

预算控制的目标从总体上与企业管理控制目标相一致，即追求经营效率和效果。具体目标是以预算控制标准为依据，完成经营过程中各自负责的量化目标。

预算控制的优点表现在：企业行为量化标准明确；企业总体目标与个体目标紧密衔接；突出过程控制，可及时发现问题、纠正偏差。预算控制的缺点表现在：预算制定比较复杂；在某种程度上限制了管理者及职工的主观能动性；预算标准刚性使控制不能随着环境变化而变化。

与制度控制相同，预算控制模式适用于所有的企业。但对于管理环境和基础较差的企业，建立与执行预算控制难度较大；对于管理环境和基础很好的企业，预算控制相对容易，但过分强调预算控制可能会束缚员工的主观能动性。

3. 评价控制模式。

评价控制是指企业通过评价的方式规范企业中各级管理者及员工的经济目标和经济行为。评价控制强调的是控制目标而不是控制过程，只要实现各级管理目标则企业的战略目标就能得以实现。

评价控制作为内部控制的一种模式，它应包括战略计划、评价指标（指标选择、指标标准、指标计算）、评价程序与方法、评价报告、奖励与惩罚几个环节。

评价控制的目标从总体上看与管理控制目标相一致，即追求经营效率和效果。评价控制的具体目标是追求各层次和各经营单位的经营结果与企业总体目标的一致性。评价控制模式的作用在于使各级管理者和员工明确自己的工作效果（目的）与自身利益及上级、同级目标的关系，从而能调动其主观能动性、挖掘潜力、规范其行为，为实现个体目标和企业目标而努力。

评价控制的优点表现在：既有明确的控制目标，又有相应的灵活性，有利于管理者及员工在实现目标过程中主观能动性的发挥。评价控制的缺点表现在：缺少程序或过程控制，不利于随时发现与纠正偏差。评价控制相对于预算控制和制度控制是一种较高层次的控制。

评价控制的适用条件与范围比较窄。企业选择、应用评价控制，需要管理者及职工有较高的素质、企业文化与理念已深入人心，职工以为企业作贡献而感到自豪。

4. 激励控制模式。

激励控制作为一种管理控制，是指企业通过激励的方式控制管理者的行为，使管理者的行为与企业战略目标相协调。

激励控制作为内部控制的一种模式，它应包括战略计划、激励方式选择、激励中的约束（合约）、业绩评价几个环节。激励控制模式的基本特征是利益导向控制，将利益相关者目标协调起来。

从激励方式角度看，激励控制包括股票期权（或与股票相关的）激励、年薪激励、工效挂钩激励、奖金激励等。

激励控制的目标从总体上与企业战略控制目标相一致。激励控制的具体目标是通过管理者与所有者利益及目标协调为企业创造更大的价值。激励控制的作用在于使管理者特别是高层管理者将企业所有者目标与管理者个人目标相协调，根据不断变化的社会经济与技术环境调整目标及战略，从而为企业创造更大价值或财富。

激励控制的优点表现在：将管理者的利益与所有者的利益相联系，通过利益约束机制规范管理者的行为；管理者可根据变化的环境及时调整目标和战略，保证企业价值最大化目标的实现。激励控制的缺点表现在：具体目标不明确，对企业文化、管理者素质要求较高。激励控制模式是一种高层次的、灵活性的控制模式。

选择应用激励控制模式要求企业有较高的管理水平和良好的经济运行环境。

5. 管理控制四大模式比较与选择。

（1）管理控制四大模式在控制特征、控制目标、控制优势、控制障碍和控制环境方面都有所区别，各具特色，具体如表 1 - 4 所示。

表 1 - 4　　　　　　　　　　　四大管理控制模式比较

控制模式	控制特征	控制目标	控制优势	控制障碍	控制环境
制度控制	规则	正确做事	规则明确 易于操作	缺乏量化与能动性	管理基础与环境较差
预算控制	过程	完成任务	量化目标 及时调控	缺乏变化与能动性	管理基础与环境较好

续表

控制模式	控制特征	控制目标	控制优势	控制障碍	控制环境
评价控制	目标	挖掘潜能	突出结果 鼓励进取	缺少过程调控与环境	管理基础与环境良好
激励控制	利益	创造财富	利益相关 随机应变	缺少相应环境与条件	管理基础与环境优秀

通过对以上四种管理控制模式的比较说明：各种管理控制模式都有其自身的控制目标、控制特征；而不同的控制目标与控制方式又各有其优点与缺点；控制环境对控制模式的选择至关重要。

（2）这四种控制模式既是独立的又是统一的。所谓独立是指它们各自可作为独立控制模式进行运作，如有的企业可采用制度控制模式，有的企业可采用预算控制模式等。所谓统一是指同一企业又可同时采用两种或两种以上的控制模式，分别从规则、过程、目标和利益等角度进行控制。如一个企业集团可以采用以预算控制为主、其他控制为辅的管理控制模式，这种模式的特点是，集团公司采用预算控制模式，子公司可根据各自环境特点分别采用制度控制模式、评价控制模式或激励控制模式等。

（3）这四种控制模式具有完整性、灵活性。因为各种管理控制模式可使管理控制从不同角度、不同层次、不同方式为实现共同目标而进行有效控制，从而形成管理控制的完整体系。但各企业、部门或项目又可根据自身环境与要求，灵活运用不同的控制模式。

（4）这四种控制模式具有层次性和适用性。所谓层次性是指四种管理控制模式从控制环境要求、控制权授予方面看，不是处于同一档次：激励控制授权最大，控制环境要求最高；其次是评价控制；再次是预算控制；制度控制授权最小，控制环境要求最低。

【例1-6】近日，甲企业集团召开董事会商议选择适合自身的管理控制模式。根据企业战略管理理论，管理控制包括制度控制模式、预算控制模式、评价控制模式、激励控制模式四大管控模式。甲企业集团董事会为了更好地分析每种模式的利弊，分别总结了四种模式的成功案例，具体如下：

（1）万达集团在前期高速增长的过程中，公司的投资活动异常活跃，不断投资新项目或设立新公司，此阶段管理人员利用制度控制模式对公司投资活动进行了有效控制。以万达广场为例，在新项目筹备过程中，公司就制定了各项财务管理与财务控制制度以对业务流程实施有效的控制，利用各项完善的制度，公司在扩张过程中没有出现财务失控的情况，各项投资活动均在既定的战略计划下顺利推进，确保了价值最大化目标的实现。

（2）作为一个高度追求计划性的公司，天士力公司通过预算控制系统合理调整负债结构，降低财务风险。天士力公司的全面预算管理以公司业务为基础。通过预算，天士力公司可以全面了解各控股公司的财务计划，从而能够做到财务年度开始前从整体上对公司资金的使用加以控制。为对资金实施有效监控，天士力公司的信息部门和财务部门还共同开发了网上报销与支付管理系统，总部财务部门通过这个系统可以随时查询预算执行情况，实现实时的预算管理。

（3）中外运敦豪国际航空快递有限公司利用平衡计分卡建立了管理目标和奖励系统相结合的评价控制模式。其平衡计分卡包含三个层面的内容：财务指标、效率指标和服务质量指标。总部根据战略目标及网络的要求确定考核指标的权重及标准，管理人员了解公司的愿景、战略、目标与绩效衡量指标。受益于评价控制模式，公司的管理层得以及时跟踪并修正指标，管理变得更加便捷有效。近年来，公司业务年平均增长率达 400%，营业额跃升 60 多倍。

（4）长城物业集团股份有限公司经过股份制改造后，公司主要经营者持有 13% 的股份，成为公司的自然人股东，实现了管理人员和股东利益的统一。目前，长城物业的员工持股资格与职务级别直接挂钩：除了自然人持股保持不变外，其他员工所持股份和职级直接相关，员工职级变动时，其所持股份的份额也相应发生改变。持股员工主要集中在管理层，即公司、分公司、管理部门的责任人，共计 131 人，占管理人员的 17.5%。

本例中，（1）甲企业集团应采用制度控制模式。主要理由在于：从万达集团的案例可以发现，制度控制模式对于高速增长阶段的公司非常适用。公司在急剧扩张过程中，会不断出现新项目或成立新公司，而新项目或新公司又处于初创阶段，管理基础比较薄弱，制度控制模式与公司所处的阶段相适应，能有效引导各项投资活动的开展，严格将其控制在既定的轨道上，避免盲目扩张导致偏离公司理财目标。

（2）中外运敦豪国际航空快递有限公司采用平衡计分卡进行管理控制属于评价控制模式。平衡计分卡设定了公司业绩考核指标，并以此对相关责任部门的经营活动加以考评，根据指标的完成情况奖惩员工。平衡计分卡和员工个人收入结合起来，能促使员工更多地关注公司与部门经营活动的绩效，了解自己的努力对于经营活动的影响，以及对于实现公司战略目标的作用。

（3）假定甲企业集团最终选择综合运用四种模式，其理论基础在于：第一，四种控制模式既是独立的又是统一的。所谓独立是指它们各自可作为独立控制模式进行运作；所谓统一是指同一企业又可同时采用两种或两种以上的控制模式，分别从规则、过程、目标和利益等角度进行控制。甲企业集团可以采用以预算控制为主、其他控制为辅的管理控制模式，这种模式的特点是，集团公司采用预算控制模式，子公司可根据各自环境特点分别采用制度控制模式、评价控制模式或激励控制模式等。第二，四种控制模式具有层次性和适用性。所谓层次性是指四种控制模式从控制环境要求、控制权授予方面看，不是处于同一档次：激励控制授权最大，控制环境要求最高，其次是评价控制，再次是预算控制，制度控制授权最小，控制环境要求最低。甲企业集团可根据自身控制环境的特点，并结合企业所处发展阶段，综合选择。

第二节　企业总体战略

企业总体战略的目标是确定企业未来一段时间的发展方向，协调企业下属的各个业务单位和职能部门之间的关系，合理配置企业资源，实现企业总体目标的战略。企业总体战略主要强调两个方面的问题：一是"公司应该做什么业务"，即从公司全局出发，根据外部环境的变化及企业的内部条件，确定企业的使命与任务、产品与市场领域；二是"怎样管理这些业务"，即在企业不同的战略事业单位之间如何分配资源以及采取何种成长方向等，以实现公司整体的战略意图。

一、企业总体战略的类型

为了实现企业战略的目标，企业总体战略通常可以划分为三种类型：成长型战略、稳定型战略和收缩型战略。

（一）成长型战略

成长型战略是以发展壮大企业为基本导向，致力于使企业在产销规模、资产、利润或新产品开发等某一方面或几方面获得成长的战略。成长型战略是最普遍采用的企业总体战略。成长型战略主要包括三种基本类型：密集型战略、一体化战略和多元化战略。

1. 密集型战略。

密集型战略是指企业在原有的业务领域里，通过加强对原有产品和市场的开发渗透来寻求企业未来发展机会的一种发展战略。密集型成长战略具体包括三种类型：市场渗透战略、市场开发战略和新产品开发战略。

（1）市场渗透战略是指企业通过更大的市场营销努力，提高现有产品或服务在现有市场份额的战略。市场渗透战略的主要实现途径包括提高现有顾客的产品使用频率、吸引竞争对手的顾客和潜在用户购买现有产品。实施市场渗透战略的主要措施有：增加销售人员、增加广告开支、采取多样化的促销手段或加强公关宣传。市场渗透战略既可单独采用，也可同其他战略结合使用。市场渗透战略主要适用于以下几种情况：①企业产品或服务在现有市场中还未达到饱和；②现有用户对产品的使用率还可以显著提高；③整个产业的销售在增长，但主要竞争者的市场份额在下降；④历史上销售额与营销费用高度相关；⑤规模扩大能够带来明显的竞争优势。

（2）市场开发战略是指将现有产品或服务打入新市场的战略。市场开发战略的成本和风险相对较低。实施市场开发战略的主要途径包括开辟其他区域市场和其他细分市场。市场开发战略主要适用于以下几种情况：①存在未开发或未饱和的市场；②可得到新的、可靠的、经济的和高质量的销售渠道；③企业在现有经营领域十分成功；④企业拥有扩大经营所需的资金和人力资源；⑤企业存在过剩的生产能力；⑥企业的主业属于正在迅速全球化的产业。

（3）新产品开发战略是企业在现有市场上通过改进或改变产品或服务以增加产品销售量的战略。产品开发战略的实施途径包括开发新的产品性能、型号、规格和改进质量。实施产品开发战略通常需要大量的研究和开发费用。产品开发战略适用于以下几种情况：①企业产品具有较高的市场信誉度和顾客满意度；②企业所在产业属于适宜创新的高速发展的高新技术产业；③企业所在产业正处于高速增长阶段；④企业具有较强的研究和开发能力；⑤主要竞争对手以类似价格提供更高质量的产品。

2. 一体化战略。

一体化战略是指企业对具有优势和增长潜力的产品或业务，沿其经营链条的纵向或横向扩大业务的深度和广度，以扩大经营规模，实现企业增长。一体化战略按照业务拓展的方向可以分为横向一体化和纵向一体化。

（1）横向一体化战略是指企业收购、兼并或联合竞争企业的战略。企业采用横向一体化战略的主要目的是减少竞争压力、实现规模经济和增强自身实力以获取竞争优势。横向一体化战略主要可以通过以下几种途径实现：①购买，即一家实力占据优势的企业购买与之竞争的另一家企业；②合并，即两家相互竞争而实力和规模较为接近的企业合并为一个新的企业；③联合，即两个或两个以上相互竞争的企业在某一业务领域进行联合投资、开发和经营。在下列情形下，比较适宜采用横向一体化战略：①企业所在产业竞争较为激烈；②企业所在产业的规模经济较为显著；③企业的横向一体化符合反垄断法律法规，能够在局部地区获得一定的垄断地位；④企业所在产业的增长潜力较大；⑤企业具备横向一体化所需的资金、人力资源等。

（2）纵向一体化战略是指企业向原生产活动的上游和下游生产阶段扩展的战略。现实中，多数大型企业均有一定程度的纵向一体化。该类扩张使企业通过内部的组织和交易方式将不同生产阶段联结起来，以实现交易内部化。纵向一体化包括后向一体化和前向一体化。后向一体化指企业介入原供应商的生产活动；前向一体化指企业控制其原属客户公司的生产经营活动。如化学工业公司可向石油冶炼、采油方向扩展，以实现后向一体化；也可向塑料制品、人造纤维等方向扩展，以实现其前向一体化。纵向一体化是公司增长到一定阶段的主要扩张战略。通常，公司通过横向一体化打败竞争对手，就在某种程度上形成垄断地位。当行业的业务形成多个垄断企业，则会产生多头垄断状况。当市场达到多头垄断地位后，公司便会进入纵向一体化扩张，以占领其供应和市场领域。一旦公司在某一生产部门占领重要地位之后，向多种部门扩张便成为其重要的增长战略。这种纵向一体化战略，主要指企业向原生产活动的上游和下游生产阶段扩展。上游即是供应商或采购，下游即是客户或销售。当企业在生产领域处于支配地位后，其扩张战略或增长战略的目标是对供应商采购和市场销售实现一体化战略。

3. 多元化战略。

多元化战略是指在现有业务领域基础上增加新的业务领域的经营战略。根据现有业务领域与新的业务领域之间的关联程度，可将多元化战略分为相关多元化和非相关多元化两类。

（1）相关多元化战略是指企业以现有业务为基础进入相关产业的战略。采用相关多元化战略，有利于企业利用原有产业的产品知识、制造能力和营销技能优势获得融合优势。当企业在产业内具有较强的竞争优势，而该产业的成长性或吸引力逐渐下降时，适宜采用相关多元化战略。

（2）非相关多元化战略是指企业进入与当前产业不相关的产业的战略。如果企业当前产业缺乏吸引力，而企业也不具备较强的能力和技能转向相关产品或服务，较为现实的选择就是采用不相关多元化战略，以获取新的利润增长点。

多元化战略有利于实现规模经济，分散企业的经营风险，增强企业竞争力。但该战略也存在分散企业资源、增加管理难度和运作费用等问题。

（二）稳定型战略

稳定型战略，又称为防御型战略。即企业在战略方向上没有重大改变，在业务领域、市场地位和产销规模等方面基本保持现有状况，以安全经营为宗旨的战略。稳定型战略主要有四种：无增战略、维持利润战略、暂停战略和谨慎实施战略。

1. 无增战略。

无增战略似乎是一种没有增长的战略。采用这种战略的企业可能基于以下两个原因：一是企业过去的经营相当成功，并且企业内外环境没有发生重大变化；二是企业并不存在重大的经营问题或隐患，因而战略管理者没有必要进行战略调整，或者害怕战略调整会给企业带来资源分配的困难。采用无增战略的企业除了每年按通货膨胀率调整其目标外，其他暂时保持不变。

2. 维持利润战略。

这是一种牺牲企业未来发展来维持目前利润的战略。维持利润战略注重短期效果而忽略长期利益，其根本意图是渡过暂时性的难关，因而往往在经济形势不景气时被采用，以维持过去的经济状况和效益，实现稳定发展。但如果使用不当的话，维持利润战略可能会使企业的元气受到伤害，影响企业长期发展。

3. 暂停战略。

在一段较长时间的快速发展后，企业可能会遇到一些问题使得效率下降，这时就可以采用暂停战略，即在一定时期内降低企业的目标和发展速度。暂停战略可以充分达到让企业积聚能量，为今后的发展做准备的目标。

4. 谨慎实施战略。

如果企业外部环境中某一重要因素难以预测或变化趋势不明显，企业就要有意识地降低某一战略决策的实施进度，步步为营。

（三）收缩型战略

收缩型战略，也称为紧缩型战略，是指企业从目前的战略经营领域和基础水平收缩和撤退，在一定时期内缩小生产规模或取消某些产品生产的一种战略。采取收缩型战略可能出于多种原因和目的，但基本的原因是企业现有的经营状况、资源条件以及发展前景不能应付外部环境的变化，难以为企业带来满意的收益，以致威胁企业的生存，阻碍企业的发展。收缩型战略是一种以退为进的战略。按照实现收缩目标的途径，收缩型战略主要有转向战略、放弃战略、归核化战略、解散与破产战略。

1. 转向战略。

转向战略，或称调整性收缩战略，指当企业现有经营领域的市场吸引力微弱、失去发展活力而趋向衰退，企业市场占有率受到侵蚀，经营活动发生困难，或发现了更好的发展领域和机会时，为了从原有领域脱身，转移阵地，另辟道路所实行的收缩。在原有经营领域内采取减少投资、压缩支出、降低费用、削减人员的办法，目的是逐步收回资金和抽出资源用以发展新的经营领域，在新的事业中找到出路，推动企业更快地发展。

2. 放弃战略。

放弃战略，或称适应性收缩战略，是指企业卖掉其下属的某个战略经营单位（如子公司或某一部门），或将企业的一个主要部门转让、出卖或停止经营。这是在企业采取选择转向战略无效时而采取的收缩战略。放弃战略的目的是去掉经营赘瘤，收回资金，集中资源，加强其他部门的经营实力，或者利用获得的资源发展新的事业领域，或者用来改善企业的经营素质，从而抓住更大的发展机会。

3. 归核化战略。

归核化战略，又称战略外包，是指企业将自身不擅长的非核心业务，交给其他专业企业协助完成的商业运作模式。其目的在于把企业的业务归拢到最具竞争优势的行业上，把经营重点放在核心行业价值链中自身优势最大的环节上，促进核心能力的培育、维护和发展。企业在确定核心业务后，可以通过出售、撤销、收购、分拆等措施剥离非核心业务，通过加强内部开发能力、外部购买和建立战略联盟实现对核心业务的强化和支援。

归核化是企业多元化经营战略的运作中对自身业务不断进行优化整合的决策过程。

4. 解散与破产战略

解散是指已成立的企业，由于发生法律、章程或协议规定的事由而中止的法律行为；破产是指债务人因不能偿债或资不抵债时，由债权人或债务人诉诸法院宣告破产并依破产程序偿还债务的法律行为。

解散与破产战略，是指通过依法解散或破产清算，维护股东利益，了结企业债务和业务的收缩战略。

二、企业总体战略选择

（一）企业总体战略选择的影响因素

1. 企业过去的战略。

对于持续经营的企业而言，选择新的战略必须考虑过去的战略，即以过去战略作为新战略的起点。调整企业战略要充分利用公司现有的资源，使新战略的选择减少过去战略的限制与影响，推进新战略的实施。

2. 战略选择决策者对风险的态度。

决策者对风险的态度主要有两类：乐于承担风险和回避风险。对风险的态度不同，对战略类型的选择会有明显的不同。

3. 企业环境应变性。

依据企业对环境调适方式和能力的不同，企业战略选择也会不同：有些企业是企业环境变革的创造者，它们在产品开发、技术变革、管理创新等方面引领市场，创造机会；有些企业是市场环境的适应者，它们固守现在阵地，根据市场变化调整规模与发展速度；有些企业是市场环境变化的受害者，它们不能根据市场环境变化作出及时准确的反应，往往被市场所淘汰。

4. 企业文化与管理者风格。

企业文化与管理者风格影响并决定着企业战略的选择及实施。企业的经营理念、价值观影响着公司的使命、目标，影响着管理者责任与权力的划分，影响着员工对战略实施的态度，这些都决定着企业战略选择。

5. 竞争者的行为与反应。

企业战略必然影响着竞争对手的行为与反应，这是企业战略选择必须考虑的。企业只有事先考虑到企业战略对竞争者的行为与反应，并作出相应的应对措施，才能保证战略选择的正确性。

6. 战略目标实现的时限。

战略实施达到预期目标所需要的时间长短是影响战略选择的非常重要的因素，时间过长或过短都将给战略实施带来不利的影响。

（二）成长型战略选择

1. 成长型战略的特征。

（1）实施成长型战略的企业的发展不一定比整个经济增长速度快，但它们往往比其产品所在的市场增长得快。市场占有率的增长可以说是衡量增长的一个重要指标，成长型战略不仅体现的是绝对市场份额的增加，而且体现了在市场总容量增长基础上相对份额的增加。

（2）实施成长型战略的企业往往能取得大大超过社会平均利润率水平的利润。由于发展速度较快，这些企业更容易获得较好的规模经济效益，从而降低生产成本，获得超额的利润率。

（3）实施成长型战略的企业倾向于采用非价格的手段同竞争对手抗衡。如重视市场开发、新产品开发，在管理模式等方面都力求具有竞争优势，以相对更为创新的产品和劳务以及管理上的高效率作为竞争手段。

（4）实施成长型战略的企业倾向于通过创造本身并不存在的产品或服务的需求来改变外部环境并使之适合自身。这种引导或创造合适环境的追求是由其发展战略的特性决定的。要真正实现既定的发展目标，仅仅适应环境是不够的，影响或改变环境以有利于自身发展更为重要。

2. 成长型战略的适用条件。

（1）成长型战略必须与宏观经济景气度和产业经济状况相适应。一方面，如果未来阶段宏观环境和行业微观环境较好，企业比较容易获得所需资源，这就降低了实施该战略的成本。另一方面，如果宏观环境的走势较为乐观，消费品需求者和投资品需求者都会有一种理性的预期，认为未来的收入会有所提高，因而其需求幅度将会有相应的增长，保证了企业成长型发展战略的需求充足。

（2）成长型战略必须符合政府管制机构的政策法规和条例等的约束。例如，世界上大多数国家都鼓励高新技术的发展，因而一般来说这类企业可以考虑使用成长型战略。

（3）成长型战略与公司可获得的资源相适应。由于采用成长型战略需要较多的资源投入，因此从企业内部和外部获得资源的能力就显得十分重要，包括人力资源、物力资源、财力资源等。

（4）成长型战略与企业文化的适合性。如果一个企业的文化是以稳定性为其主旋律的话，那么成长型战略的实施就要克服相应的文化阻力。当然，企业文化也并不是一成不变的事物，事实上，积极和有效的企业文化的培育必须以企业战略作为指导依据。

（三）稳定型战略选择

1. 稳定型战略的特征。

从企业经营风险的角度来说，稳定型战略的风险是相对较小的，对于那些曾经成功地在一个处于上升趋势的行业和一个变化不大的环境中活动的企业会很有效。稳定型战略从本质上追求的是在过去经营状况基础上的稳定，它具有如下特征：

（1）企业对过去的经营业绩表示满意，决定追求既定的或与过去相似的经营目标。例如，企业过去的经营目标是在行业竞争中处于市场领先者的地位，稳定型战略意味着在今后的一段时期里依然以这一目标作为企业的经营目标。

（2）企业战略规划期内所追求的绩效按大体的比例递增。与成长型战略不同，这里的增长是一种常规意义上的增长，而非大规模的和非常迅猛的发展。例如，稳定型增长可以指在市场占有率保持不变的情况下，随着总的市场容量的增长，企业的销售额也在增长，而这种情况则并不属于典型的成长型战略。实行稳定型战略的企业，会在市场占有率、产销规模或总体利润水平上保持现状或略有增加，从而稳定和巩固企业现有竞争地位。

2. 稳定型战略的适用条件。

（1）采取稳定型战略的企业，一般处在市场需求及行业结构稳定或者较小动荡的外部环境中，因而企业所面临的竞争挑战和发展机会都相对较少。

（2）有些企业在市场需求以较大的幅度增长或是外部环境提供了较多的发展机遇的情况下也会采取稳定型战略。这些企业一般来说是由于资源状况不足，使其抓不住新的发展机会，因而选择相对稳定的战略态势。

（3）企业实施成长型战略后，市场占有率等过高可能会引起竞争对手的攻击和政府的干预。因此，企业会在一定时期选择稳定型战略。

（4）一些企业管理者不愿意承担风险，或为了避免增长过快带来的管理难度，也适宜于选择稳定型战略。

【例1-7】R集团股份有限公司（以下简称"R集团"）是一家在国内上市的大型投资公司，资金充裕且实力雄厚。其全资拥有的S地产代理有限公司（以下简称"S公司"）是全国大型连锁经营房地产代理直接机构。S公司在国内每个省分别设立子公司，统筹各省分支公司的业务。而S公司房地产代理佣金的年收入稳居全国第一，营业点数量和代理人数量也位列全国第一。随着国家西部大开发战略的提出和实施，西部G省甲市在旅游和高新技术产业等领域迅速发展，一跃成为龙头城市。而且由于全国房地产正处于行业周期的高峰，以及甲市所拥有的特殊因素，甲市房地产市场更是高速发展，致使全国各地的房地产商纷纷进入甲市投资该市的房地产。

S公司的主要业务和收入并不在甲市，尤其是其分支机构在甲市的营业点数量和人数均落后于甲市的几家本地代理中介机构。相比于S公司，这些机构对甲市情况更为熟悉，具有丰富的人脉关系，收费也低，但服务质量却远低于S公司。S公司在G省的分公司已建立10年，其业务量10年来稳定增长，利润率也维持在较高水平，但业务量及收入总额尚不如本地的代理公司，该分公司管理层的大多数也将会在未来的1~5年间陆续退休。最近，R集团给S公司制定的企业目标是保持市场领先地位，并将年增长率维持在17%左右。由于各省市的业务增长率已经处于很低的水平，S公司管理层认为G省甲市将是公司能否完成任务的一个关键且决定性因素。

本例中，S公司应该选择成长型战略。主要理由在于：一是R集团对S公司下发了关于维持市场领先地位的企业目标；二是作为高质量高水平的房地产代理商，S公司其他省的分公司业务几乎饱和，而西部大开发所带来的G省甲市新兴市场的迅速发展为其业务拓展创造了良好机遇。因此，S公司应采取成长型战略。

G省分公司会选择稳定型战略。主要理由在于：G省分公司的管理层接近退休，大部分管理者会满足于现状，缺乏冒险扩张的勇气，以维持利润战略为主，所以会选择稳定型战略。

（四）收缩型战略选择

1. 收缩型战略的特征。

（1）对企业现有的产品的市场份额实行收缩、调整和撤退的措施，削减某些产品的市场规模，放弃某些产品系列，甚至完全退出目前的经营领域。

（2）逐步缩小企业的产销规模，降低市场占有率，同时相应地降低某些经济效益指标。

（3）目标重点是改善企业的现金流量，争取较大收益和资金价值。在资源的运用上，采取严格控制和尽量削减各项费用支出、只投入最低限度经营资源的方针和措施。

（4）具有过渡的性质。一般来说，企业只是短期内奉行这一战略，其基本目的是使自己摆脱困境，渡过危机，保存实力，或者消除经济赘瘤，集中资源，然后转而采取其他战略。

2. 收缩型战略的适用条件。

（1）采取收缩型战略的企业往往是由于外部环境变化，经济陷入衰退之中。例如，宏观经济调整、紧缩作用于某一行业的供应、生产、需求等方面引起的突发性、暂时性衰退。行业本身进入衰退期而必然出现的市场需求减少、规模缩小的渐进式衰退；资源紧缺，致使企业在现有的经营领域中处于不利地位，财务状况不佳，难以维持目前的经营状况。

（2）采用收缩型战略也可能是企业经营失误情况下的选择。由于企业经营失误（如战略决策失误、产品开发失败、内部管理不善等）造成企业竞争地位虚弱、经济资源短缺、财务状况恶化，只有撤退才有可能最大限度地保存企业实力，因此被迫采取收缩型战略。

（3）选择收缩型战略还可能是由于企业发现了更有利的发展机会。因为企业在经营中出现了更有利的机会，为谋求更好的发展机会，需要集中并更有效地利用现有的资源和条件。为此，要对企业中那些不能带来满意利润、发展前景不够理想的经营领域采取收缩或放弃的办法。这是一种以长远发展目标为出发点的积极的收缩型战略或调整型收缩战略。

在实务中，企业各种战略的适用条件并不是绝对不变的，战略决策者应考虑某种战略的适用条件结合权变性原则加以选择。

第三节　经营战略与职能战略

一、经营战略的内涵与类型

经营战略，是指在给定的一个业务或行业内，企业用于区分自己与竞争对手业务的方式，或者说是企业在特定市场环境中如何营造、获得竞争优势的途径或方法的战略。

企业在市场竞争中获得竞争优势的途径虽然很多，但有三种最基本的战略，即成本领先战略、差异化战略和集中化战略。

（一）成本领先战略

成本领先战略也称为低成本战略，是指企业通过有效途径降低成本，使企业的成本低于竞争对手的成本，甚至是在同行业中最低，从而获取竞争优势的一种战略。其核心就是加强内部成本控制，在研发、生产、销售、服务、广告等领域把成本降到最低，成为行业中的成本领先者。

根据企业获取成本优势的方法不同，可以把成本领先战略概括为如下几种主要类型：

1. 简化产品型成本领先战略，即通过对产品的非实用功能等的简化降低成本。

2. 改进设计型成本领先战略，即通过改进产品设计降低成本。

3. 材料节约型成本领先战略，即通过材料消耗的节约降低成本。

4. 人工费用降低型成本领先战略，即通过提高劳动生产率，减少人工费用降低成本。

5. 生产创新及自动化型成本领先战略，即通过技术创新降低成本。

（二）差异化战略

差异化战略是通过提供与众不同的产品或服务满足顾客的特殊要求，从而形成竞争优势的一种战略。其核心是取得某种对顾客有价值的独特性，它能为企业带来额外溢价，当这种溢价超过其独特性所增加的成本时，便会形成企业竞争优势。差异化可以来自设计、品牌形象、技术、产品性能、组织人事、营销渠道、客户服务、盈利模式等各个方面。

1. 产品差异化战略。产品差异化的主要因素有：特征、工作性能、一致性、耐用性、可靠性、易修理性、式样和设计等。

2. 服务差异化战略。服务的差异化主要包括送货、安装、顾客培训、咨询服务、维修服务等因素。

3. 人才差异化战略。训练有素的员工应能体现出六个特征：胜任、礼貌、可信、可靠、反应敏捷和善于交流。

4. 形象差异化战略。形象差异化主要指企业或品牌的形象不同，如个性与形象、标志、书面与听觉、环境、活动项目等。

（三）集中化战略

集中化战略，也称目标集聚战略，是指针对某一特定购买群、产品细分市场或区域市场，采用成本领先或差异化以获取竞争优势的战略。集中化战略与成本领先战略和差异化战略不同的是，企业不是围绕整个行业，而是面向某一特定目标市场开展生产经营和服务活动，以期能更有效地为特定目标顾客群服务。

采用集中化战略的企业，由于受自身资源和能力的限制，无法在整个产业实现成本领先或者差异化，故而将资源和能力集中于目标细分市场，实现成本领先或差异化。细分市场，也称市场细分，是指营销者通过市场调研，依据消费者的需要和欲望、购买行为和购买习惯等方面的差异，把某一产品的市场整体划分为若干消费者群的市场分类过程。每一个消费者群就是一个细分市场，每一个细分市场都是由具有类似需求倾向的消费者构成的群体。目标细分市场，是指企业根据产品细分市场划分，结合公司战略目标确定的某一类型的细分市场，比如某化妆品的目标细分市场可确定为东北地区、农村、中年女性。

集中化战略可根据集中化的内容分为：产品集中化战略、顾客集中化战略、地区集中化战略、低占有率集中化战略。集中化战略根据实施方法可分为：单纯集中化、成本集中化、差别集中化和业务集中化等。

单纯集中化是企业在不过多考虑成本领先和差异化的情况下，选择或创造一种产品、技术和服务为某一特定顾客群创造价值，并使企业获得稳定可观的收入。

成本集中化是企业采用低成本的方法为某一特定顾客群提供服务。通过低成本集中化战略可以在细分市场上获得比较领先的竞争优势。

差别集中化是企业在集中化的基础上突出自己的产品、技术和服务的特色。企业如果选择差别集中化，那么差别集中化战略的主要措施都应该用于集中化战略中。但不同的是，集中化战略只服务狭窄的细分市场，而差别化战略要同时服务于较多的细分市场。

业务集中化是企业在不过多考虑成本的情况下，按照某一特定顾客群的要求，集中企业中的某一项较好的业务，如物流企业可选择准时制配送、流通加工、仓储等。业务集中化可使企业某项业务的竞争力增强。

【例1-8】C公司是中国首批由民营资本独资经营的航空公司，也是国内唯一一家低成本航空公司，其总部设在上海，以上海虹桥机场和上海浦东机场为主运营基地，现已开通10余条国际及地区航线、70余条国内航线。C公司的净利润连年持续、稳步增长，成为当前国内最成功的廉价航空公司，正积极准备上市。

C公司倡导反奢华的低成本消费理念和生活方式，采用低成本模式运营，以提高运营效率及降低运行成本。C公司采取单一机型（机队全部由空客A320构成），单一经济舱布局（取消了商务舱、头等舱），使座位数达到180座，充分提高了飞机的经济性。C公司自行建立飞机离港系统及机票销售网站，不进入全球分销系统（global distribution system，GDS），大大节省了代理佣金等非必要开支。另外，C公司将非必要服务（如机上餐食、行李额度等）从机票价格中剥离，最大限度降低机票价格，创造了199元、99元、1元等一系列特价机票，促使其平均客座率连续多年达95%以上，这也是C公司连年盈利的最重要保障。

C公司将自己定位为"草根航空"，其顾客主要为普通旅游者，以及对价格比较敏感的商务旅客，与追求豪华消费和高票价的现有国内航空公司相比，它是一个"异类"，始终保持票价差异（低价）、销售方式差异（直销）、服务差异的策略。但是，C公司与众不同的做法也遭到一些非议，机上餐饮有偿服务让顾客觉得该公司"小气"、服务较差，低票价策略反而会让顾客怀疑其安全性和可靠性，自建网站销售机票也让顾客感到不熟悉、不方便。另外，其他航空公司也开始逐渐推出低价机票，这对C公司来说是一个极大的威胁。

假定不考虑其他因素。

公司通常可采用的最基本的经营战略有三种：成本领先战略、差异化战略和集中化战略。

本例中，C公司采用了成本领先战略和差异化战略。

C公司主要面临的不利因素有：给顾客一种服务较差的不良印象；安全性和可靠性受到怀疑；销售渠道不为大众熟悉；面临同行业竞争对手的威胁。

C公司可以采取以下措施：（1）努力改善服务质量，可在飞机上适当增加一些低成本的免费餐饮；（2）在适当的平台投放适量的广告，宣传其安全度和经济性，减少顾客在安全性和可靠性方面的疑虑；（3）加强与知名售票网站的合作，增加其机票获取的容易度，建立顾客会员制，留住老顾客；（4）专注于自己的目标顾客群，努力提高服务质量，让竞争对手无机可乘。总之，成本控制固然非常重要，但也不能无底线地"节省"，一些必要支出不可省去，C公司应该努力寻找一个较好的平衡点。

二、经营战略选择

(一) 经营战略选择的影响因素

企业经营战略选择涉及的因素较多，重要的影响因素来自企业面临的市场竞争范围和企业的竞争优势来源。

1. 市场竞争范围。

明确企业市场竞争范围是企业经营战略选择的首要因素。市场细分是确定企业市场竞争范围的基本方法。无论是市场开发、产品开发、市场渗透，还是多元化经营，都必须建立在新的或改进的市场细分基础上。企业可用有限的资源灵活地经营某个细分市场。市场细分决策为经营战略选择明确了方向。

2. 企业竞争优势来源。

竞争优势是企业生存与发展的前提。企业在明确市场竞争范围的基础上，应进一步明确自身的竞争优势来源于何处。通常企业的竞争优势主要来源于两个方面：

一是低成本优势。如果企业在长期发展过程中形成了降低成本的文化氛围，使自己的业务成本水平和管理费用水平都在行业中处于领先水平，企业在经营战略选择时就可利用这种优势的竞争资源战胜竞争对手。

二是独特性优势。如果企业在发展过程中形成了产品、服务或管理等的独特性，以至于使竞争对手难以模仿或超越，那么企业在经营战略选择时要充分挖掘这种独特性或与竞争对手差异性的业务，使自身优势得以发挥。

(二) 成本领先战略选择

1. 成本领先战略的特征。

（1）在这种战略的指导下企业在生产经营中通过低成本优势取得行业领先地位。成本优势的来源因产业结构不同而异。它们可以包括追求规模经济、专利技术、原材料的优惠待遇和其他因素。

（2）成本领先并不等同于价格最低。如果企业陷入价格最低，而成本并不最低的误区，换来的只能是把自己推入无休止的价格战。因为一旦降价，竞争对手也会随着降价，而且由于比自己成本更低，因此具有更多的降价空间，能够支撑更长时间的价格战。

（3）尽管一个成本领先的企业是依赖其成本上的领先地位来取得竞争优势的，但它要成为经济效益高于平均水平的超群者，就必须与其竞争厂商相比，在产品别具一格的基础上取得价值相等或价值近似的有利地位。因此，成本领先企业能赚取高于平均水平的收益。

（4）成本领先战略一般必然地要求一个企业就是成本领先者，而不只是争夺这个位置的若干厂商中的一员。当渴望成为成本领先者的厂商不止一家时，它们之间的竞争通常是很激烈的，因为每一个百分点的市场占有率都被认为是至关重要的。所以，除非重大的技术变革使一个企业得以彻底改变其成本地位，否则小成本领先就是特别依赖于先发制人策略的一种战略。

（5）成本领先战略的成功取决于企业日复一日地实施该战略的技能。成本不会自动下降，也不会偶然下降，它是艰苦工作和持之以恒地重视成本工作的结果。要改善相对成本地位，与其说需要在战略上作出重大转变，还不如说需要管理人员更多的重视。

2. 成本领先战略的适用条件。

（1）大批量生产的企业。产量要达到经济规模，才会有较低的成本。

（2）企业有较高的市场占有率，严格控制产品定价和初始亏损，从而形成较高的市场份额。

（3）企业必须采用先进的生产设备，先进的设备使生产效率提高，使产品成本进一步降低。

（4）要严格控制一切费用开支，全力以赴地降低成本，最大限度地减少研发、服务、摊销、广告及其他一切费用。

（三）差异化战略选择

1. 差异化战略的特征。

（1）差异化战略并不意味着公司可以忽略成本，但此时低成本不是公司的首要战略目标。

（2）如果差异化战略成功地实施了，它就成为在一个产业中赢得高水平收益的积极战略。

（3）推行差异化战略往往要求公司对于这一战略的排他性有思想准备。这一战略与提高市场份额两者不可兼顾。

（4）在建立公司的差异化战略的活动中总是伴随着很高的成本代价，有时即便全行业范围的顾客都了解公司的独特优点，也并不是所有顾客都愿意或有能力支付公司要求的高价格。

2. 差异化战略的适用条件。

（1）具有很强的研究开发能力，研究人员要有创造性的眼光。

（2）企业具有以其产品质量或技术领先的声望。

（3）企业在这一行业有悠久的历史或吸取其他企业的技能并自成一体。

（4）有很强的市场营销能力。

（5）研究与开发、产品开发以及市场营销等职能部门之间要具有很强的协调性。

（四）集中化战略选择

1. 集中化战略的特征。

集中化战略是指企业以某个特殊的顾客群、某产品线的一个细分区段或某一个地区市场为主攻目标的战略。细分区段是细分市场的具体化。区段的意思为区域及地段，或区域及阶段。细分区段就是指对产品及顾客群可根据区段进行进一步的市场细分。这一战略整体是围绕着为某一特殊目标服务，通过满足特殊对象的需要而实现差别化或低成本。集中化战略是以更高的效率、更好的效果为某一特殊对象服务，从而超过面向广泛市场的竞争对手，或实现差别化，或实现低成本，或两者兼得。

集中化战略与其他两个基本的竞争战略不同。成本领先战略与差别化战略面向全行业，在整个行业的范围内进行活动。而集中化战略则是围绕一个特定的目标进行密集型的生产经营活动，要求能够比竞争对手提供更为有效的服务。

企业一旦选择了目标市场，便可以通过产品差别化或成本领先的方法，形成重点集中战略。由于这类企业的规模较小，采用集中化战略的企业往往不能同时进行差别化和成本领先的方法。实施集中化战略的企业由于其市场面狭小，可以更好地了解市场和顾客，提供更好的产品与服务。集中化战略一般有两种形式：一种是低成本集中化；另一种是差异化集中化。

2. 集中化战略的适用条件。

选择集中化战略的企业应考虑外部适用条件和内部资源条件。适应集中化战略的条件包括：

（1）企业具有完全不同的市场顾客群。

（2）没有其他竞争对手试图在目标细分市场实施集中化战略。

（3）由于地理位置、收入水平、消费习惯、社会习俗等因素的不同，将形成专门化市场，这些市场之间的隔离性越强，越有利于集中化战略的实施。

（4）行业中各细分部分在规模、成长率、获利能力方面存在很大的差异。

【例1-9】ABC公司是一家实力较强的中国化学原料生产商，近年来不断壮大发展，成为原料生产以及涂料油漆生产销售的一体化企业，并计划将其业务逐步扩展到欧洲和美洲等地。ABC公司生产的主要产品包括氟碳漆、防腐漆、高分子化学材料等，并一直使用单一品牌在各地市场上销售。

ABC公司在中国北京总部共聘用了600余名营销人员，分别负责各地区的销售业务。大多数营销人员的大部分时间均出差在外地，与当地经销商洽谈业务。ABC公司生产总部的厂房与农场均设于北京市郊，采用劳动密集型的生产及包装模式。ABC公司各生产线的生产成本占公司总运营成本的35%，比同行业平均水平高约7%。

近年来，随着国家对于油漆涂料中有害物质含量的规定愈发严格，加之消费者环保意识的增强，人们对于环保漆的需求愈发旺盛。由于ABC公司未能对各个地区市场变化采取应对措施，未能及时调整和改善产品中有机挥发量（VOC）的数值，导致其总体市场份额和利润率均下降15%以上。

假定不考虑其他因素。

本例中：

（1）ABC公司采用的是成长型战略。

（2）ABC公司面临的不利因素及挑战包括：第一，成本劣势，ABC公司各生产线的生产成本占公司总运营成本的35%，比同行业平均水平高约7%；第二，国家政策变化，国家对于油漆涂料中有害物质含量的规定愈发严格；第三，消费者环保意识的增强，人们对于环保漆的需求愈发旺盛；第四，ABC公司未能对各个地区市场变化采取应对措施，未能及时调整和改善产品中VOC的数值。因此，ABC公司的产品竞争力下降，从而导致该企业总体市场份额和利润率均下降15%以上。

（3）针对 ABC 公司面临的情况，可以采取以下两种战略：

第一，采用集中差异化战略（即在全行业或整体角度实施差异化战略的基础上，对某一细分市场的集中化战略，也称差异集中化战略）。针对消费者对于环保漆需求增加的变化趋势，研发出 VOC 以及可溶性重金属含量较低的水性涂料，不断改善自身的市场份额。

第二，采用成本领先战略。由于 ABC 公司生产总部的厂房与农场均设于市郊，采用劳动密集型的生产及包装模式，各生产线的生产成本占公司总运营成本的 35%，比同行业平均水平高约 7%，所以该公司也可以同时采取措施降低成本，例如将厂房搬离市郊，设在离市场较近的地方，进而节约运输成本；对现有生产及包装模式进行改造，采用现代化的生产及包装模式以改善效率、降低成本等。

三、职能战略的内涵与类型

（一）职能战略的内涵

职能战略是为贯彻、实施和支持企业战略与经营战略而在企业特定的职能管理领域制定的战略。职能战略的重点是提高企业各种资源的利用效率，使企业各种资源的利用效率最大化。职能战略的内容比经营战略更为详细、具体，其作用是使企业战略与经营战略的内容得到具体落实，并使各项职能之间协调一致。

企业职能战略作为对公司战略和经营战略进行落实和具体化的战略，具有以下特点：

1. 从属性。职能战略是为企业战略和经营战略服务的，它规定着企业在某一方面或某一领域的努力方向，并服从于企业发展的总方向。

2. 单一性或专业性。它是从企业的某一职能部门或某一生产经营环节的需要出发所制定的战略，具有较强的单一性，如营销战略、技术战略等。

3. 针对性。它是针对企业某一优势或解决企业某一薄弱环节、某一经营问题而制定的，因而具有较强的针对性。

企业职能战略对于企业战略和经营战略的实施都起到非常积极的作用。

1. 职能战略是具体的，在企业战略和经营战略中增加了实际的内容，明确了企业内部职能部门必须完成的工作，从而丰富、完善了公司战略和经营战略。

2. 职能战略向企业高层管理人员阐明各职能部门如何实施公司战略和经营战略，可以增加高层管理人员实施与控制公司战略和经营战略的信心。

3. 职能战略可以说明职能部门间相互依赖的战略关系以及潜在的矛盾，既有利于促进各职能部门间的协调，也有利于企业战略和经营战略的实现。

（二）职能战略的类型

职能战略根据企业的业务职能部门及作用可分为研发战略、生产战略、营销战略、财务战略、人力资源战略等。

1. 研发战略。

研发战略是围绕企业战略所确定的产品和市场战略，通过科学的调查和分析而制定的产品开发和工艺开发战略，它为企业产品的更新换代、生产效率的提高和生产成本的降低提供了科学基础和技术保证。

企业要根据其企业战略和经营战略来选择研究与开发的方式，根据企业的外部环境以及内部条件来决定应该如何向研究与开发活动分配企业的资源。企业的研发战略可分为四种类型：进攻型战略、防御型战略、技术引进型战略和部分市场战略。

（1）进攻型战略的目的是要通过开发或引入新产品，全力以赴地追求企业产品技术水平的先进性，抢占市场，在竞争中保持技术与市场的强有力的竞争地位。

（2）防御型战略的目的是企业不抢先研究和开发新产品，而是在市场上出现成功的新产品时，立即对该新产品进行仿造或者加以改进，并迅速占领新市场。

（3）技术引进型战略的目的是要利用别人的科研力量来开发新产品，通过购买高等院校、科研机构的专利或者科研成果来为本企业服务。

（4）部分市场战略主要是为特定的大型企业服务，企业用自己的工程技术满足特定的大型企业或者母公司的订货要求，不再进行除此以外的其他技术创新和产品的研究开发。

2. 生产战略。

生产战略是指在企业战略和竞争战略的基本框架下，决定如何通过生产运作活动来达到企业的整体战略目标。生产战略作为企业或企业某项事业的经营战略中的一个职能战略，其目标不是提供具体的产品和服务，而是在生产领域内取得某种竞争优势的能力。生产战略包括以下类型：

（1）基于成本的战略，即通过发挥生产系统的规模经济优势，以及实行设计和生产的标准化，使得产品的成本大大低于竞争对手的同类产品，获取价格竞争优势从而形成一种进入壁垒。其本质是不断追求生产系统的规模经济性。

（2）基于质量的战略，即企业把质量因素作为竞争优势的来源，依靠顾客感知到的产品或服务的相对质量的领先地位，赢得高市场占有率和稳定的利润。

（3）基于时间的战略，即企业把时间作为一种关键的竞争优势的来源，通过缩短产品开发周期和制造周期以提高对市场需求的反应速度，使企业具备提供众多的产品种类和覆盖更多细分市场的能力。

3. 营销战略。

营销战略是根据企业战略定位，在市场调研以及顾客分析和竞争分析的基础上，对企业市场营销目标、产品和市场定位、营销策略及其组合的总体谋划。其主要内容包括：分析和确定顾客的需求，使企业现有的及潜在的产品或服务与之相适应；向顾客传递产品或服务的信息，并接受其反馈；在适当的时间及地点投放产品或服务，以满足交换的需要；以及为产品和服务确定价格。

4. 财务战略。

财务战略是谋求企业资本的合理配置与有效使用，提高资本运营效率，增强企业竞争优势的职能战略。财务战略的目标是确保资本配置合理和使用有效而最终实现企业总体战略。

企业财务战略的主要任务是根据企业的总体战略、竞争战略和其他职能战略的要求，分析和确定企业的资金需求量，保证企业的经营活动对资金的需要，确定融资渠道及方式，调整和优化企业内部资本结构，通过有效资产管理手段提高资金的使用效率，通过对资金的最优化利用，保证企业战略目标的顺利实现。

企业财务战略可以分为融资战略、投资战略和分配战略三个部分。

5. 人力资源战略。

人力资源战略是指企业为了实现其战略目标，在人员管理、人员的选拔任用和调整、绩效考核、工资福利、员工的培训与发展等诸多方面所制定并依次实施的全局性、长期性的思路和谋划。人力资源战略应具备全局性、长远性、阶段性、稳定性与应变性等特征，其主要内容包括以下几个方面：

（1）人力资源规划是根据企业发展战略确定人员需求及满足需求的途径和方法，使企业内部和外部人员的供应与特定时期企业内部预计空缺的职位达到平衡，即人力资源供给和需求之间达到平衡，从而实现人力资源的最佳配置，最大限度地发挥出人力资源的潜力。人力资源规划是系统评价人力资源需求，确保必要时可以获得所需数量且具备相应技能的员工的过程。

（2）员工招聘与选拔是企业寻找、吸引那些有能力又有兴趣到企业任职的人员并从中选拔适宜者予以录用的过程。企业应对员工的招聘与选拔工作高度重视，能够招聘到合格的人才，尤其是优秀的人才，是考核人力资源部门绩效的主要依据之一。

（3）人力资源的培训和开发包括两方面的内容：一是通过对普通员工的教育培训，使其中具有才能者成为企业的人才；二是通过教育和其他方式提高现有人才的能力，挖掘他们的潜力。人力资源的培训和发展对企业的生存和发展有重大意义。

（4）人力资源管理是人力资源战略中很重要的工作，其主要解决如何既能使职工努力工作，又能使他们的个人需求得到满足；企业应采用什么样的晋升标准；为保证现有纪律的作用应采取哪些必要的措施等问题。

四、业务组合管理模型

上述分析有助于对来源于独立的产品、服务或业务单位的战略能力系统进行考察。而对于企业现有业务之间的战略关系以及如何在综合考虑企业内部条件和外部环境约束的前提下，选择正确的经营策略方面则缺乏工具性的理论指南。一般情况下，业务组合分析的主要工具是波士顿矩阵与SWOT模型。

（一）波士顿矩阵

波士顿矩阵是根据业务增长率和市场占有率两项指标，将企业所有的战略单位分为"明星、问题、金牛、瘦狗"四大类，并以此分析企业产品或服务的竞争力，为科学选择企业战略提供依据的一种投资组合分析方法（见图1-5）。这种方法是把企业生产经营的全部产品或业务组合作为一个整体进行分析，通常用来分析企业相关经营业务之间现金流量的平衡问题，以便将企业有限的资源有效地分配到合理的产品结构中去。通过这种方法，企业可以找到现金流量的产生单位及其使用单位。波士顿矩阵的横轴表示企业业务的市场份额，一般用市场占有率表示，反映了企业在市场上的竞争地位。市场占有率既可用绝对占有率，也可用相对占有率。基本计算公式为：

某产品绝对市场占有率 = 该产品本企业销售量 ÷ 该产品的市场销售总量

某产品相对市场占有率 = 本企业市场占有率 ÷ 特定竞争对手市场占有率

上述指标，数值越大，表示市场竞争地位越强，反之越弱。

市场份额在多数情况下采用收入变量进行分析，但除了收入之外的其他变量也可用于该分析。例如商店的数量、航空产业中飞机的数量等。纵轴表示业务增长率，一般用销售增长率表示，反映了企业经营业务在市场上的相对吸引力。

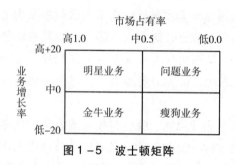

图 1-5　波士顿矩阵

根据有关业务或产品销售增长率和市场增长率，可以把企业的全部业务定位于四个区域。

1. 明星业务。该类业务具有高增长、强竞争地位，处于迅速增长的市场，享有较大的市场份额，其增长和获利有着长期机会。但它们是企业资源的主要消耗者，需要大量投资。为了保护和扩展明星业务的市场主导地位，企业应对之进行资源倾斜。

2. 问题业务。该类业务具有高增长、弱竞争地位，处于最差的现金流量状态。一方面，所在产业的市场增长率高，需要大量投资支持业务发展；另一方面，相对市场地位低，产生的现金流量较低。因此，企业对于问题业务的进一步投资需要分析，判断使其向明星业务转化所需要的投资额，分析其未来的盈利能力，作出投资决策。

3. 金牛业务。该类业务具有低增长、强竞争地位，处于成熟的低速增长市场，市场地位有利，盈利率高，不仅本身不需要投资，而且能为企业带来大量现金，用以支持其他业务发展。

4. 瘦狗业务。该类业务具有低增长、弱竞争地位，处于饱和衰退的市场之中，竞争激烈、盈利率低，不能成为现金来源。若能自我维持，则应收缩经营范围；若是难以为继，则应果断清理。

【例 1-10】大华酒类经销公司经营 A、B、C、D、E、F、G 七个品牌的酒品，公司可用经营资金 100 万元，经过上半年市场销售统计分析发现：

（1）A、B 品牌业务量为总业务量的 70%，利润占总利润的 75%，在本地市场占主导地位。但这两个品牌是经营了几年的老品牌，呈现下降趋势，上半年只是维持了原来的业务量。

（2）C、D、E 三个品牌是新增加的品牌，其中 C、D 两个品牌上半年表现抢眼，C 品牌销售增长了 20%，D 品牌增长了 18%，且在本区域内尚是独家经营，E 品牌是高档产品，利润率高，销售增长也超过了 10%，但在本地竞争激烈，该品牌其他两家竞争对手所占市场比率高达 70%，而本公司只占 10% 左右。

（3）F、G 两品牌市场销售下降严重，有被 C、D 品牌替代的趋势，且在竞争中处于下风，并出现了滞销和亏损现象。

针对上述情况，根据波士顿矩阵原理，采取如下措施：

（1）确认 A、B 品牌为金牛业务。原来的资金投入 50 万元，以保证市场占有率和公司的主要利润来源，同时也认识到 A、B 品牌已经出现了衰退现象，要认真找出原因，尽快寻找替代品牌并延长其生命力。

（2）确认 C、D 品牌为明星业务。虽然目前不是公司的主要利润来源，但发展潜力很大，决定加大资金投放力度，加快发展步伐，拉大与竞争对手的差距，力争成为公司新的增长点，决定先期投入资金 30 万元。

（3）确认 F、G 品牌为瘦狗业务。对 F、G 品牌果断采取收缩战略，不再投入资金，着手清理库存，对滞销商品降价销售，尽快回笼资金。

（4）确认 E 品牌为问题业务。对 E 品牌投入研究力量，寻找竞争对手的薄弱点，整合资源，争取扩大市场份额，使 E 品牌成为新星品牌，决定投入资金 10 万元，余下 10 万元作为机动资金，以便在特殊情况下，对某品牌作重点支持。

（二）SWOT 模型

SWOT 模型是一种综合考虑企业内部的优势（strengths）和劣势（weaknesses）、外部环境的机会（opportunities）和威胁（threats），进行系统评价，从而选择最佳经营战略的方法。其中，优势与劣势分析主要着眼于企业自身的实力及其与竞争对手的比较。判断企业内部优势与劣势的标准有两项：一是单项的优势与劣势，如资金、技术、产品、市场、管理等；二是综合的优势和劣势，如运营效率、组织机构、企业文化等。为了评估企业的综合优势与劣势，可以选择一些重要因素，加以评价打分，然后根据其重要程度按加权平均法加以确定。机会与威胁分析则将注意力放在外部环境的变化即对企业可能的影响上。机会是指随着外部环境变化而产生的有利于企业的时机，如政府支持、新技术应用、良好的客户关系、新的市场空间等。而威胁是指随着企业外部环境的改变而不利于企业的时机，如新的竞争者出现、市场缩减、技术老化等。

SWOT 分析的核心是分析评价企业的优势和劣势，并判断企业的机会和威胁，作出战略决策，以实现企业资源配置的最优化。

图 1-6 显示了 SWOT 模型的十字结构。具体做法是：对列出的内部条件和外部环境及各个关键因素逐项打分，然后按各因素的重要程度加权并求其代数和，再将上述结果在 SWOT 模型十字图上具体定位，从而确定企业战略能力。

图 1-6 SWOT 模型

第 Ⅰ 象限具有很好的内部条件和众多的外部机会,应当采取成长战略,增加投资。

第 Ⅱ 象限面临巨大的外部机会,却受到了内部劣势的限制,应当采取转向战略,充分利用外部机会,设法消除内部劣势。

第 Ⅲ 象限存在内部劣势和外部强大威胁,应当采取收缩战略,撤出资本。

第 Ⅳ 象限具有一定的内部优势,应在多元化经营方面寻求长期发展机会。

SWOT 模型分析是企业制定战略的重要依据。

第四节 财 务 战 略

一、财务战略概述

(一) 财务战略的内涵与特征

1. 财务战略的本质。

财务战略作为企业战略的一个子系统,是企业获取超额利润或实现企业价值最大化的战略。财务战略关注的焦点是企业资本资源的合理配置与有效使用,这是财务战略不同于其他各种战略的质的规定性。财务战略在公司战略中具有重要的地位,财务战略作为职能战略,既为公司总体战略服务,又为公司经营战略服务。

2. 财务战略的特征。

(1) 从属性。财务战略应体现企业总体战略的要求,为其筹集到适度的资金并合理有效投放,以实现企业整体战略。

(2) 系统性。财务战略应当始终保持与企业其他战略之间的动态联系,并努力使财务战略能够支持其他子战略。

(3) 指导性。财务战略应对企业资金运筹进行总体谋划,规定企业资金运筹的总方向、总方针、总目标等重大财务问题。财务战略一经制定便应具有相对稳定性,成为企业所有财务活动的行动指南。

(4) 复杂性。财务战略的制定与实施较企业总体战略下的其他子战略而言,复杂程度更高。

（二）财务战略的目标

在财务管理中，战略的选择和实施是企业的根本利益所在。战略的需要高于一切。企业财务管理必须根据企业总目标的要求，与企业战略相匹配，制定切合实际的企业财务战略目标。

财务战略目标是公司战略目标中的核心目标。财务战略目标的根本是通过资本的配置与使用实现企业价值最大化。

企业价值是指企业的内在价值，即企业将要创造的一系列未来现金流量的净现值。

价值实现是指通过与股东和外部投资者进行有效沟通，提高价值创造与股票价格之间的相关性，避免管理期望价值与市场预期价值存在巨大差异，使经营绩效有效地反映资本市场的股东投资效益。

企业价值与价值实现的计量可通过资本增值来体现。由于价值计量标准不同，产生的价值计量也不同，资本增值可表现为经济增加值和市场增加值。

作为财务战略目标的两个方面，企业价值创造过程通常是企业内部管理的范畴，价值实现过程则是通过对外沟通来完成的。当公司内在的真实经济价值与外在的市场价值有所落差时，如果市值被高估，要从内部进行价值重建，以确保公司价值创造能力的提升；如果市值被低估，要在外部与股东和投资者做有效的价值沟通，以避免由于欠缺资讯的透明度及资讯的不对称造成预期落差，导致投资价值减损，阻碍价值实现的最终目标。这里所说的"价值重建"，是指基于企业价值创造目标对影响价值创造的业务进行重新组建，以提升企业价值创造能力。进行价值重建的方式有很多种，如企业重组、资产重组、业务重组等都会影响企业的价值创造能力，因此都属于价值重建。

（三）财务战略分类

财务战略按财务活动内容划分，可分为融资战略、投资战略、分配战略等。不同时期不同环境中的公司在筹资活动、投资活动和分配活动方面有不同的侧重点，这就构成了不同类型的财务战略。尽管战略应该着眼于企业未来长期稳定的发展，但这并不意味着战略是一成不变的，同样，财务战略的选择必须考虑企业不同发展阶段的经营风险和财务特征，并随着企业环境的变化及时进行调整，以保持其旺盛的生命力。

从资本筹措与使用特征的角度，企业的财务战略可划分为扩张型、稳健型和防御型三种类型。

1. 扩张型财务战略。

扩张型财务战略，又称为进攻型财务战略，是为了配合公司的一体化战略和多元化战略而展开的。这种财务战略是以实现公司资产规模的扩张为目的的。为了实施这种战略，公司往往需要在将绝大部分乃至全部利润留存的同时，大量地进行外部筹资，更多地利用负债。公司资产规模的快速扩张，也往往会使公司的资产报酬率在一个较长时期表现为相对的低水平。因此，这种财务战略的特点是公司投资规模不断扩大，现金流出量不断增多，资产报酬率下降，企业负债增加。

该种战略的优点是通过新的产品或市场发展空间，可能会给公司未来带来新的利润增长点和现金净流量，其成功案例如日本的松下公司和我国的海尔集团；其缺点是一旦投资失误，公司财务状况可能恶化，甚至导致公司破产，其典型案例如东亚金融危机后陷入困境的韩国大宇集团和我国的巨人集团。

2. 稳健型财务战略。

稳健型财务战略，又称为稳健发展型或加强型、平衡型财务战略。它是为配合公司实施对现有产品或服务的市场开发或市场渗透战略而展开的。它是以实现公司财务业绩稳定增长和资产规模平稳扩张为目的的一种财务战略。实施这种战略的公司，根据公司自身经营状况确定与之匹配的发展速度，不急于冒进，慎重从事企业并购或进入与公司核心能力并不相关的领域。一般将尽可能优化现有资源的配置和提高现有资源的使用效率，将利润积累作为实现资产规模扩张的基本资金来源，且对利用负债来实现资产增长往往持十分谨慎的态度。

该种战略的特点是充分利用现有资源，对外集中竞争优势，兼有战略防御和战略进攻的双重特点，通常是一种过渡性战略。其典型的成功案例如日本的佳能公司，它通过不断加强其在精密机器、精密光学、微电子与激光领域的核心技术能力，从而使其产品在激烈的市场竞争中一直处于不败之地。但是，当公司现有产品或服务本身已属夕阳产业，发展前景暗淡，如果仍然实行这种财务战略，则可能给公司带来财务危机，影响公司未来盈利能力和现金流量。

3. 防御型财务战略。

防御型财务战略，又称为收缩型财务战略，主要是为配合公司的收缩、剥离、清算等活动展开的。这种财务战略是以预防出现财务危机和求得生存及新的发展为目的的。实施这种财务战略的公司，一般将尽可能减少现金流出和尽可能增加现金流入作为首要任务，通过采取削减业务、剥离资产、回购股份和精简机构等措施，盘活存量资产，节约资本支出，集中一切可以集中的财力，用于公司核心业务，以增强公司核心业务的市场竞争力。因此，这种财务战略的特点是公司规模迅速降低，现金流入量增加，资产报酬率提高，债务负担减轻。

该种战略的优点是公司财务状况稳健，为将来选择其他财务战略积聚了大量现金资源，其成功案例如美国克莱斯勒公司在 20 世纪 80 年代末实行的管理变革和我国 TCL 集团出售盈利的非核心业务；它的缺点是公司会因此而失去一部分产品领域和市场空间，若不能及时创造机会调整战略则会影响公司未来的盈利增长和现金流量，目前我国有相当一些企业不景气就是由这一原因造成的。

（四）财务战略选择

1. 基于经济周期的财务战略选择。

从财务的观点看，经济的周期性波动要求企业顺应经济周期的过程和阶段，通过制定和选择富有弹性的财务战略，来抵御大起大落的经济震荡，以减少它对财务活动的影响，抑制财务活动的负效应。财务战略的选择必须与经济周期相适应。经济周期通常要经历经济复苏期、经济繁荣期和经济衰退期，企业在不同的经济周期应选择不同的财务战略。

在经济复苏阶段应采取扩张型财务战略，增加厂房设备，采用融资租赁，建立存货，开发新产品，招募新员工。

在经济繁荣阶段应采取扩张型财务战略和稳健型财务战略相结合。繁荣初期继续扩充厂房设备，采用融资租赁，继续建立存货，提高产品价格，开展营销筹划，增加雇员。繁荣后期采取稳健型财务战略。

在经济衰退阶段应采取防御和扩张型承接的财务战略。在初期，特别在经济处于低谷时期，继续采取防御型财务战略，建立投资标准，保持市场份额，压缩管理费用，放弃次要的财务利益，削减存货，减少临时性雇员。后期为转向扩张型财务战略做准备，迎接下一轮经济周期的到来。

总之，企业财务管理人员要跟踪时局的变化，对经济的发展阶段作出恰当的反应，要关注经济形势和经济政策，深刻理解、把握市场规律与宏观经济政策，特别是政府产业政策、投资政策等对企业财务活动可能造成的影响。

2. 基于企业生命周期的财务战略选择。

财务战略选择必须与企业发展的生命周期相适应。典型的企业生命周期一般要经过初创期、成长期、成熟期和衰退期四个阶段，不同的发展阶段应该选择不同的财务战略与之相适应。

企业初创期面临的经营风险最高。它产生于（1）新产品研发能否成功；（2）新产品能否如期量产；（3）新产品量产后能否适销对路；（4）新产品能否实现预期利润。根据经营风险、财务风险与企业总风险的关系，较高的经营风险要求与较低的财务风险相匹配，因此，资金需求最好使用权益资本而避免使用债务资本。实务中，初创期权益资本的主要来源是那些追求高风险、高回报的风险资本（如天使投资人等）。企业初创期又可分为新产品试制、达产、量产等不同阶段，需要分别进行 A 轮、B 轮和 C 轮融资等，企业估值依次增长。企业下一轮融资既是新的风险资本的投资机会，又是上一轮风险投资的退出时机，上一轮投资退出因估值提高而获得高额回报。当然对于特定的初创期企业而言，要么成功，要么失败，风险资本家可以通过对多家、而不仅仅是一家特定的创业项目进行投资，形成系列投资组合来抵消这种失败的风险。

由于企业初创期有大量现金流出和少量现金流入，因此采用零股利分配战略。企业进入成长期后，随着新产品或服务的销售收入快速增长，经营风险开始下降，财务战略面临调整。而销售规模的增加和市场份额的扩大，还需要经历一个曲折艰难的过程，所以，经营风险依然不可忽视，必须采用适当的融资方式，严格控制财务风险，这就意味着继续依靠权益融资，特别是努力进入资本市场（科创板、创业板、H 股等），发行股票、筹集企业发展资金，寻求更广泛的权益资本来源。虽然高速成长时期的现金流量比初创期充裕得多，但是，企业必须在市场开发与市场渗透过程中占有较多的营运资本和固定资产投资，行政管理等诸多方面也需同时投入大量资金，结果是销售增长所带来的现金，又必须重新投入到经营中去，最终导致无法实现较高的股利支付率，因此需要采用较低的股利分配政策。企业未来的高增长预期，是吸引新的权益投资者的主要动力。

在初创期和成长期，企业一般均采用扩张型财务战略。

产品竞争者之间价格竞争的加剧，标志着产品成长阶段的结束和成熟阶段的开始，经营风险会再次降低，因此，适当提高财务风险的做法具有较大的可行性。充足的现金流量是负债融资战略的根本保障。但是，企业未来的增长前景开始变得不明朗和不乐观，这时股东从追求较高的资本利得转向提高股利分配。

在成熟期现金需求量有所减少，一些企业可能有现金结余，财务风险降低，一般采用现金股利政策。这一阶段一般采取稳健型财务战略。

在衰退期现金流入量和需求量持续减少，最后经受亏损，一般采用股票股利或高股利分配政策。衰退期间，由于不需要更新或重置固定资产，营运资本需求也随着经营的萎缩而下降，这样，自由现金流量就可能会增加，股利发放额就有可能超过当期的税后利润，这时发放的部分股利实际上相当于股东投入资本的返还。在衰退期企业应采取防御型财务战略。

虽然在衰退期间，企业的资金需求量不大，但是企业经营中仍然需要部分资金。如果这些资金是股东投入的，他们必然要求得到一个风险调整的报酬率；如果负债融资的成本低于股权融资的成本，就应当引入负债融资。只要企业资产最终变现价值大于贷款额度，债权人依然会对企业发放贷款。

企业可以用负债融资回购股票，完成对股东的支付，这种做法通常是返还股东投入资本的一种方式。企业通过以现有资产价值向银行抵押贷款，将会提高用于支付股利的现金流量。

【例1-11】企业资产预期还可使用5年，每年末产生1000万元的经营现金流量，股东要求收益率为15%，企业以未来五年收益为抵押获取银行五年期利率为8%的贷款，企业所得税率为25%。

企业资产现值＝每年现金流量×年金现值系数

＝1000×(P/A, 15%, 5)＝3352.20（万元）

贷款利率的税后成本＝8%×(1-25%)＝6%

在6%的折现率下，该现金流量支持的贷款额为：

贷款额＝1000×(P/A, 6%, 5)＝4212.40（万元）

现在向银行贷款4212.40万元，每期期末用经营现金流量偿还，5年还清，贷款用于一次性回购股权。

由此可见，使用负债，不仅可以提前收回资产，而且可以多收回资产860.20万元（4212.40-3352.20）。衰退期负债应充分考虑资产变现价值，以免出现财务危机。

处于不同生命周期阶段的企业所面临的风险类型和风险水平不同，同时具有不同的财务特征和价值驱动因素，因此需要有所侧重，采取不同类型的财务战略与公司的不同阶段、不同环境的特征相适应，从而尽可能地给予公司价值创造活动以最合适的支持。不同发展阶段的公司财务战略特征如表1-5所示。

表1-5 不同发展阶段的公司财务战略特征及选择

表现特征	初创期	成长期	成熟期	衰退期
竞争对手	少数	增多	开始达到稳定	数量持续减少
经营风险	非常高	高	中等	低
财务风险	非常低	低	中等	高
资本结构	股权融资	主要是股权融资	股权融资+负债融资	股权融资+负债融资
资金来源	风险资本	权益投资增加	保留盈余+债务	债务
销售收入	较少	高增长	开始饱和	下降
收益情况	负数	较低	增长	较高
投资回报	无	较低	较高	较低
资金需求	较小	较大	较小	很小
现金流量	较少且不稳定	净现金流量为负数	净现金流量为正数	现金较为充裕
股利	不分配	分配率低	分配率高	全部分配
市盈率	非常高	高	中	低
股价	迅速增长	增长并波动	稳定	下降并波动
财务战略选择	稳健型或扩张型财务战略，采取权益资本型筹资战略，实施一体化投资战略，实行零股利或低股利政策	扩张型财务战略，采取相对积极的筹资战略，实施适度分权投资战略，实行低股利、股票股利或剩余股利政策	稳健型财务战略，采取负债资本型筹资战略，实施尝试型投资战略，实行高股利、现金股利政策	防御型财务战略，采取负债型筹资战略，建立进退结合的投资战略，实行股票或高股利分配政策

【例1-12】2018年1月，Z股份有限公司（以下简称"Z公司"）发布公告指出，2017年仍将大幅度亏损，或被实施退市风险警示。据透露，Z公司很可能再度巨亏百亿元。Z公司2016年已经亏损104.5亿元，根据上海证券交易所的规则，上市公司最近两个会计年度经审计的净利润连续为负值或者被追溯重述后连续为负值的，将对该公司股票实施退市风险警示。这意味着，Z公司将正式成为A股市场最大的ST公司。

Z公司踏上股价暴跌以及即将戴上ST帽子之路，固然有整个行业大环境的影响，但最主要的原因是管理层在财务战略上的选择失误。近几年来，全球航运业持续低迷，寒冬仍未过去，A股市场中的航运股像长航凤凰、宁波海运、中海海盛等纷纷预亏，说明亏损的并非Z公司一家，这些上市公司都面临着行业性的难题。但为什么Z公司亏损得最严重呢？这与Z公司过于激进的扩张型财务战略有关。

早在 2008 年下半年次贷危机爆发之际，Z 公司的管理者却被一度繁荣的航运市场以及亮丽的盈利水平所迷惑，本应该开始采取防御型财务战略，却盲目乐观，再加上对形势出现误判，结果在自营船队、租入船队以及远期运费合约（FFA）三块业务上均大举做多，最终导致其一蹶不振。而为了支撑航运市场的运营，Z 公司董事长还提出"资金 541 需求结构"，即 50% 的发展资金来源于不还本、不付息的资本市场，40% 来自银行贷款，10% 来自企业的利润积累。在这样的结构下，Z 公司的资本运营融入全球。目前已控股、参股六家上市公司，其中三家在中国香港地区，一家在新加坡。更令人惊讶的是，即便在持续巨亏之下，Z 公司仍然在筹谋海外扩张计划。据 Z 公司相关人士介绍，2017 年 12 月，公司提出了控股希腊最大港口的计划，目前仍在商谈中，收购程序时间比较长。据希腊媒体报道，此项收购 Z 公司预计投资金额约为 10 亿欧元。

假定不考虑其他因素。

本例中：（1）Z 公司采用了成长型公司战略、扩张型财务战略。

（2）Z 公司之所以被称为"A 股巨亏王"，与其在经济衰退阶段未正确选择财务战略密切相关，在整个行业低迷的情况下，Z 公司本应该选择防御型财务战略，但是它却在融资方面采用了较多外部融资的"资金 541 需求结构"，在投资方面进行激进的海外扩张投资。

Z 公司案例再次证明，财务管理人员唯有持续跟踪时局的变化、正确判断经济发展形势、合理选择财务战略类型，才能持续为企业创造价值。

二、投资战略

（一）投资战略的概述

1. 投资战略的内涵。

投资战略主要解决战略期间内投资的目标、原则、规模、方式等重大问题。在企业投资战略设计中，需要明确其投资目标、投资原则、投资规模和投资方式等。投资战略目标是企业战略目标的直接体现。企业战略目标中的收益性目标、发展性目标和公益性目标都是投资战略所追求的目标。从财务战略目标出发，收益性目标是投资战略最直接与重要的目标，即投资效率和资本增值。

2. 投资战略的原则。

投资战略的原则包括集中性原则、适度性原则、权变性原则和协同性原则等。

（1）集中性原则要求企业把有限的资金集中投放到最需要的项目上。

（2）适度性原则要求企业投资要适时适量，风险可控。

（3）权变性原则要求企业投资要灵活，要随着环境的变化对投资战略作出及时调整，做到主动适应变化，而不是刻板投资。这一要求突出了投资战略需要紧密关注市场环境、技术环境、政策环境甚至是消费市场环境。

（4）协同性原则要求按照合理的比例将资金配置于不同的生产要素上，以获得整体上的收益。企业还需要对投资规模和投资方式等作出恰当安排，确保投资规模与企业发展需要相适应，投资方式与企业风险管理能力相协调。投资规模不宜扩张过快，避免公司资金、管理、人员、信息系统都无法跟上投资扩张的速度，从而使得企业倒在快速扩张的途中；投资时需要关注投资风险和企业管理投资风险的能力与水平，不可在缺乏严谨的风险控制程序和能力的基础上去追求高风险高回报项目，导致企业处于巨大风险之中。

3. 投资战略的地位与作用。

投资战略的地位与作用体现在导向性、保证性、超前性和风险性四个方面。

（1）导向性。公司战略包含两个方面：一是决定应该从事哪些业务；二是决定企业如何发展业务。企业如何发展业务，这就涉及一个如何进行资源配置的问题，而企业内部资源的配置正是通过投资战略的实施来有效拉动的，因此，投资战略具有导向作用。

（2）保证性。企业投资战略在公司战略的指导下，把企业资源合理分配到各个职能部门之间，协调企业内部各职能部门之间的关系，使企业经营活动有条不紊地进行，它在企业战略中占有十分重要的地位，是企业其他职能战略的基础。同时，投资战略与企业内部其他职能战略互相配合，保证公司战略的实现。

（3）超前性。公司战略一经确定，首先就需要通过投资战略在各个职能部门之间合理调配企业资源。因此，相比其他职能战略，企业投资战略具有一定超前性。

（4）风险性。由于内部环境的不确定性，企业实施投资战略充满风险，为了保证投资战略的有效实施，就需要通过各种投资组合来分散风险。

（二）投资战略选择

投资战略选择应考虑企业对投资规模和投资方式等作出恰当安排，确保投资规模与企业发展需要相适应，投资方式与企业风险管理能力相协调。投资战略选择根据投资方式、投资时机、投资目标等不同可产生不同的战略选择。

1. 直接投资战略选择。

直接投资是指企业为直接进行生产或者其他经营活动而在土地、固定资产等方面进行的投资，它通常与实物投资相联系。直接投资战略规划需要以企业的生产经营规划和资产需要量预测为基础，继而确定企业需要直接投资的时间、规模、类别以及相关资产的产出量、盈利能力等，以满足企业财务战略管理的需要。例如，企业意图进入汽车行业，从而通过并购或利用资金直接购买相应的生产资料，如土地、厂房、机器设备等进行实体经济经营活动。

直接投资战略根据目标可分为：提高规模效益的投资战略，提高技术进步效益的投资战略，提高资源配置效率的投资战略，盘活资产存量的投资战略。

（1）提高规模效益的投资战略。

企业投资规模决定着企业规模，优化企业规模对实现企业投资战略目标至关重要。企业规模的优化过程实际上是资产增量经营的过程。资产增量经营，就是要通过投资规模扩大取得规模经济效益。规模经济效益是指由于经济规模变动所产生的经济效益，而合理或最佳经济规模的实现必然产生规模经济效益。因此，经济规模与规模经济效益是相互影响、相互作用的。经济规模是影响规模经济效益的根本因素。在进行投资战略选择时应注意以下影响经济规模的因素：生产技术特点、市场需求情况、企业资源情况、企业管理水平等。

（2）提高技术进步效益的投资战略。

企业技术进步是指为实现一定目标的技术进化和革命。这个目标通常是指企业的战略目标，即通过生产率的提高实现经济效益提高和企业价值创造。提高技术进步经济效益的核心在于加快技术进步，企业技术进步的关键在于技术创新、技术改造和技术引进。而企业进行技术创新、技术改造和技术引进的前提是资本投入或企业投资。因此，企业技术进步与企业投资战略紧密相关。投资战略中只有充分考虑技术进步因素，才能提高投资的效率和效果。

（3）提高资源配置效率的投资战略。

资源配置主要是研究在全部资源中各种资源如何配置，使总产出最大化。资产配置是资源配置的重要组成部分。资产配置，从广义上说，既应研究资产资源本身的配置，又应研究资产资源与人力资源、自然资源的配置；从狭义上说，资产配置主要研究资产在不同用途之间的配置组合。投资战略选择中要通过资产运营，使资产配置结构优化，一方面提高资产配置的经济效率或经济效益；另一方面降低或有效应对资产经营中的风险。企业为提高资源配置效率投资可采取的资产结构优化战略通常可分为适中型资产组合战略、保守型资产组合战略和冒险型资产组合战略三种。

（4）盘活资产存量的投资战略。

资产存量是指企业现存的全部资产资源，包括流动资产、长期投资、固定资产、无形资产和递延资产等。在企业存量资产中，有使用中的资产，也有未使用或闲置资产；在使用资产中，有使用效率高的资产，也有使用效率低的资产；在资产使用效率一定的情况下，由于资产投向不同，有资本增值率高的资产，也有资本增值率低的资产。盘活资产存量的投资战略就是要通过投资增量，有效地盘活和利用现有资产，提高资产使用效率与效益，使现有资产创造更大价值。第一，盘活资产存量，使闲置资产充分发挥作用；第二，提高资产使用效率，使效率低的资产提高利用率；第三，重组或重新配置存量资产，使低增值率资产向高增值率资产转移。

此外，直接投资根据对项目控制程度可分为：一体化投资战略、适度分权投资战略、尝试型投资战略和进退结合投资战略。

2. 间接投资战略选择。

间接投资是指企业通过购买证券、融出资金或者发放贷款等方式将资本投入其他企业，其他企业进而再将资本投入生产经营中去的投资。间接投资通常为证券投资，其主要目的是获取股利或者利息，实现资本增值和股东价值最大化。间接投资战略的核心是如何在风险可控的情况下确定投资的时机、金额、期限等。按照现代投资理论，组合投资是企业降低风险、科学投资的最佳选择，即企业并不只是投资一种证券（或者一种金融资产），而是寻求多种证券（或者金融资产）组合的最优投资策略，以寻求在风险既定的情况下投资收益最高，或者在投资收益一定的情况下风险最小的投资策略。

3. 投资时机战略选择。

投资时机选择是投资战略的重要内容之一。经营成功的企业投资一般是将多种产品分布在企业发展时期的不同阶段进行组合，主要有如下四种模式：

（1）投资侧重于初创期产品，兼顾成长期和成熟期。这是一种颇具开发实力且创新意识很强的企业通常选择的模式，也是一种为获得领先地位而勇于承担风险的投资策略。

（2）投资侧重于成长期和成熟期，几乎放弃初创期和衰退期。这是一种实力不足而力求稳妥快速盈利的企业通常选择的模式，是一种重视盈利而回避风险的投资策略。

（3）投资均衡分布于企业发展的四个阶段。这是一种综合实力极强而且跨行业生产多种产品的企业通常选择的模式，是一种选择多元化经营战略谋求企业总体利益最大的策略。

（4）投资侧重于初创期和成长期而放弃成熟期、衰退期。这种模式多见于开发能力强而生产能力弱的企业。

不同的企业可以根据自身特点和经营战略选择上述四种投资组合模式之一或某一模式的变形。

4. 投资期限战略选择。

投资期限战略可分为长期投资战略、短期投资战略及投资组合战略。

（1）长期投资战略是对企业的资本在长期投入上规定其合理、有利和有效运用的战略。长期投资战略将形成企业的基本特征和公司战略定位。长期投资战略的内容包括固定资产投资战略和长期对外投资战略。

（2）短期投资战略是对企业资本在短期投放上规定其合理、有利和有效运用的战略。短期投资具有期限短、周转快、变现能力强等特征。短期投资战略的内容包括现金持有战略、存货战略、交易性金融资产投资战略等。

（3）投资组合战略是指长期投资与短期投资结构优化战略。影响投资组合战略的因素包括：盈利能力、经营风险、经营规模和产业性质等。

【例 1 - 13】 X 集团创建于 1992 年，是中国最大的民营企业集团之一。2002 年 X 集团将最初积累资金全部投入基因工程检测产品的开发中，开始生产乙肝诊断试剂，随后 X 集团以货币出资 8 300 万元购买国外先进信息服务器设备用于信息产品研发，并在 2004～2007 年连续 3 年的时间里扩建厂房，在江苏、浙江、上海等地建立企业基地以扩大公司规模，同时面对激烈的市场竞争和快速变化的环境，X 集团又投入 3 600 万元改造原集团大楼，建成了大屏幕显示，电脑检索，具备网络化、智能化的办公大楼，盘活了价值 5 000 多万元、面积 1 万多平方米的存量资产。2008 年开始 X 集团积极介入国内钢铁产业的整合，与江苏南钢集团合作，间接持股其上市子公司南钢股份，控股设立联合有限公司，X 集团还广泛涉及房地产、商贸流通、金融等多个领域，直接、间接控股和参股的公司逾 100 家。2017 年 X 集团营业收入为 233 亿元，同比增长 9.6%；净利润 5 037 万元，同比增长 43.8%。在公司收入和利润的增长中，大部分都是对外投资的投资回报，X 集团在 10 余年间迅速成为横跨多个产业的大型民营控股集团。

本例中，X 集团在不同的发展阶段根据投资方式、投资时机、投资目标等实施了不同的直接投资战略：

（1）提高规模效益的投资战略。X 集团 2004～2007 年连续 3 年扩建厂房，扩大公司规模，是提高规模效益的直接投资行为，合理经济规模的实现必然产生规模经济效益。

（2）提高技术进步效益的投资战略。企业技术进步是指为实现一定目标的技术进步和革命。X 集团投入资金生产乙肝诊断试剂，随后 X 集团以货币出资 8 300 万元购买国外先进信息服务器设备用于信息产品研发等，这是典型的提高企业技术进步效益的直接投资战略，其核心在于加快技术进步。

（3）盘活资产存量的投资战略。该战略是通过投资增量，有效地盘活和利用现有资产，提高资产使用效率与效益，使现有资产创造更大价值。X 集团投入 3 600 万元改造原集团大楼，盘活了价值 5 000 多万元的存量资产，这一投资是关于盘活资产存量的直接投资战略选择，有效地提高了资产使用效率，使现有资产创造了更大的价值。

间接投资战略是通过购买证券、融出资金或者发放贷款等方式将资本投入其他企业，其他企业进而再将资本投入生产经营中，该种战略通常表现为证券投资，其主要目的是获取股利或者利息，实现资本增值和股东价值最大化。

本例中，X 集团间接持股南钢股份，控股设立联合有限公司，除此之外，其投资涉及很多领域，直接、间接控股和参股的公司逾 100 家。表明其采用组合投资，即多种证券组合的最优投资策略，以寻求在风险既定情况下投资收益最高，或者在投资收益既定的情况下风险最小的投资战略。在 2017 年公司收入和利润的增长中，大部分都是对外投资的投资回报，由此可见，X 集团采取的间接投资战略很成功。

三、融资战略

（一）融资战略的概述

1. 融资战略的内涵。

融资战略是根据企业内外环境的现状与发展趋势，适应企业整体发展战略（包括投资战略）的要求，对企业的融资目标、原则、结构、渠道与方式等重大问题进行长期的、系统的谋划。

融资目标是企业在一定的战略期间内所要完成的融资总任务，是融资工作的行动指南，它既涵盖了融资数量的要求，更关注融资质量，既要筹集企业维持正常生产经营活动及发展所需的资金，又要保证稳定的资金来源，增强融资灵活性，努力降低资本成本与融资风险，增强融资竞争力。

2. 融资战略的作用。

融资战略的作用体现在以下三个方面：

（1）融资战略可有效地支持企业投资战略目标的实现。

企业要实现投资战略目标，首先离不开资本的投入。而要取得投资战略所需要的资本就需要融资。融资规模、融资时机、融资成本、融资风险等都直接影响和决定着投资战略的实施及效果。因此，正确选择融资战略对投资战略目标的实现和企业整体战略目标的实现都是至关重要的。

（2）融资战略选择可直接影响企业的获利能力。

融资战略对企业获利能力的影响可体现在以下三个方面：第一，融资战略通过融资成本的降低可直接减少资本支出增加企业价值，也可间接通过投资决策时折现率等的改变提高企业盈利水平；第二，融资战略可通过资本结构的优化降低成本、应对风险、完善管理，促进企业盈利能力的提高；第三，融资战略还可通过融资方式、分配方式等的变化向市场传递利好消息，提升企业的价值。

（3）融资战略还会影响企业的偿债能力和财务风险。

融资战略通过对融资方式、融资结构等的选择直接影响着企业的偿债能力和财务风险。融资战略选择可反映管理者的经营理念及对风险的偏好和态度。如何利用财务杠杆进行负债经营与资本经营，与融资战略选择紧密相关。企业经营管理者应权衡收益与风险，充分利用融资战略实现风险应对，为企业创造更多价值。

（二）融资战略选择

融资战略选择主要解决筹集资金如何满足生产经营和投资项目的需要以及债务融资和权益融资方式的选择及其结构比率的确定等问题。企业在进行融资战略选择时，要根据最优资本结构的要求，合理权衡负债融资比率和权益融资比率，权衡融资收益与融资风险的关系。

1. 融资战略选择的原则。

企业应当根据战略需求不断拓宽融资渠道，对融资进行合理配置，采用不同的融资方式进行最佳组合，以构筑既体现战略要求又适应外部环境变化的融资战略。融资战略选择应遵循的原则包括融资低成本原则、融资规模适度原则、融资结构优化原则、融资时机最佳原则、融资风险可控原则。

（1）融资低成本原则。企业融资成本是决定企业融资效率的决定性因素，对于企业选择哪种融资方式有着重要意义。由于融资成本的计算涉及很多因素，具体运用时有一定的难度。一般情况下，按照融资来源划分各种主要融资方式的融资成本高低，根据企业融资的需要及条件选择低成本的融资方式。

（2）融资规模适度原则。确定企业的融资规模在企业融资过程中非常重要。筹资过多，可能造成资金闲置浪费，增加融资成本，或者可能导致企业负债过多，使其无法承受，偿还困难，增加经营风险。而企业筹资不足，又会影响企业投融资计划及投资业务的开展。因此，企业在选择融资战略时，要根据企业对资金的需要、企业自身的实际条件以及融资的难易程度和成本情况，量力而行来确定企业合理的融资规模。

（3）融资结构优化原则。企业融资时，资本结构决策应体现理财的终极目标，即追求企业价值最大化。在假定企业持续经营的情况下，企业价值可根据未来若干期限预期收益的现值来确定。虽然企业预期收益受多种因素制约，折现率也会因企业所承受的各种风险水平不同而变化，但从筹资环节看，如果资本结构安排合理，不仅能直接提高筹资效益，而且对折现率的高低也会起到一定的调节作用，因为折现率是在充分考虑企业加权资本成本和筹资风险水平的基础上确定的。

（4）融资时机最佳原则。所谓融资时机是指由有利于企业融资的一系列因素所构成的有利的融资环境和时机。企业选择融资时机的过程，就是企业寻求与企业内部条件相适应的外部环境的过程。从企业内部来讲，过早融资会造成资金闲置，而过晚融资又会造成投资机会的丧失。从企业外部来讲，由于经济形势瞬息万变，这些变化又将直接影响中小企业融资的难度和成本。因此，企业若能抓住内外部环境变化提供的有利时机适时融资，会使企业比较容易地获得成本较低的资金。

（5）融资风险可控原则。融资风险是指筹资活动中由于筹资战略规划而引起的收益变动的风险。融资风险要受经营风险和财务风险的双重影响，具体涉及信用风险、市场风险、金融风险、政治风险等各种类型的风险。企业融资战略选择必须遵循风险的可控性原则，一方面加强融资目标、融资过程的控制；另一方面搞好融资危机管理，即搞好融资风险评估、预警和应对。

2. 融资战略的类型选择。

（1）基于融资方式的战略选择。

一般来说，企业的融资方式有：内部融资、股权融资、债务融资和销售资产融资。因此，基于融资方式的融资战略有四种，即内部融资战略、股权融资战略、债务融资战略和销售资产融资战略。

①内部融资战略。企业可以选择使用内部留存利润进行再投资。留存利润是指企业分配给股东红利后剩余的利润。这种融资方式是企业最普遍采用的方式。但在企业的快速扩张等阶段，仅依靠内部融资是远远不够的，还需要其他的资金来源。内部融资的优点在于管理层在作此融资决策时不需要向外部披露公司的信息，比如不需要像债务融资那样向银行披露自身的战略计划或者像股权融资那样向资本市场披露相关信息，从而可以有效保护企业的商业秘密。缺点在于如果股东根据企业的留存利润会预期下一期或将来的红利，这就要求企业有足够的盈利能力，而对于那些陷入财务危机的企业来说压力是很大的，因而这些企业就没有太大的内部融资空间。

②股权融资战略。股权融资是指企业为了新的项目而向现在的股东和新股东发行股票来筹集资金。这种融资经常面对的是企业现在的股东，按照现有股东的投票权比例进行新股发行，新股发行的成功取决于现有股东对企业前景具有较好预期。股权融资的优点在于当企业需要的资金量比较大时（如并购），股权融资就会占很大优势，因为它不像债权融资那样需要定期支付利息和本金，而仅仅需要在企业盈利时向股东支付股利。这种融资方式也有其不足之处，如股份容易被恶意收购从而引起控制权的变更，并且股权融资方式的成本也比较高。

内部融资战略和股权融资战略将面临股利支付的困境。如果企业向股东分配较多的股利，那么企业留存的利润就较少，进行内部融资的空间相应缩小。从理论上来讲，股利支付水平与留存利润之间应该是比较稳定的关系。然而，实际上企业经常会选择平稳增长的股利支付政策，这样会增强股东对企业的信心，从而起到稳定股价的作用。而且，留存利润也是属于股东的，只是暂时没有分配给股东而要继续为股东增值。但是，较稳定的股利政策也有其不足之处，与债权融资的思路类似，如果股利支付是稳定的，那么利润的波动就完全反映在留存利润上，不稳定的留存利润不利于企业作出精准的战略决策。同样，企业也会权衡利弊作出最优的股利支付决策。

③债务融资战略。债务融资主要可以分为贷款、债券和租赁融资。

贷款又可分为短期贷款与长期贷款。现实中短期贷款利率高于长期贷款利率，或者低于长期贷款利率的情况都可能会发生。从理论上说，完全预期理论认为对未来短期利率的完全预期是形成长期利率的基础，如果预期未来短期利率趋于上升，则长期利率高于短期利率；反之则长期利率低于短期利率。而流动贴水理论则认为长期利率水平高于短期利率，其原因在于必须对流动性和风险加以补偿。实践中，在不同的经济环境下，长期利率与短期利率水平并不完全确定。债务融资方式与股权融资相比，融资成本较低、融资的速度较快，并且方式也较为隐蔽。不足之处是，当企业陷入财务危机或者企业的战略不具备竞争优势时，还款的压力会增加企业的经营风险。

债券是企业为筹集资金，依照法定程序发行的、约定在一定期限还本付息的有价证券。规模较大、实力较强的上市公司或非上市大公司，其成长性和风险性较低，可以采用发行债券方式从外部融资。从财务角度看，债券融资优于向银行贷款，因为债券投资者众多，发行规模大，用途广，有利于提高发行企业的知名度；债券条款有利于信息标准化，增强市场有效性；利息支出起到了冲减税基的作用，有利于降低筹资成本，同时也有利于发挥财务杠杆作用，使股东获更大收益，并且不会削弱原有股东的控制权，有利于保护股东权益。

租赁是指企业租用资产支付租金的负债形式。如果企业采取融资租赁方式租入资产，则可能拥有在期末的购买期权。例如，运输行业比较倾向于租赁运输工具而不是购买。租赁的优点在于企业可以不需要为购买运输工具进行融资，缓解资金压力，并可在一定程度上避免长期资产的无形损耗，租赁期满时，承租方可以用极低的、象征性的价格购买该项资产。此外，租赁很有可能使企业享有更多的税收优惠。不足之处在于，企业使用租赁资产的权利是有限的，因为资产的所有权不属于企业。

④销售资产融资战略。企业还可以选择销售其部分有价值的资产进行融资，这也被证明是企业进行融资的主要战略。从资源观的角度来讲，这种融资方式显然会给企业带来许多切实的利益。销售资产的优点是简单易行，并且不用稀释股东权益。不足之处在于，这种融资方式比较激进，一旦操作了就无回旋余地，而且如果销售的时机选择不准，销售的价值就会低于资产本身的价值。

（2）基于资本结构优化的战略选择。

资本结构优化从狭义上来讲是指债务融资与股权融资的结构优化。从广义上来讲，资本结构优化除包括债务融资与股权融资结构的优化外，还包括内部融资与外部融资结构的优化；短期融资与长期融资结构的优化等。

决定企业资本结构优化战略的基本因素是资本成本水平及风险承受水平。具体应考虑的因素包括企业的举债能力、管理层对企业的控制能力、企业的资产结构、增长率、盈利能力以及有关的税收成本等。此外，还有一些比较难以量化的因素，主要包括企业未来战略的经营风险；企业对风险的态度；企业所处行业的风险；竞争对手的资本成本与资本结构（竞争对手可能有更低的融资成本以及对风险不同的态度）；影响利率的潜在因素，如整个国家的经济状况等。

（3）基于生命周期和投资战略的融资战略选择。

由于融资战略应适应投资战略的要求，一般而言，初创期公司、增长性高科技公司和新兴行业主要采用股权融资；成长型公司大多采用"股权＋负债"融资方式或采用更多的负债融资；成熟期公司主要采用负债融资；收缩性公司通常处于行业衰退期，适应衰退期的风险特征，应该采用防御型融资战略，企业在该阶段仍可保持较高的负债水平。一方面，衰退期既是企业的夕阳期，也是新活力的孕育期；另一方面，衰退期的企业财务实力依然较强，有现有产业作后盾，高负债融资战略对企业自身而言具有一定的可行性。根据投资战略中的快速增长型投资和低增长型投资的特点，相应的融资战略选择有两种类型：

①快速增长和保守融资战略。

对于快速增长型企业，创造价值最好的方法是新增投资，而不是仅仅考虑可能伴随着负债筹资的税收减免所带来的杠杆效应。因此，最恰当的融资战略是那种最能促进增长的策略。在选择筹资工具时，可以采用以下方法：

第一，维持一个保守的财务杠杆比率，它具有可以保证企业持续进入金融市场的充足借贷能力。

第二，采取一个恰当的、能够让企业从内部为企业绝大部分增长提供资金的股利支付比率。

第三，把现金、短期投资和未使用的借贷能力用作暂时的流动性缓冲品，以便于在那些投资需要超过内部资金来源的年份里能够提供资金。

第四，如果必须采用外部筹资，那么选择举债的方式，除非由此导致的财务杠杆比率威胁到财务的灵活性和稳健性。

第五，当上述方法都不可行时，采用增发股票筹资或者减缓增长的方式。

②低增长和积极融资战略。

对于低增长型企业，通常没有足够好的投资机会，在这种情况下，出于利用负债筹资为股东创造价值的动机，企业可以尽可能多地借入资金，并进而利用这些资金回购自己的股票，从而实现股东权益的最大化。这些融资战略为股东创造价值的方法通常包括：

第一，通过负债筹资增加利息支出获取相应的所得税利益，从而增进股东财富。

第二，通过股票回购向市场传递积极信号，从而推高股价。

第三，在财务风险可控的情况下，高财务杠杆比率可以提高管理人员的激励动机，促进其创造足够的利润以支付高额利息。

【例 1−14】E 集团成立于 1950 年，经过半个多世纪的发展，现已成为世界上具有相当信誉的综合型国际企业集团，业务涵盖石油、化肥、橡胶、塑料、化工品、金融、保险、物流和高科技产业等领域。1997 年发生的亚洲金融危机使得公司现金流量急剧恶化，境外信用额度大幅下跌，公司 75% 的资产被不良资产和长期资产所占压，最终引发了 E 集团 1998 年支付危机。危机之后，E 集团主动适应外部经营环境的剧烈变化，优化资源配置。自 2003 年起，E 集团由于经营战略的推进，由此产生出大量的资金需求。针对这一需求，E 集团明确这一阶段的融资目标为：根据资金需求的特点，选择期限匹配、币种匹配、成本最优的融资方式，以满足资金需求的同时，尽可能降低融资成本并保持稳健的资本结构。也是在这一时期，E 集团正式提出融资战略，即深化集团融资集中管理，以直接融资为主，银行间接融资为必要补充，以结构性融资方式优化资产负债结构，扩大内源融资，提高了集团长期资金融资能力。E 集团不同阶段融资方式的情况如表 1−6 所示。

表 1−6　　　　　　　　　E 集团不同阶段融资方式

融资方式	初创期	成长期	成熟期
间接融资	贸易融资 额度贷款	银行贷款 押汇贷款	额度贷款 信托融资
直接融资		股权融资 发行债券 商业票据	企业债券 项目融资 信贷资产转让
表外融资			存货融资 资产证券化

从融资方式角度来看，融资战略分为内部融资战略、债务融资战略、股权融资战略和资产销售融资战略。本例中，E 集团在不同阶段实施了不同的融资战略。在市场经济下，企业在初创期，经营风险高，财务风险低，通常以股权融资满足企业资金需求，如用债务融资，则会加大企业风险。E 集团为计划经济时期创办的国有企业，初创期融资依靠贷款，以间接融资为主，主要采取的是债务融资战略。在成长阶段，E 集团采用直接和间接相结合的方式融资，采用了多种债务融资方式，并新增了股权融资。在该阶段 E 集团实施的是债权融资与股权融资相结合的方式。在成熟阶段，E 集团综合利用了直接、间接和结构性表外融资的方式，其融资战略表现为债务融资、股权融资、内部融资以及资产融资相结合的战略。

E 集团融资战略主导思想逐步从间接融资向直接融资转变，同时从直接融资逐步向结构性融资（如存货融资、资产证券化等）转变。这样一方面降低了企业融资成本，另一方面通过结构性表外融资产品的选择，将具备融资能力的项目进行结构性融资，不仅隔离了项目的经营风险，而且释放了集团报表债务融资能力，从而不断优化企业的财务结构。此外，E集团在融资方式的选择过程中，充分考虑外部金融市场环境及政策环境等因素，并据此灵活调整其融资手段，切实实现了企业融资效率及效益最大化。

四、分配战略

（一）分配战略的概述

1. 分配战略的内涵。

分配战略，或收益分配战略，从广义来讲，是指以战略眼光确定企业收益留存与分配的比例，以保证企业债权人、员工、国家和股东的长远利益。收益分配战略主要包括：企业收益分配战略和股利分配战略等。然而由于企业与债权人、员工及国家之间的收益分配大多有比较固定的政策或规定，只有对股东收益的分配富有弹性，所以股利分配战略成为收益分配战略的重点，或者说狭义的分配战略是指股利分配战略。股利分配战略的内容包括股利支付率、股利稳定性和信息传递意图三个方面。

2. 股利分配战略的目标。

股利分配战略的目标为：促进公司长远发展；保障股东权益；稳定股价、保证公司股价在较长时期内基本稳定。公司应根据股利分配战略目标的要求，通过制定恰当的股利分配政策来确定其是否发放股利、发放多少股利以及何时发放股利等重大决策问题。

3. 股利分配战略的原则。

股利分配战略的制定必须以投资战略和融资战略为依据，必须为企业整体战略服务。股利分配战略的原则主要体现在以下方面：

（1）股利分配战略应优先满足企业战略实施所需的资金，并与企业战略预期的现金流量状况保持协调一致。

（2）股利分配战略应能传达管理部门想要传达的信息，尽力创造并维持一个企业战略所需的良好环境。

（3）股利分配战略必须把股东们的短期利益（支付股利）与长期利益（增加内部积累）很好地结合起来。

（二）股利分配战略选择

1. 股利分配战略选择的影响因素。

选择股利分配战略必须分析股利分配的制约和影响因素。影响股利分配战略的因素主要有：

（1）法律因素。

①资本限制。资本限制是指企业支付股利不能减少资本（包括资本金和资本公积金）。这一限制是为了保证企业持有足够的权益资本，以维护债权人的利益。

②偿债能力的限制。如果一个企业的经济能力已降到无力偿付债务或因支付股利将使企业丧失偿债能力，则企业不能支付股利。这一限制的目的也是为了保护债权人。

③内部积累的限制。有些法律规定禁止企业过度地保留盈余。如果一个企业的保留

盈余超出目前和未来的投资很多，则被看作是过度的内部积累，要受到法律上的限制。这是因为有些企业为了保护高收入股东的利益，故意压低股利的支付，多留利少分配，用增加保留盈余的办法来提高企业股票的市场价格，使股东逃税。所以有的国家税法规定对企业过度增加保留盈余征收附加税作为处罚。

（2）债务（合同）条款因素。

债务特别是长期债务合同通常包括限制企业现金股利支付权力的一些条款，限制内容通常包括：

①营运资金（流动资产减流动负债）低于某一水平，企业不得支付股利。

②企业只有在新增利润的条件下才可进行股利分配。

③企业只有先满足累计优先股股利后才可进行普通股股利分配。

这些条件在一定程度上保护了债权人和优先股股东的利益。

（3）股东类型因素。

企业的股利分配最终要由董事会来确定。董事会是股东们的代表，在制定股利战略时，必须尊重股东们的意见。股东类型不同，其意见也不尽相同，大致可分为以下几种：

①为保证控制权而限制股利支付。

②为避税的目的而限制股利支付。

③为取得收益而要求支付股利。

④为回避风险而要求支付股利。

⑤由于不同的心理偏好和金融传统而要求支付股利。

（4）经济因素。

宏观经济环境的状况与趋势会影响企业的财务状况，进而影响股利分配。影响股利分配的具体经济因素有：

①现金流量因素。

②筹资能力因素。

③投资机会因素。

④公司加权资金成本。

⑤股利分配的惯性。

综合以上各种因素对股利分配的影响，企业就可以拟订出可行的股利分配备选方案。此后，企业还需按照企业战略的要求对这些方案进行分析、评价，才能从中选出与企业战略协调一致的股利分配方案，确定企业在未来战略期间内的股利战略，并予以实施。

2. 股利分配战略选择的类型。

（1）剩余股利战略。

剩余股利战略在发放股利时，优先考虑投资的需要，如果投资过后还有剩余则发放股利，如果没有剩余则不发放股利。这种战略的核心思想是以公司的投资为先、发展为重。

（2）稳定或持续增长的股利战略。

稳定的股利战略是指公司的股利分配在一段时间里维持不变；而持续增加的股利战略则是指公司的股利分配每年按一个固定成长率持续增加。

（3）固定股利支付率战略。

公司将每年盈利的某一固定百分比作为股利分配给股东。它与剩余股利战略正好相反，优先考虑的是股利，后考虑保留盈余。

（4）低正常股利加额外股利战略。

公司事先设定一个较低的经常性股利额，一般情况下，公司都按此金额发放股利，只有当累积的盈余和资金相对较多时，才向股东支付正常股利以外的额外股利。

（5）零股利战略。

这种股利战略是将企业所有剩余盈余都投资回本企业中。在企业成长阶段通常会使用这种股利政策，并将其反映在股价的增长中。但是，当成长阶段已经结束，并且项目不再有正的现金净流量时，就需要积累现金和制定新的股利分配战略。

【例1－15】A 股份有限公司属制造类企业，已在深圳证券交易所挂牌交易17年，公开发行社会公众股（A 股）1 930 万股。公司以生产制造各种电光源产品为核心，40% 的产品出口到20 多个国家和地区，在国内大多数省份及地县级城市已设立销售网点2 000 多家。

自上市以来，公司的主营业务突出且每年都有稳定的增长，年增长率在11% ~ 29% 之间。主营业务盈利能力强，近两年主业对利润的贡献超过100%，且净利润年增长率保持在5% 以上。

该公司上市17年来，每年均发放现金股利，创造了一个长期持续分红的新的历史纪录，公司的年平均红利支付率高达60% ~ 80%，使一些稳健的投资者获利颇多，投资者通过现金分红可以稳定地获取长期远高于银行定期储蓄的收益率。该公司因17年连续分配高额的现金股利，被称为"现金奶牛"，为秉承稳健风格并坚持长期价值投资的股东所青睐。

探究 A 公司优厚分红背后的原因，有以下几点影响其分配战略的因素：

首先，与其董事长发放股利的承诺有直接关系。在第一次股东大会上，董事长就承诺要给投资者一个好的回报。

其次，从公司现有的股东构成来看，控股公司及第二大股东都是外资公司，都赞成并倾向于长期现金分红。该股票持有期收益率短期波动较大，但是长期持有（8 年及8 年以上），投资者所获得股利收益（股票投资效益）均远高于同期银行存款利率，表明公司的股利政策是使长期持有股东获得较大收益。

最后，通过派发高额现金股利"自然选择"出符合公司战略的股东，其实也是一个向投资者传递信号的过程。选择出与公司的发展目标相一致的股东，自然避免了不必要的分歧，减少了可能的代理成本，也起到了提高公司价值的作用。

本例中：

A 公司的股利分配战略目标是促进公司长远发展；保障股东权益；稳定股价、保证公司股价在较长时期内基本稳定。

A公司的股利分配战略类型属于"稳定或持续增长的股利战略"。主要理由在于：A公司自上市17年来，每年均发放现金股利且平均红利支付率高达60%～80%。

稳定的股利向市场传递公司正常发展的信息，树立公司的良好形象；持续增加的股利，代表公司未来有良好的发展前景，有利于保障股权权益，增强投资者对公司的信心，稳定股票的价格。

本章思考题

1. 企业战略管理应当遵循哪些原则？

2. 战略管理程序是什么？你认为其关键环节有哪些？

3. 什么是愿景和使命？它对战略管理过程的价值是什么？

4. 宏观环境与行业环境之间的区别是什么？

5. 五大竞争力量是如何影响行业潜在盈利性的？

6. 有形资源与无形资源之间的区别是什么？对决策制定者来说，了解这些区别的重要性是什么？对于创造能力来说，哪种资源更重要？为什么？

7. 什么是企业能力与核心竞争力？核心竞争力的三个要素是什么？

8. 什么是价值链分析？价值链分析能让公司获得哪些好处？

9. 比较分析战略实施的五种模式。

10. 什么是企业总体战略？包括哪些内容？

11. 经营战略的类型及其区别有哪些？

12. 简述波士顿矩阵分析的基本原理。

13. 结合你熟悉的企业，运用SWOT分析法对其战略态势作出综合分析。

14. 财务战略的类型有哪些？如何选择？

第二章 企业全面预算管理

本章要求

掌握：全面预算管理的内涵、原则与应用环境，全面预算管理中的主要风险，预算目标的确定原则、预算目标确定应考虑的主要因素，全面预算控制的原则与方式，全面预算调整的内涵、原则与程序；**熟悉**：预算目标的确定方法，全面预算的编制方式、编制流程与编制方法，全面预算分析的方法，全面预算考核的内容；**了解**：全面预算管理的内容、功能、流程与层级，全面预算分析的流程，全面预算考核的原则与程序。

本章主要内容

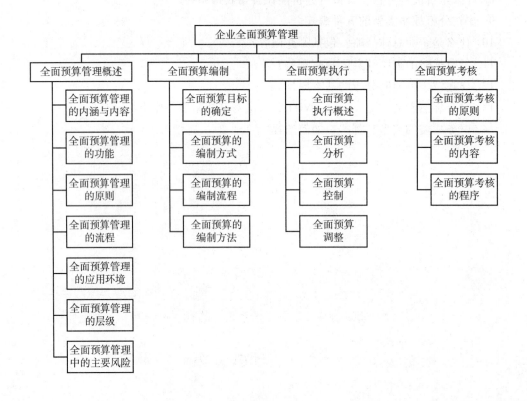

第一节　全面预算管理概述

一、全面预算管理的内涵与内容

（一）全面预算管理的内涵

预算管理，是指企业以战略目标为导向，通过对未来一定期间内的经营活动和相应的财务结果进行全面预测和筹划，科学、合理配置企业各项财务和非财务资源，并对执行过程进行监督和分析，对执行结果进行评价和反馈，指导经营活动的改善和调整，进而推动实现企业战略目标的管理活动。在预算管理前冠以"全面"二字，主要有以下三层含义：

1. 预算理念全员参与。

全面预算管理应全员参与，预算管理不能仅是财务部门的事情，企业所有部门均应积极参与，企业所有员工均应树立预算理念，建立成本效益意识。全面预算的"全员"参与，要求企业内部各部门、各单位、各岗位，上至最高负责人，下至各部门负责人、各岗位员工都必须参与预算编制与实施。

2. 业务范围全面覆盖。

全面预算管理应涵盖企业的所有经济活动，预算管理不能仅关注日常经营活动，还应关注投融资活动。全面预算管理的"全方位"，体现在企业的一切经济活动中，包括经营、投资、财务等各项活动，以及企业的人、财、物各个方面，供、产、销各个环节，都应纳入预算管理。

3. 管理流程全程跟踪。

全面预算管理涵盖预算编制、审批、执行、控制、调整、监督、考评等一系列活动，而不能仅停留在预算目标编制、汇总与审批环节，还需要对预算执行情况进行控制，并通过预算考核等手段完成预算目标，最终实现企业的发展战略。全面预算管理的"全过程"，体现在企业组织各项经济活动的事前、事中和事后都应纳入预算管理。

全面预算管理是一个预算理念全员参与、业务范围全面覆盖、管理流程全程跟踪的综合管理系统。全面预算管理是管理会计的重要内容之一，其可以使企业的长短期目标、战略和企业的年度行动计划很好地协调，可以整合企业集团及其各个分部的目标，通过预算的编制、实施和修正，可以促使企业战略更好地"落地"，为企业目标的实现提供合理保证。正如美国著名管理学家戴维·奥利所指出的那样：全面预算管理是为数不多的几个能把组织的所有关键问题融合于一个体系之中的管理控制方法之一。

（二）全面预算管理的内容

全面预算管理的内容主要包括经营预算、专门决策预算和财务预算。

1. 经营预算。

经营预算也称业务预算，是指与企业日常业务直接相关的一系列预算，包括销售预算、生产预算、采购预算、费用预算、人力资源预算等。

2. 专门决策预算。

专门决策预算，是指企业重大的或不经常发生的、需要根据特定决策编制的预算，包括投融资决策预算等。

3. 财务预算。

财务预算，是指与企业资金收支、财务状况或经营成果等有关的预算，包括资金预算、预计资产负债表、预计利润表等。

二、全面预算管理的功能

全面预算管理主要包括以下几方面功能：

（一）规划与计划

通过编制全面预算，企业可以将战略规划和经营目标细化分解为各预算执行单位的具体工作目标和行动计划。企业需要确立收益预期、费用预期、人员需求预期，以及未来的增长或收缩预期，以发现经营中的"瓶颈"，提高资源的配置效率。通过规划，企业管理层可以从不同角度对企业的发展提出看法，为更好地实现企业目标提出建议。没有预算所提供的总的行动计划，单位管理者的决策制定将失去方向、缺乏标准、疏于协调。

（二）沟通与协调

通过编制全面预算，能够改善组织内部的沟通，如企业总目标与子目标的协调，部门之间目标的协调。在预算的编制过程中，企业各个部门可以相互沟通各自的计划和需求，并能及时地、正确地评估其他部门的计划和需求对本部门的计划和需求的影响。通过编制全面预算，也能更好地协调企业各部门的行动。预算能促进企业各部门目标明确，相互理解，行动一致。

（三）控制与监督

企业通过预算设立了绩效目标或标准，管理者根据预算可以监控企业的目标实现程度和经营状况。通过将企业的总预算分解至各部门层次，定期或不定期地比较某一期间各预算执行单位的实际结果与预算目标或标准，企业可以发现新的增长机会或明确经营中存在的问题和风险，从而相应地调整经营战略或修正预算，更好地促进企业价值的增长。

（四）考核与评价

全面预算为员工的绩效评估提供了一个标准、工具或指南。预算确立后，管理者就需要承担与预算绩效相关的责任，通过特定期间的实际结果与预算目标或标准的比较，可以评估管理者的绩效。绩效评估使得企业能通过多种方式奖励、激励员工，从而提高员工工作的自觉性、主动性和积极性。

三、全面预算管理的原则

企业进行预算管理，一般应遵循以下原则：

（一）战略导向原则

预算管理应围绕企业的战略目标和业务计划有序开展，引导各预算责任主体聚焦战略、专注执行、达成绩效。

（二）过程控制原则

预算管理应通过及时监控、分析等把握预算目标的实现进度并实施有效评价，对企业经营决策提供有效支撑。

（三）融合性原则

预算管理应以业务为先导、以财务为协同，将预算管理嵌入企业经营管理活动的各个领域、层次、环节。

（四）平衡管理原则

预算管理应平衡长期目标与短期目标、整体利益与局部利益、收入与支出、结果与动因等关系，促进企业可持续发展。

（五）权变性原则

预算管理应坚持刚性与柔性管理相结合，既应强调预算对经营管理的刚性约束，又可根据内外部环境的重大变化调整预算，并针对例外事项进行特殊处理。

四、全面预算管理的流程

全面预算管理的终极目标是促进企业发展战略的实现，全面预算管理应以战略规划和经营目标为导向。全面预算管理是一个持续改进的过程，全面预算管理的流程可分为预算编制、预算执行（预算控制、预算调整等）和预算考核三个阶段，如图 2-1 所示。

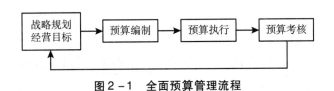

图 2-1　全面预算管理流程

预算编制阶段主要包括预算目标的确定，根据预算目标编制、汇总与审批预算；预算执行阶段主要包括预算分解、预算分析、预算控制、预算调整等内容；预算管理的最后一个阶段就是预算考核，通过定期或动态的预算考核，可以发现经营中存在的问题和风险，及时采取纠偏措施，为企业预算目标的实现提供合理的保证。这些业务环节相互关联、相互作用、相互衔接，周而复始地循环，从而实现对企业全面经济活动的控制。

五、全面预算管理的应用环境

企业实施预算管理的基础环境包括战略目标、业务计划、组织架构、内部管理制度、信息系统等。

(一) 战略目标

企业应按照战略目标,确立预算管理的方向、重点和目标。

企业战略管理首先要确定企业的愿景,在此基础上明确企业的使命,然后形成企业的战略目标。战略目标就是企业愿景和使命的具体化,是一个长远的目标,具有明确的数量特征和时间界限。

战略目标是一个长远的目标,时间跨度一般为 5 年或 5 年以上,内容较为抽象和概括,具有全局性和长远性的指导意义。战略目标的实现,是一个长期的过程,在这个过程中,需要一个内容更为具体、目标更为确切的规划,这就是企业的战略规划。战略规划是企业战略目标的实施步骤和策略,时间跨度一般为 3 年。

(二) 业务计划

业务计划,是指按照战略目标对业务活动的具体描述和详细计划。企业应将战略目标和业务计划具体化、数量化作为预算目标,促进战略目标"落地"。

经营目标是以战略规划为导向,反映企业在一定时期内生产经营所要达到的预期目标。企业年度经营目标的制定必须从企业的战略出发,而不是从企业所拥有的资源出发,以确保年度经营目标与企业的战略目标相一致。所以,企业的年度经营目标应该反映出企业战略管理的意图。在年度经营目标的设定上,错误的理念是:这是我们拥有的资源,我们该如何利用它们,我们能达到什么样的目标。正确的理念应该是:战略要求我们达到的目标是什么?我们该如何实现?为了实现这些目标我们需要哪些资源?

战略目标、战略规划、经营目标与全面预算之间既有区别,又有联系,它们的关系如图 2-2 所示。

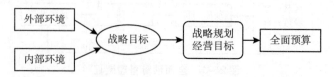

图 2-2 战略目标、战略规划、经营目标与全面预算的关系

企业的战略目标需要战略规划和经营目标来细化与分解,战略规划和经营目标又需要全面预算来具体执行。全面预算是实现战略目标和战略规划、落实经营目标的具体行动方案,战略规划和经营目标是编制全面预算的基本依据,全面预算不能偏离战略规划和经营目标。

（三）组织架构

健全有效的全面预算管理组织体系是企业推行全面预算管理的重要内容，是防止预算管理松散、随意，预算编制、执行、考核等各环节流于形式，预算管理的作用得不到有效发挥的关键。企业应加强全面预算工作的组织领导，明确预算管理体制以及各预算执行单位的职责权限、授权批准程序和工作协调机制。

由于不同企业的行业特点、经营规模、组织架构等因素各不相同，在全面预算管理组织体系的具体设置上也可采取不同的方式。全面预算管理的组织体系通常由全面预算管理的决策机构、工作机构和执行机构三个层面构成，如图2-3所示。

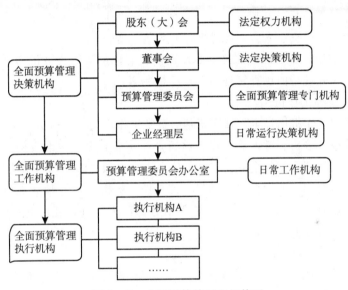

图2-3 全面预算管理组织体系

1. 全面预算管理决策机构。

全面预算管理决策机构是组织领导企业全面预算管理的最高权力机构，对全面预算管理的重大事项作出决定，在全面预算管理组织体系中居于核心地位，主要包括股东（大）会、董事会、预算管理委员会和企业经理层。

（1）股东（大）会。股东（大）会是全面预算管理的法定权力机构。《中华人民共和国公司法》规定，股东（大）会负责审议批准公司的年度财务预算方案、决算方案。

（2）董事会。董事会是全面预算管理的法定决策机构。《中华人民共和国公司法》规定，董事会负责制定公司的年度财务预算方案、决算方案。

（3）预算管理委员会。预算管理委员会是全面预算管理的专门机构，主要对公司董事会负责，在全面预算管理中居于主导地位。企业应当设立预算管理委员会履行全面预算管理职责。该机构的主要职责包括：制定颁布企业全面预算管理制度，包括预算管理的政策、措施、办法、要求等；根据企业战略规划和年度经营目标，拟订预算目标，并确定预算目标分解方案、预算编制方法和程序；组织编制、综合平衡预算草案；下达经批准的正式年度预算；协调解决预算编制和执行中的重大问题；审议预算调整方案，依据授权进行审批；审议预算考核和奖惩方案；对企业全面预算总的执行情况进行考核；其他全面预算管理事宜。预算管理的机构设置、职责权限和工作程序应与企业的组织架构和管理体制互相协调，保障预算管理各环节职能衔接，流程顺畅。

由于企业的性质、规模等因素不同，预算管理委员会的设立方式也可以有所不同。上市公司可以将预算管理委员会设立为董事会的专门委员会之一，成员由董事会选举产生，主任委员由会计专业的独立董事担任；非上市公司预算管理委员会一般由董事长或总经理任主任委员、总会计师或分管财务的副总经理任副主任委员。实务中，预算管理委员会一般由企业负责人（董事长或总经理）任主任，总会计师（或财务总监、分管财务的副总经理）任副主任，其成员一般还包括各副总经理、主要职能部门（财务、战略发展、生产、销售、投资、人力资源等部门）负责人等。

（4）企业经理层。企业经理层是全面预算管理的日常运行决策机构，负责组织执行全面预算，决定和处理全面预算管理的日常运行事项。

2. 全面预算管理工作机构。

全面预算管理工作机构是全面预算管理的日常工作机构，具体负责全面预算的编制、审核、控制、调整、分析、考评等工作。预算管理委员会为非常设机构，一般可在预算管理委员会下设预算管理委员会办公室，具体负责全面预算管理的组织领导和日常工作。全面预算管理工作机构一般设在财务部门，其主任一般由总会计师（或财务总监、分管财会工作的副总经理）兼任，工作人员除了财务部门人员外，还应有计划、人力资源、生产、销售、研发等业务部门人员参加。

全面预算管理工作机构的主要职责一般是：

（1）拟订企业各项全面预算管理制度，并负责检查落实预算管理制度的执行；

（2）拟订年度预算总目标分解方案及有关预算编制程序、方法的草案，报预算管理委员会审定；

（3）组织和指导各级预算单位开展预算编制工作；

（4）预审各预算单位的预算初稿，进行综合平衡，并提出修改意见和建议；

（5）汇总编制企业全面预算草案，提交预算管理委员会审查；

（6）跟踪、监控企业预算执行情况；

（7）定期汇总、分析各预算单位预算执行情况，并向预算管理委员会提交预算执行分析报告，为委员会进一步采取行动拟订建议方案；

（8）接受各预算单位的预算调整申请，根据企业预算管理制度进行审查，集中制定年度预算调整方案，报预算管理委员会审议；

（9）协调解决企业预算编制和执行中的有关问题；

（10）提出预算考核和奖惩方案，报预算管理委员会审议；

（11）组织开展对企业二级预算执行单位［企业内部各职能部门、所属分（子）企业等，下同］预算执行情况的考核，提出考核结果和奖惩建议，报预算管理委员会审议；

（12）预算管理委员会授权的其他工作。

3. 全面预算管理执行机构。

全面预算管理执行机构是指根据其在企业预算总目标实现过程中的作用和职责划分的，承担一定经济责任，并享有相应权力和利益的企业内部单位，包括企业内部各职能部门、所属分（子）企业等。企业内部预算责任单位的划分应当遵循分级分层、权责利相结合、责任可控、目标一致的原则，并与企业的组织机构设置相适应。根据权责范围，企业内部预算责任单位可以分为投资中心、利润中心、成本中心、费用中心和收入中心。预算执行单位在预算管理部门（指预算管理委员会及其工作机构，下同）的指导下，组织开展本部门或本企业全面预算的编制工作，严格执行批准下达的预算。

各预算执行机构的主要职责一般包括：

（1）提供编制预算的各项基础资料。

（2）负责本单位全面预算的编制和上报工作。

（3）将本单位预算指标层层分解，落实到各部门、各环节和各岗位。

（4）严格执行经批准的预算，监督检查本单位预算执行情况。

（5）及时分析、报告本单位的预算执行情况，解决预算执行中的问题。

（6）根据内外部环境变化及企业预算管理制度，提出预算调整申请。

（7）组织实施本单位内部的预算考核和奖惩工作。

（8）配合预算管理部门做好企业总预算的综合平衡、执行监控、考核奖惩等工作。

（9）执行预算管理部门下达的其他预算管理任务。

（四）内部管理制度

企业应建立健全预算管理制度、会计核算制度、定额标准制度、内部控制制度、内部审计制度、绩效考核和激励制度等内部管理制度，夯实预算管理的制度基础。实施全面预算管理应特别重视预算管理制度体系的建立与完善，使全面预算管理的实施有规可依、有章可循。全面预算管理制度体系一般应涵盖全面预算管理的组织体系、编制制度、执行与控制制度、调整制度、分析与报告制度、考评制度等方面。

1. 预算编制制度。

企业应建立和完善预算编制的工作制度，明确预算编制依据、编制内容、编制程序和编制方法，确保预算编制依据合理、内容全面、程序规范、方法科学，确保形成各层级广泛接受的、符合业务假设的、可实现的预算控制目标。

2. 预算授权控制制度。

企业应建立预算授权控制制度，强化预算责任，严格预算控制。

3. 预算执行监督、分析制度。

企业应建立预算执行的监督、分析制度，提高预算管理对业务的控制能力。

4. 预算考核制度。

企业应建立健全预算考核制度，并将预算考核结果纳入绩效考核体系，切实做到有奖有惩、奖惩分明。

【例2-1】 某集团公司为加强预算的过程控制,分别建立了预算执行实时监控制度、重大预算项目特别关注制度、预算执行情况预警机制和预算执行情况内部反馈和报告制度,四种制度要点如下:

(1)建立预算执行实时监控制度,及时发现和纠正预算执行中的偏差。确保企业办理的采购与付款、销售与收款、成本费用、工程项目、对外投融资、研究与开发、信息系统、人力资源、安全环保、资产购置与维护等各项业务和事项,均符合预算要求;对于涉及生产过程和成本费用的,严格执行相关计划、定额、定率标准。

(2)建立重大预算项目特别关注制度。对于工程项目、对外投融资等重大预算项目,密切跟踪其实施进度和完成情况,实行严格监控。对于重大的关键性预算指标,密切跟踪、检查。

(3)建立预算执行情况预警机制,科学选择预警指标,合理确定预警范围,及时发出预警信号,积极采取应对措施。推进和实施预算管理的信息化,通过现代电子信息技术手段控制和监控预算执行,提高预警与应对水平。

(4)建立健全预算执行情况内部反馈和报告制度,确保预算执行信息传输及时、畅通、有效。预算管理委员会办公室应当加强与各预算执行单位的沟通,运用财务信息和其他相关资料监控预算执行情况,采用恰当方式及时向预算管理委员会和各预算执行单位报告、反馈预算执行进度、执行差异及其对预算目标的影响,促进企业全面预算目标的实现。

(五)信息系统

企业应充分利用现代信息技术,规范预算管理流程,提高预算管理效率。从功能的角度出发,全面预算信息系统通常分为以下四个模块:预算编制、预算执行控制、预算分析、预算预警监控。全面预算信息系统应与会计核算系统、财务报销系统、人力资源等业务系统或 ERP 系统对接,避免预算成为"信息孤岛"。

六、全面预算管理的层级

一般情况下,企业的全面预算管理层级与企业内部层级相一致。企业内部层级不同,全面预算管理的内容与特点也不同。对于一个集团企业而言,集团层面的全面预算管理具有全局性、宏观性等特点,最末级组织单位的全面预算管理具有局部性、微观性等特点,而分子公司全面预算管理的特点则居于上述两者之间。

在全面预算编制环节,如同企业需要编制个别财务报表和合并财务报表一样,企业预算也需要先编制各个预算执行单位的预算(个别预算),如母公司预算,各子(孙)公司、分公司、事业部的预算。在此基础上,再通过汇总、分析、审核平衡形成集团的总预算(合并预算)。在预算执行与控制、预算考核环节,集团层面与分(子)公司层面和最末级组织单位层面也各不相同。

七、全面预算管理中的主要风险

不编制预算或预算不健全，可能导致企业经营缺乏约束或盲目经营；预算目标不合理、编制不科学可能导致企业资源浪费或发展战略难以实现；预算缺乏刚性、执行不力、考核不严，可能导致预算管理流于形式。

（一）全面预算编制中的主要风险

1. 预算编制以财务部门为主，业务部门参与度较低，可能导致预算编制不合理，预算管理责、权、利不匹配；预算编制范围和项目不全面，各个预算之间缺乏整合，可能导致全面预算难以形成。

2. 预算编制所依据的相关信息不足，可能导致预算目标与战略规划、经营计划、市场环境、企业实际等相脱离；预算编制基础数据不足，可能导致预算编制准确率降低。

3. 预算编制程序不规范，横向、纵向信息沟通不畅，可能导致预算目标缺乏准确性、合理性和可行性。

4. 预算编制方法选择不当，或强调采用单一的方法，可能导致预算目标缺乏科学性和可行性。

5. 预算目标及指标体系设计不完整、不合理、不科学，可能导致预算管理在实现发展战略和经营目标、促进绩效考评等方面的功能难以有效发挥。

6. 编制预算的时间太早或太晚，可能导致预算准确性不高，或影响预算的执行。

7. 全面预算未经适当审批或超越授权审批，可能导致预算权威性不够、执行不力，或可能因重大差错、舞弊而导致损失。

（二）全面预算执行中的主要风险

1. 全面预算下达不力，可能导致预算执行或考核无据可查。

2. 预算指标分解不够详细、具体，可能导致企业的某些岗位和环节缺乏预算执行和控制依据；预算指标分解与业绩考核体系不匹配，可能导致预算执行不力；预算责任体系缺失或不健全，可能导致预算责任无法落实，预算缺乏强制性与严肃性；预算责任与执行单位或个人的控制能力不匹配，可能导致预算目标难以实现。

3. 缺乏严格的预算执行授权审批制度，可能导致预算执行随意；预算审批权限及程序混乱，可能导致越权审批、重复审批，降低预算执行效率和严肃性；预算执行过程中缺乏有效监控，可能导致预算执行不力，预算目标难以实现；缺乏健全有效的预算反馈和报告体系，可能导致预算执行情况不能及时反馈和沟通，预算差异得不到及时分析，预算监控难以发挥作用。

4. 预算分析不正确、不科学、不及时，可能削弱预算执行控制的效果，或可能导致预算考核不客观、不公平；对预算差异原因的解决措施不得力，可能导致预算分析形同虚设。

5. 预算调整依据不充分、方案不合理、审批程序不严格，可能导致预算调整随意、频繁，预算失去严肃性和"硬约束"。

（三）全面预算考核中的主要风险

预算考核不严格、不合理、不到位，可能导致预算目标难以实现、预算管理流于形式。其中，预算考核是否合理受到考核主体和对象的界定是否合理、考核指标是否科学、考核过程是否公开透明、考核结果是否客观公正、奖惩措施是否公平合理且能够落实等因素的影响。

第二节 全面预算编制

一、全面预算目标的确定

全面预算编制是企业实施全面预算管理的起点。企业应建立和完善预算编制的工作制度，明确预算编制依据、编制内容、编制程序和编制方法，确保预算编制依据合理、内容全面、程序规范、方法科学，确保形成各层级广泛接受的、符合业务假设的、可实现的预算控制目标。

（一）预算目标的确定原则

企业确定预算目标应遵循以下原则：

1. 先进性原则。

预算目标应当是通过努力才能实现的目标，预算目标不具有先进性或挑战性，不利于挖掘企业潜力，就起不到引导和激励的作用，也违背了全面预算管理的初衷。不通过努力就能实现的预算目标，则不具有先进性。

2. 可行性原则。

预算目标应当具有先进性，但也应当现实可行。如果预算目标定得太高，脱离企业内外部环境的实际情况，容易导致预算目标难以实现，从而挫伤预算执行机构的积极性。通过努力也无法实现的预算目标，则不具有可行性。

3. 适应性原则。

预算目标应当建立在科学的预判分析基础之上，符合企业内外部环境。预算目标首先要以市场预测为基础，充分考虑国内外经济变化、行业市场环境变化以及竞争对手状况等因素，与企业的外部环境相适应。其次要考虑企业的资源状况、生产能力等客观情况，与企业的内部环境相适应。

4. 导向性原则。

全面预算管理是实现公司战略目标的重要工具之一，预算目标是战略规划和经营目标在预算期内的具体化、详细化，预算目标应当以战略规划和经营目标为导向，与战略规划和经营目标相一致，将战略管理的目标精神贯穿预算管理的始终。

5. 系统性原则。

系统性原则有两层含义：一是横向系统性。预算目标由一系列具体指标构成，且各指标之间具有很强的内在联系和逻辑管理，预算目标之间应当相互协调、相互衔接，共同构成一个完整的横向目标体系。二是纵向系统性。预算目标需要层层分解至各预算执行机构，集团层面的预算总目标应当与分解后的具体预算分目标相互协调、相互配合，共同构成一个完整的纵向目标体系。

（二）预算目标确定应考虑的主要因素

确定预算目标时，除了应当考虑确定预算目标的一般原则外，通常还应考虑以下主要因素：

1. 出资人对预算目标的预期。

出资人是企业的所有者，股东（大）会是全面预算管理的法定权力机构，负责审议批准公司的年度财务预算方案。集团层面在确定预算目标时，应当充分考虑出资人对预算目标的预期，例如出资者对良好经济效益和规模稳定增长的预期、出资者对控制应收账款和存货的预期等。

2. 以前年度实际经营情况。

预算目标的确定，通常应当考虑以前年度的实际经营情况。例如，确定预算年度的营业收入、利润总额、应收账款、存货、资产总额、资产负债率、经营活动现金净流量等预算目标时，通常应当考虑上述指标的上一年度实际值以及前三年平均值。

3. 预算期内重大事项的影响。

预算期内重大事项通常会对预算目标产生重大影响。例如，并购重组对企业合并范围的影响；会计政策和会计估计变更对企业财务状况和经营成果的影响；增值税政策变更对企业营业收入、税金、利润等指标的影响等。

4. 企业所处发展阶段的特点。

企业在不同的发展阶段，具体的预算目标和对资源的需求是有差异的。企业应当准确把握不同发展阶段的特点，灵活确定相应的预算目标。例如，处于初创阶段的企业，预算目标的重点应倾向于产品和市场的开发；处于成长阶段的企业，利润目标成为预算重点；处于成熟阶段的企业，成本费用目标成为预算重点。

（三）预算目标的确定方法

现代企业是以营利为目的的经济组织，利润目标必然是预算目标的主要内容。下面以利润预算目标为例，说明预算目标的确定方法。常见的利润预算目标的确定方法有利润增长率法、比例预算法、上加法、标杆法和本量利分析法。

1. 利润增长率法。

利润增长率法是根据上期实际利润总额和过去连续若干期间的几何平均利润增长率（增长幅度），全面考虑影响利润的有关因素的预期变动而确定企业目标利润的方法，具体计算公式为：

$$利润总额增长率 = \sqrt[报告期]{\frac{上期利润总额}{基期利润总额}} - 1$$

$$目标利润 = 上期利润总额 \times (1 + 利润总额增长率)$$

然后考虑有关因素对利润影响的预期变动，最终确定目标利润。

【例2-2】某集团企业根据过去年份的利润总额进行利润预测，过去年份利润总额如表2-1所示。

表2-1 各年份利润总额 单位：万元

期间数	年份	利润总额
0	2013	150 000
1	2014	192 000
2	2015	206 000
3	2016	245 000
4	2017	262 350

其中，0为基期，4为报告期。则有：

$$利润总额增长率 = \sqrt[4]{\frac{262\ 350}{150\ 000}} - 1$$
$$= 15\%$$

2018年的目标利润 = 262 350 × (1 + 15%) = 301 702.50 （万元）

考虑有关因素对利润影响的预期变动后，应对上述目标利润进行合理调整。

2. 比例预算法。

比例预算法是通过利润指标与其他相关经济指标的比例关系来确定目标利润的方法。营业收入利润率、成本利润率、投资报酬率等财务指标均可用于测定企业的目标利润。

（1）营业收入利润率。营业收入利润率法利用营业利润与营业收入的关系确定目标利润，具体计算公式为：

目标利润 = 预计营业收入 × 测算的营业收入利润率

测算的营业收入利润率可选取以前几个会计期间的平均营业收入利润率。

【例2-3】某集团企业2017年的营业收入为2 850亿元，利润总额为114亿元。根据预测，2018年营业收入预计较2017年增长8%，营业收入利润率预计较2017年提高0.2个百分点。

根据营业收入利润率对2018年利润预算目标测算为：

预计2018年营业收入 = 2 850 × (1 + 8%) = 3 078 （亿元）

预计2018年营业收入利润率 = (114 ÷ 2 850) × 100% + 0.2% = 4.2%

预计2018年利润总额 = 3 078 × 4.2% = 129.28 （亿元）

（2）成本利润率。成本利润率法利用利润总额与成本费用的比例关系确定目标利润，具体计算公式为：

目标利润 = 预计营业成本费用 × 核定的成本费用利润率

核定的成本费用利润率可以选取同行业平均或先进水平来确定。

（3）投资报酬率。投资报酬率法是利用利润总额与投资资本平均总额的比例关系确定目标利润，具体计算公式为：

目标利润 = 预计投资资本平均总额 × 核定的投资资本回报率

3. 上加法。

上加法是企业根据自身发展、不断积累和提高股东分红水平等需要，匡算企业净利润，再倒算利润总额（即目标利润）的方法。其计算公式如下：

企业留存收益 = 盈余公积 + 未分配利润

净利润 = 本年新增留存收益 ÷（1 – 股利分配比率）

或：　　 = 本年新增留存收益 + 股利分配额

目标利润 = 净利润 ÷（1 – 所得税税率）

4. 标杆法。

标杆法是指以企业历史最高水平或同行业中领先企业的盈利水平为基准来确定利润预算目标的一种方法。实务中，通常存在企业内部基准和外部基准两种标杆。内部基准是以本企业历史最高水平为标准；外部基准是以行业同类先进企业的水平为标准。利用标杆法确认预算目标，很容易发现本企业的问题与不足，具有较为广泛的适用性。

5. 本量利分析法。

本量利分析法也叫盈亏平衡分析法，基于边际成本法，用来研究成本、产销量和利润三者的相互关系，通过以下公式和盈亏平衡图（见图2-4）来确定目标利润。

目标利润 = 边际贡献 – 固定成本

　　　　 = 预计营业收入 – 变动成本 – 固定成本

　　　　 = 预计产品销售量 ×（单位产品售价 – 单位产品变动成本）– 固定成本

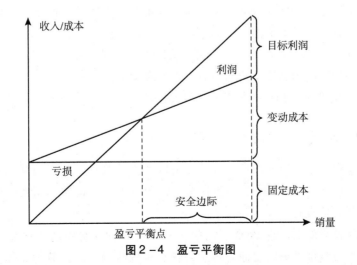

图2-4　盈亏平衡图

二、全面预算的编制方式

从形成上看，企业预算的编制方式可分为权威式预算（自上而下）和参与式预算（自下而上），实务中的预算编制方式一般都介于完全权威式预算和完全参与式预算这两个极端之间，即混合式（上下结合）的预算编制方式，只不过侧重不同而已。

（一）权威式预算

在权威式预算中，预算是一个财务计划和过程控制的工具，从企业的战略目标直至单个部门的具体预算等，均由企业的最高管理层决定，较低层级只是按照预算原则执行预算。权威式预算虽然能从企业全局出发，实现资源的合理配置，但主观性太强，下级缺乏责任感和动力，预算目标的实现会大打折扣。此外，较低层级因担心本期费用的节省、投资的减少会对下期预算（可控资源）产生影响，就会产生"用完预算"的行为问题。

（二）参与式预算

在参与式预算中，各个层级共同制定预算，最高管理层和董事会保留最后的批准权。在参与式预算中，虽然下级的士气和动力有所提高，但是预算执行者为了逃避最终责任，可能造成预算松弛问题，编制低标准预算，制定容易实现的目标，例如高报成本预算目标或低报销售预算目标。此外，当上下级之间存在信息非对称时，心理因素就会导致行为扭曲，如高层管理者过严或过松的审批会引发预算松弛或预算操纵问题。

（三）混合式预算

理想的预算编制方式综合了上述两种方式的优点，简称为"混合式预算"或"上下结合式预算"，基本步骤如下：

1. 确定预算参与者，预算参与者包括各个层级的管理者以及在特定领域拥有专长的员工。

2. 最高管理层与预算参与者就战略方向、战略目标等问题进行相互沟通。

3. 预算参与者制定预算初稿。

4. 根据企业的分部管理模式，较低组织层级将预算提交到较高组织层级审查，较高组织层级通过与较低组织层级的双向沟通，提出修改意见。

5. 通过严格而公正的预算审批形成最终预算。

三、全面预算的编制流程

实务中，集团层面编制全面预算，通常采取"上下结合、分级编制、逐级汇总"的"混合式"方式进行，具体包括下达预算编制指导意见、上报预算草案、审查平衡、审议批准、下达执行等流程。

（一）下达预算编制指导意见

预算编制指导意见是集团层面对各层级预算机构编制年度预算的总体性要求，其内容一般包括预算总体目标、预算编制要点、预算表格填制说明、预算管理要求等。在科学研判国内外经济形势和相关政策变化、准确把握行业发展周期和阶段性特点的基础上，集团层面要结合企业发展战略和生产经营实际情况，合理确定预算总体目标。预算目标主要包括：营业收入、资产总额等规模性指标；利润、成本费用、毛利率等效益性指标；应收账款、带息负债、资产负债率等风险性指标。集团层面此时下达的预算总体目标一般为原则性的标准，例如营业收入同比增幅原则上不低于8%；利润总额同比增幅原则上不低于营业收入同比增幅；应收账款同比增幅原则上不高于营业收入同比增幅等。

（二）上报预算草案

下一级预算执行机构根据集团层面下达的预算总体目标、预算编制要点等要求，结合本单位业务战略、经营特点以及内外部因素的变化等实际情况编制年度预算草案，并在规定的时间内上报集团层面。集团层面下一级预算执行机构一般为子公司，子公司一般情况下还有多级预算执行机构，此时子公司也应当按照相应的预算编制流程对本公司的预算进行分级编制、逐级汇总，最后形成本公司的合并预算。企业可以根据自身规模大小、组织结构和产品结构的复杂性、预算编制工具和熟练程度、全面预算开展的深度和广度等因素，确定合适的全面预算编制时间，并应当在预算年度开始前完成全面预算草案的编制工作。

（三）审查平衡

预算管理委员会办公室对各预算执行单位上报的预算草案进行初步审查、汇总，并根据预算管理委员会的要求，组织对汇总后的预算草案进行审查和平衡。审查各预算执行单位的预算草案是否符合其战略目标，是否在可接受的范围内，是否可行，是否与企业的整体目标和战略相冲突等。对于审查平衡中发现的问题，预算管理委员会办公室与有关预算执行单位进行讨论、协商后，各预算执行单位对本单位的预算草案予以修正。

（四）审议批准

经审查平衡，预算管理委员会办公室汇总编制出集团层面年度预算方案，然后报预算管理委员会审议。预算管理委员会召开专门会议审议全面预算方案，对预算方案进行研究论证，从企业发展全局角度提出审查建议，形成全面预算草案，并提交董事会。董事会审议全面预算草案时，应当重点关注预算的科学性与可行性，确保全面预算与企业发展战略、年度生产经营计划相协调。董事会审议通过后，全面预算草案应当报经股东（大）会最终审议批准。

（五）下达执行

集团层面的年度预算草案经过有关决策机构审议通过后，应以正式文件形式下达执行。企业全面预算一经批准下达，各预算执行单位应当认真组织实施，将预算指标层层分解，横向将预算指标分解为若干相互关联的因素，寻找影响预算目标的关键因素并加以控制；纵向将各项预算指标层层分解落实到最终的岗位和个人，明确责任部门和最终责任人；时间上将年度预算指标分解细化为季度、月度预算，通过实施分期预算控制，实现年度预算目标。

全面预算的编制过程，是一个上下协调、反复沟通的过程。只有经过这个上下反复、相互沟通的过程，才能有效避免预算目标脱离实际的现象，提高预算编制的科学性、合理性与可行性。

四、全面预算的编制方法

企业应当本着遵循经济活动规律，充分考虑符合企业自身经济业务特点、基础数据管理水平、生产经营周期和管理需要的原则，选择或综合运用预算编制方法。常见的全面预算编制方法有：定期预算法、滚动预算法、增量预算法、零基预算法、固定预算法、弹性预算法、项目预算法、作业预算法等。

（一）定期预算法

定期预算法是以不变的会计期间（如日历年度或财年）作为预算期间的一种预算编制方法。定期预算法主要适用于企业内外部环境相对稳定的企业。

定期预算法的主要优点：能够使预算期间与会计期间相对应，有利于将实际数和预算数比较，有利于对各预算执行单位的预算执行情况进行分析和评价。

定期预算法的主要缺点：不能使预算的编制常态化，不能使企业的管理人员始终有一个长期的计划和打算，从而导致一些短期行为的出现，不利于前后各个时期的预算衔接，不能适应连续不断的业务活动过程的预算管理。

（二）滚动预算法

滚动预算法是与定期预算法相对应的一种方法，滚动预算法是指企业根据上一期预算执行情况和新的预测结果，按既定的预算编制周期和滚动频率，对原有的预算方案进行调整和补充，逐期滚动，持续推进的预算编制方法。滚动预算法主要适用于运营环境变化比较大、最高管理者希望从更长远视角来进行决策的企业。预算编制周期，是指每次预算编制所涵盖的时间跨度。滚动频率，是指调整和补充预算的时间间隔，一般以月度、季度、年度等为滚动频率。

滚动预算一般由中期滚动预算和短期滚动预算组成。中期滚动预算的预算编制周期通常为 3 年或 5 年，以年度作为预算滚动频率。短期滚动预算通常以 1 年为预算编制周期，以月度、季度作为预算滚动频率。企业应研究外部环境变化，分析行业特点、战略目标和业务性质，结合企业管理基础和信息化水平，确定预算编制的周期和预算滚动的频率。企业实行中期滚动预算的，应在中期预算方案的框架内滚动编制年度预算；第一年的预算约束对应年度的预算，后续期间的预算指引后续对应年度的预算。短期滚动预算服务于年度预算目标的实施；企业实行短期滚动预算的，应以年度预算为基础，分解编制短期滚动预算。

滚动预算法的主要优点：通过持续滚动预算编制、逐期滚动管理，实现动态反映市场、建立跨期综合平衡，从而有效指导企业营运，强化预算的决策与控制职能。

滚动预算法的主要缺点：一是预算滚动的频率越高，对预算沟通的要求越高，预算编制的工作量越大；二是过高的滚动频率容易增加管理层的不稳定感，导致预算执行者无所适从。

（三）增量预算法

增量预算法，是指以历史期实际经济活动及其预算为基础，结合预算期经济活动及相关影响因素的变动情况，通过调整历史期经济活动项目及金额形成预算的预算编制方法。实施增量预算法的前提条件：一是企业原有业务活动是必须进行的；二是原有的各项业务基本上是合理的。若前提条件发生变化，则预算数额会受到基期不合理因素的影响，导致预算的不合理，不利于调动各部门达到预算目标的积极性。

增量预算法的主要优点：编制简单，省时省力。

增量预算法的主要缺点：预算规模会逐步增大，可能会造成预算松弛及资源浪费。

（四）零基预算法

零基预算法是与增量预算法相对应的一种方法，是指企业不以历史期经济活动及其预算为基础，以零为起点，从实际需要出发分析预算期经济活动的合理性，经综合平衡，形成预算的预算编制方法。零基预算法适用于企业各项预算的编制，特别是不经常发生的预算项目或预算编制基础变化较大的预算项目。与增量预算关注于在前期预算的基础上作出变更不同，零基预算关注于每一个预算项目当期情况的合理性。

零基预算法的主要优点：一是以零为起点编制预算，不受历史期经济活动中的不合理因素影响，能够灵活应对内外部环境的变化，预算编制更贴近预算期企业经济活动需要；二是有助于增加预算编制透明度，有利于进行预算控制。

零基预算法的主要缺点：一是预算编制工作量较大、成本较高；二是预算编制的准确性受企业管理水平和相关数据标准准确性影响较大。

为减轻编制零基预算相关的时间和费用，一般情况下间隔几年编制一次零基预算；在不编制零基预算的年份，采用其他预算方法。或者，企业的各个部门轮流编制零基预算，每个年度只在一个或较少几个部门中实施零基预算。

（五）固定预算法

固定预算法，是指以预算期内正常的、最可能实现的某一业务量水平为固定基础，不考虑可能发生的变动的预算编制方法。固定预算法主要适用于业务量水平较为稳定的生产和销售业务的成本费用预算的编制，如直接材料预算、直接人工预算和制造费用预算等。

固定预算法的主要优点：由于业务量固定、期间固定，所以固定预算法编制相对简单，也容易使管理者理解。

固定预算法的主要缺点：不能适应运营环境的变化，容易造成资源错配和重大浪费。

（六）弹性预算法

弹性预算法是与固定预算法相对应的一种方法，是指企业在分析业务量与预算项目之间数量依存关系的基础上，分别确定不同业务量及其相应预算项目所消耗资源的预算编制方法。业务量，是指企业销售量、产量、作业量等与预算项目相关的弹性变量。弹性预算法适用于企业各项预算的编制，特别是市场、产能等存在较大不确定性，且其预算项目与业务量之间存在明显的数量依存关系的预算项目。

企业通常采用公式法或列表法构建具体的弹性预算模型，形成基于不同业务量的多套预算方案。

1. 公式法。

公式法下弹性预算的基本公式为：

$$预算总额 = 固定基数 + \sum（与业务量相关的弹性定额 \times 预计业务量）$$

应用公式法编制预算时，相关弹性定额可能仅适用于一定业务量范围内。当业务量变动超出该适用范围时，应及时修正、更新弹性定额，或改为列表法编制。

2. 列表法。

列表法，是指企业通过列表的方式，在业务量范围内依据已划分出的若干个不同等级，分别计算并列示该预算项目与业务量相关的不同可能预算方案的方法。在应用列表法时，企业通常可将业务量定为正常水平的70% ~ 120%，选择业务量间距为5%或10%。实务中，也可以假定三种业务量：乐观的业务量、悲观的业务量、基准（最可能实现）的业务量。

弹性预算法的主要优点：考虑了预算期可能的不同业务量水平，更贴近企业经营管理实际情况。

弹性预算法的主要缺点：一是编制工作量大；二是市场及其变动趋势预测的准确性、预算项目与业务量之间依存关系的判断水平等会对弹性预算的合理性造成较大影响。

【例2-4】某企业以前年度一直采用定期的固定预算编制方法。随着近些年来内外部环境不确定性的增加，企业管理者发现每年的实际营业收入、利润等财务指标与年初的预算目标相去甚远。于是，从2017年开始，该企业开始采用弹性预算的编制方法编制2018年的预算，具体如表2-2所示。

表2-2　　　　　2018年预算编制　　　　　单位：万元

指标	不同生产与销售水平上的弹性预算		
	最差情形	最有可能情形	最佳情形
销售量	8 000	9 000	10 000
销售额	240 000	270 000	300 000
变动成本/费用			
变动生产成本	160 000	180 000	200 000
销售费用	12 000	13 500	15 000
管理费用	4 000	4 500	5 000

续表

指标	不同生产与销售水平上的弹性预算		
	最差情形	最有可能情形	最佳情形
总变动成本/费用	176 000	198 000	220 000
边际贡献	64 000	72 000	80 000
固定成本			
固定生产成本	40 000	40 000	40 000
固定销售成本	10 000	10 000	10 000
固定管理成本	20 000	20 000	20 000
总固定成本	70 000	70 000	70 000
营业利润（损失）	（6 000）	2 000	10 000

（七）项目预算法

在从事轮船、飞机、公路等工程建设，以及一些提供长期服务的企业中，需要编制项目预算。项目预算的时间框架就是项目的期限，跨年度的项目应按年度分解编制预算。在项目预算中，间接费用预算比较简化，因为企业仅将一部分固定和变动间接成本分配到项目中，剩余的间接费用不在项目预算中考虑。

项目预算法的优点在于它能够包含所有与项目有关的成本，容易度量单个项目的收入、费用和利润。无论项目规模大小，项目预算都能很好地发挥作用，项目管理软件可以辅助项目预算的编制与跟踪。企业在编制项目预算时，将过去相似项目的成功预算作为标杆，通过对计划年度可能发生的一些重要事件进行深入分析后，能够大大提高本年度项目预算的科学性和合理性。

（八）作业预算法

作业预算法，是指基于"作业消耗资源、产出消耗作业"的原理，以作业管理为基础的预算管理方法。作业预算法主要适用于具有作业类型较多且作业链较长、管理层对预算编制的准确性要求较高、生产过程多样化程度较高，以及间接或辅助资源费用所占比重较大等特点的企业。

与传统的预算编制按职能部门确定预算编制单位不同，作业预算法关注于作业（特别是增值作业）并按作业成本来确定预算编制单位。作业预算法更有利于企业加强团队合作、协同作业、提升客户满意度。作业预算法的支持者认为，传统成本会计仅使用数量动因，将成本度量过度简化为整个流程或部门的人工工时、机时、产出数量等指标，模糊了成本与产出之间的关系。作业预算法通过使用类似"调试次数"的作业成本动因，能够更好地描述出资源耗费与产出之间的关系。只有当基于数量的成本动因是最合适的成本度量单位时，作业预算法才会采用数量动因来确定成本。

作业预算法的主要优点：一是基于作业需求量配置资源，避免了资源配置的盲目性；二是通过总体作业优化实现最低的资源费用耗费，创造最大的产出成果；三是作业预算可以促进员工对业务和预算的支持，有利于预算的执行。

作业预算法的主要缺点：预算的建立过程复杂，需要详细地估算生产和销售对作业和资源费用的需求量，并测定作业消耗率和资源消耗率，数据收集成本较高。

第三节　全面预算执行

一、全面预算执行概述

预算执行是把预算目标变成行动的一种方式，预算执行一般按照预算控制、预算调整等程序进行。

预算控制，是指企业以预算为标准，通过预算分解、过程监督、差异分析等促使日常经营不偏离预算标准的管理活动。预算调整是指当企业的内外部环境或者企业的经营策略发生重大变化，致使预算的编制基础不成立，或者将导致企业的预算执行结果产生重要偏差，原有预算已不再适宜时而进行的预算修改。

企业应建立预算执行的监督分析制度，提高预算管理对业务的控制能力。企业应将预算目标层层分解至各预算责任中心；预算分解应按各责任中心权、责、利相匹配的原则进行，既公平合理，又有利于企业实现预算目标。企业应通过信息系统展示、会议、报告、调研等多种途径及形式，及时监督、分析预算执行情况，分析预算执行差异形成的原因，提出对策建议。

二、全面预算分析

企业预算管理工作机构和各预算执行单位应当建立预算执行情况分析制度，定期召开预算执行分析会议，通报预算执行情况，研究、解决预算执行中存在的问题，认真分析原因，提出改进措施。全面预算分析就是将企业的预算执行情况与预算目标或标准进行对比，找出差异，分析差异形成的原因，并根据差异的大小和性质，提出相应的改进性措施的过程。全面预算分析是预算控制的重要前提或基础。

（一）全面预算分析的流程

企业应当加强对预算分析流程和方法的控制，确保预算分析结果准确、合理。预算分析流程一般包括确定分析对象、确定重要性标准、收集数据、计算差异并分析引起差异的原因、撰写并上报分析报告等环节。

1. 确定分析对象。

即应该关注是对哪些预算或指标的分析，是对预算执行情况的全面分析还是对特定预算、特定项目进行分析。

2. 确定重要性标准。

即预算差异在什么样的范围内需要进行重点分析。

3. 收集数据。

企业进行分析时，至少需要收集以下数据：预算实际执行数据；历史数据；标杆企业的实际数据；相关的行业和经济环境变化的数据，等等。

4. 计算差异并分析引起差异的原因。

企业应针对造成预算差异的不同原因采取不同的处理措施：因内部执行导致的预算差异，应分清责任归属，与预算考核和奖惩挂钩，并将责任单位或责任人的改进措施的实际执行效果纳入业绩考核；因外部环境变化导致的预算差异，应分析该变化是否长期影响企业发展战略的实施，并作为下期预算编制的影响因素。

5. 撰写并上报分析报告。

企业的预算执行情况的分析，包括预算执行单位对重要差异的解释和报告；预算管理部门的汇总和确认；分析部门撰写并上报分析报告，以有利于企业管理层制定下一步的行动计划，进行预算调整和绩效考核。

（二）全面预算分析方法

企业分析预算执行情况，应当充分收集有关财务、业务、市场、技术、政策、法律等方面的信息资料，根据不同情况分别采用各种分析方法，从定量与定性两个层面充分反映预算执行单位的现状、发展趋势及其存在的潜力。

1. 差异分析。

差异分析就是计算各预算报表的数据与实际绩效之间的差异，分析引起差异的内外部原因，及时发现和解决预算执行过程中出现的问题和存在的风险，为预算控制提供目标、方向和重点。

差异分析包括：销售差异分析、生产预算差异分析、采购差异分析、管理费用差异分析、财务费用差异分析、产品成本差异分析、利润差异分析等。

2. 对比分析。

对比分析是将某项指标与性质相同的指标项进行对比来揭示差异，分析报表中的项目与总体项目之间的关系及其变动情况，探讨产生差异的原因，判断企业预算的执行情况。

对比分析包括：实际数与预算数的对比分析；同比分析与环比分析。同比分析，即将本期实际数与上年同期实际数进行对比分析；环比分析，即将本期实际数与上期实际数进行对比分析等。

【例2－5】某集团企业 2017 年三季度营业收入和利润总额预算指标执行差异分析如表 2－3 所示。

表 2－3　　　　　　　　　　　　　预算指标执行差异分析　　　　　　　　　金额单位：亿元

预算项	年度预算	第三季度			前三季度			预算执行进度（%）
		预算	实际	完成率（%）	预算	实际	完成率（%）	
营业收入	2 850	800	826	103.25	2 000	2 150	107.50	75.44
利润总额	120	34	35.97	105.79	86	84.30	98.02	70.25

通过表2-3可知：

（1）当季预算完成情况：该企业2017年第三季度营业收入和利润总额均完成预算目标，预算完成率分别为103.25%和105.79%。

（2）当年累计预算完成情况：该企业2017年前三季度的营业收入完成阶段性预算目标（完成率为107.50%），但利润总额未完成阶段性预算目标（完成率为98.02%）。从全年预算执行进度来看，营业收入的预算完成率为75.44%，与时间进度基本一致；利润总额的预算完成率为70.25%，完成进度滞后，说明第四季度该企业应重点加强利润指标的预算管控。

3. 对标分析。

对标管理是通过选取国内外同行业优秀企业的最佳实践，并以此为基准与本企业进行比较、分析、判断，从而使本企业业绩不断改进的一个过程。预算管理中的对标分析就是选取行业内标杆企业作为比较标准，通过对标分析，可以了解企业在行业竞争中的地位，明确差距，提出相应的改进措施。

4. 结构分析。

结构是指某一子项占其总项的百分比，如期间费用中管理费用、财务费用、销售费用所占的比例，或办公费用、研发费用等占管理费用的比例。结构分析就是分析实际数结构与预算数结构之间的差异，分析结构变化对预算完成情况的不同影响。

5. 趋势分析。

趋势分析是根据企业连续几个时期的分析资料，确定分析各个时期有关项目的变动情况和趋势。趋势分析包括月度趋势分析、季度趋势分析、年度趋势分析等。

【例2-6】某集团企业2015～2017年营业收入和利润总额预算指标的完成情况如表2-4所示。

表2-4　　　　　　　　　　预算指标完成情况　　　　　　　　　单位：亿元

预算指标	2015 年	2016 年	2017 年
营业收入	600	720	828
利润总额	26	30	36

通过表2-4可知：

（1）从绝对值来看，该企业2015～2017年实现的营业收入分别为600亿元、720亿元和828亿元，实现的利润总额分别为26亿元、30亿元和36亿元，规模和效益均保持逐年攀升态势。

（2）从相对值来看，2017年营业收入同比增长15%，较上年同比增速（2016年营业收入同比增长20%）回落5个百分点，营业收入增速放缓；2017年利润总额同比增长20%，较上年同比增速（2016年利润总额同比增长15.38%）加快4.62个百分点。

6. 因素分析。

在对比分析中，为细分差异，需要将指标构成分解为几项因素，并对这些因素进行逐一替换分析。例如，通过对某年销售实际总收入与预算数的差异计算，可以分别对总销量、各种销量比例、各品种售价等因素进行深入分析，找出企业实际营业收入与预算营业收入差异的主要原因。

7. 排名分析。

排名分析，是指针对企业内部功能相同或相似的责任单位，选择一些能够反映责任单位运营情况的核心指标（如人均营业收入、人均管理费用等）进行排名，再进一步分析差距的原因，促进排名落后的责任单位加强管理，改善业绩。

8. 多维分析。

多维分析能够使分析者从多个角度、多个侧面观察数据库中的数据，从而深入了解包含在数据中的信息和内涵。例如，企业在分析某年营业收入实际数与预算数的差异时，就需要从多个维度（产品、区域、渠道、客户等）进行深入分析，结合企业战略的实施情况，才能找出形成差异的根本原因。

三、全面预算控制

（一）全面预算控制的内涵

企业的预算经批准下达后，各预算执行单位开始组织实施。为了更好地执行预算，提高资源使用的效率与效果，为企业预算目标提供合理的保证，企业需要加强预算控制。

关于预算控制，有广义和狭义之分。广义的预算控制将整个预算系统作为一个控制系统，通过预算编制、预算执行与监控，预算考核和评价形成的一个包括事前、事中和事后的全过程控制系统。狭义的预算控制不包括预算编制，而是将编制好的预算作为业绩管理的依据和标准，定期将实际业绩和预算进行对比，分析差异原因并采取改进措施，主要指预算执行过程中的事中监控系统。计划、预算与控制之间的关系，如图2－5所示。

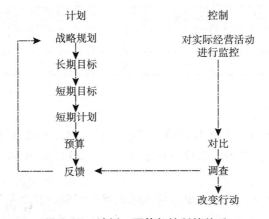

图2－5　计划、预算与控制的关系

传统的预算管理主要强调预算编制，而对预算的执行与控制重视不够。实际上，编制预算并非资源的实际投入，只有当企业进行业务活动而提出资源需求并付诸实施时，资源才算真正投入、真正发挥作用。从资源投入到目标实现是一个过程，这一过程是否符合企业的预期，是否能够实现企业的战略和目标，不仅有赖于企业预算编制的准确合理，更取决于资源能否投入、如何投入、如何使用。有预算编制而无预算控制，就难以实现预算目标。法国著名管理学者亨利·法约尔（Henri Fayol）在其代表作《工业和一般管理》中指出："在一个企业中，控制就是核实所发生的每一件事是否符合规定的计划、所发布的指示及所确定的原则。其目的就是要指出计划执行过程中的缺点和错误，以便加以纠正和防止重犯。控制在每件事、每个人、每个行动上都起作用。"

预算控制也可分为事前、事中和事后控制。预算编制、预算调整就是事前控制。预算事中控制指对费用、采购和资本性支出等涉及现金支出的预算，由预算执行审批相关人员按照企业内部控制流程而进行的逐级审批控制的过程。例如，企业在购买固定资产时，可以在对多家供应商的品牌、质量、报价、性价比等多种因素进行比较分析后，确定供应商；签订设计、制造、购买、安装、调试合同；合同约定，在设计、制造、安装、调试、上线等各个阶段完成并经甲方验收合格后支付合同进度款。对验收入库的固定资产做好维护保养，提高使用的效率与效果等措施则属于预算的事后控制内容。

需要注意的是，预算的事前、事中和事后控制是相对的。较高层次或上一环节某些事项的事后控制，往往是下一层次、下一环节某些事项的事前或事中控制。并且，事后控制也有利于积累经验，为今后的事前控制提供有价值的信息。所以，企业在强调"防患于未然"的事前控制的同时，切不可放松事中控制和事后控制。

企业的预算控制是整个内部控制体系的一个部分。如果一个企业的预算控制存在重大缺陷，则该企业的整个内部控制体系也难以奏效。所以，预算控制是企业内部控制的一项重要内容，是实现企业战略和预算目标的重要保障。

（二）全面预算控制的原则

1. 加强过程控制。

企业应当以预算作为预算期内组织协调各项经营活动的基本依据，严格执行销售预算、生产预算、费用预算和其他预算，并将年度预算细分为月度和季度预算，通过分期预算控制，确保年度预算目标的实现。加强全面预算的过程控制，需要企业建立健全各种预算过程控制制度。

2. 突出管理重点。

不同行业、不同经营策略、处于不同发展阶段的企业，预算管理的重点不尽相同。企业的预算控制必须抓住重点，对重点预算项目严格管理；对于非重点项目应尽量简化审批流程。对于关键性指标的实现情况，应按月、按周，甚至进行实时跟踪，并对其发展趋势作出科学合理的预测，提高事前控制的能力。一般来说，企业应加强现金预算的管理，管理好资金的安全风险、短缺风险，在资金的安全性、流动性和收益性之间取得良好平衡，提高资金的使用效率。

3. 刚性控制与柔性控制相结合。

对于一些不易区分的项目，可以实行柔性控制（总额控制）；对于一些重大项目的支出，则需要仔细审核其支出的合理性，实行刚性控制。在企业实际的预算控制中，刚性控制和柔性控制是相互结合的。通过刚性控制保障某些项目（如投资项目等重要的资本预算项目）不超预算；而一些与日常经营相关的业务，如管理费用中的业务招待费、办公费等，可以采用质疑、警示等柔性控制方式来提醒相关人员，促使相关人员查找预算差异的原因，提高资源使用的效率与效果，实现预算控制的目标。

4. 业务控制与财务控制相结合。

企业的总预算包括运营预算和财务预算，业务活动与财务活动往往是不可分的。例如，企业的销售与收款流程，既是业务活动，也是财务活动。企业的经营活动主要是业务活动，因此，预算控制应通过对各项业务活动及相关财务活动的审批或确认，实现业务、财务一体化的控制。企业业务的审批一般是通过预算执行单据实现的。预算执行单据反映了工作内容、工作路线、工作阶段、批准记录等，记载了全部的预算信息、业务信息，反映了企业资源的投入、流动和结果。预算控制正是通过对各种单据的审核及其他相关信息的比较来作出经营决策，并实施相关的业务与财务控制。

（三）全面预算控制的方式

全面预算控制的方式多种多样，企业可以根据业务特点和管理需要，将这些方式相互结合，设计并采用个性化的预算控制方式，以达到最好的预算控制效果。

1. 当期预算控制与累进预算控制。

当期预算控制指用当期的预算总额控制当期的预算执行数。累进预算控制是指以从预算期间的始点到当期时点的累计预算数控制累计预算执行数。企业在实际操作中可以根据企业的实际情况灵活设置预算的控制期间，按月、季、年三种控制周期进行当期和累进的综合控制。

2. 总额控制与单项控制。

企业的预算项是有种属之分的，如管理费用是一个综合的预算项，可以细分为差旅费、业务招待费、办公费等。总额控制就是只要"管理费用"这个预算总项的额度不超出预算，此业务就可以进行；超出预算额度，业务是否可以进行，需要经过追加的程序进行审批。单项控制是指对每个预算项（如业务招待费等）都分别加以控制。

3. 绝对数控制与相对数控制。

绝对数控制是指用预算项的预算数控制预算执行数。相对数控制是指用预算值的百分比来控制预算执行数。例如，对于企业的研究与开发支出，企业的预算数可以以绝对额表示，也可以用占营业收入的百分比来表示。在企业的实际操作中，往往是绝对数控制和相对数控制相结合。

4. 刚性控制与柔性控制。

刚性控制以预算值为约束指标，任何超出预算值的支出都需要通过特定的审批流程审批后才能使用。柔性控制是指超出预算的执行申请可以在企业的预算管理系统中提交，各级审批者根据授权，进行成本效益权衡后决策是否可以批准执行。

5. 预算内审批控制、超预算审批控制与预算外审批控制。

预算审批包括预算内审批、超预算审批、预算外审批等。预算内审批事项，应执行正常的流程控制，简化流程，提高效率。超预算审批事项，应执行额外的审批流程，根据事先规定的额度分级审核。预算外审批事项，应严格控制，防范风险。

6. 系统在线控制与手工控制。

系统在线控制是指依靠信息系统实现的对预算事项的事中和在线控制。系统控制的优点是控制严格、数据准确；缺点是缺乏灵活性，可能会因某些例外情况出现而导致业务停滞。手工控制是指按照企业内部控制流程和相应的审批权限，对相关资金支出的单据进行手工流转并签字的过程。手工控制的准确性、严格性虽然不如系统在线控制，但比较灵活，易于接受与实施。

四、全面预算调整

全面预算调整是指当企业的内外部环境或者企业的经营策略发生重大变化，致使预算的编制基础不成立，或者将导致企业的预算执行结果产生重要偏差，原有预算已不再适宜时而进行的预算修改。

（一）全面预算调整的条件

年度预算经批准后，原则上不作调整。企业应在制度中严格明确预算调整的条件、主体、权限和程序等事宜，当内外部战略环境发生重大变化或突发重大事件等，导致预算编制的基本假设发生重大变化时，可进行预算调整。

当出现下列事项时，企业的预算很可能需要进行相应的调整：

1. 由于国家政策法规发生重大变化，致使预算的编制基础不成立，或导致预算与执行结果产生重大偏差。

2. 由于市场环境、经营条件、经营方针发生重大变化，导致预算对实际经营不再适用。

3. 内部组织结构出现重大调整，导致原预算不适用。

4. 发生企业合并、分立等行为。

5. 出现不可抗力事件，导致预算的执行成为不可能。

6. 预算管理委员会认为应该调整的其他事项。

（二）全面预算调整的原则

1. 预算调整应当符合企业发展战略、年度经营目标和现实状况，重点放在预算执行中出现的重要的、非正常的、不符合常规的关键性差异方面。

2. 预算调整方案应当客观、合理、可行，在经济上能够实现最优化。

3. 预算调整应当谨慎，调整频率应予以严格控制，年度调整次数应尽量减少。

（三）全面预算调整程序

企业批准下达的预算应当保持稳定，不得随意调整。由于市场环境、国家政策或不可抗力等客观因素，导致预算执行发生重大差异确需调整预算的，应当履行严格的审批

程序。预算调整主要包括分析、申请、审议、批准等主要程序,具体如下:

1. 预算执行单位逐级向预算管理委员会提出书面申请,详细说明预算调整理由、调整建议方案、调整前后预算指标的比较、调整后预算指标可能对企业预算总目标的影响等内容。

2. 预算管理工作机构应当对预算执行单位提交的预算调整报告进行审核分析,集中编制企业年度预算调整方案,提交预算管理委员会。

3. 预算管理委员会应当对年度预算调整方案进行审议,按照预算调整事项性质或预算调整金额的不同,根据授权进行审批,或提交原预算审批机构审议批准,然后下达执行。

企业预算管理委员会或董事会审批预算调整方案时,应当依据预算调整条件,并对预算调整原则严格把关,对于不符合预算调整条件的,坚决予以否决;对于预算调整方案欠妥的,应当协调有关部门和单位研究改进方案,并责成预算管理工作机构予以修改后再履行审批程序。

第四节 全面预算考核

一、全面预算考核的原则

全面预算考核是指通过对各预算执行单位的预算完成结果进行检查、考核与评价,为企业实施奖惩和激励提供依据,为改进预算管理提供建议和参考,是企业进行有效激励与约束、提高企业公司绩效的重要内容。全面预算考核是整个企业预算管理中的重要一环,具有承上启下的作用。全面预算考核是一种动态考核和综合考核,企业在特定预算期间的预算执行过程中和完成后都要适时进行考核,以便更好地实现企业战略和预算管理目标。全面预算考核应遵循以下的原则。

(一)目标性原则

全面预算考核的目的是更好地实现企业战略和预算目标,所以在企业预算考核体系的设计中,应遵循目标性原则,以考核引导各预算执行单位的行为,避免各预算执行单位发生只顾局部利益,不顾全局利益甚至损害全局利益的行为。例如,对于生产部门的考核,不仅要考核产品的数量、质量,还需要考核相应的成本标准,或将销售指标和利润指标作为其辅助指标进行考核,以引导企业的生产部门关心企业产品的营业收入和利润完成情况。再如,对于销售部门的考核,不仅要考核其是否完成收入指标、毛利指标,还需要对存货周转率、应收账款周转率等指标进行考核,以促进销售部门努力降低资金占用,提高投资收益率。

(二)可控性原则

全面预算考核既是预算执行结果的责任归属过程,也是企业各预算执行主体间的利益分配过程。所以预算考核必须公开、公正和公平,各预算执行单位以其责权范围为限,对其可以控制的预算差异负责,利益分配也以此为基础,做到责、权、利相统一。但是,为避免强调可控而导致各预算执行单位相互推诿,出现无人负责的现象,在预算目标下达时,应尽可能明确各预算执行单位的可控范围或可控因素。

(三) 动态性原则

预算的考核要讲究时效性,企业可根据管理基础、内外部环境变化,以及经营需要来选择合适的考核时点,如季度考核、半年度考核、不定期考核等。如果等年度预算期结束后再进行考核,则"木已成舟",削弱了预算考核应有的作用。通过对预算的执行结果及时考核,并适时地根据预算执行单位的实际绩效进行奖惩,有助于预算管理工作的改进和预算目标的实现。

(四) 例外性原则

在企业的预算管理中,可能会出现一些不可控的例外事件,如市场的变化、产业环境的变化、相关政策的改变、重大自然灾害和意外损失等,考核时应对这些特殊情况作特殊处理。企业受到这些因素影响后,应及时按程序调整预算,考核也应该按调整后的预算指标进行。

(五) 公平公开公正原则

全面预算的考核必须公平,即相同的绩效要给予相同的评价,否则员工就会感觉不公平,产生不满情绪,挫伤员工工作积极性,并引起相互间的不信任。预算考核还应公开,其考核的标准必须是公开的。标准是指导人们工作的规范,而不是制裁员工的"秘密武器",考核标准公开是考核公平的前提,公开标准便于员工监督。考核公开,包括制定标准的过程对被考核者公开,考核标准要在执行之前公布,考核结果应在必要的范围内公布。

(六) 总体优化原则

与其他管理工具一样,预算管理的目的是通过调动各责任预算主体的积极性、主动性来实现企业预算管理的总目标。但是,责任预算主体是具有一定权力并承担相应责任的利益关系人,其工作目标主要是为了自身利益的最大化,会产生局部利益(个人利益)与整体利益(企业利益)之间的矛盾,例如,销售部门重视销售而忽视资金回收;生产部门关注产品的质量和数量,而不重视产品是否适销对路,是否可以通过技术、工艺的改进来降低成本、提高竞争力;等等。预算考核要有利于企业总体目标的实现和价值的最大化。

二、全面预算考核的内容

全面预算考核的内容主要有两个方面。

(一) 对全面预算目标完成情况的考核

预算考核应以预算完成情况为考核核心,通过预算执行情况与预算目标的比较,确定差异并查明产生差异的原因,进而据以评价各责任中心的工作业绩,并通过与相应的激励制度挂钩,促进其与预算目标相一致。全面预算目标完成情况的考核,是对企业各预算执行单位主要预算指标完成情况的考核。通过对超额完成的责任主体进行奖励，对未达标者进行惩罚，鼓励各预算执行单位超额完成预算目标，促进企业价值的最大化。

（二）对全面预算组织工作的考核

对全面预算组织工作的考核，是对预算管理各环节工作质量的评价，其目的是提高企业的预算管理水平。主要考核的内容有：预算编制是否准确、及时、规范；预算分析工作是否及时，是否发现了经营中存在的问题和风险，是否提出了相应的改进建议；预算控制是否到位；预算调整是否按程序进行；等等。对这些定性指标的考核，主要采用打分法，根据预算各责任主体的执行情况，由考核主体进行打分考核。

【例2-7】某企业对其子公司全面预算管理组织工作的考核指标如表2-5所示。

表2-5　　　　　　　某企业预算管理规范情况的考核指标

考核项目	考核具体内容	分值
组织机构	是否成立预算管理委员会及办公室；预算组织机构运行体制是否健全；预算执行单位的职责权限、授权批准程序和工作协调机制是否清晰可行	5
管理制度	是否建立预算执行实时监控制度；是否建立重大预算项目特别关注制度；是否建立预算执行情况预警机制；是否建立预算执行情况内部反馈和报告制度；是否建立预算考核制度	5
预算报告编制与报送	预算报告编制质量是否符合要求；预算编制范围和项目是否全面；业务预算与财务预算是否融合；预算编制所依据的相关信息是否充分；预算编制程序是否规范；预算编制方法选择是否恰当；预算目标及指标体系设计是否完整、合理与科学；预算报告报送是否及时	20
预算执行与调整	预算目标是否层层分解；预算指标分解是否详细、具体；预算指标分解与业绩考核体系是否匹配；是否建立健全预算责任体系；预算责任与执行单位或个人的控制能力是否匹配；是否执行严格的预算执行授权审批制度；预算执行过程是否缺乏有效监控；是否执行健全有效的预算反馈和报告体系；预算调整依据是否充分、方案是否合理、审批程序是否严格	20
预算分析报告	预算分析是否正确、科学与及时；对预算差异原因的解决措施是否得力	5
预算执行偏差	营业收入、利润总额、期间费用、资产负债率、应收账款、存货、带息负债、投资规模、经营活动现金流量等指标的预算执行偏差率是否控制在规定的范围内	45

三、全面预算考核的程序

预算考核主体和考核对象的界定应坚持上级考核下级、逐级考核、预算执行与预算考核职务相分离的原则。全面预算考核的程序包括：制定预算考核管理办法；确认各预算执行单位的预算执行情况；编制预算执行情况的分析报告；对各预算执行单位的预算执行情况进行考核评价、撰写考核报告、发布考核结果。

（一）制定预算考核管理办法

企业应建立严格的预算执行考核制度，对各预算执行单位和个人进行考核，将预算目标执行情况纳入考核和奖惩范围，切实做到有奖有惩、奖惩分明。企业应制定有关预算执行考核的制度或办法，并认真、严格地组织实施。企业应定期组织实施预算考核，预算考核的周期一般应当与年度预算细分周期相一致，即一般按照月度、季度实施考评，预算年度结束后再进行年度总考核。企业可以单独制定预算考核管理办法，也可以将预算考核的相关制度和流程纳入总的预算管理制度之中。

（二）确认各预算执行单位的预算执行情况

在一个预算期间结束后，各预算考核主体首先要收集与考核相关的各种资料。预算考核所需资料包括内部资料和外部资料。内部资料主要是有关预算目标及其执行情况的资料，用以确定预算差异；外部资料包括影响预算执行结果的有关外部因素的变动信息，用以对预算执行单位进行预算考核和评价。

各预算执行单位的实际绩效与预算数之间的差异可以分为两类：有利差异和不利差异。有利差异是指实际情况要好于预算情况，如实际营业收入超额完成预算，费用的实际数小于预算数等；不利差异则与有利差异相反。预算考核主体要对预算执行单位的主要预算指标与实际绩效逐项进行比较，列出各种差异，确定差异额，并分清是有利差异还是不利差异。

（三）编制预算执行情况的分析报告

通过实际绩效与预算数对比计算出差异后，企业需要编制预算执行情况的分析报告，分析差异产生的原因，识别和评估企业经营管理中存在的问题和风险，并结合战略分析、行业分析、市场分析等，提出针对性的改进建议。

（四）撰写考核报告与发布考核结果

经过预算考核，预算管理委员会所属预算考核小组需就考核情况和结果撰写考核报告，报告应肯定成绩，指出问题，找出原因，并为企业实行奖惩提供依据。报告内容主要包括以下方面：一是预算执行、调整、监控、分析考核指标与考核情况说明；二是预算考核评语，内容包括预算执行业绩、实际表现、优缺点、努力方向等。同时，预算考核完毕后，预算管理委员会应及时对预算考核结果进行整理、归档和发布。

本章思考题

1. 如何理解全面预算管理中"全面"二字的内涵？
2. 全面预算管理应遵循哪些基本原则？

3. 战略目标、战略规划、经营目标与全面预算之间有何区别与联系？

4. 如何建立健全全面预算管理组织体系？

5. 全面预算管理中可能存在的主要风险有哪些？

6. 预算目标的确定应遵循哪些基本原则和考虑哪些主要因素？

7. 全面预算管理的编制方式与编制方法分别有哪些？

8. 全面预算分析方法有哪些？

9. 全面预算控制的原则及方式分别有哪些？

10. 全面预算调整的条件、原则和程序分别有哪些？

第三章　企业风险管理与内部控制

本章要求

掌握：风险的内涵及构成要素、风险分类，风险管理的内涵、作用、原则，风险管理目标和基本流程，目标设定、风险识别、风险分析、风险应对、风险监控、信息沟通和报告，以及风险管理考核和评价的主要内容，风险管理体系的主要内容，内部控制体系、公司治理概念、内部控制、公司治理与风险管理的关系；**熟悉**：风险容忍度主要定量指标、风险识别应用技术、内外部环境分析方法、风险矩阵绘制方法、风险定量分析主要方法；**了解**：风险敞口计算、蒙特卡洛模拟、固有风险和剩余风险的衡量等。

本章主要内容

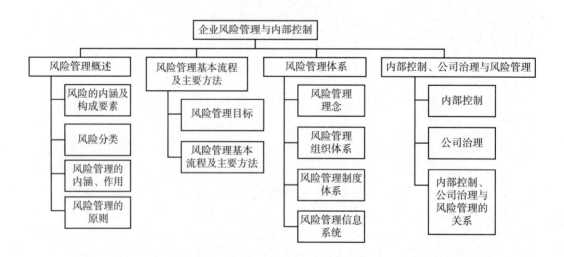

第一节 风险管理概述

一、风险的内涵及构成要素

企业风险是指对企业的战略与经营目标实现产生影响的不确定性。一般用事件后果和发生可能性的组合来表达。

企业风险构成基本要素包括风险因素、风险事件（事故）、损失。其中，风险因素是指促使某一风险事件发生，或增加其发生的可能性、或提高其损失程度的原因或条件。风险事件（事故）是指造成损失的偶发事故。企业经营中的风险事件（事故）的发生有时直接导致企业经营失败，如巴林银行经营失误。损失是指非故意的、非预期的、非计划的经济价值的减少。损失又分为直接损失和间接损失，直接损失是指风险事件导致的财产毁损和人身伤害，间接损失是指由直接损失引起的其他损失，包括额外费用损失、收入损失和责任损失等。

随着改革开放的发展和市场化程度的加深，风险管理成为各类企业的重要课题。特别是近年来，由于不确定性上升，企业警惕"灰犀牛""黑天鹅"等事件带来的风险，并避免由此带来的损失尤为重要。同时，由于风险是影响企业实现战略目标的各种因素和事项，可能给企业带来不利影响，但许多情况下，风险也可能孕育着机会，风险和机遇并存。

二、风险分类

为了更好地管理风险，需要对企业风险进行分类。一般的分类方式有：

1. 按照内容可以分为战略风险、财务风险、市场风险、运营风险和法律与合规风险等。

战略风险主要考虑：国内外宏观经济政策以及经济运行情况、本行业状况、国家产业政策；科技进步、技术创新的有关内容；市场对本企业产品或服务的需求；与企业战略合作伙伴的关系，未来寻求战略合作伙伴的可能性；本企业主要客户、供应商及竞争对手的有关情况；与主要竞争对手相比，本企业实力与差距；本企业发展战略和规划、投融资计划、年度经营目标、经营战略，以及编制这些战略、规划、计划、目标的有关依据；本企业对外投融资流程中曾发生或易发生错误的业务流程或环节。

财务风险主要考虑：负债、或有负债、负债率、偿债能力；现金流量、应收账款及其占销售收入的比重、资金周转率；产品存货及其占销售成本的比重、应付账款及其占购货额的比重；制造成本和管理费用、财务费用、销售费用；盈利能力；成本核算、资金结算和现金管理业务中曾发生或易发生错误的业务流程或环节；与本企业相关的会计政策、会计估算、与国际财务报告准则的差异与调节（如退休金、递延税项等）等信息。

市场风险主要考虑：产品或服务的价格及供需变化；能源、原材料、配件等物资供应的充足性、稳定性和价格变化；主要客户、主要供应商的信用情况；税收政策和利率、汇率、股票价格指数的变化；潜在竞争者、竞争者及其主要产品、替代品情况。

运营风险主要考虑：产品结构、新产品研发；新市场开发，市场营销策略，包括产品或服务定价与销售渠道，市场营销环境状况等；企业组织效能、管理现状、企业文化、中高层管理人员和重要业务流程中专业人员的知识结构、专业经验；期货等衍生产品业务中曾发生或易发生失误的流程和环节；质量、安全、环保、信息安全等管理中曾发生或易发生失误的业务流程或环节；因企业内外部人员的道德风险致使企业遭受损失或业务控制系统失灵；给企业造成损失的自然灾害以及除上述有关情形之外的其他纯粹风险；对现有业务流程和信息系统操作运行情况的监管、运行评价及持续改进能力；企业风险管理的现状和能力。

法律与合规风险主要考虑：国内外与本企业相关的政治、法律环境；影响企业的新法律法规和政策；员工道德操守的遵从性；签订的重大协议和有关贸易合同中本企业发生重大法律纠纷案件的情况；企业和竞争对手的知识产权情况。

2. 按照来源和范围可以分为外部风险和内部风险。

（1）外部风险，主要包括政治风险、社会文化风险、法律与合规风险、技术风险和市场风险等。

政治风险主要考虑：东道国限制投资领域、设置贸易壁垒、外汇管制、税收政策变化、没收财产等。

社会文化风险主要考虑：跨国经营活动东道国文化和母国文化的差异；企业并购双方企业文化的差异；组织内部的文化差异等。

技术风险主要考虑：企业新技术对行业带来的影响；企业在设计、研发和应用环节所带来的风险。

外部风险虽然不可控，但是通过提前分析认知，提前做好应对准备，可以降低不确定性，避免不必要的损失。

（2）内部风险，主要包括战略风险、财务风险和经营风险。与外部风险相比，内部风险一般更容易识别、管理和控制。

三、风险管理的内涵、作用

企业风险管理是指企业为实现风险管理目标，对风险进行有效识别、分析、预警和应对等管理活动的过程。

企业风险管理的主要作用如下：

1. 协调企业可承受的风险容忍度与战略。应该在以下环节考虑可以承受的风险容忍度：一是企业在制定战略过程中；二是在设定与战略相协调的目标的过程中；三是在构建管理相关风险机制的过程中。

2. 增进风险应对决策，促使企业在识别和选择风险应对策略（规避、降低、分担和承受）时更具严密性。例如，为了应对境外经营面临的政治风险，可以选择与当地业内同行合资来降低风险，也可以通过购买保险分担风险，或者简单地承受风险。

3. 抑减经营意外和损失。增强企业识别潜在事件、分析风险及加以应对的能力，降低意外的发生和由此带来的成本和损失。例如，为减少火灾造成的损失，公司购买了火灾保险。

4. 识别和管理贯穿于企业的风险。企业面临着影响其不同部分的无数风险，因此企业风险管理强调组合观。对管理层而言，不仅需要了解个别风险，还需要了解各种风险相互关联的影响。

5. 提供对多重风险的整体应对。经营过程带来许多固有的风险，而企业风险管理能够为管理这些风险提供整体解决方案。例如，一家上市子公司产品不适应市场、盈利能力差，面临着退市风险。集团公司通过实施重组方案，通过评估和满足监管要求，支持旗下另一家市场成长较好、寻求优化资金结构的子公司收购上市子公司，优化了资源配置，"一揽子"解决问题。

6. 抓住机会。通过考虑潜在事件的各个方面，管理层能够识别代表机会的事件，提高决策水平，降低不确定性的程度。例如，某集团公司全产业链经营，长期拥有大量供应商和客户，为降低其他电子商务平台对公司业务的冲击、适应互联网发展，及时开发电子商务平台，在方便自己通过互联网采购的同时，寻机开展互联网金融业务。

7. 改善资本调配。通过风险评估，改善企业的运营效率和服务质量，优化资源配置，提升为股东创造价值的能力。例如，由于新冠肺炎疫情影响，公司经过风险评估，认为信用风险上升，决定加大对部分供应商和客户的信用管理，增加管理成本。

应该说，风险管理方法能够对所有可能对利益相关者（股东、政府、员工等）的预期造成影响的重要因素作出详尽的分析，从而更有利于企业经营目标的实现。但是，风险管理的复杂程度也随之上升。特别是在风险的识别、分析和应对上，如何更准确地找出关键风险因素，处理好风险之间此消彼长的关系，更好地通过管理风险获得机会等方面，都存在着一定的复杂度。

四、风险管理的原则

企业进行风险管理，一般应遵循以下原则：

1. 融合性原则。企业风险管理应与企业的战略设定、经营管理与业务流程相结合。

2. 全面性原则。企业风险管理应覆盖企业所有的风险类型、业务流程、操作环节和管理层级与环节。

3. 重要性原则。企业应对风险进行评价，确定需要进行重点管理的风险，并有针对性地实施重点风险监测，及时识别、应对。

4. 平衡性原则。企业应权衡风险与回报、成本与收益之间的关系。

第二节　风险管理基本流程及主要方法

一、风险管理目标

风险管理目标是在确定企业风险偏好的基础上，将企业的总体风险和主要风险控制在企业风险容忍度范围之内。

二、风险管理基本流程及主要方法

风险管理的基本流程包括目标设定，风险识别，风险分析，风险应对，风险监控、信息沟通和报告、风险管理考核和评价。

（一）目标设定

企业应通过制定程序使各项目标与企业的使命相协调，并且确保所选择的具体目标及其所面临的风险在企业愿意承受的风险水平（即风险容忍度）的范围内。

目标设定环节应确定企业的风险偏好和风险容忍度。风险偏好是指企业愿意承担的风险及相应的风险水平，可以分为高、中、低三种，由董事会确定，一般用定性表示。风险容忍度应在风险偏好的基础上，设定风险管理目标值的可容忍波动范围。风险容忍度应尽可能用定量表示，最大可能损失、损失发生的概率和可能性、期望值（统计期望值，效用期望值）、波动性（方差或均方差）、风险价值（VAR）以及其他类似的风险度量可以用于风险容忍度衡量。风险容忍度主要决定因素包括：企业财务实力是否雄厚、运营能力是否高效、企业及品牌声誉是否坚不可摧、企业营运市场的竞争能力等。

（二）风险识别

风险识别是识别可能会对企业产生影响的潜在事件，并分别确定是否是机会或者可能影响风险管理目标实现的内外部风险因素和风险事项。风险识别要针对目标进行，充分考虑可能给企业带来有利或不利影响的内部因素和外部因素，再在此基础上考虑各项因素的重要性，从而进一步分析相关事件。表 3 - 1 为分析事件提供了具体方法。

表 3 - 1　　　　　　　　　　　　　　事件类别

外部因素	内部因素
经济	基础结构
<ul><li>资本的可利用性</li><li>信贷发行，违约</li><li>集中</li><li>流动性</li><li>金融市场（利率汇率、股票价格等）人员</li><li>失业</li><li>竞争</li><li>兼并/收购</li></ul>	<ul><li>资产的可利用性</li><li>资产的能力</li><li>资本的取得来源</li><li>复杂性</li></ul> 人员 <ul><li>员工胜任能力</li><li>欺诈/舞弊行为</li><li>健康与安全</li><li>外包</li></ul>

续表

外部因素	内部因素
自然环境 • 排放和废弃流程 • 能源 • 自然灾害 • 可持续发展 **政治** • 政府更迭 • 立法 • 公共政策 • 管制 **社会** • 人口统计 • 消费者行为 • 公司国籍 • 隐私 **技术** • 电子商务 • 外部数据 • 新兴技术 **市场** • 产品或服务价格及供需变化 • 能源、原材料、配件等物资供应充足性 • 潜在进入者、竞争者、与替代品竞争 **产业** • 产业周期阶段 • 产业波动性 • 产业集中程度 **法律** • 法律环境 • 市场主体法律意识 • 失信、违约、欺诈等 **竞争对手** • 成本优势 • 改变竞争策略	**流程** • 能力 • 设计 • 执行 • 供应商供货连续性 **信息系统技术能力** • 数据的可信度 • 数据和系统的有效性 • 系统选择 • 开发 • 调配 • 维护 **研发能力** • 市场信息反馈与研发的衔接 • 研发投资效果 • 专利保护 **财务状况** • 融资能力 • 资产负债结构 • 盈利能力 • 资产周转能力 • 财务困境 **企业声誉** • 品牌 • 质量 **市场地位** • 市场份额 • 商业活动效果

涉及的外部因素主要有经济、自然环境、政治、社会、技术、市场、产业、法律、竞争对手等；涉及的内部因素主要有基础结构、人员、流程、信息系统技术能力、研发能力、财务状况、企业声誉、市场地位等。在实务中可以结合实际具体分析内外部因素相关的事件，如市场因素中可以加入交易对手情况等。

风险识别建立在广泛的信息搜集基础上，既要考虑已经发生的数据，还要着眼未来做一定预判。

风险识别的应用技术包括调查问卷、风险组合清单、职能部门风险汇总、SWOT分析、高级研讨会及头脑风暴、损失事件数据追踪、内部审计、流程图、内部风险管理会议、每月管理和分析报告、金融市场活动的实时反馈、主要的外部指数和内部指数、政策变化追踪及相关性分析、决策树分析、事件树分析等。

企业处于不同时期所进行的风险识别的重点或关键因素是不同的。例如，一家大型能源企业在经济高速发展期，关注的风险主要是企业资本配置不足，市场占有率不能快速扩大、产品价格受到政府限制等；在经济转型期，其关注的风险是新技术、新商业模式的出现、消费者年龄及需求变化、竞争加剧、环保是否满足政府要求等。

随着信息技术与商业模式、管理模式的有效结合，加大大数据应用对风险管理变得越来越重要，可以提升风险识别的能力，筛选出对企业更重要的有利或不利的因素，避免损失，甚至将不确定性转化为机会。例如，电子商务平台可以对用户的消费行为和偏好、用户访问群、用户访问量、平均停留时间、服务及时率及满意度等信息进行收集、分析，识别市场对产品的供需变化；利用电子商务平台对供应商的供货及时性、产品质量及技术可替代性、危机处理、付款等信息进行收集、分析，识别供应持续性影响；利用设备管理信息系统记录不同设备坏损构件及其原因、供应商、停工持续时间、对生产有效性的负面影响、成本，确定设备故障对生产有效性的影响和相关货币化成本。

在多数情况下，多个风险可能影响一个目标的实现，通常使用鱼骨图或潜在事件分类图来表示。

【例3-1】甲公司是国内首屈一指的车用A产品（以下简称"A产品"）生产销售企业，拥有众多连锁店。2021年，甲公司对A产品设置了净利润增长15%的目标（目前净利润为6 000万元）。通过调查问卷、高级研讨会及头脑风暴等形式，召开风险管理会议，甲公司初步分析出实现目标所涉及的外部因素、内部因素及其相应的事件如下。

外部因素：

（1）经济：货币政策适中偏紧，资金成本将有所上升；世界经济受疫情影响增长缓慢，面临不确定性增加，汇率波动程度增加；行业内产业链受疫情影响重构，兼并/收购机会增加。

（2）自然环境：适应碳中和、碳减排要求，外部监管要求日趋严格，环保成本持续上升。

（3）技术：竞争者研发的高端产品成本与公司相近，公司产品面临挑战。

（4）市场：受经济下行影响，产品价格下降，原料成本也有所降低；汽车厂商纷纷部署电动能源，A产品需求将大幅减少；部分客户受疫情影响回款难度上升。

内部因素：

（1）基础结构：公司连锁店增加，部分连锁店人员不足，销售和发货未实行不相容岗位分离；部分设备维护不足，有可能导致非计划停工。

（2）人员：员工开展电子商务能力不足，影响客户满意度。

（3）流程：全产业链经营，物资实行集中采购，采购质量、性价比及供货及时性均具有一定优势。

（4）研发能力：市场信息反馈与研发单位分设，衔接存在滞后，研发能力受限。

（5）企业声誉：假冒伪劣产品影响品牌形象、销量和价格。

采用鱼骨图（见图3-1）分析如下，图中对目标实现产生正面影响的事件用向上的指示箭头表示，而具有负面影响的风险用向下的指示箭头表示。

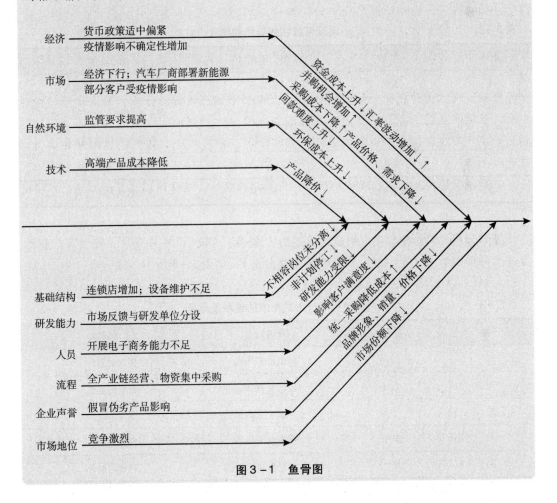

图3-1 鱼骨图

（三）风险分析

风险分析是在风险识别的基础上，对风险成因和特征、风险之间的相互关系，以及风险发生的可能性、对企业目标影响程度进行分析，为风险应对策略提供支持。由于背景不同、时期不同，风险分析在企业中是持续性和重复性的活动，且不同性质、规模、时期的企业，其风险分析的内容都有所不同，因此风险分析应结合每个企业的特点开展。

1. 风险分析描述。

风险分析对所列出的风险事件，分别分析发生的可能性和影响程度，通过绘制风险矩阵坐标图来表示。

（1）分析风险可能性。风险发生可能性的纵坐标等级可定性描述为"很少""不太可能""可能""很可能""几乎确定"等（也可采用1、2、3、4、5等N个半定量分值），如表3－2所示。

表3－2　　　　　　　　　　风险可能性的排序和标准

级别	描述符	发生可能性	基本标准
1	很少	非常低	在例外情况下才可能发生
2	不太可能	低	在某些时候不太可能发生
3	可能	中等	在某些时候能够发生
4	很可能	高	在多数情况下很可能发生
5	几乎确定	非常高	在多数情况下会发生

（2）分析风险影响程度。可定性描述为"微小""较小""中等""较大""重大"等（也可采用1、2、3、4、5等M个半定量分值），如表3－3所示。

表3－3　　　　　　　　　　风险可能产生的影响的排序及标准

程度	描述符	影响程度	基本标准
1	微小	轻微没有伤害	很低的损失
2	较小	较轻轻微伤害	较小的损失
3	中等	一般中等伤害	中度的损失
4	较大	较重较大伤害	较重的损失
5	重大	非常严重极大伤害	严重的损失

（3）确定风险重要性水平，分别将风险可能性和影响程度在风险矩阵中表示（横轴表示风险影响程度，纵轴表示可能性），形成风险矩阵图，如图3－2所示，图中1～8为事件。

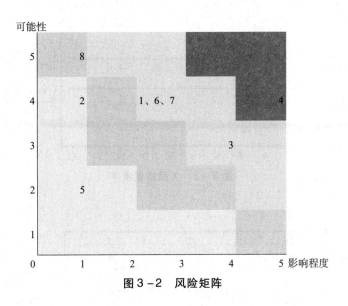

图3－2　风险矩阵

通过风险矩阵分析，企业应根据风险与收益相匹配的原则以及各事件在风险矩阵图上的位置，进一步确定风险管理的优选顺序，明确风险管理成本的资金预算，以及控制风险的组织体系、人力资源、应对措施等总体安排。

风险矩阵的主要优点：为企业确定各项风险重要性等级提供了可视化的工具。主要缺点：一是风险重要性等级标准、风险发生可能性、后果严重程度等大多依靠主观判断，准确性受到一定影响；二是应用风险矩阵所确定的风险重要性等级是通过相互比较确定的，因而无法将列示的个别风险重要性等级通过数学运算得到总体风险的重要性等级。

（4）从企业整体角度进行风险分析描述。即风险分析不仅要分析单一风险的可能性和影响程度，而且要关注风险之间的关系，考虑整个企业层面的组合风险，特别是各单元均未超过风险容忍度，但组合在一起超出整体风险容忍度的情况。图3－3～图3－5分别为人员配置水平、设备可用性、信用拖欠等单一风险（每股收益）的影响分析，均未超出单项风险容忍度，但叠加调整后超过了公司整体风险容忍度的下限，如图3－6所示，企业应采取措施降低固有风险。净利润、每股收益是衡量企业整体层面的有效指标。当然，如果一个业务单元超过容忍度，但因与其他单元的抵消效应，将风险降低到可承受的范围也是可以接受的。

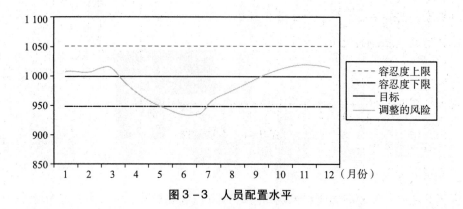

图3-3　人员配置水平

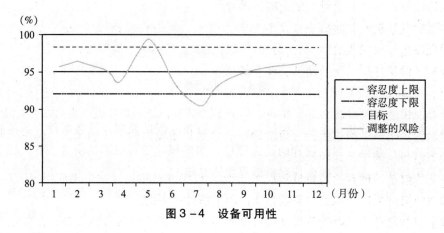

图3-4　设备可用性

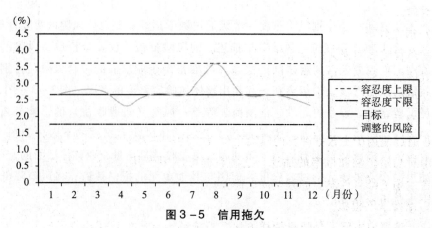

图3-5　信用拖欠

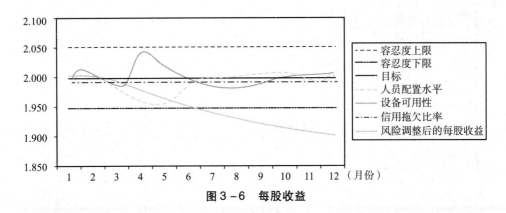

图3-6 每股收益

2. 风险定量分析简介。

为了避免主观判断的影响，风险矩阵中的可能性和影响程度可以在条件具备的情况下，采用定量或定性与定量相结合的技术进行。

常用的定量技术包括概率技术和非概率技术，概率技术包括风险模型（风险价值、风险现金流量和风险收益）、损失分布、事后检验、蒙特卡洛模拟等，非概率技术包括敏感性分析、情景分析、压力测试、设定基准等。

（1）风险价值（VAR）。

风险价值是指正常波动下，在一定的概率水平下，某一投资组合在未来特定期间内，在给定的置信水平下面临的最大可能损失。它是集市场风险、信用风险、利率风险与汇率风险等财务风险于一体的统一性标尺。

风险价值是一种有效的量度风险的工具，其特点是将统计学技术应用于风险管理，在市场风险管理领域，风险价值模型广泛用于估计潜在损失。

风险现金流量、风险收益与风险价值相似，不同的是以现金流量和会计收益变化作为衡量对象。

（2）损失分布。

某些经营或信用损失的分布估计是使用统计学技术（一般是基于非正态分布）来计算给定置信度下的经营风险导致的最大损失。这些分析需要收集根据损失的根本原因分类的经营损失数据，如销售惯例、未被授权的活动。

（3）事后检验。

企业通过使用历史数据测算的风险事件发生的频率及此类事件带来的影响来验证定性评估中对初始影响和概率的估计。这些数据可应用于其他企业了解这类事件。例如，了解销售大幅下降事件发生的频率或可能性。

（4）蒙特卡洛模拟。

蒙特卡洛模拟本质上是随机抽样方法，可依赖计算机的快速操作，通过反复使用大量输入变量值的可能组合，得到变量的组合。如可以通过模拟市场价格、数量、成本等较容易获取的关键指标的变化，计算得到净利润实现的可能性。

（5）敏感性分析。

敏感性分析是指在合理的范围内，通过改变输入参数的数值来观察并分析相应输出结果的分析模式。敏感性分析用来评价潜在事件的正常或日常变化的影响。

（6）情景分析。

情景分析是一种自上而下"如果—那么"的分析方法，可以计量一个事件或事件组合对目标的影响。管理层在编制战略计划时，可以实施情景分析，用以评价对股东价值增加的情况。

（7）压力测试。

压力测试是情景测试法的一种形式，是在极端情境下，分析评估风险管理模型或内部控制流程的有效性，发现问题，制定改进措施，目的是防止出现重大损失事件。

（8）设定基准。

设定基准也称标杆比较法，通过将本企业与同行业或同类型企业的某些领域的做法、指标结果等做定量的比较，来确定风险的重要性水平，包括内部基准、行业基准和最佳实践。内部基准是对一个职能部门或子公司的度量与同一企业的其他职能部门或子公司进行比较；行业基准是将本企业与其主要竞争企业或同行业全部企业的平均水平进行比较；最佳实践是在跨行业中寻找最具代表性的企业作为度量标准。

【例3-2】承【例3-1】，评估甲公司A产品净利润目标增长15%所面临的风险情况如表3-4所示。

表3-4 风险情况

序号	风险描述	可能性	影响	应对前风险等级
1	偏紧的货币政策导致新增贷款资金成本上升5%	3	2	6
2	人民币升值趋势导致年内外币收入贬值5%	4	3	12
3	新能源汽车发展可能导致产品需求减少，销量下降15%	5	4	20
4	竞争者高端产品降价可能导致产品降价10%	4	4	16
5	竞争激烈可能导致市场份额下降2%	4	2	8
6	因疫情影响部分中小客户偿还应收账款难度加大，根据损失分布计算违约成本可能上升1%	4	2	8
7	碳中和、碳减排要求使得外部监管趋严，违规可能性上升	5	3	15
8	占销售收入3%的连锁店因投入不足、不相容岗位未分离，导致舞弊风险上升	3	3	9

续表

序号	风险描述	可能性	影响	应对前风险等级
9	设备维护不足导致非计划停工可能性上升0.1%	4	2	8
10	相关销售人员电子商务能力不足影响消费者满意度降低0.5%	4	2	8
11	市场信息反馈与研发机构分设导致信息传递滞后，影响市场份额	4	3	12
12	假冒伪劣产品影响公司品牌、销量和价格	5	2	10

　　其中第3项为重大风险，第2、4、7、11、12项为重要风险，需要重点应对。其风险矩阵坐标图如图3-7所示。

　　经风险调整后，将市场、技术等各类风险因素，映射到影响净利润增长率的各个输入变量，通过蒙特卡洛模拟分析，结果如图3-8所示，A产品净利润实现增长15%及以上的可能性为40%（1-60%），整体风险超出公司容忍度。

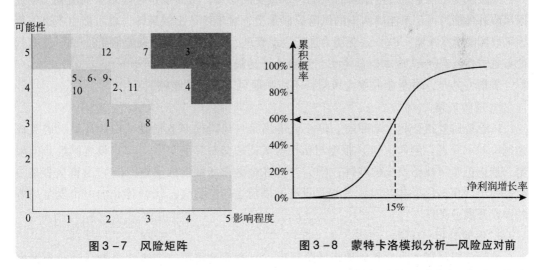

图3-7　风险矩阵　　　　　　　　图3-8　蒙特卡洛模拟分析—风险应对前

　　从上例可以看出，在风险识别环节，风险描述应尽可能与关键风险指标联系，并注重参考相关历史数据，以便将风险量化。

　　（四）风险应对

　　风险应对是对已发生的风险或已超过监测预警临界值的风险制定风险应对策略。

　　风险应对应在风险组合观的基础上，从企业整个范围和组合的角度去考虑。在确定风险应对的过程中，管理层应该考虑：一是不同的拟应对方案对风险应对的可能性和影响程度（可用利润、每股收益等表示），以及哪个应对方案与企业的风险容限相协调；

二是不同拟应对方案的成本和效益；三是实现企业目标可能的机会。在考虑应对方案时，不同应对方案均需要考虑、计算各自的固有风险和剩余风险。固有风险是管理层没有采取任何措施来改变风险的可能性或影响的情况下企业所面临的风险。剩余风险是在管理层的风险应对之后所残余的风险。风险应对是要通过对不利事件、有利事件的分析，选择实施方案将剩余风险控制在可承受度以内。

计算风险敞口——实际风险水平，能够使企业风险以定量的方式呈现给管理层，以便更好地配置资源和制定风险应对策略，也便于风险应对前后的对比分析。风险敞口计算通常根据当前主要风险类别所涉及的业务范围采取风险防控措施未能全覆盖而发生未加保护的风险可能导致的潜在损失。例如，某企业集团经营现金流量小于投资现金流量，资金缺口与公司目前信用等级和贷款利息所能筹集到现金差额及由此造成的借贷成本上升形成风险敞口；再如，公司每年有15亿美元外汇收入，在人民币对美元升值的预期下，这15亿美元形成一定风险敞口。风险敞口通常将各个风险类别当中的风险潜在损失加总，在加总完成后，再考虑各个风险因素之间的相关性进行调整得到。风险敞口在正常情况下不应高于企业的可承受能力，2008年全球金融危机前，很多银行没有把握好风险敞口与可承受能力之间的关系，导致遭受大量的净资产损失。

风险应对策略包括风险承受、风险规避、风险分担和风险降低。

1. 风险承受。

风险承受是指企业对所面临的风险采取接受的态度，从而承担风险带来的后果。企业因风险管理能力不足未能辨认出的风险只能承受，对于辨认出的风险，也可能由于以下原因采取风险承受策略：（1）缺乏能力进行主动管理，对这部分风险只能承受；（2）没有其他备选方案；（3）从成本效益考虑，风险承受是最适宜的方案。

需指出的是，对企业的重大风险，不应采取风险承受的策略。

2. 风险规避。

风险规避是指企业主动回避、停止或退出某一风险的商业活动或商业环境，避免成为风险的承受者。例如：（1）拒绝与信用等级低的交易对手交易；（2）设置网址访问限制，禁止员工下载不安全的软件；（3）禁止在金融市场做投机业务；（4）出售从事某一业务的子公司；（5）退出某一亏损且没有发展前途的产品线；（6）停止向一个发生战争的国家开展业务。

3. 风险分担。

风险分担是指企业为避免承担风险损失，有意识地将可能产生损失的活动或与损失有关的财务后果转移给其他方的一种风险应对策略，包括风险转移和风险对冲。

（1）风险转移。它指企业通过合同将风险转移到第三方，企业对转移后的风险不再拥有所有权。转移风险不会降低其可能的严重程度，只是从一方移除后转移到另一方。例如：①保险：保险合同规定保险公司为预定的损失支付补偿，投保人在合同开始时向保险公司支付保险费；②风险证券化：通过证券化保险风险构造的保险连结型证券（ILS），发行巨灾保险连结型证券可以将巨灾保险市场的承保风险向资本市场转移；③合同约定风险转移：在国际贸易中采用合同方式约定，卖方承担的货物的风险在某个时候改归买方承担。

（2）风险对冲。它指采取各种手段，引入多个风险因素或承担多个风险，使得这些风险能够互相对冲，也就是使这些风险的影响相互抵消。资产组合的使用、多种外币结算的使用、多种经营战略、金融衍生品（套期保值、外汇远期）等都属于风险对冲的手段。金融衍生品的形式主要有：远期合约、互换交易、期货、期权、套期保值。

①远期合约。主要指合约双方同意在未来日期按照固定价格交换金融资产的合约，承诺以当前约定的条件在未来进行交易的合约，会指明买卖的商品或金融工具种类、价格及交割结算的日期。远期合约主要有远期利率协议、远期外汇合约、远期股票合约。远期合约是现金交易，买方和卖方达成协议在未来的某一特定日期交割一定质量和数量的商品，价格可以预先确定或在交割时确定。

②互换交易。主要指对相同货币的债务和不同货币的债务通过金融中介进行互换的一种行为。互换的种类包括利率互换、货币互换、其他互换。

利率互换是指双方同意在未来的一定期限内根据同种货币的同样的名义本金交换现金流量，其中一方的现金流量根据浮动利率计算，而另一方的现金流量根据固定利率计算。

货币互换是指将一种货币的本金和固定利息与另一种货币的等价本金和固定利息进行交换。

其他互换包括股权互换、信用互换、互换期权等。例如，计算汇率风险敞口和可承受风险，运用外汇远期、掉期等金融衍生工具或选择国内或国外结算等方式使汇率风险控制在可承受风险之内。

③期货。它是指约定在将来某个日期按约定的条件（包括价格、交割地点、交割方式）买入或卖出一定标准数量的某种资产。期货的主要类型有商品期货、外汇期货、利率期货、股票指数期货。

商品期货的标的为实物商品的期货。

外汇期货的标的物为外汇（如美元、欧元、英镑、日元等）的期货。

利率期货的标的资产价格依赖于利率水平的期货合约，如长期国债、短期国债、商业汇票和欧洲美元期货。

股票指数期货的标的物是股价指数。

④期权。它是指在规定的时间内，以规定的价格购买或者卖出某种规定的资产的权利。期权是在期货的基础上产生的一种金融工具，可以使期权的买方将风险锁定在一定范围内。在期权交易时，购买期权合约方称做买方，而出售合约的一方称做卖方。

按照交易主体划分，期权可分为买方期权和卖方期权两类。买方期权是指赋予期权持有人在期权有效期内按履约价格买进（但不负有必须买进的义务）规定的资产的权利；卖方期权是指期权持有人在期权有效期内按履约价格卖出（但不负有必须卖出的责任）规定的资产的权利。

⑤套期保值。它是指为冲抵风险而买卖相应的衍生产品的行为，是企业为应对外汇风险、利率风险、商品价格风险、股票价格风险、信用风险等，指定一项或一项以上套

期工具,使套期工具的公允价值、现金流量变动,预期抵销被套期项目全部或部分的公允价值、现金流量变动。

4. 风险降低。

风险降低是指企业在权衡成本效益之后,采取适当的控制措施降低风险或者减轻损失,将风险控制在风险承受度之内的策略。具体包括风险转换、风险补偿和风险控制。

(1) 风险转换。它是指企业通过战略调整等手段将企业面临的风险转换成另一种风险,从而在一定程度上降低总体风险。其简单形式就是在减少某一风险的同时,增加另一风险。企业可以通过风险转换在两个或多个风险之间进行调整,以达到最佳效果。例如,企业决定降低目前生产投入,增加研发成本,以期获得高质量产品的技术突破,从而进入高附加值领域。企业风险转换涉及方方面面的运营,可以在无成本或低成本的情况下达到目的。

(2) 风险补偿。它是指企业对风险可能造成的损失采取适当的措施进行补偿,以期降低风险。风险补偿体现在企业主动承担风险,并采取措施以补偿可能的损失。例如,企业建立风险准备金或应急资本,以应对临时突发事件。大型的能源公司一般都在常规保险之外设立自己的安全风险准备金,以保证在企业出现较大的安全事故时有足够的资金应对大额损失。

(3) 风险控制。它是指控制风险事件发生的动因、环境、条件等,来达到减轻风险事件发生时的损失或降低风险事件发生概率的目的。例如,厂房生产车间内禁烟、合同签订符合法律要求等。企业内部控制系统是风险控制的主要手段。

【例3-3】 承【例3-2】,甲公司采用风险清单形式列出风险应对策略,除逐项列示了风险应对策略外,经管理层评估,对第3、4、6、11项进一步分析,受竞争、疫情等影响,公司存在对部分境外供应商和具有研发能力的生产厂商的并购机会,可以采取"一揽子"的解决方案,具体风险应对策略如表3-5所示。

表3-5 风险情况

序号	风险描述	应对前风险等级	风险管理策略	风险应对措施	投入资源	应对后		
						可能性	影响	风险等级
1	偏紧的货币政策导致新增贷款资金成本上升5%	6	风险承受			3	2	6
2	人民币升值趋势导致年内外币收入贬值5%	12	风险分担	套期保值策略,将外币收入按照符合公司利润的价格锁定	管理成本	2	3	6
3	新能源汽车发展可能导致产品需求减少,销量下降15%	20	风险控制	开发适应新能源汽车的新产品	研发成本和投资成本	3	4	12

续表

序号	风险描述	应对前风险等级	风险管理策略	风险应对措施	投入资源	应对后		
						可能性	影响	风险等级
4	竞争者高端产品降价可能导致产品降价10%	16	风险控制	加大研发投入或考虑并购	研发成本和并购投资成本	3	3	9
5	竞争激烈可能导致市场份额下降2%	8	风险控制	增加商业活动	管理成本	3	2	6
6	因疫情影响部分中小客户偿还应收账款难度加大，根据损失分布计算违约成本可能上升1%	8	风险控制	加大对部分交易对手管理	管理成本	2	1	2
7	碳中和、碳减排要求使得外部监管趋严，违规可能性上升	15	风险控制	增加环保成本2%	环保成本	3	2	6
8	占销售收入3%的连锁店因投入不足、不相容岗位未分离，导致舞弊风险上升	9	风险控制	加大对这些连锁店检查、及时配置人员	管理成本	2	2	4
9	设备维护不足导致非计划停工可能性上升0.1%	8	风险分担/风险降低	计提安全保险费/增加维护费用	保险费用/维护费用	2	3	6
10	相关销售人员电子商务能力不足影响消费者满意度0.5%	8	风险控制	增加培训费用	培训费用	3	2	6
11	市场信息反馈与研发机构分设导致信息传递滞后，影响市场份额	12	风险控制	加大研发投入或考虑并购	研发成本和并购投资成本	3	3	9
12	假冒伪劣产品影响公司品牌、销量和价格	10	风险控制	加强诉讼案件管理	增加诉讼费	3	2	6

经过风险评估后，公司剩余风险矩阵如图3-9所示。

采用风险应对后，甲公司再次使用蒙特卡洛模拟风险收益，显示A产品有60%（1-40%）的可能实现净利润增长15%以上，整体风险在公司可承受范围内，如图3-10所示。

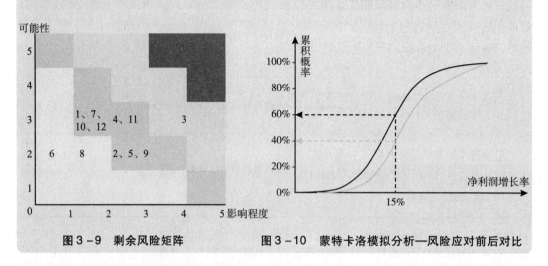

图3-9　剩余风险矩阵　　　　图3-10　蒙特卡洛模拟分析—风险应对前后对比

（五）风险监控、信息沟通和报告

1. 风险监控。在风险评价的基础上，针对需重点关注的风险及相应的指标，通过设置风险预警指标体系，并将指标值与预警临界值进行比较，识别预警信号，进行预警分级，对风险的状况进行监测并实施控制。

风险监控中发现的已经形成较大损失的重要事件应向上一级部门报告，重大事件应向公司管理层或董事会报告。

对特别重要的重大事件预警应建立应急处置机制。

2. 企业应建立风险管理良好的信息沟通机制和报告制度，明确报告的内容、对象、频率和路径，确保信息沟通的及时、准确、完整。一是在企业内部各管理层级、责任单位、业务环节之间；二是在企业与外部投资者、债权人、客户、供应商、中介机构和监管部门等有关方面之间，传递和反馈风险管理各环节的相关信息。

3. 风险报告按照报送内容、频次、对象，可分为综合报告和专项报告、定期报告和不定期报告（重大重要事件报告）等。

（六）风险管理考核和评价

企业应根据风险管理职责设置风险管理考核指标，并纳入企业绩效管理，建立明确的、权责利相结合的奖惩制度，以保证风险管理活动的持续性和有效性。

风险管理部门应定期对各职能部门和业务部门的风险管理实施情况和有效性进行考核，形成考核结论并出具考核报告，及时报送企业管理层和绩效管理部门。国有企业经营管理有关人员在风险管理方面发生下列情形造成国有资产损失以及其他严重不良后果的，应当追究责任，主要包括：内控及风险管理制度缺失，内控流程存在重大缺陷或内部控制执行不力；对经营投资重大风险未能及时分析、识别、评估、预警和应对；对企业规章制度、经济合同和重要决策的法律审核不到位；过度负债危及企业持续经营，恶意逃废金融债务；瞒报、漏报重大风险及风险损失事件，指使编制虚假财务报告，企业账实严重不符等。

企业应定期对风险管理制度、工具方法和风险管理目标的实现情况进行评价，识别是否存在内部控制重大缺陷，评价风险管理是否有效，形成评价结论并出具评价报告。同时，应建立整改和改进机制。

第三节　风险管理体系

企业建立风险管理体系，应至少包括以下方面：（1）风险管理理念；（2）风险管理组织职能体系；（3）风险管理制度体系；（4）风险管理信息系统。

一、风险管理理念

企业应建立统一的风险管理理念——如何识别风险、承担哪些风险，以及如何管理这些风险，形成对风险统一的信念和态度，从而决定在从战略制定和执行的日常活动中如何考虑风险。

风险管理理念可通过企业各种口头或书面政策表述，形成风险文化，从而促使个人价值观、团队价值观、行为态度及处世方式在风险管理的价值观上趋同，避免一些部门相对于企业选择的风险策略过于激进，而另一些部门过于保守。

二、风险管理组织体系

明确风险管理组织架构及各自职责是开展全面风险管理的必要条件。风险管理的组织机构主要包括规范的公司法人治理结构，风险管理职能部门、内部审计部门和法律事务部门以及其他有关职能部门、业务单位的组织领导机构及其职责。一般来说，企业各有关职能部门和业务单位是风险管理的第一道防线；风险管理职能部门和董事会下设的风险管理委员会是第二道防线；内部审计部门和董事会下设的审计委员会是第三道防线。

通过组织体系建设，企业可根据风险的来源、影响、性质、责任主体等不同标准，建立符合风险管理需要的，满足系统性、完整性、层次性、可操作性、可扩展性等要求的风险分类框架，确保企业风险管理责任逐级落实。

三、风险管理制度体系

企业应建立健全能够涵盖风险管理主要环节的风险管理制度体系，通常包括风险管理决策制度、风险识别与评估制度、风险监测预警制度、应急处理制度、风险管理评价制度、风险管理报告制度、风险管理考核制度等。

四、风险管理信息系统

企业应用的风险管理信息系统的主要功能有：

1. 实现风险信息的共享，包括风险管理政策以及方案，风险档案数据、分值及信息，历史损失、理赔经验、信息，风险管理行动计划等。

2. 风险预测和评估。利用系统收集各种市场数据（如价格），对未来趋势进行预测研判。由专家"背靠背"按照设定好的可能性和影响标准在系统中进行风险分析评估，自动汇总结果。

3. 开展风险监控。建立风险指标及其容忍度并进行监控预警，必要时切断业务端操作。如金融衍生品业务超过企业规定的止损限额则自动报告或平仓。

第四节 内部控制、公司治理与风险管理

一、内部控制

内部控制，是由企业董事会、监事会、经理层和全体员工实施的，旨在实现控制目标的过程。建立和实施一套统一、高质量的企业内部控制规范体系，有助于提升企业内部管理水平和风险防范能力，促进我国企业进入国际市场，参与国际竞争。

我国内部控制规范体系由基本规范和配套指引构成，配套指引包括应用指引、评价指引和审计指引。基本规范起统驭作用，规定了内部控制的目标、原则、要素等基本要求，是配套指引的基本依据。应用指引为建立健全企业内部控制所提供的指引，在配套指引乃至整个内部控制规范体系中占据主体地位；评价指引是为企业对内部控制的有效性进行全面评价，形成评价结论、出具评价报告提供指引；审计指引是为会计师事务所对特定基准日与财务报告相关内部控制设计与执行有效性进行审计提供指引。

（一）内部控制目标和要素

内部控制目标是合理保证企业经营管理合法合规、资产安全、财务报告及相关信息真实完整、提高经营效率和效果、促进企业实现发展战略。

内部控制要素由内部环境、风险评估、控制活动、信息与沟通、内部监督构成。

1. 内部环境。

内部环境规定企业的纪律与架构，影响经营管理目标的制定，塑造企业文化氛围并影响员工的控制意识，是企业建立与实施内部控制的基础。内部环境主要包括治理结构、机构设置及权责分配、内部审计机制、人力资源政策、企业文化等。

（1）治理结构。企业应当根据国家有关法律法规和企业章程，建立规范的公司治理结构和议事规则，明确董事会、监事会和经理层在决策、执行、监督等方面的职责权限，形成科学有效的职责分工和制衡机制。董事会应当独立于经理层，对内部控制的设计与

运行进行监控。本节将在第二部分介绍公司治理。

（2）机构设置及权责分配。企业应当结合业务特点和内部控制要求设置内部机构，明确职责权限，将权利与责任落实到各责任单位。企业内部机构设置虽然没有统一的模式，但所采用的组织结构应当有利于提升管理效能，保证信息通畅流动。

（3）内部审计机制。企业应当加强内部审计工作，保证内部审计机构设置、人员配备和工作的独立性。

（4）人力资源政策。人力资源政策应当有利于企业可持续发展，一般包括员工的聘用、培训、辞退与辞职；员工的薪酬、考核、晋升与奖惩；关键岗位员工的强制休假制度和定期岗位轮换制度；对掌握国家秘密或重要商业秘密的员工离岗的限制性规定等内容。企业应当将职业道德修养和专业胜任能力作为选拔和聘用员工的重要标准，切实加强员工培训和继续教育，不断提升员工素质。企业应当致力于吸引、发展和留住优秀人才，以配合战略目标的实现。

（5）企业文化。企业应当加强文化建设，培育积极向上的道德价值观和社会责任感，倡导诚实守信、爱岗敬业、开拓创新和团队协作精神，树立现代管理理念，强化风险意识和法制观念。董事、监事、经理及其他高级管理人员应在塑造良好的企业文化中发挥关键作用。

2. 风险评估。

风险评估是企业及时识别、科学分析经营活动中与实现控制目标相关的风险，合理确定风险应对策略，实施内部控制的重要环节。本章第二节具体介绍了风险识别、分析、应对的主要方法。

3. 控制活动。

控制活动是指企业根据风险应对策略，采用相应的控制措施，将风险控制在可承受度之内，是实施内部控制的具体方式。常见的控制措施有：不相容职务分离控制、授权审批控制、会计系统控制、财产保护控制、预算控制、运营分析控制和绩效考评控制等。企业应当根据内部控制目标，结合风险应对策略，综合运用控制措施，对各种业务和事项实施有效控制。

（1）不相容职务分离控制。

所谓不相容职务，是指那些如果由一个人担任，既可能发生错误和舞弊行为，又可能掩盖其错误和舞弊行为的职务。不相容职务一般包括：授权批准与业务经办、业务经办与会计记录、会计记录与财产保管、业务经办与稽核检查等。对于不相容的职务，如果不实行相互分离的措施，就容易发生舞弊等行为。不相容职务分离的核心是内部牵制，因此，企业在设计内部控制系统时，首先应确定哪些岗位和职务是不相容的；其次要明确规定各个机构和岗位的职责权限，使不相容岗位和职务之间能够相互监督、相互制约，形成有效的制衡机制。因资源限制等原因无法实现不相容职务相分离的，企业应当采取抽查交易文档、定期资产盘点等替代性控制措施。

（2）授权审批控制。

授权审批是指企业在办理各项经济业务时，必须经过规定程序的授权批准。授权审批形式通常有常规授权和特别授权之分。常规授权是指企业在日常经营管理活动中按照既定的职责和程序进行的授权，用以规范经济业务的权力、条件和有关责任者，其时效性一般较长。特别授权是企业在特殊情况、特定条件下对办理例外的非常规性交易事项的权力、条件和责任的应急性授权。企业必须建立授权审批体系，编制常规授权的权限指引，规范特别授权的范围、权限、程序和责任，严格控制特别授权。对于重大的业务和事项，企业应当实行集体决策审批或者联签制度，任何个人不得单独进行决策或擅自改变集体决策。

（3）会计系统控制。

会计作为一个信息系统，对内能够提供经营管理的诸多信息，对外可以向投资者、债权人等提供用于投资等决策的信息。会计系统控制主要是通过对会计主体所发生的各项能用货币计量的经济业务进行记录、归集、分类、编报等而进行的控制。其内容主要包括：依法设置会计机构，配备会计从业人员，建立会计工作的岗位责任制，对会计人员进行科学合理的分工，使之相互监督和制约；按照规定取得和填制原始凭证；设计良好的凭证格式；对凭证进行连续编号；规定合理的凭证传递程序；明确凭证的装订和保管手续责任；合理设置账户，登记会计账簿，进行复式记账；按照《会计法》和国家统一的会计准则制度的要求编制、报送、保管财务会计报告。

（4）财产保护控制。

财产是企业资金、财物及民事权利义务的总和，按是否具有实物形式，分为有形财产（如资金、财物）和无形财产（如著作权、发明权）；按民事权利义务，分为积极财产（如金钱、财物及各种权益）和消极财产（如债务）。保障财产安全特别是资产安全，是内部控制的重要目标之一。财产保护控制的措施主要包括：①财产记录和实物保管。关键是要妥善保管涉及资产的各种文件资料，避免记录受损、被盗、被毁。对重要的文件资料，应当留有备份，以便在遭受意外损失或毁坏时重新恢复，这在计算机处理条件下尤为重要。②定期盘点和账实核对。它是指定期对实物资产进行盘点，并将盘点结果与会计记录进行比较。盘点结果与会计记录如不一致，说明资产管理上可能出现错误、浪费、损失或其他不正常现象，应当分析原因、查明责任、完善管理制度。③限制接近。它是指严格限制未经授权的人员对资产的直接接触，只有经过授权批准的人员才能接触该资产。限制接近包括限制对资产本身的直接接触和通过文件批准方式对资产使用或分配的间接接触。一般情况下，对货币资金、有价证券、贵重物品、存货等变现能力强的资产必须限制无关人员的直接接触。

（5）预算控制。

预算是企业未来一定时期内经营、资本、财务等各方面的收入、支出、现金流量的总体计划。预算控制的内容涵盖了企业经营活动的全过程，企业通过预算的编制和检查预算的执行情况，可以比较、分析内部各单位未完成预算的原因，并对未完成预算的不良后果采取改进措施。在实际工作中，预算编制不论采用自上而下还是自下而上的方法，其决策权都应落实到内部管理的最高层，由这一权威层次进行决策、指挥和协调。预算确定后由各预算单位组织实施，并辅之以对等的权、责、利关系，由内部审计等部门负责监督预算的执行。分解预算控制的主要环节有：确定预算的项目、标准和程序；编制和审定预算；预算指标的下达和责任人的落实；预算执行的授权；预算执行过程的监控；预算差异的分析和调整；预算业绩的考核和奖惩。

（6）运营分析控制。

运营分析是对企业内部各项业务、各类机构的运行情况进行独立分析或综合分析，进而掌握企业运营的效率和效果，为持续的优化调整奠定基础。运营分析控制要求企业建立运营情况分析制度，综合运用生产、购销、投资、筹资、财务等方面的信息，通过因素分析、对比分析、趋势分析等方法，定期开展运营情况分析，发现存在的问题，及时查明原因并加以改进。

（7）绩效考评控制。

绩效考评是对所属单位及个人占有、使用、管理与配置企业经济资源的效果进行的评价。企业董事会及经理层可以根据绩效考评的结果进行有效决策，引导和规范员工行为，促进实现发展战略和提高经营效率效果。绩效考评控制的主要环节有：①确定绩效考评目标，绩效考评目标应当具有针对性和可操作性；②设置考核指标体系，考核指标既要有定量指标，以反映评价客体的各种数量特征，又要有定性指标，以说明各项非数量指标的影响，同时，针对不同的评价指标赋予相应的权重，体现各项评价指标对绩效考评结果的影响程度和重要程度；③选择考核评价标准，评价标准是反映评价指标优劣的具体参照物和对比尺度，企业可以根据评价目标选用不同的评价标准，如历史标准、预算标准、行业标准等；④形成评价结果，根据评价指标和评价标准，对企业全体员工的业绩进行定期考核和客观评价，在此基础上形成评价结论；⑤制定奖惩措施，企业应当将绩效考评结果作为确定员工薪酬以及职务晋升、评优、降级、调岗和辞退等的依据。

4. 信息与沟通。

信息与沟通是企业及时、准确地收集、传递与内部控制相关的信息，确保信息在企业内部、企业与外部之间进行有效沟通，是实施内部控制的重要条件。信息与沟通的要件主要包括信息质量、沟通制度、信息系统、反舞弊机制。

（1）信息质量。

信息是企业各类业务事项属性的标识，是确保企业经营管理活动顺利开展的基础。企业日常生产经营需要收集各种内部信息和外部信息，并对这些信息进行合理筛选、核对、整合，提高信息的有用性。企业可以通过财务会计资料、经营管理资料、调研报告、专项信息、内部刊物、办公网络等渠道，获取内部信息；还可以通过行业协会组织、社会中介机构、业务往来单位、市场调查、来信来访、网络媒体以及有关监管部门等渠道，获取外部信息。

（2）沟通制度。

信息的价值必须通过传递和使用才能体现。企业应当建立信息沟通制度，将内部控制相关信息在企业内部各管理级次、责任单位、业务环节之间，以及企业与外部投资者、债权人、客户、供应商、中介机构和监管部门等有关方面之间进行沟通和反馈。重要信息须及时传递给董事会、监事会和经理层。

（3）信息系统。

为提高控制效率，企业可以运用信息技术加强内部控制，建立与经营管理相适应的信息系统，促进内部控制流程与信息系统的有机结合，实现对业务和事项的自动控制，减少或消除人为操纵因素。企业利用信息技术对信息进行集成和共享的同时，还应加强对信息系统开发与维护、访问与变更、数据输入与输出、文件储存与保管、网络安全等方面的控制，保证信息系统安全稳定运行。

（4）反舞弊机制。

舞弊是指企业董事、监事、经理、其他高级管理人员、员工或第三方使用欺骗手段获取不当或非法利益的故意行为，它是需要企业重点加以控制的领域之一。企业应当建立反舞弊机制，坚持惩防并举、重在预防的原则，明确反舞弊工作的重点领域、关键环节和有关机构在反舞弊工作中的职责权限，规范舞弊案件的举报、调查、处理、报告和补救程序。反舞弊工作的重点领域包括：侵占、挪用企业资产，谋取不正当利益；在财务会计报告和信息披露等方面存在虚假记载、误导性陈述或者重大遗漏等；董事、监事、经理及其他高级管理人员滥用职权；相关机构或人员串通舞弊。为确保反舞弊工作落到实处，企业应当建立举报投诉制度和举报人保护制度，设置举报专线，明确举报投诉处理程序、办理时限和办结要求，确保举报、投诉成为企业有效掌握信息的重要途径。举报投诉制度和举报人保护制度应当及时传达至全体员工。

5. 内部监督。

内部监督是企业对内部控制建立与实施情况进行监督检查，评价内部控制的有效性，对于发现的内部控制缺陷，及时加以改进，是实施内部控制的重要保证。内部监督包括日常监督和专项监督。

（1）日常监督。

日常监督是指企业对建立与实施内部控制的情况进行常规、持续的监督检查。日常监督的常见方式包括：在日常生产经营活动中获得能够判断内部控制设计与运行情况的信息；在与外部有关方面沟通过程中获得有关内部控制设计与运行情况的验证信息；在与员工沟通过程中获得内部控制是否有效执行的证据；通过账面记录与实物资产的检查比较对资产的安全性进行持续监督；通过内部审计活动对内部控制有效性进行持续监督。日常监督应当重点关注下列情形：因资源限制而无法实现不相容岗位相分离；业务流程发生重大变化；开展新业务、采用新技术、设立新岗位；关键岗位人员胜任能力不足或关键岗位出现人才流失；可能违反有关法律法规；其他应通过风险评估识别的重大风险等。

（2）专项监督。

专项监督是指在企业发展战略、组织结构、经营活动、业务流程、关键岗位员工等发生较大调整或变化的情况下，对内部控制的某一方面或某些方面进行有针对性的监督检查。专项监督的范围和频率根据风险评估结果以及日常监督的有效性等予以确定。专项监督应当与日常监督有机结合，日常监督是专项监督的基础，专项监督是日常监督的补充，如果发现某专项监督需要经常性地进行，企业有必要将其纳入日常监督之中。

日常监督和专项监督情况应当形成书面报告，并在报告中揭示存在的内部控制缺陷。

内部监督形成的报告应当有畅通的报告渠道，确保发现的重要问题能及时送达治理层和经理层；同时，应当建立内部控制缺陷纠正、改进机制，充分发挥内部监督效力。企业应当在日常监督和专项监督的基础上，定期对内部控制的有效性进行自我评价，出具自我评价报告。内部控制自我评价的方式、范围、程序和频率，除法律法规有特别规定外，一般由企业根据经营业务调整、经营环境变化、业务发展状况、实际风险水平等自行确定。

（二）内部控制应用指引

我国内部控制应用指引包括企业层面组织架构、发展战略、人力资源、社会责任、企业文化等对实现控制目标有重大影响，且与内部环境、风险评估、信息与沟通、内部监督直接相关的控制，以及业务层面资金、采购、资产、销售、研发、工程、担保、业务外包、财务报告、全面预算、合同、内部信息传递、信息系统等具体业务和事项的控制。每项应用指引均分析了所涉及的主要风险和关键控制点及控制措施。

企业在进行内部控制体系建设时，应结合实际，分企业层面、业务层面分别分析风险、制定关键控制点和控制措施，落实责任并执行。

（三）内部控制评价指引

内部控制评价指引用于指导企业评价内部控制有效性。内部控制有效性是指企业建立与实施内部控制对实现控制目标提供合理保证的程度，包括内部控制设计的有效性和内部控制运行的有效性。

内部控制评价指引对内部控制评价的内容、程序、内部控制缺陷的认定和报告作出了规范。

内部控制缺陷是评价内部控制有效性的负向维度，如果内部控制设计或运行无法合理保证内部控制目标的实现，即意味着存在内部控制缺陷。内部控制缺陷按不同的分类方式分为：设计缺陷和运行缺陷；财务报告内部控制缺陷和非财务报告内部控制缺陷；重大缺陷、重要缺陷和一般缺陷。

内部控制评价报告经企业董事会批准后按要求对外披露或报送相关主管部门，使用者包括政府监管部门、投资者及其他利益相关者、中介机构和研究机构等。

（四）内部控制审计指引

内部控制审计指引用于指导会计师事务所受托实施企业内部控制审计，是内部控制外部评价的重要形式之一，包括目标、计划审计工作、实施审计工作、评价控制缺陷、完成审计工作、出具审计报告和记录审计工作，对内部控制审计报告作出规范。

内部控制审计是由注册会计师进行外部评价，而内部控制评价是企业董事会自我评价，两者一是评价主体不同，二是评价目标不同，三是评价结论不同。内部控制审计由注册会计师进行，侧重对财务报告内部控制目标实施的审计评价，仅对财务报告内部控制的有效性发表意见。内部控制评价由企业董事会实施，对内部控制整体有效性发表意见并出具结论。

在实施内部控制审计过程中，注册会计师可以根据实际情况对企业内部控制评价工作进行评估，判断是否利用企业内部审计人员、内部控制评价人员和其他相关人员的工作以及可利用程度，从而减少本应由注册会计师执行的工作。

二、公司治理

随着公司制企业的不断发展，现代公司呈现出股权结构分散化、所有权与经营权分离等典型特征，公司治理问题由此产生并成为现代企业关注的核心问题。

公司治理指根据股东和其他利益相关方的利益指导和控制企业的体系。其他利益相关方包括雇员、债权人、供应商和政府等与公司有利害关系的集体或个人。公司治理是通过一套包括正式或非正式的、内部或外部的制度或机制来协调公司与所有利益相关者之间的利益关系，以保证公司决策的科学性与公正性，从而最终维护各方面的利益。公司治理的目标不仅是股东利益的最大化，而且是保证所有利益相关者的利益最大化。

要实现这一目标，公司治理不仅限于权力制衡，而且必须着眼和确保企业决策的科学化和公正性；不仅需要完备有效的公司治理结构，更需要建立行之有效的公司治理机制，包括战略决策系统、企业文化、高管控制制度、权责利划分及流程、收益分配激励制度、财务制度、内部控制审核、人力资源管理，以及外部监督机制等。此外，公司治理能力以及治理环境也是公司治理体系的重要组成部分。公司治理能力与公司领导者的个人能力、治理工具、治理环境密切相关。

公司治理的主要问题包括公司所有者与经营者的代理问题（即经理人对于股东的内部人控制）和大股东与中小股东之间的代理问题，此外，还包括企业与其他利益相关者之间的关系问题。

我国《上市公司治理准则》对股东与股东大会、董事与董事会（含）、监事与监事会、高级管理人员与公司约束激励机制、控股股东及其关联方与上市公司、机构投资者及其他相关机构、利益相关者、环境保护与社会责任，以及信息披露与透明度等作出了规范。

三、内部控制、公司治理与风险管理的关系

首先，内部控制与风险管理作为企业管理的两大工具，各自经历了理论体系的创新和实务操作的发展。内部控制由传统的内部牵制制度逐步发展为以风险为导向的内部控制整合框架，风险管理也由分散的财务、经营和战略风险管理逐步发展为整合风险管理。

实践中，风险管理相对于内部控制，在保证公司目标的实现方面，具有动态性、灵活性，通过对外部经济、技术等方面的风险分析，及时调整应对策略，可以更好地应对企业所面临的不确定性。而将内部控制内嵌于企业流程之中，能够更好地帮助企业防范已知风险。两者在业务实践中均不可或缺。例如，套期保值可以防范市场风险，但具体操作又需要授权、不相容岗位分离、合同审核、交易对手核查和监测、对账等各项内部控制手段作为保障。

也可以说，内部控制有效实施是风险管理"落地"的有力支撑，而风险管理的技术方法也拓展了内部控制的外延和内涵，促进企业管理水平的提升和目标的实现。

我国《企业内部控制基本规范》及其配套指引以及《中央企业全面风险管理指引》等一系列监管文件，均强调内部控制与风险管理的整合与统一。这就要求企业在实务中，有

效利用风险管理和内部控制两大工具方法，积极探索提升，对标国际国内先进做法，适应国际化环境和新的发展阶段，提升企业软实力，促进企业发展目标实现。

其次，公司治理结构作为企业的内部环境，必然对企业风险管理和内部控制产生影响，薄弱的治理结构将直接导致风险管理和内部控制减弱。反过来，内部控制和风险管理的加强也有利于公司治理结构及内部环境的优化。

本章思考题

1. 如何看待风险？风险如何分类及分类的作用是什么？

2. 什么是风险管理？风险管理的作用是什么？企业进行风险管理应遵循什么原则？如何结合风险分类进行风险管理？

3. 风险管理的基本程序和主要内容是什么？

4. 如何进行定量风险管理，并结合企业实例说明。

5. 风险管理体系如何搭建？如何处理与内部控制和公司治理的关系？

第四章 企业投资、融资决策与集团资金管理

本章要求

掌握：各种投资决策评价指标的内涵、适用条件、有关指标的相互关系，折现方法中现金流量的估计和折现率的应用，外部融资需要量、内部增长率和可持续增长率的测算方法，企业融资方式与资本结构决策；**熟悉**：私募股权投资的组织形式与退出方式、境外直接投资的决策步骤和评价指标、境外直接投资财务管理和风险管理、财务公司的功能、业务范围和风险管理；**了解**：投资决策的意义、步骤和投资项目的类别，投资项目的风险调整，私募股权投资步骤和类别，境外直接投资的动机和方式，融资渠道与融资方式及企业融资的决策依据，企业集团融资规划、资金集中管理和财务风险控制，财务公司业务运作。

本章主要内容

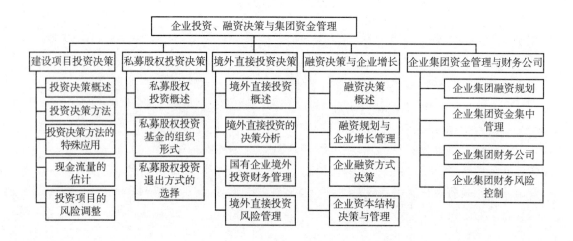

第一节　建设项目投资决策

一、投资决策概述

（一）投资决策的重要性

投资是企业使用资本的过程。企业只有通过投资，才能为股东或其他利益相关者创造价值。企业的投资可以从不同的角度进行分类，如证券投资、实物投资、短期投资、长期投资等。公司财务学中所说的企业投资管理，一般是指对期限较长、金额较大、对企业的经营与发展有重大影响的特定项目的分析、评估与决策行为，亦称"资本预算"。投资决策在公司财务管理中占有非常重要的地位。

1. 企业的价值取决于未来现金流量的折现值，而企业的资本预算在一定程度上决定了企业未来的现金流量，也就决定了企业的价值。

2. 资本预算将企业的战略明确化、具体化和定量化。如是否研究和开发新的产品与服务、是否进行市场开拓方面的一些资本性活动等决策都要依靠资本预算。重大投资决策的失误，将会使企业遭受重大的经济损失，甚至走向万劫不复之路。

3. 投资决策一般都是企业战略性的、重大的经营活动的调整或加强，投资项目一般也会持续很多年，重大项目的投资在不同程度上减弱了企业的财务弹性，影响了企业的融资决策。

（二）投资决策的步骤

企业建设项目投资是一项十分复杂的系统工程，涵盖了企业的市场、技术、经济、生产、研发、财务和社会责任等各个方面，投资的前期管理工作是投资决策的关键性环节。一般而言，投资决策流程需要经历以下程序：

1. 进行企业内外部环境分析。具体包括宏观环境分析、行业环境和企业内部条件分析。

2. 识别投资机会，形成投资方案。通过甄别投资方向，确定投资类别，权衡企业的必要投资、替代投资、扩张投资及多元化投资。

3. 估算投资方案的现金流量和各种评价指标（如净现值、内含报酬率和会计收益率等）。

4. 进行指标分析，选择最优投资方案。

5. 严格投资过程管理，动态评估投资风险。主要包括立项审批、招投标管理、合同管理、监督跟踪、项目责任制和风险控制。

6. 评估投资效果，进行项目后评价。完成竣工验收、项目审计和项目后评价工作，落实决策留痕和责任追究制度。

（三）投资项目的类别

1. 企业的投资项目一般分类。

（1）独立项目：指某一项目的接受或者放弃并不影响其他项目的考虑与选择。如某IT企业欲购买一套 ERP 管理软件，同时还要添置一条 PC 生产线。这两个项目就是独立项目。若无资金限制，只要项目达到决策的标准，则两个项目均可采纳。

（2）互斥项目：指某一项目一经接受，就排除了采纳另一项目或其他项目的可能性。如上述 IT 企业在购置 PC 生产线时，到底是采购美国、日本生产的设备，还是德国生产的设备？若通过方案比较，决定购买美国的生产设备时，就排除了从其他国家采购生产线的可能性。

2. 根据企业进行项目投资的内容，可以把投资项目分为以下几类：

（1）固定资产投资项目：为建造、购买或更新经营性和非经营性建筑物、仪器设备、运输工具等所进行的投资。

（2）研发投资项目：为研究和开发新产品、新服务产生的各项费用支出。

（3）其他投资项目：包括小型技改措施、信息化建设、节能环保、消防保卫等方面的投资。

二、投资决策方法

常用的投资项目的决策评价方法主要有：回收期法、净现值法、内含报酬率法、现值指数法及会计收益率法。

有两个重要的因素影响投资项目的决策：一是现金流量；二是折现率。现金流量的估计是最重要的，也是最困难的。因此在讨论投资决策方法时，先假设这两个因素是给定的。

【例 4 – 1】假设某公司需要对 A、B 两个投资项目进行决策，相关资料如表 4 – 1 所示。

表 4 – 1 　　　　　　　　　　　　项目各年现金流量 　　　　　　　　　　单位：万元

年限	项目 A	项目 B
0	– 1 000	– 1 000
1	500	100
2	400	300
3	300	400
4	100	600

注：（1）假定项目 A 与项目 B 都具有相同的风险；（2）假定现金流量均在年末发生且初始投资以负号表示。

项目 A、项目 B 的现金流量时间线如图 4 – 1 所示。

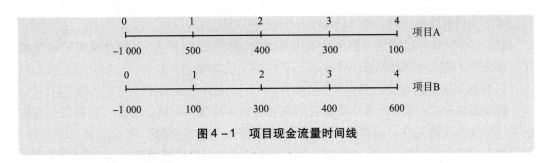

图 4 - 1 项目现金流量时间线

(一) 回收期法 (payback)

1. 非折现的回收期法 (non-discounted payback)。

投资回收期指项目投产后带来的现金净流量累计至与原始投资额相等时所需要的时间。该指标数值越小，表明回收年限越短，方案越有利。

$$回收期 = \frac{现金净流量累计为}{正值前一年的年限} + \frac{现金净流量累计为正值当年年初未收回投资额}{该年现金净流量}$$

将〖例 4 - 1〗中项目 A 和项目 B 的有关数据代入公式，计算结果如表 4 - 2 和表 4 - 3 所示。

表 4 - 2   **项目 A 现金流量计算**   单位：万元

项目 A	第 0 年	第 1 年	第 2 年	第 3 年	第 4 年
现金流量	-1 000	500	400	300	100
累计现金流量	-1 000	-500	-100	200	

表 4 - 3   **项目 B 现金流量计算**   单位：万元

项目 B	第 0 年	第 1 年	第 2 年	第 3 年	第 4 年
现金流量	-1 000	100	300	400	600
累计现金流量	-1 000	-900	-600	-200	400

项目 A 的回收期：$2 + 100 \div 300 \approx 2.33$ (年)

项目 B 的回收期：$3 + 200 \div 600 \approx 3.33$ (年)

根据以上计算，如果项目 A 和项目 B 是独立项目，则项目 A 因投资回收期短而优于项目 B；如果这两个项目是互斥项目，则应选择项目 A。

2. 折现的回收期法 (discounted payback)。

折现的回收期法是由传统回收期法演变而来的，即通过计算每期的现金流量的折现值来确定投资回报期。

仍以上述项目 A、B 各年现金流量为例，假定折现率为 10%，则：

项目 A 的回收期：$2 + 214.89 \div 225.39 \approx 2.95$ (年)

项目 B 的回收期: $3 + 360.65 \div 409.81 \approx 3.88$ (年)

根据以上计算可以看出,即使是采用折现的回收期法,就 A、B 两个项目的选择而言,结论与非折现的回收期法一致。

3. 回收期法的优缺点。

回收期法的优点是通过计算资金占用在某项目中所需的时间,可在一定程度上反映出项目的流动性和风险。在其他条件相同的情况下,回收期越短,项目的流动性越好,方案越优。并且,一般来说,长期性的预期现金流量比短期性的预期现金流量更具风险。

回收期法最主要的缺点是未考虑回收期后的现金流量。如果考虑到回收期后的现金流量,项目 B 要优于项目 A;并且传统的回收期法还未考虑资本成本,即在计算回收期时未使用债务或权益资金的成本进行折现计算。

(二) 净现值法 (net present value, NPV)

1. 净现值的计算。

净现值指项目投产后未来现金净流量现值与原始投资额现值之间的差额。净现值法是建立在折现现金流量法 (DCF) 基础之上的,其决策过程有以下几个步骤:

(1) 预测各年的现金流入量与流出量,并按既定的资本成本计算现金流量的现值。

(2) 计算项目的净现值,即现金流入量的现值总额与现金流出量的现值总额的差额。

(3) 若净现值大于零,则项目可以接受;若净现值小于零,则项目应放弃;若净现值等于零,表明项目没有剩余收益,则没有必要采纳。若两个项目为互斥项目,则取正的净现值指标数值较大者。

净现值法的计算公式为:

$$NPV = \frac{CF_1}{(1+r)^1} + \frac{CF_2}{(1+r)^2} + \cdots + \frac{CF_n}{(1+r)^n} - CF_0 = \sum_{t=1}^{n} \frac{CF_t}{(1+r)^t} - CF_0$$

式中,NPV 为净现值;CF_t 为各期的现金流量;r 为项目的资本成本。

根据以上计算公式,可以计算出〖例 4 – 1〗中:项目 A 的 NPV = 78.82 万元;运用同样的方法可以算出项目 B 的 NPV = 49.18 万元。如果说两个项目是独立项目,则均可接受;如果两个项目是互斥项目,则选择项目 A。

净现值法的原理是:当净现值为零时,说明项目的收益已能补偿出资者投入的本金及出资者所要求获得的投资收益;当净现值为正数时,表明除补偿投资者的投入本金和必需的投资收益之后,项目有剩余收益,使企业价值增加,即当企业实施具有正净现值的项目,也就增加了股东的财富;而当净现值为负数时,项目收益不足以补偿投资者的本金和必需的投资收益,也就减少了股东的财富。

2. 净现值法的优缺点。

(1) 净现值法使用现金流量而非利润,主要是因为现金流量相对客观。

(2) 净现值法考虑的是投资项目整体,在这一方面优于回收期法。回收期法忽略了回收期之后的现金流量。如果使用回收期法,很可能造成那些回收期虽长但回收期后有较高收益的项目被决策者错误地否决。

（3）净现值法考虑了货币的时间价值，尽管折现回收期法也可以被用于评估项目，但该方法与非折现回收期法一样忽略了回收期之后的现金流量。

（4）净现值法与财务管理的最高目标——股东财富最大化紧密联结。投资项目的净现值代表的是投资项目被接受后公司价值的变化，而其他投资分析方法与财务管理的最高目标没有直接的联系。

（5）净现值法允许折现率的变化，而其他方法没有考虑该问题。引起项目折现率变化的因素主要有：未来利率水平的变化、未来项目风险特征的变化和未来项目融资结构的变化。项目风险不同，则相应的折现率不同。

（三）内含报酬率法（internal rate of return，IRR）

1. 传统的内含报酬率法。

内含报酬率指使项目未来现金净流量现值恰好与原始投资额现值相等的折现率。其计算公式为：

$$\frac{CF_1}{(1+IRR)^1} + \frac{CF_2}{(1+IRR)^2} + \cdots + \frac{CF_n}{(1+IRR)^n} = CF_0$$

或表示为：

$$NPV = \sum_{t=1}^{n} \frac{CF_t}{(1+IRR)^t} - CF_0 = 0$$

运用上式，我们可以采用"试误法"计算出〖例 4 - 1〗中 A、B 两个项目各自的内含报酬率。

$$令：NPV = -1\,000 + \frac{500}{(1+IRR)^1} + \frac{400}{(1+IRR)^2} + \frac{300}{(1+IRR)^3} + \frac{100}{(1+IRR)^4} = 0$$

假设 IRR = 15%，代入上述公式计算得到 NPV = -8.33 万元，显然这个估计偏大，再假设 IRR = 14%，得到 NPV = 8.10 万元。

利用插值法，可以计算出 IRR 的近似值：

IRR = 15%　　　　　NPV = -8.33 万元

IRR = x　　　　　　NPV = 0

IRR = 14%　　　　　NPV = 8.10 万元

$$\frac{15\% - x}{15\% - 14\%} = \frac{-8.33 - 0}{-8.33 - 8.10}$$

求解得 x = 14.49%

这种方法计算起来很烦琐。首先要估计可能的 IRR 并反复计算，然后利用插值法求得一个近似的值。利用 Excel 中的财务公式可以很方便地计算出上述两个项目的内含报酬率。经过计算，项目 A 的 IRR = 14.49%；项目 B 的 IRR = 11.79%。

因此，假设项目使用的资金成本为 10%，若两个项目为独立项目，则均可接受；若两个项目为互斥项目，则选择项目 A。

内含报酬率法的原理是：IRR 是一个项目的预期收益率，如果该收益率超过了资本成本，由此增加了企业股东的财富。否则会减少股东的财富。所以，当项目的 IRR 超过资本成本，项目可以接受。反之，如果 IRR 低于资本成本，则项目不能接受。

2. 修正的内含报酬率法（modified internal rate of return，MIRR）。

修正的内含报酬率法克服了内含报酬率再投资的假设以及没有考虑整个项目周期中资本成本率变动的问题。修正的内含报酬率法认为项目收益被再投资时不是按照内含报酬率来折现的。值得说明的是，项目决策最基本的方法是 NPV 法。当传统的 IRR 法与 NPV 法发生冲突时，通常以 NPV 为准。原因在于，传统的 IRR 法有两个主要缺陷：一是有多个根；二是假设再投资率为 IRR。该假设隐含的意思是，计算现值时的折现率也为 IRR；修正的 IRR 法则认为，再投资率应为实际的资本成本，先按实际的资本成本计算出各期现金流量的终值，再求出 IRR。以这种方式计算出的 IRR，称为 MIRR。

【例 4 - 2】假设某项目需要初始投资 24 500 万元，预计在第 1 年和第 2 年分别产生净现金流量 15 000 万元，在第 3 年和第 4 年分别产生净现金流量 3 000 万元，项目的资本成本为 10%（见表 4 - 4）。

表 4 - 4　　　　　　　　　　　　　现值计算　　　　　　　　　　金额单位：万元

年限	现金流量	折现系数（10%）	现值（10%）	折现系数（25%）	现值（25%）
0	(24 500)	1.000	(24 500)	1.000	(24 500)
1	15 000	0.909	13 635	0.800	12 000
2	15 000	0.826	12 390	0.640	9 600
3	3 000	0.751	2 253	0.512	1 536
4	3 000	0.683	2 049	0.410	1 230
净现值			5 827		(134)

运用插值法： $\dfrac{25\% - \text{IRR}}{25\% - 10\%} = \dfrac{-134 - 0}{-134 - 5\ 827}$

解得：IRR = 24.66%

修正的内含报酬率法假设项目产生的现金流量被按照 10% 的资本成本率立即再投资，结果如表 4 - 5 所示。

表 4 - 5　　　　　　　　　　　　现金流量计算　　　　　　　　　金额单位：万元

年限	现金流量	利率乘数	在第 4 年的现金流量
1	15 000	$(1 + 10\%) \times (1 + 10\%) \times (1 + 10\%) = 1.331$	19 965
2	15 000	$(1 + 10\%) \times (1 + 10\%) = 1.21$	18 150
3	3 000	$(1 + 10\%) = 1.1$	3 300
4	3 000	1	3 000
各期现金流量终值合计			44 415

$$方法一：MIRR = \sqrt[n]{\frac{回报阶段的终值}{投资阶段的现值}} - 1 = \sqrt[4]{\frac{44\ 415}{24\ 500}} - 1 = 16\%$$

$$方法二：MIRR = \sqrt[n]{\frac{回报阶段的现值}{投资阶段的现值} \times (1 + 折现率)} - 1$$

$$= \sqrt[4]{\frac{(13\ 635 + 12\ 390 + 2\ 253 + 2\ 049)}{24\ 500} \times (1 + 10\%)} - 1$$

$$= \sqrt[4]{\frac{30\ 327}{24\ 500} \times (1 + 10\%)} - 1 = 16\%$$

3. 内含报酬率法的优缺点。

（1）优点：内含报酬率作为一种折现现金流量法，在考虑了货币时间价值的同时也考虑了这个项目周期的现金流量。此外，内含报酬率法作为一种相对数指标除了可以和资本成本率比较之外，还可以与通货膨胀率以及利率等一系列经济指标进行比较。

（2）缺点：内含报酬率是评估投资决策的相对数指标，无法衡量出公司价值（即股东财富）的绝对增长。在衡量非常规项目时（即项目现金流量在项目周期中发生正负变动时），内含报酬率法可能产生多个 IRR，造成项目评估的困难。此外，在衡量互斥项目时，传统的内含报酬率法和净现值法可能会给出矛盾的意见，在这种情况下，净现值法往往会给出正确的决策判断。

（四）现值指数法（profitability index，PI）

现值指数是项目投产后未来现金净流量现值与原始投资额现值之比。现值指数表示 1 元初始投资取得的现值毛收益。

$$PI = \frac{\sum_{t=1}^{n} \frac{CF_t}{(1 + r)^t}}{CF_0}$$

式中，r 为资本成本。

运用上述公式，计算出〖例 4 - 1〗中项目 A、项目 B 的现值指数分别为 1.079 和 1.049。

现值指数法的决策规则是：如果该指标数值大于 1，则项目可接受，PI 值越大越好；如果该指标数值小于 1，则应放弃。

因此，当项目 A 和项目 B 是独立项目时，两个项目均可接受；当项目 A 和项目 B 是互斥项目时，应选择项目 A。

（五）会计收益率法（average accounting return，AAR）

会计收益率是项目寿命期的预计年均收益额与项目原始投资额的百分比。

$$ARR = \frac{年均收益额}{原始投资额} \times 100\%$$

会计收益率法的决策原则是：该指标数值越大越好。会计收益率计算简便、应用范围广，计算时可以直接使用会计报表数据。其缺点是未考虑货币时间价值。

（六）投资决策方法的总结

1. 会计收益率法与非折现的回收期法。

会计收益率法、非折现的回收期法由于没有考虑货币的时间价值，已经被大多数企业所摒弃。由于以下原因，企业在进行投资项目决策时，一般会利用各种投资决策方法加以比较分析。如计算出折现的回收期、净现值、内含报酬率、现值指数等，以此来进行综合判断：

（1）在预期的现金流量和折现率既定的情况下，通过计算机可以方便地计算出上述指标。

（2）企业的投资项目有复杂的也有简单的，对于复杂的项目，一般需要综合地加以考虑。

（3）各种指标具有各自的优缺点，综合判断方可以避免得出错误的结论。

2. 折现的回收期法。

折现的回收期法在一定程度上说明了项目的风险与流动性，较长的回收期表明：

（1）企业的资本将被该项目长期占用，因而项目的流动性相对较差。

（2）必须对该项目未来较长时期的现金流量进行预测，而项目周期越长，变动因素越多，预期现金流量不能实现的可能性也就越大。

3. 净现值法。

净现值法将项目的收益与股东的财富直接相关联。所以，一般情况下，当 NPV 法与 IRR 法出现矛盾时，以净现值法为准。但受项目的规模和现金流量时间因素的影响，净现值法不能反映出一个项目的"安全边际"，即项目收益率高于资金成本率的差额部分。

4. 内含报酬率法。

IRR 法充分反映出了一个项目的获利水平。例如，一个项目资金的成本率为 10%，而项目的 IRR 为 20%，我们可以清楚地知道，该项目可以赚到 1 倍的收益。但 IRR 法也有其缺点：

（1）再投资率的假定。在比较不同规模、不同期限的项目时，假定不同风险的项目具有相同的再投资率，不符合现实情况。

（2）多重收益率。在项目各期的现金流量为非常态时，各期现金流量符号的每一次变动，都会产生一个新的收益率，而这些收益率往往是无经济意义的。

5. 现值指数法。

现值指数法提供了一个相对于投资成本而言的获利率，与 IRR 法一样，它在一定程度上反映出一个项目的收益率与风险，指数越高，说明项目的获利能力越高，即使现金流量有所降低，项目有可能仍然盈利。

不同的投资决策方法给企业的决策者提供了不同方面的信息，需要统一加以考虑，以利综合判断和决策。

三、投资决策方法的特殊应用

（一）不同规模的项目

以上我们讨论的是投资规模相同的项目决策时的取舍标准，在现实的经济活动中，各个项目的投资规模一般是不相同的。在项目投资规模不相同的情况下，我们该如何决策呢？

投资的目的是获得最大收益而不仅仅是最大收益率，一般投资规模大的项目，收益率往往会低于规模较小的项目。如果用内含报酬率来评价投资项目，可能会更重视那些投资小、收益率较高的项目，而不愿意进行较大规模的投资。但大投资项目对收益总额的贡献和企业的长远发展是十分重要的。

另外，由于越晚发生的未来现金流量的现值对折现率的变化越敏感，可能导致企业的管理者更偏爱那些前期现金流入量大、后期现金流入量小的投资项目，而忽视了那些前期现金流入量小、后期现金流入量大的投资项目。而规模较大的项目，一般前期的现金流入量小，后期的现金流入量大。

【例4-3】有A、B两个项目，现在的市场利率为10%，投资期为4年。各期的现金流量，以及计算出的内含报酬率和净现值如表4-6所示。

表4-6　　　　　　　　　　净现值计算　　　　　　　　金额单位：万元

项目	第0年	第1年	第2年	第3年	第4年	IRR	NPV
A	-100 000	40 000	40 000	40 000	60 000	26.40%	40 455
B	-30 000	22 000	22 000	2 000	1 000	33.44%	10 367

如果两个项目是互斥项目，仅用IRR的大小来判断投资项目的取舍，企业的管理者会选择项目B，而可能会放弃净现值更大的项目A。这就需要我们运用NPV法和IRR法来进行综合的分析和判断。其中的一个方法就是扩大投资规模法。

扩大投资规模法，就是假设存在多个项目B，这些项目总的投资、预期的现金流量基本相同。在这些假设下，我们再计算其净现值并与项目A作比较（见表4-7）。

表4-7　　　　　　　　　　净现值计算　　　　　　　　金额单位：万元

项目	第0年	第1年	第2年	第3年	第4年	IRR	NPV
项目B	-30 000	22 000	22 000	2 000	1 000	33.44%	10 367
扩大后	-100 000	73 333	73 333	6 667	3 333	33.44%	34 557

由表4-7可以看出，尽管扩大后的项目B的内含报酬率仍为33.44%，大于项目A的内含报酬率26.40%，但其净现值依然小于项目A。因此，当两个项目为互斥项目时，应该选择项目A。

（二）不同寿命周期的项目

如果项目的周期不同，则无法运用扩大规模的方法进行直接比较。

【例4-4】某公司需增加一条生产线，有S和L两个投资方案可供选择，这两个方案中项目的寿命期及各年的现金净流量如表4-8所示。

表4-8			现金净流量				单位：万元
项目	第0年	第1年	第2年	第3年	第4年	第5年	第6年
S方案	-1 000	400	450	600			
L方案	-2 000	300	400	500	600	700	500

资本成本率为8%。

根据上述条件，计算出：

S方案：NPV=232.47万元；IRR=19.59%。

L方案：NPV=250.14万元；IRR=11.6%。

从上面的计算结果我们看出，L方案的NPV相对较大，但是IRR相对较小；S方案的NPV相对较小，但是IRR相对较大。如何解决这一问题，以作出正确的选择呢？有两种方法：重置现金流量法和等额年金法。

1. 重置现金流量法（replace chain approach）。

重置现金流量法亦称共同期限法（common life approach），运用这一方法的关键是假设两个项目的寿命期相同。如〖例4-4〗中，假设S项目也是6年，且后3年各年的现金净流量与前3年相同；并且，在第3年末，追加投资额1 000万元。因此，S方案各年的现金流量如表4-9所示。

表4-9			现金净流量				单位：万元
项目	第0年	第1年	第2年	第3年	第4年	第5年	第6年
S方案	-1 000	400	450	600			
				-1 000	400	450	600
	-1 000	400	450	-400	400	450	600

根据表4-9，计算出S方案的NPV=417.02万元；IRR=19.59%。这样我们就可以得出应该选择S方案的结论。

采用重置现金流量法对不同寿命期的项目进行比较时，应注意以下两点：

（1）在存在通货膨胀的情况下，需要对各年的净现金流量进行调整。

（2）如果预测项目执行过程中可能遇到重大技术变革或其他重大事件，也需要对项目各年的现金流量进行调整。

2. 等额年金法（equivalent annual annuity）。

等额年金法基于两个假设：（1）资本成本率既定；（2）项目可以无限重置。在这两个假设的基础上，用项目的净现值除以年金现值系数计算出项目净现值的等额年金，等额年金较高的方案则为较优方案。

仍以〖例4-4〗为例。

S 方案：等额年金 = 232.47 ÷ 2.5771 = 90.21（万元）

L 方案：等额年金 = 250.14 ÷ 4.6229 = 54.11（万元）

计算结果显示，S 方案的等额年金大于 L 方案的等额年金，因此，S 方案优于 L 方案。

四、现金流量的估计

（一）现金流量的概念

现金流量指一个项目引起的现金流入和现金支出的增加量。例如，某一企业需要对现有生产能力进行扩充，准备增加两条生产线，其相关的现金流出量、现金流入量和现金净流量大致如下。

1. 现金流出量。

一个项目的现金流出量，是指该项目引起的现金流出的增加额。包括：

（1）购置机器设备的价款及相关的税金、运费等。

（2）增加的流动资金：生产线扩大了企业的生产能力，一般会引起流动资金需求的增加。

2. 现金流入量。

一个项目的现金流入量，是指该项目引起的现金流入的增加额。包括：

（1）经营性的现金流入：企业生产能力的扩张一般会引起销售收入的增加。销售收入扣除有关的付现成本增量后的余额，即为该项目新增的现金流入量。

（2）残值收入：在一些情况下，由于无形损耗，生产设备的经济寿命要低于其物理寿命。当生产线达到其经济寿命时，企业会出售或出租其机器设备，由此而取得的收入，应视作该项目的现金流入。

（3）收回的流动资金：当企业最终停止该两条生产线时，收回流动资产转换成现金，如存货的变现价值、应收账款的回收等，也应视作该项目的现金流入。

3. 现金净流量。

现金净流量指一定期间该项目的现金流入量与现金流出量之间的差额。流入量大于流出量时，净流量为正值；流入量小于流出量时，净流量为负值。

（二）现金流量的估计

在投资项目的分析中，最重要且最困难的是对项目的现金流量作出正确的估计。项目现金流量的估计涉及许多的变量、部门和个人。例如，销售数量和销售单价的预测由销售部门依据以往的销售状况、价格弹性、广告效应、竞争对手的反应和现状、消费者偏好的改变，以及宏观经济的状况等因素作出估计；与生产新产品相关的资本性支出由工程技术和生产部门预测；而运营成本则由会计部门、生产部门、采购部门等协同进行预测。

1. 现金流量估计中应该注意的问题。

（1）假设与分析的一致性。如上所述，由于一个项目相关的现金流量涉及许多部门的预测，如销售、生产、会计部门等。这就需要各部门为同一项目的现金流量预测作统一的假设；并且，应当保证在预测中不存在内在的偏见。后一点尤其重要，因为提出扩建或更换项目的经理们往往对项目情有独钟，甚至怀有个人目的，在进行项目预测时盲目乐观，过高地估计该项目预期的现金流量，而对项目的风险估计不足。

（2）现金流量的不同形态。与资本投资方案有关的现金流量模式可以分为常规现金流量模式与非常规现金流量模式。常规的现金流量模式是由最初一次的现金流出与以后连续的现金流入组成。许多资本支出项目都是这种模式。例如，一家企业现在投资 1 000 万元购买机器设备，期望在以后的八年内每年有投资收益 200 万元的现金流入。非常规的现金流量模式是指最初的现金流出并没有带来连续的现金流入。如前例，该项目头三年每年产生 300 万元的现金流入，第四年对机器设备进行大修，再次支出 300 万元，之后的四年每年产生 200 万元的现金流入。

（3）会计收益与现金流量。对于大型的、较为复杂的投资项目，实务中对现金流量的估计，一般根据利润表中的各项目来进行综合的考虑直接估计出项目的现金流量，或者通过预测的利润表加以调整。通过净利润进行调整得出项目的现金流量时，应注意以下几点：

①固定资产的成本。大多数投资项目都需要购置一些固定资产，如厂房、机器设备等，购置固定资产会产生现金流出，在计算现金流出时，需要注意两点：一是固定资产的成本，不仅仅指厂房、机器设备的成本，而是包括运输、安装、税金及其他费用在内的全部成本；二是固定资产一般都有残值，在计算项目现金流量时，应考虑残值出售后的现金流入量。

②非付现成本。因为利润表的净利润已经扣除折旧、摊销等非付现成本与费用（对于投资项目来说主要是指折旧）。因此，在计算项目各期的现金流量时，若是通过利润表中净利润为基础调整计算现金流量的话，则需要加回每年估计的该项目购置的固定资产折旧费用和已摊销的费用。

③净经营性营运资本的变动。在许多情况下，企业进行项目投资，不管是扩展生产规模还是新增项目，都会引起经营性营运资本的增加，如增加存货、扩大销售后增加应收账款等，这就需要增加企业的筹资。需要注意的是，经营性净营运资本在项目的后期都会以现金流量的形式返回企业，因此，计算经营性净营运资本对项目现金流量的影响时，应注意最后一期存货销售、应收账款收回而带来的现金流入。

④利息费用。如果企业为该投资项目发生了一些利息费用，这在利润表的净利润中是加以扣除的，因为会计收益衡量的是可向股东们分配的股利，所以需要扣除利息费用。但在计算投资项目的收益率时，由于我们使用的折现率是加权平均的资本成本，包括债务资本和权益资本的成本。因此，利息费用不应作为现金流出，应该加回。

2. 现金流量的相关性：增量基础。

现金流量的相关性是指与特定项目有关的，在分析评估时必须考虑的现金流量。在确定投资方案相关的现金流量时，应遵循的最基本原则是，只有增量的现金流量才是与项目相关的现金流量。

增量现金流量是指接受或放弃某个投资方案时，企业总的现金流量的变动数。在考虑增量现金流量时，需要区别以下几个概念：

（1）沉没成本。沉没成本指已经发生的支出或费用，它不会影响拟考虑项目的现金流量。沉没成本不属于采用某项目而带来的增量现金流量，因此，在投资决策分析中不必加以考虑。例如，2015年某科技公司需要在本地扩展生产基地，包括租地、建厂房、购置PC生产线等。在2013年该公司曾聘请一家咨询公司就项目的可行性进行论证，费用为100万元；当时也曾购置一些用于生产PC的机器设备，共花费200万元，但由于技术进步，目前这些机器设备已基本不能使用。对目前的这项投资项目来说，以上的300万元支出即沉没成本。因为，不管目前的项目是否实施，这些费用已经不可挽回。

（2）机会成本。在互斥项目的选择中，如果选择了某一方案，就必须放弃另一方案或其他方案。所放弃项目的预期收益就是被采用项目的机会成本。机会成本不是我们通常意义上所说的成本，不是一种支出或费用，而是因放弃其他项目而失去的预期收益。如上例中，如果该公司自己恰好有一块地，能够满足该投资项目的需要，当我们在评估该项目收益率时，是否可以不考虑地的成本呢？显然需要考虑，假设这块地对外出租的话，可以有2 000万元的收益。在这种情况下，对扩展生产基地项目来说，2 000万元就是自有土地的机会成本。

（3）关联影响。当采纳一个新的项目时，该项目可能对公司其他部门造成有利的或不利的影响，经济学家一般称之为"外部效应"。例如，当一个PC企业推出一个新型的、针对青少年使用的家用PC时，一般会对原有家用PC的销售产生影响。所以，当我们在进行投资分析时，不能将新产品的销售收入全部作为增量的收入来处理，需要扣除原有产品销售收入的减少部分。但实际的问题将更为复杂，即使公司不推出新型电脑，别的公司也可能推出，从而挤占公司现有产品的份额。所以，评估关联影响需要进行综合、细致的分析。

还有一种情况，就是新产品的推出反而有助于其他产品的销售收入增加。例如，针对青少年偏好（如外形时尚等）的家用PC的增长，可能会带来公司的数码照相产品、闪存产品销售收入的增长，我们称这种效应为"互补效应"。

总之，进行投资分析时，应该考虑到新产品推出对其他产品销售收入增长的影响。

3. 折旧与税收效应。

按照税法规定，固定资产的折旧可以计入成本或费用，在企业的所得税前进行扣除。因固定资产折旧的计提而使企业减少所得税的负担的这种效应，称为"税收抵扣收益"（tax shield）。在进行投资分析的估算项目的现金流量时，必须考虑税收影响。

项目税后营业现金流量可以根据现金流量的定义直接计算。

营业现金流量 = 营业收入 – 付现成本 – 所得税

根据上述基本公式，可以推导出营业现金流量计算的另外两个公式。

由于：营业现金流量 = 营业收入 – 付现成本 – 所得税

　　　　　　　　　 = 营业收入 –（营业成本 – 折旧）– 所得税

　　　　　　　　　 = 营业收入 – 营业成本 – 所得税 + 折旧

所以有推导公式1：

营业现金流量 = 税后净利 + 折旧

又由于：营业现金流量 = 税后净利 + 折旧

$$= (收入 - 付现成本 - 折旧) \times (1 - 税率) + 折旧$$

$$= 收入 \times (1 - 税率) - 付现成本 \times (1 - 税率)$$

$$- 折旧 \times (1 - 税率) + 折旧$$

所以有推导公式2：

营业现金流量 = 收入 × (1 - 税率) - 付现成本 × (1 - 税率) + 折旧 × 税率

或： = (收入 - 付现成本) × (1 - 税率) + 折旧 × 税率

【例4-5】2005年方舟科技公司欲投资建设一个专门生产教学用笔记本电脑的生产线，预计生产线寿命为5年，2003年曾为建设该项目聘请相关咨询机构进行项目可行性论证花费80万元。该项目的初始投资额及有关销售、成本的各项假设如表4-10所示。

（1）购置机器设备等固定资产的投资1 000万元（包括运输、安装和税金等全部成本），固定资产的折旧按10年计提，预计届时无残值；第5年估计机器设备的市场价值为600万元。

（2）项目投资后，营运资本投入为下一年销售收入的5%。

（3）销售数量、单价、成本数据：

①第1年的销售量预计为5 000台，第2年、第3年每年销售量增加30%；第4年停止增长；

②第1年的销售单价为6 000元/台，以后各年单价下降10%；

③第1年单台设备的变动成本为4 800元，以后各年单位变动成本逐年下降13%；

④固定成本第1年为300万元，以后各年增长8%。

变动成本和固定成本包含了企业所有的成本费用，即折旧费、利息、摊销等已包含在其中。

（4）每年末支付利息费用12万元。

（5）税率为25%。

（6）公司加权平均资金成本为10%。

计算过程如下：

第一步：列出初始投资。

固定资产投资：1 000万元。

第二步：估算每年现金流量（以第1年为例）。

销售现金流入 = 销售收入 - 固定成本 - 总变动成本

$$= 销售单价 \times 销售数量 - 固定成本 - 单位变动成本 \times 销售数量$$

$$= 6\,000 \times 5\,000 - 3\,000\,000 - 4\,800 \times 5\,000$$

$$= 3\,000\,000 （元）$$

第1年现金净流量＝销售现金流入－税金＋折旧＋利息费用－利息抵税

　　　　　　　　　－营运资本增量

　　　　　　＝3 000 000－750 000＋1 000 000＋120 000－30 000

　　　　　　　　　－（1 760 000－1 500 000）＝3 080 000（元）

第三步：计算最后一年的现金流量。

第5年现金净流量＝年度现金净流入＋项目终止后收回现金－项目终止后支出现金

　　　　　　＝年度现金净流入＋出售固定资产收入＋收回净营运资本

　　　　　　　　　－出售固定资产税收

　　　　　　＝555＋600＋166－（600－500）×25%＝1 296（万元）

第四步：计算项目净现值或内含报酬率等指标。

将各年度现金净流量按照预定贴现率折现后，其折现后的差额即为该投资项目的净现值。本例假定贴现率为10%，计算结果如表4-10所示。

净现值＝－1 150×1＋308×0.909＋434×0.826＋644×0.751＋613×0.683

　　　　＋1 296×0.621＝－1 150＋280＋358＋484＋419＋805＝1 196（万元）

需要补充说明的是，利息费用与折旧费用不同：（1）折旧费用是一种非付现成本，利息费用则不一定分期支付，有可能到期一次还本付息，也可能每期期末支付利息（流出现金），本题假设每年末支付利息费用12万元；（2）在估计项目的资本成本（折现率）时，利息费用作为债务资本的成本已经加以考虑，但并不需要考虑折旧费用。

一般情况下，在计算变动成本和固定成本时，不包括财务费用。但在估算项目的现金净流量时，又经常以"净利润"为起点，而净利润中已经扣减了税后利息费用。所以，在运用这个公式计算现金流量时，应将"税后利息费用"加回。

表4-10　　　　　　　　项目现金流量及净现值计算　　　　金额单位：万元

序号	项目	数量关系	年限					
			0	1	2	3	4	5
1	初始投资		－1 000					
2	销售数量			5 000	6 500	8 450	8 450	8 450
3	销售单价			6 000	5 400	4 860	4 374	3 937
4	销售收入	4＝2×3		3 000	3 510	4 107	3 696	3 326
5	单位变动成本			4 800	4 176	3 633	3 161	2 750
6	总变动成本	6＝2×5		2 400	2 714	3 070	2 671	2 324
7	固定成本			300	324	350	378	408
8	销售现金流入	8＝4－6－7		300	472	687	647	595
9	税金	9＝8×25%		75	118	172	162	149
10	折旧费用			100	100	100	100	100

续表

序号	项目	数量关系	年限					
			0	1	2	3	4	5
11	利息费用			12	12	12	12	12
12	利息抵税	12 = 11 × 25%		3	3	3	3	3
13	销售年度现金净流入	13 = 8 - 9 + 10 + 11 - 12	0	334	463	624	594	555
14	营运资本		-150	-176	-205	-185	-166	
15	营运资本增量		-150	-26	-29	20	19	166
16	出售固定资产							600
17	出售固定资产税收							25
18	年度现金净流量	18 = 1 + 13 + 15 + 16 - 17	-1 150	308	434	644	613	1 296
19	折现系数（10%）		1.000	0.909	0.826	0.751	0.683	0.621
20	年度现金流量现值	20 = 19 × 18	-1 150	280	358	484	419	805
21	净现值		1 196					

注：营运资本增量 = 本年营运资本 - 上年营运资本。

通常，筹资现金流量不包括在增量现金流量中，而是放在项目的必要收益率中考虑。当决定是否投资时，为投资而筹集资金的费用当然是一项相关成本。如果项目用净现值等折现现金流量方法进行分析，项目的预期现金流量序列就将以项目的资本成本为必要收益率进行折现。项目的资本成本就是为项目提供资金的投资者所要求的必要收益率。这样，项目的资本成本就是项目的筹资成本。如果筹资成本从项目预期现金流量序列中减去，净现值计算就把它们计算了两次：一次在预期现金流量中；另一次在现金流量折现时。因此，估算项目的相关现金流量时，应该忽略筹资成本，并把它们留到项目的资本成本中考虑。

为了说明来自项目的现金流量和筹资相关的现金流量的区别，考虑一个需要 1 000 万元的初始投资现金流出，能产生 1 300 万元的未来现金流入的一年期投资。假定投资额 1 000 万元是按 10% 的利率从银行贷款取得的，年底偿还本息 1 100 万元。与投资和筹资决策相关的现金流量序列、现金流量总和及净现值的计算如表 4 - 11 所示。

表 4 - 11　　　　　　　　　　项目现金流量和净现值计算　　　　　　　　　　单位：万元

现金流量序列的类型	初始现金流量	终结点现金流量	净现值
投资项目的现金流量	-1 000	1 300	182
筹资项目的现金流量	1 000	-1 100	0
现金流量总和	0	200	182

表 4－11 中，与筹资决策相关的现金净现值为零。因此，项目经营现金净现值与既考虑经营现金流量又考虑筹资现金的净现值相同。从项目未来的 1 300 万元的现金流量中减去 100 万元的筹资费用，再将差额以 10% 的资本成本进行折现，就是上文所提到过的两次重复的计算。

经过以上分析，项目在第 n 年产生的相关现金流量 NCF 就等于第 n 年项目给企业带来的全部现金流量变化量。用公式表示为：NCF = EBIT(1 − T) + D − ΔW − ΔC，式中，EBIT 为项目产生的年息税前利润；T 为企业所得税税率；D 为年折旧费；ΔW 为年营运资本需求增量；ΔC 为年投资增量。该公式等价于上文所述的营业现金流量计算公式。

仍以〖例 4－5〗数据列表计算，结果如表 4－12 所示。

表 4－12　　　　　　　　　项目现金流量和净现值计算　　　　　　金额单位：万元

序号	项目	数量关系	年限					
			0	1	2	3	4	5
1	初始投资		− 1 000					
2	销售收入			3 000	3 510	4 107	3 696	3 326
3	变动成本			2 400	2 714	3 070	2 671	2 324
4	固定成本			288	312	338	366	396
5	税前营业利润	2 − 3 − 4		312	484	699	659	606
6	所得税	5 × 25%		78	121	174.75	164.75	151.5
7	税后营业利润	5 − 6		234	363	524.25	494.25	454.5
8	折旧			100	100	100	100	100
9	营运资本增量		− 150	− 26	− 29	20	19	166
10	出售固定资产							600
11	固定资金税金							− 25
12	现金净流量	1 + 7 + 8 + 9 + 10 − 11	− 1 150	308	434	644.25	613.25	1 295.5
13	折现系数		1.000	0.909	0.826	0.751	0.683	0.621
14	各年现值	12 × 13	− 1 150	279.97	358.48	483.83	420.08	804.51
15	净现值	∑ 14	1 996.87					

五、投资项目的风险调整

（一）项目风险的衡量

〖例 4－5〗中的各项输入数据，如销售收入取决于对销售数量与单位售价的估计、固定资产的折旧和第五年后该机器设备市场价值的估计、资本成本的估计等，都是建立在一定的假设之上，并且，每项输入数据，如销售带来的现金流入与现金流出，都是通过对各种情况的概率分布进行估计而建立的,如在市场需求比较旺盛的情况下,销售收入是多少;在市场需求比较疲软的情况下,销售收入是多少,然后计算出每项指标预期的现金流量。很显然,每项输入数据的概率分布估计的变动,都会对净现值产生影响。若概率分布比较集中,则项目的风险较小;若概率的分布比较分散,则项目的风险较大。

上述各项输入数据的概率分布,以及各项财务数据之间的相互关系,决定了项目净现值的概率分布的性质,或者说决定了项目的特定风险(stand-alone risk)。那么,如何衡量项目的风险呢?主要有以下四种方法。

1. 敏感性分析。

敏感性分析就是在假定其他各项数据不变的情况下,各输入数据的变动对整个项目净现值的影响程度,是项目风险分析中使用最为普遍的方法。具体可分为以下几个步骤:

首先,假设输入最可能发生情况下的各项数据并计算项目净现值,如〖例4-5〗各项输入数据的数额和净现值额,该净现值可称为"基准价值"与"基准净现值"(base-case NPV)。

其次,假设其他输入数据不变,计算各单项输入数据变动率对整个净现值的影响。例如,如果销售单价比基准价格低30%,在其他因素不变的情况下,净现值由1 196万元变为-1 214万元;如果加权平均资本成本率从10%上升至30%,净现值由1 196万元变为988万元(见表4-13)。该分析向决策者展现了不同前景出现时的后果,这些信息可以帮助决策者认识项目的特有风险和应关注的重点。

表4-13   净现值计算

变动率	数量(台)	价格(元)	单位变动成本(元)	固定成本(万元)	WACC(万元)
-30%	544	-1 214	2 955	1 431	1 435
0	1 196	1 196	1 196	1 196	1 196
30%	1 848	3 607	-563	962	988

最后,将上述各种变量的偏离预期值的变动率及其相应的净现值绘制成图,以说明项目净现值对各种输入数据变动的敏感程度。图4-2中各输入变量斜率越大,说明净现值对其敏感性越高。从图4-2可以看出,项目的净现值对销售价格和单位变动成本的变动较敏感。敏感度分析的缺点在于分别孤立考虑每个变量,而没有考虑变量间的相互关系。

2. 情景分析。

情景分析是用来分析项目在最好、最可能发生和最差三种情况下的净现值之间的差异,与敏感性分析不同的是,情景分析可以同时分析一组变量对项目净现值的影响。

从图4-2的敏感性分析中我们可以看出,项目的净现值与销售数量、变动成本、销售单价非常敏感,我们可以进一步分析项目在这些变动最好情况下和最差情况下的净现值,以此来分析项目的风险。由于该项目是用来生产教育用电脑,是针对一些行业客户的,假设公司在教育行业具有相当的竞争优势,极有可能在全国不少省份的中学、小学中取得大量的预订单；并且，公司与最大的芯片供应商——INTEL 或 AMD 也有战略合作协议，可能以低于市场一定百分比的价格取得一定批量的芯片（芯片的采购成本占电脑成本的比例比较高）。相反，最差的情况也可能发生，例如，由于教育行业的竞争相对激烈，公司有些行业大单很可能得不到；芯片采购价格不降反升；人工成本也有可能提高；等等。

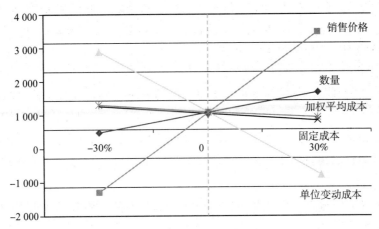

图 4 - 2　净现值敏感度分析

在最好与最差的情况下，该项目的净现值就比最可能发生的情况下净现值额偏离许多。因此，项目的图景分析包括以下步骤与内容：

首先，我们计算各种输入数据变动最可能情况下的项目的净现值，即基值（base case）。

其次，通过与公司的销售经理、采购经理进行更深入的分析后，估计最好、最差情况下的各种变量的数额。

再次，赋予各种情况发生的概率，一般"基值"发生的概率可定为50%；最好与最差情况下发生的概率可分别定为25%，当然企业可以根据实际情况进行相应的调整。

最后，计算最好（best case）、一般（base case）、最差（worst case）情况下的净现值。

【例4-6】方舟科技公司销售个人电脑业务，一般情况下售价平均5 000元，年销售量60万台。如果市场条件比较好，销售价格在6 000元时销量可以达到72万台，如果市场条件不好，销售价格在4 000元时销售量也只有48万台。各种情况下发生的概率、销售数量和价格如表4-14所示。

表4-14　　　　　　　　　　　　　净现值计算

方案	发生概率	销售数量（万台）	销售价格（元）	NPV（万元）
最差方案	0.25	48	4 000	600
基础方案	0.5	60	5 000	1 500
最佳方案	0.25	72	6 000	2 500

注：预期 NPV = 1 525 万元，σ_{NPV} = 672. 21 万元。

从表 4 - 14 中可以看出，在最好情况下，项目的净现值为 2 500 万元；最可能发生情况下项目的净现值为 1 500 万元；最差情况下项目的净现值为 600 万元。其预期净现值与标准差的计算如下：

$$预期 NPV = 0.25 \times 600 + 0.5 \times 1\,500 + 0.25 \times 2\,500 = 1\,525（万元）$$

$$\sigma_{NPV} = \sqrt{0.25 \times (600 - 1\,525)^2 + 0.5 \times (1\,500 - 1\,525)^2 + 0.25 \times (2\,500 - 1\,525)^2}$$
$$= 672.21（万元）$$

情景分析的主要优点是注重情景发展的多种可能性，降低决策失误对企业造成的影响，对决策事项的可参考性更强。主要缺点在于主观性较强，对于情景数据的准确性、逻辑性及因果关系的建立要求较高。

3. 蒙特卡洛模拟。

蒙特卡洛模拟是将敏感性与概率分布结合在一起进行项目风险分析的一种方法。主要步骤和内容如下：

首先，确定各个变量（如销售单价、变动成本等）的概率分布与相应的值。概率分布可以是正态分布、偏正态分布。

其次，取出各种变量的随机数值组成一组输入变量值，计算出项目的净现值；不断重复上述程序，计算出项目的多个净现值，比如说 1 000 个净现值。

最后，计算出项目各净现值的平均数，作为项目的预期净现值；再计算出项目的标准差，用来衡量项目的风险。

4. 决策树法。

决策树是一种展现一连串相关决策及其期望结果的图像方法。决策树在考虑预期结果的概率和价值的基础上，辅助企业作出决策。

例如，某公司开发一款新产品，并假定新产品一旦开始生产，即使出现最差状况，也不会立刻停止。该公司正在考虑第二年需求下降情况下终止生产的概率。

在此，假设如果出现最差情况，在第一年出现负的净现金流量时，公司会在第二年立即停产，防止在以后年份持续发生损失，在第二年能够收回部分投资 500 万元。期望的净现值会从 1 901 万元（13 379 × 25% + 36 × 50% - 5 847 × 25%）上升到 2 226 万元（13 379 × 25% + 36 × 50% - 4 547 × 25%）（见图 4 - 3）。保留停产的权利可以提升项目的期望回报并降低风险。如果最差情况下的两种情形出现的概率平均为 50%，则该项目净现值的预期期望值为 2 063.5 万元。

20 世纪末，针对亚太地区的高管调查表明，在风险分析方面，亚太地区的公司更多倚重情景分析和敏感度分析，尽管决策树和蒙特卡洛分析也被使用，但频率不高。

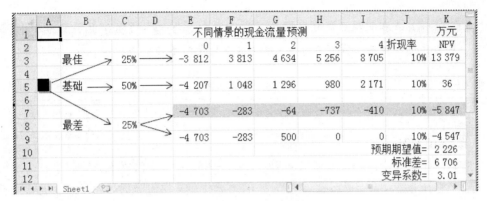

图 4-3　现金流量预测

（二）项目风险的处置

1. 项目风险与公司风险。

一般情况下，项目风险与公司风险是不同的。比如说，有一家上市公司，主要从事 IT 业务和能源环境业务。公司下设两个部门。A 部门生产和销售 PC，由于 PC 市场竞争激烈，一般的 PC 公司又缺乏核心技术，同质化现象严重等原因，A 部门的风险较高，资本成本约为 10%；B 部门从事污水处理的工程项目，由于环境保护属国家政策支持行业，且该部门在市场上具有一定的技术领先优势，做过一系列的大型工程项目，因而，投资者认为此类公司的风险不高，市场上相同公司获得资本的成本约为 5%。公司的加权资本成本约为 8%。所以，如果我们对公司所有的投资项目都按 8% 的资本成本率进行折现时，则对于 A 部门来说，项目的净现值就会虚增；对于 B 部门来说，有些投资项目，如果按 5% 的资本成本进行折现计算，可以接受；按 8% 进行折现计算，项目的净现值可能为负值，从而误导决策，造成公司投资机会的丧失。

2. 项目风险与净现值法。

即使是同一部门的投资项目，也可能是一些项目风险较高，另一些项目风险较低。如何处理高风险项目中的风险呢？方法有两种：一是确定当量法；二是风险调整折现率法。

（1）确定当量法（certainty equivalents，CEs）。

项目的净现值是由其各年度相关的现金流量及其折现率决定的，如果我们能够使各期相关现金流量的确定性加大，则相应减少了该项目的个别风险。确定当量法就是一种对项目相关现金流量进行调整的方法。项目现金流量的风险越大，约当系数越小，现金流量的确定当量也就越小。可以用公式表示如下：

$$NPV = \sum_{t=0}^{n} \frac{a_t \times CF_t}{(1 + r_F)^t} - I_0$$

式中，a_t 为 t 年现金流量的确定当量系数，它在 0~1 之间；r_F 为无风险利率。

确定当量系数指不确定的一元现金流量期望值相当于使投资者满意的确定金额的系数。利用确定当量系数，可以把不确定的现金流量折算成确定的现金流量，或者说去掉了现金流量中有风险的部分，使之成为较为"安全"的现金流量。

【例4-7】A项目现金流量和确定当量系数如表4-15所示，折现率为4%，调整前、调整后的现金流量现值如表4-16、表4-17所示。

表4-15　　　　　　　　　　确定现金流入量　　　　　　　　金额单位：万元

A项目	年限					
	0	1	2	3	4	5
现金流入量	-5 000	800	1 500	2 500	1 600	1 300
确定当量系数	1	0.9	0.8	0.7	0.7	0.6
确定现金流入量	-5 000	720	1 200	1 750	1 120	780

表4-16　　　　　　　　　　调整前现金流量现值　　　　　　　金额单位：万元

A项目	年限					
	0	1	2	3	4	5
现金流入量	-5 000	800	1 500	2 500	1 600	1 300
折现系数（4%）	1	0.9615	0.9246	0.889	0.8548	0.8219
现值	-5 000	769.2	1 386.9	2 223	1 367.7	1 068.5
净现值	1 815					

表4-17　　　　　　　　　　调整后现金流量现值　　　　　　　金额单位：万元

A项目	年限					
	0	1	2	3	4	5
确定现金流入量	-5 000	720	1 200	1 750	1 120	780
折现系数（4%）	1	0.9615	0.9246	0.889	0.8548	0.8219
现值	-5 000	692.28	1 109.5	1 556	957.38	641.08
净现值	-44					

从表4-16、表4-17可以看出，在风险调整前A项目的净现值大于零，但是在风险调整后A项目的净现值小于零。不进行风险调整，就可能导致错误的判断。

在使用确定当量法时应特别注意，由于已经将预期的现金流量转换为确定当量，所以，项目的折现率应为无风险的报酬率（可选择长期国债的收益率作为替代）。如果以风险资产的报酬率作为折现率的话，则该风险被重复处理。

（2）风险调整折现率法（risk-adjusted discount rates，RADRs）。

确定当量法是对现金流量进行风险调整，而风险调整折现率法是对折现率进行调整。也就是说，在公司部门的各个投资项目中，平均风险的项目按公司平均的资本成本率计算净现值，高风险项目按高于平均的折现率计算净现值；低风险的项目按低于平均的资本成本率计算净现值。风险调整折现率时净现值的基本表达式为：

$$NPV = \sum_{t=1}^{n} \frac{CF_t}{(1 + RADRs)^t} - I_0$$

式中，RADRs 为风险调整后的折现率。

确定当量法对风险和时间价值分别进行了调整，它首先将现金流量中的风险因素排除在外，然后将确定的现金流量以无风险报酬率进行折现。而风险折现率法则是用一个单独的折现率将风险和时间价值调整结合进行，使得风险调整折现率法暗含这样一个假设，即风险仅是时间的函数。因此，从理论上讲，确定当量法要优于风险调整折现率法。但在实务中，人们经常使用的还是风险调整折现率法，主要原因在于：（1）它与财务决策中倾向于报酬率进行决策的意向保持一致；（2）风险调整折现率法比较容易估计与运用。

还需要明确的是，项目的资金成本或者折现率，应该反映的是该项目的系统风险或者说市场相关风险，而不是该项目的非系统风险。所以，在对一个投资项目进行分析时，要关注该项目的特有风险，如果该项目的风险明显高于公司风险，就应该以更高的资金成本率进行折现。当然，折现率高多少或低多少，尚无一种很好的调整方法，只能凭企业管理者的判断进行。

第二节 私募股权投资决策

投资市场上，除了固定资产建设项目投资和证券投资之外，还有另类投资（alternative investment）。另类投资是指传统公开市场交易的权益类资产、固定收益类资产和货币类资产之外的投资类型。通常涉及私募股权、房产与商铺、矿业与能源、大宗商品、基础设施、对冲基金、收藏市场等领域。另类投资的优点在于提高投资回报率的同时，有效地分散了投资风险。其局限性在于缺乏监管、透明度差、流动性弱和估值难度大。鉴于近年来我国私募股权投资业呈现爆发式增长，本节主要讨论另类投资中的私募股权投资。

一、私募股权投资概述

私募股权投资（private equity，PE）是指采用私募方式募集资金，对非上市公司进行的权益性投资。在交易实施过程中，通常会附带考虑将来的投资退出机制，采用一定的退出方式获得收益。私募股权的投资理念就是投资于能在未来一定期限内具备上市条件的企业，以便上市后在二级市场上套现退出。通过放大资本、共担风险，实现超额投资收益。投资项目的选择标准通常包括杰出的管理团队、有效的商业模式或核心技术、持续的增长能力和可行的退出方案。国内外的私募股权投资机构类型主要有专业化的私募投资基金、大型金融机构下设的直接投资部门、专门从事股权投资和管理业务的机构以及大型企业的投资基金部门等。

现实生活中，私募股权投资是以基金方式作为资金募集的载体，由专业的基金管理公司进行运作的。基金管理人是私募股权商业模式的关键要素，在基金设立后，基金管理人负有寻找投资项目、项目谈判、监控项目运行并实现投资退出等职责。基金的主要资本来源于政府、企业、自然人等各类投资者。由于绝大多数私募股权基金的组织形式为有限合伙制，因此，承担管理职责的基金管理人通常被称为普通合伙人（GP），而基金的各类投资者被称为有限合伙人（LP）。

基金投资的收益来自投资项目退出时收回的总价值与该项目初始投资价值之间的差额。在基金存续期间，基金管理人通常按照管理基金规模的 0.5% ~2% 收取每年管理费。此外，还按照基金投资项目资本增值的 15% ~20% 参与收益分红。为了使基金管理人与投资者的利益一致，基金管理人只有在投资者收回全部本金，并且实现一定的保底收益（门槛收益率）之后，才能分享收益分红。私募股权投资基金的运作方式如图 4-4 所示。

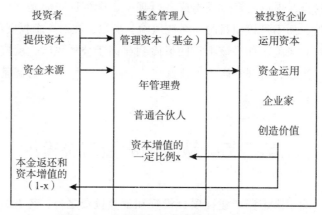

图 4-4 私募股权投资基金的运作方式

（一）私募股权投资步骤

私募股权投资一般须经过以下程序：

1. 投资立项。在立项阶段，投资部门通过人脉网络、同行合作、中介机构、银行和政府机构进行项目发现和筛选，开展项目调研与实地考察，出具项目投资分析报告，提出投资建议。

2. 投资决策。投资部门完成项目立项后，着手市场尽职调查和风险评估，提出主要投资条款和初步投资方案，报总经理办公会审批，组织投资决策会议，召开公司董事会和股东会，审议通过最终投资协议。

3. 投资实施。根据董事会、股东会审批意见，签署投资协议，履行出资义务，完成出资验资报告，进行投后管理。

【例 4-8】甲投资有限公司 PE 投资流程体系：

（1）项目发现和调研：与目标公司洽谈，交流商业计划，对拟投资项目进行初步的技术、团队和市场调查，进行实地考察，咨询相关专家，形成项目调研报告。

（2）立项：总经理办公会听取《项目分析报告》后，对项目立项进行审批，成立各专业部门组成的项目组开展后续工作。

（3）尽职调查：委托有相应资质的科研机构、中介机构参与项目的评估与论证。

（4）风险评估：风险评估专题会议以财务、法律和商业尽职调查报告和评估报告为依据，对项目重大风险进行评估，提出风险管理意见。

（5）投资协议：最终协议需对 PE 投资的出资比例、存续时间（一般大于 3 年）、门槛收益率、管理费率、出资退出方式等核心条款进行约定。

（6）投决会表决：投资决策委员会由公司内部人员和外部专家构成，对投资协议进行审议，按照超过半数有表决权的参会人员投票表决通过，出具投资意见。

（7）董事会和股东会审议：准备投资最终协议和相关文件材料报送董事会和股东会审批。

（8）投资协议签署和出资：相关部门和管理层会签投资协议，董事会和股东会审批，方可履行出资手续。如果是国有控股企业投资，出资前需按照规定报国资管理部门备案批复。

（9）投后管理：投资出资完成后，股权投资完成出资后，将项目移交投后管理部门，投后管理部门办理工商、税务等事项变更手续并进行投后管理（见图 4-5）。

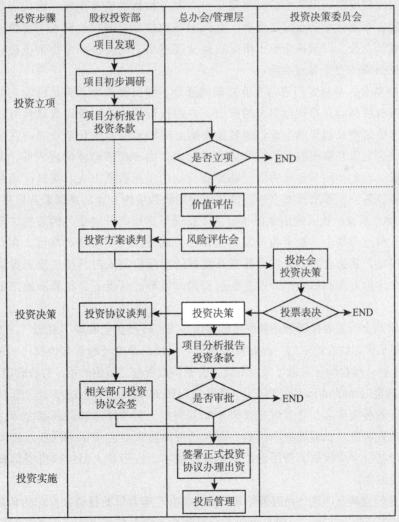

图 4-5 甲公司 PE 投资流程

（二）私募股权投资的类别

私募股权投资种类繁多，按照投资战略方向可以分为：

1. 创业投资，也称风险投资（venture capital，VC）。风险投资一般采用股权形式将资金投向提供具有创新性的专门产品或服务的初创型企业。这类企业的失败率很高，但其预期收益率也很高。典型行业有集成电路芯片设计、新能源、新材料和生物科技等。从事创业投资的人员或机构被称为"天使投资人"，这类投资人通常由各大公司的高级管理人员、退休企业家、专业投资家等构成，他们集资本和能力于一身，既是创业投资者，又是投资管理者。风险投资的目的并不是为取得对企业的长久控制或为获取企业的盈利分红，而是在于通过资本运作，获取加倍的资本增值。

2. 成长资本，也称扩张资本。成长资本投资于已经具备成熟的商业模式、较好的顾客群并且具有正现金流量的企业。这些企业通常采用新的生产设备或者采取兼并收购的方式来扩大经营规模，但其增长又受限于自身财务拮据的资金困境。成长资本投资者通过提供资金，帮助目标企业发展业务，巩固市场地位。我国成长资本主要投资于接近上市阶段的成长企业，以期在企业上市后迅速变现退出。创业板和中小企业板是近年来我国私募股权投资的主要套现市场。

3. 并购基金，是指专门进行企业并购的基金，即投资者为了满足已设立的企业达到重组或所有权转移而存在资金需求的投资。并购投资的主要对象是成熟且有稳定现金流量、呈现出稳定增长趋势的企业，通过控股确立市场地位，提升企业的内在价值，最后通过各种渠道退出并取得收益。在欧美发达国家，由于经济总体增速较低，多数行业处于成熟阶段，因此并购基金成为欧美私募股权业的主流投资方式。我国市场的法律和融资环境有待完善，私募股权基金进行整体或控股收购境内企业的案例寥若晨星。

4. 房地产基金。我国的房地产基金主要投资于房地产开发项目的股权、债权或者两者的混合。房地产基金一般会与开发商合作，共同开发特定房地产项目。在合作开发的模式下，房地产基金会要求开发商甚至开发商的实际控制人对其债权投资提供各种形式的担保。在房价上涨和房地产开发企业融资渠道收窄的情况下，私募房地产基金得到了迅速发展。

5. 夹层基金，主要投资于企业的可转换债券或可转换优先股等"夹层"工具。它是杠杆收购特别是管理层收购中的一种融资来源，它提供的是介于股权与债权之间的资金，它的作用是填补一项收购在考虑了股权资金、普通债权资金之后仍然不足的收购资金缺口。

6. 母基金（fund of funds，FOF），它是专门投资于其他基金的基金。母基金向机构和个人投资者募集资金，并分散化投资于私募股权、对冲基金和共同基金等。母基金不仅降低了投资者进入私募股权的门槛，而且还帮助投资者实现了不同基金之间的风险分散化。但母基金本身收取的费用也拉高了投资成本，这也是大型机构投资都较少投资母基金的主要原因。

7. 产业投资基金。这是我国近年来出现的具有政府背景的投资人发起的私募股权投资基金。一般指经政府核准，向国有企业或金融机构募资并投资于特定产业或特定地区的资金。这类资金通常由地方政府或中央部委发起，募集规模一般在10亿元以上。此外，也有募集规模较低（10亿元以下）的产业基金，如各地政府发起的产业引导基金等。

二、私募股权投资基金的组织形式

设立私募股权基金首先要面对的重要问题就是采取何种组织形式。不同的组织结构会对基金的募集、投资、管理、退出等各个关键环节产生深远影响。一般来说，确定私募股权投资基金的组织形式主要考虑如下因素：相关法律制度、基金管理成本、税负状况、激励与约束机制、基金的稳定性等。目前，我国私募股权投资基金的组织形式主要采取有限合伙制、公司制和信托制三种组织形式。

（一）有限合伙制

有限合伙制最早产生于美国硅谷，目前成为私募股权投资基金最主要的运作方式。其中合伙人由有限合伙人（limited partner，LP）和普通合伙人（general partner，GP）构成。

典型的有限合伙制基金由 LP 和 GP 依据有限合伙协议共同设立，其中必须至少有一家为 GP，普通合伙人对合伙企业的债务承担无限连带责任，并且对外代表基金执行合伙事务，从而成为基金管理人。其收入来源是基金管理费（由所有基金份额持有人共同承担）和收益分红。LP 则只负责出资，并以其出资额为限，承担连带责任。GP 有时会承担基金管理人的角色，但有时也委托专业管理人员对股权投资项目进行管理和监督。在我国，通常由基金管理人员担任 GP 的角色。在设立初期，GP 和 LP 通常签订合伙人协议，确定各种管理费用和业绩奖励，并且会定期召开合伙人协议。同时与公司制和信托制私募股权基金不同，GP 具备独立的经营管理权力。LP 虽然负责监督 GP，但是不直接干涉或参与私募股权投资项目的经营管理（见图 4-6）。通常而言，LP 出资比例占基金全部份额的 80% 以上，GP 则不少于 1%。

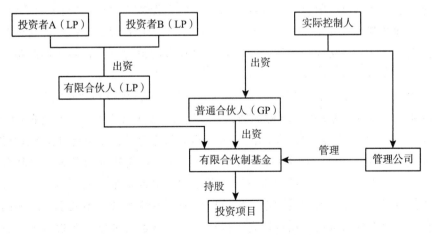

图 4-6 有限合伙制 PE 的运作流程

（二）公司制

公司制是指私募股权投资基金以股份公司或有限责任公司形式设立。

公司制私募股权投资基金通常具有较为完整的公司组织结构，运作方式规范而正式。投资者一般享有作为股东的一切权利，并且和其他公司的股东一样，以其出资额为限承担有限责任。在公司制私募股权投资基金中，基金管理人或者作为董事，或者作为独立的外部管理人员参与私募股权投资项目的运营。与有限合伙制不同，公司制基金管理人会受到股东的严格监督管理（见图4-7）。

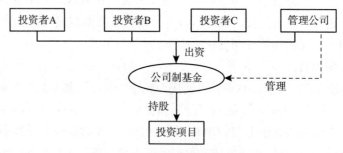

图4-7 公司制PE的运作流程

（三）信托制

信托制是指由基金管理机构与信托公司合作成立，通过发起设立信托收益份额募集资金，进行投资运作的集合投资基金。基金由信托公司和基金管理机构形成决策委员会共同决策。

信托制私募股权投资基金，通常分为单一信托基金和结构化信托模式。运营流程基本相同。一般而言，信托公司通常代表所有投资者，以自己的名义对整个私募股权投资项目和基金发行、管理和运作负责，也就是说，信托公司通常掌握财产运营的权利，但其角色并不完全等同于普通合伙人（GP），其也是作为受益人，出资设立信托基金（见图4-8）。

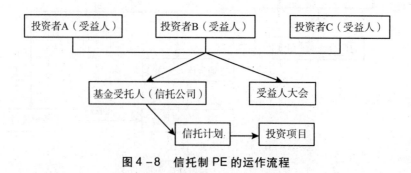

图4-8 信托制PE的运作流程

三、私募股权投资退出方式的选择

私募股权投资的退出机制是指私募股权投资机构在其所投资的企业发展相对成熟后，将其拥有的权益资本在市场上出售以收回投资并获得投资收益。投资退出的时间选择需要考虑宏观因素、创业企业因素和股权投资方因素的影响。主要退出机制包括：首次上市公开发行、二次出售、股权回购、清算退出。

（一）首次上市公开发行

首次上市公开发行（IPO）是指企业在资本市场上第一次向社会公众发行股票，私募股权投资通过被投资企业股份的上市，将拥有的私人权益转化为公共股权，公开交易，套现退出。选择IPO退出可以保持企业的独立性，并获得在资本市场上持续融资的机会，实现资本增值。一般认为，上市退出是私募股权投资的最佳退出方式。但是公开上市所需周期较长，加上一些限售条款，从而导致私募股权投资退出过程较为漫长。

（二）二次出售

二次出售是指私募股权投资基金将其持有的项目在私募股权二级市场出售的行为。出售退出在我国市场并不多见，但在欧美成熟市场占据重要地位。随着我国资本市场和宏观经济逐渐走向成熟，二次出售在私募股权基金退出策略中所占的比例将会逐步提高。

【例4-9】2020年12月，甲、乙和丙三家国际知名投资公司共同投资我国JSW乳业股份公司，持有JSW乳业股份有限公司23%的股份，股份市值为8 000万美元。2020年下半年，通过对JSW乳业股份有限公司的第三次配售减持，甲、乙和丙三家投资公司抛售所持有的99%股权。在不到3年的时间里，安全退出，以8 000万美元的投入实现了4亿多美元的增值回报。而JSW乳业股份有限公司通过和私募融资，迅速提升JSW品牌在市场上的认知度，形成了一个双赢的战略局面。

（三）股权回购

股权回购是指标的公司通过一定的途径购回股权投资机构所持有的本公司股份。广义上讲，股权回购是指私募股权投资机构将受让而来的，或者是增资形成的标的公司股权回售给标的公司或其关联方，包括其控股股东（创业股东）、管理层等。相比其他退出方式，股权回购具有简便易行、成本和收益较低、风险可控等特点。

（四）清算退出

清算退出主要是针对投资失败项目的一种退出方式。相对而言，清算退出是私募股权投资最不理想的退出方式。清算退出是在私募股权投资基金所投资的企业由于各种原因解散的情况下，经过清算程序使私募股权投资基金所投资的企业法人资格终止，仅仅在股东之间分配剩余财产。在大多数情况下，可供私募股权投资基金分配的公司剩余财产很少，甚至为零。清算退出时主要权衡投资风险和投资损失的孰低问题。

【例4-10】北京ET资本健康诊疗产业并购基金的设立。

近年来，北京健康产业涌现出一批上市公司，形成一定规模实力。但增速放缓，与国内外药企巨头相比尚有一定差距，亟须做大做强，向高端领域挺进。国际经验证明，并购整合是国际药企巨头成长的必由之路，现阶段，开展境内外并购的条件已然成熟，境内外企业存在技术差，而资本市场存在价值差。

（1）基金投资方向：发现国际高端药物、高端医疗器械和体外诊断领域价值洼地，利用北京独特的战略位置，将国内外优质资产整合进入北京医药上市公司或龙头企业，分享中国市场红利。

（2）基金方案概要。

基金名称：北京 ET 健康诊疗产业并购基金（拟订）。

基金形式：有限合伙制。

基金规模：15 亿元人民币，基金缴纳采用承诺制，首期实缴 20%。

存续期限：存续期 8 年（前 4 年为投资期，后 4 年为退出期，即 4 + 4）。

投资地域：基金以并购业务为主，涵盖欧洲医疗器械公司、美国医药公司、日本医用材料公司。

投资领域：健康诊疗（医疗器械、体外诊断、高端医药等）。

投资策略：以转移目标企业股权为特征，优化行业资源配置、挖掘行业存量潜力，在推进北京市相关产业整合升级的同时，实现并购项目的增值退出。

管理费用：每年按基金认缴额的 2%。

门槛收益率：设定 8%，管理团队对退出项目按 2 : 8 的比例参与盈利分红。

托管银行：（略）。

（3）基金组织结构（见图 4 - 9）。

发起人：北京产业投资有限公司（以下简称"北京产投"）。

管理公司：北京 ET 资本健康诊疗投资有限公司。

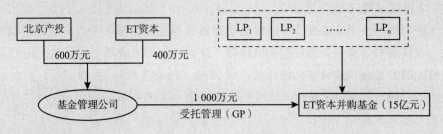

图 4 - 9　基金组织结构

北京产投与 ET 资本负责组建由国内外生物医药投资并购领域的资深专业人士构成的基金管理公司和投资决策委员会。

（4）基金治理结构：实行合伙人会议表决制，按照表决时各自持有的出资比例行使表决权，合伙人会议作出决议必须经代表 2/3 以上表决权合伙人通过，但法律另有规定或本协议另有约定的除外。

投资决策委员会由 5 名委员构成。其中，普通合伙人的董事会成员 3 名，普通合伙人核心投资管理团队成员 1 名，外聘独立董事 1 名。普通合伙人的董事长担任投资决策委员会主任及投资决策委员会会议召集人。

基金有限合伙人不参与投资决策委员会，但可列席会议，不享有表决权，对偏离政府政策导向的投资决策事项有权行使"一票否决权"。

（5）基金投资策略：拟联合上市公司开展并购，根据上市公司战略导向，与上市公司合作收购境内外优质标的资产；基金先行并购优质资产，待时机成熟后装入上市公司，实现基金退出，或在境外资本市场私有化上市公司，落地北京，经培育成熟后在境内外 IPO，或协议转让给本地龙头企业，实现投资退出。

（6）风险控制：在公司日常经营中，为防控投资风险，公司将决策和业务分离。其中，投资决策由投委会作出，项目执行由投资部门完成。具体采取以下三个步骤进行风险防控：业务调查和决策分离、前台与后台共同完成投资文件、多道环节控制资金划拨。

第三节　境外直接投资决策

一、境外直接投资概述

境外投资是指投资者在境外投入一定数量的货币资金或其他生产要素，以获取收益的经济行为。根据投资者是否拥有对企业的控制权与经营管理权，境外投资可以分为境外直接投资和境外间接投资两种基本形式。境外间接投资是指投资者在国际金融市场上购买境外公司的股票、债券等投资行为，其目的是获取证券投资收益；境外直接投资是指投资者在境外经营公司，并通过直接控制或参与其生产经营管理以获取投资利润的投资行为。本节主要讨论境外直接投资决策。

（一）境外直接投资的动机

1. 获取原材料。对于矿业、种植业等特殊行业，原材料供应显然是影响选择生产经营地点的重要因素；对于依赖原材料的制造企业，通过对原材料产地的直接投资，可以实现原材料供应的多元化，从而确保企业正常运转，获取更多的利益。

2. 降低成本。由于经济发展的不平衡，各国的劳动力和土地等生产要素价格存在差异。因此，通过境外直接投资，尽可能利用廉价要素，能够降低生产成本，提高收益。

3. 分散和降低经营风险。投资组合理论表明，如果把各个彼此相关度较小的投资项目组合起来，就能有效降低预期收益的风险。相对于境内各个投资项目而言，境外投资项目相关度较小，进行境外投资更能有效分散和降低企业经营风险。

4. 发挥自身优势，提高竞争力。境外直接投资，能够充分发挥企业的所有权优势、市场内部化优势和区位优势等特定优势，提高企业的全球竞争力。

5. 获取先进技术和管理经验。选择高科技企业进行境外直接投资，能够快速获取先进技术和管理经验。

6. 实现规模经济。促使境外直接投资的一个微妙因素是追求规模经济和输出产能。

在一些竞争性市场上，产品价格被迫接近于产品边际成本。因此，在一些固定成本比例相对较高的行业，企业必须靠大规模的产销业务获得盈利。而境内市场毕竟有限并日趋饱和，开辟海外市场成为企业境外直接投资的内在动机。

（二）境外直接投资的方式

境外直接投资的主要方式有：合资经营、合作经营、独资经营、新设企业和并购五种。

1. 合资经营。合资经营是指由两个或两个以上属于不同国家或地区的公司，经东道国政府批准，在东道国设立的以合资方式组成的经济实体。根据股权投资比例可以分为控股和参股两种境外投资方式。

2. 合作经营。合作经营是指外国投资者依据东道国有关法律，与东道国企业共同签订合作经营合同而在东道国境内设立的合作经济组织，合作经营企业双方的责权利都是由双方签订的合同加以规定的。

3. 独资经营。独资经营是指由某一外国投资者依据东道国法律，在东道国境内设立的独立经营公司。许多国家都对外国投资者在该国投资、设立独资企业进行一些限制。一般而言，发展中国家限制条件多，发达国家限制条件少。

4. 新设企业。新设企业的投资方式是由投资者独立自主经营、独立承担风险的一种境外直接投资方式。其投资过程包括选址、建造、安装、调试，直到雇用工人进行生产。

5. 并购。并购是指投资者在东道国购买现有公司的产权。它是境外直接投资的主要进入方式。

二、境外直接投资的决策分析

（一）境外直接投资决策步骤

境外直接投资决策，就是运用科学的方法对多种投资方案进行综合评估分析，从中选出最优方案的过程。通常而言，其决策过程是：

首先，业务部门根据公司战略目标对拟投资项目进行严格审查和初步筛选，从中选出最有价值的项目召开投资立项会进行立项审批。

其次，组织中介专业机构和公司专业团队对立项项目进行市场、财务、税务和法务等尽职调查，评估项目的投资价值（技术分析、竞争分析、财务指标、风险分析和项目估值等）与投资风险，出具尽职调查报告。并据此召开公司总经理办公会和公司高管人员和外部专家组成的投资决策会，分别进行投资论证和项目决策。

最后，召开董事会，对投资决策会通过的投资项目进行审议表决，对表决通过的项目授权公司经营管理团队签订投资协议，办理相关的政府审批或备案手续，根据协议实施投资并进行投后管理。

（二）境外直接投资的评价指标

境外直接投资决策的财务评价使用与境内建设项目相同的评价指标，如会计收益率、回收期、净现值、现值指数、内部报酬率等。从方法论上讲，境外直接投资现金流量分析与国内现金流量分析并无差别，但境外直接投资面临着更为复杂的特定环境，在分析时，应当注意以下几个问题：

1. 投资项目的评价主体问题。境外直接投资往往形成了分属两个国家中的不同经济实体，境外投资项目可能会对母公司的其他业务产生影响以及受到外汇管制和税收制度等的影响，这样，母公司的现金流量与境外投资项目本身的现金流量就可能存在差异。两种不同的现金流量因其国别不同，性质也不同，因此投放在项目上的现金流量与流向母公司的现金流量必须严加区分。

2. 汇回母公司现金流量问题。如果以母公司作为评价主体，所采用的现金流量必须是汇回母公司的现金流量。关于汇回母公司的现金流量，有以下几点需要说明：

（1）投资项目现金流量中"可汇回额"的确定。境外投资项目在生产经营中形成的"净现金流量"能否全部成为母公司的现金流量，这要看所在地政府有没有限制性条款，如有限制性条款，境外投资项目产生的现金流量就不能全部视为母公司现金流量，只能按可汇回的数额进行计算。

（2）现金流量换算中的汇率选择。汇回母公司的现金流量，必须按母公司所在地的记账本位币进行计量。一般而言，可按汇回现金流量时的汇率折算。

（3）纳税调整。为了避免企业出现双重纳税的情况，一般在境外已纳税的现金流量，汇回母公司后，都可享受一定的纳税减免。在确定母公司现金流量时，必须考虑纳税调整问题。

3. 外汇和汇率问题。境外直接投资会涉及外汇和汇率问题。外汇是指一国持有的以外币表示的用以国际结算的支付手段。根据我国有关规定，外汇包括：外国货币、外国有价证券、外币支付凭证以及其他外币资金。由于不同国家的货币制度不同，一国货币不能在另一国流通使用，所以，外汇就成为清偿国际间债权债务的手段。汇率是指一国货币单位兑换另一国货币单位的比率或比价，是外汇买卖的折算标准。实务中，几乎所有的货币交易都是通过美元进行的。例如，我国人民币和英国英镑交易也要按各自与美元的标价进行。如果标价表示的是每单位外币可兑换的美元数，则该标价被称为直接标价。例如，1 元人民币 = 0.143 美元和 1 英镑 = 1.277 美元都是直接标价。但财经报刊通常按照每单位美元可兑换的外币金额进行标价，该种标价方法被称为间接标价。例如，1 美元 = 6.995 元人民币和 1 美元 = 0.783 英镑。

境外投资不会改变公司运用净现值的法则，即必须确定各年的净现金流量，并以适当的资本成本进行折现，计算净现值。但是，在外币折算和资金汇出汇入时，由于汇率的波动，使对外直接投资项目的净现值计算变得更为复杂。

【例4-11】中国 XG 设备公司，正在评估在欧盟的一项投资。该公司设备出口订单大量增长，现在必须考虑是否应该在欧盟设厂。该项目将投入 2 000 万欧元，预计今后 3 年每年将产生 800 万欧元的现金流量。当前欧元的即期汇率是 CNY/EUR = 7.75。

XG 设备公司计算该项目的净现值的最简单方法就是将所有的以欧元（EUR）计量的现金流量都折算为以人民币（CNY）计量，如表 4-18 所示。

表 4 - 18　　　　　　　　　XG 设备公司外币现金流量的净现值

项目	年限			
	0	1	2	3
净现金流量（EUR）	-2 000	800	800	800
汇率（CNY/EUR）	7.75	7.80	7.85	7.90
外币折算（CNY）	-15 500	6 240	6 280	6 320
折现系数（10%）	1.000	0.909	0.826	0.751
各期现值	-15 500	5 672.16	5 187.28	4 746.32
净现值（CNY）	105.76			

由于净现值 105.76 万元大于 0，所以财务上可行。

境外直接投资活动是一项极为复杂的工程。尤其是并购投资业务，交易结构会涉及多方主体，需经多个政府机关审批或备案。根据我国现行法律法规，中国企业完成一项境外并购交易，在境内需要获得发改委、商务部的核准或备案和融资合作银行的外汇登记。如果是国有企业，还要取得国资委的核准或备案。其中，发改委主要从境外投资角度对投资项目进行核准，商务部是从境外投资设立境外企业的角度进行核准，银行主要是对境外投资所涉及的外汇及汇出进行登记，国资委主要是从国有资产监督管理的角度进行核准。2014 年以来，发改委、商务部、外汇管理局和国资委均出台了新规，陆续下放了审批权限，大大便利了境内企业境外投资与并购的审批、备案与登记程序，这无疑将加速我国企业进行境外投资的步伐。

三、国有企业境外投资财务管理

根据财政部关于国有企业境外投资财务管理办法，国有企业应当明确境外投资的财务管理职责，加强境外投资决策与运营管理、落实境外投资财务监督责任、建立健全境外投资绩效评价体系。

（一）境外投资财务管理职责

1. 决策机构。国有企业内部决策机构（包括股东会、党委会、董事会、总经理办公会等）对本企业境外投资履行相应管理职责。内部决策机构应当重点关注：境外投资计划的财务可行性；增加、减少、清算境外投资等重大方案涉及的财务收益和风险；境外投资（项目）财务负责人选的胜任能力、职业操守和任职时间；境外投资企业（项目）绩效；境外投资企业（项目）税务合规性及税收风险；其他重大财务问题。

2. 财务负责人。国有企业应当在董事长、总经理、副总经理、总会计师、财务总监等企业领导班子成员中确定一名主管境外投资财务工作的负责人，以确保决策层有专人承担财务管理职责。

3. 集团公司。国有企业集团公司对境外投资履行以下职责：制定符合本集团实际的境外投资财务制度；建立健全集团境外投资内部审计监控制度；汇总形成集团年度境外投资情况；组织开展境外投资绩效评价工作，汇总形成评价报告；对所属企业违规决策、失职、渎职等导致境外投资损失的，依法追究相关责任人的责任。

（二）境外投资决策管理

1. 尽职调查。国有企业以并购、合营、参股方式进行境外投资，应当组建包括行业、财务、税收、法律、国际政治等领域专家在内的团队或者委托具有能力并与委托方无利害关系的中介机构开展尽职调查并形成书面报告。

2. 可行性研究。国有企业应当组织内部团队或者委托具有能力并与委（受）托方无利害关系的外部机构对境外投资开展财务可行性研究。其中，对投资标的的价值，应当依法委托具有能力的资产评估机构进行评估。

3. 敏感性分析。国有企业开展财务可行性研究，应当结合企业发展战略和财务战略，对关键商品价格、利率、汇率、税率等因素变动影响境外投资企业（项目）盈利情况进行敏感性分析，评估相关财务风险，并提出应对方案。

4. 内部决策。国有企业内部决策机构应当在尽职调查可行性研究等前期工作基础上进行决策，形成书面纪要，内部决策机构组成人员在相关事项表决时表明异议或者提示重大风险的，应当在书面纪要中进行记录。

（三）境外投资运营管理

1. 预算管理。国有企业应当将境外投资企业（项目）纳入全面预算体系，明确年度预算目标，加强对重大财务事项的预算控制，督促境外投资企业（项目）通过企业章程界定重大财务事项范围，明确财务授权审批和财务风险管控要求。

2. 台账管理。国有企业应建立健全境外投资企业（项目）台账，反映境外投资目的、投资金额、持股比例（控制权情况）、融资构成、所属行业、关键资源或产能、重大财务事项等情况。

3. 资金管理。境外国家（地区）法律法规无禁止性规定的，国有企业应当对境外投资企业（项目）加强资金管控，有条件的可实行资金集中统一管理，并将境外投资企业（项目）纳入企业财务管理信息化系统管理。

国有企业应当督促境外投资企业（项目）建立健全银行账户管理制度，掌握境外投资企业（项目）银行账户设立、撤销、重大异动等情况，并督促建立健全资金往来联签制度，一般资金往来应当由经办人和经授权的管理人员签字授权；重大资金往来应由境外投资（项目）董事长、总经理、财务负责人中的两人或多人签字授权，且其中一人须为财务负责人。

4. 成本费用管理。国有企业应当督促境外投资企业（项目）建立成本费用管理制度，强化预算控制。要重点关注境外投资企业（项目）佣金、回扣、手续费、劳务费、提成、返利、进场费、业务奖励等费用的开支范围、标准和报销审批制度的合法合规性；要督促境外投资企业（项目）建立健全合法、合理的薪酬制度。

5. 股利分配管理。国有企业应当通过企业章程、投资协议、董事会决议等符合境外国家（地区）法律法规规定的方式，要求境外投资企业（项目）按时足额向其分配股利

（项目收益），并按照相关法律规定申报纳税。

（四）境外投资财务监督

国有企业应当建立健全对境外投资的内部财务监督制度和境外投资企业（项目）负责人离任审计和清算审计制度，对连续三年累计亏损金额较大或者当年发生严重亏损等重大风险事件的境外投资企业（项目）进行实地监督检查或委托中介机构进行审计，并根据审计监督情况采取相应措施。此外，国有企业要依法接受主管财政机关的财务监督检查和国家审计机关的审计监督。

（五）境外投资绩效评价

国有企业应当建立健全境外投资绩效评价制度，根据不同类型境外投资企业（项目）特点，设置合理的评价指标体系，确认绩效评价周期，定期对境外投资企业（项目）的管理水平和效益情况开展评价，形成绩效评价报告。必要时可以委托资产评估等中介机构开展相关工作。

需要说明的是，这里所讲的境外投资是指国有企业在境外通过新设、并购、合营、参股及其他方式，取得企业法人和非法人项目所有权、控制权、经营管理权及其他权益的行为，不包括未从事具体生产经营、投资和管理活动的投资企业（项目）。

四、境外直接投资风险管理

虽然境外直接投资能够获取诸多利益，但是也会面临各种风险，有时甚至分文无归。境外直接投资风险是指投资者在境外直接投资未能实现预期目标并蒙受投资损失的可能性，主要包括政治风险、经营风险和外汇风险等。

这些风险集中地反映在不同的国别具有不同的国家风险上。国家风险是指经济主体在与非本国企业或个人进行国际经贸与投融资业务往来时，由于别国经济、政治和社会等方面的变化而遭受损失的风险。国家风险具有长期性、突发性和传染性的特征，其风险的高低会使境外直接投资的价值发生较大变化。因此，国家风险是境外直接投资首先必须考虑的重要因素。

从境外信贷的角度看，国家风险（country risk）是境外贷款中发生损失的可能性。这种损失是由某个特定国家（地区）发生的事件引起，而不是因私营企业或个人所引起。从境外投资和国际贸易的角度来看，国家风险是指投资对象或贸易对象因其所处国家（地区）政治、经济、法律或社会等方面发生意料之外的变化而使投资者或进出口商蒙受损失的可能性。进行境外直接投资必须对境外世界的风险有通盘精准的认识。依据引致国家风险的诸因素，可将国家风险大体分为政治风险和经济风险。政治风险是指由于东道国的政治因素（如政变、政权更替、政策转变、社会动乱、货币不可兑换、资金汇回限制等）导致无法、不愿或延期偿还外国贷款或阻滞投资正常退出以及投资人无法将资金、债息等汇回的相关风险；经济风险是指由于东道国经济金融状况变化（如宏观经济政策变化、国际收支失衡、财政赤字、通货膨胀、经济衰退、失业等）所引起的相关风险。

依据借款人（或投资对象、贸易对象）的身份背景，可将国家风险分为主权风险与转移风险。当借款一方为主权国或受政府担保的企业时，所涉及的风险即为主权风险，其内涵是指一国政府因国际收支恶化或财务不足等原因而无法或不愿意向外国债权人或投资者偿还债务。转移风险与主权风险的不同之处在于其所涉及的投资对象或借款人并非东道国政府，而是没有政府担保的企业或个人。

国家风险产生于国际经贸活动中，根据表现形式的不同，主要涉及跨国信贷、国际贸易和对外投资三大领域。其中，在对外投资领域，其所面临的国家风险形式包括：

（1）正式征用。投资者的资产被东道国政府无偿征用、没收，实行逐步国有化。

（2）限制。东道国政府出于某种目的而对企业经营作出暂时的管制。比如，利用外汇管制措施、规定汇回母国利润的最高比例。

（3）干预。企业的正常经营受到东道国政府干预。比如，强制征税，制定禁止外国公司涉足的商品、行业和领域，制定商品的内销价格，规定内销比重和流通渠道。

（4）强制出售。东道国政府要求外国公司向当地企业或政府以低于市场的价格出售部分或全部资产，且不给予任何形式的补偿。

评估国家风险的方法，通常使用定性分析法（如结构性分析法、德尔菲法等）和定量分析法（如判别函数分析法、指数分析法、CAPM模型等）。国外的标准普尔公司和我国出口信用保险公司及社科院等机构均有国家风险分析报告发布（见表4-19、表4-20）。

表4-19　　　　　　　　　　"一带一路"沿线各国的国家风险

国家	风险水平	风险等级	国家	风险水平	风险等级
新加坡	较低	1	印度等16国	较高	6
阿联酋等3国	中等偏低	3	伊朗、越南等17国	偏高	7
科威特等5国	中等偏低	4	阿富汗	非常高	8
俄罗斯、哈萨克斯坦等20国	较高	5	叙利亚	最高	9

资料来源：摘自中国出口信用保险公司：《国家风险分析报告》（2017）。

表4-20　　　　　　　　　　全球部分国家的风险评级

国家	风险评级	国家	风险评级
法国	AAA	日本	A
澳大利亚	AA	英国	A
美国	AA	以色列	A
加拿大	AA	马来西亚	A
韩国	AA	沙特阿拉伯	BBB
新加坡	AA	俄罗斯	BBB

续表

国家	风险评级	国家	风险评级
墨西哥	BBB	南非	BBB
土耳其	BBB	巴西	BB
印度	BBB	埃及	BB

资料来源：摘自中国社科院：《中国海外投资国家风险评级报告》（2018）。

此外，欧美一些著名国际金融期刊，如《欧洲货币》《机构投资者》《国家风险国际指南》等，对国家风险的评估结果具有较高的权威性。

在进行境外直接投资之前，投资者应充分分析东道国的经营环境，预计可能面临的问题，编制风险管理计划。当投资者完成了风险的评估和投资预测之后，可以根据其结论采取回避、设立国别投资限额、建立准备金（按风险从低至高分别设为 0.5% ~ 50%）、保险、特许协定、调整投资策略，以及设立国别投资限额等措施进行应对。一旦投资者对一个境外项目进行了投资，其对于境外国家风险的防范和抵御能力会大大下降，为减少损失，投资者可以采取有计划撤资、短期利润最大化、发展当地利益相关者、适应性调整、寻求法律保护等措施进行风险控制。

对于境外直接投资面临的外汇风险，尤其是交易风险，一般通过选择有利的计价货币，增加合同中货币保值条款，利用期货期权交易以及平行贷款等方法进行避险。

第四节　融资决策与企业增长

一、融资决策概述

融资决策，是指企业为满足投资所需资本、配置财务资源并有效控制财务风险而对融资渠道与方式、融资规模与期限和资本结构优化等所进行的决策。企业融资决策与管理的重点在于明确融资决策权限与程序、规划融资规模、规划资本结构及控制融资风险、灵活使用各种融资方式等。

（一）融资渠道与融资方式

融资渠道，是指资本的来源或通道，如国家财政资金、银行信贷资金、非银行金融机构资金、个人闲置资金、企业自有资金、境外资金等，它从资本供应方角度明确资本的真正来源。随着金融改革深化和资本市场发展完善，金融机构信贷资金、资本市场所集聚的社会资本等已成为企业融资的重要来源。

融资方式是企业融入资本所采用的具体形式，如吸收直接投资、发行股票、发行债券、银行借款、融资租赁、信托融资等多种形式，它是从资本需求方角度明确企业取得资本的具体行为和方式。从社会资本配置及融资交易活动角度，企业融资方式大体可分为直接融资、间接融资两类。其中，（1）直接融资是指资本需求方与资本供应方直接进行融资的交易方式。在这一模式下，企业（作为资本需求方）直接通过发行股票、债券等从资本供应方手中融入资本，且大多在金融中间人（如投资银行）协助下完成双方交易。（2）间接融资是指资本需求方和供应方不直接进行融资交易的方式。在这一模式下，金融中介机构（如商业银行、非银行金融机构等）既吸收资本又贷出资本，专门从事资本流动和融通，从而成为企业融资交易的实现平台。这两种融资交易模式如图4-10和图4-11所示。

不论是直接融资还是间接融资，目的都是实现资本在市场上合理流动和优化配置。大多数国家的金融系统都包含这两类交易模式，只不过有的以直接融资交易为主（如美国），而有的以间接融资交易为主（如德国）。目前，我国企业融资主要以商业银行贷款为主，部分企业也积极利用资本市场，通过股票、公司债券、短期融资券等多种融资方式进行直接融资。加大直接融资比重将是我国融资体制改革的基本方向。

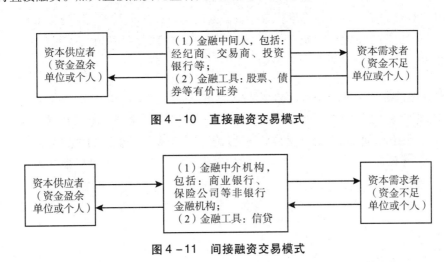

图4-10　直接融资交易模式

图4-11　间接融资交易模式

（二）企业融资决策评判

企业融资决策是否合理、恰当，有以下三个基本评判维度：

1. 与企业战略相匹配并支持企业投资增长。企业融资并非一种独立的财务活动，它是支撑企业战略、驱动投资增长所需财务资源的保障机制，体现其在企业战略管理中的从属性。

2. 风险可控。企业融资规模、资本结构安排等必须充分考虑企业运营的安全性、价值增值的可持续性。从企业风险看，多数企业管理者都存在做大企业规模的冲动，如果企业投资项目过多（假定均为有价值的项目）、投资需求较大，而企业内部财务资源（主要指内源资本）又相对不足，在这种情况下，向银行借款几乎成为企业投资扩张的主要融资方式，但是过度借款将使企业面临较大偿付风险。因此，合理的融资战略并非一味地从属于企业投资战略及投资规划，它要求从企业整体上把握财务风险的可控性和企业发展的可持续性。企业是否事先确定其可容忍的财务风险水平，并以此制约投资规模的过度扩张，是评价融资战略恰当与否的重要标准。

3. 融资成本低。不同融资方式、融资时机、融资结构安排等都会体现出不同的融资成本，而降低融资成本将直接提升项目投资价值。基于此，融资战略、财务决策应将融资成本作为评价融资效率效果的核心财务标准。

（三）企业融资权限及决策规则

根据企业战略、公司治理规则、投融资决策程序及企业财务管理体制等，企业融资战略及决策应当遵循一定的规则和程序。

企业融资决策可分为日常融资事项决策、重大融资事项决策两类。两者的区分在于融资决策的"重要性"程度，这里的"融资决策的重要性程度"测试标准则取决于融资规模、融资属性两方面。从融资规模看，大额融资应列入企业年度融资计划，并与年度投资计划相匹配，由公司股东大会或授权董事会审批；从融资属性看，企业不同融资方式因涉及控制权配置、股东权益变更、信息披露制度执行、企业在资本市场上的财务形象等，因此对权益类融资、债券发行等融资方式，均应列入企业重大融资决策范围之内。企业重大融资决策应依据公司治理规则、决策程序及内部控制等相关规则要求，必要时应制定相关制度（如《企业融资管理制度》）并付诸实施。

【例 4 - 12】A 公司是在上交所挂牌交易的上市公司，在其颁布的《融资管理制度》中明确规定了融资决策相关规则：（1）公司财务部应会同证券部根据公司融资目标和规划，结合年度全面预算，拟订融资方案，明确融资用途、规模、结构和方式等相关内容，对融资成本和潜在风险作出充分估计。（2）公司通过银行借款等间接融资方式进行融资的，由财务部与有关金融机构进行洽谈，明确借款规模、利率、期限、担保、还款安排、相关的权利义务和违约责任等内容，获得与公司业务发展相适应的综合授信额度。综合授信业务用于流动资金信贷业务，包括本外币流动资金贷款、信用证融资、票据融资和开具保函等。金融机构授予公司综合授信时，须经公司董事会批准；公司年度综合授信额度，须经公司股东大会批准。（3）经公司董事会或股东大会批准，公司可以以公司资产提供抵押、质押或信誉等担保形式向银行及非银行金融机构（如信用社、信托公司等）借入款项。（4）公司通过发行股票、债券等直接融资方式进行再融资的，由证券部负责拟订再融资方案，组织必要的审计、评估和信用评级，以及组织公司有关部门负责提供分管业务的资料，配合中介机构编写募集说明书、招股说明书、发债说明书等法定文件，履行公司董事会、股东大会的审批程序及证券监管部门的审批程序。如融资方案发生重大变更的，应重新履行原决策程序。（5）公司董事长或经合法授权的其他人员根据公司股东大会、董事会或法定代表人的授权代表公司签署有关融资协议或合同。未经公司股东大会、董事会或法定代表人授权，任何人不得擅自代表公司签订融资协议或合同。

从【例 4 - 12】可以看出，企业融资决策的规范化、程序化管理，是明确融资决策责任、化解企业融资风险的根本保证。

（四）企业融资与投资者关系管理

随着证券市场发展完善，企业借股票、债券等融资方式进行外部市场融资，谋求"资本市场—企业财务融资"间良性互动与价值增值，已成为促进企业可持续增长、落实资产证券化、强化市场化业绩评价与价值管理等的核心内容。企业在资本市场融资过程中，不仅要完善信息披露制度取信于市场、建立并落实现金分红计划向股东提供必要回报以取悦于市场，而且还需要通过各种渠道方式，积极与市场保持良好的沟通互动，以维护企业融资渠道的通畅。所有这些都要求企业强化投资者关系管理。

投资者关系管理本质上是企业的财务营销管理。它是指企业（尤其是上市公司）通过开展各种形式的投资者关系活动，加强与投资者、潜在投资者之间的信息沟通与互信，以增进投资者深入了解企业的一系列管理行为。从投资者关系管理行为及其所体现的财务营销理念看，它要求企业管理者将企业当作市场上的"产品"来运营，尊重该产品"消费者"（即各类投资者）的现行选择，秉承"投资者主权"理念并切实保护投资者权益。投资者关系管理涉及的内容十分广泛，为引导和强化投资者关系管理，我国相关证券交易机构发布了《上市公司投资者关系管理指引》，从投资者关系管理负责人、自愿性信息披露、投资者关系活动、相关机构与个人责任等各方面提出了具体管理意见。

企业通过投资者关系管理，提高企业的信息透明度、强化企业与市场间的互信关系，在拓宽融资渠道、扩大融资规模的同时，有助于降低融资成本、提升企业价值。

二、融资规划与企业增长管理

从企业发展角度，没有投资及经营增长就没有融资需要。企业融资战略要求实施融资规划，以使其与企业投资战略、财务风险控制及可持续增长目标等相匹配。

融资规划有长、短期之分。长期融资规划是指在企业战略引导下，结合未来盈利及价值增值目标、投资需求拉动、财务资源可得性及财务风险考量等多种因素，对未来中长期（如3~5年）融资需要量、融资时机、融资方式等进行预判与筹划。短期融资规划是指为满足未来年度（如1~2年）经营与投资增长需求而对企业外部融资需要量进行估计与规划。不论是中长期规划还是短期计划，依据企业增长预期以预测企业未来"外部融资需要量"，是企业融资规划的核心。

（一）单一企业外部融资需要量预测

企业外部融资以满足企业增长所需投资为基本目标。单一企业外部融资需要量预测，通常包括企业未来年度销售增长预测、未来投资净增加额判断、预计现金股利支付额及企业内部留存融资量测算、外部融资需要量测定等步骤。上述步骤所涉及的数量关系用公式表示如下：

外部融资需要量 = 满足企业增长所需的净增投资额 - 内部融资量
= （资产新增需要量 - 负债新增融资量） - 预计销售收入
× 销售净利率 × （1 - 现金股利支付率）

上述公式即为企业融资规划的基本模型。企业利用该模型进行融资规划依据以下基本假定:(1)市场预测合理假定。即假定企业根据市场分析与环境判断所得出的销售及增长预测,已涵盖涉及未来年度市场变动风险的所有因素,因此其预测结果相对合理、恰当。(2)经营稳定假定。即假定企业现有盈利模式稳定、企业资产周转效率也保持不变,由此,企业资产、负债等要素与销售收入间的比例关系在规划期内将保持不变。(3)融资优序假定。即假定企业融资按照以下先后顺序进行:先内部融资,后债务融资,最后为权益融资。

企业外部融资需要量的规划方法有销售百分比法和公式法两种。由于两种方法所依据的财务逻辑相同,因此规划结果一致。

1. 销售百分比法。

【例4-13】C公司是一家大型电器生产商。C公司2020年销售收入总额为40亿元。公司营销等相关部门通过市场预测后认为2021年度因受各项利好政策影响,电器产品市场将有较大增长,且销售收入增长率有望达到30%。根据历史数据及基本经验,公司财务经理认为,收入增长将要求公司追加新的资本投入,并经综合测算后认定,公司所有资产、负债项目增长将与销售收入直接相关(见表4-21)。同时,财务经理认为在保持现有盈利模式、资产周转水平等状态下,公司的预期销售净利润率(税后净利/销售收入)为5%,且董事会设定的公司2021年的现金股利支付率这一分红政策将不作调整,即维持2020年50%的支付水平。

通过上述资料测算得知:C公司2021年预计销售收入将达到52亿元;在维持公司销售收入与资产、负债结构间比例关系不变的情况下,公司为满足销售增长而所需新增资产、负债额等预测如下(测算数据见表4-21的第4栏):

表4-21　　　　　C公司资产负债表及销售百分比(2020年)　　　金额单位:万元

项目	2020年(实际)	占销售收入比重(销售收入400 000万元)	2021年销售预计为520 000万元(以下各项目的预计数)
资产:			
流动资产	60 000	15%	78 000
非流动资产	140 000	35%	182 000
资产合计	200 000	50%	260 000
负债及权益:			
短期借款	30 000	7.5%	39 000
应付款项	20 000	5%	26 000
长期借款	80 000	20%	104 000
负债合计	130 000	32.5%	169 000

续表

项目	2020 年（实际）	占销售收入比重 （销售收入 400 000 万元）	2021 年销售预计为 520 000 万元 （以下各项目的预计数）
实收资本	40 000	不变	40 000
资本公积	20 000	不变	20 000
留存收益	10 000	取决于净收益	10 000 + 13 000
所有者权益合计	70 000		70 000 + 13 000
负债及所有者权益	200 000		252 000
2021 年所需追加外部融资额			8 000

（1）2021 年度资产需要量。

预计流动资产总额 = 预计销售收入 × 流动资产销售百分比 = 520 000 × 15% = 78 000（万元）

预计非流动资产总额 = 预计销售收入 × 非流动资产销售百分比 = 520 000 × 35% = 182 000（万元）

因此，公司 2021 年度预计总资产为 260 000 万元。

（2）2021 年度的负债融资量。

预计短期借款额 = 预计销售收入 × 短期借款销售百分比 = 520 000 × 7.5% = 39 000（万元）

预计应付账款额 = 预计销售收入 × 应付账款销售百分比 = 520 000 × 5% = 26 000（万元）

预计长期借款额 = 预计销售收入 × 长期借款销售百分比 = 520 000 × 20% = 104 000（万元）

因此，公司 2021 年度预计负债融资量为 169 000 万元。

（3）2021 年度内部融资额。

由于内部融资增加额 = 预计销售收入 × 销售净利率 × （1 - 现金股利支付率），据此可计算出公司 2021 年度的内部融资增加额及年末留存收益总额。

预计内部融资增加额 = 520 000 × 5% × （1 - 50%）= 13 000（万元）

相应可测算出 2021 年预计留存收益总额 = 10 000 + 13 000 = 23 000（万元）

公司所有者权益总额为 83 000 万元（60 000 + 23 000）。

（4）测算外部融资需要量。

C 公司报表及预测数表明，由销售增长而导致的资产总额为 260 000 万元，而负债和所有者权益的合计数为 252 000 万元（169 000 + 83 000），因此，需要追加的外部融资额 = 260 000 - 169 000 - 83 000 = 8 000（万元）。

上述计算表明，C 公司为完成 2021 年 52 亿元的销售目标，所需新增资产投入额预计为 60 000 万元（260 000 - 200 000），其中，负债增长将提供 39 000 万元（169 000 - 130 000），留存收益提供 13 000 万元，额外的外部融资需要量为 8 000 万元（60 000 - 39 000 - 13 000）。

需要说明的是，上述外部融资需要量（8 000 万元）可以通过权益融资方式来满足，也可以通过负债融资方式来满足。但通过负债方式来满足，将意味着公司资产负债率的大幅提升。

2. 公式法。

公式法以销售收入增长额为输入变量，借助销售百分比和既定现金股利支付政策等来预测公司未来外部融资需求。计算公式为：

$$外部融资需要量 = （销售增长额 \times 资产占销售百分比） - （负债占销售百分比 \times 销售增长额） - [预计销售总额 \times 销售净利率 \times （1 - 现金股利支付率）]$$
$$= (A \times S_0 \times g) - (B \times S_0 \times g) - P \times S_0 \times (1 + g) \times (1 - d)$$

式中：A、B 分别为资产、负债项目占基期销售收入的百分比；S_0 为基期销售收入额；g 为预测期的销售增长率；P 为销售净利率；d 为现金股利支付率。

承【例 4 - 13】，由于 2021 年度的销售增长额 = 400 000 × 30% = 120 000（万元），由此公司外部融资需要量 = (50% × 120 000) - (32.5% × 120 000) - [520 000 × 5% × (1 - 50%)] = 8 000（万元）。

需要注意的是：第一，在本例中，资产、负债项目的销售百分比是依据"2020 年度"数据确定的。如果公司盈利模式稳定且外部市场变化不大，则不论是上一年度还是上几个年度的销售百分比平均数，在规划时都被认为是可行的。而当公司盈利模式发生根本变化时，资产、负债项目的销售百分比则需要由营销、财务、生产等各部门综合考虑各种因素后确定，而不能单纯依据过去的"经验值"。第二，本例中将所有的资产、负债项目按统一的销售百分比规则来确定其习性变化关系，那是因为 C 公司财务经理认为："公司所有资产和负债项目增长都与销售收入直接相关"，这意味着该公司销售增长将引起所有资产、负债项目的相应增长。其实这是一种相当简化的做法，在公司运营过程中会发现，并非所有资产项目都会随销售增长而增长。比如，只有当现有产能不能满足销售增长需要时，才可能会增加固定资产投资，从而产生新增固定资产需求量；同样，也并非所有负债项目都会随销售增长而自发增长（应付账款等自然筹资形式除外），银行借款（无论期限长短）等是企业需要事先进行筹划的融资方式，它们并非随销售增长而从银行自动贷得。因此，在进行财务规划时，要依据不同公司、不同条件具体测定。

（二）销售增长、融资缺口与债务融资决策下的资产负债率

企业增长可以体现为销售收入增长、利润（或净利润、每股收益等）增长，也可以体现为总资产增长（投资规模增长）等。在总资产周转效率不变的情况下，总资产增长与销售收入增长间应该是同步的（如【例 4 - 13】中两者均为 30%）；同样道理，如果公司产品结构及盈利模式没有实质性改变（从而使销售净利率等保持不变），则销售收

入增加与公司利润增长也应当是同步的（如〖例4－13〗中的 C 公司，其利润增长也为30%）。销售收入增长可被视为企业增长的主要标志。

销售收入增长需要投资拉动进而引发外部融资需要量的增加。但销售收入增长率与外部融资需要量增加率并非完全同步，原因在于：（1）销售收入增长会带来内部融资的增长；（2）企业将负债融资作为一个独立的决策事项由管理层决策，而不是假定随销售增长而自发增长。

【例4－14】D 公司是一家小型家具制造商。已知该公司 2020 年销售收入 2 000 万元，销售净利润率为 5%，现金股利支付率为 50%。公司预计 2021 年销售收入将增长 20%。公司财务部门认为：公司负债是一项独立的筹资决策事项，它不应随预计销售增长而增长，而应考虑新增投资及内部留存融资不足后，由管理层来考虑如何通过负债融资方式来弥补这一外部融资"缺口"。D 公司 2020 年资产负债表（简化）如表 4－22 所示。

表4－22　　　　　　　　　D 公司资产负债表（简化）

2020 年 12 月 31 日　　　　　　　　　金额单位：万元

资产：	金额	销售百分比	负债与所有者权益：	金额
流动资产	700	35%	负债	550
固定资产	300	15%	所有者权益	450
资产总额	1 000	50%	负债与所有者权益总额	1 000

由于 D 公司销售增长率为 20%，其预计资产负债表（简化）如表 4－23 所示。

表4－23　　　　　　　　　D 公司预计资产负债表（简化）

2021 年 12 月 31 日　　　　　　　　　金额单位：万元

资产：	金额	销售百分比	负债与所有者权益：	金额
流动资产	840	35%	负债	550 + 140 = 690
固定资产	360	15%	所有者权益	450 + 60 = 510
资产总额	1 200	50%	负债与所有者权益总额	1 200

在表 4－23 中，由于预计内部融资量 = 2 000 × （1 + 20%） × 5% × （1 - 50%）= 60（万元），因此，预计满足销售增长的外部融资缺口 = 新增资产额 - 内部融资量 = （1 200 - 1 000）- 60 = 140（万元）。在这种情况下，如果公司管理层认为该融资缺口将全部由负债融资来满足，则公司债务总额将增长至 690 万元。

上述数据表明，当 D 公司销售收入增长 20% 时且仅用举债融资来弥补其外部融资缺口时，举债之后的公司资产负债率将由原来的 55%（550/1 000）提高到 57.5%（690/1 200）。

上述原理可用于公司不同销售增长率下的外部资本需求量、债务融资策略下的预计资产负债率等的测算。测算结果如表 4 - 24 所示。

表 4 - 24　　　　D 公司销售增长率、外部融资需求及资产负债率

销售收入增长率（％）	预测资产增量（万元）	预测内部留存融资增量（万元）	外部融资缺口（万元）	预计资产负债率（％）
0	0	50	−50	50
5	50	52.5	−2.5	52.1
10	100	55	45	54.1
15	150	57.5	92.5	55.9
20	200	60	140	57.5
25	250	62.5	187.5	59
30	300	65	235	60.4
35	350	67.5	282.5	61.7

伴随销售增长，预计资产增长速度将高于预计内部融资量的增长速度，两者差额即构成"满足增长条件下"的外部融资需求量（融资缺口）。如图 4 - 12 所示，当销售增长率低于 5% 时其外部融资需求为负，它表明增加的留存收益足以满足新增资产需求；而当销售增长率大于 5% 之后，公司若欲继续扩大市场份额以追求增长，将不得不借助于对外融资。

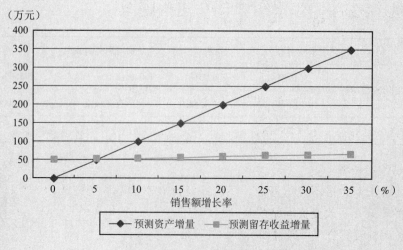

图 4 - 12　销售增长率与外部融资需求的数量关系

（三）融资规划与企业增长率预测

从企业增长、内部留存融资量与外部融资需要量的关系上可看出，企业增长一方面依赖于内部留存融资增长；另一方面依赖于外部融资（尤其是负债融资）。企业管理者将会提出这样的问题：假定企业单纯依靠内部留存融资，则企业增长率有多大？更进一步，如果企业保持资本结构不变，即在有内部留存融资及相配套的负债融资情况下（不发行新股或追加新的权益资本投入），公司的极限增长速度到底有多快？这就涉及融资规划中的内部增长率、可持续增长率预测及管理问题。

1. 内部增长率。

内部增长率是指公司在没有任何"对外"融资（包括负债和权益融资）情况下的预期最大增长率，即公司完全依靠内部留存融资所能产生的最高增长极限。根据公式预测法下外部融资需要量的公式，且假定外部融资需求量、负债融资为零，即：外部融资需求 = $(A \times S_0 \times g) - [P \times S_0 \times (1 + g) \times (1 - d)] = 0$。

则变换后可得：

$$g(内部增长率) = \frac{P(1 - d)}{A - P(1 - d)}$$

将上式的分子、分母同乘以销售收入，并同除以资产总额即可得到求内部增长率的另一个常用公式，即：

$$g(内部增长率) = \frac{ROA(1 - d)}{1 - ROA(1 - d)}$$

式中：ROA 为公司总资产报酬率（即税后净利/总资产）。

【例 4 - 15】沿用『例 4 - 14』，根据上述两个公式分别测算 D 公司的内部增长率。

由于 P = 5%，d = 50%，A = 50%，因此：

$$g(内部增长率) = \frac{5\% \times (1 - 50\%)}{50\% - 5\% \times (1 - 50\%)} = 5.26\%$$

或者：

$$g(内部增长率) = \frac{\frac{2\,000 \times 5\%}{1\,000} \times (1 - 50\%)}{1 - \frac{2\,000 \times 5\%}{1\,000} \times (1 - 50\%)} = 5.26\%$$

本例中，5.26% 是 D 公司 2021 年在不对外融资情况下的销售增长率极限。

2. 可持续增长率。

可持续增长率是指不发行新股、不改变经营效率（不改变销售净利率和资产周转率）和财务政策（不改变资本结构和利润留存率）时，其销售所能达到的最高增长率。可持续增长率的计算公式可通过如下步骤进行推导：

（1）销售增长将带来新增的内部留存融资额，它等于 $S_0(1 + g) \times P \times (1 - d)$，且该部分留存收益直接增加股东权益总额。在增加留存收益的情况下，如果不相应追加负债融资额，将不可能使公司资本结构保持在目标水平，或者说它将使公司资产负债率趋于降低。

（2）为维持目标资本结构，允许公司追加部分负债融资额，以使其与销售增长带来的留存收益额增加保持数量上的匹配。从数量上即：

$$相应新增的负债融资额 = 新增内部留存融资 \times 目标债务/权益比率$$
$$= 预计销售收入 \times 销售净利润率$$
$$\times (1 - 现金股利支付率) \times 目标债务/权益比率$$
$$= S_0(1+g) \times P \times (1-d) \times D/E$$

（3）在不考虑新股发行或新增权益融资下，上述两项资本来源应等于销售增长对资产的增量需求（即：资产占销售百分比 $\times$ 增量销售 $= A \times S_0 \times g$）。

由此得到：$S_0(1+g) \times P \times (1-d) + S_0(1+g) \times P \times (1-d) \times D/E = A \times S_0 \times g$

变换上述等式即可求得可持续增长率：

$$g(可持续增长率) = \frac{P(1-d)(1+D/E)}{A - P(1-d)(1+D/E)}$$

同样将上式的分子、分母同乘以基期销售收入，并同除以基期权益资本总额，则得到可持续增长率的另一表达公式，即：

$$g(可持续增长率) = \frac{ROE(1-d)}{1 - ROE(1-d)}$$

式中：ROE 为净资产收益率（税后净利/所有者权益总额）。

【例4-16】 沿用【例4-14】的数据，可测算 D 公司 2021 年度的可持续增长率。

由于 $P = 5\%$，$d = 50\%$，$A = 50\%$，且最佳债务权益比（D/E）$= 550 \div 450 = 1.2222$，因此：

$$g(可持续增长率) = \frac{5\% \times (1 - 50\%)(1 + 1.2222)}{50\% - 5\% \times (1 - 50\%)(1 + 1.2222)} = 12.5\%$$

或者：

$$g(可持续增长率) = \frac{\dfrac{2\,000 \times 5\%}{450} \times (1 - 50\%)}{1 - \dfrac{2\,000 \times 5\%}{450} \times (1 - 50\%)} = 12.5\%$$

上述结果表明，为维持目标资本结构，D 公司在不进行权益融资情况下的增长极限是 12.5%。

（四）企业可持续增长与增长管理决策

从可持续增长率公式可以看出，降低现金股利发放率（d）、提高销售净利率水平（P）、加速资产周转能力等，都是提高公司增长速度的主要驱动因素。而驱动因素一旦受限，则将成为制约公司增长的关键因素。这就说明，企业管理者在确定未来预期增长目标时（如选择内部增长、维持性增长还是"超常增长"，即通过权益融资来推动公司增长），应仔细审视公司既定的财务政策和现有财务资源条件，努力维持公司健康、有序增长。

从管理角度分析，由于企业增长受限于可持续增长率，因此，当企业实际增长率超过可持续增长率时，将面临资本需求和融资压力；而当企业实际增长率低于可持续增长率时，表明市场萎缩，企业应调整自身经营战略。另外，如果企业希望提高可持续增长率，根据前述公式，可以采取的管理策略有：（1）发售新股；（2）增加债务；（3）降低股利支付率；（4）提高销售净利率；（5）降低资产占销售百分比。图4-13列出了各种不同情形下的融资规划与财务管理策略，它为公司增长管理提供了一个可行的框架。

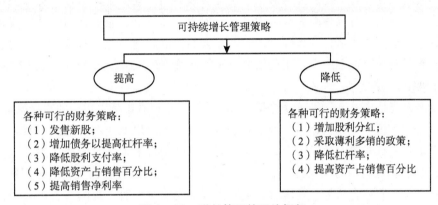

图4-13 增长管理的理论框架

三、企业融资方式决策

企业融资方式分为权益融资和负债融资两大类，各大类下还可细分为更具体的融资方法和手段。从融资决策角度，融资方式选择主要针对以下决策事项。

（一）权益融资

企业权益融资是通过发行股票或接受投资者直接投资等而获得资本的一种方式。其中，吸收直接投资与引入战略投资者、权益再融资（如增发、配股）等将成为公司融资管理的重点。

1. 吸收直接投资与引入战略投资者。

吸收直接投资是企业权益融资的主要方式之一。其中，战略投资者的引入是吸收直接投资的管理决策所关注的重点。在我国，企业在新股发行之前、之中均可引入战略投资者，允许战略投资者在公司新股发行中参与配售。其中，战略投资者是指符合国家法律、法规和规定要求，与发行人具有合作关系或合作意向和潜力并愿意按照发行人配售要求与发行人签署战略投资配售协议的法人。从引入战略投资者角度，战略投资者即为具有资本、技术、管理、市场、人才等各方资源优势，能够促进企业的产业结构升级、增强企业核心竞争力和创新能力、拓展企业产品市场占有率，并致力于与企业的长期投资合作，以谋求其长期利益回报和企业可持续发展的境内外法人。

企业在引入战略投资者时，应特别关注其与公司的"资源互补""长期合作""可持续增长与回报"等各类投资属性。具体地说，只有符合下列特征的投资者才是合格的战略投资者：(1) 资源互补。投资双方处于相同或相近产业，或者双方的经营活动具有一定的互补性，且投资者在行业中有很高的声誉和实力，足以帮助被投资企业提高竞争力和综合实力，能够形成规模经营效应或互补效应，或通过业务组合规避不可预测的各种经营风险。(2) 长期合作。战略投资者因其投资量大而成为公司的重要股东，有能力、意愿和时间等积极参与公司治理，寻求与企业在优势领域的合作。(3) 可持续增长和长期回报。战略投资者因长期稳定持有公司股份，而与被投资企业共同追求可持续增长，并以此取得长期战略利益与长期回报，而非通过短期市场套利而取得回报。

引入战略投资者对于提升公司形象、优化股权结构、规范公司治理、提高公司资源整合能力、捕捉上市时机等都具有重大意义。但也应该看到，企业在引入战略投资者时需要对其进行全方位评估，尤其要考虑它与企业自身在治理规则、战略管理观念、企业资源整合、运营与管理方法、企业文化契合等各方面的互补性，以避免"引狼入室"。

2. 权益再融资。

权益再融资是指上市公司通过配股、增发等方式在证券市场上进行的直接融资。

(1) 配股。配股是指向原普通股股东按其持股比例、以低于市价的某一特定价格配售一定数量新发行股票的融资行为。比如，某公司已发行了 1 亿股股票，并希望再发行 2 000 万股新股，这样它就必须按 5∶1 的比率（1 亿∶2 000 万）向现有股东配售。每个股东都有资格按所持有的每 5 股认购 1 股的比例优先购买新股。我国《上市公司证券发行管理办法》规定：向原股东配售股份的，拟配售股份数量不得超过本次配售前股本总额的 30%；控股股东应在股东大会召开前公开承诺认配股数量。

配股使得原普通股股东拥有优先购买新发售股票的权利，凡是在股权登记日前拥有公司股票的普通股股东均享有配股权，此时股票的市场价格中含有配股权的价格。

通常配股股权登记日后要对股票进行除权处理。除权后股票的理论除权基准价格为：

$$配股除权价格 = \frac{配股前股票市值 + 配股价格 \times 配股数量}{配股前股数 + 配股数量}$$

$$= \frac{配股前每股价格 + 配股价格 \times 股份变动比例}{1 + 股份变动比例}$$

应注意的是：第一，当所有股东都参与配股时，此时股份变动比例（也即实际配售比例）等于拟配售比例。第二，除权价只是作为计算除权日股价涨跌幅度的基准，提供的只是一个基准参考价。如果除权后股票交易市价高于该除权基准价格，这种情形使得参与配股的股东财富较配股前有所增加，一般称为"填权"；反之股价低于除权基准价格则会减少参与配股股东的财富，一般称为"贴权"。

老股东可以以低于配股前股票市场的价格购买所配发的股票，即配股权的执行价格低于当前股票价格，此时配股权是实值期权，因此配股权具有价值。利用除权后股票的价值可以估计配股权价值，其配股权价值为：

$$配股权价值 = \frac{配股后股票价格 - 配股价格}{购买 1 股新股所需的配股权数}$$

【例 4 - 17】 F 公司拟采用配股的方式进行融资。假定 2021 年 3 月 23 日为配股除权登记日，现以公司 2020 年 12 月 31 日总股本 5 亿股为基数，拟每 5 股配 1 股。配股价格为配股说明书公布前 20 个交易日公司股票收盘价平均值（10 元/股）的 80%，即配股价格为 8 元/股。在所有股东均参与配股的情况下，配股后每股价格和每一份优先配股权的价值如下：

$$配股后每股价格 = \frac{50\,000 \times 10 + 8 \times 10\,000}{50\,000 + 10\,000} = 9.667 \text{（元）}$$

$$每份配股权价值 = (9.667 - 8) \div 5 = 0.333 \text{（元）}$$

如果某股东拥有 5 000 万股 F 公司股票，在该股东行使配股权并参与配股的情况下，该股东配股后拥有股票总价值为 58 002 万元（9.667×6 000），而配股前拥有股票总价值为 50 000 万元（10×5 000）。可见，该股东花费 8 000 万元（8×1 000）参与配股，持有股票价值增加了 8 000 万元，其财富没有变化。

如果该股东不参与配股，则：配股后股票的参考价格为 9.6949 元/股 ［（50 000×10+9 000×8）/（50 000+9 000）］，该股东配股后持有 5 000 万股的股票价值为 48 474.5 万元（9.6949×5 000），因未行权而造成的财富损失为 1 525.5 万元（50 000 - 48 474.5）。

（2）增发。增发是已上市公司通过向指定投资者（如大股东或机构投资者）或全部投资者额外发行股份募集权益资本的融资方式，发行价格一般为发行前某一阶段的平均价的某一比例。增发分为公开增发、定向增发两类，前者需要满足证券监管部门所设定的盈利状况、分红要求等各项条件，而后者只针对特定对象（如大股东或大机构投资者），以不存在严重损害其他股东合法权益为前提。

公开增发新股的认购方式通常为现金。定向增发也指非公开发行，即上市公司向少数特定的投资对象非公开发行股份的行为。少数特定的投资对象主要包括公司原股东（或控股股东、实际控制人等）、机构投资者（如证券公司、公募基金公司、信托公司、私募基金等）及自然人。我国《上市公司证券发行管理办法》和《上市公司非公开发行股票实施细则》关于定向增发的相关规定，如表 4 - 25 所示。

表 4 - 25　　　　　　　　　　　　　定向增发的相关规定

要素	规定
发行对象	不超过 35 名，发行对象为境外战略投资者的，应遵守国家的相关规定
发行定价*	发行价格不低于定价基准日前 20 个交易日公司股票价格均价的 80%，定价基准日一般为本次非公开发行股票发行期的首日；定价基准日为本次董事会决议公告日或股东大会决议公告日的，公告日后如有发行方案发生变化等情形，应当由董事会重新确定本次发行的定价基准日
限售期规定	本次发行的股份自发行结束之日起 6 个月内不得转让；控股股东、实际控制人及其控制的企业认购的股份，18 个月内不得转让

续表

要素	规定
财务状况	最近 1 年及 1 期财务报表未被注册会计师出具保留意见、否定意见或无法表示意见的审计报告；或保留意见、否定意见、无法表示意见所涉及的重大影响已经消除或者本次发行涉及重大重组行为
募集资金使用	募集资金数额不得超过项目需要量；募集资金必须存放于公司董事会决定的专项账户；募集资金使用符合国家产业政策和有关环境保护、土地政策等有关法律和行政法规的规定

注：＊为营造宽松的投融资政策环境，发行售价和限售期均有向下调整的政策趋势。

定向增发按规定必须经过董事会、股东大会以及证监会等相关机构的审批核准，其基本流程包括董事会议案→股东大会决议→证监会审核→发行完成等基本程序。通常情况下，公司进行定向增发主要出于以下多层目的：（1）项目融资。公司通过向机构投资者定向增发募集资金，投资具有增长潜力的新项目，为公司培育新的利润增长点。（2）引入战略投资者以改善公司治理与管理。上市公司通过定向增发引入战略投资者，可以改善公司治理水平，并借新股东的先进管理经验、技术、人才等各方面的资源优势，提升公司管理能力，增强公司价值增值能力。（3）整体上市。公司通过向控股股东定向增发以换取大股东相关经营性资产（反向收购的方式），从而达到上市公司控股股东整体上市的目的。（4）股权激励。公司通过向现任高管团队及公司核心成员定向增发，有利于解决高管及核心员工股权激励计划时的股份来源问题，进而激发高管团队及公司核心成员的积极性，降低代理成本。（5）资产收购。公司通过定向增发募集资金，收购产业链上下游的优质资产，构建完整产业链，提升公司的增长潜力与价值。（6）资本结构调整及财务重组。公司在出现财务困境等特殊情况下，可以通过定向增发股票偿还到期债务，从而改变公司资本结构、股权结构。（7）深化国有企业改革、发展混合所有制的需要。国有控股上市公司通过定向增发方式，吸引非国有企业及机构投资者入股，即形成混合所有制形式。在市场化进程中，混合所有制公司是作为市场主体而存在，它一改人们对公司制"国有""民营"等属性划分，从而真正成为"公司"。

（二）负债融资

负债融资是指企业利用银行借款、发行债券、融资租赁、商业信用等方式向银行、其他金融机构、其他企业单位等融入资金。相对于银行借款、发行债券、融资租赁、商业信用等传统方式而言，新型负债融资方式日益受到关注。

1. 集团授信贷款。

集团授信贷款是指拟授信的商业银行把与该公司有投资关联的所有公司（如分公司、子公司或控股公司）视为一个公司进行综合评估，以确定一个贷款规模的贷款方式。

集团授信贷款主要针对集团客户。集团客户是指具有以下特征的企事业法人授信对象：第一，在股权上或者经营决策上直接或间接控制其他企事业法人或被其他企事业法人控制的；第二，共同被第三方企事业法人所控制的；第三，主要投资者个人、关键管理人员或与其近亲属共同直接控制或间接控制的；第四，存在其他关联关系，可能不按公允价格原则转移资产和利润，银行视同其为集团客户并进行授信管理。

从商业银行角度，集团授信贷款的管理重点在于：（1）确立授信业务范围。主要包括：贷款、拆借、贸易融资、票据承兑和贴现、透支、保理、担保、贷款承诺、开立信用证等。（2）明确集团授信额度。授信额度是指授予各个集团成员（包括提供给不同的子公司和分支机构）授信额度的总和。（3）要求提供相关信息资料。集团客户应提供真实、完整的信息资料，包括集团客户各成员的名称、法定代表人、实际控制人、注册地、注册资本、主营业务、股权结构、高级管理人员情况、财务状况、重大资产项目、担保情况和重要诉讼情况等。（4）贷款提前收回。如果集团客户违反贷款合同中的约定条款，贷款人有权单方决定停止支付借款人尚未使用的贷款，并提前收回部分或全部贷款本息。

对企业集团来说，获得商业银行的集团统一授信具有以下好处：（1）通过集团统一授信，实现集团客户对成员公司资金的集中调控和统一管理，增强集团财务控制力；（2）便于集团客户集中控制信用风险，防止因信用分散、分公司、子公司失去集团控制而各自为政，从而有效控制集团整体财务风险；（3）通过集团授信，依靠集团整体实力取得多家银行的优惠授信条件，降低融资成本；（4）有利于成员企业借助集团资信取得银行授信支持，提高融资能力。集团授信已成为我国企业贷款融资的主要方式。

2. 可转换债券。

由于资本市场的发展及各种衍生金融工具的出现，公司融资方式也越来越多样化。可转换债券即为一种具有期权性质的新型融资工具。企业所发行的可转换债券，除债券期限等普通债券具备的基本要素外，还具有基准股票、转换期、转换价格、转换价值、赎回条款、强制性转股条款和回售条款等基本要素。

（1）基准股票。它是可转换债券可以转换成的普通股股票。基准股票一般为发债公司自身的股票，也可以是从属于发债公司的上市子公司股票。

（2）转换期。它是可转换债券转换为股票的起始日至结束日的期限。转换期可以等于或短于债券期限。在债券发行一定期限之后开始的转换期，称为递延转换期。

（3）转换价格。它是可转换债券转换为每股股份所对应的价格。股价是影响转换价格高低的最重要因素。发债公司一般是以发行前一段时期的股价的均价为基础，上浮一定幅度作为转换价格。如果某企业先发行可转换债券，后发行股票，一般以拟发行股票的价格为基础，折扣一定比例作为转股价格。

转换价格应随公司股份或股东权益发生变化（因送红股、转增股本、增发新股、配股和派息等情况）时作出相应的调整。为了保护可转换债券投资人的利益并促进转股，一般在可转换债券募集说明书中规定转换价格的向下修正条款。当股价持续低迷，符合修正条款的基本条件时，公司可以向下调整转股价格。每份可转换债券可以转换的普通股股数称为转换比率，其计算公式为：

$$转换比率 = \frac{债券面值}{转换价格}$$

如果某公司每份可转换债券面值为 1 000 元，转换价格为每股 20 元，那么转换比率即为 50，即每份可转换债券可以转换 50 股普通股。转换价格越高，转换比率就会越低。如果转换价格上升至 25 元，转换比率就会降至 40。

（4）转换价值。在转换期内，债券投资者在面临是否应转换为股票时，应了解债券的转换价值。转换价值，是可转换债券可以转换的普通股股票的总价值。每份可转换债券的转换价值的计算公式为：

转换价值 = 转换比率 × 股票市价

假定可转债的转换比率为 50，股价为 30 元，那么每份债券的转换价值为 1 500 元。如果股价上涨至 32 元，转换价值为 1 600 元。可见，转换价值越高，转股的可能性就越大。投资者是否转股取决于转换价值与纯债券价值的权衡比较。

（5）赎回条款。赎回条款是指允许公司在债券发行一段时间后，无条件或有条件地在赎回期内提前购回可转换债券的条款。有条件赎回下，赎回条件通常为股价在一段时间持续高于转股价格所设定的某一幅度。可转换债券的赎回价格一般高于面值，超出的部分称为赎回溢价，计算公式为：

赎回溢价 = 赎回价格 − 债券面值

赎回条款是有利于发债公司的条款，主要作用是加速转股过程。一般来说，在股价走势向好时，发债公司发出赎回通知，要求债券持有人在转股或赎回债券之间作出选择。如果赎回价格远低于转债售价或转股价值，债券投资者更愿意卖出债券或转股。所以，赎回条款实际上起到了强制转股的作用，最终减轻了发债公司的还本付息压力。

【例 4 – 18】 H 上市公司的股票从 2021 年 2 月 7 日起收盘价连续 20 个交易日高于 H 转债当期转股价格每股 6.15 元的 30%，即每股 8 元，达到 H 转债赎回条件，公司决定以 101.8 元的赎回价格赎回 H 转债。当时 H 转债的交易价格为 149.05 元，每份债券的转换价值超过了 130 元（即 100 ÷ 6.15 × 8 = 130.08），赎回转债的收益远低于出售转债或转股的收益。所以，该公司真正赎回转债的可能性很小，其行使赎回权的意图是告诫转债持有人尽快转股，以免遭受损失。如果在公司利润大幅上升时赎回其可转换债券，也会限制债券持有人对公司利润的分享。

（6）强制性转股条款。它要求债券投资者在一定条件下必须将其持有的可转换债券转换为股票。设有该条款的发行公司大多数为非上市公司，这些公司通常将发行可转换债券作为权益融资的手段，并不打算到期还本。强制性转股的类型包括到期无条件强制性转股、转换期内有条件强制性转股等。

（7）回售条款。可转换债券的回售条款是指允许债券持有人在约定回售期内享有按约定条件将债券卖给（回售）发债公司的权利，且发债公司应无条件接受可转换债券。约定的回售条件通常为股价在一段时间内持续低于转股价格达到一定幅度时，也可以是诸如公司股票未达到上市目的等其他条件。回售价格一般为债券面值加上一定的回售利率。

【例4-19】 北京Z股份有限公司（以下简称"Z公司"）在2016年12月16日按面值平价发行每份面值100元人民币、期限5年、票面利率为1.5%的可转换公司债券。该债券发行数量为2 000万份，发行总额为人民币20亿元，从2016年12月16日开始计息，每年付息一次。2016年12月31日该债券在深圳证券交易所上市，债券名称为Z转债（证券代码654321）。Z转债的基准股票是Z公司的普通股。转换期从2017年6月16日至2021年12月16日，即自发行之日起6个月后的第一个交易日至债券到期日止的期间。

Z转债以公布募集说明书前30个交易日Z公司A股股票的收盘价的算术平均值为基础，上浮0.1%，确定初始转股价格为5.76元。2016年Z公司因实行每股0.3元（含税）的派息方案，对初始转股价5.76元做了除权调整，调整后的转股价为5.46元。自2018年12月30日至2019年2月8日的20个交易日中，Z公司A股股票的收盘价格持续低于转股价格的90%，符合转股价格修正条款的基本条件，董事会研究决定将转股价格由3.63元（截至2018年8月调整后的转股价格）调整至3.27元，下调幅度为10%。

Z转债的赎回期为发行之日起24个月后至Z转债到期日为止。可赎回第一年、第二年和第三年的赎回条件分别是：相应期间内，Z公司A股股票任意连续30个交易日内有20个交易日的收盘价分别高于当期转换价格的150%、140%和130%。赎回价格是债券面值的105%（含当期利息）。

在Z转债到期日前一个计息年度内，如果Z公司股票任意连续30个交易日中至少20个交易日的收盘价低于当期转换价格的80%，Z转债持有人有权将持有的Z转债按面值的107%回售给Z公司；Z公司募集资金使用发生变更后，公司可转债持有人有权将持有的全部或部分可转债以面值105%（含当期利息）回售给Z公司。

可转换债券本质上是一种混合债券，它将直接债券与认股权证相互融合，兼具债权、股权和期权的特征。其债权特征表现为：可转换债券有规定的利率和期限，对于未转换为股票的债券，发债公司需要定期支付利息，到期偿还本金。其股权特征表现为：可转换债券在转股后，债权人变成了股东，可参与公司的经营决策和股利分配。其期权特征表现为：可转换债券给予债券持有人在特定期间按约定条件将债券转换为股票的选择权。

相对于发行其他类型证券融资，可转换债券对投资者的吸引力体现在两个方面：一是使投资者获得固定收益；二是为投资者提供转股选择权，使其拥有分享公司利润的机会。从公司融资角度看，可转换债券发行有助于公司筹集资本，在获取发行额度的情况下，可以迅速筹资到位，同时也取得了以高于当前股价出售普通股的可能性，且因可转换债券票面利率一般低于普通债券票面利率，在转换为股票时公司无须支付额外的融资费用，从而有助于公司降低筹资成本。但是，可转换债券转换为股票后，公司仍需承担较高的权益融资成本，且易遭受股价上涨或低迷带来的风险。

实务中，除可转换债券外，企业发行的债券还有公司债、纾困债、优质企业债、非公开定向融资工具（PPN）、中期票据和短期融资券等。

（三）企业集团分拆上市与整体上市

1. 企业集团分拆上市。

分拆上市是指对集团业务进行分拆重组并设立子公司进行上市的经济行为。从分拆类型看，它主要包括以下类型：（1）集团总部将尚未上市的子公司从集团整体中分拆出来进行上市；（2）集团总部对下属成员单位的相关业务进行分拆、资产重组并经过整合后（它可能涉及多个子公司的部分业务）独立上市；（3）对已上市公司（包括母公司或下属子公司），将其中部分业务单独分拆出来后独立上市等。分拆上市使集团总体上能创造出多个融资平台，从而提升集团整体的融资能力和发展潜能。

分拆上市对完善集团治理、提升集团融资能力等具有重要作用。具体表现在：（1）集团多渠道融资及融资能力。分拆出去的子公司可以从外部筹集资本，资本来源将不再仅限于母公司这一渠道，即不再完全依赖母公司其他业务的收益所产生的现金流量的支持。这对于需要在短期内获得大量长期资金支持的高科技子公司尤为重要，因为分拆上市可以使子公司获得长期性权益资本，并且可以根据需要随时增发，因此，企业集团下属多家子公司的上市，往往可以增强集团整体的股权融资能力。（2）形成对子公司管理层的有效激励和约束。通过分拆上市，子公司通过进入资本市场，直接受到资本市场的监督与约束，同时对于子公司管理者的业绩评价也有了强制性市场标准，从而为子公司管理人员激励与约束机制的建立奠定了客观基础。（3）解决投资不足的问题。通过分拆上市，增强分拆后的子公司的资本实力，改善公司在分拆之前因母公司资源限制而产生的投资不足问题。（4）使母、子公司的价值得以正确评判。当集团进行多元化经营时，盈利水平及发展前景优于企业平均水平的子公司或业务单元，有时会被隐藏在集团多业务之中，由于信息不对称等因素，使这部分业务单元的潜在价值无法被市场发现。因此将子公司分拆出去，使得市场对于母公司和子公司更容易进行公正的价值评价。另外，由于分拆使得公司专注于某一专业细分领域并取得竞争优势，因此在增加了投资者投资选择的同时，也有利于提升各子公司的投资价值。

分拆上市的股权融资模式也存在一些弊端，主要表现在：（1）市场"圈钱"嫌疑，从而影响集团财务形象。（2）集团治理及财务管控难度增加。分拆后的上市公司均要保持其"独立性"，从而可能产生更为复杂的集团治理关系，并因多层代理而增加集团财务管控的难度。

2. 企业集团整体上市。

整体上市就是企业集团将其全部资产证券化的过程。整体上市后，集团公司将改制为上市的股份有限公司。由于我国企业集团大多由集团公司总部及控股上市子公司（一般来看，其规模占集团的比重很大）、非上市公司等构成，因此整体上市作为企业集团股权融资战略，有利于构建一个超大且统一的整体融资平台。

从我国企业集团整体上市实践看，整体上市往往采用以下三种模式：（1）换股合并。换股合并是将流通股股东所持上市公司股票按一定换股比例折换成上市后集团公司的流通股票。换股完成后，原上市公司退市，注销法人资格，其所有者权益、债务由集团公司承担，即集团公司整体上市。如 TCL 集团上市就采用了这种方式。（2）定向增发与反向收购。定向增发与反向收购是由集团下属的上市子公司增发相应股份，然后反向收购集团公司资产，进而达到集团公司整体上市的目的。这种增发一般采取定向增发、公募增发相结合的方式。典型案例包括鞍钢、武钢等。（3）集团首次公开发行上市。对于主业明确又集中的集团公司来说，可以先对少量非经营性资产和不良资产进行适当处置，并进行投资主体多元化的股份制改造，然后将集团直接上市公开募股。如中国石化、中国人寿等特大型国有企业集团海外上市，大多采用这种方式。

集团整体上市以集团整体优势为基础，构建一个股权融资的大平台。集团在进行股权融资平台搭建时，除了要考虑多平台融资或单一平台融资的融资规模、融资潜力外，还要考虑战略、管理、外部环境等其他因素。

四、企业资本结构决策与管理

尽管理论上认为完善市场条件下的企业资本结构与企业价值无关，但现实经济生活中，没有哪一家企业不在意资本结构安排与决策。作为企业融资战略的核心内容，企业资本结构决策的本质在于如何权衡债务融资之利息节税"所得"与过度负债之风险"所失"。从理论与实务管理上，企业资本结构决策的目标都定位于：通过合理安排资本结构，在有效控制财务风险的前提下降低企业融资成本、提高企业整体价值。

在企业财务管理实践中，资本结构决策有 EBIT-EPS（或 ROE）无差别点分析法、资本成本比较分析法等基本方法。

（一）EBIT-EPS（或 ROE）无差别点分析法

企业财务目标是使股东财富或企业价值最大化，每股收益（EPS）可以作为衡量股东财富的主要替代变量（非上市企业则以净资产收益率 ROE 来替代），它被认为是影响企业股票股价的重要指标。

每股收益 = (EBIT - 利息) × (1 - 所得税税率)/发行在外普通股股数

企业在融资决策过程中，假定未来项目的预期投资收益（EBIT）存在变动性，因此可以通过比较不同融资方式对 EPS 影响的大小来进行优化选择。这就是 EBIT-EPS 无差别点分析法。

EBIT-EPS 无差别点分析法进行融资决策包括以下基本步骤：（1）预计拟投资项目的预期 EBIT 水平；（2）判断预期 EBIT 值的变动性；（3）分别测算负债、权益两种融资方式下的 EBIT-EPS 无差别点；（4）根据企业愿意承担的风险程度来判断分析 EBIT 的变动状况，并决定项目融资方案。

【例 4-20】G 公司总资产 80 000 万元，举债 20 000 万元，债务利率 10%，所得税税率为 25%。G 公司发行在外普通股数为 6 000 万股，以 10 元/股发行价格募集资本 60 000 万元。公司拟于下一年度投资某新项目，投资总额达 40 000 万元。现有两种融资方案：（1）增发普通股 4 000 万股（发行价不变）；（2）向银行借款 40 000 万元，且新增债务利率因资产负债率提高而上升到 12%。

假定新项目预计的息税前利润为 15 000 万元，则两种不同融资方式下的利息及发行在外股数如表 4 - 26 所示。

表 4 - 26   不同融资方案下的利息支出与普通股股数

融资方案	方案 1	方案 2
利息费用（万元）	20 000 × 10% = 2 000	2 000 + 40 000 × 12% = 6 800
在外发行普通股股数（万股）	6 000 + 4 000 = 10 000	6 000

则两种融资方案下使 EPS 相等的 EBIT 值（即每股收益无差别点）可测算为：

$(EBIT - 2\ 000) \times (1 - 25\%)/10\ 000 = (EBIT - 6\ 800) \times (1 - 25\%)/6\ 000$

$EBIT = 14\ 000$ 万元

由于项目预计 EBIT（15 000 万元）大于所测算后的无差别点，因此负债融资是最佳的。

或者也可以在项目预计 EBIT 为 15 000 万元的情况下来比较两种融资方案下的 EPS：

方案 1（发行股票）：$EPS = (15\ 000 - 2\ 000) \times (1 - 25\%)/10\ 000 = 0.975$（元）

方案 2（举债融资）：$EPS = (15\ 000 - 6\ 800) \times (1 - 25\%)/6\ 000 = 1.025$（元）

可见，两者的决策结果相同。

EBIT-EPS 无差别点分析法可以用图 4 - 14 来表示。当项目预计 EBIT 低于无差别点（即 14 000 万元）时，权益融资是合理的，而当项目预计 EBIT 高于无差别点时，负债融资更为可取。

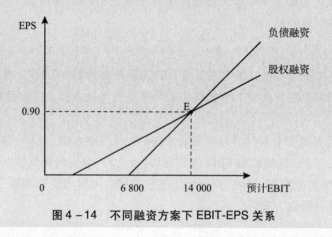

图 4 - 14   不同融资方案下 EBIT-EPS 关系

（二）资本成本比较分析法

通常情况下，企业将公司价值最高、资本成本最低时的资本结构视为"最佳"资本结构。由此，企业管理者可借不同资本结构下的公司价值总额、加权平均资本成本等的比较，以判断公司最佳资本安排。

【例 4-21】 H 公司的年息税前利润 30 000 万元，且假定 H 公司的资本全部来源于权益融资。公司所得税税率为 25%。公司管理层认为，这一结构并未利用杠杆并享受利息抵税功能，因此决定通过举债方式来调整其资本结构。经过市场分析并在中介机构的帮助下对相关参数进行合理测算，不同举债额度下的债务成本和股票 β 值如表 4-27 所示。无风险报酬率为 6%，平均风险溢酬为 6%。

表 4-27　　　　　　　　不同举债额度下的债务成本和股票 β 值

举债额（万元）	税前债务成本（%）	股票 β 值
0	0	1.1
20 000	8	1.2
40 000	9	1.3
60 000	10	1.5
80 000	12	1.8
100 000	14	2.2

本例的决策过程如下：

（1）按资本资产定价模型（CAPM）测算出不同举债额下的公司权益资本成本。以负债额 20 000 万元为例，此时公司权益资本成本为 13.2%（6% + 6% × 1.2）。

（2）测算公司权益价值总额及公司价值总额。以负债额 20 000 万元为例，其分别为：

权益价值（E）=（EBIT - I）×（1 - T）/ K_e =（30 000 - 20 000 × 8%）×（1 - 25%）/13.2%

　　　　　　= 161 400（万元）

其中，K_e 表示权益资本成本。

公司价值（V_L）= B + E = 20 000 + 161 400 = 181 400（万元）

（3）测算公司加权平均资本成本（以负债额为 20 000 万元为例），结果为：公司加权平均资本成本 = 8% ×（1 - 25%）× 20 000/181 400 + 13.2% × 161 400/181 400 = 12.40%。

根据上述步骤，可分别测算出不同资本结构下的公司价值、加权平均资本成本，从而确定最佳资本结构。测算结果如表 4-28 所示。

表 4-28　　　　　　　　资本结构、公司价值与加权平均资本成本

举债额（万元）	权益资本成本（%）	权益价值（万元）	公司价值（万元）	加权平均资本成本（%）
0	12.6	178 600	178 600	12.60
20 000	13.2	161 400	181 400	12.41
40 000	13.8	143 500	183 500	12.26
60 000	15.0	120 000	180 000	12.50
80 000	16.8	91 100	171 100	13.15
100 000	19.2	62 500	162 500	13.85

从表4-28可以看出，当公司举债40 000万元时，公司价值达到最高（183 500万元）、加权平均资本成本则为最低（12.26%）。因此公司的最佳负债比率为27.9%（40 000/143 500）。

企业在进行资本结构决策时，重点要考虑公司偿债能力和风险承受能力。公司偿债能力将取决于企业的借新还旧能力、其他融资资源的可得性（如新股发行可能性）、现有资产的变现能力，等等。在通常情况下，企业保持必要的融资能力储备、维护资本结构"弹性"，对抵御预期财务风险具有重要意义。

（三）资本结构调整的管理框架

理论界并没有给出普适性的资本结构决策模型，现实中的企业也大多依据其融资环境及相关因素确定"最佳"资本结构。根据财务弹性要求，即使最佳资本结构也不应当是一个常数点，而是一个有效区间，如要求企业资产负债率介于65%~70%。从追求企业价值最大化和控制融资风险角度考虑，企业应当确定资产负债率的最高上限，作为阶段性控制目标。

资本结构调整不仅必须，而且是一种常态，它是一个动态的过程。但在企业管理实践中，企业资本结构调整及管理，仍然有其内在的管理框架。图4-15为资本结构决策与调整的管理框架。

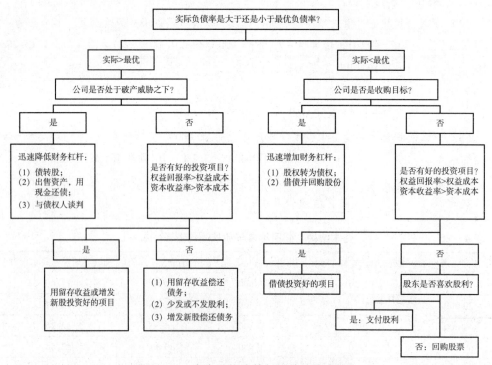

图4-15 资本结构决策与调整的管理框架

第五节　企业集团资金管理与财务公司

　　企业集团是指以母子公司为主体，通过投资及生产经营协作等多种方式，与众多的企事业单位共同组成的经济联合体。其中集团公司（母公司）是企业集团的核心企业，履行着集团公司本身财务管理和整个企业集团财务管理的双重职能。对整个企业集团实行战略管理、资金集中管理、预算管理、绩效管理和政策管理。

　　企业集团融资的一大特点是集团内部融资及优化配置。内部融资，是指集团通过内部资金管理平台（如结算中心或财务公司等）而形成的集团内部成员单位间的资金融通。集团内部融资业务的开展，为提高集团整体财务资源配置效率、降低集团外部融资总额及融资成本等提供了机会，它也凸显了企业集团财务管理的核心价值，即通过集团财务管理（尤其是资金管理）促进集团经营业务的发展。集团内部融资发展的根本目标在于保持集团内部融资与外部融资的"良性互动"，以企业集团内部资本市场为依托，实现企业集团内部"产业"与"金融"的高度融合，以"金融服务"促进集团"产业经营"发展。

一、企业集团融资规划

　　单一企业融资规划是企业集团融资规划的基础，但企业集团融资规划并不等于下属各子公司外部融资需要量之和，原因在于：（1）企业集团资金集中管理和统一信贷。企业集团总部作为财务资源调配中心，需要考虑下属各公司因业务增长而带来的投资需求，也需要考虑各公司内部留存融资的自我"补充"功能，并在此基础之上，借助于资金集中管理这一平台，再考虑集团整体的外部融资总额。（2）"固定资产折旧"因素。从现金流量角度，折旧作为"非付现成本"是企业内源资本"提供者"，在确定企业外部融资需要量时，应考虑这一因素对企业集团内部资金调配的影响。

　　企业集团外部融资需要量将根据下述公式测算：

$$企业集团外部融资需要量 = \sum 集团下属各子公司的新增投资需求$$
$$- \sum 集团下属各子公司的新增内部留存额$$
$$- \sum 集团下属各企业的年度折旧额$$

　　【例4－22】 E企业（集团）拥有三家全资子公司A1、A2、A3。集团总部在下发的各子公司融资规划测算表中（格式见表4－29），要求各子公司统一按表格中的相关内容编制融资规划（表4－29中的数据即为A1公司的融资规划结果）。

　　企业集团财务部经过汇总各子公司的融资规划表，编制出集团整体未来年度的外部融资需求规划表（见表4－30）。

表 4 – 29   A1 公司的融资规划

测算项目		销售收入增长 10%（从 20 亿元到 22 亿元）	融资规划所依据的假设
1. 新增投资总额		3.0	（1）资产、负债项目占销售的百分比不变；（2）销售净利润率为 10%，保持不变；（3）现金股利支付率为 50%
其中	（1）补充流动资产	0.6	
	（2）新增固定资产投资	2.4	
2. 新增债务融资总额		1.6	
其中	（1）短期负债	1.0	
	（2）长期负债	0.6	
3. 融资缺口		1.4	
4. 内部留存融资额		1.1	
5. 新增外部融资需要量		0.3	

表 4 – 30   E 企业集团外部融资需求规划   单位：亿元

子公司及集团合并	新增投资（含固定资产）(a)	内部留存 (b)	新增贷款额 (c)	外部融资缺口 (d=a−b−c)	已知计提折旧 (e)	净融资缺口 (f=d−e)	外部融资总额 (h=c+f) 或（=a−b−e）
1. 子公司 A1	3.0	1.1	1.6	0.3	0.2	0.1	1.7
2. 子公司 A2	2.0	1.0	0.2	0.8	0.5	0.3	0.5
3. 子公司 A3	0.8	0.9	0	(0.1)		(0.3)	(0.3)
集团合计	5.8	3.0	1.8	1.0	0.9	0.1	1.9

本例中，通过表 4 – 30 的集团融资规划过程不难看出：（1）如果不考虑集团资金集中管理，则 A1、A2 两家公司"新增贷款额"将达 1.8 亿元、"外部融资缺口"达 1.1 亿元、"外部融资总额"将高达 2.9 亿元；（2）在不考虑其折旧的情况下，如果将三家子公司的资金进行集中调配，则 A3（现金流量相对富余的子公司）将作为资本提供者能为集团内部提供 0.1 亿元的资本，从而使整个集团的外部融资额下降到 2.8 亿元（2.9 – 0.1）；（3）如果将各子公司当年计提的折旧因素计入其中（折旧所产生的"现金流量"也集中在集团总部进行统一管理），则向集团内部提供的内源资本总额为 0.9 亿元。在综合上述因素后，该企业集团最终"外部融资总额"仅为 1.9 亿元（2.8 – 0.9）。

可见，强调企业集团内部各子公司的融资规划，搞好企业集团资金集中配置等，是提高企业集团财务竞争力的重要举措。

二、企业集团资金集中管理

（一）资金集中管理的功能

企业集团资金集中管理是企业集团资金管理所采用的主要形式。企业集团资金集中管理具有以下功能和优势：

1. 规范集团资金使用，增强总部对成员企业的财务控制力。

集团总部通过资金集中控制和管理，首先可获得知情权，即通过对资金流入、流出的控制，了解成员企业的资金存量和流量，随时掌握其生产经营情况，有效防范经营风险；其次通过对下属公司收支行为，尤其是支付行为的有效监督，实现对下属公司经营活动的动态控制，保证资金使用的安全性、规范性、有效性。

2. 增强集团资源配置优势。

总部通过资金集中管理将有利于增强集团资源配置优势，包括：（1）增强集团融资与偿债能力。由于企业集团成员企业情况各异，在经营过程中，会发生一部分成员企业出现资金短缺，而另一部分成员企业出现资金结余的现象。通过集团资金集中管理，可以盘活集团的资金存量，通过在资金短缺企业和结余企业间资金的合理调配，降低财务费用，实现资金使用效益最大化，同时优化集团的资产负债结构，增强集团公司的融资和偿债能力。（2）优化资源配置。通过资金集中管理，提高集团资金运作效果、筹资融资能力和投资能力，为集团扩大规模、调整产业结构和合理投资等重大决策提供财务支持，从集团层面实现资源的优化配置。（3）加速集团内部资金周转，提高资金使用效率。也就是说，企业集团下属成员企业之间内部业务交易及其由此产生的内部资金结算业务，通过资金集中管理平台和网络技术，可以实现成员企业的内部网上结算。在这一交易平台上，企业之间在结算中心实现资金划拨与内部转账，没有中间环节和时间间隔，不产生在途资金，划转效率高，能有效提高资金周转速度。同时由于使用内部结算系统，不需要支付任何额外费用，节约了财务费用。

随着实践的发展，企业集团资金集中管理正向着以现金管理、流动性管理、财务规划、投融资决策和信用风险管理为内容的大司库管理模式转化。

（二）集团资金集中管理的基本模式

1. 总部财务统收统支模式。

在该模式下，集团下属成员企业的一切资金收入都集中在集团总部的财务部门，成员单位不对外单独设立账号，一切现金支出都通过集团总部财务部门进行，现金收支的审批权高度集中。统收统支模式有利于企业集团实现全面收支平衡，提高集团资金周转效率，减少资金沉淀，监控现金收支，降低资本成本。但是该模式不利于调动成员企业开源节流的积极性，影响成员企业经营的灵活性。

2. 总部财务拨付备用金模式。

拨付备用金是指集团财务部门按照一定的期限统拨给所有所属分支机构或分公司备其使用的一定数额的现金。在该模式下，各分支机构或分公司发生现金支出后，将持有关凭证到集团财务部门报销并补足备用金。

3. 总部结算中心或内部银行模式。

结算中心是由企业集团总部设立的资金管理机构，负责办理内部各成员企业的现金收付和往来结算业务。内部银行是将社会银行的基本职能与管理方式引入企业内部管理机制而建立起来的一种内部资金管理机构，主要职责是进行企业或集团内部日常的往来结算和资金调拨、运筹。

4. 财务公司模式。

财务公司是企业集团内部经营部分银行业务的非银行金融机构。其经营范围除经营结算、贷款等传统银行业务外，还可开展外汇、包销债券、财务及投资咨询等其他业务。

三、企业集团财务公司

大型企业集团的资金集中管理，大多以财务公司为平台。财务公司是指以加强企业集团资金集中管理和提高企业集团资金使用效率为目的，为企业集团成员单位提供财务管理服务的非银行金融机构。

（一）产融结合下的财务公司及其功能

自 1987 年我国第一家财务公司——东风汽车工业财务公司成立以来，越来越多的大型企业集团成立了财务公司，产业经营与金融服务的高度融合，有力地促进了我国大型企业集团的快速发展。由于集团成立财务公司的基本目的在于为集团资金管理、内部资本市场运作提供有效平台，因此财务公司服务对象被严格限定在企业集团内部成员单位这一范围之内，具体包括：母公司及其控股 51% 以上的子公司；母公司、子公司单独或者共同持股 20% 以上的公司，或者持股不足 20% 但处于最大股东地位的公司；母公司、子公司下属的事业单位法人或者社会团体法人。

财务公司的"财务管理服务"功能及其业务主要包括：（1）结算服务。即以财务公司为中心，覆盖集团成员单位的资金结算服务网络，实现集团成员单位资金在财务公司金融服务网络上快捷、安全、高效的自由流动。（2）融资服务。作为财务公司，开展成员单位信贷业务、融资顾问服务、办理成员单位买方信贷、办理成员单位汇票的承兑及贴现、对成员单位提供担保、发行企业债券或短期融资券等业务。（3）资本运作服务。即协助集团下属企业、成员单位开展 IPO 服务，开展企业并购与重组咨询服务。（4）咨询及理财服务。即为集团成员单位提供财务咨询顾问服务，包括有关汇率、利率、资本市场的信息咨询服务等。

随着企业集团的不断发展，对财务公司的功能定位与责任要求也越来越高。作为企业集团重要子企业的财务公司，其功能和经济责任不应仅仅体现在"为集团提供财务管理服务"，而且还应当体现在其自身的"自主经营"上。换言之，作为全能型的非银行金融机构，要求财务公司全面参与集团财务战略与融资方案设计、外部资本市场投融资运作、集团财务风险监控等，并积极成为企业集团重要业务板块——"金融板块"，即努力通过财务公司这一平台来构建企业集团金融产业链，进一步开发信托、保险、融资租赁等各个专业化金融子公司，从而为企业集团整体利润提供新的增长点。

【例4-23】 甲核电集团有限公司（以下简称"集团"）是我国唯一以核电为主业、由国资委监管的中央企业，其下属的甲核电财务有限责任公司（以下简称"财务公司"）是为集团提供金融服务的非银行金融机构，成立于1997年，并承担着统筹安排和运用好集团内部资金、提高集团整体财务效益的职能。伴随着集团的快速发展，财务公司的功能定位与发展也经历了不同阶段：（1）探索阶段（1997～2002年）。在这一时期，财务公司的业务主要以"结算中心"为主，全方位开展集团范围内的结算服务。（2）成长阶段（2003～2007年）。面对宏观经济形势及金融风险等外部环境，以及企业集团主辅分离、强化核电主业投资与发展的内部管理要求，财务公司的功能重新定位于服务集团核电产业发展的金融服务型企业，在强化风险控制的同时，参与核电项目的融资贷款工作，为核电项目提供政策信息咨询、制定融资方案、提供短期小额融资贷款等服务。（3）转型发展阶段（2008年以后）。在此阶段，集团推行了集团公司财务部与财务公司"资金管理一体化运作"战略，确定财务公司"以促进集团战略发展为宗旨，以提升集团综合竞争力为目的，打造集团专业的金融服务、创新与发展平台"的功能定位。自企业集团资金管理一体化运作战略实施以来，财务公司的功能与业务不断丰富和完善，具体表现在：第一，构建多平台的资金集中管理体系，有效理顺了集团内部的资金管理关系，提高了资金使用效率和资金收益水平，促进了集团财务管理水平的提升，构建了债务风险管理体系。第二，逐步构建起资金集中管理平台、信贷与融资服务平台、金融资产管理服务平台、投资银行服务平台、债务风险管理服务平台、保险管理和服务平台六大专业金融服务平台，开展财务公司内部各项业务的整合、优化和创新，提升了财务公司的核心价值。经过多年的探索，财务公司在企业集团健康快速发展中的地位越来越重要。

（二）财务公司设立条件

按我国相关规定，企业集团设立财务公司应当具备下列条件：（1）符合国家的产业政策；（2）申请前一年，母公司的注册资本金不低于8亿元人民币；（3）申请前一年，按规定并表核算的成员单位资产总额不低于50亿元人民币，净资产率不低于30%；（4）申请前连续两年，按规定并表核算的成员单位营业收入总额每年不低于40亿元人民币，税前利润总额每年不低于2亿元人民币；（5）现金流量稳定并具有较大规模；（6）母公司成立两年以上并且具有企业集团内部财务管理和资金管理经验；（7）母公司具有健全的公司法人治理结构，未发生违法违规行为，近三年无不良诚信记录；（8）母公司拥有核心主业；（9）母公司无不当关联交易。

设立财务公司的注册资本金最低为1亿元人民币，财务公司注册资本金主要从成员单位中募集，并可以吸收成员单位以外的合格的机构投资者入股。在这里，合格的机构投资者是指原则上在三年内不转让所持财务公司股份的、具有丰富创业管理经验的战略投资者。

（三）财务公司业务范围

按我国有关规定，财务公司可以经营下列部分或者全部业务：（1）对成员单位办理财务和融资顾问、信用鉴证及相关的咨询、代理业务；（2）协助成员单位实现交易款项的收付；（3）经批准的保险代理业务；（4）对成员单位提供担保；（5）办理成员单位之间的委托贷款和委托投资；（6）对成员单位办理票据承兑与贴现；（7）办理成员单位之间的内部转账结算及相应的结算、清算方案设计；（8）吸收成员单位的存款；（9）对成员单位办理贷款及融资租赁；（10）从事同业拆借；（11）中国银行业监督管理委员会批准的其他业务。

符合条件的财务公司，可以向中国银行保险监督管理委员会申请从事下列业务：（1）经批准发行财务公司债券；（2）承销成员单位的企业债券；（3）对金融机构的股权投资；（4）有价证券投资；（5）成员单位产品的消费信贷、买方信贷及融资租赁。

（四）财务公司的治理、风险管理与监管指标

财务公司在其经营过程中，不仅要服从、服务于企业集团发展战略，而且因其"非银行金融机构"的属性，需要接受相关金融监管机构的监管。因此，建立健全良好的财务公司治理机制、规范财务公司组织体系和业务运作，不仅有利于财务公司的风险控制，而且能有效避免因风险传染、传导对企业集团整体风险可能产生的负面影响，以更好地服务于企业集团战略目标。作为非银行金融机构，财务公司应当坚持"安全性、流动性、效益性和服务性"的经营原则，以"安全性"，即风险可控为根本。

健全的公司治理结构、互相制衡的决策机制、规范的管理运作、清晰的组织结构与内部责任报告体系、合理的业务分工与管理责任等，为财务公司的正常运营、风险管理等提供了必要的前提条件。根据中国银行保险监督管理委员会发布的《企业集团财务公司管理办法》的规定，财务公司开展业务要满足以下监管指标的要求：

（1）资本充足率不得低于10%；

（2）拆入资金余额不得高于资本总额；

（3）担保余额不得高于资本总额；

（4）短期证券投资与资本总额的比例不得高于40%；

（5）长期投资与资本总额的比例不得高于30%；

（6）自有固定资产与资本总额的比例不得高于20%。

此外，中国银行保险监督管理委员会根据财务公司业务发展或者审慎监管的需要，可以对上述比例进行调整。

【例4-24】甲集团财务有限公司（以下简称"财务公司"）由甲集团有限责任公司（以下简称"集团"）全额出资组建，注册资本10亿元人民币。有关资料如下：

（1）财务公司的经营范围包括：对成员单位办理财务和融资顾问、信用鉴证及相关的咨询、代理业务；协助成员单位实现交易款项的收付；经批准的保险代理业务；对

成员单位提供担保；办理成员单位之间的委托贷款；对成员单位办理票据承兑与贴现；办理成员单位之间的内部转账结算及相应的结算、清算方案设计；吸收成员单位的存款；对成员单位办理贷款及融资租赁；从事同业拆借。

（2）财务公司的治理结构。按照《甲集团财务有限公司章程》，财务公司设立董事会、监事会，并明确董事会和董事、高级管理人员在风险管理中的责任。其中：

①董事会。董事会下设风险控制委员会和审计委员会。

风险控制委员会的主要职责包括：审议批准公司的风险管理框架，制定公司风险战略和风险管理基本政策，监督检查有关执行情况；对经营管理层有关风险的职责、权限及报告制度，以及在信用、市场、操作、合规、流动性等方面的风险控制情况进行监督检查；定期审阅公司风险报告，评估风险管理体系的总体情况及有效性，提出完善风险管理和内控制度的建议，以确保将公司从事的各项业务所面临的风险水平控制在可承受的范围内；对分管风险管理的高级管理人员的相关工作进行评价；督促经营管理层采取必要措施有效识别、评估、检测和控制风险；监督和评价风险管理部门的设置、组织方式、工作程序和效果，并提出改善意见；拟订公司董事会对公司管理层的授权范围及授权额度并报董事会决定；公司风险控制指标设置与评价考核；审核公司资产风险分类标准，并对不良资产的管理、处置和责任认定工作进行审批决策；组织重大经营业务或新业务品种的可行性风险论证；协调公司经营管理中出现的重大风险问题的处理；对经董事会审议决定的有关重大事项的实施情况进行监督。

审计委员会的主要职责包括：根据董事会授权，对经营管理层工作情况进行监督；监督及评价公司的内部控制及内部审计制度及其实施；审核公司的财务报告程序及财务报告，审查公司会计信息及重大事项披露；监督和促进内部审计与外部审计之间的沟通；提议聘用、更换或解聘为公司审计的会计师事务所；对内部审计稽核部门和人员的尽职情况及工作考核提出意见；对经董事会审议决定的有关事项的实施情况进行监督。

②高级管理人员。主要负责公司日常经营、管理的具体执行，并根据法律、法规和公司章程规定在授权范围内行使职权，严格控制风险。

（3）财务公司的组织结构。财务公司根据业务开展需要，分别设置结算业务部、信贷业务部、计划财务部、风险管理部、审计稽核部、综合管理部六个部门。各部门的主要职责如下：

①结算业务部主要负责建立公司资金结算体系，实施资金结算业务；设计集团及成员单位资金结算管理方案；管理成员单位结算账户。

②信贷业务部负责制定信贷业务运营制度、计划及日常执行控制管理；负责集团内成员单位资信管理；对集团内成员单位进行授信业务及信贷业务管理；负责金融产品推介及客户关系维护。

③计划财务部负责公司的财务管理、会计核算、资金计划管理及全面预算管理，并管理财务公司银行账户，进行银行账户间资金调拨。

④风险管理部负责对公司风险体系运行状态的日常监测及对各部门业务的日常监督；负责公司合规管理工作，对公司内部风险控制措施和工作流程，开展监督与评价，确保公司合规运营。

⑤审计稽核部负责对内部控制执行情况、业务和财务活动的合法性、合规性、效益性等进行监督检查，发现内部控制薄弱环节、管理不完善之处和由此导致的各种风险，向管理层及董事会或监事会提出有价值的改进意见和建议。

⑥综合管理部是公司综合办事与协调的行政机构，主要负责综合行政、人力资源以及信息化管理。

（4）财务公司的"服务"定位与业务开展。财务公司以"依托集团、服务集团、开拓创新、求实创效"为经营宗旨，以"服务"为功能定位，为集团及其成员单位提供规范、高效的资金集中管理和灵活、全面的金融管理服务。目前而言，财务公司所开展的业务主要包括：

①资金业务。根据中国银行保险监督管理委员会的各项规章制度，以及财务公司所制定的资金管理、结算管理的各项管理办法和业务操作流程，在业务风险可控前提下开展成员单位存款业务、资金集中管理和内部转账结算业务等。

②信贷业务。根据《贷款通则》《企业集团财务公司管理办法》及中国银行保险监督管理委员会和中国人民银行的有关规定制定了《授信管理办法》《信用评级管理办法》《自营贷款管理办法》《票据承兑业务管理办法》《票据贴现业务管理办法》《担保业务管理办法》等，开展信贷业务，并加强对贷出款项的事后检查（包括对贷出款项的贷款用途、收息情况、逾期贷款和展期贷款进行监控管理，对贷款的安全性和可收回性进行检查，并撰写贷后检查报告），同时，风险管理人员对信贷资产质量及贷后检查工作执行情况进行监控。

（5）内部稽核与风险管理。财务公司实行内部审计监督制度，设立审计稽核部并制定相关管理办法，由审计稽核部对公司各项经营活动定期或不定期地进行常规稽核或专项稽核。审计稽核部是财务公司稽核工作的执行机构，独立行使监督职能。

（五）财务公司与集团下属上市子公司间的关联交易与信息披露

财务公司在为集团下属各成员单位提供金融服务时，因涉及各不同法律主体间的存贷款业务、资金往来及其他服务，因此，其开展的各类业务均属于"关联交易"范围。在我国企业实践中，大型企业集团（尤其是国有控股集团）大多拥有或控制一家或数家上市公司，且上市公司的资产规模、资金往来交易量等均占集团的主要部分。在这种情况下，如果因刻意避免关联交易及披露义务而使这些上市公司"被游离"于财务公司服务范围之外，则对企业集团的整体发展和财务公司作用的发挥都不利。为此，企业集团财务管理实践中的做法有两种：一是将母公司、上市公司等作为财务公司的发起人——股东，从而将上市公司的财务业务包含在财务公司的财务管理服务范围之内；二是上市公司不作为财务公司的发起人，但与财务公司签订相关金融服务协议，从而将财务公司的服务范围辐射到上市公司。

不论采取何种方式，由于都涉及关联交易问题，因此上市公司均应履行关联交易的信息披露义务；同时，由于关联方的财务公司属于高风险企业，为保证上市公司资产安全和股东权益，财务公司需要配合上市公司对财务公司的风险状态进行审查，并由上市公司对外披露。

【例4-25】甲股份有限公司（以下简称"甲公司"）于2021年3月11日发布公告，宣布该公司与乙集团财务有限公司（以下简称"财务公司"）签订为期两年的《金融服务协议》，且该协议须经甲公司董事会及股东大会审议表决通过后生效。由于乙集团（以下简称"集团"）是甲公司的第一大股东（持有其46.48%的股份），且集团持有财务公司100%的股份，因此，财务公司与甲公司之间的关系是同一控制人下的"兄弟公司"关系，两者之间的金融服务交易构成关联交易。

甲公司在发布的公告中称，签订《金融服务协议》的目的是优化财务管理、提高资金使用效率、降低融资成本和融资风险、提高风险管控能力。据此协议，财务公司根据甲公司需求向其提供存款服务、贷款服务、结算服务、财务和融资顾问、信用鉴证及相关的咨询代理、保险代理、委托贷款、票据承兑、票据贴现和经中国银行保险监督管理委员会批准的其他金融业务。

为履行上市公司信息披露义务，甲公司对《金融服务协议》的主要内容进行了以下披露：

（1）服务内容：①存款服务；②贷款服务；③结算服务；④其他金融服务。财务公司将按甲公司的要求，向甲公司提供经营范围内的其他金融服务，包括但不限于财务和融资顾问；信用鉴证及相关的咨询、代理；保险代理；委托贷款；票据承兑、票据贴现等。

（2）定价原则与定价依据。财务公司为甲公司提供存款服务的存款利率按照中国人民银行统一颁布的同期同类存款的基准利率在法定范围内浮动，且应优于或不低于一般商业银行向公司提供同种类存款服务所确定的利率；财务公司向甲公司提供的贷款利率应优于或不高于甲公司在其他国内金融机构取得的同期同档次贷款利率；财务公司免费为甲公司提供结算服务；财务公司就提供其他金融服务向甲公司收取的费用，遵循公平合理的原则，按照优于或不高于市场公允价格的标准收取。

（3）协议金额：①存款服务：在协议有效期内，甲公司在财务公司存置的每日最高存款余额（含应计利息）不超过公司最近一期经审计净资产的10%。②贷款服务：在协议有效期内，财务公司给予甲公司的综合授信额度不超过甲公司最近一期经审计净资产的10%。③其他金融服务：在协议有效期内，财务公司对甲公司提供协议约定的其他金融服务所收取的服务费用每年将不超过人民币200万元。

（六）企业集团资金集中管理与财务公司运作

根据国内外大型企业集团资金集中管理实践，在设立财务公司的情况下，集团资金集中管理运作大体包括两种典型模式，即"收支一体化"运作模式和"收支两条线"运作模式。

1. "收支一体化"运作模式。

"收支一体化"运作模式的运作机理是：（1）集团成员单位在外部商业银行和财务公司分别开立账户，外部商业银行由集团总部统一核准，成员单位资金结算统一通过成员单位在财务公司内部账户进行。（2）资金收入统一集中。成员单位银行账户纳入集团集中范畴，其银行账户资金经授权统一存入财务公司开立的账户中，形成集团"现金池"。（3）资金统一支付。财务公司经授权后，按照成员单位的支付指令完成代理支付、内部转账等结算业务，其具体运作过程如图4-16所示。该模式的优点主要有：集团总部通过财务公司实现对成员单位的资金统一管理，成员单位资金归集比例及归集效率高，财务公司保持对成员单位资金收支的严密监控，结算关系清晰，有利于实现集团整体利益最大化。

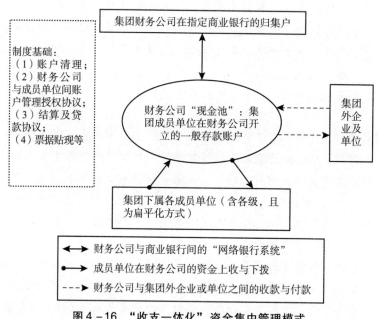

图4-16 "收支一体化"资金集中管理模式

2. "收支两条线"运作模式。

企业集团资金集中管理还可以借助于财务公司进行"收支两条线"运作模式。其管理运作机理是：集团总部对成员单位的资金收入和资金支出，分别采用互不影响的单独处理流程，具体流程大体包括：（1）成员单位在集团指定商业银行分别开立"收入"账户和"支出"账户；（2）成员单位同时在财务公司开立内部账户，并授权财务公司对其资金进行查询和结转；（3）每日末，商业银行收入账户余额全部归集到财务公司内部账户；（4）集团内外结算活动，全部通过财务公司结算业务系统进行；（5）每日终了，成员单位以其在财务公司账户存款为限，以日间透支形式办理对外"支付"业务。其基本运作流程如图4-17所示。

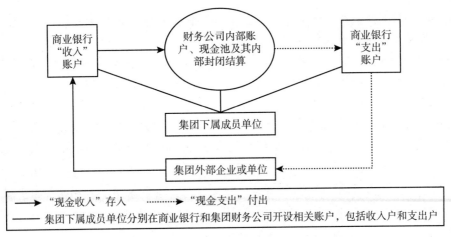

图 4-17 "收支两条线"资金集中管理模式

这一模式的优点是：成员单位在商业银行的账户、财务公司在商业银行的账户是各自独立的，只需通过三方协议将成员单位的银行账户纳入财务公司的账户中，不受账户类型及账户余额的限制，从而实现集团资金的全封闭全程结算，并做到实时到账，减少资金在途，提高资金周转速度。

【例4-26】 甲公司成立于1878年，是一家多元、全球化，集产品、服务、金融于一体的跨国公司，其在集团融资与资金集中管理上具有很强的竞争优势，其中"现金池"管理模式即为其一大特色。

"现金池"管理，是指以一种账户余额集中的形式来实现资金的集中管理，这种形式主要用于利息需要对冲，但账户余额仍然必须分开的情况。其做法是集团首先设立一个母公司账户，这就是所谓的现金池。每个子公司在母公司账户下设立子账户，并虚拟了各子公司有一个统一的透支额，在每天的一定时点，银行系统自动对子公司账户进行扫描，并将子公司账户清零，即当子公司有透支时，从集团现金池里划拨归还，记作向集团的借款，并支付利息；如果有结余，则全部划到集团账户上，记作向集团的贷款，向集团收取利息。由此，通过子公司之间的内部计价，对各子公司而言，可免去与银行打交道的麻烦；对企业集团而言，节省了子公司各自存贷款产生的利差负担。到目前为止，甲公司近千家企业在全球各地设立了82个现金池，这些现金池归甲公司总部财务部统一运作。

迄今为止，甲公司在华已投资设立了40多家经营实体，投资业务包括高新材料、消费及工业品、设备服务、商务融资、保险、能源、基础设施、交通运输、医疗和消费者金融等10多项产业或部门。随着业务的扩张，各成员公司的现金集中管理问题由于跨地区、跨行业的原因显露出来。在现金池投入使用前，甲公司40多家子公司在外汇资金的使用上都是单兵作战，有些公司在银行存款，有些则向银行贷款，从而影响集团资金使用效率。为推行其中国业务发展并加强甲公司在华的资金集中管理，在中国外汇管理局下发《关于跨国公司外汇资金内部运营管理有关问题的通知》中提出"跨国公司成员之间的拆放外汇资金，可通过委托贷款方式进行"这一大的制度背景下，甲公司于2005年8月，通过招标确定招商银行实施其在华的美元现金池业务。

甲公司在中国设立一个母公司账户，在每天的下午4点钟，银行系统自动对子公司账户进行扫描，并将子公司账户清零，严格按照现金池的操作进行。例如，A公司在银行享有100万美元的透支额度，到了下午4点钟，系统计算机开始自动扫描，发现账上透支80万美元，于是便从集团公司的现金池里划80万美元归还，将账户清零。倘若此前A公司未向集团公司现金池存钱，则记作向集团借款80万美元，而B公司如果账户有100万美元的资金盈余，则划到现金池，记为向集团公司贷款，所有资金集中到集团公司后，显示的总余额为20万美元。如果总部账户现金池余额不足以满足各下属公司的日间透支，则根据总部与银行间的授信协议，由商业银行向总部账户进行"短期贷款"以弥补其差异。现金池的简化运作见图4-18。

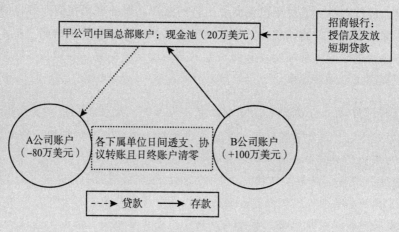

图4-18 现金池运作简化模式

甲公司的这种做法实现了集团内部成员企业资金资源的共享：集团内部成员企业的资金可以集中归拢到一个"现金池"中，同时成员企业可以根据集团内部财务管理的要求有条件地使用池内的资金。总部现金池账户汇集了各成员单位银行账户的实际余额，当成员单位银行账户有资金到账时，该笔资金自动归集到总部现金池账户；各成员单位银行账户上的实际资金为零，各成员单位的支付资金总额度不超过集团规定的"可透支额度"；成员单位有资金支付时，成员单位银行账户与总部现金池账户联动反映，实时记录资金变化信息。实行集团资金"现金池"管理，盘活了沉淀资金，提高了资金利用率；通过管理过程中的可用额度控制，成功降低了资金风险。

从本质上看，现金池管理模式是集团内部对委托贷款的灵活应用。通过银行与集团之间的双方合作，银行作为放款人，集团公司和其子公司是委托借款人和借款人，通过电子银行来实现"一揽子"委托贷款协议，使得原来需要逐笔办理的业务，变成集约化的业务和流程，从而实现了整个集团外汇资金的统一营运和集中管理。

从上述运作模式可以看出，甲公司即是采用"收支两条线"的现金池集中管理模式。

〖例4-26〗中的甲公司的现金池运作有其跨国企业的经营特点。中国一些大型企业集团在创建财务公司时，主要将功能定位在金融服务，尤其是结算、集团融资等方面，并取得了良好的效果。

【例4-27】本例将说明A集团的资金集中管理与财务公司"收支两条线"的运作模式。A集团是某省国资委所属大型企业集团。A集团2020年的营业收入达1 700亿元，进入世界500强，并在中国企业500强榜单中名列上游。A集团下属财务公司于2019年初开始运转，并采用"收支两条线"的资金管理模式，大大提高了集团整体资金使用效率，降低了融资成本。

（1）基本做法。

①"收支两条线"的资金集中管理模式。A集团有100多家下属单位，财务公司成立后，A集团总部要求所有成员单位的账户和财务公司的账户挂接，并设立"只收账户"和"只支账户"。各单位"只收账户"资金每天下午5点要归集到财务公司主账户之中；同时，各成员单位的支出通过"只支账户"，且需要履行审批程序。对于资金支出，要求三级公司支出编制资金预算，提交二级公司审核并由二级公司提交给集团总部。集团总部每个月组织资金平衡会议以确定预算的合理性，然后再确定是否下拨资金及下拨额度。预算内资金通过系统提交财务公司，如付款单位"账户有余额，预算有安排"，即可通过财务公司直接支付。

②集中融资与金融服务。针对以前各成员单位对外贷款时的"各自为战"情形，A集团成立了由主要领导任主任的集团集中融资委员会，借助财务公司平台，企业集团成员单位的贷款由财务公司提供，在贷款总额不足时由财务公司统一对外申请贷款，利用规模优势吸引各合作银行，并提升全集团的授信规模、议价能力，降低贷款成本。

（2）财务公司运作成效。

①提高资金集中程度。资金集中是财务公司发挥功能的基础，也是评判财务公司运营效果的核心指标。财务公司以总部"财务共享"为宗旨，以强化考核为推动力，以高效服务和利益共享为吸引力，以账户统管、融资支持及消除票据保证金等措施为促进力，通过通力协作，大大提高了集团整体的资金集中速度和程度。2020年财务公司结算流量达6 000多亿元，2020年末A集团的资金归集度达到85%。

②提高资金的配置效率、降低融资成本。财务公司将各单位账户资金集中起来统筹使用，减少资金的无效"沉淀"。即以前资金分散在各个下属单位的账户上，几乎全部作为备付资金沉淀下来，通过集中之后由集团统一调动，只需要大约10亿元就可以保证生产运转（仅为过去的1/10），剩余的资金可以发挥更大的作用。一方面，通过同业理财将存量、沉淀资金变为增值资金；另一方面，通过资金归集，将剩余资金用于内部贷款以减少集团整体对外融资额，从而大大降低整个集团融资成本。

（七）财务公司风险管理

财务公司作为集团资金管理中心，其风险大小将在很大程度上影响着集团整体的财务健康和安全。因此，除要求对集团总部及各成员单位进行资产负债率管理外，集团还应加强对财务公司的风险管理。

财务公司作为非银行金融机构，其风险主要来自以下方面：（1）战略风险。它主要集中在集团治理与财务公司决策层面，如战略目标落实不到位、新业务拓展风险、战略环境发生变化、信息系统建设与业务发展不匹配等产生的风险。（2）信用风险。它主要集中在信贷业务上，包括因审贷不严而产生的客户不能按期还本付息、担保责任增加等风险。（3）市场风险。它主要集中在市场判断及财务管理上，如汇率风险及外汇资金贬值、利率存贷息差缩小等。（4）操作风险。它主要集中体现在业务操作流程之中，如资金被盗窃、财务欺诈、结算差错率提高等。

财务公司应建立全面风险管理体系，建立健全组织机构体系、强化财务公司的内部控制制度。

一方面，建立完善的组织机构体系。主要包括：第一，建立健全现代企业制度，保障财务公司的董事会、监事会的正常运转，强化董事会、监事会在财务公司风险控制中的作用。第二，设置独立、专门的风险管理和监督部门，落实全面风险管理责任。在财务公司内部应设立归属于董事会领导的风险管理部和稽核部。风险管理部具体负责制定风险识别、计量、监测和控制的制度和方法，定期将风险情况向决策层和高级管理层报告。稽核部是全面风险管理的监督、评价部门，负责检查、评价内部控制的健全性、合理性和遵循性，督促各部门纠正内部控制存在的问题，定期开展对风险战略、政策和程序的评估。

另一方面，健全内部控制制度并加以落实。主要包括：第一，树立全面风险管理理念；第二，明确财务公司决策层和高管层的职责分工；第三，建立健全财务公司内部规章制度和业务流程规范，包括部门规章、岗位职责、岗位操作规范、业务操作流程；第四，强化全面风险管理制度的落实；等等。

四、企业集团财务风险控制

企业集团融资战略的制定与执行应当以集团财务风险控制为前提。

（一）企业集团债务融资及财务风险

相比于单一企业融资渠道与融资能力，企业集团具有明显的融资优势，如商业银行对集团的授信贷款。一方面，集团强劲的盈利能力和抗风险能力，有利于增强集团外部资本市场的融资实力；另一方面，集团内部的财务资源一体化整合优势，尤其是资金集中管理和内部资本市场功能，大大强化了集团财务的"金融"功能。

但与此同时，企业集团往往存在财务上的高杠杆化倾向，且在集团框架中，这种财务高杠杆化的效应比单一企业要大得多，这就是人们通常所说的"金字塔风险"。其风险机理是：由于企业集团内部以股权联结的多层次企业结构，集团母公司的资本具有一定的负债能力，将其投入子公司形成子公司的资本后，又将产生新的借债能力，使资本的负债能力放大了。如果企业利润率较高，放大的负债能力将获利能力放大，可以给集团带来额外收益。但负债能力放大的同时财务风险也放大了，当收益率低时，会使偿债能力下降，从而对整个集团造成负面影响。此外，母子公司之间、子公司之间的相互担保也会给集团财务带来隐患，担保链中一个环节的断裂，都可能产生严重的连锁反应。

（二）企业集团财务风险控制重点

企业集团财务风险控制包括资产负债率控制、担保控制等主要方面。

1. 资产负债率控制。

如前所述，企业集团融资战略的核心是要在追求可持续增长的理念下，明确企业融资可以容忍的负债规模，以避免因过度使用杠杆而导致企业集团整体偿债能力下降。企业集团资本结构政策最终体现在资产负债率指标上。企业集团资产负债率控制包括两个层面：

（1）企业集团整体资产负债率控制。为控制集团整体财务风险，集团总部需明确制定企业集团整体"资产负债率"最高控制线。一般而言，资产负债率水平的高低除考虑宏观经济政策和金融环境因素外，更取决于集团所属的行业特征、集团成长速度及经营风险、集团盈利水平、资产负债间的结构匹配程度等各方面。企业集团整体资产负债率的计量以合并报表为基础。

（2）母公司、子公司层面的资产负债率控制。尽管集团内部资金协调和外部融资能力都比独立企业大得多，从而具有更强的抗风险能力。但是由于集团内部可能存在着大量的业务关联交易和内部资本市场交易，因此一个子公司的债务危机就可能波及其他公司，甚至对整个企业集团的偿债能力产生威胁。为了确保子公司财务风险不会导致集团整体财务危机，集团总部需要根据子公司的行业特点、资产特点、经营风险等制定子公司资产负债率的最高控制线。

2. 担保控制。

企业可能会出于多种原因对其他企业提供担保，如母公司为子公司提供担保、为集团外的长期客户提供信用担保等。其中，企业集团（包括总部及下属所有成员单位）为集团外其他单位提供债务担保，如果被担保单位不能在债务到期时偿还债务，则企业集团需要履行偿还债务的连带责任，因此，债务担保有可能形成集团"或有负债"，从而存在很高的财务风险。为此，集团财务管理要求严格控制担保事项、控制担保风险。具体包括：

（1）建立以总部为权力主体的担保审批制度。企业应当建立担保授权制度和审核批准制度，明确审批人对担保业务的授权批准方式、权限、程序、责任和相关控制措施，规定经办人办理担保业务的职责范围和工作要求，并按照规定的权限和程序办理担保业务。集团应当将担保业务审批权集中在总部；经办人应当在职责范围内，按照审批人的批准意见办理担保业务。严禁未经授权的机构或人员办理担保业务。

（2）明确界定担保对象。企业集团应当制定统一的担保政策，明确担保对象、范围、方式、条件、程序、担保限额和禁止担保的事项，定期检查担保政策的执行情况及效果。除总部外，企业集团下属成员单位通常不得对集团外客户提供任何担保；集团内部成员单位的互保业务必须由总部统一审批。

（3）建立反担保制度。企业集团必须要求被担保企业为自己提供反担保措施。

本章思考题

1. 投资项目评价方法有哪些？各自的优缺点是什么？
2. 现金流量估计中应注意哪些问题？
3. 在选择折现率时，为什么要区别项目风险和公司风险？
4. 私募股权投资基金中 LP、GP 以及基金管理人之间的关系是什么？
5. 境外直接投资中的国家风险有哪些？如何控制？
6. 企业融资决策的评价标准是什么？
7. 如何测算企业的内部增长率和可持续增长率？
8. 企业权益融资和负债融资方式有哪些？
9. 企业资本结构决策方法有哪些？
10. 什么是集团分拆上市？试分析其利弊。
11. 资金集中管理的作用有哪些？其基本模式是什么？
12. 简述财务公司的功能、业务范围和动作模式。

第五章　企业成本管理

掌握：变动成本法在短期经营决策中的应用、作业成本法的核算原理与方法、作业基础管理的内涵与方法、目标成本法核心程序与管理方法；**熟悉**：变动成本法、作业成本法及目标成本法的适用范围、应用环境和优缺点，责任成本管理、环境成本管理的内涵、成本管理观念的转变，成本管理系统的发展阶段、战略成本管理的方法体系；**了解**：全生命周期成本管理的内涵和意义，变动成本法、作业成本法及目标成本法的含义，成本管理的内涵与原则。

本章主要内容

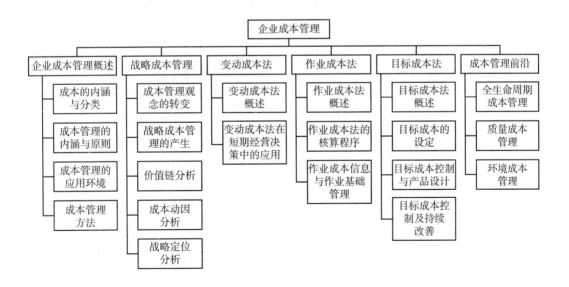

第一节 企业成本管理概述

一、成本的内涵与分类

长期以来，人们对于成本的定义和使用存在较大差异，成本是一个内涵丰富、外延广泛的概念。马克思的成本理论认为成本是商品价值（C＋V＋M）中的（C＋V）部分，即商品生产中耗费的物化劳动（C）和活劳动（V）的货币表现。在会计学领域，成本概念可从财务会计和管理会计两个视角来理解。

（一）财务会计中的成本概念

财务会计中的成本是指遵循会计准则或会计制度要求确认和计量的成本。在会计核算与报告体系中，广义的成本主要分为产品成本、期间费用两大类型。

1. 产品成本是指针对某一特定的产品对象，如生产某一特定产品而发生的直接制造成本（如直接材料、直接人工等）、间接制造成本（也称制造费用，包括车间管理发生的人工成本、其他资源耗费等）。

2. 期间费用则是指没有确指到具体产品成本对象中的非制造成本，包括销售费用（如分销运输费用、销售人员工资、营销推广费用、售后费用等）、管理费用（如管理人员工资、行政办公成本等）、研发费用、财务费用（如利息支出、汇兑损失、相关手续费等）等。从本质上看，期间费用的主要分类标志是"功能"或职能导向，它要求企业不同职能部门、不同人员承担着不同的成本责任。这些非制造成本是因当期向顾客提供产品或服务而发生的各项作业耗费，根据配比原则，它们都将纳入当期损益计算范围。

由于产品成本要等到产品销售后方可计入当期损益，而期间费用在发生当期计入当期损益，因此准确划分两者界限，将对当期会计利润的确认、计量产生重大影响。

（二）管理会计中的成本概念

管理会计中的成本是指可以用货币单位来衡量，为达到特定目的而发生的各种经济资源的价值牺牲。在管理会计中，按照不同的分类标准，所使用的成本概念也不同。比如按照成本习性分为变动成本和固定成本；按成本实际发生的时态分为历史成本和未来成本；按可控性分为可控成本和不可控成本；按是否与决策相关分为相关成本和非相关成本；按方案之间的关系分为差额成本和机会成本等。另外，资本成本、质量成本、责任成本等也属于管理会计中成本的范畴。可见，管理会计中成本的外延比财务会计中成本的外延要宽泛得多。

二、成本管理的内涵与原则

（一）成本管理的含义

成本管理，是指企业在营运过程中实施成本预测、成本决策、成本计划、成本控制、成本核算、成本分析和成本考核等一系列管理活动的总称。成本管理一般按照事前成本管理、事中成本管理、事后成本管理等程序进行。

1. 事前成本管理。事前成本管理主要是对未来的成本水平及其发展趋势所进行的预测与规划，一般包括成本预测、成本决策和成本计划等步骤。成本预测是以现有条件为前提，在历史成本资料的基础上，根据未来可能发生的变化，利用科学的方法，对未来的成本水平及其发展趋势进行描述和判断的成本管理活动。成本决策是在成本预测及有关成本资料的基础上，综合经济效益、质量、效率和规模等指标，运用定性和定量的方法对各个成本方案进行分析并选择最优方案的成本管理活动。成本计划是以营运计划和有关成本数据、资料为基础，根据成本决策所确定的目标，通过一定的程序，运用一定的方法，针对计划期企业的生产耗费和成本水平进行的具有约束力的成本筹划管理活动。

2. 事中成本管理。事中成本管理主要是对营运过程中发生的成本进行监督和控制，并根据实际情况对成本预算进行必要的修正，即成本控制步骤。成本控制是成本管理者根据预定的目标，对成本发生和形成过程以及影响成本的各种因素条件施加主动的影响或干预，把实际成本控制在预期目标内的成本管理活动。

3. 事后成本管理。事后成本管理主要是在成本发生之后进行的核算、分析和考核，一般包括成本核算、成本分析和成本考核等步骤。成本核算是根据成本核算对象，按照国家统一的会计制度和企业管理要求，对营运过程中实际发生的各种耗费按照规定的成本项目进行归集、分配和结转，取得不同成本核算对象的总成本和单位成本，向有关使用者提供成本信息的成本管理活动。成本分析是利用成本核算提供的成本信息及其他有关资料，分析成本水平与构成的变动情况，查明影响成本变动的各种因素和产生的原因，并采取有效措施控制成本的成本管理活动。成本考核是对成本计划及其有关指标实际完成情况进行定期总结和评价，并根据考核结果和责任制的落实情况，进行相应奖励和惩罚，以监督和促进企业加强成本管理责任制，提高成本管理水平的成本管理活动。

（二）成本管理的原则

企业进行成本管理，一般应遵循以下原则：

1. 融合性原则。成本管理应以企业业务模式为基础，将成本管理嵌入业务的各领域、各层次、各环节，实现成本管理责任到人、控制到位、考核严格、目标落实。

2. 适应性原则。成本管理应与企业生产经营特点和目标相适应，尤其要与企业发展战略或竞争战略相适应。

3. 成本效益原则。成本管理应用相关工具方法时，应权衡其为企业带来的收益和付出的成本，避免获得的收益小于其投入的成本。

4. 重要性原则。成本管理应重点关注对成本具有重大影响的项目，对于不具有重要性的项目可以适当简化处理。

三、成本管理的应用环境

企业进行成本管理，一般应包括以下应用环境：（1）企业应根据其内外部环境选择适合的成本管理工具方法。成本管理领域应用的管理会计工具方法，一般包括目标成本法、标准成本法、变动成本法、作业成本法等。（2）企业应建立健全成本管理的制度体系，一般包括费用申报制度、定额管理制度、责任成本制度等。（3）企业应建立健全成本相关原始记录，加强和完善成本数据的收集、记录、传递、汇总和整理工作，确保成本基础信息记录真实、完整。（4）企业应加强存货的计量验收管理，建立存货的计量、验收、领退及清查制度。（5）企业应充分利用现代信息技术，建立成本管理信息系统，规范成本管理流程，提高成本管理效率。

四、成本管理方法

在企业成本管理的发展过程中，出现了一系列成本管理方法，比如变动成本法、作业成本法、目标成本法、标准成本法等。企业应结合自身的成本管理目标和实际情况，在保证产品的功能和质量的前提下，选择应用适合企业的成本管理工具方法或综合应用不同成本管理工具方法，以更好地实现成本管理的目标。综合应用不同成本管理工具方法时，应以各成本管理工具方法具体目标的兼容性、资源的共享性、适用对象的差异性、方法的协调性和互补性为前提，通过综合运用成本管理的工具方法实现效益最大化。

第二节 战略成本管理

一、成本管理观念的转变

随着企业经营环境等因素的变化，企业成本管理观念也在不断地发生着转变。

（一）从偏重成本核算向兼顾成本核算和成本控制的转变

传统意义的成本管理主要关注成本核算，且将成本核算重点放在产品制造过程所发生的弹性资源消耗上。就成本核算而言，由于产品成本只涉及直接材料、直接人工以及非制造费用部分的简单分摊（如按机器小时数、产量等确定固定分摊率），其产品成本无法真实反映企业资源消耗和利用效率。以作业成本法为代表的成本核算系统在很大程度上有助于提升成本信息的相关性、可靠性。尽管如此，这些旨在提高产品成本核算"精度"的成本核算系统，还远远不能满足管理者对成本管理的需求。企业成本管理必须由注重成本核算向注重成本控制转变，并以提高企业竞争优势为终极目标。

（二）从成本的经营性控制向成本的规划性控制转变

在传统成本管理中，人们普遍认为产品成本是指产品制造环节所发生的成本，因此往往将成本管理重点放在产品的制造环节，通过加强对制造环节的各要素成本的经营性控制，如通过提高产能、合理化生产过程中的作业安排等，实现成本管理目标。

但是，制造环节的资源消耗及要素成本在其使用前大多已经"固化"，它们都属于固化成本。所谓固化成本是指因事先作出诸如产品设计、生产线规划等决策从而在未来

"一定要发生"的成本。事实表明，通过经营性成本控制，只能降低少部分的非固化成本，成本降低幅度、余地并不大。因此只关注制造环节的成本控制，难以真正实现有效的成本管理。战略成本管理认为，正是基于对"固化成本"的研究分析、决策，即在产品制造过程之前，需要通过事先规划，"注入"成本理念，通过规划来优化产品研发、产品设计、生产线规划或布局等，才能最终降低成本。可见，只有对成本实施事前的规划性控制，才能真正从源头上控制产品成本。

（三）从产品制造成本管理向产品总成本管理转变

传统成本管理的对象只针对"产品制造成本"。因此在传统观念下，判断产品是否盈利的财务逻辑标准是看"产品营业收入"是否大于"产品制造成本"。这是一种典型且短视的产品决策观。战略成本管理认为，如果从"产品总成本"角度来判断新产品是否盈利、决策新的生产线是否上马，企业管理者不仅要关注产品制造成本，而且更应关注设计、设备升级、生产准备、营销、售后服务等一系列作业环节所发生的所有资源消耗，从而在"总体"上判断产品的盈利性、价值创造性。可见，现代成本管理的本质是"基于价值链的总成本管理"。

（四）从静态成本管理向动态成本管理转变

即使是从总成本管理角度，人们在讨论产品成本管理时可能更多地关注于产品价值链各环节中各个"独立发生"的成本项目，以期求得独立发生的各成本之和最低。但事实上，产品成本在不同作业环节所消耗的资源存在此消彼长的"内部联动关系"。例如，从成本发生角度，花费在产品研发、产品设计中的成本较多，将极有可能直接降低生产作业的制造成本；在产品制造环节增加对设备的维护、员工培训等方面的资源投入，将有助于降低销售及售后服务等环节的成本。因此，企业需要从成本结构的动态关系上，系统分析、控制产品成本，从静态管理向动态管理转变。

二、战略成本管理的产生

罗伯特·卡普兰教授基于对成本信息相关性的分析后认为，如果不提高成本信息的相关性，则成本管理就难以为企业竞争力提升提供管理基础。在企业管理中，成本管理系统正经历着从成本核算到成本控制的转变过程，罗伯特·卡普兰将成本管理系统作了如下阶段性的划分：第一阶段，成本管理系统只是作为一个单纯的核算报告系统；第二阶段，成本管理系统关注对外财务报告，其目标是财务报告的可靠性；第三阶段，成本管理系统开始追踪关键的经营数据，生成更加具有相关性、精确性的成本信息以供决策使用；第四阶段，战略相关性成本信息成为成本管理系统不可或缺的部分，并促进了战略成本管理的产生和推广应用。

现代商业环境正经历巨大变化，促使人们重新思考卓越企业的内涵，引导企业如何以顾客为导向为顾客创造价值、如何构建新型商业模式以取得合理盈利、如何建立企业持续竞争优势等核心问题。所有这些都意味着企业战略管理，尤其是战略成本管理必须变革创新，以适应现代商业环境变化的需要。企业需要从战略角度重新审视成本管理对企业竞争优势的深刻影响，战略成本管理应运而生。

战略成本管理，是指基于战略视角，通过生成、应用具有战略相关性的成本管理信息，服务于提升企业竞争优势的一系列成本控制方法、体系。战略成本管理不仅拓宽了成本管理的"空间"，即成本管理对象从关注企业内部活动拓展到企业外部，而且还延伸了成本管理的"时间"，即从基于日常经营控制而转向基于长期的战略管理层面。

战略成本管理是成本管理与战略管理相结合的产物，是传统成本管理方法对现代商业环境变化所作出的一种适应性变革。经过不断的发展，战略成本管理形成了各种不同的管理理念和模式，而其中主要的几种模式分别为克兰菲尔德（Cranfield）模式、罗宾·库伯（Robin Cooper）模式和桑克（Shank）模式，其中桑克模式是目前发展最为完善、认可度最高、应用最为广泛的一种模式，其指出：战略成本管理的形成来源于价值链分析、成本动因分析和战略定位分析三个方面的综合，分析方法都是基于战略管理而产生的。

三、价值链分析

（一）价值链分析的含义

价值链（value chain）是指企业价值创造过程中一系列不相同但相互关联的价值活动（value activities）的集合。迈克尔·波特基于价值链分析的战略框架，为战略成本管理体系奠定了坚实的基础。现代企业不再完全是传统意义上的"产品"生产、经营单位，而是由一系列作业活动所构成的经营系统。如果将企业的生产经营管理活动依其业务活动的内在逻辑关系进行合理连串的话，企业其实是研发、设计、生产、营销和售后服务等一系列价值活动的集合。或者说，企业本身就是一条由各项作业连接而成的作业链。企业作为作业链，其每完成一项作业都要消耗一定的资源，而作业产出又形成一定价值，并转移到下一个作业之中，依次转移，直至形成产成品并最终提供给外部顾客。从价值形成过程看，价值链就是从价值角度所反映的作业链。

1. 企业的各项作业活动之间存在紧密关联，如"供应—生产—销售"等环节之间存在上、下游间的作业联动关系。

2. 每项价值活动都"可能"给企业创造有形或无形的价值，这就意味着企业需要通过成本信息等鉴别出哪些作业是有价值的（即增值作业）、哪些作业对企业价值增值作用微乎其微（即非增值作业）。从管理角度看，应当明确价值链是需要设计的，也就是说，并非所有的企业都会"自己包办"从原材料到终端销售的所有环节，"一应俱全"的想法从根本上说属于"做产品"的思维。由此可见，价值链分析及价值识别的功能，在于如何通过诸如外包、战略联盟等方式，将那些对企业自身没有价值增值的作业从企业价值链中剔除，以突出企业的核心能力与竞争优势。通过价值分析和管理，最终使企业各项作业活动所创造的价值增值最大化。

3. 价值链并不局限于企业内部的各项作业活动，它还拓展到企业与供应商、企业与销售商、企业与顾客等上下游之间的作业链条之中，从而形成企业与企业间的资源共享与交易平台，以实现企业间基于竞争的合作共赢。

（二）企业内部价值链分析

根据迈克尔·波特的分析框架，企业内部价值链（intra-organization value chain）是指企业内部为顾客创造价值的主要活动及相关支持活动，这些价值活动可以分为基本活动和辅助活动两大类（见图5-1）。其中，基本活动涉及产品生产流转过程各个环节，包括五种作业活动：（1）进货作业；（2）生产作业；（3）出货作业；（4）市场营销；（5）售后服务。辅助活动则是为保证或支持基本活动而发生的活动，包括四种作业活动：（1）采购；（2）技术开发；（3）人力资源管理；（4）企业基础设施。上述九项作业活动构成了企业组织内的基本价值链。

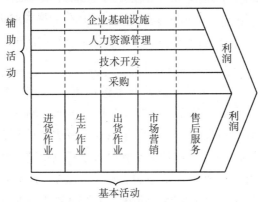

图5-1　波特价值链分析模型

基本活动，是涉及产品的物质创造及其销售、转移给买方和售后服务的各种活动。基本活动含义及示例如表5-1所示。

表5-1　　　　　　　　　　　基本活动含义及示例

活动	进货作业	生产作业	出货作业	市场营销	售后服务
含义	与接收、存储和分配相关联的各种活动	与将投入转化为最终产品形式相关联的各种活动	与集中、存储相关产品发送给买方有关的各种活动	与提供一种买方购买产品的方式和引导它们进行购买有关的各种活动	与提供服务以增加或保持产品价值有关的各种活动
示例	原材料搬运、仓储、库存控制、车辆调度和向供应商退货	机械加工、包装、组装、设备维护、检测、印刷和各种设施管理	产成品库存管理、原材料搬运、送货车辆调度、订单处理和生产进度安排	广告、促销、销售队伍、报价、渠道选择、渠道关系和定价	安装、维修、培训、零部件供应和产品调整

辅助活动，是指保证或支持基本活动而发生的活动。辅助活动含义及示例如表5-2所示。

表 5-2   辅助活动含义及示例

活动	含义	示例
企业基础设施	支持整个价值链	行政管理、计划、财务、会计、法律、政府事务和质量管理等
人力资源管理	企业人力资源的组织、运用	招聘、雇用、培训、报酬
技术开发	改善产品和工艺的各种活动	基础研究、产品设计、工艺装备设计、服务程序
采购	购买用于企业价值链各种投入品的活动，而不是外购投入本身	材料物资、机器实验设备、办公设备和建筑物等的采购

内部价值链的分析目的在于通过分析以判断企业内部各项作业是否有价值，发现增加价值或降低成本的机会，从而识别和确定企业的关键成功因素。内部价值链分析可以分为以下四个步骤：

1. 识别企业价值链的主要活动。企业内部价值链上的五种基本活动、四种辅助活动，又可依据产业特点、企业战略等分解为若干具体作业。例如，进货作业可以进一步细分为原材料搬运、验收、整理、仓储和库存控制。一般来说，产业特点决定着企业价值链的形式，企业应根据自身竞争战略选择对企业最有价值的那些作业。例如，在iPhone手机的价值链构建中，美国苹果公司主要从事设计、营销和服务（见表5-3），韩国三星公司生产芯片，中国台湾华硕公司制造主板，富士康公司负责组装。再如，在运动鞋行业中，耐克和阿迪达斯致力于设计和营销，它们将生产外包给了中国和东南亚的代加工厂，中国同类企业如锐步、安踏等公司则选择了自行生产、销售。可见，每一家企业都应分析怎样以最低的成本为顾客创造价值，并且能在价值链的某一部分确立自身的竞争优势。

表 5-3   苹果公司的价值链

价值活动		具体作业
基本活动	进货作业	产品检测、服务验收
	生产作业	外包
	出货作业	订单处理、装运配送
	市场营销	广告发布、新闻发布会、品牌联盟、网上商城、门店
	售后服务	消费者体验、产品维修、软件更新
辅助活动	企业基础设施	总体管理、计划、财务、会计、法律、政府事务和质量管理
	人力资源管理	招聘、雇用、培训、员工开发和薪酬计划
	技术开发	元件设计、系统设计、软件开发、市场研究、营销设计、服务程序
	采购	供应商管理、元件采购、服务采购、运输服务

2. 价值活动的成本动因分析。在识别主要价值活动并分解到具体作业之后，就应当对成本及其影响因素进行分析。在企业内部，分析每项价值活动的成本动因，可以帮助企业识别出具有成本优势的作业或活动。

3. 分析价值活动之间的关联性。价值活动之间的关联性和价值活动本身同等重要，一项价值活动的成本改进可能降低或增加另一项价值活动的成本。例如，"内部自制"还是"外包"很大程度上取决于不同价值活动的相互影响。价值活动之间的关联性存在于企业内部价值链、供应商与企业价值链、分销商与企业价值链、顾客与企业价值链等之中。从产业结构看，价值链之间的关联性最终有可能影响或导致企业间兼并重组，如中国很多大型企业推崇"纵向并购"，大多借"打通产业链"这一动机（即高度重视上、下游之间的价值活动关联性），从而对产业结构产生重大影响。

4. 增加价值或降低成本以建立竞争优势。企业在识别价值活动、成本动因分析和关联分析基础上，推进价值活动的优化与协调，为建立持久竞争优势采取改进行动。具体包括：

（1）识别竞争优势。在企业经营战略中，成本领先战略、差异化战略是两种基本的竞争形式。其中，成本领先战略要求企业成为所在行业中的低成本生产商，以低于竞争对手的产品价格获得市场占有率、盈利，并最终获取竞争优势。需要特别注意的是，成本领先战略中的成本并非单指"产品生产成本"，而是指基于价值链的"产品总成本"，过于强调生产环节的产品成本降低，将有可能导致过高的质量检测成本、售后服务成本等，从而使产品总成本不降反升，影响企业产品成本的竞争力。差异化战略则要求企业力求为顾客在某些方面提供独特的价值创造，以其独特性而获得市场的溢价和报酬。通过价值链分析可以识别企业竞争优势以及在整个行业价值链中的位置，从而确定企业是采取成本领先还是差异化竞争战略。例如，苹果公司致力于创新设计而倾向差异化战略，而富士康则致力于通过规模生产走成本领先战略。

（2）识别增加价值的机会。差异化竞争的关键是能够识别出企业哪些价值活动能够增加顾客价值，而哪些不能。在企业间竞争中，增加顾客价值的机会存在于产品功能、质量、销售渠道、服务与维护、品牌形象、价格等诸多方面。例如，苹果公司建设了 App Store 在线软件销售渠道，软件开发者所开发的软件在经苹果审核后即可在 App Store 上发布，无须缴纳任何维护费用，其营业收入由苹果与开发者共同分享。这既为 iPhone 和 iPad 用户提供了前所未有的海量应用程序，同时也大大丰富了用户体验，增加了顾客价值。

（3）识别降低成本的机会。对价值活动和成本动因的分析有助于企业找出价值链中不具备竞争优势的作业或活动，通过成本动因控制或价值链重构来消除这些活动，以降低企业总成本。例如，苹果公司将生产作业过程外包给富士康公司，利用其低成本制造优势以降低产品成本，从而将公司资源集中于最具优势的设计、营销和服务等价值链之上。

在这里需要强调的是，从经营的最后一个环节（即产品销售到顾客的环节）来看，能够产生和增加顾客价值的作业是需要企业大力强化的有效作业，不增加价值的作业则属于维持作业或无效作业，需要严格控制。但是，无效作业不等于无用作业。例如，修复残次品、行政管理活动等都并不直接增加价值，在某种程度上属无效作业，但却是维持企业正常运营的有用作业。

（三）企业间价值链分析

经济一体化进程加速了企业之间基于竞争的合作。在这种情况下，任何企业都可能只是某一产品、某一产业链中的一环，企业间边界也变得越来越模糊，企业正趋于无边界化。企业间价值链（inter organization value chain）的构建对企业生存和发展意义重大，它主要包括两个方面：

1. 纵向价值链。

纵向价值链是将企业看作整个产业价值创造的一个环节，以分析企业在所处产业上、中、下游价值链分工中的战略定位。例如，A 企业是 B 企业的材料供应商（上游企业），如果 A 企业对 B 企业的供货量占到其自身销售的绝大部分，A 企业将视 B 企业为其核心客户，在这种情况下，A 企业与 B 企业之间围绕材料价格、质量、交货时间、交货方式、付款、售后服务等一系列作业，都对 A 企业产生重大影响。在这一产业链中，开展 A 企业与 B 企业之间的商业合作（如 A 企业参与 B 企业的新产品、新材料或替代品的研发），不仅能提高了 A 企业的销售份额与市场竞争能力，而且还有利于提高产业链的升级换代，从而最终有利于消费者。再如，B 企业借其优势地位而要求 A 企业降低成本，也会诱使或推进 A 企业加大其在材料研发上的投入力度，强化其技术革新，从而强化其在产业链中的优势地位。但是应该看到，企业之间的价值链及其联动性，不仅影响到企业自身的经营活动，还极有可能对产业组织产生重大影响。仍以 A、B 企业的上下游关系为例，单纯依赖市场行为、合同关系来维持 A 企业与 B 企业之间的交易，有时并不可行。这是因为，A、B 两企业间的相互依赖性越强，其资产专用性及相互关系"锁定"等所带来的潜在风险可能越大，任何一方的"背信"都可能给另一方带来极大的风险损失，因此，以长期合同、战略联盟、参股、合营甚至控股等多种递进形式所形成的企业间"纽带"关系，将对产业组织结构、企业重组等产生重大影响。从产业发展角度，"纵向一体化"将有助于节约企业之间的交易成本，提高产业的产出效率。

2. 横向价值链。

横向价值链主要分析现实或潜在竞争对手对企业价值创造活动的影响，旨在明确竞争对手在市场竞争中的优劣势，从而明确企业自身的战略定位。从横向价值链及其整合角度看，"横向一体化"的最大优势在于发挥产业内的规模经济，产业内的核心企业借助其规模经济效应而降低单位产出的成本，并大大提升其在同行业中的竞争优势。例如，X、Y 两家企业是竞争对手关系，X 企业分析发现它相比 Y 企业的核心优势在于技术研发、综合服务能力，最大劣势在于生产效率和人工成本。为此，X 企业把产品制造部门出售给 Y 企业，而聚焦于软件开发、系统解决方案和咨询服务。这样，X、Y 企业在差异化战略的基础上实现了在各自细分领域的规模经济。

应该说，价值链分析是企业从事战略成本管理的逻辑起点，同时体现了战略成本管理的核心理念，即成本管理不是针对"成本"的管理，而是从战略角度针对企业"业务"的管理；不是针对成本结果的管理，而是针对成本形成过程及成本动因的管理。

四、成本动因分析

（一）战略成本动因的内容和分类

战略成本动因立足于企业的整体高度，具有更广阔的视野，是一种能动的成本动因。企业经营战略意义上的成本动因能够为现代成本管理提供一种更为有效的工具。

战略性成本动因分析就是要判断和确定价值链中每一价值创造活动的成本动因。传统成本管理认为业务量是唯一的成本动因；而战略成本管理认为，影响成本变化的因素不具唯一性。按美国学者斯特拉特的观点，战略成本动因分为结构性成本动因和执行性成本动因两类。

结构性成本动因是指决定企业基础经济结构的因素，包括：规模、范围、经验、技术、多样性。

执行性成本动因是与企业执行价值活动程序有关的动因，即影响企业战略成本态势与执行价值活动程序有关的驱动因素，包括：员工参与、全面质量管理、资源和管理能力利用、厂房布局规划、产品结构、产业价值链的联结关系。

结构性成本动因以适度为佳，并非程度越高越好。例如，随着企业规模逐渐扩大，企业的效率会逐渐提高，成本会逐渐变低，但如果企业规模过大，所产生的活动复杂，沟通协调困难，也会降低效率，提高成本。结构性成本动因所要求的战略性选择针对的是怎样才是最优的问题，解决资源配置的优化问题。执行性成本动因所要求的战略性强化，则针对最佳的效果目标。

成本动因的分类方法很多，但无论何种观点，都体现了以下核心思想：

1. 从战略分析角度来看，业务量常常不是解释成本行为的最有效方式。最有效的方式应是研究影响成本的经济结构因素和实施发展战略因素，其思路应为先进行结构性分析，后进行执行性分析，但重心应在执行性分析。

2. 不是所有因素在所有时期同等重要，在特定情况下，某一个或几个因素是非常重要的。

3. 每一因素都存在着相应的成本分析体系，而此体系对于理解企业战略地位是很关键的。

（二）战略成本动因的应用

成本动因分析已经脱离了传统成本分析狭隘的业务量分析法。对应于成本动因，战略成本管理通过以下途径控制和降低成本。

1. 合理选择结构性成本动因。

对于各有关结构性成本动因来说，企业必须作出合理的选择才能为企业获得成本优势奠定良好基础。为此，企业应做到以下几点：

（1）做好投资决策，实现适度规模。

投资规模过大，会引起生产能力利用不足，加大单位产品负担的固定成本；投资规模过小，则不会产生规模经济，各种成本都会相应增长。为此，在投资前必须进行产业调查，尽可能趋于最佳的投资点。

（2）选择企业适宜的纵向经营范围。

企业可以在产业价值链分析的基础上，选择适宜的纵向整合程度，可以通过兼并其原料供应商或兼并客户，达到调整企业纵向经营范围的目的。

（3）通过积累经验不断降低成本。

根据经验曲线可知，累计产量的增加是降低成本的有效途径。如果企业能够在市场上维持较高占有率，则会取得较低的成本，进一步扩大市场占有率，进而降低成本，形成良性循环。

（4）合理制定研究开发政策。

许多企业不注重研究开发的未来效益，只是将其看作费用的一部分，盲目对研究活动加以限制。但是前一环节的高投入常常会带来下一环节数倍的节约，在研究开发阶段尤为如此，因为产品质量、性能、外观都在该环节得以确认。因此，应合理掌握研究开发费用的"度"，既不能浪费，也不能过分节约。

（5）对企业产品多样化程度进行合理化。

品种适当的多样化有利于提高企业产品的差别化程度，或占有更广泛的产品细分市场。但是产品过于多样化会增加单位产品成本，从而在成本方面处于较为不利的地位。当企业生产的产品具有多样化的特点时，不同种类产品的生产及销售的复杂程度有较大差异，采用作业成本法会比传统成本计算法更为有利。

2. 强化执行性成本动因。

对执行性成本动因进行强化是取得成本优势的重要途径，为此企业应从以下几方面入手：

（1）引导员工参与管理，增强员工责任感。

让员工积极参与管理，不仅使员工更了解管理层的意图，而且还能调动员工工作的积极性，从而使工作完成得更出色。

（2）大力推进全面质量管理。

全面质量管理是出自长期、持续地降低成本的考虑而在原材料采购、加工工序乃至产品售后服务等方面的优化。质量水平的高低一方面会影响企业向客户提供产品的价值高低，另一方面也会直接影响产品成本水平。产品生产过程中如果质量水平过低，就会发生许多不必要的成本，如原材料损失、人工成本的无谓消耗等。

（3）充分利用现有的生产能力。

对于许多企业来说，产品的市场需求具有一定的季节性。当产品销售处于淡季时，企业的生产能力往往难以得到高效利用。因此，实现均衡生产是提高生产能力的关键。

（4）工厂布局合理化。

企业与供应商、客户之间的地理位置，会对企业经营效率产生重要影响。工厂布局合理化能为企业获得竞争优势奠定良好基础。

（5）产品设计合理化。

产品设计是否合理是获取成本优势的重要措施，可以通过减少产品零部件数量、增加品种零部件通用性、降低零部件加工难度等方法来改善产品设计。

（6）加强与供应商及客户之间的纵向合作。

通过这种纵向合作，能使企业的经营顺利进行，还有利于降低合作双方的成本。

五、战略定位分析

战略定位分析法是指根据不同的企业类型和企业不同的发展战略来确定核心竞争力要素的方法。如果在 SWOT 分析基础上确定企业的竞争战略，按照迈克尔波特的思想，企业的竞争战略一般分为三类：成本领先战略、差异化战略和目标集聚战略。

（1）成本领先战略。成本领先战略是指企业决定在其所属产业中成为低成本生产的厂家，它们运用规模经济、专用技术、原材料优惠供应等方法，使其产品本低于竞争对手，以此形成超越其他厂家的竞争优势。当成本领先企业的价格相当于或低于其竞争对手时，就有助于扩大销售量，转化为其竞争对手无法实现的高利润，为企业长期、健康的发展创造有利条件。

（2）差异化战略。差异化战略是指从其产业里挑出为许多客户所重视的一种或数种产品的特质，把自己置于与众不同的地位上满足这些需求，形成独家经营或相对垄断的市场局面，从而取得高于竞争对手的经济效益。成本领先战略是一种综合性的战略；但差异化战略与此不同，一个产业里如果有若干种产品的特质是客户广泛重视的，企业就可能成功形成差异化战略。

（3）目标集聚战略。目标集聚战略是指企业选择产业中的一部分市场，使其战略适合于为这一部分市场服务，而不顾及其他。目标集聚的战略有两种不同的形式：企业着眼于在目标市场上取得竞争优势，形成成本的集中；企业着眼于在目标市场上取得差异化的形象，形成差异化的集中。目标集聚战略的这两种形式是以企业在同一产业中目标市场的差异为基础的。这是因为，在目标市场上存在着数量相当大的要求取得独特需求的客户。其中，成本集中是从其特定目标市场通过成本领先而取得高出平均水平的利润；而差异化的集中则是从其特定目标市场通过满足客户的特殊要求而取得高出平均水平的利润，从而使企业在产业中的竞争地位得到不断的巩固与加强。

波特提出的成本领先战略和差异化战略是在广泛的产业内谋求竞争战略，而目标聚集的战略则着眼于在狭窄的范围内谋求成本优势或差异化的优势。企业必须在深入探索企业内外环境具备的相对优势与劣势的基础上，扬长避短，灵活捕捉机遇，发展企业的竞争优势。其中三种竞争战略的差异如表 5-4 所示。

表 5-4　　　　　　　　　三种竞争战略的差异

	成本领先战略	差异化战略	目标集聚战略
战略目标	广阔市场	广阔市场	狭窄市场
竞争优势的基础	行业最低成本	独特的产品或服务	某一特定市场中的独特性或低成本
生产线	有限选择	广泛的多样性，各具特色	定位于所选细分市场

	成本领先战略	差异化战略	目标集聚战略
生产重点	尽可能低的成本； 高质量和重要的产品特征	差异性创新	适用于所选细分市场
营销重点	低价格	溢价和独创的差异性	企业为所细分市场服务的独特能力

当企业遭遇成本劣势并面临威胁时，企业可以通过差异化或者差异化集中战略等防御型战略来实现避短、避险的目的。因为差异化战略更注重产品的独特性和专有品质，成本不再是首要考虑的因素，这样就能规避企业的成本劣势及其带来的威胁。

第三节　变动成本法

一、变动成本法概述

变动成本法，是指企业以成本性态分析为前提条件，仅将生产过程中消耗的变动生产成本作为产品成本的构成内容，而将固定生产成本和非生产成本作为期间成本，直接由当期收益予以补偿的一种成本管理方法。

（一）变动成本法的产生

1936 年，美籍英国会计学家乔纳森·哈里斯在《全国会计师联合会公报》上首次发表了专门论述变动成本法理论的文章。哈里斯通过比较完全成本法和变动成本法对营业利润的不同影响，揭示了变动成本法的优点，同时指出企业销售量上升而利润下降的问题根源在于采用了传统的完全成本法。该文章公开发表后，变动成本法的概念得以迅速传播。第二次世界大战后，随着科学技术的迅速发展和企业竞争的加剧，企业管理者认为完全成本法越来越不能满足企业内部管理和决策的需要，变动成本法受到更普遍的重视。到 20 世纪 60 年代，美国、日本等国家的企业将变动成本法广泛运用于内部管理和短期决策。70 年代末，变动成本法传入我国，并在一些企业得到了应用。

（二）变动成本法的适用范围

变动成本法通常用于分析各种产品的盈利能力，为正确制定经营决策、科学进行成本计划、成本控制和成本评价与考核等工作提供有用信息。变动成本法一般适用于同时具备以下特征的企业：

1. 企业固定成本比重较大，当产品更新换代的速度较快时，分摊计入产品成本中的固定成本比重大，采用变动成本法可以正确反映产品盈利状况。

2. 企业规模大，产品或服务的种类多，固定成本分摊存在较大困难。

3. 企业作业保持相对稳定。

（三）变动成本法的应用环境

变动成本法的应用环境主要包括：

1. 企业应用变动成本法，应遵循成本管理应用环境的一般要求。

2. 企业应用变动成本法所处的外部环境，一般应具备以下特点：市场竞争环境激烈，需要频繁进行短期经营决策；市场相对稳定，产品差异化程度不大，以有利于企业进行价格等短期决策。

3. 企业应保证成本基础信息记录完整，财务会计核算基础工作完善。

4. 企业应建立较好的成本性态分析基础，具有划分固定成本与变动成本的科学标准，以及划分标准的使用流程与规范。

5. 企业能够及时、全面、准确地收集与提供有关产量、成本、利润以及成本性态等方面的信息。

（四）变动成本法的应用程序

企业应用变动成本法，一般按照成本性态分析、变动成本计算、损益计算等程序进行。

（五）变动成本法的优缺点

1. 变动成本法的主要优点。主要包括：一是区分固定成本与变动成本，有利于明确企业产品盈利能力和划分成本责任；二是保持利润与销售量增减相一致，促进以销定产；三是揭示了销售量、成本和利润之间的依存关系，使当期利润真正反映企业经营状况，有利于企业经营预测和决策。

2. 变动成本法的主要缺点。主要包括：一是计算的单位成本并不是完全成本，不能反映产品生产过程中发生的全部耗费；二是不能适应长期决策的需要。

二、变动成本法在短期经营决策中的应用

短期经营决策是指对企业一年以内或者维持当前的经营规模的条件下所进行的决策。相对于长期投资决策而言，短期经营决策通常不涉及固定资产投资和经营规模的改变，而是在既定规模条件下决定如何有效地进行资源配置，是在成本性态分析时提到的"相关范围"内所进行的决策。在变动成本法下，为加强短期经营决策，按照成本性态，企业的生产成本分为变动生产成本和固定生产成本，非生产成本分为变动非生产成本和固定非生产成本。其中，只有变动生产成本才构成产品成本，其随产品实体的流动而流动，随产量变动而变动。

在变动成本法下：

产品成本 = 直接材料成本 + 直接人工成本 + 变动制造费用

在完全成本法下：

产品成本 = 直接材料成本 + 直接人工成本 + 全部制造费用

变动成本法把固定制造费用视同期间成本全额计入当期损益，理由是在现有生产条件下，固定制造费用是按期发生的，并不因产量的变化而变化，其效益会随时间的推移而消逝，不可能递延至下一个会计期间。变动成本法在短期经营决策中的应用，主要包括是否接受追加订单的决策、是否继续生产亏损产品的决策、零部件自制或外购的决策等。

（一）是否接受追加订单的决策

在企业接收订单的过程中，通常会遇到一些特殊订单，如特殊订单的价格低于正常订单的价格。是否接受追加订单的决策，是指企业在正常经营过程中对低于正常订单价格的追加订单是否接受所作出的决策。在完全成本法下，如果特殊订单的单价低于单位生产成本，企业往往会放弃该订单。但是，从成本性态角度来看，单位变动成本是固定的，单位固定成本是变动的。也就是说，在决策是否接受追加订单时，我们可以不考虑固定成本因素，因为在"相关范围"内固定成本不会因追加订单而增加。

在变动成本法下，是否接受追加订单的决策，要看接受追加订单所带来的边际贡献是否大于该追加订单所引起的相关成本。如果追加订单不会影响正常订单的实现，只要追加订单量在企业剩余生产能力范围内，且剩余生产能力无法转移，同时不需追加投入专属成本，那么只要追加订单能够产生边际贡献，即追加订单的单价大于该产品的单位变动成本，就应当接受该追加订单。当然，如果追加订单需追加投入专属成本，则接受追加订单的条件应该满足追加订单所带来的边际贡献大于追加投入的专属成本；如果剩余生产能力可以转移，则需把剩余生产能力转移所带来的可能收益作为追加订单的机会成本，当追加订单所带来的边际贡献大于该机会成本时，追加订单方案可以接受。

【例5-1】甲公司是一家电子产品制造类企业，主要生产A、B、C三种产品。其中A产品每月最大的生产能力为10万件，2019年11月已签订9万件的订单，订单价格为3 000元/件。现有乙公司要求追加1万件订单，价格为2 850元/件。假定甲公司A产品的剩余生产能力无法转移，且乙公司追加订单没有任何特殊要求，不会增加甲公司的专属成本。A产品2019年11月成本数据如表5-5所示。

表5-5 A产品2019年11月成本数据

序号	成本项目	金额
1	直接材料	900元/件
2	直接人工	650元/件
3	变动制造费用	750元/件
4	固定制造费用	6 000万元

在完全成本法下，A产品的单位生产成本为2 900元/件（900 + 650 + 750 + 6 000 ÷ 10），高于乙公司追加订单的价格2 850元/件，订单价格无法弥补生产成本，因此甲公司应作出拒绝追加订单的决策，以降低损失。

在变动成本法下，乙公司追加的订单在甲公司当月最大生产能力范围内，且甲公司剩余生产能力无法转移，同时乙公司追加订单不会增加甲公司的专属成本。因此，此时的决策只需考虑接受订单的价格能不能产生边际贡献即可。本例中，乙公司追加订单的价格为2 850元/件，大于M产品的变动成本2 300元/件（900 + 650 + 750），每件产品可以给甲公司提供 550 元的边际贡献，合计增加 550 万元（550×1）的边际贡献，可以用来弥补固定成本。可见，只要在生产能力范围内，且剩余生产能力无法转移，同时追加订单不会增加专属成本，追加的订单越多，固定成本弥补的就越多，企业获得的营业利润也就越多。所以，对于生产能力尚有剩余的企业来说，采用变动成本法进行追加订单决策，具有重要意义。

（二）是否继续生产亏损产品的决策

在企业生产的产品当中，有些产品可能是亏损的。对于这些亏损产品，企业是继续生产还是停止生产，在完全成本法和变动成本法下可能会得出不同的结论。在完全成本法下，对于亏损产品往往会作出停止生产的决策。但是，在变动成本法下，如果剩余生产能力无法转移，只要亏损产品的边际贡献大于零，就应当继续生产；如果剩余生产能力可以转移，只要亏损产品的边际贡献大于剩余生产能力转移有关的机会成本，也应当继续生产。继续生产能够带来正向边际贡献的亏损产品至少可以补偿一部分固定成本。

【例 5-2】 沿用〖例 5-1〗，其中 B 产品 2019 年 11 月的产销量为 6 万件，销售价格为 2 000 元/件。假定 B 产品停产后其剩余生产能力无法转移。B 产品 2019 年 11 月成本数据如表 5-6 所示。

表 5-6　　　　　　　　　　　B 产品 2019 年 11 月成本数据

序号	成本项目	金额
1	直接材料	600 元/件
2	直接人工	400 元/件
3	变动制造费用	500 元/件
4	固定制造费用	3 600 万元

在完全成本法下，B 产品 2019 年 11 月的营业收入为 12 000 万元（2 000×6），成本总额为 12 600 万元 [（600＋400＋500）×6＋3 600]，营业利润为 -600 万元（12 000-12 600）。可见，该产品亏损，应当作出停产的决策。

在变动成本法下，B 产品 2019 年 11 月的营业收入为 12 000 万元，变动成本为 9 000 万元 [（600＋400＋500）×6]，边际贡献为 3 000 万元（12 000-9 000）。B 产品边际贡献大于零，且停产后其剩余生产能力无法转移，因此应继续生产。如果甲公司决定停产 B 产品，那么将导致甲公司 2019 年 11 月多损失 3 000 万元的利润。

假如 B 产品停产后，其生产设备可以对外出租，也就是说剩余生产能力可以转移。如果月租金小于 3 000 万元，则应继续生产；如果月租金大于 3 000 万元，则应停产；如果月租金刚好为 3 000 万元，则继续生产和停产均可。

（三）零部件自制或外购的决策

企业生产过程中所需要的某些零部件，有的既可自行生产，也可从市场上直接购买。零部件自制或外购的决策，属于互斥方案的决策，方案通常不涉及相关收入，只需考虑相关成本因素。在企业自制能力无法转移的情况下，自制方案的相关成本只包括按零部件全年需用量计算的变动成本。因此，在选择零部件自制或外购时，只需比较自制零部件单位变动成本和外购单价的大小，选择成本较低的方案。如果自制能力可以转移，则还需考虑自制能力转移有关的机会成本。

【例 5 - 3】沿用〖例 5 - 1〗，2019 年 11 月甲公司生产 C 产品需要某零部件 8 万件。该零部件既可外购，也可自制。如果外购，零部件的外购价格为 200 元/件。假定甲公司生产 C 产品所需某零部件的自制生产能力无法转移。2019 年 11 月 C 产品所需某零部件的成本数据如表 5 - 7 所示。

表 5 - 7　　　　　　　　C 产品所需某零部件 2019 年 11 月成本数据

序号	成本项目	单位成本（元）	成本总额（万元）
1	直接材料	80	640
2	直接人工	60	480
3	变动制造费用	30	240
4	固定制造费用		300
5	总成本		1 660

在完全成本法下，C 产品所需某零部件的自制成本为 1 660 万元，而外购的总成本为 1 600 万元（200×8）。如果仅以此判断，甲公司对于 C 产品所需某零部件应该进行外购。

在变动成本法下，C 产品所需某零部件的自制生产能力无法转移。也就是说，不论甲公司是自制还是外购 C 产品所需某零部件，300 万元的固定制造费用都会发生，属于沉没成本，在决策中不应予以考虑。C 产品所需某零部件的变动成本总额为 1 360 万元（640 + 480 + 240），比外购总成本 1 600 万元少 240 万元，因此应当选择自制。

假如 C 产品所需某零部件的自制生产能力可以用于承揽零星加工业务，如果当月因自制生产能力转移所带来的边际贡献大于 240 万元，则应选择外购零部件；如果当月因自制生产能力转移所带来的边际贡献小于 240 万元，则还应选择自制零部件；如果当月因自制生产能力转移所带来的边际贡献刚好等于 240 万元，则自制和外购零部件均可。

第四节 作业成本法

一、作业成本法概述

作业成本法，是指以"作业消耗资源、产出消耗作业"为原则，按照资源动因将资源费用追溯或分配至各项作业，计算出作业成本，然后再根据作业动因，将作业成本追溯或分配至各成本对象，最终完成成本计算的成本管理方法。作业成本法一般适用于具备以下特征的企业：作业类型较多且作业链较长；同一生产线生产多种产品；企业规模较大且管理层对产品成本准确性要求较高；产品、客户和生产过程多样化程度较高；间接或辅助资源费用所占比重较大等。

（一）作业成本法的产生

作业成本法由美国会计学家罗伯特·卡普兰教授和汤·约翰逊教授共同创立。这是一种基于传统成本计算制度下间接成本分配不真实而提出来的成本计算和控制方法。在传统成本计算制度下，间接成本的分配标准一般采用直接人工或机器台时，在品种少或间接成本数额不大的情形下较适用。但是，随着生产环境等因素的不断变化，直接人工成本的比重大大下降，而间接成本的比重却逐渐增加，更为重要的是间接成本的发生与直接人工成本渐失相关性，这使得以直接人工成本为间接成本的单一分配标准严重扭曲了真实的成本，产品成本严重失真。

作业成本法的逻辑依据是生产导致作业发生，产品耗用作业，作业耗用资源，资源消耗产生成本。作业成本法不仅大大提高了成本计算结果的精度，还引导企业经营者高度关注成本动因，从而克服传统成本法中间接费用责任不清的不足，使传统成本法下的很多不可控的间接费用，都能在新的核算系统中找到相关责任人，并施加必要的成本控制。随着作业成本法的应用及在管理领域的推广，作业成本信息被广泛应用于预算管理（如作业基础预算，即ABB）、存货估价、产品定价、新产品开发、产品组合决策、自制或购买决策、顾客盈利能力分析、业绩评价等方面，从而成为战略成本管理的核心和基础。同时，现代信息系统的推广应用（如ERP系统）为作业成本法、作业基础管理的实施提供了便利条件。

（二）与作业成本法相关的概念

与作业成本法相关的概念包括：资源、作业、成本动因、作业中心和成本库。

1. 资源。

资源，是指在作业进行中被运用或使用的经济要素，所有进入企业作业系统的人力、财力、物力等都属于资源范畴，它是企业生产耗费的最原始形态。资源费用，是指企业在一定期间内开展经济活动所发生的各项资源耗费。资源费用既包括房屋及建筑物、设备、材料、商品等有形资源的耗费，也包括信息、知识产权、土地使用权等各种无形资源的耗费，还包括人力资源耗费以及其他各种税费支出等。为便于将资源费用直接追溯或分配至各作业中心，企业可以按照资源与不同层次作业的关系，将资源分为如下五类：

（1）产量级资源，包括为单个产品（或服务）所取得的原材料、零部件、人工、能源等。

（2）批别级资源，包括用于生产准备、机器调试的人工等。

（3）品种级资源，包括为生产某一种产品（或服务）所需要的专用化设备、软件或人力等。

（4）顾客级资源，包括为服务特定客户所需要的专门化设备、软件和人力等。

（5）设施级资源，包括土地使用权、房屋及建筑物，以及所保持的不受产量、批别、产品、服务和客户变化影响的人力资源等。

2. 作业。

作业，是指企业基于特定目的重复执行的任务或活动，是连接资源和成本对象的桥梁。一项作业既可以是一项非常具体的任务或活动，也可以泛指一类任务或活动。例如，产品设计、材料搬运、包装、订单处理、机器调试、采购、设备运行以及质量检验等均为不同的作业。作业具有以下特征：作业是投入产出因果联动的实体；作业贯穿于企业经营的整个过程，包括企业内部和连接企业外部的各种作业；作业可量化。

按消耗对象不同，作业可分为主要作业和次要作业，主要作业是被产品、服务或客户等最终成本对象消耗的作业；次要作业是被原材料、主要作业等介于中间地位的成本对象消耗的作业。从作业对企业价值创造的作用看，作业可分为增值作业和非增值作业两大类，后者因与价值增值无关而应尽力避免或消除。企业可按照受益对象、层次和重要性，将作业分为以下五类：

（1）产量级作业，是指明确地为个别产品（或服务）实施的、使单个产品（或服务）受益的作业。该类作业的数量与产品（或服务）的数量呈正比例变动。包括产品加工、检验等。

（2）批别级作业，是指为一组（或一批）产品（或服务）实施的、使该组（或批）产品（或服务）受益的作业。该类作业的发生是由生产的批量数而不是单个产品（或服务）引起的，其数量与产品（或服务）的批量数呈正比例变动。包括设备调试、生产准备等。

（3）品种级作业，是指为生产和销售某种产品（或服务）实施的、使该种产品（或服务）的每个单位都受益的作业。该类作业用于产品（或服务）的生产或销售，但独立于实际产量或批量，其数量与品种的多少呈正比例变动。包括新产品设计、现有产品质量与功能改进、生产流程监控、工艺变换需要的流程设计、产品广告等。

（4）客户级作业，是指为服务特定客户所实施的作业。该类作业保证企业将产品（或服务）销售给个别客户，但作业本身与产品（或服务）数量独立。包括向个别客户提供的技术支持活动、咨询活动、独特包装等。

（5）设施级作业，是指为提供生产产品（或服务）的基本能力而实施的作业。该类作业是开展业务的基本条件，其使所有产品（或服务）都受益，但与产量或销量无关。包括管理作业、针对企业整体的广告活动等。

3. 成本动因。

成本动因，是指诱导成本发生的原因（或称成本驱动因素），是成本对象与其直接关联的作业和最终关联的资源之间的中介。成本动因通常选择作业活动耗用资源的计量标准来计量，如质量检查次数、占用面积、用电度数等。按其在资源流动中所处的位置和作用，成本动因可分为资源动因和作业动因。

（1）资源动因。

资源动因是对一项作业所消耗资源数量的计量，它是将作业资源成本分配给一个特定成本库的成本动因，是将各项资源费用归集到不同作业的依据，据以反映作业与资源之间的关系。例如，产品质量检验作业需要配备专门的检验人员、专用设备，并耗用一定的能源（电力）等。检验作业作为成本对象，其耗用的各项资源构成了检验作业的成本。其中，检验人员工资、专用设备折旧费等成本项目，可直接计入检验作业成本之中；而检验作业所耗费的能源成本往往不能直接计入（除非为该设备专门安装电表进行电力耗费记录），它需要根据设备额定功率（或历史资料统计的每小时平均耗电量）和设备开动小时数来分配。在这里，"设备额定功率及设备开动小时"就是能源成本的动因。设备开动导致能源成本发生，设备额定功率乘以开动时间的数值（即动因数量）越大，耗用的能源越多。按"设备额定功率乘以开动小时"这一动因作为能源成本的分配基础，可以将检验专用设备耗用的能源成本分配到检验作业当中。在制造业中，典型的资源成本动因包括：用于公用事业的仪表数；用于与薪酬相关的作业的员工人数；用于机器调整作业的调整次数；用于材料整理作业的材料移动次数；用于机器运转作业的机器小时等。由此也可看出，借助资源动因的高低，可以评价作业对资源利用是否有效。作业与资源动因之间的关系见表5-8。

表5-8　　　　　　　　　　作业及其资源动因示例

作业	资源（成本）动因
安装调试	安装调试小时
设备运行	设备工作小时
清洁	平方米
材料搬运	搬运次数、搬运距离与重量
人力资源管理	雇员人数、工作天数
能源消耗	电表、流量表、装机功率和运行时间
订单制作	订单数量
客户服务	服务电话次数、服务种类数量、服务时间

（2）作业动因。

作业动因计量了某一成本对象耗用了多少作业量，因此它是将不同作业中归集的成本分配到成本对象的依据。通过分析作业动因与最终产出的关系，可以揭示出增值作业与非增值作业，优化企业生产流程。成本动因是作业成本法实施的关键因素。成本动因选择的合理性直接关系到资源费用能否准确地分配到最终的成本对象中。典型的作业动因采购订单份数、验收单份数、检验报告数或时数、直接人工小时、机器小时等。例如，企业设计作业中心的作业动因可以是所设计的产品种类、设计工时等，营销作业中心的作业动因可以是营销推广次数、营销员工数、销售合同数等。

一般来说，成本动因选择需要考虑以下因素：①多样化。成本动因的数量取决于产品的多样化程度，不同的产品工艺流程因导致成本发生的原因不同，在将资源耗费准确分配到产品成本中时，应当选择不同的成本动因。②相关性。它要求反映成本对象、作业和资源之间的关联性。不相关的动因会扭曲成本的分摊，从而也不可能提供相关性的成本信息。③计量成本。从成本核算看，成本动因越多其核算精度越高，但成本核算系统实施的成本也可能越大。研究表明，成本动因数量应控制在 6 ~ 9 个，但也有人认为成本动因数量应设在 30 ~ 50 个之间。可见，成本动因选择必须慎重，从管理实施看，它最好由相关跨职能部门小组负责讨论、确定。

4. 作业中心。

作业中心是指具有同质作业动因的作业集合。作业中心可以是某一项具体的作业，也可以是由若干个相互联系的能够实现某种特定功能的作业的集合。划分作业中心的目的，一方面是出于重要性和成本效益原则以控制成本核算的力度；另一方面是为了整合相似职能实现资源共享、形成专业能力。例如，材料采购、检验、入库和仓储都可以归于材料处理作业中心。

5. 成本库。

成本库（也称成本池）归集了一个作业中心所耗用的全部资源，它是由若干个同质作业动因组成一个特定的集合体。成本库所汇集的成本按其具有代表性的作业动因分配到各有关产品成本对象之中。

（三）作业成本法的应用目标

作业成本法的应用目标包括：通过追踪所有资源费用到作业，然后再到流程、产品、分销渠道或客户等成本对象，提供全口径、多维度的更加准确的成本信息；通过作业认定、成本动因分析以及对作业效率、质量和时间的计量，更真实地揭示资源、作业和成本之间的联动关系，为资源的合理配置以及作业、流程和作业链（或价值链）的持续优化提供依据；通过作业成本法提供的信息及其分析，为企业更有效地开展规划、决策、控制、评价等各种管理活动奠定坚实基础。

（四）作业成本法的应用环境

企业应用作业成本法所处的外部环境，一般应具备以下特点之一：一是客户个性化需求较高，市场竞争激烈；二是产品的需求弹性较大，价格敏感度高。企业应用作业成本法应基于作业观，即企业作为一个为最终满足客户需要而设计的一系列作业的集合体，进行业务组织和管理。企业应成立由生产、技术、销售、财务、信息等部门的相关人员构成的设计和实施小组，负责作业成本系统的开发设计与组织实施工作。企业应能够清晰地识别作业、作业链、资源动因和成本动因，为资源费用以及作业成本的追溯或分配提供合理的依据。企业应拥有先进的计算机及网络技术，配备完善的信息系统，能够及时、准确提供各项资源、作业、成本动因等方面的信息。

（五）作业成本法的应用程序

企业应用作业成本法，一般按照资源识别及资源费用的确认与计量、成本对象选择、作业认定、作业中心设计、资源动因选择与计量、作业成本汇集、作业动因选择与计量、作业成本分配、作业成本信息报告等程序进行。

（六）作业成本法的优缺点

作业成本法的主要优点：一是能够提供更加准确的各维度成本信息，有助于企业提高产品定价、作业与流程改进、客户服务等决策的准确性；二是改善和强化成本控制，促进绩效管理的改进和完善；三是推进作业基础预算，提高作业、流程、作业链（或价值链）管理的能力。

作业成本法的主要缺点：一是部分作业的识别、划分、合并与认定，成本动因的选择以及成本动因计量方法的选择等均存在较大的主观性；二是操作较为复杂，执行成本较高，有可能违背成本效益原则。

二、作业成本法的核算程序

（一）两步制分配程序

根据作业成本法"作业消耗资源、产出消耗作业"的逻辑，资源应该通过资源动因分配给作业形成作业成本，而作业成本通过作业动因分配给最终成本对象。这就是作业成本核算的两步制分配程序（见图5－2）。

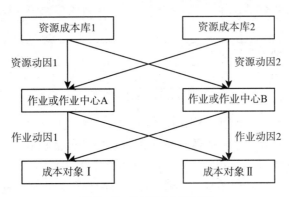

图5－2 两步制分配程序

1. 将资源成本分配给作业。

运用恰当的资源成本动因，把有关生产或服务的资源耗费归集到作业中心，形成成本库。

2. 将作业中心成本分配给成本对象。

运用恰当的作业成本动因，把作业中心成本分配到成本对象，形成相应的产品或服务成本。

（二）作业成本法的核算

基于两步制分配程序，实施作业成本法，"制造费用"归集和分配依据以下程序：

1. 按工作内容区分不同类型的作业。

在企业的生产活动过程中，构成价值链上的业务内容各不相同。作业成本法下根据业务内容区分出不同类型的作业，如材料整理准备、机器设备调整准备、机器设备维修保养、产品运送、产品质量检验等。

2. 分析成本与作业间的关系以确定各项作业的作业动因。

作业成本法下，开展每种作业所发生的成本是按产品生产消耗的作业动因数量分配的，为此要分析成本与作业之间的关系，确定每种作业的作业动因。作业动因是引起某类作业成本发生的活动或因素。例如，材料整理准备作业的成本主要受整理原材料的数量影响，机器设备调整准备作业的成本主要受机器设备调整准备小时数影响，生产线上产品运送作业发生的成本主要受可能为生产线上运送产品的数量影响等。因此，材料整理数量就是材料整理准备作业的作业动因，机器调整工时就是设备调整准备作业的作业动因，生产线上运送产品的数量就是产品运送作业的作业动因。

【例5-4】W公司是一家电器制造企业，生产甲、乙两种产品。B部门是W公司的一个生产车间，主要从事原材料接收、成型加工、质量检验三项工作。经分析，分别选择人工小时、机器小时和检验次数作为三项作业的成本动因，如表5-9所示。

表5-9　　　　　　　　　制造费用各项作业及其成本动因

作业项目	作业动因
材料接收	人工小时
成型加工	机器小时
质量检验	检验次数

3. 设置成本库并归集资源耗费到作业中心。

成本库以作业中心为对象，把具有相同作业动因的作业所耗费的资源归集到一起。这一过程包括两个环节：

（1）按照资源动因把资源的消耗一项一项地分配到作业。可以通过分析作业所花费的人工时间、人工等级等确定人工成本。其中，直接人工工资可以直接查询获取，间接人工工资则可以通过调查人员数量、所从事作业及人工分布情况获取。同样，对于水、热、电、风、气等能源，动力费用，以及机器设备、设施和固定资产的折旧与维护费用等各项资源，都可以通过适当的基准，如场地面积、机器工时等分配给各项作业，也可以将其中的重要项目单独列为作业以提高准确性。

（2）把具有相同作业动因的作业合并形成作业中心，再将作业中心中各项作业的资源耗费合并加总在一起。

【例5-5】承例【例5-4】2017年3月，W公司共生产甲产品100件，乙产品50件，且B部门所产生制造费用50 000元。假设B部门工人的熟练程度、等级和工资均无差别。因此，可以选择人工工时百分比作为分配资源耗费到作业的资源动因，其中，资源动因"工时百分比"根据各作业项目所耗并由相关作业管理人员进行预估分配。其分配结果如表5-10所示。

表5-10　　　　　　　　　　资源耗费归集到作业动因

作业项目	制造费用（元）（总资源）(1)	资源动因（工时百分比）(2)	作业成本（元）(3)=(1)×(2)
材料接收		30%	15 000
成型加工	50 000	50%	25 000
质量检验		20%	10 000

4. 基于作业成本动因确定各作业成本库的作业成本分配率并分配成本。

按照两步制分配程序，在归集同质作业成本库后，需要从中选取恰当的作业成本动因，把各作业成本库中的作业成本除以作业动因的单位数，计算出以作业动因为单位的作业成本分配率。接着根据成本对象耗用的作业量和作业成本分配率，将作业成本分配到产品或服务。实务中，也可以根据产品的作业动因单位的比率作为成本分配率，分配作业成本。典型的作业动因包括采购订单份数、验收单份数、检验报告数或时数、零部件储存数、支付次数、直接人工小时、机器小时、调整次数和制造周转次数等。

【例5-6】沿用【例5-4】【例5-5】的资料。假定2017年3月W公司B部门各项作业的按作业动因统计的作业量如表5-11所示。

表5-11　　　　　　　　　　2017年3月作业量统计

作业项目	作业动因	作业量	
		甲产品	乙产品
材料接收	人工小时	400 小时	200 小时
成型加工	机器小时	600 小时	400 小时
质量检验	检验次数	200 次	300 次

由此，可以确定三项作业的作业成本分配率分别为25元/小时、25元/小时、20元/次，从而可得出甲、乙两种产品的作业成本分配额，结果如表5-12所示。

表5－12　　　　　　　　　　　　　作业成本计算

作业名称 (1)	资源耗费（元） (2)	产品名称 (3)	产量（件） (4)	作业量（小时） (5)	作业成本分配率 (6)=(2)/∑(5)	作业成本分配额 （元）(7)
材料接收	15 000	甲	100	400	25	10 000
		乙	50	200		5 000
成型加工	25 000	甲	100	600	25	15 000
		乙	50	400		10 000
质量检验	10 000	甲	100	200	20	4 000
		乙	50	300		6 000

汇总三项作业的成本分配额，就可以计算出应分配到甲产品、乙产品的制造费用分别为29 000元和21 000元，如表5－13所示。

表5－13　　　　　　　　　　　　　作业成本汇总

产品名称 (1)	作业项目 (2)	作业成本（元） (3)	制造费用分配额（元） (4)
甲	材料接收	10 000	29 000
	成型加工	15 000	
	质量检验	4 000	
乙	材料接收	5 000	21 000
	成型加工	10 000	
	质量检验	6 000	
合计			50 000

图5－3是对W公司作业成本计算过程的归纳与总结。

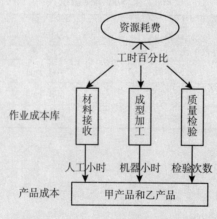

图5－3　W公司作业成本计算过程

应该说，与传统成本核算法相比，作业成本法因其"相关性"提高而大大提升成本信息的精确度，从而有利于企业利用成本信息进行管理决策。传统成本核算系统的一个最主要的缺陷就在于常常少计复杂的、低产量产品的成本，而多计高产量产品的成本，从而使成本信息不真实、不相关，并导致存货计价不准确、产品线决策不正确、资源分配不合理、产品定价不符合实际等，并最终以错误的战略视角和错误识别的关键成功因素而使企业失去竞争优势。

三、作业成本信息与作业基础管理

作业成本法及其核算结果，从动因角度解决了成本"是多少"的问题，但并没有直接回答产品成本"应该是多少""为什么是多少"等其他更核心的问题。由作业成本法而引出的作业基础管理（ABM），在一定程度上则是要解决此类问题。作业基础成本管理的目的在于识别增值作业、非增值作业，消除那些不必要或者无效的非增值作业，控制成本动因，以提高企业竞争力。

从企业战略成本管理经验看，作业成本法（ABC）和作业基础管理（ABM）作为管理工具，主要应用于回答相关的"关键性问题"：一是作业分析，用于回答"我们做了什么"。二是作业成本计算，用于回答"其成本是多少"。三是有利于作业成本信息进行业绩计量和评价，用于回答"我们做得如何"。四是对标法、作业分析以消除非增值作业，用于回答"我们如何能做得更好"。

由此可见，如何利用作业成本信息进行作业分析、管理，是体现作业成本法价值的关键所在。通常情况下，作业基础管理包括作业分析、作业改进、作业成本信息优化经营决策等内容。

（一）作业分析

一个完整的作业分析过程包括以下四个步骤：一是区分增值作业和非增值作业。增值作业是指企业生产经营所必需的，且能为顾客带来价值的作业。企业应合理安排作业及各作业之间的联系，竭力减少非增值作业的执行，努力提高增值作业的执行效率。二是分析确认重要性作业。根据重要性和成本效益原则，选择那些对价值创造来说比较重要的作业并对其进行分析。通常情况下，企业的绝大部分成本是由大约20%的作业引起的。三是对标及有效性分析。即通过与同业最佳实践进行比较，分析某项作业资源耗费的多少，判断该作业的人数、时间、效率是否最佳等，以寻找作业效率改进机会。四是关联性分析。即分析作业之间的联系以形成有序作业链。理想的作业链应该使作业完成的时间最短、重复次数最少。

作业分析具体做法包括：

1. 资源动因分析：评价作业的有效性。

资源动因是资源被消耗的方式和原因，运用资源动因可以将资源成本分配给各有关作业。可见，资源动因是资源成本分配到各项作业的基本依据。资源消耗并非都是合理、有效的，资源动因分析的目的就在于提高资源的有效性。

资源动因分析的程序包括：首先，调查产品从设计、试制、生产、储备、销售、运输直到客户使用的全过程，在熟悉产品生命周期的基础上识别、计量作业，并将作业适当合并，建立作业中心；其次，归集资源费用到各相应的作业；最后，分析执行作业消耗资源的情况，确定作业的有效性。

由于作业成本库是根据资源动因逐项分配汇集而成的，所以对资源动因进行分析可以揭示作业成本的资源项目（即作业成本要素）；再通过作业成本要素和作业相关性分析，揭示哪些资源是必需的，哪些资源需要减少，哪些资源需要重新配置，最终确定如何降低作业消耗资源的数量。资源动因分析的过程正是判断作业消耗资源必要性、合理性的过程，即评价作业有效性的过程。

【例5-7】X农机厂的化铁作业通常是一批一炉，是批别级作业。它消耗三类资源：第一类与化出的铁水数量有关，如原材料、焦炭的用量等，可以用铁水重量（单位：千克）表示这类资源消耗的资源动因；第二类与化铁所用材料的处理有关，包括材料领用、挑选、混合等，可以用材料处理次数表示这类资源消耗的资源动因；第三类与化铁所用的机器设备有关，可以用机器小时（单位：小时）作为这类资源消耗的资源动因。通过分析发现，农机厂化出1吨铁水的焦炭用量比行业平均水平高出30%，增加了成本。通过逐项排查与分析发现，造成焦炭用量偏高的原因是通风口设置不合理。为此，X农机厂进行技术改造，降低了不合理的资源消耗。

2. 作业动因分析：评价作业的增值性。

作业动因分析的重点在于确定各作业对产出的贡献，确认作业的增值性，即揭示哪些作业是必需的，哪些作业是多余的，最终确定如何减少产品消耗作业的数量，从整体上降低作业成本和产品成本。利用作业动因进行分析的结果可以判断产出消耗作业的情况、评价作业的价值。在这里，确定作业"增值"与否的条件非常重要。一般来说，增值作业必须同时满足以下条件：一是该作业的功能是明确的；二是该作业能为最终产品或劳务提供价值；三是该作业在企业的整个作业链中是必需的，不能随意去掉、合并或被替代。增值作业与非增值作业是站在顾客角度划分的，最终能够增加顾客价值的作业就是增值作业，否则就是非增值作业。例如，在制造企业中，采购订单的获取、在产品的加工以及完工产品必要的包装均属于增值作业。非增值作业是并非企业生产经营所必需的，不能为顾客带来价值的作业。例如，不必要的等待、延误、返工、次品处理、废品清理等，都是非增值作业。非增值作业是企业作业成本控制的重点。

在企业成本管理实践中，部分企业采用诸如回答下述"问题"的方法来要求各级管理层区分增值作业与非增值作业：（1）该作业对外部客户有价值吗？（2）该作业符合公司现有规章制度的要求吗？（3）以商业惯例看该作业是必需的吗？（4）该作业对内部客户有价值吗？（5）该作业是一种浪费吗？其中，前两个问题涉及公司的增值作业，而后三个问题则主要涉及非增值作业，且从管理角度看，应尽量消除问题（5）中的作业，并通过尽量改善作业和降低作业频次来管理问题（3）和问题（4）所涉及的作业。

【例 5-8】 在传统飞机制造中，全尺寸模型制作作业是设计研发的重要环节，其目的是检测数以万计的零部件是否匹配恰当，该项成本占单架飞机总成本的相当比重。但是，这项作业并不能为顾客带来价值，应当尽量削减。为此，波音公司在设计波音 777 时首次采用名为 CATIA 的三维计算机辅助设计技术进行虚拟"制造"，让工程师在计算机上检测并调整误差，大大减少制作实体模型的次数，而且保证和实现了在原型机建造的时候各种主要部件一次性成功对接。显然，波音公司的模型制作作业是一项必需的作业，但不一定真正增值，因此通过 CATIA 来改善可以降低相关成本。

3. 作业链的综合分析。

企业可以看成是一条完整的作业链，作业与作业之间保持有效的连接是决定企业作业链效率和价值的关键。理想的作业链应保证作业与作业之间环环相连，不存在重叠、作业之间的等待、延误等情形。企业在日常生产经营活动中，需要通过不断改进作业以提高作业链效率。在一个典型的制造企业中，模具制作作业消耗的资源与零件的种类数有直接因果关系。因此，在设计时可以考虑通用性以减少零件种类数，从而降低模具制作作业的资源消耗。

【例 5-9】 通用汽车公司应用 ABC/ABM 促使其零部件供应商通过消除以下非增值作业，降低零部件的成本和价格：(1) 过量生产；(2) 过量库存；(3) 过多的生产步骤；(4) 不必要的材料移动；(5) 不必要的等待时间；(6) 零部件因质量而返工；(7) 设备闲置；(8) 生产客户不需要的产品等。从这些措施可以看出，通用汽车公司借助于 ABC/ABM 并通过企业之间的作业链综合分析，强化与供应商的合作和企业自身的成本管理。

(二) 作业改进

作业基础管理的目的在于以顾客为导向，利用作业成本信息优化流程，改进作业，寻找成本最低的价值创造方式。改进作业的方法主要有：

1. 消除不必要的作业以降低成本。

例如，在选择高品质原料供应商的情况下，材料入库检验的作业不是必要的，应当消除。另外，由于非增值作业不能为顾客增加价值，类似材料的多次搬运作业等也应予以消除。

2. 在其他条件相同时选择成本最低的作业。

企业可以通过选择成本最低的方案，即选择成本最低的作业组合，实现降低成本的目的。企业不同的产品设计会有不同的作业 (链)，从而产生不同的成本，企业要通过设计环节测算比较，以选择成本最低的作业 (链)。

3. 提高作业效率并减少作业消耗。

它要求企业提高必要的增值作业或短期内无法消除的非增值作业的效率，减少作业消耗的时间和资源。例如，生产加工作业是增值作业，可以通过更高效组织协调来降低成本；再如，车间通过对员工加工动作的标准化、加工流程的重新编排，以缩短加工时间提高加工效率，从而减少资源耗费。

4. 作业共享。

利用规模经济提高必要作业的效率，降低作业动因的分配率。例如，利用模块化、材料或产品的标准化设计等实现材料、零配件等的共享，从而降低采购作业、设计作业等的成本。

5. 利用作业成本信息编制资源使用计划并配置未使用资源。

【例5-10】 X农业机械厂是一个大型农机生产企业，其生产的产品数量差异很大。数量最高的产品是四轮拖拉机，数量最低的产品是喷灌机，产量相差50多倍，该厂制造费用与直接人工费用的比例高达200%之多。如何体现前面所述的分析？

管理会计专家从作业管理角度分析和建议如下：

第一，通过作业链、价值链分析，降低成本。具体包括：（1）在进行价值链分析中，专家发现生产协调、检测、修理和运输这四个作业虽然是不增加顾客价值但又无法消除的作业，但它们的耗费是可以减少的。（2）通过作业链分析，专家发现农业机械厂生产作业安排较为混乱。针对上述情况，在作业管理方面有如下建议：总体是根据销售量确定生产量，根据生产进度状况确定库存，实际工作中可以采用计划评审法进行生产安排。

第二，消除或减少不增值作业，降低成本。运输作业主要是厂内运输，主要运输工具是叉车。将分散在各分厂的叉车集中在一起作为一个作业管理后，有三四台叉车显得多余。这主要是因为将叉车集中管理后，提高了利用率，灵活性增强。现在不但可以取消总厂原定的购买一台新叉车的计划，还可以将多余的叉车出售，从而省掉了新叉车的投资和运行成本，又降低了现有叉车运行成本，体现了资源集成的思想。

第三，深入作业层次加强管理，提高企业价值。具体包括：（1）提高零部件设计的通用性，降低相关作业的成本。（2）在划分作业中心基础上，总厂由控制5个分厂变为控制14个作业中心，将有效地促使各作业中心加强材料管理，浪费、毁损现象将被有效地控制。

第四，进行作业关系分析，合理安排生产，降低作业成本。例如机器准备作业、准备次数为资源动因，降低其成本的主要途径是减少准备次数。减少调整准备次数的前提是要保证生产顺利进行，因此就必须合理安排各种产品生产，尽量减少重复倒换工装的次数，以达到提高效率、降低成本的目的。

第五，分析确定关键作业，加强物资采购工作。物资采购时，应尽量做到货比三家，努力降低采购价格。采购的物资材料、配件、外协件等，进厂时严格进行质量检测，建立健全的退货、换货制度。如果因质量问题造成成本上升，要追究到采购责任人。另外，还要加强物资的库房管理，如因主观原因造成的损失、浪费，要追究库房管理人员的责任。

（三）利用作业成本信息优化企业经营决策

作业成本管理系统的核心用途在于通过信息提供、服务或支持企业经营决策，主要包括以下几个方面：

1. 作业成本法下的本量利决策。

传统管理会计根据相关范围内"产量—成本"间的依存关系，将成本划分为变动成本和固定成本两种基本形态（混合成本最终要分解到变动成本和固定成本之中）。变动成本定义为随产量变化而呈正比例变化的成本，如直接材料；固定成本则为不随产量变化而变化的成本，如设备折旧（或租金）等。而这种"变动成本—固定成本"两分法的本质，在于反映产品与作业成本在相关范围内的相关关系，但并没有反映产品与所耗资源之间的关系。

（1）作业成本法下的成本形态。

作业成本法下通过产品与所耗资源之间的关系，将成本分为短期变动成本、长期变动成本和固定成本三种形态。

第一，短期变动成本。短期变动成本类似于传统管理会计中的变动成本。从作业成本法看，短期变动成本与产量级作业有关。由于产量级作业消耗的资源成本一般与产品产量有关，因此变动成本采用产量或与产量密切相关的动因（工时、机时、重量、体积等）作为分配间接费用的基准。变动成本总额随产量呈正比例变动，而单位变动成本在相关范围内保持不变。

第二，长期变动成本。长期变动成本是指在批次、品种等固定情况下不随产量变动而变动的成本。这里的"长期"是指批次、品种可以调整的期间。与短期变动成本不同，决定长期变动成本高低的不是产量，而是品种级作业、批别级作业，如订购、生产准备、设备调整、接收、检验、搬运等成本。长期变动成本以作业为分配间接费用的基准，它随着作业量变动而呈正比例变动。

第三，固定成本。固定成本类似于传统管理会计中的约束性固定成本，是指在相关范围内不随数量基础、作业基础的成本动因量而变，从而保持相对稳定不变的成本。固定成本通常包括设施级成本，如总部管理人员工资、房屋、设备等固定资产折旧、审计费等。

（2）作业成本法下的本量利决策。

成本形态划分的改变将导致本量利决策的变化。作业成本法认为，短期变动成本和长期变动成本都属于变动成本范畴，只不过前者与产品产量相关，后者与产品消耗的作业量相关。因此，边际贡献不仅应当减去短期变动成本，还应减去长期变动成本，这就要求用本量利分析进行重新测算。

【例5-11】A公司是一家从事家具制造的企业。通过市场调查发现，一种新型茶几无论是款式还是质量等都很受市场欢迎。公司决定上一条新的生产线生产该产品。已知，该新产品的市场售价为750元/件，而变动成本为350元/件。公司预计，如果新产品生产线投产，将使公司每年新增固定成本600 000元，且公司要求该产品预期新增营业利润至少为480 000元。

根据传统本量利分析模型，假定公司产量与销量相等，则达到公司营业利润预期目标的产量 $Q = (600\,000 + 480\,000) \div (750 - 350) = 2\,700$（件）。

据测算，公司在上这一新项目时，新上设备的预计产量是 3 000 件。这就表明，在设备满负荷生产下，公司的营业利润不仅能达到 480 000 元的预期目标，而且还要高出很多，营业利润总额为 $3\,000 \times (750 - 350) - 600\,000 = 600\,000$（元）。

但是公司成本分析人员发现：公司预计新产品线将按批次来调配生产，即只能进行小批量生产，且每批次只生产 30 件。为此，公司预计 3 000 件的产能将需要分 100 批次来组织。同时，经过作业动因分析发现，在所有新增的 600 000 元固定成本中，有近 200 000 元的固定成本可追溯到与批次相关的作业中去，如机器准备和检修作业等。在这种情况下，该新产品的本量利分析就要重新测算：

（1）新产品的单位变动成本保持不变，即 350 元/件。

（2）新产品中与每批次相关的长期变动成本 $200\,000 \div 100 = 2\,000$（元/批），在这种情况下，单位产品所分摊的长期变动成本为 $2\,000 \div 30 = 66.67$（元）。

（3）新产品的固定成本减少到 400 000 元（600 000 − 200 000）。

根据上述可测算出，新产品线本量利模型下的保利产量 $Q = (400\,000 + 480\,000) \div (750 - 350 - 66.67) = 2\,640$（件）。

假定新产品的每批产量不变，以作业成本为基础所确定的保利产量决策结果将低于传统模型下所测算的结果（2 640 < 2 700）。在作业成本的本量利决策模型下，企业每年预计的生产批次为：$2\,640 \div 30 = 88$（批），且总批量成本实际发生额为 $88 \times 2\,000 = 176\,000$（元），它允许企业降低其总批次成本。

随着批次的增长，在单位批次成本不变的情况下，其总批次成本也可能上升。假定公司新产品只能按更小的批量来生产（每批次只能生产 20 件），此时每件产品的批次成本即为 $2\,000 \div 20 = 100$（元/批），则其本量利模型的保利产销量将改变为：

$$Q = (400\,000 + 480\,000) \div (750 - 350 - 100) = 2\,933 \text{（件）}$$

可见，增加批次相应增加了总批次成本（与批别级作业相关的长期变动成本），并抬高了保利产销量，从而有可能改变原来的产品生产决策。

2. 作业成本法下的产品盈利性分析。

产品盈利能力分析可以帮助管理者寻找盈利能力最强的产品，引导企业确定最佳的产品组合。不同的成本计算方法往往导致不同的成本计算结果，从而影响产品盈利能力的评价。采用传统变动成本法进行产品生产决策时，往往只注重产品生产的结果，而忽视了产品的实际生产过程，从而将与该产品生产过程相关的直接成本割裂开，有可能误导企业经营决策。作业成本法不仅考虑产品，而且考虑产品在生产经营过程中消耗的作业量，使得决策更具相关性和科学性。

【例 5 - 12】表 5 - 14 列示了〖例 5 - 5〗中 W 公司甲、乙两种产品的单价和直接材料、直接人工等变动成本。

表5-14 甲、乙产品盈利能力分析

产品名称	甲产品	乙产品
单价（元）	480	600
产销量（件）	100	50
变动成本（元）	9 500	11 000
其中：直接材料（元）	6 000	9 000
直接人工（元）	3 500	2 000
作业成本（元）	29 000	21 000
其中：作业A（元）	10 000	5 000
作业B（元）	15 000	10 000
作业C（元）	4 000	6 000

按照传统成本核算方法，假定其共同制造成本（本例为50 000元）按两种产品的产量来分配，则甲产品单位成本为：428.33元 $[(9\,500+50\,000\times100\div150)\div100]$，单位利润为51.67元（480-428.33）；乙产品单位成本为553.33元 $[(11\,000+50\,000\times50\div150)\div50]$，单位利润为46.67元。这两种产品均为盈利产品，企业应当生产这两种产品。

但在作业成本法下，则甲产品单位成本为385元 $[(9\,500+29\,000)\div100]$，其单位盈利为95元（480-385）；相反，乙产品单位成本则为640元 $[(11\,000+21\,000)\div50]$，单位盈利为-40元（600-640）。可见以现有价格来安排生产，该产品在经济上并不合算。作业成本信息能帮助企业经营者进行经营决策和判断。

在多品种生产的企业里，由于设备能力、加工能力、原材料供应、水电供应等各种资源限制，企业只能选择投入—产出效益最好的产品进行生产。如何综合考虑各种产品的成本水平、盈利能力及市场需求等多种因素，合理安排产品的品种结构使企业整体经济效益最大，是产品组合决策需要解决的问题。

3. 作业基础产品定价决策。

在一个完全竞争的市场中，产品价格由市场来决定，企业是市场价格的被动接受者。但完全竞争市场在现实中几乎不存在。而在不完全竞争的市场中，企业要想在这样的市场中取得竞争优势，只能从产品的设计、替换、功能改进以及成本上下功夫，并基于资源和成本等因素而进行有效定价。在这里，基于作业成本信息且借助成本加成定价策略进行产品定价，是企业常用的一种定价方法。

【例5-13】 沿用〖例5-12〗的成本数据。假设按照单位成本加成20%的策略确定产品价格。若采用作业成本法核算，可得甲产品和乙产品价格分别应为462元/件和768元/件。若采用传统成本核算，且为简单起见按照产量分配制造成本，则甲、乙产品单位制造成本均为333.33元/件，单位产品成本分别为428.33元/件和553.33元/件，加成20%后的价格分别为514元/件和664元/件。具体测算如表5-15所示。

表5-15 甲、乙产品盈利能力分析 单位：元

项目	甲产品	乙产品
变动成本	9 500	11 000
其中：直接材料	6 000	9 000
直接人工	3 500	2 000
单位变动成本	95	220
作业成本	29 000	21 000
其中：作业 A	10 000	5 000
作业 B	15 000	10 000
作业 C	4 000	6 000
单位作业成本	290	420
单位产品成本	385	640
产品定价（作业成本法下）	462	768
产品定价（传统成本法下）	514	664

由此可见，不同成本法将得到不同的成本信息，从而得出不同的产品定价和经营决策。应用成本加成法进行定价决策时需要强调的是，加成率通常由企业竞争策略和产品/服务的市场生命周期决定，且从资源角度，所加成的"成本"通常针对相关成本或增量成本。也就是说，在现有生产能力允许的范围内，企业无须考虑生产能力成本以及市场正常价格因素，而只需要确认相关的增量成本。如对于制造业而言，其增量成本一般考虑以下因素：一是直接消耗的原材料成本；二是额外增加的人工成本；三是额外发生的相关制造费用。

第五节　目标成本法

一、目标成本法概述

目标成本法，是指企业以市场为导向，以目标售价和目标利润为基础确定产品的目

标成本，从产品设计阶段开始，通过各部门、各环节乃至与供应商的通力合作，共同实现目标成本的成本管理方法。目标成本法一般适用于制造业企业成本管理，也可在物流、建筑、服务等行业应用。目标成本管理之所以重要，与企业面临的全球化竞争环境、产业环境以及产品生命周期的变化息息相关。

（一）目标成本法的产生

目标成本法起源于日本，现在世界范围内越来越多的公司都在采用这种方法。第一方面的原因在于企业在全球化竞争环境中，竞争者之间的产品质量差异正在逐渐缩小，企业对产品市场价格的影响能力越来越有限，为了实现预定的利润，必须从成本控制入手；第二方面的原因是，市场已由"卖方市场"向"买方市场"转变，这意味着生产什么、生产多少、卖多少钱都由消费者说了算，企业可以做的就是当价格、产品品种和数量都定下来后，为了实现预定利润，如何有效进行成本控制；第三方面的原因是产品生命周期，它缩短了给企业管理者预留的事后控制和调整成本的时间，从产生成本的原因上看，往往在产品生命周期早期的设计阶段，产品的价值和属性就已经将大量的成本固化，这给制定目标成本提供了条件，即不需要等到产品投入生产和销售，就可以预测成本和利润，也可以根据市场和用户的需求，调控成本。

（二）目标成本法的内涵

直观地看，目标成本是基于某一特定产品的销售价格，在考虑必要利润因素后倒推出的产品预期成本。例如，某产品的竞争性市场价格为 100 元，企业需要达到 15% 的利润率才能生存下去，那么该产品的目标成本为 85 元（100 − 100 × 15%）。在这里，竞争性市场价格取决于市场竞争情况，而必要利润率则由企业根据收益期望自主确定。但是，目标成本法的内涵远远不仅限于此，倒挤出目标成本仅仅是设定目标成本的开始。

从具体内涵看，目标成本法是确定目标成本以及围绕目标成本落实而展开一系列成本控制活动的总称。它不仅是一种成本控制方法，也是企业在既定营销策略下进行利润规划的一种方法。美国国际制造业协会（CAM − I）等将目标成本管理直接定义为"企业成本管理和利润规划的一种系统性管理程序"。目标成本管理过程由价格引导，关注顾客，以产品和流程设计为中心，并依赖跨职能团队。目标成本管理从产品开发的最初阶段开始，贯穿产品生命周期始终，并将整个价值链纳入其中。

（三）目标成本法的应用环境

企业应用目标成本法，要求处于比较成熟的买方市场环境，且产品的设计、性能、质量、价值等呈现出较为明显的多样化特征；企业应以创造和提升客户价值为前提，以成本降低或成本优化为主要手段，谋求竞争中的成本优势，保证目标利润的实现；企业应成立由研究与开发、工程、供应、生产、营销、财务、信息等有关部门组成的跨部门团队，负责目标成本的制定、计划、分解、下达与考核，并建立相应的工作机制，有效协调有关部门之间的分工与合作；企业能及时、准确取得目标成本计算所需的产品售价、成本、利润以及性能、质量、工艺、流程、技术等方面各类财务信息和非财务信息。

（四）目标成本管理的核心程序

企业应用目标成本法，一般按照确定应用对象、成立跨部门团队、收集相关信息、计算市场容许成本、设定目标成本、分解可实现目标成本、落实目标成本责任、考核成本管理业绩以及持续改善等程序进行。

根据日本企业（尤其是汽车企业）的管理经验，目标成本管理核心程序主要包括以下部分：（1）在市场调查、产品特性分析的基础上，确定目标成本。（2）组建跨职能团队并运用价值工程法（或价值分析法）等，将目标成本嵌入产品设计、工程、外购材料等的过程控制之中，以使产品设计等符合目标成本要求。（3）将设计完的产品生产方案投入生产制造环节，并通过制造环节的"持续改善策略"，进一步降低产品制造成本。具体流程如图5-4所示。

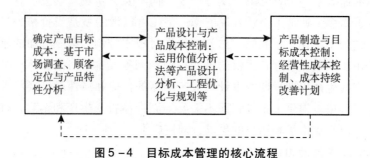

图5-4 目标成本管理的核心流程

（五）目标成本管理的实施原则

企业实施目标成本管理时大体遵循以下六项基本原则：

1. 价格引导的成本管理。目标成本管理体系通过竞争性的市场价格减去期望利润来确定成本目标，价格通常由市场上的竞争情况决定，而目标利润则由公司及其所在行业的财务状况决定。

2. 关注顾客。目标成本管理体系由市场驱动。顾客对质量、成本、时间的要求在产品及流程设计决策中应同时考虑，并以此引导成本分析。

3. 关注产品与流程设计。在设计阶段投入更多的时间，消除那些昂贵而又费时的暂时不必要的改动，可以大大缩短产品投放市场的时间。

4. 跨职能合作。在目标成本管理体系下，产品与流程团队由来自各职能部门的成员组成，包括设计与制造部门、生产部门、销售部门、原材料采购部门、成本会计部门等。跨职能团队要对整个产品负责，而不是各职能部门各司其职。

5. 生命周期成本削减。目标成本管理关注产品整个生命周期的成本，包括购买价格、使用成本、维护与修理成本以及处置成本。

6. 价值链参与。目标成本管理过程有赖于价值链上全部成员的参与，包括供应商、批发商、零售商以及服务提供商。

（六）目标成本法的优缺点

目标成本法的主要优点：一是突出从原材料到产品或服务全过程成本管理，有助于提高成本管理的效率和效果；二是强调产品寿命周期成本的全过程和全员管理，有助于提高客户价值和产品市场竞争力；三是谋求成本规划与利润规划活动的有机统一，有助于提升产品的综合竞争力。目标成本法的主要缺点：其应用不仅要求企业具有各类所需要的人才，更需要各有关部门和人员的通力合作，对管理水平要求较高。

二、目标成本的设定

目标成本是基于产品的竞争性市场价格，在满足企业从该产品中取得必要利润情况下所确定的产品或服务的最高期望成本。用公式表达即：

产品目标成本 = 产品竞争性市场价格 − 产品的必要利润

目标成本设定是实施目标成本法的第一个阶段，设定目标成本主要包括以下三个方面：

（一）市场调查

市场调查的核心是真实了解顾客对产品特性、功能、质量、销售价格等各方面的需求。其中，借助市场调查展开"产品特性"分析是关键。产品特性分析要求企业重点关注顾客对产品性能、质量等各方面的多元化需求偏好，明确不同顾客群体对产品性能意愿及其乐意承担或支付的"产品价格"，以平衡产品"功能—价格—成本"之间的联动关系。在这里，满足顾客需求即增加顾客价值。有些产品存在功能缺陷，即使是以再低的价格、再低的成本销售，顾客也不会愿意花钱来"享受"它，因为它们对顾客没有价值。同样，有些产品的功能过多、质量过高，超出顾客对产品功能、质量等的正常需求，即使企业花再大的成本，顾客也不会为此而"买单"。因此，产品功能分析旨在通过确认那些对顾客来说并不增值的产品或服务——非增值部分，来减少产品成本。

通常，市场调查的方法有三种：（1）对经济、政治、人口、产业等宏观或总体性资料的收集与预测；（2）对现实和潜在顾客的需求问卷调查；（3）选取特定顾客群体对他们的需求偏好做深入研究。

（二）竞争性价格的确定

竞争性价格是指在买方市场结构下由顾客、竞争对手等所决定的产品价格。一些产品的功能可能并不为顾客所接受（低于或高于顾客的预期），对顾客是没有价值的，在这些功能上所付出的成本并不为顾客所承认。同样，一些在功能上能满足顾客需要的产品，其价格很高也不可能为顾客所接受。另外，顾客是否愿意为一项产品支付成本还要考虑该产品竞争对手的情况，竞争对手产品的功能、质量和价格等因素都会影响顾客对该产品的接受程度。一般而言，竞争性价格的确定需要综合考虑以下三个因素：

1. 可接受价格。它是指顾客愿意为他们所要求的功能与特性支付的价格，企业应根据顾客的价格承受能力来设计产品的功能、特性和审美外观，并以此调整产品的价格。

2. 竞争对手分析。它是指分析竞争对手所提供的产品功能、特性、审美外观和价格，以及由此发生的成本和顾客满意度的评价。

3. 目标市场份额。即估计怎样的价格可以实现企业特定战略之下的目标市场份额。

确定竞争性价格的具体方法主要有两种：（1）市价比较法，即以已上市产品的市场价格为基础，加减新产品增加或减少的功能或特性（特性包括质量、外观等）的市场价值；（2）目标份额法，即预测在既定预期市场占有率目标下的市场售价。

（三）必要利润的确定

在目标成本确定模型中，除竞争性市场价格外，另一重要参数即产品的"必要利润"。必要利润是指企业在特定竞争战略下所要求的目标利润。这一变量既是客观的（它应反映投资者的必要报酬率），同时也是主观的（它因不同投资者、管理者的风险感受不同而不同）。其中，投资者的必要报酬率是指投资者投入资本所要求的收益率，从资本市场角度则体现为企业加权平均资本成本（WACC）。

从成本管理角度看，企业在确定产品必要利润并借此确定新产品目标成本时，除考虑投资者必要报酬率之外，还应当考虑以下两种不同行为动机对目标成本测定的影响：（1）采用相对激进的方法确定成本目标（如提高必要利润水平），人为"调低"目标成本，增强目标成本对产品设计过程的"硬预算"约束力，并辅以成本目标实现的"激励"属性，以最终实现目标利润；（2）采用相对宽松的方法确定目标成本（如调低必要利润水平），从而为产品设计提供相对较多的备选项，以提高产品设计的灵活性。

归根到底，任何管理都是人的行为，不同动机、取向有不同的行为结果。因此，企业管理者在确定目标成本时，应当考虑不同动机所带来的不同"经济后果"。

根据产品的目标价格及必要利润，即可测定产品的目标成本。此为目标成本管理的第一阶段。

【例5-14】 丰田汽车设定目标成本。

日本丰田汽车在实施目标成本管理过程中，其目标成本的设定主要包括两个步骤：

（1）以产品经理为中心，对产品计划构想加以推敲，编制新型车开发提案。内容包括：汽车式样及规格、开发计划、目标售价及预计销量等，其中，目标售价及预计销量是与业务部门充分讨论（考虑市场变动趋向、竞争车种情况、新车型所增加新机能的价值等）后确定的。开发提案经高级主管所组成的产品规划委员会核准承认后，即进入制定目标成本的阶段。

（2）制定目标成本与目标成本的分解。公司参考长期的利润率目标来决定目标利润率，再将目标销售价格减去目标利润即得到目标成本。在确定目标成本之后，则将成本规划目标进一步细分给负责设计的各个设计部。在设计过程中，并不是要求每个设计部一律规定其成本降低的百分比，而是由产品经理根据以往实绩、经验及合理根据等，与各设计部进行数次协调讨论后，确定各设计部的成本降低目标。另外，各设计部为实现目标成本，还需将成本目标进一步细分到构件、零件之中。

三、目标成本控制与产品设计

目标成本法的关键环节在于如何将已确定的目标成本真正地落到"实处"。这里的"实处"包括两层含义：（1）事前控制。将目标成本落实到产品设计中，落实到可以实现的"图纸"上，用目标成本来真正约束产品设计。"一个完成了的产品设计，某种意义上是图纸上就制造过程进行了一次'预演'。预演时赋予的各种条件就是实际生产过程中具体各项要求事项的体现。因此，设计就是在图纸上'制造'产品"。此为目标成本管理的第二阶段。（2）事中控制。将产品设计"图纸"上的目标成本真正转化为产品制造过程的成本发生，并通过产品制造过程的持续改善，最终实现目标利润。此为目标成本管理的第三阶段。下面具体介绍目标成本的实现过程：

（一）用目标成本约束产品设计

一旦设计完成，发生在产品制造环节的要素成本将必然发生，也就是说这些成本项目均已"固化"。这将意味着，企业在完成产品设计并将其转入生产制作、产品销售等流程时，人们将无法从总体上改变该产品成本的基本结构：产品设计在很大程度上"固化"了产品制造环节中的材料投入与用料结构、"固化"了产品生产流程和基本工艺方法、"固化"了产品制造中的人工投入，而且也"固化"了产品的性能与品质等。根据研究测算，产品设计环节将决定产品制造成本的80%～85%。举例来说，如果设计部门已"确定"B产品需要投入10种部件，那么，降低这10个部件的成本只能借助于与供应商的讨价还价、减少部件损耗等较难控制的成本因素，但如果设计部门通过产品优化设计，将10个单位的部件投入降为3～4个，则它所降低的成本将远远大于其在经营控制环节由"讨价还价"带来的成本节约。可见，从产品设计环节入手，从满足客户需求，平衡产品的价格与功能，需要将目标成本嵌入产品设计过程，使目标成本能够真正"约束"产品设计。

通常，在目标成本确定过程中，新产品"目标成本"与基于现时可比产品、现时设计、现时制造能力等"所能估算的成本目标"之间，存在一定差距。找到这些差距在一定程度上即为产品设计、制造等环节的成本降低找到了空间和机会。例如，福特汽车公司在设计Taurus这款车型过程中，工程师们在模型制造环节中就开始了削减成本，对设计环节提出以下建议并节约相关成本：（1）改用新型的一体化空调托架（节约4美元）；（2）在防溅挡泥板中用再生塑料而不是新塑料（节约45美分）；（3）从金属丝制安全带中去掉一个塑料部件（节约10美分）；（4）重新设计车门铰链栓（节约2美元）；（5）用塑料铸模天花板代替金属铸模天花板（节约7.85美元）；（6）在系统之外不再为汽车安装防盗锁电路（节约1美元）。通过这种精细化的产品设计，以"点滴"方式降低产品成本。

【例5-15】 丰田汽车是如何在设计阶段实现目标成本的？

设计是降低成本的核心。丰田汽车在产品设计阶段实现目标成本的举措主要包括两项核心内容：

（1）计算成本差距。将目标成本与公司目前的相关估计产品成本（即在现有技术等水准下，不积极从事降低成本活动下会产生的成本）相比较，从而确定成本差距。这一成本差距即为成本规划的目标，它是需通过设计活动降低成本的目标值。

（2）采用跨部门团队方式，利用价值工程寻求最佳产品设计组合。以产品经理为中心主导，结合各相关部门的一些人员加入产品开发计划，组成跨职能的成本规划委员会。然后，各设计部根据产品规划书，设计出产品原型，并结合原型把成本降低的目标分解到各个产品构件上。如果成本的降低能达到目标成本要求，就可转入基本设计阶段，否则还需要运用价值工程重新加以调整，以达到目标要求。进入基本设计阶段，需要运用同样的方法以挤压成本，再转入详细设计，最后进入工序设计。在工序设计阶段，成本降低额达到后，挤压暂告一段落，可以转向试生产。试生产阶段是对前期成本规划与管理工作的分析和评价，它主要解决可能存在的潜在问题。一旦在试生产阶段发现产品成本超过目标成本要求，就得重新返回设计阶段，运用价值工程法进行再设计。只有在目标成本实现的前提下，产品才能进入最后的生产阶段。

（二）应用价值工程技术进行产品设计

如何在产品设计中体现目标成本的硬约束，这就需要借助工程、技术、财务、营销等各部门的通力合作，并运用一定的方法来完成。其中，价值工程（value engineering，VE）就是一种被普遍应用的管理技术和方法。

在目标成本管理中，价值工程主要用于产品的设计分析，它旨在权衡"产品特性"与"产品成本"两者间的关系，通过产品设计以提升产品对顾客的价值。在这里，产品对顾客的"价值"也有两层基本含义：一是使用价值（use value），它是指产品性能，即产品或服务的能力；二是形象价值（esteem value），它是指产品所有者和使用者所传达的形象价值。价值工程分析的目的在于最大化产品使用价值、形象价值的同时，减少产品的成本。例如，针对香水这种产品，包装设计就显得非常重要，这是因为，企业采用塑料或普通瓶子包装并不影响产品的使用价值，但却损害着产品的自我实现价值，因此，如果企业试图在包装上过于经济，就难以为顾客所接受。

利用价值分析进行产品设计，主要包括两个方面：

1. 以顾客需求为导向利用价值分析指导产品设计。

它要求企业在产品设计过程中，高度关注来自顾客对产品性能、质量、成本等的期望。产品设计一般可以区分为构想设计、基本设计、详细设计与工序设计等不同阶段。不论处于何一阶段，都应以目标成本为依据。以波音公司为例。波音公司在引入目标成本管理之前，公司设计师、工程师们无论在哪一个设计阶段，只关注产品设计"工程领先、奇特新颖"，而不考虑或较少考虑成本因素；而在引入目标成本法之后，设计师在设计理念上产生了重大变化，他们认为，新机型的性能取决于市场规模（可售架数）、座位数、顾客对新技术需求选择等。例如，公司在其目标成本管理中发现，某一顾客要求为其机型增加地板地热系统，在实施目标成本法前，波音公司的设计师们总是"不计成本"地满足顾客的此类需求；而当引入目标成本法后，公司将追加的性能系统作为独立"产品"进行定价，而当顾客得知额外性能的成本超出 100 万美元时，顾客则对这一额外功能的追加进行自我评估，并最终放弃了这一产品。

2. 产品的设计分析。

产品的设计分析是建立在产品特性定位基础上的。它通过对各种不同的备选设计方案进行比较，并对各种方案下的产品功能、成本水平等进行测试，以选择出最符合顾客偏好同时未超出目标成本的设计方案。

在目标成本管理实践中，企业在产品设计环节常常需对下述问题进行决策（但不仅限于）：

（1）在确定了产品特性的前提下，企业是否存在"过度设计"？

（2）新产品所需部件的数量。

（3）新产品拟采用的部件是否能标准化？

（4）在哪里生产这些产品？

（5）所涉及的产品部件，有多少属于自制？多少属于外包？其成本、质量如何？

（6）如何保证新产品的最终质量？

（7）在新产品制造过程中，哪些部件或产品可以采用批次模式生产？

所有上述决策，都促使企业应立足于产品性能与产品成本之间的平衡关系（如避免过度设计、产品功能或质量超过顾客期望等），立足于通过设计来降低制造成本，强调"部件的标准化""产品批次化生产模式"等。因此，在产品设计环节正确作出决策，将直接降低产品的后续成本。

【例5-16】产品过度设计的表现及后果。

在多数情况下，由工程师主导的产品设计会强调产品的技术先进性，而可能会忽视产品的经济性。过度设计的产品不仅得不到顾客响应，而且还会加大生产成本。现实中，过度设计主要表现在以下方面：（1）没有明确的用户要求，企业确定的产品基本性能和主要参数高于实际需要。（2）产品结构过于复杂或结构工艺性能差，从而造成加工成本大量上升。（3）采用过大的安全系数，设计的零部件的重量、体积过大，或者是使用了功能或精度过高的材料和外协件，从而增加材料成本。（4）把零部件的加工精度、配合公差或技术性能要求的指标定得过高，增加制造和检查的工作量并增加产品废品率。（5）产品设计中没有做好产品系列化、通用化与标准化审查工作，特殊规格的零部件过多，大大增加了产品试制和生产准备费用，且不利于提高生产效率和产品质量。

四、目标成本控制及持续改善

实施目标成本法的第三个阶段即在生产过程中的目标成本过程控制与持续改善。在战略成本管理中，持续改善是一个重要概念。由于产品设计和生产规划已经确定，因此，成本的持续改善策略主要针对在产品制造环节可能存在的成本降低空间。当然，在目标成本管理中，"产品设计"与"产品制造"并不是两个完全独立的环节，它们之间是一个连续互动的动态过程。在产品价格、产品质量、产品性能等面临全面竞争的情况下，企业需要重新确定产品的目标成本、需要重新设计产品，与此同时，企业需要在新的产品设计、生产线规划之下，持续改善制造环节的成本，以增强企业竞争优势。

目标成本管理在具体实施中不应当是"一次性"的，而应被视为一个连续的循环过程。企业总是循着目标成本的"确定→分解→实现→再确定→再分解→……"这样一个循环过程，以达到成本的持续改善目标。之所以它是一个循环过程，原因就在于：（1）产品的销售价格是竞争性的，而且可能是不断下降的。因此，需要根据竞争性市场价格的波动而不断调整目标利润、目标成本。（2）企业因学习曲线效应等，在不断深化目标成本管理及大力推广制造过程中的持续改善策略，从而有可能改变原来设定的"目标成本"。例如，因持续改善而使原来的目标成本不再适用或目标要求过低，从而使目标成本管理失去应有的管理"激励"。（3）物料等投入品的成本也会随着市场变化而变化，因此需要及时调整产品的目标成本，以适时反映产品"真实"的目标成本。由此，企业在应用目标成本法时，并不是一时、一地的，它是一个交互循环的"持续改善"过程。

另外，成本管理的持续改善需要通过引入新的制造技术或方式、管理控制程序与方法等，以降低既定设计、产品功能定位下的产品制造环节成本。供应链管理、跨职能团队组织运作是促进目标成本控制、促进成本持续改善的重要保障。

（一）供应链管理

根据企业间价值链原理，任何一家企业在市场竞争中都依赖于其他企业，并进而形成产业簇群。在目标成本法中，价值链上所有成员（包括供应商、分销商、服务提供商、顾客等）都应被纳入目标成本管理之中。其中，作为价值链上游的供应链，是企业成本管理的重中之重。以戴姆勒·克莱斯勒公司为例，其产品价值的大约75%来自外购原材料及部件，在这种情形下，目标成本如果不介入供应商的参与将无法实现。供应链在某种程度上被当作企业的外部延伸，企业与企业之间通过互享设计信息、成本信息等，建立跨企业团队以实现成本削减目标。

如何强化供应链管理？合格供应商的评定、建档管理及信息更新非常重要，但更重要的是加强企业与供应商之间的联动，并为供应商降低供货成本提供足够激励。例如，为鼓励供应商提高其流程效率，戴姆勒·克莱斯勒公司每年对供应商业绩进行打分排名，其打分系统被称为"供应商成本削减系统"（supplier cost reduction effort，SCORE），公司要求各家供应商达到相当于5%的年度成本削减目标（基于各供应商对戴姆勒·克莱斯勒公司的年度营业收入总额）。而且，这一成本削减目标将任何可导致戴姆勒·克莱斯勒公司成本削减的各种好的建议也包括在内。例如，某供应商建议公司的汽车前风挡系统由多个部件变为单一组件，尽管该建议并未减少该供应商对公司的供应成本，却有助于提高公司的产品质量，并减少了公司生产线成本，由此在戴姆勒·克莱斯勒公司打分系统中，这一建议所带来的成本节约额，也被纳入计算该供应商的成本削减目标之中，从而对供应商的良好建议提供同样的激励。

如何激励供应商？一种普遍的做法是企业要让供应商分享因跨组织合作产生成本削减所带来的各种好处（包括信息共享、财务激励等）。

（二）目标成本管理中的跨职能团队

目标成本管理的有效实施必须以高效的组织结构作支撑。在这里，公司的组织结构可能是矩阵式的，也可能是纵向功能式的，但组建横向的跨职能团队则是目标成本管理所必需的。这些跨职能团队包括：设计中的跨职能团队、制造过程中的跨职能团队、一体化的跨职能团队等。在目标成本管理中，跨职能团队要自始至终对产品设计、制造、销售、服务的全过程负责。

仍以戴姆勒·克莱斯勒公司为例，该公司在实施目标成本管理时，设立了五个一体化的跨职能团队，范围涉及大型汽车、小汽车、微型汽车、货车和吉普车等产品系列，且每个团队的人员均来自设计、制造、采购、生产、财务等各部门。每个团队的成员少则5人，多则30人；会面周期少则1天，多则5天，他们利用头脑风暴法等来解决产品设计、制造过程中的问题。在目标成本管理过程中，公司为每个平台团队确定了成本目标、业绩目标，且将这些目标的实现作为团队成员年度业绩评价的重要依据。

第六节 成本管理前沿

一、全生命周期成本管理

（一）全生命周期成本理论产生的背景

全生命周期成本（Whole Life-cycle Cost，WLCC）理论起源于20世纪美国国防部对军工产品进行成本控制的研究。1966年6月，美国国防部开始正式研究全生命周期成本，并在1970年开始使用WLCC评价法。80年代全生命周期成本理论引入我国，在军工领域推广应用。

随着全生命周期成本在军事领域的成功应用，到20世纪70年代开始跨入实用化时代，其应用领域日益扩大到民用，逐渐成为大型国际化企业实施成本控制、提高竞争能力的有效管理手段。

面对竞争日益激烈的全球化环境，高科技产品不断涌现，社会需求呈现多元化、个性化，产品市场不断细分，产品生命周期不断缩短。此外，高科技产品的使用成本和报废处理成本通常较高，且报废处理时会产生一定的环境成本。产品成本的概念从生产领域延伸到上游的产品设计、研发成本，以及下游的产品使用、维护、保养、修理、废弃成本。因此，全生命周期成本管理显得尤为重要。

（二）全生命周期成本管理的意义

在新产品开发加快、产品生命周期缩短的情况下，全生命周期成本管理具有重要价值。

首先，在知识经济时代，用于产品研究开发的费用不断上升，尤其是高科技企业，全生命周期成本管理可以使企业更完整地进行全产业链的成本核算和计量。

其次，随着消费观念的改变，消费者在购买商品时，不仅考虑购买价格，还考虑产品的使用、维护及处置成本。企业为满足消费者对产品质量和体验的追求，产品推销、售后服务等方面的费用也不断增长。

最后，当前环保要求不断提高，越来越多的公司按照相关法律法规建立更加标准的操作规范，环保支出也呈上升趋势。

全生命周期成本将企业对成本的范围由简单的生产制造阶段，向前扩大到产品的开发设计阶段，向后扩大到顾客的使用阶段，有助于企业克服短期行为，促使企业承担更多的社会责任，培养长期竞争优势，实现长期发展战略。

（三）全生命周期成本的概念

1. 产品全生命周期。

全生命周期是指产品从产生直至消亡的整个过程，一般有三种含义：

第一种：从产品设计、制作生产到停止生产，这一周期概念是对产品的生产者而言，其空间范围限于企业内部，为狭义的产品生命周期。为了成本计算的需要，这一周期可以分为两个阶段：设计到正式投产阶段和正式投产到停止生产阶段。根据会计准则的规定，前一阶段的成本分别不同情况予以资本化或费用化，而后一阶段的成本构成产品的制造成本。

第二种：从产品进入市场到退出市场，这一周期概念是对某一种产品在市场上存续的时间而言。某种产品从进入市场到退出市场，要经历一个时间跨度，这个跨度就是产品的市场生命周期。这是市场营销中常用的生命周期概念，就此概念而言，产品市场生命周期可以划分为导入期、成长期、成熟期和衰退期。

第三种：从购买到报废的整个过程，这一周期概念是指从产品的购入到使用磨损，甚至报废的时期。由于这个概念是立足于消费者角度，又称为消费者产品生命周期。因为企业既是生产者，也是消费者，这一周期概念对企业也适用。

2. 全生命周期成本。

根据生命周期成本理论，产品全生命周期成本有狭义和广义两种概念。狭义的全生命周期成本是指在企业内部发生的由生产者负担的成本，包括产品从设计生产、销售到物流过程发生的成本；广义的全生命周期成本不仅包括上述由生产者负担的成本，还包括消费者购入产品后所发生的使用成本、废弃处置成本以及社会责任成本。其中，社会责任成本是指在产品生产、使用、处理和回收等过程中的环境卫生、污染处理等发生的成本支出，贯穿于产品的整个生命周期。

本章主要就广义的全生命周期成本展开讨论。广义的全生命周期成本包括产品研发成本、产品生产成本、产品营销成本、消费者购买后的使用成本以及产品废弃成本。全生命周期成本的构成如图 5-5 所示。

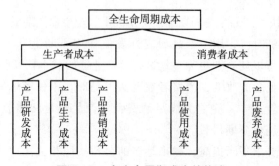

图 5-5　全生命周期成本的构成

全生命周期成本主要包括以下内容：

（1）产品研发成本。它包括企业研究开发新产品、新技术、新工艺所发生的可行性研究、市场调查、图样设计、产品试验等费用。在会计处理中，这些费用一般在发生时予以资本化或费用化。

（2）产品生产成本。产品生产成本为产品的主要成本，包括企业在生产过程中所发生的直接材料、直接人工、半成品与产成品的运输、储存以及转配、调试机器设备、检验产品质量、废品修复等费用，是传统成本会计核算的主要内容。

（3）产品营销成本。它是指产品被推向市场、逐步被消费者接受过程中所发生的成本，主要包括产品包装、存储、运输、产品试销、广告等费用。

（4）产品使用成本。它是指为顾客提供售前、售后服务所发生的咨询、管理、赔偿等费用。

（5）产品废弃成本。它主要是指产品退出使用、报废和再生所发生的处置成本，如汽车的尾气处理、废品报废处理时产生的有毒垃圾给环境带来的环保成本等。

3. 产品全生命周期成本管理。

产品全生命周期成本管理的目标要与企业的战略目标一致。根据迈克尔·波特的竞争战略理论，企业可以实行三种战略：低成本战略、差异化战略和目标集聚战略。如果企业执行的是低成本战略，则全生命周期成本管理的目标就是追求成本最低化。但如果企业执行的是差异化和目标集聚战略，此时全生命周期成本管理的目标就是实现在一定成本水平下的收益最大化，应该充分考虑收益和成本之间的关系，使净收益最大化，而不是简单追求成本最低化。

（四）全生命周期成本的管理方法

全生命周期通常划分成四个阶段，即产品研发阶段、产品生产阶段、产品营销阶段、产品售后服务和废弃阶段。在不同阶段成本管理的重点和方式各不相同。

1. 产品研发阶段。

该阶段通常包括产品在生产之前的市场调研、研究开发和产品设计。通过从研发源头进行改善，可以有效地控制产品的总体成本。因此，本阶段的成本管理重点不是要降低研发费用，而是要努力研发出既适应市场需求，又不会生产过剩，功能齐全且具有竞争性的产品。在实务中，该阶段多采用价值工程分析法来权衡产品成本与功能之间的关系。价值工程（Value Engineering，VE）是以产品功能分析为核心，力求用最低的生命周期成本实现产品的必备功能，从而提高价值的一种有组织、有计划的创造性活动和科学管理方法。其计算公式如下：

$$V（价值）＝F（功能）/C（成本）$$

式中，V 代表产品的价值，是产品的功能与取得该功能所需成本的比值。由上述公式，可以得出提高产品价值的五种主要途径：

（1）成本不变，功能提高。

（2）功能不变，成本下降。

（3）成本略有增加，功能大幅度提高。

（4）功能略有下降，成本大幅度下降。

（5）成本降低，功能提高。

价值工程的核心是以最低的成本实现产品应具备的必要功能。

2. 产品生产阶段。

产品的生产阶段是产品由设计变为现实的阶段。此阶段，成本管理的策略包括标杆成本的制定、作业成本核算、适时生产管理等，还可以将目标成本和作业成本结合起来控制企业的生产成本。此外，企业还必须建立高效的供应链，加快存货周转效率，不断降低库存水平，并通过与全面质量管理同步实施，实现适时生产管理，降低产品成本。

成本标杆法是企业与同行业中领先的对手进行成本比较的持续过程，是企业掌握竞争对手信息，做到知己知彼的有效手段。企业可以通过不断与优秀企业的成本信息及结构进行对比分析，找到标杆，树立标杆，从而达到降低成本的目的。它可以作为企业长期的成本战略，为企业在市场竞争中取得胜利提供支持。

前已述及，作业成本法是一个以作业为基础的管理信息系统。它以作业为中心，把企业的活动划分为从产品设计开始，到物料供应；从工艺流程、组装、质检到发运销售全过程的各个作业，通过对作业及作业成本的确认、计量，最终计算出相对准确的产品成本。经过对所有与产品相关联的作业的跟踪，企业可以消除不增值作业，优化作业链和价值链，最大限度地节约资源，最终达到增加企业价值、提升企业竞争力和获利能力的目的。

适时生产（JIT）是指在所需要的时刻，按所需要的数量生产所需要的产品或零部件的生产模式，其目的是加速半成品的流转，将库存的积压减少到最低的限度，从而提高企业的生产效益。

3. 产品营销阶段。

在现代市场经济条件下，企业的营销手段不断地推陈出新，以引导消费者的消费理念。因此，企业应该根据产品的特点以及产品所处的不同生命周期阶段，选择适合的营销手段。

对处于初创阶段的产品，企业可以较多地投入广告宣传费用；对处于成熟期的产品，由于其已建立了一定的声誉，在市场中占有一定的份额，企业可以适当减少宣传费用的投入；而对处于衰退期的产品，企业要注重短期收益，对每一笔支出要考虑成本与效益原则。

在产品的营销阶段，当今消费者越来越追求个性化服务，因此包装设计也是一种很重要的营销策略。如果产品的质量和功能比较接近，个性化的外观设计有利于提高销售份额。

4. 产品售后服务和废弃阶段。

在产品售后服务阶段，企业应该把顾客使用阶段的成本考虑进去。企业需要降低产品出售后由于产品质量问题造成的各种损失，要减少索赔违约损失、降价处理损失，以及对废品、次品进行三包服务而产生的成本，还要考虑或有成本、机会成本等。

在维护阶段，企业应该有效管理为提高客户满意度而支出的大量维护成本，在提高产品质量的基础上降低维护费用支出，并建立有效的信息反馈机制，保证客户需求能够得到及时满足。在产品废弃或升级时，企业应该对客户的追加成本及企业的替换成本进行核算，以保证产品生命周期的成本能够得到全面反映，准确核算产品盈利能力。

需要强调的是，产品售后和废弃阶段的环境成本管理也是全生命周期成本管理的关键一环。如果有效管理，便可降低企业成本，提高生产效率；反之，则会提高处理成本。企业可以应用再生循环项目，回收旧产品进行结构改造，之后再以新包装推出，这样可减少原材料投入，降低能源消耗，减少废弃物排放。

二、质量成本管理

（一）质量成本管理概述

1. 质量成本管理的含义。

质量成本管理是以质量成本为核算内容的会计核算与管理体系。其基本内容是：通过事前的最佳质量成本决策、日常的质量成本控制以及事后的质量成本核算与分析三个环节来加强质量成本管理，使会计工作更好地为全面质量管理服务，达到改进产品质量、降低产品寿命周期成本、提高企业经济效益和社会效益的目的。

2. 质量成本管理的形成和应用。

20 世纪 80 年代初，我国在借鉴全面质量管理的过程中，引进了质量成本并在试点企业加以应用。在中国质量管理协会和中国成本研究会的积极推动下，原机械工业部率先在系统内的汽车、机床、电子三个行业六个典型企业组成"质量成本课题研究组"，对质量成本及其应用展开研究并进行试点，取得明显效果。中国质量管理协会质量经济分析研究委员会从 1984 年开始，连年召开研讨会对质量成本及其在我国的应用展开研究，取得多项研究成果。

1986 年颁布的国家标准 GB 6583.1—1986《质量管理与质量保证术语》第一部分明确规定："质量成本是将产品保持在规定质量水平上所需要的费用，它包括预防成本、鉴定成本、内部损失和外部损失成本。"

1988 年 12 月颁布的国家标准 GB/T 10300.5—1988《质量管理和质量体系要素指南》提出："质量成本是指生产方、使用方在确保和保证满意质量时所发生的费用，以及在不能获得满意质量时所遭受的损失。"

1991 年 1 月颁布的国家标准 GB/T 13339—1991《质量成本管理导则》把质量成本定义为"将产品质量保持在规定水平上所需的费用，它包括预防成本、鉴定成本、内部损失成本、外部损失成本，在特殊情况下，还需增加外部质量保证成本"。

由此可见，质量成本在我国的应用，虽然起步较晚，应用的时间不长，但推广应用的速度还是较快的。在不到 40 年的时间，质量成本在我国的不少企业中，尤其是在机电、纺织、冶金、电子、航天和一些高新科技领域得到广泛推广和应用，其效果也较为明显。

财政部 1986 年在《关于印发〈国营工业企业成本核算办法〉的通知》中指出，企业在做好产品成本核算的前提下，有条件的企业，应当根据生产管理的需要，核算各种专项成本，如材料采购成本、产品质量成本等。此后国有大中型企业开始试行质量成本核算。

（二）质量成本的内容

根据经济形态的类型，质量成本由两部分构成，即运行质量成本和外部质量保证成本。

1. 运行质量成本。

运行质量成本是指企业为保证和提高产品质量而支付的一切费用以及因质量故障所造成的损失费用之和。按照经济用途分类，运行质量成本可分为预防成本、鉴定成本、内部损失成本和外部损失成本四项。

（1）预防成本。

预防成本一般发生在生产之前，是指用于保证和提高产品质量，防止产生废品、次品的各种预防性费用。预防成本的发生，往往使后续的失败成本下降。预防成本又可细分为：质量工作费用、产品评审费用、质量培训费用、质量奖励费用、质量改进措施费用和质量管理专职人员工资及福利费用等。

（2）鉴定成本。

鉴定成本又称为检验成本，是指为检查和评定材料、在产品或产成品等是否达到规定的质量标准所发生的费用。企业发生鉴定成本的目的，是在生产过程中，能够尽快发现不符合质量标准的产品，避免损失延续下去，可减少失败成本。检验成本又可细分为：检测试验费、工资及福利费、检验试验办公费用和检验测试设备及房屋折旧费用等。

（3）内部损失成本。

内部损失成本又称为内部差错成本、内部失败成本，是指产品出厂前，因不符合规定的质量要求所发生的费用。这类成本一般与企业的废次品数量成正比。内部损失成本又可细分为：废品损失、返修成本、停工损失、事故分析处理费用和产品降级损失等。

（4）外部损失成本。

外部损失成本又称外部差错成本，是指产品出厂后因未达到规定的质量要求，而发生的费用或损失。外部损失成本又可细分为：诉讼费用、赔偿费用、退货费用、保修费用和产品降价损失等。

2. 外部质量保证成本。

外部质量保证成本是指为用户提供所要求的客观证据所支付的费用，主要包括：

（1）为提供特殊的、附加的质量保证措施、程序、数据所支付的费用。

（2）产品的验证试验和评定的费用。

（3）为满足用户要求，进行质量体系认证所发生的费用。

（三）质量成本核算和计量

1. 质量成本的核算。

质量成本核算就是按产品形成的全过程，对发生的预防成本、鉴定成本、内部损失成本和外部损失成本等质量成本以货币形态进行核算。质量成本核算一般先由各核算网点进行，然后由企业财会部门统一核算。

质量成本核算可以正确反映质量成本预算的执行情况，有助于进行全面质量成本控制，也是进行质量成本报告与质量成本分析的前提和基础。但目前我国的企业会计制度或会计准则中没有专门核算质量成本的会计科目，所以企业主要是在账务处理上采取一些变通措施。目前，最常见的有以下两个核算方案可供选择。

（1）独立核算形式。即把质量成本的核算和正常的会计核算截然分开，单独设置质量成本的账外记录，由各质量成本控制网点进行核算。其中大部分可利用原有的资料（如废品损失计算单），并在原有的"生产成本""制造费用""管理费用""销售费用"账户内设置专栏，根据有关会计凭证将质量成本数据在专栏内填列。并由各质量成本控制网点，根据结果定期编制"质量成本报告"，作为考评该网点业绩的依据。

独立核算形式，优点是简便易行，不影响现有的会计核算体系；缺点是不能对质量成本的实际发生数进行准确和有效的控制。

（2）非独立核算形式。即在原有的会计科目表中增设"质量成本"一级科目，在它的下面设置"预防成本""检验成本""内部差错成本""外部差错成本"四个二级科目；各二级科目下还可按具体内容设置明细科目，从而把质量成本的核算与正常的会计核算结合在一起。

非独立核算形式最大的问题是与现行会计制度不相容，会计期末无法在资产负债表和损益表中进行反映。为了解决这个矛盾，会计期末可以将质量成本在"生产成本""管理费用""销售费用"中进行分配，但分配的标准不好确定，因此非独立核算形式的缺点是账务处理比较繁重；优点是能对质量成本的实际数进行准确而有效的控制。

2. 质量成本的计量。

质量成本根据其具体表现形式又可分为显性质量成本和隐性质量成本。显性质量成本是指企业在生产经营过程中因为产品质量而实际发生的耗费和损失，是可以从企业会计记录中获取数据的成本，由预防成本、鉴定成本、内部损失成本及部分外部损失成本构成。隐性质量成本是指由于提供的产品或服务质量低劣而导致的机会成本，通常不在会计记录中反映，例如失去销售机会、顾客欠满意、市场占有率下降等。

（1）显性质量成本的计量。

显性质量成本由预防成本、鉴定成本、内部损失成本及部分外部损失成本构成。与传统生产成本相比，该类质量成本往往被掩盖于传统会计账簿中各个账户里，如"原材料""管理费用""制造费用"等。因此，要根据日常财务会计的记录追溯显性质量成本时，需要对与显性质量成本相关的账户当期发生额进行分析，找出其中可归属于显性质量成本的金额，再进行汇总，最后得出一定期间内显性质量成本的发生额及其明细。

【例5-17】华夏公司生产甲产品，2021年12月发生的质量成本情况如下：

①用银行存款支付质量改进措施费90 000元

借：质量成本——预防成本 　　　　　　　　　　　　　 90 000
　　贷：银行存款 　　　　　　　　　　　　　　　　　　　　　　 90 000

②用银行存款支付产品质量检测费8 000元

借：质量成本——鉴定成本 　　　　　　　　　　　　　 8 000
　　贷：银行存款 　　　　　　　　　　　　　　　　　　　　　　 8 000

③甲产品检测入库时，发现不可修复废品3件，每件残值10元，甲产品单位成本为：直接材料160元，直接人工120元，制造费用140元

借：质量成本——内部损失成本   1 260

    贷：生产成本——甲产品   1 260

借：原材料   30

    贷：质量成本——内部损失成本   30

④产品检验入库时，发现可修复废品2件，每件修复需原材料40元，人工费50元

借：质量成本——内部损失成本   180

    贷：原材料   80

        应付职工薪酬   100

⑤用银行存款支付产品质量保修费用20 000元

借：质量成本——外部损失成本   20 000

    贷：银行存款   20 000

⑥月底结转废品损失和其他质量费用

借：生产成本——甲产品   1 410

    贷：质量成本——内部损失成本   1 410

借：管理费用   90 000

    制造费用   8 000

    销售费用   20 000

    贷：质量成本——预防成本   90 000

              ——鉴定成本   8 000

              ——外部损失成本   20 000

（2）隐性质量成本的计量。

由于隐性质量成本不能从财务数据中分析取得，且其数额可能较大，只能通过估计的方法进行计量。评估隐性质量成本的常用方法有如下三种：

①乘数法。

乘数法简单地假定全部外部损失成本是已计量的外部损失成本的一定倍数。

其计算公式如下：

全部外部损失成本 = K × 已计量外部损失成本

隐性质量成本 = 全部外部损失成本 - 已计量外部损失成本

式中：K为乘数因子，根据经验估计确定。

【例5-18】华夏公司根据经验估计的K值为3，假定已计量的全部外部损失成本为190万元，则华夏公司隐性成本估计值为多少？

全部外部损失成本 = 3 × 190 = 570（万元）

隐性质量成本 = 570 - 190 = 380（万元）

②市场研究法。

市场研究法通常用来判断不良质量对销售和市场份额的影响。通过对顾客的调查以及对企业销售人员的访谈，可以对隐性质量成本的估计提供重要参考依据，可用于预计不良质量所带来的未来利润流失数。

③塔古奇损失函数法。

塔古奇损失函数法假定任一个质量特性相对于目标值的偏离都会导致隐性质量成本的发生，而且当质量特性的实质值偏离目标值时，隐性质量成本以平方倍增加。

其计算公式如下：

$$L(Y) = K(Y - T)^2$$

式中：K 为企业外部损失成本结构的比例函数；Y 为质量特性的实际值；T 为质量特性的目标值；L 为隐性质量成本。

运用塔古奇损失函数法，必须先估计 K 值，用一个极限值相对于目标值的偏离值平方去除该极限值对应的预期隐性质量成本，可以得出 K 值为：

$$K = C/D^2$$

式中：C 为上限或下限值对应的预期隐性质量成本；D 为上限或下限相对于目标值的偏离值。

C 值的估计可以借用乘数法和市场调查来进行。一旦估计出 K 值，就可以估计质量特性相对于目标值的任何水平的偏差所导致的隐性质量成本。

（四）质量成本的控制和报告

1. 质量成本的控制。

质量成本控制是指通过各种措施和手段达到质量成本目标的一系列管理活动，是对质量成本发生和形成的全过程进行的控制，一般包括以下几方面的内容：

（1）新产品开发设计阶段的质量成本控制。其主要目的就是要以最低的成本设计出质量最佳的产品。该阶段的质量成本控制包括：①将产品质量控制在适宜水平；②加强设计的论证和评审，以保证产品的设计质量，实现预期的质量目标；③加强样品的试制和试验，保证产品设计质量的完善；④加强技术文件的管理，控制技术管理成本。

（2）生产过程的质量成本控制。这一阶段的质量成本控制包括：①生产技术准备的质量控制；②工序的质量控制；③技术检验工作控制；④加强不合格品管理，降低厂内、厂外损失。

（3）销售过程的质量成本控制。这一阶段的质量成本控制包括：①产品包装、储运的质量管理；②产品售后服务的质量管理；③索赔处理的质量管理等。

（4）质量成本的日常控制。这一阶段的质量成本控制包括：①建立质量成本管理系统，确定质量成本控制网点；②建立质量成本分级控制和归口控制的责任制定，并建立高效灵敏的质量成本信息反馈系统。

2. 质量成本报告。

质量成本报告，是衡量企业在某个特定期间的质量成本构成情况的报表及质量成本分析评价的报告。质量成本报表是内部报表，供企业管理人员尤其是最高领导者了解质量成本的高低及构成以便进行有关决策。质量成本报表，常随着编制目的不同，而有多种不同的样式和类型。有的企业推行了责任会计，则以部门类别来编制；也有企业以产品类别来编制整个组织的质量成本报告。但不论企业采取何种方式编制质量成本报告，其内容主要包括以下几个方面：（1）各质量成本要素占总质量成本的比重；（2）各质量成本要素及总质量成本金额占销售成本或销售收入的比重；（3）如果企业制定了质量成本预算，则还需要反映实际数与预算数的差额。

三、环境成本管理

（一）环境成本的概念及产生的背景

随着科技的进步，企业从自然界中攫取的资源越来越多，排出的废弃物也越来越多，环境保护问题引起了全社会的高度重视，要求企业减少环境污染，降低影响环境的物质能源消耗，建立并实施环境成本制度。为应对这一情况，各国政府和国际性组织都对环境成本进行了规范。

联合国国际会计和报告标准政府间专家工作组第15次会议文件《环境会计和财务报告的立场公告》提出："环境成本是指本着对环境负责的原则，为管理企业活动对环境造成的影响而被要求采取措施的成本，以及因企业执行环境目标和要求所付出的其他成本。"

（二）环境成本的分类及内容

环境成本的内容十分广泛，从不同的视角研究环境成本，可以对环境成本进行多种分类。

1. 从环境成本控制的角度分类。

（1）事前环境成本。它是指为减轻对环境的污染而事前予以开支的成本，具体包括：环境资源保护项目的研究、开发、建设、更新费用；社会环境保护公共工程和投资建设、维护、更新费用中由企业负担的部分；企业环保部门的管理费用等。

（2）事中环境成本。它是指企业生产过程中发生的环境成本，包括耗减成本和恶化成本。耗减成本是指企业生产经营活动中耗用的那部分环境资源的成本；恶化成本是指因企业生产经营恶化而导致企业成本上升的部分，如水质污染导致饮料厂的成本上升，甚至无法开工而增加的成本。

（3）事后环境成本。它是指企业生产完工后对废弃物的处理成本，包括恢复成本和再生成本。恢复成本是指对因生产遭受的环境资源损害给予修复而引起的开支；再生成本是指企业在经营过程中对使用过的环境资源使之再生的成本，如造纸厂、化工厂对废水净化的成本。

2. 从环境成本形成的角度分类。

（1）企业环保系统的研究开发成本。它是指在对环保产品的设计、生产工艺的调整、材料采购路线的变更和对工厂废弃物回收及再生利用等进行研究、开发的成本，主要包括绿色产品的开发、增加原生产品环保功能的研究、企业生产工艺路线的调整及材料采购的选择等方面所需的成本。

（2）生产过程直接降低环境负荷的成本。它是指在企业生产过程中直接减少污染物排放的成本，包括产品废弃物的处理、再生利用系统的运营、对有环境污染影响的材料替代、节能设施的运行等方面的成本。

（3）生产过程间接降低环境负荷的成本。它是指生产过程中的环境管理成本，指在生产过程中为预防环境污染而发生的间接成本，包括环保设备的购置、职工环境保护教育费、环境负荷的监测计量、环境管理体系的构筑和认证等方面的成本。

（4）销售及回收过程降低环境负荷的成本。它是指企业对销售的产品采用环保包装或回收顾客使用后的污染环境的废弃物、包装物等所发生的成本，主要包括环保包装物的采购、产品及包装物使用后的回收利用或处理等方面的营运成本。

（5）企业配合社会地域的环保支援成本。它是指有助于企业周围实施环境保全或提高社会环境保护效益的成本，主要包括企业周边的绿化成本，对企业所在地域环保活动的赞助成本，与环境信息披露和环境广告有关的成本支出，以及在开征环境税的国家里所支付的环境税成本等。

（6）其他环保支出。它是指在上述范围以外的各种环境保护费用支出，包括由于企业活动而造成对土壤污染、自然破坏的修复成本及公害诉讼赔偿金、罚金等方面的支出。

3. 从环境成本空间范围的角度分类。

（1）内部环境成本。它是指应当由本企业承担的环境成本，包括由于环境因素而导致发生的、已明确由本企业承担和支付的费用，如排污费、环境破坏罚金或赔偿费、环境治理费或环境保护设备投资等。内部环境成本的一个显著特点是能对其作出货币计量（有可能不精确）。当前可以确认的环境成本一般都属于内部环境成本概念范畴。

（2）外部环境成本。它是指那些由本企业经济活动所导致但尚不能明确计量的，并由于各种原因而未由本企业承担的不良环境后果成本。正是由于对这部分不良环境后果尚未能作出货币计量，所以不能追加到行为企业，但环境质量确实已经受到影响甚至破坏，即事实上已经发生了环境成本。

（三）环境成本的确认与计量

1. 环境成本的确认。

关于环境成本的确认，目前一般包括两种情况：

（1）为达到环境保护法规所强制实施的环境标准所发生的费用。当前，我国的环境标准包括环境质量标准、污染物排放标准、环保基础标准、环保方法标准和环保样品标准。企业要达到这些标准要求，必然要发生一些环保设备投资及营运费用，从而构成环境成本的一部分。

（2）国家在实施经济手段保护环境时企业所发生的成本费用。例如，有些国家实施的环境税、环境保护基金的征收和对超标准排污企业征收的排污费等，均属于国家运用经济调节手段而发生的企业费用。此外，也有企业与企业之间通过市场交易行为而发生的环境成本费用，如美国实行的"排污权市场交易制度"，企业与企业之间可以通过排污权的市场交易买卖排污权，从而发生环境成本费用或环境保护收益。

2. 环境成本的计量。

可计量是会计的属性,作为环境成本也必须是可计量或可估计的。但是由于环境成本自身的特点,在对环境成本进行计量时,除了要运用会计的基本计量模式外,还应有如下补充:

(1)计量单位以货币计量为主,但要适量使用一些实物的或技术的计量形式。

(2)在计量属性上,环境成本计量虽然仍以历史成本为主,但对诸如涉及可能的未来环境支出和负债、准备金提取进行合理判断时,可采用防护费用法、恢复费用法、政府认定法和法院裁定法等非历史成本计量属性。在实际工作中,企业应当以实际情况为基础,在协调环境成本与生产成本两种核算对象时增加一些特殊的计量方法。

(四)环境成本的核算

目前,主要的环境成本核算方法有四种:传统成本核算法、作业成本法、生命周期成本法和完全成本法。

1. 传统成本核算方法。

传统核算方法下,产品成本通常包括直接材料、直接人工和制造费用,环境成本一般列入制造费用项目中,然后采用一定方法分配到各种产品的成本,或将环境成本直接列入"管理费用""营业外支出"等账户。

【例5-19】 南北公司生产A、B两种产品,两种产品都对环境有不同程度的污染,对引起的环境污染每月需要发生360 000元的环境治理费用。A产品月产量100 000件,B产品月生产量80 000件。环境成本按产量比例分配。则:

环境成本分配率 = 360 000 ÷ (100 000 + 80 000) = 2

A产品应分配的环境成本 = 100 000 × 2 = 200 000(元)

B产品应分配的环境成本 = 80 000 × 2 = 160 000(元)

传统核算方法计算环境成本的方法比较简单、直观。但是,计入制造费用中的环境成本,期末需要在两种或两种以上产品之间进行分配,由于它们对环境的影响不同,本应该承担不同的环境成本,然而传统的制造费用分配标准通常采用人工工时、机器工时等作为成本动因,这样的分配标准也会给制造费用的分配带来偏差,最终反馈给管理者的成本信息仍然缺乏有用性,在一定程度上会给企业的定价策略带来干扰,也不利于企业的长期经营。因此,随着环境成本重要性和比重的增加,通过传统成本核算方法核算环境成本已经不能适应环境成本管理的需要,环境成本不能再当作一般的制造费用来处理。

2. 作业成本法。

采用作业成本法核算环境成本就是将相关环境成本根据单个产品对这些作业的要求进行分配。使用作业成本法时,首先要从传统的会计系统和其他渠道中过滤出各项环境成本;其次将全部环境成本按照资源动因分配给所有与环境相关的作业;再次用某项环境作业的成本除以该作业的作业动因总量,计算出环境作业的作业分配率;最后根据作业分配率以及每种产品消耗的作业动因数量,将环境作业成本分配给每种产品。

【例5-20】南北公司生产甲、乙两种产品，甲产品月产量100 000件，乙产品月产量80 000件。生产过程中都会产生有毒废弃物。有毒废弃物必须经过焚化处理后弃置，每月与废弃物处理相关的作业成本库及消耗资源，如表5-16所示。

表5-16 相关作业成本库及消耗资源

作业成本库	消耗资源
废弃物搬运成本	10 000
焚化炉启动调整成本	20 000
焚化炉运转成本（包括折旧和动力）	140 000
废弃物弃置成本	10 000
合计	180 000

在作业成本法下，首先需要确定每种环境成本的作业动因及各种产品的作业动因数，如表5-17所示。

表5-17 各种产品的作业动因数

作业成本库	成本动因	甲产品	乙产品	合计
废弃物搬运成本	搬运次数	30	20	50
焚化炉启动调整成本	启动调整次数	6	4	10
焚化炉运转成本（包括折旧和动力）	运转小时	400	300	700
废弃物弃置成本	废弃物吨数	15	5	20

其次需要计算环境作业分配率，如表5-18所示。

表5-18 环境作业分配率计算表

作业成本库	消耗资源（元）	成本动因	作业量			动因分配率
			甲产品	乙产品	合计	
废弃物搬运成本	10 000	搬运次数	30	20	50	200
焚化炉启动调整成本	20 000	启动调整次数	6	4	10	2 000
焚化炉运转成本（包括折旧和动力）	140 000	运转小时	400	300	700	200
废弃物弃置成本	10 000	废弃物吨数	15	5	20	500

最后，根据表5-18有关资料和计算结果，编制环境成本分配表，如表5-19所示。

表5-19   环境成本分配表

作业成本库	动因分配率	甲产品		乙产品		环境成本合计（元）
		作业量	环境成本（元）	作业量	环境成本（元）	
废弃物搬运成本	200	30	6 000	20	4 000	10 000
焚化炉启动调整成本	2 000	6	12 000	4	8 000	20 000
焚化炉运转成本	200	400	80 000	300	60 000	140 000
废弃物弃置成本	500	15	7 500	5	2 500	10 000
合计			105 500		74 500	180 000
产量			100 000		80 000	
单位产品环境成本		1.06		0.93		

作业成本法核算环境成本，保证了分配结果的准确性和产品定价的合理性，企业可以更具体地识别环境成本动因，更准确地对环境费用进行归集和分配，也更能有效地对环境成本实施控制。

3. 生命周期成本法。

生命周期成本法是一种对产品在整个寿命周期里的所有成本进行确认和计量的方法。环境成本涉及产品研究开发、产品规划、设计、制造、售后服务、用户使用等阶段，所以适合采用生命周期成本法进行成本计算。按照生命周期成本法的要求，企业应就产品生产经营过程中所消耗的能源、材料和产生的废弃物进行跟踪检测，就产品在生产、销售、使用过程中所发生的环境支出进行全过程的核算。生命周期成本法下，所要计量的环境成本可分为以下三类：

（1）普通生产经营成本。这类环境成本是指在生产过程中发生的与产品直接有关的成本，包括直接材料、直接人工、能源成本、厂房设备成本等，以及为保护环境而发生的生产工艺支出、建造环保设施支出等。

（2）受规章约束的成本。这类环境成本是指由于遵循政府环境法规而发生的支出，包括排污费、检测监控污染情况的成本、因违反环境法规而缴纳的罚款、向政府机构申请废弃物排放许可证的成本等。

（3）或有负债成本。这类环境成本是指已对环境造成污染或损害，而按法律规定在将来可能发生的某种支出，包括由于环境污染严重而尚未治理，政府极有可能对企业处以罚款、企业因污染对周围单位或个人的人身财产造成伤害而可能导致的赔偿等。

对于前两类成本，由于它们是过去已经发生的成本，可直接从有关账簿中取得。其中，普通生产经营成本可按传统方法直接计入有关产品；受规章约束的成本则要结合作业成本法，对成本发生的动因进行分析，按作业成本法分配计入有关产品；或有负债成本由于其尚未发生而无现成数据，因此企业应采用某些特定的方法（如防护费用法、恢复费用法、替代品评价法等）预测或有环境负债成本的数额，计入有关产品。

生命周期成本法补充了在传统成本法中所没有核算的或有负债成本，保证了产品成本项目的完整性，同时它还符合收入与费用的配比原则和权责发生制原则，有利于产品的正确定价，便于企业对环境成本进行有效的管理。缺点是该方法虽然在理论上是可行的，但在实务应用中可能会有某些所需资料难以取得，或者难以保证资料的质量；而且生命周期成本法在成本的确认上打破了会计期间的限制，使得成本的期间界定不是很明显，某些期间环境成本归集可能不够准确。因此，这种方法在实务应用中操作性不强。

4. 完全成本法。

完全成本法与前述作业成本法和生命周期成本法的不同之处在于，它能核算企业的环境会计总成本。从环境角度将完全成本法定义为：将与企业的经营、产品或劳务对环境产生的影响有关的内部成本（包括内部环境成本）和外部成本综合起来的会计方法。

可见，完全成本法将内部环境成本与外部环境成本均纳入成本会计的范畴，向决策者提供环境信息，使不同职能部门、不同层次的决策者可以了解在生产过程中内部环境成本的成因，从而使决策者可以在充分了解环境信息的基础上，作出有利于企业可持续发展的决策。

内部成本的资料可以从企业自身的成本会计系统获得，外部环境成本的确认与计量则是完全成本法的难点所在。企业需要就其经营活动对环境的影响进行确认与计量。

完全成本法实施的主要障碍在于外部成本。如前所述，随着整个社会环境保护意识的增强，各国政府对环境保护政策力度的加大，越来越多的外部成本将由企业负责而成为内部成本。外部环境成本的有效控制，将给企业带来可观的长期收益。

（五）环境成本控制

目前，我国企业面临的环境保护压力越来越大，环境成本在产品成本中的比重越来越大，很大程度上影响着企业的生产经营及贸易活动，进而影响企业的生存和发展。因此，加强环境成本管理显得非常重要，它不仅体现了企业对环境保护的重视，还可以促进企业提高竞争力，获得经济效益和生态效益双赢，实现可持续发展。

1. 实行环境成本管理目标责任制。

在企业经营管理中，应该实行环境成本管理目标责任制。企业应坚决杜绝发生重大环境污染和破坏事故，坚持实施建设项目环境影响评价制度，确保环境工作有专人负责，环保资金投入到位，环保措施执行到位，保证废水、废气、废渣和噪声符合国家排放标准后再对外排放。将环境成本管理绩效同企业内部负责环保工作的人员薪酬挂钩，确保目标责任制有效落实。

2. 构建环境成本控制系统。

在按照产品和部门构建成本控制系统的基础上，企业应当充分考虑产品生产和运行过程中所发生的环境成本，包括污染预防、污染治理支出、排污费、罚款、赔偿金等已发生的支出和将来发生的支出，将它们作为产品成本和部门运行成本的组成部分，并在成本控制、成本预测、成本核算中充分考虑环境支出。同时，可以建立专门化成本控制系统，主要涉及能源、废弃物、包装物、污染治理等方面的成本控制。

3. 推行无污染清洁生产工艺。

对于那些资源消耗较大、污染严重、环境成本较高的必需品生产项目，除加强企业管理以及最大限度地提高资源、能源的利用率外，更重要的是淘汰落后的技术工艺而采用先进清洁的生产工艺，从根本上降低对环境的污染和破坏，减少企业的环境成本。

本章思考题

1. 举例说明短期经营决策中的决策内容、决策指标和决策方法。

2. 战略成本管理如何体现战略发展规划的要求？

3. 作业与资源动因之间的关系是什么？

4. 如何评价作业的增值性？

5. 如何评价目标成本设定的合理性？

6. 全生命周期成本管理的内容是什么？

7. 质量成本如何控制？

8. 环境成本的核算方法有哪些？

第六章　企　业　并　购

本章要求

掌握：企业并购动因和并购类型，并购决策的并购净收益法和托宾 Q 值法，并购价值的现金流量折现法、可比企业分析法和可比交易分析法，不同的并购支付方式和股权支付方式下换股比例确定方法；企业并购后整合的具体内容；**熟悉**：并购尽职调查的目的和内容，并购融资渠道和融资方式；**了解**：并购战略、企业收购、兼并、合并等相关概念；并购合同涉及的主要条款，并购流程的具体内容。

本章主要内容

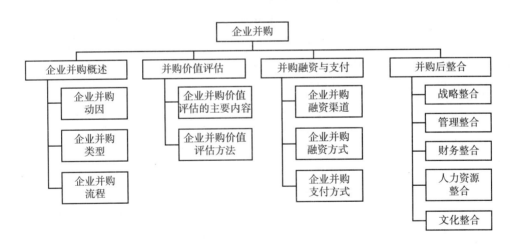

第一节　企业并购概述

并购（M&A）是指公司收购和兼并的总称。收购（acquisition）是指一家企业以现金、证券等方式购买取得其他企业（目标公司）的部分或全部资产或股权。兼并（menger）是指一家企业以现金、证券等方式购买取得其他企业的产权，使其他企业丧失法人资格或改变法人实体、并获得对这些企业控制权的经济行为。西方国家的兼并概念相当于我国公司法中的吸收合并，即一家企业将另一家企业完全地吞并进来。与吸收合并相对应的是新设合并，它是指两个或两个以上的企业合并设立一个新的公司，合并各方解散。

从战略层面看，并购战略是指并购交易双方以各自核心竞争优势为基础，出于企业的自身发展的战略需要，为达到公司发展战略目标，通过优化资源配置的方式在适度范围内继续强化企业的核心竞争力，产生协同效应，实现新增价值的活动。并购战略是企业发展战略的重要组成部分。在西方国家，大企业的发展实际上就是一系列战略并购过程。为控制市场要做并购战略，为取得技术要做并购战略，为转型要做并购战略，进入新业务和新市场一般也要从并购战略开始。

尽管并购战略非常流行，成为企业增长的有效手段，并有可能使企业获得战略竞争力，但必须强调的是，实施并购战略并不总能创造价值。

一、企业并购动因

（一）企业发展动机

1. 并购可以迅速实现规模扩张。

通过并购方式，企业可以克服内部投资方式下项目建设周期、资源获取以及配置等因素对企业发展速度的制约，在极短的时间内将规模做大，实现规模扩张。

2. 并购可以突破进入壁垒和规模的限制。

企业进入一个新的行业会遇到各种各样的壁垒，包括资金、技术、渠道、顾客、经验、行业规模等。如果企业采用并购的方式，先控制某行业的原有企业，则可以绕开一系列壁垒，使企业以较低的成本和风险迅速进入该行业。

3. 并购可以主动应对外部环境变化。

通过并购，企业可以进一步发展全球化、多元化经营，开发新市场或者利用生产要素优势建立新的生产网，在市场需求下降、生产能力过剩的情况下，抢占市场份额，有效应对外部环境的变化。

4. 并购可以加强市场控制能力。

通过并购，企业可以获取竞争对手的市场份额，迅速扩大市场占有率，增强企业在市场上的竞争力。另外，由于减少了竞争对手，尤其是在市场竞争者不多的情况下，可以增加讨价还价的能力，企业以更低的价格获取原材料，以更高的价格向市场出售产品，从而提高盈利水平。

5. 并购可以降低经营风险。

通过并购，企业可以迅速实现多元化经营，从而达到降低投资组合风险、实现综合收益的目的。

6. 并购可以获取价值被低估的公司。

证券市场中上市公司的价值可能被低估。如果企业认为并购后可以比被并购企业原来的经营者管理得更好，则并购价值被低估的公司并通过改善其经营管理后重新出售，可以在短期内获得巨额收益。

（二）发挥协同效应

1. 经营协同。

经营协同是指并购给企业生产经营活动在效率方面带来的变化以及效率提高所产生的效益。主要表现在以下几个方面：

（1）规模经济。规模经济是指随着生产规模的扩大，单位产品所负担的固定费用下降从而导致收益率的提高。显然，规模经济效应的获取是针对横向并购而言的，两家生产经营相同（或相似）产品的企业合并后，有可能在生产经营过程的任何一个环节（供、产、销）和任何一个方面（人、财、物）获取规模经济效应。

（2）纵向一体化。纵向一体化主要是针对纵向并购而言的，在纵向并购中，被并购企业要么是并购企业的原材料或零部件供应商，要么是并购企业产品的买主或顾客。

纵向一体化可以减少商品流转的中间环节，节约交易成本；可以加强生产经营过程各环节的配合，有利于协作化生产；可以通过企业规模的扩大及营销手段的更为有效，极大地节约营销费用。

（3）获取市场力或垄断权。获取市场力或垄断权主要是针对横向并购而言的，两家生产经营相同（或相似）产品的企业相合并，有可能导致该行业的自由竞争程度降低，并购后的企业可以借机提高产品价格，获取垄断利润。以获取市场力或垄断权为目的的并购往往对社会公众无益，也可能降低整个社会经济的运行效率。所以，对横向并购的管制历来都是各国反托拉斯法的重点。

（4）资源互补。并购可以达到资源互补从而优化资源配置的目的。如有两家企业，第一家企业在研究与开发方面有很强的实力，但是在市场营销方面十分薄弱，而第二家企业在市场营销方面实力很强，但在研究与开发方面能力不足，如果将这样的两家企业合并，就会使两家企业的能力达到协调有效的利用。

2. 管理协同。

管理协同是指并购给企业管理活动在效率方面带来的变化以及效率提高所产生的效益。主要表现在以下几个方面：

（1）节省管理费用。通过并购将许多企业置于同一企业领导之下，企业一般管理费用在更多数量的产品中分摊，单位产品的管理费用可以大大减少。

（2）提高企业的运营效率。根据差别效率理论，如果甲企业的管理层比乙企业更有效率，在甲企业并购了乙企业后，乙企业的效率便被提高到甲企业的水平，效率通过并购得到了提高，致使整个经济的效率水平将由于此类并购活动而提高。

（3）充分利用过剩的管理资源。在并购活动中，如果并购企业具有高效的管理资源并且过剩的时候，通过并购那些资产状况良好但仅仅因为管理不善造成低绩效的企业，并购企业高效的管理资源得以有效利用，被并购企业的绩效得以改善，双方效率均得到提高。

3. 财务协同。

财务协同是指并购在财务方面给企业带来的收益。主要表现在以下几个方面：

（1）企业内部现金流入更为充足，在时间分布上更为合理。企业并购发生后，规模得以扩大，资金来源更为多样化。被并购企业可以从并购企业得到闲置的资金，投向具有良好回报的项目；而良好的投资回报又可以为企业带来更多的资金收益。这种良性循环可以增加企业内部资金的创造机能，使现金流入更为充足。就企业内部资金而言，由于混合并购使企业涵盖了多种不同行业，而不同行业的投资回报速度、时间存在差别，从而使内部资金收回的时间分布相对平均，即当一个行业投资收到报酬时，可以用于其他行业的投资项目，待到该行业需要再投资时，又可以使用其他行业的投资回报。通过财务预算在企业中始终保持一定数量的可调动的自由现金流量，从而达到优化内部资金时间分布的目的。

（2）企业内部资金流向更有效益的投资机会。混合并购使得企业经营所涉及的行业不断增加，经营多样化为企业提供了丰富的投资选择方案，企业可以从中选取最为有利的项目。同时并购后的企业相当于拥有一个小型资本市场，将原本属于外部资本市场的资金供给职能内部化，使企业内部资金流向更有效益的投资机会，其最直接的后果就是提高企业投资报酬率并明显提高企业资金利用效率。

（3）企业资本扩大，破产风险相对降低，偿债能力和取得外部借款的能力提高。企业并购扩大了自有资本的数量，自有资本越大，由于企业破产而给债权人带来损失的风险就越小。并购后企业内部的债务负担能力会从一家企业转移到另一家企业。因为一旦并购成功，对企业负债能力的评价就不再是以单个企业为基础，而是以整个并购后的企业为基础，这就使得原本属于高偿债能力企业的负债能力转移到低偿债能力的企业中，解决了偿债能力对企业融资带来的限制问题。另外，那些信用等级较低的被并购企业通过并购，可以使其信用等级提高到并购企业的水平，为外部融资减少了障碍。

（4）企业的筹资费用降低。并购后企业可以根据整个企业的需要筹集资金，避免了各自为政的融资方式。整体性融资的费用要明显小于各企业单独多次融资的费用之和。

（5）实现合理避税。如果被并购企业存在未抵补亏损，而并购企业每年生产经营过程中会产生大量的利润，并购企业就可以低价获取亏损企业的控制权，利用其亏损抵减未来期间应纳税所得额，从而取得一定的税收利益。

二、企业并购类型

企业并购可以按照不同的标准进行分类。

（一）按照并购后双方法人地位的变化情况划分

按照并购后双方法人地位的变化情况，企业并购可以分为控股合并、吸收合并和新设合并。控股合并是指并购后并购双方都不解散，并购企业获取被并购企业的控股权。吸收合并是指并购后并购企业存续，被并购企业解散。新设合并是指并购后并购双方都解散，重新成立一个具有法人地位的企业。

（二）按照并购双方行业相关性划分

按照并购双方所处行业相关性，企业并购可以分为横向并购、纵向并购和混合并购。

1. 横向并购。

横向并购是指生产经营相同（或相似）产品或生产工艺相近的企业之间的并购，实质上是竞争对手之间的并购。例如，航线重叠或部分重叠的两家航空公司的合并。

横向并购的优点在于：能够迅速扩大生产经营规模，节约共同费用，提高通用设备的使用效率；能够在更大范围内实现专业分工协作；能够统一技术标准，加强技术管理和进行技术改造；能够统一销售产品和采购原材料等，形成产销的规模经济。横向并购的缺点在于：减少了竞争对手，容易破坏竞争，形成垄断的局面，进而损害社会福利。因此横向并购常常被严格限制和监控。

2. 纵向并购。

纵向并购是指与企业的供应商或客户之间的并购，即优势企业将与本企业生产经营具有上下游关系的生产、营销企业并购过来，形成纵向生产一体化。纵向并购实质上是处于同一种产品不同生产经营阶段的企业间的并购，并购双方往往是原材料供应者或产品购买者，对彼此的生产经营状况比较熟悉，有利于并购后的整合。

按照并购企业与被并购企业在价值链中所处的相对位置，又可以将纵向并购进一步区分为前向一体化和后向一体化。所谓前向一体化，是指与其最终客户的并购，如石化企业并购石油制品销售企业。所谓后向一体化，是指与其供应商的并购，如钢铁公司并购其原材料供应商铁矿公司。

纵向并购的优点在于：能够扩大生产经营规模，节约通用的设备费用；能够加强生产经营过程各环节的配合，有利于协作化生产；能够加速生产经营流程，缩短生产经营周期，节约运输、仓储费用，降低能源消耗水平等。纵向并购的缺点在于：企业生存发展受市场因素影响较大，容易导致"小而全、大而全"的重复建设。

【例6-1】2021年4月，D股份公司作为电视生产商，宣布将以不低于6.27元/股的价格，非公开发行不超过4亿股股份，用于收购A公司持有的S公司75%的股权，以间接控制S公司的全资子公司H国P等离子有限公司，从而掌握等离子的核心技术，进入平板电视产业链的上游，以期提高D股份公司在高清电视领域的竞争力。

3. 混合并购。

混合并购是指既非竞争对手又非现实中或潜在的客户或供应商企业之间的并购，如一家企业为扩大经营范围而对相关产业的企业进行并购，或为扩大市场领域而对尚未渗透的地区与本企业生产相同（或相似）产品的企业进行并购，或对生产和经营与本企业毫无关联度的企业进行并购。所以，混合并购往往导致多元化经营。混合并购包括：

（1）产品扩张性并购，是指一家企业以原有产品和市场为基础，通过并购其他企业进入相关产业的经营领域，达到扩大经营范围、增强企业实力的目的。例如，轿车生产企业并购运输卡车或客车生产企业。

（2）市场扩张性并购，是指生产经营相同（或相似）产品，但产品在不同地区的市场上销售的企业之间的并购，以此扩大市场，提高市场占有率。例如，航线不重叠的两家航空公司的并购；又如，如家快捷在尚未进入的城市并购一家酒店，使其成为自己的连锁店。

（3）纯粹的并购，是指生产和经营彼此毫无关联度的两家或多家企业的并购。这种并购的目的是进入更具增长潜力和利润率较高的领域，实现投资多元化和经营多元化，取得规模经济效益。

混合并购兼有横向并购和纵向并购的优点，而且有利于经营多元化和减轻经济危机对企业的影响，有利于调整企业自身产业结构，增强控制市场的能力，降低经营风险。但混合并购使企业的发展时时处于资源不足的硬约束之下，且因为企业间资源关联度低而导致管理成本剧增。

（三）按照被并购企业意愿划分

按照并购是否取得被并购企业同意，企业并购可以分为善意并购和敌意并购。

1. 善意并购。

善意并购是指并购企业事先与被并购企业协商、征得其同意并通过谈判达成并购条件，双方管理层通过协商来决定并购的具体安排，在此基础上完成并购活动的一种并购。

善意并购，有利于降低并购行为的风险与成本，使并购双方能够充分交流、沟通信息，被并购企业主动向并购企业提供必要的资料。同时，善意并购还可避免因被并购企业抗拒而带来额外的支出。但是，善意并购使并购企业不得不牺牲自身的部分利益，以换取被并购企业的合作，而且漫长的协商、谈判过程也可能使并购行动丧失其部分价值。

2. 敌意并购。

敌意并购是指并购企业在遭到被并购企业抗拒时仍然强行并购，或者并购企业事先没有与被并购企业进行协商，直接向被并购企业的股东开出价格或者发出收购要约的一种并购。

敌意并购的优点在于并购企业完全处于主动地位，不用被动权衡各方利益，而且并购行动节奏快、时间短，可有效控制并购成本。但敌意并购通常无法从被并购企业获取其内部实际运营、财务状况等重要资料，给企业估价带来困难，同时还会招致被并购企业抵抗甚至设置各种障碍。所以，敌意并购的风险较大，要求并购企业制定严密的并购行动计划并严格保密、快速实施。另外，由于敌意并购容易导致股市的不良波动，甚至影响企业发展的正常秩序，因此各国政府都对敌意并购有一定的限制。

（四）按照并购的交易方式划分

按照并购的形式，企业并购可以分为间接收购、要约收购、二级市场收购、协议收购、股权拍卖收购等。

1. 间接收购。

间接收购是指通过收购被并购企业大股东而获得对其的最终控制权。这种收购方式相对简单。

2. 要约收购。

要约收购是指并购企业对被并购企业所有股东发出收购要约，以特定价格收购其手中持有的被并购企业全部或部分股份。

3. 二级市场收购。

二级市场收购是指并购企业直接在二级市场上购买被并购企业的股票并实现控制被并购企业的目的。

4. 协议收购。

协议收购是指并购企业直接向被并购企业提出并购要求，双方通过磋商商定并购的各种条件，达到并购目的。

5. 股权拍卖收购。

股权拍卖收购是指被并购企业原股东所持股权因涉及债务诉讼等事项进入司法拍卖程序，并购企业借机通过竞拍取得被并购企业控制权。

三、企业并购流程

（一）制定并购战略规划

企业开展并购活动首先要明确并购动机与目的，并结合企业发展战略和自身实际情况，制定并购战略规划。并购战略规划的内容包括企业并购需求分析、并购目标的特征、并购支付方式和资金来源规划、并购风险分析等。具体可以分解为以下几个方面：

1. 企业参与并购的目的，即希望从目标企业那里得到什么，如资金、技术、设备、市场、品牌、生产工艺、管理经验等。

2. 确定搜寻潜在目标企业的标准，如目标企业所属行业、企业规模、价格范围、当前盈利能力、增长率及地理位置等。

3. 选择资产并购还是股权并购，并且设计支付形式。其中，资产并购是指一个或几个公司的资产和债务转让给一个新成立或收购前就存在的公司以取得各种形式的转让收入（含股权、其他有价证券、现金等的转让）。资产收购是一个外延较宽的重组业务，可能是整体资产转让，也可能是一个吸收合并，还可能是非正式的经济性合并，或是企业分立。股权并购是指以目标公司股东的全部或部分股权为收购标的并购。

4. 分析企业融资来源，如负债融资、权益融资、设立并购基金等。

5. 设置能承受的一些限度，如所付出的最高价格等。

6. 编制项目进度时间表。

7. 分析并购战略风险及应对。

由于并购业务的复杂性和专业性，所以一开始就需要中介机构的参与，以获得高质量的专业服务。涉及的中介机构包括证券公司、咨询公司、会计师事务所、律师事务所等。中介机构可以向并购企业提供潜在的并购对象，参与商务谈判，拟订收购方案，指导和协助办理股权转让手续，在并购交易中提供相关专业咨询。

（二）选择并购对象

选择并购对象是一个必须经过的环节，也是并购的重要环节。具体包括选择并购的行业和选择目标企业两个方面。

1. 选择并购的行业。

在了解了企业的经营现状之后，需要判断企业的未来发展方向，以选择欲实施并购的行业。如果企业所处的行业竞争激烈，很难实现预期的增长，那么可以考虑实施混合并购，即并购一家不同行业的企业；如果企业对现有的原材料采购或者产品分销不满意，可以考虑实施纵向并购，即进入上下游行业；如果企业在本行业中有竞争优势，产品销售供不应求，可以考虑实施横向并购，并购同行业的企业以扩大生产经营规模、提高效益。

选择并购的行业需要进行深入的行业分析。主要包括以下几个方面：一是行业的结构分析，该行业按规模划分的公司数量、行业的集中度、行业的地区分布和一体化程度；二是行业的增长情况分析，该行业位于产品生命周期的哪一个阶段，未来的成长性如何，影响增长的因素主要有哪些；三是行业的竞争状况分析，该行业的主要竞争对手有哪些，他们的竞争战略和竞争优势是什么，来自其他行业的竞争（即替代产品的情况）和行业的进入壁垒如何，本企业的进入对行业竞争和其他企业的影响；四是行业的主要客户和供应商分析，他们在行业中的地位如何，是否存在对企业有决定力量的少数客户和供应商，潜在客户与供应商的情况如何，供应商或客户是否有前向一体化或后向一体化的趋势；五是政府、法律对该行业的影响和制约情况分析。

2. 选择目标企业。

确定了企业想要实施并购的行业，接下来就要在该行业中选择合适的并购对象，也就是目标企业。选择并购目标企业通常需要考虑以下四个因素：一是并购对象的财务状况，包括变现能力、盈利能力、营运能力以及负债状况；二是核心技术与研发能力，包括技术的周期与可替代性、技术的先进性、技术开发和保护情况、研发人员的创新能力和研发资金的投入状况；三是企业的管理体系，包括公司治理结构、高层管理人员的能力以及企业文化；四是企业在行业中的地位，包括市场占有率，企业形象，与政府、客户和主要供应商的关系。

（三）发出并购意向书

由并购企业向目标企业发出并购意向书是一个有用但不是法律要求的必需步骤。实践中也有很多企业在进行并购时，不发出并购意向书，而只是与目标企业直接接触，口头商谈，一步到位。

一般来说，并购意向书的内容要简明扼要。并购意向书的内容有些有法律约束力，有些没有法律约束力，其中，保密条款、排他协商条款、费用分摊条款、提供资料与信息条款和终止条款有法律约束力，其他条款的效力视并购双方的协商结果来定。

（四）进行尽职调查

在目标企业同意并购时，并购企业一般应聘请专业的中介机构对目标企业进行尽职调查（Due - Diligence），以确定交易价格与其他条件。

并购尽职调查，又称谨慎性调查，是指投资者为了成功收购某企业的股权或资产，在双方达成意向后，由收购方对标的企业涉及本次并购的所有事项和资料进行现场调查、分析和判断，并作出专业投资意见或建议的活动。

尽职调查的内容包括四个方面：一是目标企业的基本情况，如主体资格、治理结构、管理团队与技术人员、主要产品、技术和服务等；二是目标企业的经营成果和财务状况现状及预测数据，包括公司的盈利状况和潜在亏损、资产和所有者权益以及负债和担保抵押等；三是目标企业的法务事项，包括产权和资产归属、纠纷和诉讼情况，企业专利权等无形资产情况，关联方交易情况等；四是目标企业的发展前景，对其所处的市场进行分析，并结合其商业模式作出一定的预测等。

尽职调查是核实目标公司资产状况的一个重要途径。尽职调查的目的在于使买方尽可能地发现有关要购买的股权或资产的全部情况，发现风险并判断风险的性质、程度以及对并购活动的影响和后果。因而，并购方在尽职调查中需要慎防卖方欺诈，关注可能的风险，如财务报告风险、资产风险、或有负债风险、环境责任风险、劳动责任风险、诉讼风险等。

（五）交易方案设计及进行价值评估

1. 并购交易方案设计。

并购交易方案设计是一个动态调整过程，贯穿于并购交易的始终，并直接决定了并购交易的成败。并购企业在获取目标企业初步信息后，就应结合并购战略，在财务顾问等的协助下拟订交易方案框架，并在尽职调查完成后与目标企业谈判过程中进一步细化。如并购企业为上市公司，并购交易方案基本确定后应按相关法律法规等将其提交董事会、股东大会审议并履行信息披露义务，后期根据市场变化和监管机构审核要求不断进行调整。

2. 并购价值评估。

并购价值评估主要确定有关企业的价值以及并购增值，是企业并购中制定并购策略、评价并购方案、分析并购增值来源、确定并购支付成本的主要依据之一。因此，价值评估是企业并购的中心环节，有着特殊的重要地位。

通过价值评估，可以分析确定资产的账面价值与实际价值之间的差异，以及资产名义价值与实际效能之间的差异，准确反映资产价值量的变动情况。在价值评估的同时，还要全面清查被并购企业的债权、债务和各种合同关系，以确定债务合同的处理办法。在对被并购企业价值评估的基础上，最终形成并购交易的底价。

并购价值评估主要是确定四个方面的价值：并购企业价值、被并购企业价值、并购后整体企业价值和并购净收益。

（六）开展并购谈判

并购谈判主要涉及并购的标的物（是收购股权、资产，还是整个企业）、交易价格、支付方式与期限、交割时间与方式、人员的处理、有关手续的办理与配合、整个并购活动进程的安排、各方应做的工作与义务等重大问题。并购合同是对这些问题的具体细化。具体细化后的问题要落实在合同条款中，形成待批准签订的合同文本。

实践中，如果收购方与目标企业就股权转让的基本条件和原则达成共识，即可签订收购意向书或战略合作框架协议，将目标企业锁定，防止其寻找其他买家。收购意向书或战略合作框架协议只能表明双方合作意向，而没有法律约束力，但可表达双方诚意，建立信任关系。

（七）作出并购决策

1. 并购双方就并购的可行性进行决策。

企业并购决策的基本原则是成本效益比较，即并购净收益大于0，这样并购才是可行的。并购净收益基本计算公式如下：

$$R_0 = V_T - V_A - V_B$$

式中，R_0 代表并购收益；V_T、V_A、V_B 分别代表并购后合并企业的整体价值、并购前并购企业的价值和目标企业的价值。

对于并购企业而言，并购净收益公式如下：

$$R_1 = R_0 - S - F$$

式中，R_1 代表并购净收益；S、F 分别代表支付的并购溢价和并购费用。

如果并购企业支付的现金对价为 C，则：$S = C - V_B$

对于目标企业而言，其并购收益就是从该并购交易中所获得的并购溢价。

实际工作中，可将并购收益视为协同收益。

【例6-2】A公司和B公司为国内手机产品的两家主要生产商，A公司规模较大，市场占有率和知名度较高。B公司经过3年前改制重组，转产手机，但规模较小，资金上存在一定问题且销售渠道不畅。但是B公司拥有一项生产手机的关键技术，而且属于未来手机产业的发展方向，需要投入资金扩大规模和开拓市场。A公司财务状况良好，资金充足，是金融机构比较信赖的企业，其管理层的战略目标是发展成为行业的主导企业，在市场份额和技术上取得优势地位。2021年1月，A公司积极筹备并购B公司。

A公司拟收购B公司100%的股权。A公司的评估价值为20亿元，B公司的评估价值为5亿元。A公司收购B公司后，两家公司经过整合，价值预计达到28亿元。B公司要求的股权转让出价为6亿元。A公司预计在并购价款外，还要发生审计费、评估费、律师费、财务顾问费、职工安置、解决债务纠纷等并购交易费用支出0.5亿元。

本例中，从财务管理角度进行并购决策。

（1）计算并购收益和并购净收益。

并购收益 = 28 - (20 + 5) = 3（亿元）

并购溢价 = 6 - 5 = 1（亿元）

并购溢价率 = (6 - 5) ÷ 5 × 100% = 20%

并购净收益 = 3 - 1 - 0.5 = 1.5（亿元）

（2）作出并购决策。

A公司并购B公司后能够产生1.5亿元的并购净收益，从财务管理角度分析，此项并购交易是可行的。

实践中还可以根据托宾 Q 值理论进行并购决策。

托宾 Q 值是指一项资产或一个企业现有资本市场的价值同其重置成本价值的比值。

托宾 Q = 目标企业或资产的市场价值/目标企业或资产重置价值

如果 Q < 1，表明目标企业的市场价值低于其资本的重置价值，应进行并购。

如果 Q > 1，表明目标企业的市场价值高于其资本的重置价值，因而购建新的厂房和设备（按重置成本计算）比较便宜，应放弃并购。

【例 6 - 3】甲公司拟并购乙公司，经过测算，乙公司托宾 Q 值为 0.6，预计并购溢价率为 50%，乙公司重置价值为 1 000 万元。

由托宾 Q 值公式可知：溢价并购时，Q = 0.6 × (1 + 50%) = 0.9

收购价格 = 0.9 × 1 000 = 900（万元）

由此可知，如果按市场价收购，Q = 0.6 < 1，并购是可行的；如果按 50% 的溢价率并购，Q = 0.9 < 1，该项并购的收购价格仍比重置成本低 10%，开展并购也是可行的。

2. 并购双方形成并购决议。

并购具有可行性，谈判有了结果且合同文本已拟出，这时依法就需要召开并购双方董事会，形成决议。决议的主要内容包括：（1）拟进行并购企业的名称；（2）并购的条款和条件；（3）关于因并购引起存续企业公司章程的任何更改的声明；（4）有关并购所必需的或合适的其他条款。

形成决议后，董事会还应将该决议提交股东（大）会讨论，由股东（大）会予以批准。

（八）完成并购交易

1. 签署并购合同。

并购双方根据价值评估确定的交易底价，协商确定最终成交价，并由双方法定代表人签订正式并购合同，明确双方在并购活动中享有的权利和承担的义务。

并购合同是整个并购进行的基础，它是并购双方就所有的并购问题达成一致意见的体现，也是实际并购操作的准则和将来争议解决的根据。并购合同应该用最直接、专业和没有歧义的语言制作，以减少今后的纠纷。并购合同通常包括首部、主文（主要条款）和附件三部分。

第一部分：首部主要写明合同当事人的各种基本情况，包括名称（姓名），住所，法定代表人姓名、职务、国籍等。

第二部分：主文包括如下条款：

（1）先决条件条款。

先决条件是指只有当这些条件成立后，并购合同才能生效的特定条件。先决条件条款一般包括以下内容：

①并购所需要的所有行政审批。包括产业进入审批、反垄断审批、国有资产管理部门同意转让的审批和其他行政审批。

②并购双方股东（大）会对并购的同意。

③买方融资过程中需要的各种审批。

④所有必要的税务许可。

⑤第三方许可。如目标企业的债权人、合作人、供应商、特许权许可方等。

在所有先决条件的条款都完备以后，资产或股权转让和对价支付的行为才能够进行。

（2）陈述和保证条款。

陈述和保证条款的基本模式就是目标企业或者并购企业保证自己不会就合同他方关心的问题进行虚假陈述，如果出现虚假陈述，应该承担什么样的责任。该条款的目的是避免并购双方顾及不到的风险。陈述和保证条款主要包括一方知悉而对方不易核实的事实陈述，如合同当事人是否有签约权，以及签约是否会导致该方违反其他合同或者相关法律，该方是否有其他债务等。此外，需要注意陈述和保证这些事实是针对签约日作出的，还是针对生效日或者其他特定日期作出的。

（3）介绍转让的资产和股权的条款。

该条款主要是说明并购交易的标的。如果是国有资产，则要详细说明资产的组成、数量、坐落位置、使用年限等，如果是国有股权，则要详细说明股权的基本情况。

（4）保密条款。

在陈述和保证条款部分，并购双方已经就各自关心的重要问题做了如实陈述，实际上已经涉及各自的许多商业秘密。为了防止这些商业秘密的泄露，并购双方在并购合同中要设置保密条款，要求各自承担相应的保密义务。

（5）风险分担条款。

在陈述与保证条款部分，并购双方都就自己关心的问题要求对方进行了陈述并保证陈述的真实性。但是，有些问题是并购双方都无法预测的。所以，在陈述与保证条款部分，并购双方通常以"就本方所知"作为陈述和保证的前提条件。并购企业最担心目标企业的或有债务。虽然已经进行了尽职调查，目标企业也进行了陈述与保证，但是有些债务事实上连目标企业自己都不知道。对这种风险的分担，是并购企业关注的重点。因此，并购企业一般要求订立"或有债务在交割时由目标企业自行负担"的条款，以及"交割后发现的或有债务如目标企业未曾如实陈述，无论是否为故意过失，均由目标企业负担"的条款。当然，风险分担的范围、方式和程度往往取决于并购价款。在高价前提下，并购企业往往要求目标企业承担较重的风险责任；反之，在低价情况下，并购企业则会同意目标企业分担较小的风险责任。

（6）不可抗力条款。

不可抗力是指无法预见、不能避免、不能克服的情况。不可抗力可以是自然原因造成的，也可以是人为因素引起的。前者如地震、水灾、旱灾、突发疫情等，后者如战争、政府禁令、罢工、暴乱等。不可抗力条款的主要内容包括：双方约定的不可抗力的具体内容；遭遇不可抗力事故的一方向另一方提出事故报告和证明文件的期限与方式；遭遇不可抗力事故一方的责任范围。如因不可抗力使合同无法履行，则应解除合同。如不可抗力只是暂时阻碍合同履行，则一般采取延期履行合同的方式。凡发生不可抗力事故，在当事人已尽力采取补救措施但仍未能避免损失的情况下，可不负赔偿责任。

（7）企业债权债务处理条款。

债权债务处理条款一般会规定一个基准日，作为目标企业债权债务承担的分界线。同时，为了防止目标企业的或有债务，并购企业会要求目标企业在陈述和保证条款中保证目标企业除债权债务清单中列明的负债之外再无其他负债。

（8）职工安置条款。

职工安置条款关系到目标企业的切身利益，相关法规对该问题进行了详细规定。并购企业和目标企业在职工安置条款的设置上要注意以下几个问题：

①不得损害职工的合法权益。

②职工安置条款的内容一定要经目标企业职工代表大会审议通过。

③仔细研究地方政府的不同规定。在实际操作中，各省区市对于国有企业改制的职工安置问题往往都有自己的规定。这些规定有的合法，有的则是和国家法律政策相违背的。此外，这些规定中的职工安置方式和费用并不完全相同。因此，在设置职工安置条款时，有必要对地方政府有关职工安置的规定和政策进行仔细研究，以便正确评估目标企业在职工安置中所要支付的款项和承担的风险。

（9）经营管理条款。

该条款主要是规定并购后成立或保留的企业的经营管理问题，如经营战略的规划、高级管理人员的安排等。

（10）索赔条款和提存条款。

索赔条款主要是规定并购一方违约后的赔偿责任。提存条款主要是并购企业为了配合索赔条款设置的。如果目标企业违约，并购企业就会要求目标企业承担赔偿责任。为防止出现目标企业无法赔偿的情况，并购企业就通过提存条款，将并购价款存放于双方信任的第三方，或者是放在律师事务所，或者是放在会计师事务所，以供索赔之用。

（11）过渡期安排条款。

在并购协议签订至协议履行交割前，并购双方尤其是目标企业须维持目标企业的现状，不得修改章程和分派股利及红利，不得将拟出售资产或股份再行出售、转移或设定担保。维持现状条款主要是为了减少并购企业的并购风险。

（12）价格条款。

主要规定拟并购的资产或股权的价格和评估依据。

（13）支付期限条款和股权或资产移转条款。

一般来说，并购合同会在规定并购企业的对价支付期限的同时，设置股权或资产移转条款。并购双方可以约定股权或资产一次性移转，也可以约定分批移转，还可以约定办理股权或资产移转的手续由谁负责以及程序怎么设置等问题。在股权或资产移转条款中，特别要确定标的移转日和变更登记日，以便做好移转程序的上下衔接工作，同时也便于并购双方控制风险。

（14）支付方式条款。

支付方式一般是现金、股权或者现金和股权等多种支付手段的综合运用。

（15）合同终止条款。

并购程序非常复杂，牵涉的事务非常烦琐。事实上，并购双方很难完美无缺地履行合同。为了防止并购双方以任何微小的履约瑕疵随意终止合同，并购合同中应专门设置合同终止条款，规定在哪些情况下，并购双方可以终止合同。

（16）法律适用条款。

当事人可以约定纠纷发生后适用的法律。

（17）定义条款。

定义条款的目的是便于并购双方理解和执行该合同，减少对合同理解的歧义和偏差。

（18）争议解决条款。

争议解决条款主要是说明并购双方发生争议应该通过何种方式解决。一般来说，争议解决的方式包括友好协商、第三方调解、仲裁和诉讼。

第三部分：附件主要包括财务审计报告、资产评估报告、土地使用权转让协议、政府批准文件、财产清单、职工安置方案、会议纪要、谈判笔录等。

2. 支付并购对价。

并购合同生效后，并购企业应按照合同约定的支付方式，将现金或股票、债券等形式的出价文件交付给被并购企业。

3. 办理并购交割。

并购合同生效后，并购双方要进行交割。主要包括产权交割、财务交割、管理权交割、变更登记、发布公告等事宜。

（九）进行并购后整合

并购交易结束后，并购企业应尽快开始对并购后的企业进行整合，包括战略整合、管理整合、财务整合、人力资源整合、企业文化整合以及其他方面的整合。

第二节　并购价值评估

一、企业并购价值评估的主要内容

并购价值评估即对标的物的估值与并购交易定价，是并购交易价格确定过程中的两个环节。估值是定价的基础，是并购双方价格谈判的主要依据。交易价格是定价的结果。

根据评估对象的不同，可以将并购中的企业价值评估分为评估并购企业价值、评估被并购企业价值、评估并购后整体企业价值、评估并购企业获得的净收益。这四方面既各自独立，又相互联系，缺一不可，对并购决策的成功起着至关重要的作用。

（一）评估并购企业价值

评估并购企业价值是企业实施并购的基础，对整个并购过程来说地位十分重要。并购企业如果没有对自身价值进行评估，就不能评价不同的并购策略给企业带来的价值有多大，无法选择适当的并购策略。

（二）评估被并购企业价值

评估被并购企业价值在企业并购中十分关键，它是制定并购支付价格的主要依据之一。一般情况下，被并购企业不会同意接受低于自身价值的价格，并购企业必须支付的价格为被并购企业的价值再加上一部分溢价，溢价部分的多少则需具体情况具体分析。

（三）评估并购后整体企业价值

并购后两企业的总体价值要大于两个独立企业价值的算术和，其差额即为协同效应的价值。

在对协同效应进行细致评价的基础上，可以更加合理地预计并购后整体企业的未来经营、盈利状况，以尽量精确地评价并购后整体企业的价值。而用并购后整体企业价值，减去并购前并购双方企业的价值之和，又可得出并购的协同效应的价值。

获得协同效应是企业实施并购的主要目的，协同效应必须大于零，企业才有并购的必要性。协同效应的多少是决定并购成败的关键。有许多并购企业对协同效应没有恰当评价，过于乐观，支付了很高的溢价，甚至超过了并购的实际协同效应，导致最终的失败。在制定支付价格时，协同效应即为溢价的上限，超出这个范围，只能放弃对目标企业的并购。

（四）评估并购净收益

对协同效应的预期使得并购企业不仅能够承担并购产生的费用，而且还能够再为目标企业的股东提供一定的并购溢价。协同效应可以使并购企业获得正的并购净收益（R）。

并购净收益的计算公式如下：

$$R = V_T - (V_A + V_B) - S - F$$

式中：V_T 为并购后整体企业价值；V_A 为并购前并购企业价值；V_B 为并购前被并购企业价值；S 为向被并购企业股东支付的溢价；F 为并购费用。

并购费用指并购过程中所发生的一切费用，包括并购过程中所发生的搜寻、策划、谈判、文本制定、资产评估、法律鉴定、公证等中介费用，发行股票还需要支付申请费、承销费和税费等。

二、企业并购价值评估方法

并购价值评估的主要方法有三种：

（一）收益法

收益法是通过将被评估企业预期收益资本化或折现来确定被评估企业价值。收益法主要运用现值技术，即一项资产的价值是利用其所能获取的未来收益的现值，其折现率反映了投资该项资产承担相应风险所获得的收益率。收益法是目前较为成熟、使用较多的估值技术。

收益法中的主要方法是现金流量折现法。

企业价值计算公式为：$V = V_0 + V_L$

式中：V_0 为明确的预测期间的现金流量现值；V_L 为明确的预测期之后的现金流量现值，又称企业连续价值。

1. 评估思路。

现金流量折现法是通过测算被评估企业未来预期现金流量的现值来判断企业价值的一种估值方法。

现金流量折现法从现金流量和风险角度考察企业的价值。在风险一定的情况下，被评估企业未来能产生的现金流量越多，企业的价值就越大，即企业内在价值与其未来产生的现金流量成正比；在现金流量一定的情况下，被评估企业的风险越大，企业的价值就越低，即企业内在价值与风险成反比。

2. 基本步骤。

（1）分析历史绩效。对企业历史绩效进行分析，其主要目的是彻底了解企业过去的绩效，为今后绩效的预测提供一个视角，为预测未来的现金流量做准备。历史绩效分析主要是对企业的历史会计报表进行分析，重点分析企业的关键价值驱动因素。

实务中，基于稳健性原则，对于未来绩效的预测，往往从完整的损益表和资产负债表着手。自由现金流量和投入资本收益率可以通过损益表和资产负债表求得，这比不通过损益表和资产负债表而直接确定自由现金流量更为可靠。如果不建立预测资产负债表，就很容易忽略掉各个项目是怎样组合起来的，以及各指标之间的合理比例关系。此外，资产负债表也有助于确定预测中的筹资问题。

预测公司的损益表和资产负债表，最常用的方法是需求驱动预测。需求驱动预测从销售额着手，其他的多数变量（如期间费用、营运资金等）都来自销售预测。

（2）确定预测期间。在预测企业未来的现金流量时，通常会人为确定一个预测期间，在预测期后的现金流量就不再估计。期间的长短取决于企业的行业背景、管理部门的政策、并购的环境等，通常为 5～10 年。

（3）预测未来的现金流量。在企业价值评估中使用的现金流量是指企业所产生的现金流量在扣除库存、厂房设备等资产所需的投入及缴纳税金后的部分，即自由现金流量。用公式可表示为：

自由现金流量 =（税后净营业利润 + 折旧及摊销）-（资本支出 + 营运资金增加额）

需要注意的是，利息费用尽管作为费用从收入中扣除，但它是属于债权人的自由现金流量。因此，只有在计算股权自由现金流量时才扣除利息费用，而在计算企业自由现金流量时则不能扣除。

①税后净营业利润。税后净营业利润是指扣除所得税后的营业利润，也就是扣税之后的息税前利润。

税后净营业利润 = 息税前利润 ×（1 - 所得税税率）

息税前利润 = 主营业务收入 - 主营业务成本 ×（1 - 折扣率和折让率）- 销售税金及附加 - 管理费用 - 销售费用

这里的营业利润是由持续经营活动产生的收益，不包括企业从非经营性项目中取得的非经常性收益。

②折旧及摊销。折旧不是本期的现金支出，而是本期的费用，因此折旧可以看做是现金的另一种来源。摊销是指无形资产、待摊费用等的摊销。与折旧一样，它们不是当期的现金支出，却从当期的收入中作为费用扣除，同样也应看做一种现金的来源。

③资本支出。资本支出是指企业为维持正常生产经营或扩大生产经营规模而在物业、厂房、设备等资产方面的再投入。具体地讲，包括在固定资产、无形资产、长期待摊费用（包括租入固定资产改良支出、固定资产大修理支出等）及其他资产上的新增支出。

在计算自由现金流量时使用的资本支出是指资本净支出，即资本支出中扣除了折旧和无形资产及长期待摊费用摊销的部分。

④营运资金增加额。营运资金等于流动资产与流动负债的差额，营运资金的变化反映了库存、应收/应付项目的增减。因为库存、应收款项的增加而占用的资金不能用作其他用途，所以营运资金的变化会影响企业的现金流量。

（4）选择合适的折现率。折现率是指将未来预测期内的预期收益换算成现值的比率，有时也称资本成本率。通常，折现率可以通过加权平均资本成本模型确定。

根据加权平均资本成本模型，由于并购企业用于投资被并购企业的资本一般既有自有资本也有负债，所以这种投资的资本成本是两者的加权平均。可用公式表示为：

$$r_{WACC} = E/(E+D) \times r_e + D/(E+D) \times r_d$$

式中：r_{WACC}为企业的加权平均资本成本；D为企业负债的市场价值；E为企业权益的市场价值；r_e为股权资本成本；r_d为债务资本成本。

①股权资本成本的计算。

一是资本资产定价模型（CAPM），其计算公式为：

$$r_e = r_f + (r_m - r_f) \times \beta$$

式中：r_e为股权资本成本；r_f为无风险报酬率；r_m为市场投资组合的预期报酬率；$(r_m - r_f)$为市场风险溢价；β为市场风险系数。

无风险报酬率指无任何拖欠风险的证券或者有价证券组合的报酬率，而且与经济中其余任何报酬率完全无关。通常使用5年期或10年期国债利率作为无风险报酬率。

市场风险溢价是市场投资组合的预期报酬率与无风险报酬率之间的差额。

市场风险系数β是反映个别股票相对于平均风险股票的变动程度的指标，它可以衡量出个别股票的市场风险，而不是企业的特有风险。

因为并购活动通常会引起企业负债率的变化，进而影响β系数，所以需要对β系数做必要的修正。可利用哈马达方程对β系数进行调整，其计算公式如下：

$$\beta_1 = \beta_0[1 + (1-T) \times (D/E)]$$

式中：β_1为负债经营的β系数；β_0为无负债经营的β系数；T为企业所得税税率；D为企业负债的市场价值；E为企业权益的市场价值。

二是股利折现模型，计算公式如下：

$$P_0 = \sum_{t=1}^{\infty} D_t / (1 + r_e)^t$$

当假定每年股利不变时，计算公式如下：

$r_e = D_0 / P_0$

式中：D_0 为当年股利额；P_0 为普通股市价。

当假定股利以固定的增长速度增长时，计算公式如下：

$r_e = D_1 / P_0 + g$

式中：D_1 为预计的年股利额；P_0 为普通股市价；g 为普通股股利年增长率。

②债务资本成本的计算。

因为利息支出可以税前抵扣，所以债务资本成本 r_d 应该在税后的基础上进行计算，其计算公式为：

$r_d = r \times (1 - T)$

式中：r 为借款利率或者债券票面利率；T 为企业所得税税率。

（5）预测企业连续价值。估计企业未来的现金流量不可能无限制地预测下去，因此要对未来某一时点的企业价值进行评估，即计算企业的连续价值。

企业的连续价值一般可采用永久增长模型（固定增长模型）计算。这种方法假定从明确的预测期之后的那一年起，自由现金流量是以固定的年复利率增长的。在预测期末，企业终值（TV）计算公式为：

$TV = FCF_{n+1} / (r_{WACC} - g) = FCF_n \times (1 + g) / (r_{WACC} - g)$

式中：TV 为预测期末的终值；FCF_{n+1} 为计算终值那一年的自由现金流量；FCF_n 为预测期最后一年的自由现金流量；r_{WACC} 为加权平均资本成本；g 为计算终值那一年以后的自由现金流量年复利增长率。

企业连续价值：$V_L = TV / (1 + r_{WACC})^n$

（6）预测企业价值。企业价值等于确定预测期内现金流量的折现值之和，加上终值的现值，其计算公式如下：

$$V = \sum_{t=1}^{n} FCF_t / (1 + r_{WACC})^t + TV / (1 + r_{WACC})^n$$

式中：V 为企业价值；FCF_t 为确定预测期内第 t 年的自由现金流量；r_{WACC} 为加权平均资本成本；TV 为预测期末的终值；n 为确定的预测期。

【例 6-4】A 公司是一家大型国有移动新媒体运营商，主营业务是利用移动多媒体广播电视覆盖网络，面向手机、GPS、PDA、MP4、笔记本电脑及各类手持终端，提供高质量的广播电视节目、综合信息和应急广播服务。B 公司在上海，与 A 公司经营同类业务。A 公司总部在北京，在全国除 B 公司所在地外，已在其他 30 个省（区、市）成立了子公司。为形成全国统一完整的市场体系，2021 年 1 月，A 公司开始积极筹备并购 B 公司。

A 公司聘请资产评估机构对 B 公司进行估值。资产评估机构以 2021~2025 年为预测期，对 B 公司的财务预测数据如表 6-1 所示。

表 6-1   **B 公司财务预测数据**   单位：万元

项目	2021 年	2022 年	2023 年	2024 年	2025 年
税后净营业利润	1 300	1 690	1 920	2 230	2 730
折旧及摊销	500	650	800	950	1 050
资本支出	1 200	1 200	1 200	800	800
营运资金增加额	200	300	600	1 200	1 000

资产评估机构确定的公司估值基准日为 2020 年 12 月 31 日，在该基准日，B 公司资本结构为：债务/权益（D/E）= 0.55。

假定选取到期日距离该基准日 5 年以上的国债作为标准，计算出无风险报酬率为 3.55%。

选取上证综合指数和深证成指，计算从 2011 年 1 月 1 日至 2020 年 12 月 31 日 10 年间年均股票市场报酬率为 10.62%，减去 2011~2020 年期间年平均无风险报酬率为 3.65%，计算出市场风险溢价为 6.97%。

选取同行业 4 家上市公司剔除财务杠杆的 β 系数，其平均值为 1.28，以此作为计算 B 公司 β 系数的基础。

目前 5 年以上贷款利率为 6.55%，以此为基础计算 B 公司的债务资本成本。

B 公司为高科技企业，企业所得税税率为 15%。

假定从 2026 年起，B 公司自由现金流量以 5% 的年复利增长率固定增长。

本例中，运用现金流量折现法对 B 公司进行的价值评估过程如下：

（1）根据财务预测数据，计算 B 公司预测期各年自由现金流量如表 6-2 所示。

表 6-2   **B 公司预测期各年自由现金流量**   单位：万元

项目	2021 年	2022 年	2023 年	2024 年	2025 年
自由现金流量	400	840	920	1 180	1 980

（2）计算加权平均资本成本。

$\beta = 1.28 \times [1 + (1 - 15\%) \times 0.55] = 1.88$

$r_e = 3.55\% + 1.88 \times 6.97\% = 16.65\%$

$r_d = 6.55\% \times (1 - 15\%) = 457\%$

$r_{WACC} = E/(E + D) \times r_e + D/(E + D) \times r_d = 1 \div 1.55 \times 16.65\% + 0.55 \div 1.55 \times 5.57\%$
$= 12.72\%$

（3）计算 B 公司预测期末价值。

$TV = 1\,980 \times 1.05 \div (12.72\% - 5\%) = 26\,930$（万元）

（4）计算 B 公司价值。

$$V = 400 \div (1 + 12.72\%) + 840 \div (1 + 12.72\%)^2 + 920 \div (1 + 12.72\%)^3 + 1\ 180 \div (1 + 12.72\%)^4 + 1\ 980 \div (1 + 12.72\%)^5 + 26\ 930 \div (1 + 12.72\%)^5 = 18\ 260\ （万元）$$

（二）市场法

市场法是将被评估企业与参考企业、在市场上已有交易案例的企业、股东权益、证券等权益性资产进行比较，以确定被评估企业价值。市场法中常用的两种方法是可比企业分析法和可比交易分析法。

1. 可比企业分析法。

（1）评估思路。

可比企业分析法是以交易活跃的同类企业的股价和财务数据为依据，计算出一些主要的财务比率，然后用这些比率作为乘数计算得到非上市企业和交易不活跃上市企业的价值。可比企业分析法的技术性要求较低，与现金流量折现法相比理论色彩较淡。

运用可比企业分析法的关键是选出一组在业务和财务方面与被评估企业相似的企业，通过对这些企业的经营历史、财务情况、股票行情及其发展前景的分析，确定估价指标和比率系数，然后用它们来计算被评估企业的价值。如果被评估企业是经营多种业务的综合性企业，则可针对它的几个主要业务，分别挑选出相应的几组相似的企业，分别确定估价指标和比率系数，得出各业务部门的价值，再将它们汇总，得出该综合性被评估企业的价值。

将被评估企业和同行业中其他上市企业进行比较时，通常可分析下述财务指标：销售利润率、销售毛利率、流动比率、存货周转率、应收账款周转率、产权比率、年销售收入的增长率等。

（2）方法步骤。

①选择可比企业。所选取的可比企业应在营运上和财务上与被评估企业具有相似的特征。当在实务中很难寻找到符合条件的可比企业时，则可以采取变通的方法，即选出一组参照企业，其中一部分企业在财务上与被评估企业相似，另一部分企业在营运上与被评估企业具有可比性。这种变通的方法具有很强的实用性。

在基于行业的初步搜索得出足够多的潜在可比企业总体后，还应该用进一步的标准来决定哪个可比企业与被评估企业最为相近。常用的标准如规模、企业提供的产品或服务范围、所服务的市场及财务表现等。所选取的可比企业与被评估企业越接近，评估结果的可靠性就越好。

②选择计算乘数。乘数一般有如下两类：

一是基于市场价格的乘数。企业价值与业绩之间的关系称为"市场/价格乘数"。市场/价格乘数按其分子是企业股权的市场价值还是股权和债权的市场价值之和区分，常见的乘数有市盈率（P/E）、价格对收入比率（P/R）、价格对净现金流量比率（P/CF）和价格对有形资产账面价值的比率（P/BV）。

基于市场价格的乘数中，最重要的是市盈率。计算企业的市盈率时，既可以使用历史收益（过去 12 个月或上一年的收益或者过去若干年的平均收益），也可以使用预测收益（未来 12 个月或下一年的收益），相应的比率分别称为追溯市盈率和预测市盈率。出于估值目的，通常首选预测市盈率，因为最受关注的是未来收益。而且，企业收益中的持久构成部分才是对估值有意义的，因此，一般把不会再度发生的非经常性项目排除在外。

二是基于企业价值的乘数。企业价值代表企业基础业务的总价值，是偿付债务前企业的整体价值，而不仅仅是股权的价值。如果想比较具有不同杠杆水平的企业，使用基于企业价值的估值乘数是更合适的。

基于企业价值的常用估值乘数有 EV/EBIT、EV/EBITDA、EV/FCF。其中，EV 为企业价值，EBIT 为息税前利润，EBITDA 为息税折旧和摊销前利润，FCF 为企业自由现金流量。

③运用选出的众多乘数计算被评估企业的价值估计数。选定某一乘数后，将该乘数与被评估企业经调整后对应的财务数据相乘就可得出被评估企业的一个价值估计数。根据多个乘数分别计算得到的各估值越接近，说明评估结果的准确度越高。值得注意的是，用股权乘数得出的被评估企业的估值是股东权益市场价值的估计数，而用总资本乘数得出的则是包括被评估企业股权和债权在内的总资本的市场价值估计数。

④对企业价值的各个估计数进行平均。运用不同乘数得出的多个企业价值估计数是不相同的，为保证评估结果的客观性，可以对各个企业价值估计数赋予相应的权重，至于权重的分配要视乘数对企业市场价值的影响大小而定。然后，使用加权平均法算出被评估企业的价值。

【例 6-5】以市盈率为乘数，运用可比企业分析法计算被评估企业价值。由于时间越早的数据影响力越弱，而时间越近的数据影响力越强，所以对不同期间（2018～2020 年）的 P/E 指标赋予了不同的权数，具体如表 6-3 所示。

表 6-3   可比企业分析法应用举例

项目	2018 年			2019 年			2020 年		
	股价	每股收益	P/E	股价	每股收益	P/E	股价	每股收益	P/E
企业 A	10.00	1.25	8.00	9.10	1.30	7.00	12.00	1.50	8.00
企业 B	15.60	3.00	5.20	12.50	2.50	5.00	16.50	2.75	6.00
企业 C	7.50	1.00	7.50	8.55	1.14	7.50	7.00	1.40	5.00
企业 D	12.00	2.50	4.80	10.40	2.60	4.00	10.50	2.50	4.20
企业 E	9.00	2.00	4.50	8.10	1.80	4.50	9.20	2.30	4.00
指标平均数	6.00			5.60			5.44		
各年所赋权重	0.20			0.30			0.50		
加权平均数	0.2×6.00 + 0.3×5.60 + 0.5×5.44 = 5.60								
被评估企业净利润	5 000								
评估价值	28 000								

2. 可比交易分析法。

（1）评估思路。

相似的标的应该有相似的交易价格，基于这一原理，可比交易分析法主张从类似的并购交易中获取有用的财务数据，据以计算被评估企业价值。它不对市场价值进行分析，而只是统计同类企业在被并购时并购企业支付价格的平均溢价水平，再用这个溢价水平计算出被评估企业的价值。本方法需要找出与被评估企业经营业绩相似的企业的最近平均实际交易价格，将其作为计算被评估企业价值的参照物。

（2）方法步骤。

①选择可比交易。使用可比交易分析法首先需要找出与被评估企业经营业绩相似的企业的最近平均实际交易价格，将其作为计算被评估企业价值的参照物。为了得到合理的评估结果，交易数据必须是与被评估企业相类似的企业的数据。

②选择计算乘数。如支付价格收益比、账面价值倍数、市场价值倍数等。可比交易分析与可比企业分析类似，是从被评估企业类似的可比企业的被并购交易中获取有用的财务数据，确定可比交易的市场平均溢价水平。

有关比率计算公式如下：

支付价格/收益比 = 并购者支付价格 ÷ 税后利润

支付价格是指在类似并购交易中，并购企业为交易标的支付的购买价格；税后利润是指与被评估企业类似的被并购企业并购前（或平均）税后利润。计算出类似交易中被并购企业的支付价格/收益比，乘以被评估企业的当前税后利润，即可得出被评估企业的估值。

账面价值倍数 = 并购者支付价格 ÷ 净资产价值

账面价值是指与被评估企业类似的被并购企业并购前的账面价值，即其会计报表中所记录的净资产价值。计算出类似交易中被并购企业的账面价值倍数，乘以被评估企业的净资产价值，即可得出被评估企业的估值。

市场价值倍数 = 并购者支付价格 ÷ 股票的市场价值

市场价值是指与被评估企业类似的被并购企业并购前股票的市场价值，即其股票的每股价格与发行在外的流通股股数的乘积。计算出类似交易中被并购企业的市场价值倍数，乘以被评估企业当前的股票市场价值，即可得出被评估企业的估值。

③运用选出的众多乘数计算被评估企业的价值估计数。选定某一乘数后，将该乘数与被评估企业经调整后对应的财务数据相乘就可得出被评估企业的一个价值估计数。根据多个乘数分别计算得到的各估值越接近，说明评估结果的准确度越高。

④对企业价值的各个估计数进行平均。运用不同乘数得出的多个企业价值估计数是不相同的，为保证评估结果的客观性，可以对各个企业价值估计数赋予相应的权重，至于权重的分配要视乘数对企业市场价值的影响大小而定；然后，使用加权平均法算出被评估企业的价值。

【例6-6】假设被评估企业为一家机械制造类企业，2021年底正在与同行业另一家企业展开并购谈判。在充分了解和调查机械制造行业发展状况的条件下，评估者从公开渠道收集了如表6-4所示的交易数据。依据可比交易提供的平均交易价格乘数和被评估企业相应的财务数据，即可计算出被评估企业的价值。

表6-4 可比交易分析法应用举例

交易日期公布日	交易双方名称		支付方式	（1）支付价格收益比	（2）账面价值倍数
	并购企业名称	被并购企业名称			
2020-11-04	甲公司	A公司	现金	6	1.40
2020-09-02	乙公司	B公司	现金	8	1.50
2020-03-30	丙公司	C公司	股权	9	1.70
2020-04-27	丁公司	D公司	现金	5	1.40
平均				7	1.50
（3）被评估企业净利润				55 000	
（4）被评估企业账面价值				270 000	
（5）被评估企业评估价值1 （5）=（3）×7				385 000	
（6）被评估企业评估价值2 （6）=（4）×1.50				405 000	
（7）被评估企业的加权平均评估价值，其中（5）和（6）的权重分别为40%和60%				397 000	

（三）成本法

成本法也称资产基础法，是在合理评估被评估企业各项资产价值和负债的基础上确定被评估企业的价值。应用成本法需要考虑各项损耗因素，具体包括有形损耗、功能性损耗和经济性损耗等。成本法的关键是选择合适的资产价值标准。成本法主要有账面价值法、重置成本法和清算价格法。

1. 账面价值法。

账面价值法是基于会计的历史成本原则，以企业账面净资产为计算依据来确认被评估企业价值的一种估值方法。

账面价值法的优点在于：它是按通用会计原则计算得出的，比较客观，而且取值方便。

账面价值法的缺点在于：它是一种静态估值方法，既不考虑资产的市价，也不考虑资产的收益。实际中，有三个方面的原因使账面价值往往与市场价值存在较大的偏离：一是通货膨胀的存在使一项资产的价值不等于它的历史价值减折旧；二是技术进步使某些资产在寿命终结前已经过时和贬值；三是由于组织资本的存在使得多种资产的组合会超过相应各单项资产价值之和。因此，这种方法主要适用于简单的并购，主要针对账面价值与市场价值偏离不大的非上市企业。

2. 重置成本法。

重置成本法是以被评估企业各单项资产的重置成本为计算依据来确认被评估企业价

值的一种估值方法。

重置成本法和账面价值法有相似之处，也是基于企业的资产为基础的。但它不是用历史上购买资产的成本，而是根据现在的价格水平购买同样的资产或重建一个同样的企业所需要的资金来估算该企业的价值。

运用重置成本法，需要对资产账面价值进行适当的调整。在实际运用中，有两种调整方法：一是价格指数法，即选用一种价格指数，将资产购置年份的价值换算成当前的价值。价格指数法存在的最大问题是没有反映技术贬值等因素对某些重要资产价值带来的影响。二是逐项调整法，即按通货膨胀和技术贬值两个因素对资产价值影响的大小，逐项对每一资产的账面价值进行调整，以确定各项资产的当前重置成本。

3. 清算价格法。

清算价格法是通过计算被评估企业的净清算收入来确认被评估企业价值的一种估值方法。企业的净清算收入是出售企业所有的部门和全部固定资产所得到的收入，再扣除企业的应付债务。这一估算的基础是对企业的不动产价值（包括工厂、厂场和设备、各种自然资源或储备等）进行估算。

清算价格法是在被评估企业作为一个整体已经丧失增值能力情况下的估值方法，估算所得到的是被评估企业的可变现价格。此方法主要适用于陷入困境企业的价值评估。

第三节　并购融资与支付

一、企业并购融资渠道

并购融资渠道包括内部融资渠道和外部融资渠道两种。

（一）内部融资渠道

内部融资渠道，是指从企业内部开辟资金来源，筹措并购所需的资金。其中，主要指自有资金。

企业自有资金是企业在发展过程中所积累的、经常持有的、按规定可以自行支配，并不需要偿还的那部分资金。企业自有资金是企业最稳妥、最有保障的资金来源。通常企业可用的内部自有资金主要有税后留利、闲置资产变卖和应收账款等形式。

这一方式下，企业不必对外支付借款成本，风险很小。不过，在大型并购交易中，企业仅靠内部融资是不够的。

（二）外部融资渠道

外部融资渠道，是指企业从外部开辟资金来源，向本企业以外的经济主体（包括企业现有股东和企业职员）筹措并购所需资金。

1. 直接融资。

直接融资是指不通过中介机构（如银行、证券公司等），直接由企业面向社会融资。直接融资是企业经常采用的融资渠道。在美国，企业融资约70%是通过证券市场实现的。从经济的角度看，直接融资可以最大限度地利用社会闲散资金，形成多样化的融资结构，降低融资成本，同时又可以通过发行有价证券提高企业的知名度。企业可以通过发行普通股、企业债券、可转换公司债券、认股权证等方式进行融资。

2. 间接融资。

间接融资是指企业通过金融市场中介组织借入资金，主要包括向银行及非银行金融机构（如信托投资公司、保险公司、证券公司）贷款。间接融资多以负债方式表现出来，其影响与企业发行债券雷同。与发行债券方式不同之处在于：一是由于金融中介组织的介入，简化了融资操作，但也增加了融资成本；二是企业面向银行等金融组织，受到的压力更大。

从企业外部融资，具有速度快、弹性大、资金量大的优点，但缺点在于资金成本较高、风险较大。

二、企业并购融资方式

（一）债务融资

债务融资是指企业按约定代价和用途取得且需按期还本付息的一种融资方式。债务融资往往通过银行、非银行金融机构、民间等渠道，采用申请贷款、发行债券、利用商业信用、租赁等方式筹措资金。

1. 并购贷款。

所谓并购贷款，是指商业银行向并购企业或并购企业控股子公司发放的，用于支付并购交易价款和费用的贷款。并购贷款是并购活动中重要的融资方式之一。

2015 年，中国银监会发布了《商业银行并购贷款风险管理指引》（以下简称《指引》）规定：并购交易价款中并购贷款所占比例不得高于 60%，并购贷款期限一般不得超过 7 年，商业银行原则上要求借款人提供充足的能够覆盖并购贷款风险的担保。该《指引》所规范的并购贷款用于支持我国境内并购企业通过受让现有股权、认购新增股权，或收购资产、承接债务等方式以实现合并或实际控制已设立并持续经营的目标企业。

与发行债券相比，并购贷款会给并购企业带来一系列的好处。由于银行贷款所要求的低风险导致银行的收益率也很低，因而使企业的融资成本相应降低；银行贷款发放程序比发行债券、股票简单，发行费用低于证券融资，可以降低企业的融资费用，其利息还可以抵减所得税；此外，通过银行贷款可以获得巨额资金，足以进行金额巨大的并购活动。但是，要从银行取得贷款，企业必须向银行公开其财务、经营状况，并且在今后的经营管理上还会受到银行的制约；为了取得银行贷款，企业可能要对资产实行抵押、担保等，从而降低企业今后的再融资能力，产生隐性融资成本，进而可能会对整个并购活动的最终结果造成影响。

2. 票据融资。

票据是证明债权债务关系的一种法律文件。商业票据是企业进行延期付款交易时开具的反映债权债务关系的单据。根据承兑人的不同，票据分为商业承兑票据和银行承兑票据两种，支付期最长不超过 9 个月。商业票据可以附息，也可以不附息，其利率一般比银行借款的利率低，且不用保持相应的补偿余额和支付协议费，所以商业票据的融资成本低于银行借款成本。但是商业票据到期必须归还，如若延期便要交付罚金，因而风险较大。

用票据为企业并购进行融资可以有两种途径：其一，票据本身可以作为一种支付手段直接进行融资；其二，可以在并购前出售票据，以获取并购所需资金。

3. 债券融资。

债券是一种有价证券，是债务人为了筹措资金而向非特定的投资者发行的长期债务凭证。企业债券代表的是一种债权、债务之间的契约关系，这种关系明确规定债券发行人必须在约定的时间内支付利息和偿还本金。这种债权、债务关系给予了债权人对企业收益的固定索取权，以及对企业财产的优先清偿权。企业债券的种类很多，主要包括：

（1）抵押债券。它是指以企业财产作为担保而发行的一种企业债券。抵押债券的抵押权又分为定额抵押和不定额抵押。定额抵押规定同一资产不得在增发新债券时再次作为抵押品。不定额抵押则允许企业在发行新债券时用同一资产再次作为抵押品，这为企业融资提供了很大的灵活性，但对债权人的保障程度大为降低。

（2）信用债券。它是指没有抵押品，完全依赖企业良好的信誉而发行的债券。通常只有经济实力雄厚、信誉较高的企业才有能力发行这种债券。由于信用债券没有特定的抵押品，利率要比同一时期发行的抵押债券利率略高，这之间的利差也在一定程度上反映了风险程度的高低。

（3）无息债券（也称零票面利率债券）。它是指其票面利率为零，但却以低于面值的价格出售给投资人的债券。其特点是：不必支付利息，按低于面值的价格折价出售，到期按面值归还本金。

（4）浮动利率债券。它是指其票面利率随一般利率水平的变动而调整的债券。其票面利率通常定期根据某些作为基准的市场利率调整，其每期调整一般限制在某一最大幅度范围和某一时间内。

（5）垃圾债券。除了上述的各种企业债券以外，20 世纪 80 年代盛行的创新融资工具便是"垃圾债券"。由于并购活动的风险很高，而企业大部分优质资产的抵押权又被银行贷款所得，为了对投资者承担的高风险提供较高的回报率，垃圾债券作为一种新型的融资工具应运而生，为并购特别是杠杆收购提供了重要的资金来源。垃圾债券一般由投资银行承销，保险公司、风险资本投资公司等机构投资者为主要债权人。这种债券最为明显的两个特征在于：一是高风险。垃圾债券不是以现实资产为保证，而是以并购其他企业的新公司资产即未来资产作抵押，具有很大的不确定性，因此，风险很大。同时，还可能存在实际资产价值低于股票市场价值的情况，这就更增加了它的风险程度。二是高利率。效率低、信誉低的企业为了吸引那些在资本市场上寻求高额收益的游资，就必须发行具有吸引力的高利率债券。

4. 租赁融资。

企业债务融资工具除了上述三种以外，还有租赁融资。租赁是出租人以收取租金为条件，在契约或合同规定的期限内，将资产租让给承租人使用的一种经济行为。租赁业务的种类很多，通常可按不同标准进行划分。

（1）以租赁资产风险与报酬是否完全转移为标准，租赁可分为融资租赁和经营租赁。

（2）以出租人资产的来源不同为标准，租赁可分为直接租赁、转租赁和售后回租。

（3）以设备购置的资本来源为标准，租赁可分为单一投资租赁和杠杆租赁。

企业可以通过售后回租等租赁手段获取并购所需资金。

（二）权益融资

企业并购中最常用的权益融资方式为发行普通股融资。

该方式的优点在于：（1）普通股融资没有固定的股利负担。企业有盈余，并认为适合分配股利，就可以分配给股东；企业盈余较少，或虽有盈余但资金短缺或有更有利的投资机会，就可以少支付或不支付股利。（2）普通股没有固定的到期日，不需要偿还股本。利用普通股筹措的是永久性资金，它对保证企业最低的资金需求有重要意义。（3）利用普通股融资风险小。由于普通股无固定到期日，不用支付固定的股利，因此，实际上不存在不能偿付的风险。（4）普通股融资能增强企业的信誉。

该方式的缺点在于：（1）分散企业控制权。新股的发行使企业的股权结构发生变化，稀释了企业的控制权，留下了企业被并购的风险。（2）普通股的发行成本较高，包括审查资格成本高、成交费用高等因素。（3）由于股利需税后支付，故企业税负较重。

在企业并购中，运用发行普通股融资具体又分为两种不同的形式：一种是并购企业在股票市场发行新股或向原股东配售新股实现并购；另一种是以换股方式实现并购。

1. 发行新股并购。

并购企业在股票市场上发行新股或向原股东配售新股，即企业通过发行股票并用销售股票所得价款为并购支付交易价款。在这种情况下，并购企业等于用自有资金进行并购，因而使财务费用大大降低，并购成本较低。然而，在并购后，每股净资产不一定会增加，这是因为虽然总资产增加了，但企业总股份数也会随之增加。另外，每股收益要视并购后所产生的效益而定，因此具有不确定性，会给股东带来很大的风险。

2. 换股并购。

换股并购以股票作为并购的支付手段。根据换股方式的不同可以分为增资换股、母子公司交叉换股、库藏股换股等，其中比较常见的是并购企业通过发行新股或从原股东手中回购股票，然后再进行交换。并购企业采用这种方法的优点在于可以取得会计和税收方面的好处。因为在这种情况下，并购企业合并报表可以采用权益结合法，这样既不用负担商誉减值，又不会因资产并购造成折旧增加。从被并购企业角度看，股东可以推迟收益实现时间，既能获得税收好处，又可以分享并购后新企业实现的价值增值。但这种方法会受到各国证券法中有关规定的限制，审批手续比较烦琐，耗费时间也较长，可能会给竞购对手提供机会，被并购企业也有时间实行反并购。更重要的是，发行新股会改变原有股权结构，进而影响股权价值，股价的变动使并购成本难以确定，并购企业不得不经常调整方案。

（三）混合融资

常见的混合型融资工具包括可转换债券、认股权证、优先股等。

1. 可转换债券。

可转换债券是指在一定时期内，可以按规定的价格或一定的比例，由持有人自由选择转换为普通股的债券。

可转换债券融资的优点包括：（1）灵活性较高，企业可以设计出不同报酬率和转换溢价的可转换债券，寻求最佳资本结构。（2）可转换债券融资的报酬率一般较低，大大降低了企业的融资成本。（3）一般可获得较为稳定的长期资本供给。

可转换债券融资的缺点包括：（1）受股价影响较大，当企业股价上涨大大高于转换价格时，发行可转换债券融资反而会使企业蒙受损失。（2）当股价未如预期上涨，转换无法实施时，会导致投资者对企业的信任危机，从而对未来融资造成障碍；顺利转换时，意味着企业原有控制权的稀释。

2. 认股权证。

认股权证是企业发行的长期选择权证，它允许持有人按照某一特定的价格购买一定数额的普通股。它通常被用来作为给予债券持有者一种优惠而随同债券发行，以吸引潜在的投资者。

认股权证融资的优点包括：（1）在金融紧缩时期或企业处于信用危机边缘时，可以有效地推动企业有价证券的发行。（2）与可转换债券一样，融资成本较低。（3）认股权证被行使时，原来发行的企业债务尚未收回，因此，所发行的普通股意味着新的融资，企业资本增加，可以用增资抵债。

认股权证融资的缺点类同于可转换债券融资。

3. 优先股。

除发行普通股外，上市公司进行企业并购时，还可发行优先股作为支付手段。优先股是指依据《公司法》和《证券法》，在一般规定的普通种类股份之外，另行规定的其他种类股份，其股份持有人优先于普通股股东分配公司利润和剩余财产，但参与公司决策管理等权利受到限制。

按照证监会于 2014 年 3 月 21 日出台的《优先股试点管理办法》规定，上市公司可公开或非公开发行优先股作为并购的支付方式，也可在发行优先股的同时募集配套资金；但以公开发行优先股作为支付手段仅可用于收购或吸收合并其他上市公司的情形。

优先股可按照交易需求嵌入个性化条款，增加了交易的灵活性。在上市公司股价偏高的情况下，若用普通股作为支付方式，资产出售方会担心将来股价下跌的风险较大，增加达成交易的难度；若采用嵌入回购条款的优先股作为支付方式，出售方即可取得既定股息，在满足一定条件时上市公司按约定价格回购优先股股票，有利于交易的达成。

除商业银行外，上市公司公开发行优先股只可采用固定股息，必须发行累计股息优先股，不可嵌入参与条款，不可发行可转换优先股。上市公司发行优先股自由度相对较高，除不可发行可转换优先股外，《优先股试点管理办法》对上述条款并未列明其他限制。需注意的是，以发行优先股的方式作为并购支付工具时，须符合《优先股试点管理办法》规定的各项发行条件，且受"上市公司已发行的优先股不得超过公司普通股股份总数的 50%，且筹资金额不得超过发行前净资产的 50%"的限制。

发行优先股作为支付方式，还可避免上市公司实际控制人控制权的丧失，规避借壳上市。若标的公司资产规模较大，超过上市公司资产总额的100%，单纯用普通股作为支付方式，会造成上市公司实际控制人变化，形成借壳上市。优先股不具有上市公司的经营决策权，以其作为支付方式，可以保持原控股股东控制权，同时规避上述借壳情形，简化审核流程。

优先股具备一定的流动性，加大了其作为支付手段的可接受度。《优先股试点管理办法》规定公开发行的优先股可以在证券交易所上市交易，上市公司非公开发行的优先股可以在证券交易所转让。

2014年9月29日，中国电建（股票代码：601669）发布公告，中国电建以非公开发行普通股及承接债务的方式购买电建集团持有的顾问集团等8家公司100%股权，同时公司向不超过200名合格投资者非公开发行优先股募集配套资金。

（四）其他特殊融资方式

1. 过桥贷款。

过桥贷款是指投资银行为了促使并购交易迅速达成而提供的贷款，这笔贷款日后由并购企业公开发行新的高利率、高风险债券所得款项，或以并购完成后并购者出售部分资产、部门或业务等所得资金进行偿还。

【例6-7】20世纪80年代末期英国比萨公司（Beazer）在收购美国库帕公司（Koppers）的过程中，使用了大额过桥贷款。雷曼投资银行担当了整个并购交易的策划者和组织者。比萨公司与雷曼、奈特威斯特两家投行联合组建了名为BNS的控股公司，其资本总额为15.66亿美元，其中债务资本为13.07亿美元，股权资本为2.59亿美元（包括普通股0.5亿美元和优先股2.09亿美元）。BNS公司收购库帕公司的资金来源渠道是多样的，其中13.07亿美元的债务资本由雷曼银行和花旗银行提供，雷曼银行提供了5亿美元的过桥贷款（该过桥贷款通过在美国发行3亿美元的垃圾债券得到了再融资），花旗银行提供了8.07亿美元的银团贷款（其中4.87亿美元为其他银行的辛迪加贷款，其利率为基础利率加上1.5个百分点）。BNS公司0.5亿美元的普通股资本由比萨公司与雷曼、奈特威斯特两家投行提供，其持股比例分别为49%、46.1%和4.9%。BNS公司2.09亿美元的优先股资本由比萨公司提供，该资金得到了奈特威斯特投行2亿美元的信贷支持。

2. 杠杆收购。

杠杆收购是指通过增加并购企业的财务杠杆完成并购交易的一种并购方式。实质上是并购企业主要以借债方式购买被并购企业的产权，继而以被并购企业的资产或现金流量来偿还债务的方式。按被并购企业经理层是否参与本企业的收购划分，杠杆收购可分为经理层收购（MBO）和非经理层收购。经理层收购是指股权投资者与经理层一起组成一个收购集团，与被并购企业或被并购企业董事会在友好的气氛下洽商收购条款，达成后即实施杠杆收购。在经理层收购中，担任发起人的多为投资银行或投资公司，他们承担着融资、策划和交易谈判等工作。成功的经理层收购有赖于被并购企业经理层与投资银行的友好合作。

由于承担巨大的负债风险，完成杠杆收购往往需要收购者具有精准的战略眼光和专业判断力，而且要非常善于运作和运用外部资金，因此，杠杆收购者时常被称为"并购艺术家"。采用杠杆收购需要高额负债，风险较大，如果遇到经济衰退或市场收缩，将会损失惨重。采用杠杆收购的目标企业需要具备以下条件：稳定的现金流量；稳定而富有经验的管理团队；充裕的成本降低空间；一定规模的股东权益；较低的负债水平。

【例6-8】20世纪80年代美国雷诺兹-纳贝斯克（RJR Nabisco）公司收购案是杠杆收购的经典案例。这笔被称为"世纪大收购"的交易以250亿美元的收购价震惊世界。这场收购战役主要在雷诺兹-纳贝斯克公司的高级管理人员和著名的收购公司KKR（Kohlberg Kravis Roberts & Co.）公司之间展开，但由于它的规模巨大，其中不乏像摩根士丹利、第一波士顿等这样的投资银行和金融机构的直接或间接参与。"战役"的发起方是以罗斯·约翰逊为首的雷诺兹-纳贝斯克公司高层管理者，他们认为公司当时的股价被严重低估。1988年10月，管理层向董事局提出管理层收购公司股权建议，收购价为每股75美元，总计170亿美元。虽然约翰逊的出价高于当时公司53美元/股的股价，但公司股东对此却并不满意。不久，华尔街的"收购之王"KKR公司加入这次争夺，经过6个星期的激战，最后KKR胜出，收购价是每股109美元，总金额250亿美元。KKR本身动用的资金仅1 500万美元，而其余99.94%的资金都是靠垃圾债券大王迈克尔·米尔肯（Michael Milken）发行垃圾债券筹得。

3. 卖方融资。

企业并购中一般都是买方融资，但当买方没有条件从贷款机构获得抵押贷款时，或市场利率太高，买方不愿意按市场利率获得贷款时，而卖方为了出售资产也可能愿意以低于市场的利率为买方提供所需资金。买方在完全付清贷款以后才得到该资产的全部产权，如果买方无力支付贷款，则卖方可以收回该资产。

比较常见的卖方融资是在分期付款条件下以或有支付方式购买被并购企业，即双方完成并购交易后，并购方不全额支付并购价款，而只是支付其中的一部分，在并购后若干年内再分期支付余额。但分期支付的款项是根据被并购企业未来若干年内的实际经营业绩而定，业绩越好，所支付的款项就越高。现在越来越多的换股并购交易采用或有支付方式，因为这种方式一方面可以减少并购企业当期的融资需求量；另一方面在避免股权价值稀释问题上也起到了重要作用。

【例6-9】2021年2月22日，甲公司正式完成收购韩国现代半导体株式会社（HYNIX）和韩国现代显示技术株式会社（HYDIS）与TFT-LCD业务有关的资产，相应的资产交割手续同日也办理完毕。甲公司的出资虽为3.8亿美元，但真正自筹的资金只有1.5亿美元，其中自有资金及自有资金购汇6 000万美元，通过国内银行借款9 000万美元，全部用于投资设立收购主体BOE-HYDIS；另外的2.3亿美元，一部分来自HYNIX最大的债权银行——韩国汇兑银行联合其他3家银行和1家保险公司提供的贷款，由 BOE - HYDIS 以资产抵押方式获得；另一部分来自 HYNIX 提供的卖方信贷，通过 BOE - HYDIS 以资产向 HYDIS 再抵押方式获得。其中银行贷款期限为 3 ~ 7 年，卖方信贷期限为 5 年，全部由 BOE - HYDIS 负责偿还，甲公司只对国内借款负责。

4. 信托。

信托融资并购是由信托机构向投资者融资购买并购企业能够产生现金流量的信托财产，并购企业则用该信托资金完成对被并购企业的并购。相对而言，信托融资往往具有融资能力强和融资成本较低的特点。根据我国现行金融监管要求，信托公司发行的信托计划筹资额在 300 万元以下的限 50 份合同；300 万元以上的则不受合同份额限制，从而可以很好地解决融资主体对资金的大量需求。由于信托机构所提供的信用服务，降低了融资企业的前期融资费用，从而降低了融资企业的资本成本。

5. 资产证券化。

资产证券化是指将具有共同特征的、流动性较差的盈利资产集中起来，以资产所产生的预期现金流量为支撑，在资本市场发行证券进行融资的行为。

资产证券化的实质是企业存量资产与货币资金的置换，投资者主要依据的是资产组合质量的状况、未来现金收入流量的可靠性和稳定性，而将资产发起人本身的资信能力置于一个相对次要的地位。通过资产证券化，既可以达到企业并购融资的目的，又可以提高存量资产的质量，加速资产周转和资金循环，提高资产收益率和资金使用率。

需要指出的是，目前上市公司进行收购时除了使用自有资金外，一般采用贷款融资、向第三方定向增发股份融资收购、换股收购及发行债券收购四种方式。综合应用这些融资方式进行收购的基本原则如下：

（1）融资成本高低。

资金的取得、使用都是有成本的。企业并购融资成本的高低将会影响到企业并购的实施和并购后的整合。在不影响企业正常营运及财务稳健的情况下，企业选择并购融资方式时应首先选择资金成本低的内部资金，再选择资金成本较高的外部资金。在选择外部资金时，优先选择具有财务杠杆效应的债务资金，后选择权益资金。

（2）融资风险大小。

融资风险是企业并购融资过程中不可忽视的因素。并购融资风险可划分为并购前融资风险和并购后融资风险。前者是指企业能否在并购活动开始前筹集到足额的资金保证并购顺利进行；后者是指并购完成后，企业债务性融资面临着还本付息的压力。债务性融资金额越多，企业负债率越高，财务风险就越大；同时，企业并购融资后，还面临着该项投资收益率是否能弥补融资成本的问题。对于权益性融资，假如融资规模较大，则有可能失去对公司的实际控制权。因此，对融资风险应全方位衡量，进行客观的压力测试以及采取各种应变措施。

（3）融资方式对企业资本结构的影响。

资本结构是指企业各种资金来源于中长期债务与所有者权益之间的比例关系。企业并购融资方式会影响企业的资本结构，通过资本结构影响公司治理结构，因此，企业并购融资时必须考虑融资方式给企业资本结构带来的影响，根据企业实力和股权偏好来选择合适的融资方式。

此外，还需考虑融资的效率性问题，如定向增发股份获取现金收购或换股收购，须经过中国证监会或交易所的审批，可能会延长并购实施的时间，而向商业银行申请并购贷款在效率上明显具有优势。因此，上市公司在选择并购融资方式时应全方位地衡量各种因素，根据实际情况合理选择。

三、企业并购支付方式

在企业并购中，支付对价是其中十分关键的一环。选择合理的支付方式，不仅关系到并购能否成功，而且关系到并购双方的收益、企业权益结构的变化及财务安排。各种不同的支付方式各有特点与利弊，企业应以获得最佳并购效益为宗旨，综合考虑企业自身经济实力、融资渠道、融资成本和被并购企业的实际情况等因素，合理选择支付方式。企业并购涉及的支付方式主要有：

（一）现金支付方式

现金支付方式是指并购企业支付一定数量的现金，以取得被并购企业的控制权。现金支付包括一次支付和延期支付。延期支付包括分期付款、开立应付票据等卖方融资行为。现金支付方式主要包括用现金购买资产和用现金购买股权两种形式。

1. 用现金购买资产。

用现金购买资产，是指并购企业使用现金购买被并购企业绝大部分或全部资产，以实现对被并购企业的控制。

【例6-10】北京甲运输代理有限公司是国家一级国际货运代理企业。经过多年与客户的共同成长，甲公司目前已成为一家以国际空运为核心，以海运、陆运等运输代理业务为补充，以贸易咨询、物流管理为增值服务的专业化整合物流供应商。2021年7月，该公司以11亿元人民币的价格购得德国帕希姆机场100%的产权、机场设备及附属经济合作区土地的永久拥有权，并联合国内某高新技术产业开发区共同开发帕希姆机场及其附属850公顷商业用地，在机场及其周边建立保税物流园区及保税工业园区，使其成为中国出口商品在欧洲的物流仓储及中转中心。这在中国航空史上属于首次，也意味着在欧洲地区中国拥有了自己的航空运输基地及生产加工基地。

2. 用现金购买股权。

用现金购买股权，是指并购企业以现金购买被并购企业的大部分或全部股权，以实现对被并购企业的控制。

（二）股权支付方式

股权支付方式，指并购企业用本企业股权换取被并购企业的资产或股权。股权支付方式主要包括用股权换取资产和用股权换取股权两种形式。

1. 用股权换取资产。

用股权换取资产是指并购企业以自己的股权交换被并购企业的部分或全部资产。

2. 用股权换取股权。

用股权换取股权又称"换股",是指并购企业以自己的部分股权交换被并购企业的大部分或全部股权,通常要达到控股的股数。通过这种形式的并购,被并购企业往往会成为并购企业的子公司。

在换股并购中,换股比例的确定是最关键的一环。换股比例是指为了换取被并购企业的 1 股普通股股票,并购企业需要发行并支付的普通股股数。

确定换股比例的方法主要有三种:

(1) 每股净资产之比:

换股比例 = 被并购企业当前的每股净资产 ÷ 并购企业当前的每股净资产

(2) 每股收益之比:

换股比例 = 被并购企业当前的每股收益 ÷ 并购企业当前的每股收益

(3) 每股市价之比:

换股比例 = 被并购企业当前的每股市价 ÷ 并购企业当前的每股市价

在溢价并购情况下,计算换股比例时,往往对被并购企业的对应指标赋予一个加成系数。即以上各式分子乘以 (1 + 加成系数),据以确定换股比例。

(三) 混合支付方式

混合支付方式是指利用多种支付工具的组合,达成并购交易获取被并购企业控制权的支付方式。并购企业支付的对价除现金、股权外,还可能包括可转换公司债券、一般公司债券、认股权证、优先股、资产支持受益凭证,或者表现为多种方式的组合。

并购实务中,常见的支付对价组合包括:现金与股权的组合、现金与认股权证的组合、现金与优先股、现金与资产支持受益凭证的组合等。将多种支付工具组合在一起,如搭配得当,选择好各种融资工具的种类结构、期限结构以及价格结构,可以避免上述两种方式的缺点,既可以使并购企业避免支出更多现金,造成企业财务结构恶化,也可以防止并购企业原有股东的股权稀释或发生控制权转移。

(四) 其他支付方式

其他支付方式包括债权转股权方式、承债方式、无偿划拨方式等。

1. 债权转股权方式。

债权转股权方式是指债权人在企业无力归还债务时,将债权转为投资,从而取得企业的控制权。

2. 承债方式。

承债方式是指并购企业以全部承担被并购企业债权债务的方式获得被并购企业控制权。此类被并购企业多为资不抵债,并购企业并购后,注入流动资产或优质资产,使企业扭亏为盈。

3. 无偿划拨方式。

无偿划拨方式是指地方政府或主管部门作为国有股的持股单位直接将国有股在国有

投资主体之间进行划拨的行为。优点是手续简便，有助于减少国有企业内部竞争，形成具有国际竞争力的大公司大集团；缺点是带有极强的政府色彩。

第四节　并购后整合

企业并购的目的是通过对被并购企业的运营来谋求被并购企业的发展，实现企业的经营目标。因此，通过一系列程序取得了被并购企业的控制权，只是完成了并购目标的一半。在并购完成后，必须对被并购企业进行整合，使其与企业的整体战略、经营协调一致、互相配合。

企业并购后整合，是指当并购企业获得被并购企业的资产所有权、股权或经营控制权后，所进行的企业资源要素的整体系统性安排，从而使并购后的企业按照一定的并购目标、方针和战略组织运营。具体包括战略整合、管理整合、财务整合、人力资源整合、文化整合等。

一、战略整合

战略整合，是指并购企业根据并购双方的具体情况和外部环境，将被并购企业纳入其自身发展规划后的战略安排或对并购后的企业整体经营战略进行调整，以形成新的竞争优势或协同效应。

（一）战略整合的内容

1. 总体战略整合。

总体战略整合，就是根据并购后的企业使命与目标，对并购后企业所做的全局性、长远性谋划，明确双方企业在整个战略整合体系中的地位和作用，对双方企业的总体战略进行调整、融合与重构，以确定并购后企业的经营范围、方向和道路的过程。

2. 经营战略整合。

经营战略整合，就是为提高企业整体的盈利能力和核心竞争力，对双方企业的经营战略进行调整、磨合和创新的过程。

3. 职能战略整合。

职能战略整合，就是在总体战略和经营战略的指导下，将双方企业的职能战略融合为一个有机职能战略体系的过程，而且通过这种整合可以确保并购后企业总体战略、经营战略的顺利实施和企业战略目标的实现。

（二）战略整合的重点

战略整合的目的决定了其实质就在于从并购后的企业所有业务中进行战略上的重新组合，找出战略业务并对其进行整合。战略业务是指从企业发展战略角度出发，构成企业长期主要盈利能力的、相对独立的经营领域。

对战略业务的整合要坚持集中优势资源、突出核心能力和竞争优势的原则。具体而言，要确定新的战略业务结构，重新评价并购后的各项战略业务，重新组合战略业务，使其组合体达到更优，从而形成企业的真正核心业务和核心能力。因此，战略整合的重点在于战略业务重组，围绕核心能力构筑和培育企业的战略性资产。由于企业的战略性资产是以独特的资源、技能和知识为根本要素的，所以在战略整合管理过程中，应首先识别出并购双方在资源、技能和知识之间的互补性。对于具有战略性资产特征的要素，在整合过程中要进行重组整合。对于不具有战略性资产特征的要素可以剥离，但在剥离过程中，要以不影响战略性资产发挥作用为原则，具体可以通过调整经营策略、组织现金流量及进行资产置换等方式进行。

二、管理整合

管理整合，是指在企业并购后，系统思考影响管理效果的各要素，并对这些要素进行整体设计、系统规划、系统控制，以确保预期目标实现的过程。其核心是将企业的所有理念、制度、组织、活动等归结在一个系统之下，发挥其强大作用。

管理整合通常包括以下步骤：

（一）调查分析

调查分析的目的就是充分把握并购双方在管理上的差异和优劣，为整合计划的制定和实施提供客观依据。并购企业应在了解被并购企业管理现状和历史的基础上，重点调查被并购企业的管理思想、管理制度、管理机制，通过历史和现状的演变分析、企业现状的对比分析以及并购后企业在行业中目标地位的分析，肯定并购双方在管理上各自的长处，进而找到双方的管理差异，认清企业的未来管理目标。

（二）移植

并购企业在被并购企业内部推行自己的管理模式称为移植。管理模式的推行往往是管理思想先行，管理制度和管理机制次之。因此，移植阶段的舆论氛围营造是非常有必要的。在强大的信息压力下，被并购企业的员工接受先进的管理思想和价值观念并上升为主流意识后，管理制度的实施就容易多了。

（三）融合创新

一旦被并购企业的管理层和员工接受了新的管理思想，被并购企业内部建立了新的管理制度，并购双方的管理融合就开始了。但是，管理融合只能是阶段性的目标。从长期来看，融合本身依然是不同管理制度和方法的集合，容易造成政策的混乱。因此，充分汲取双方的优秀管理思想和经验、制定新的管理制度、建立新的管理机制、进行创新或突破是大势所趋。

三、财务整合

财务整合，是指并购企业对被并购企业的财务制度体系、会计核算体系进行统一管理和监控，使被并购企业按并购企业的财务制度运营，最终达到对并购后企业经营、投资、融资等财务活动实施有效管理和实现收益最大化的目的。

（一）财务整合的内容

1. 财务管理目标的整合。

要想通过企业并购使企业的财务管理水平与企业发展的要求相匹配，首先就要确定企业财务管理的目标，然后根据财务管理目标进行企业的各项经营管理活动。不同的企业可以选择不同的财务管理目标，但是经过财务整合后，财务管理的目标应该是清晰的、明确的、统一的。

2. 会计人员及组织机构的整合。

对于同在一地规模不大的多家企业的并购，可以采用财务人员统一上收的管理办法，做到机构和人员统一；对于被并购企业在异地或规模较大的，实施财务人员派出制度，明确派出财务人员的权限与职责，理顺派出人员的个人绩效考核关系，从组织上保证财务整合的进行。

3. 会计政策及会计核算体系的整合。

为使并购后的企业获得真实、准确的会计信息，必须统一企业的会计政策和会计核算体系，这是对被并购企业进行监控的重要保证，也是建立统一绩效评价体系的基础。

4. 财务管理制度体系的整合。

财务管理制度体系的整合，是并购后企业有效运行、规避各种财务风险的重要保证，对建立良好的企业文化也将起到推动和支撑作用。

5. 存量资产的整合。

企业资产的整合包括有形资产整合和无形资产整合。企业有形资产的整合，包括对优良资产的使用以及对不良资产的清理和处置。对不良债权、不良投资的清理和处置，是提高资产运营效率的重要补充，是并购后企业规避风险、防患于未然的重要手段。企业无形资产的整合，也是不能忽视的问题，其目的是通过整合使无形资产在并购后的企业中发挥更大的作用。

6. 资金流量的整合。

企业并购后所面临的资金需求和财务压力相当大，因而并购后的资金管理非常重要，财务整合的主要任务也就是要满足并购后经营调整和组织调整对资金的需求。为此，企业在实施并购后的首要任务就是实现对被并购企业的资金控制，实行一体化的资金运作。

7. 业绩评估考核体系的整合。

业绩评估考核体系的整合是指并购企业针对被并购企业重新建立一整套业绩评价考核制度，其中包括定量指标考核和定性分析，既考核各自的经营指标，也考核它们对母公司的贡献。这一评估考核体系是提高被并购企业经营绩效的重要手段。

（二）财务整合的运作策略

财务整合涉及企业经营管理的各个方面，需要运用策略，刚柔并济。

1. "刚性"处理。

一是规范法人治理结构，实现集团财务控制，明确企业的财权关系，保证母公司对子公司的控制权；二是在财务组织结构的调整、财务负责人的委派和会计人员的任用方面，必须采取强有力的措施，保证财务组织运行的畅通；三是对被并购企业实施严格的财务管理控制，建立一系列的报告制度、信息交流制度、审批权限制度、内部绩效考核制度等；四是实施全面预算管理，严格经营风险和管理风险控制，实施动态监控。

2. "柔性"处理。

凡涉及员工的考核指标、岗位薪酬、福利待遇、费用标准等方面的财务整合内容，需要进行广泛的调查研究和细致的宣传说服工作，以取得大部分员工的接受和支持。

四、人力资源整合

人力资源整合是指在企业并购后，依据战略与管理的调整，引导企业内各成员的目标与企业目标朝同一方向靠近，对人力资源的使用达到最优配置，提高企业绩效的过程。

并购后具体实施人力资源整合的方案通常包括以下要素和环节：

（一）成立并购过渡小组

成立一个由并购双方和第三方共同组成的并购过渡小组是调整并购活动、制定并购决策的有效方法。

（二）稳定人力资源政策

并购后如果对整合产生的摩擦甚至对抗处理不当，必然会引起"人才地震"。为此，企业应稳定人力资源政策，明确对人才的态度，采取切实可行的措施，留住或稳定重要人才。

（三）选派合适的整合主管人员

并购企业对被并购企业实现有效控制的最直接、最可靠的办法，就是选派既具有专业经营管理才能，同时又忠诚可靠的人担任被并购企业的整合主管。

（四）加强管理沟通

为了避免员工抗拒并购，被并购企业应安排一系列员工沟通会议或职工大会，让员工全面了解企业被并购的情况和企业今后的发展战略，讲明员工最关心的利益问题，听取员工的意见，进而对原计划进行更切合实际情况的修正。

（五）必要的人事整顿

在充分沟通并了解被并购企业的人力资源状况后，并购企业就可以进行人员调整，在增强其竞争意识和紧迫感的同时，挖掘人力资源潜力，实现并购协同效应，提高经营绩效。

（六）建立科学的考核和激励机制

并购整合中稳定人力资源的政策还需要有实质性的激励措施相配合。应从员工个人的切身利益着想，给予优惠的任用条件，制定有吸引力的激励措施，使员工产生对未来前途的安全感、对并购企业的认同感和归属感，从而激发其责任感和使命感。

五、文化整合

文化整合，是指在企业并购后将相异或矛盾的文化特质在相互适应后形成一种和谐的、更具生命力和市场竞争力的文化体系。

文化整合可遵循以下步骤进行：

（一）找出双方企业文化上的异同点

在进行企业文化整合的时候，首先要分析并购企业与被并购企业的文化差异和共同点，以便为下一步的整合工作提供决策依据。因此，并购企业要从各个渠道去了解被并购企业的文化，并对被并购企业文化和并购企业文化进行分析比较，得出彼此的相同点与不同点，为企业文化整合提供可视化的分析基础。

（二）找出文化整合的主要障碍

文化整合的主要障碍可以是某一个人、一个利益团体、原企业的一种制度等。在文化整合过程中，新旧文化的冲突在所难免。因此，对主要障碍的预知和监控是文化整合必须注意的问题。

（三）确立企业文化发展的理想模式

管理人员应对整合后的企业文化状况有一个初具雏形的构想。这种企业文化应当符合社会时代大背景，还要与企业生产经营的宏观、微观环境相适应。在具体工作中，可以先从确定企业价值观入手。围绕着企业价值观和企业精神，就可以确定未来企业的发展目标、企业制度、企业道德、企业文化礼仪诸要素。

（四）在继承、沟通、融合的基础上创新企业文化

文化建设的根本是企业价值观念的统一。因此，并购后企业文化建设的关键是对那些在不同环境下发展起来的企业的各种价值观念作出正确的判断，继承那些优秀的有生命力的东西，使之在各个群体的员工中被广泛接受，并融合成一种新的共同的企业精神和价值观。

本章思考题

1. 企业兼并、收购、合并的含义及其区别与联系是什么？
2. 企业并购如何分类？不同并购类型的特征是什么？
3. 举例说明企业并购中的经营协同效应和财务协同效应。
4. 并购战略规划包括哪些内容？
5. 测算并购净收益要考虑哪些因素？
6. 采用可比企业分析法时，如何选择可比企业？
7. 并购融资渠道有哪些？各有什么优缺点？
8. 在股权支付方式下，如何确定并购交易双方的换股比例？
9. 简述并购后的财务整合。

第七章 企业绩效评价

本章主要内容

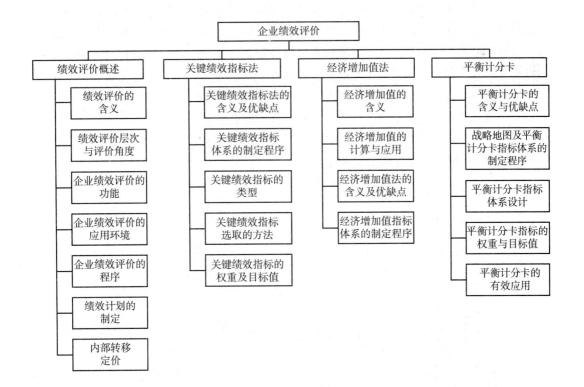

第一节 绩效评价概述

一、绩效评价的含义

绩效评价,是指企业运用系统的工具方法,对一定时期内企业营运效率与效果进行综合评判的管理活动。具体来说,绩效评价是指评价主体运用数量统计和运筹等方法,采用特定的指标体系,对照设定的评价标准,按照一定的程序,通过定量定性对比分析,对评价客体在一定期间内的绩效作出客观、公正和准确的综合评判。

企业绩效评价的最终目的是提升企业的管理水平、管理质量和持续发展能力。绩效评价的过程是寻找差距的过程,把每项差距进行分解,努力寻找差距的原因,并对可能的改进提出方案;再权衡各方案的可行性,制定改进方案,在下一个环节加以执行。所以,绩效评价既是对过往的总结,也是对未来的展望,通过认真分析、评价绩效,有利于企业、各部门和个人明确下一步的目标和方向,并为下一个节点进行绩效评价提供坚实基础。

绩效评价是绩效管理的核心内容。绩效管理是指企业与所属单位(部门)、员工之间就绩效目标及如何实现绩效目标达成共识,并帮助和激励员工取得优异绩效,从而实现企业目标的管理过程。绩效管理的核心是绩效评价和激励管理,绩效评价是企业实施激励管理的重要依据,激励管理是促进企业绩效提升的重要手段。如果绩效评价结果得不到有效运用,将严重影响绩效评价的效果,也就失去了绩效评价的导向作用。但是,激励管理更多涉及的是人力资源管理内容,不是本章重点阐述的内容。

二、绩效评价层次与评价角度

(一)绩效评价层次

绩效包括企业绩效、部门绩效和个人绩效三个层面。绩效的三个层面之间是决定与制约的关系:个人绩效水平决定着部门的绩效水平,部门绩效水平又决定着企业的绩效水平;反过来,企业绩效水平制约着部门的绩效水平,部门的绩效水平也制约着个人的绩效水平。与此相对应,绩效评价层次也可分为企业层面、部门层面和个人层面。

1. 企业层面。

企业往往是以集团的形式存在的,除母公司或总部外,还有分部或战略业务单元等,分部可以是子公司的形式,也可以是非独立的法人机构(如分公司、责任中心等),甚至是一个虚拟主体。企业层面的绩效评价,是指对包括母公司在内的企业集团的绩效评价。企业层面的绩效评价是评价范围最广、评价内容最多、评价指标最全、评价边界相对清晰的绩效评价层面。无论是利益相关者,如外部的股东、债权人、顾客、政府,还是企业的上层控制者,如母公司、集团公司总部,绩效评价主要是以企业整体为对象。

2. 部门层面。

部门层面的绩效评价，是指在公司内部按照业务单元、地域分布等标准将企业整体划分成多个子绩效评价对象，并对其绩效进行评价的过程。部门层面的评价是企业整体绩效评价的分解和细化。部门绩效要根据企业自身的特点进行划分，没有固定的模式，但是目的都是为了更清晰、更准确地判断企业整体绩效的情况，寻找企业绩效贡献的来源和企业管理需要提升的方向和目标。

3. 个人层面。

个人层面的绩效评价与企业层面绩效评价和部门层面绩效评价有较大差异。个人层面的绩效评价按领导层次和一般员工层次划分，领导层次的绩效评价与企业层面的绩效评价是分不开的，对领导层次的绩效评价通过企业层面绩效的评价进行，对企业层面绩效的评价同时也是对企业领导的绩效评价。因此，本章对领导层次的绩效评价与对企业层面的绩效评价一并阐述。而对企业一般员工的绩效评价，更多涉及的是人力资源管理内容，不是本章重点阐述的内容。

（二）评价角度

从不同视角对企业进行绩效评价，可能会得出不同的结论。

1. 外部视角（财务视角）。

企业财务报告的使用者是现有或潜在的股东、信贷者、供应商，以及其他一些外部的利益相关者。这些外部的利益相关者，需要根据各自的需要，定期或不定期地对企业进行绩效评价。例如，企业的所有者期望所投资企业的收益、现金流量和股利不断增长，股权的经济价值随之提升。因此，企业的所有者比较关注投资回报、收益分配，以及股票的市场价值。对于企业的债权人来说，除定期收取利息和本金外，不能分享企业经营成功所带来的回报，必须审慎地评估收回贷款，特别是提供的长期贷款所涉及的任何风险。因此，债权人主要关注企业资产的流动性、财务杠杆以及偿债能力等。外部视角的企业绩效评价主要采用财务指标，如流动比率、财务杠杆、净资产收益率、每股收益等，以及市盈率、市净值等市场价值指标。

2. 内部视角（管理视角）。

企业内部的绩效评价，主要根据预算目标和企业战略来进行。企业整体的绩效目标，必须分解、落实到各分部和经营单位，成为内部各单位绩效评价的依据。企业的管理者需要定期和不定期地评估经营效率、资源利用情况以及战略和目标的实现程度。管理视角的企业绩效评价，既可采用贡献毛利、息税前利润、净利润、自由现金流量、EVA 等财务指标或价值指标，也可采用客户满意度、产品质量等级、送货及时性等非财务指标。

本章主要从管理视角讨论企业层面的绩效评价问题。

三、企业绩效评价的功能

企业绩效评价有利于企业利益相关者全面了解企业经营状况和未来发展趋势，有利于企业建立和健全激励与约束机制，改进企业经营管理、促进经营者和员工的共同努力，达到提高企业综合竞争能力和经营绩效的目的。究其原因在于企业绩效评价具有价值判断、预测、战略传达与管理、行为导向四大功能。

（一）价值判断功能

价值判断功能是企业绩效评价的基本功能，也是绩效评价概念的核心内容。它通过设计各项绩效评价指标，记录和测算各项评价指标的实际值，并将指标实际值与目标值、历史水平、行业先进或平均水平等进行比较后，对企业的盈利能力、偿债能力、资产营运能力、发展能力和综合竞争能力等作出价值判断，从而准确、全面、客观、公正地衡量、了解和判断企业的经营绩效、经营管理水平和努力程度。

（二）预测功能

企业绩效评价有助于企业利益相关者了解过去和当前企业经营结果的实际情况，经营管理水平和努力程度，企业资源和能力的优势、劣势以及经营过程各方面存在的问题，在此基础上预测和判断企业经营活动与绩效的未来发展趋势，从而使利益相关各方更好地进行决策和控制。

（三）战略传达与管理功能

企业为了实现其远景目标和长期发展战略，必须制定近期的、具体的经营战略并确定相应的关键绩效驱动因素，在此基础上设置反映多方面、多层次经营管理活动的过程及其成果的绩效评价指标体系，并为这些指标设置相应的目标值。通过这一途径企业将战略目标层层分解并落实到各个管理层次和部门，实际上是向所有部门的员工传达了企业的战略目标，以及企业期望他们采取的行动。在这些活动实施的事中和事后，企业各级管理层及时记录和分析各项指标的实际值，判断和了解所取得的成绩和差距，总结存在的优势和不足，并有针对性地采取措施提高经营管理水平，以保证企业战略的有效实施。

（四）行为导向功能

企业绩效评价体系在事前根据企业战略目标以及行为主体的职责和权限，设计相应的绩效评价指标和必须达到的目标，使行为主体明确应采取的行为和应完成的任务；在事中适时提供关于生产经营过程的各个环节和方面的效率和效果信息，帮助行为主体及时发现问题与不足并采取改进措施；在事后全面、综合地评价行为主体的经营绩效，并将评价结果与薪酬制度、奖励计划以及其他激励措施结合起来，引导行为主体积极、主动地采取与企业利益和战略目标相一致的行为，并努力改进经营管理水平，提高企业经营绩效和竞争优势。

【例7-1】2019年3月，国务院国有资产监督管理委员会公布了《中央企业负责人经营业绩考核办法》（国务院国有资产监督管理委员会第40号令）。该办法第二章为"考核导向"，具体内容为：

（1）突出效益效率，引导企业加快转变发展方式，优化资源配置，不断提高经济效益、资本回报水平、劳动产出效率和价值创造能力，实现质量更高、效益更好、结构更优的发展。

（2）突出创新驱动，引导企业坚持自主创新，加大研发投入，加快关键核心技术攻关，强化行业技术引领，不断增强核心竞争能力。

（3）突出实业主业，引导企业聚焦主业做强实业，加快结构调整，注重环境保护，着力补齐发展短板，积极培育新动能，不断提升协调发展可持续发展能力。

（4）突出国际化经营，引导企业推进共建"一带一路"走深走实，加强国际合作，推动产品、技术、标准、服务、品牌"走出去"，规范有序参与国际市场竞争，不断提升国际化经营水平。

（5）突出服务保障功能，引导企业在保障国家安全和国民经济运行、发展前瞻性战略性产业中发挥重要作用，鼓励企业积极承担社会责任。

（6）健全问责机构，引导企业科学决策，依法合规经营，防范经营风险，防止国有资产流失，维护国有资本安全。

四、企业绩效评价的应用环境

（一）组织架构

企业进行绩效管理，开展绩效评价时，应设立薪酬与考核委员会或类似机构，主要负责审核绩效管理的政策和制度、绩效计划与激励计划、绩效评价结果与激励实施方案、绩效评价与激励管理报告等，协调解决绩效管理工作中的重大问题。薪酬与考核委员会或类似机构下设绩效管理工作机构，主要负责制定绩效管理的政策和制度、绩效计划与激励计划，组织绩效计划与激励计划的执行与实施，编制绩效评价与激励管理报告等，协调解决绩效管理工作中的日常问题。

【例7-2】某中央企业印发《关于成立×××集团有限公司经营业绩考核委员会的通知》，主要内容如下：

为做好集团公司经营业绩考核工作，保证业绩考核工作权威、科学、公正和准确，根据《中央企业负责人经营业绩考核办法》等部门规章要求，结合集团公司实际，经研究，决定成立"×××集团有限公司经营业绩考核委员会"（以下简称"集团公司经营业绩考核委员会"）。

一、集团公司经营业绩考核委员会组成

主任：×××

副主任：×××、×××

成员：×××、×××……

经营业绩考核委员会下设办公室，办公室设在×××部门，具体负责经营业绩考核委员会的日常工作。

办公室主任：×××

副主任：×××、×××

成员：×××、×××……

二、集团公司经营业绩考核委员会主要职责

1. 贯彻落实国务院国资委和集团公司经营业绩考核制度的相关规定，按照"公平、公开、公正"原则，围绕实现国有资产保值增值核心目标开展经营业绩考核工作。

2. 审订集团公司上报国务院国资委的年度和任期经营业绩考核目标及完成值。

3. 审订集团公司经营业绩考核相关办法，并依据考核办法对集团公司出资的成员企业负责人进行年度和任期经营业绩考核。

4. 审订成员企业负责人经营业绩考核目标。

5. 审订成员企业负责人考核得分、考核等级及相关奖惩意见，形成经营业绩考核综合意见。

6. 讨论审核经营业绩考核工作的重大事项。

7. 部署安排集团公司经营业绩考核相关工作。

三、集团公司经营业绩考核办公室主要职责

1. 测算集团公司上报国务院国资委的年度和任期经营业绩考核目标及完成值，拟订集团公司经营业绩考核工作报告。

2. 制定、完善集团公司经营业绩考核办法，并指导成员企业开展经营业绩考核工作。

3. 收集和审核成员企业上报的经营业绩考核目标建议值并组织测算和下达考核目标。

4. 组织成员企业签订经营业绩责任书，跟踪检查成员企业对经营业绩责任书的执行情况。

5. 测算成员企业负责人经营业绩考核得分、考核等级情况，并提出对成员企业负责人经营业绩考核综合意见。

6. 承担经营业绩考核委员会的日常工作。

7. 拟订经营业绩考核方案。

8. 做好经营业绩考核相关协调工作。

（二）制度体系

企业进行绩效管理，开展绩效评价时，应建立健全绩效管理制度体系，明确绩效管理的工作目标、职责分工、工作程序、工具方法、信息报告等内容。绩效管理制度体系中，首先应建立健全绩效评价制度体系。

绩效评价指标、评价方法、评价标准等组成的绩效评价体系的科学性、实用性和可操作性是实现对企业绩效客观、公正评价的前提。企业绩效评价体系的设计应遵循"内容全面、方法科学、制度规范、客观公正、操作简便、适应性广"的基本原则。评价体系本身还需要随着经济环境的变化而不断发展完善。评价的内容应依企业的经营类型而定，不同经营类型的企业，其绩效评价的内容也有所不同。

不同的绩效评价体系往往会得出不同的评价结果，所以绩效评价体系的设计通常需要经历一个上下沟通、反复征求意见的过程，并且通过相关会议决策后以正式文件的形式发布。

（三）信息系统

企业进行绩效管理，开展绩效评价时，应建立有助于绩效评价实施的信息系统，为绩效评价工作提供信息支持。

绩效评价信息系统应能够实现从绩效计划的制定、执行到绩效评价的实施、报告等绩效评价全流程的线上管理与控制，具体包括评价指标体系设计、评价目标值测算与设定、基础数据采集、数据录入与分析、评价报告生成等功能与模块。对于已经建立财务共享中心的企业来说，绩效评价信息系统通常作为财务共享系统的重要组成部分。

五、企业绩效评价的程序

企业开展绩效评价时，一般按照制定绩效计划、执行绩效计划、实施绩效评价、编制绩效评价报告等程序进行。

（一）制定绩效计划

企业应根据战略目标，综合考虑绩效评价期间宏观经济政策、外部市场环境、内部管理需要等因素，结合业务计划与预算，按照上下结合、分级编制、逐级分解的程序，在沟通反馈的基础上，编制各层级的绩效计划与激励计划。制定绩效计划通常从企业级开始，层层分解到所属单位（部门），最终落实到具体岗位和员工。绩效计划制定完成后，应经薪酬与考核委员会或类似机构审核，报董事会或类似机构审批。经审批的绩效计划与激励计划应保持稳定，一般不予调整，若受国家政策、市场环境、不可抗力等客观因素影响，确需调整的，应严格履行规定的审批程序。

（二）执行绩效计划

审批后的绩效计划，应以正式文件的形式下达执行，确保与计划相关的被评价对象能够了解计划的具体内容和要求。绩效计划下达后，各计划执行单位（部门）应认真组织实施，从横向和纵向两方面落实到各所属单位（部门）、各岗位员工，形成全方位的绩效计划执行责任体系。在绩效计划执行过程中，企业应建立配套的监督控制机制，及时记录执行情况，进行差异分析与纠偏，持续优化业务流程，确保绩效计划的有效执行。绩效计划执行过程中，绩效管理工作机构应通过会议、培训、网络、公告栏等形式，进行多渠道、多样化、持续不断的沟通与辅导，使绩效计划与激励计划得到充分理解和有效执行。

（三）实施绩效评价

绩效管理工作机构应根据计划的执行情况定期实施绩效评价与激励，按照绩效计划与激励计划的约定，对被评价对象的绩效表现进行系统、全面、公正、客观的评价，并根据评价结果实施相应的激励。评价主体应按照绩效计划收集相关信息，获取被评价对象的绩效指标实际值，对照目标值，应用选定的计分方法，计算评价分值，并进一步形成对被评价对象的综合评价结果。绩效评价过程及结果应有完整的记录，结果应得到评价主体和被评价对象的确认，并进行公开发布或非公开告知。公开发布的主要方式有召开绩效发布会、企业网站绩效公示、面板绩效公告等；非公开发布一般采用"一对一"书面、电子邮件函告或面谈告知等方式进行。评价主体应及时向被评价对象进行绩效反馈，反馈内容包括评价结果、差距分析、改进建议及措施等，可采取反馈报告、反馈面谈、反馈报告会等形式进行。绩效结果发布后，企业应依据绩效评价的结果，组织兑现激励计划，综合运用绩效薪酬激励、能力开发激励、职业发展激励等多种方式，逐级兑现激励承诺。

（四）编制绩效评价报告

绩效管理工作机构应定期或根据需要编制绩效评价与激励管理报告，对绩效评价和激励管理的结果进行反映。绩效评价与激励管理报告是企业管理会计报告的重要组成部分，应确保内容真实、数据可靠、分析客观、结论清楚，为报告使用者提供满足决策需要的信息。绩效评价报告根据评价结果编制，反映被评价对象的绩效计划完成情况，通常由报告正文和附件构成。绩效评价可分为定期报告、不定期报告。定期报告主要反映一定期间被评价对象的绩效评价与激励管理情况，每个会计年度至少出具一份定期报告；不定期报告根据需要编制，反映部分特殊事项或特定项目的绩效评价与激励管理情况。绩效评价报告应根据需要及时报送薪酬与考核委员会或类似机构审批。企业应定期通过回顾和分析，检查和评估绩效评价与激励管理的实施效果，不断优化绩效计划，改进未来绩效管理工作。

六、绩效计划的制定

绩效计划是企业开展绩效评价工作的行动方案，包括构建指标体系、分配指标权重、确定绩效目标值、选择计分方法和评价周期、拟订绩效责任书等一系列管理活动。

（一）指标体系

绩效评价指标，是指根据绩效评价目标和评价主体的需要而设计的、以指标形式体现的能反映评价对象特征的因素。企业可单独或综合运用关键绩效指标法、经济增加值法、平衡计分卡等工具方法构建指标体系。作为战略管理的有效工具，绩效评价体系关心的不应仅限于被评价对象的全部内容，而是与战略目标紧密相关的方面。关键成功因素（CSF）是企业达成战略目标、实现战略成功的关键因素，而用来衡量关键成功因素的指标就是关键绩效指标（KPI）。指标体系应反映企业战略目标实现的关键成功因素，具体指标应含义明确、可度量。不同行业、不同性质的企业以及企业发展的不同阶段，评价指标的设置以及各指标的重要程度也不相同。如何将反映企业生产经营状况的关键因素准确地体现在各具体指标上，是绩效评价系统设计的重要问题。

常见的绩效评价指标的分类方法有：

1. 财务指标与非财务指标。

财务指标是企业评价财务状况和经营成果的指标，以货币形式计量。运用财务指标来评价企业的绩效，其缺陷显而易见，主要包括：（1）财务指标面向过去而不反映未来，不利于评价企业在创造未来价值上的业绩。（2）财务指标容易被操纵。例如，人为控制固定资产折旧、无形资产摊销、收入确认、表外融资等。（3）财务指标容易导致短视行为。例如，绩效与短期利润挂钩，可能会缩减或推迟研发支出、培训支出、内部控制支出等。（4）财务指标不利于揭示出经营问题的动因。例如，收入目标没有实现，是产品质量使客户流失，还是配送不及时使订单减少，财务指标只告诉你做得怎么样，但并没有告诉你如何提高。

非财务指标被认为是能反映未来绩效的指标，良好的非财务指标有利于促进企业实现未来的财务成功。非财务指标是无法用货币来衡量的，包括反映企业在经营过程、员工管理、市场能力和顾客服务方面表现的各种指标。非财务指标一般是财务指标的先行指标，较差的非财务指标（如缺乏组织学习、流程改进不力、客户满意度低下等）必定会给企业带来不利影响并在财务指标中体现。优秀的企业越来越重视对收入和成本的动因进行管理，而出色的非财务绩效通常伴有出色的财务绩效。

以财务指标为主的传统经营绩效评价体系，对于指导和评价信息时代下公司如何通过投资于客户、供应商、员工、生产程序、技术和创新等来创造未来的价值是远远不够的。非财务指标弥补了这一缺点。经营管理者可以计量和控制公司及其内部各单位如何为现在和未来的客户进行创新和创造价值，如何建立和提高内部生产能力，以及如何为提高未来经营绩效而对员工、系统和程序进行投资。

随着企业间的竞争日益激烈、内外部环境的不确定性增大，企业管理者越来越需要动态地制定、执行相应的竞争战略，并通过设计非财务绩效指标来适时地计量企业的绩效，评估企业战略和目标实现程度，改进运营控制。

2. 定性指标与定量指标。

非财务指标可以是定量的，用数字直接计量，例如消费者投诉数量。非财务指标有时难以用数字计量，只能定性反映，例如销售代表所反馈的客户意见。但是，从管理角度看，绩效指标应当尽可能量化，目标不量化就会难以操作，可能会形同虚设。实务中通常采用量化的指标来替代定性指标，例如用客户投诉数量作为衡量产品质量或客户满意度的替代指标，用保修单数量作为衡量产品可信度的替代指标。

3. 绝对指标与相对指标。

绝对指标能够反映被评价对象绩效的总量大小，例如，某销售部门的年营业收入预算目标。相对指标是两个绝对指标的比率结果，例如，某市场销售部门的销售费用率，是年销售费用预算目标与年营业收入预算目标的比率。绝对指标和相对指标在企业的绩效评价中相互补充，可以更好地发挥作用。

4. 基本指标与修正指标。

基本指标是评价企业绩效的核心指标，用以产生企业绩效评价的初步结果。修正指标是企业绩效评价指标体系中的辅助指标，用以对基本指标评价形成的初步评价结果进行修正，以产生较为全面的企业绩效评价基本结果。例如《中央企业综合绩效评价实施细则》规定：企业盈利能力状况以净资产收益率、总资产报酬率两个基本指标和销售（营业）利润率、盈余现金保障倍数、成本费用利润率、资本收益率四个修正指标进行评价；企业资产质量状况以总资产周转率、应收账款周转率两个基本指标和不良资产比率、流动资产周转率、资产现金回收率三个修正指标进行评价；企业债务风险状况以资产负债率、已获利息倍数两个基本指标和速动比率、现金流动负债比率、带息负债比率、或有负债比率四个修正指标进行评价；企业经营增长状况以销售（营业）增长率、资本保值增值率两个基本指标和销售（营业）利润增长率、总资产增长率、技术投入比率三个修正指标进行评价。

5. 正向指标、反向指标与适度指标。

在企业绩效评价指标体系中，有些是指标值越大评价越好的指标，称为正向指标，例如净资产收益率、总资产报酬率等效益型指标。有些是指标值越小评价越好的指标，称为反向指标，例如成本费用占营业收入比例、应收账款周转天数等指标。还有一些是指标值越接近某个值越好的指标，称为适度指标，例如资产负债率指标，该指标过高，说明杠杆太高，财务风险过大，但该指标过低又说明企业过于保守，当投资报酬率超过利息率时不利于企业价值的提升。

（二）指标权重

对被评价对象进行绩效评价时，一般需合理设计多个评价指标，构成一个有机的指标体系。评价指标体系确定之后，需要对每一个指标赋予一定的权重。权重是一个相对的概念，某一评价指标的权重是指该指标在整体评价指标体系中的相对重要程度。指标权重可以从若干评价指标中分出轻重，并在很大程度上反映企业的考核导向。同一评价指标，在对不同类型被评价对象进行评价时可以赋予不同的权重。例如，某集团企业希望所属 A 类企业重点做规模，其可赋予营业收入等规模指标更高的权重；同时希望 B 类企业重点做效益，其可赋予利润总额等效益指标更高的权重。

考核评价实践中应综合运用各种方法科学、合理设置指标权重，通常的做法是主要根据指标的重要性以及考核导向进行设置，并根据需要适时进行调整。指标权重的确定可选择运用主观赋权法和客观赋权法，也可综合运用这两种方法。主观赋权法是利用专家或个人的知识与经验来确定指标权重的方法，如德尔菲法、层次分析法等。客观赋权法是从指标的统计性质入手，由调查数据确定指标权重的方法，如主成分分析法、均方差法等。

1. 德尔菲法。

德尔菲法（也称专家调查法），是指邀请专家对各项指标进行权重设置，将汇总平均后的结果反馈给专家，再次征询意见，经过多次反复，逐步取得比较一致结果的方法。

2. 层次分析法。

层次分析法，是指将绩效指标分解成多个层次，通过下层元素对于上层元素相对重要性的两两比较，构成两两比较的判断矩阵，求出判断矩阵最大特征值所对应的特征向量作为指标权重值的方法。

3. 主成分分析法。

主成分分析法，是指将多个变量重新组合成一组新的相互无关的综合变量，根据实际需要从中挑选出尽可能多的反映原来变量信息的少数综合变量，进一步求出各变量的方差贡献率，以确定指标权重的方法。

4. 均方差法。

均方差法，是指将各项指标定为随机变量，指标在不同方案下的数值为该随机变量的取值，首先求出这些随机变量（各指标）的均方差，然后根据不同随机变量的离散程度确定指标权重的方法。

（三）绩效目标值

绩效目标值的确定可参考内部标准与外部标准。内部标准有预算标准、历史标准、经验标准等；外部标准有行业标准、竞争对手标准、标杆标准等。

1. 预算标准。

企业通常会将长期的战略目标分解为阶段性的预算目标。预算控制的机制在于将实际绩效结果与预算目标进行比较，求出并分析差异，针对差异及时修正目标或实施改进措施。采用预算标准确定绩效目标值，是很多企业的通用做法，其有利于提高全面预算管理的效果和水平，实现预算管理与绩效评价的有效衔接，确保预算目标的实现。但是，采用预算标准时，应避免预算松弛或预算过度问题，以避免绩效目标值因过低而失去考核评价的引领作用，或因过高而使被评价对象索性放弃努力。不管是预算还是绩效，最好的目标就是"跳一跳，够得着"。"蹲着都够得着"的目标，或者"使劲儿跳都够不着"的目标，都不是一个好的目标。

2. 历史标准。

在明显缺乏外部比照对象的情况下，为了衡量绩效，企业往往会使用历史标准，即采用历史的绩效作为参照物，例如在市场上企业属于领先者，尚未出现竞争对手时，与历史绩效比较就很有必要。历史标准的运用方式有三种，包括与上年实际比较、与历史同期实际比较、与历史最好水平比较。使用历史性标准，可比性是主要问题，需要剔除物价变动、会计准则变化、经营环境变化等一些不可控因素或不可抗力的影响。此外，历史绩效也会存在效率问题和计量偏差，将实际绩效结果与有问题的历史标准相比较，就好比使用有问题的天平来称重量。另外，使用历史标准还会造成"棘轮效应"，因为人的行为习惯有不可逆性，向上调整容易，向下调整难。如果某个管理者在企业外部环境恶化时依然能够创造超越同业的良好绩效，但是可能不如历史标准。在这种情况下，采用历史标准评价，就可能会造成"鞭打快牛"的结果。

3. 外部标准。

"他山之石，可以攻玉"，绩效评价也可以选取来自外部的标准作为参照物。为了保证可比性，通常会选择同行业的标准，包括行业均值标准或行业标杆标准，以及跨行业标杆标准等。标杆法（benchmarking）就是将企业自身的产品、服务或流程与标杆对象的最佳实务和经验相比较以达到持续改进、提升绩效的目的。

（四）绩效评价计分方法

绩效评价计分方法是根据评价指标，对照评价标准，形成最终评价结果的一系列手段。绩效评价计分方法的选择是企业绩效评价指标体系构建模式的核心，是将评价指标与评价标准联系在一起的纽带，是形成客观公正的评价结果的必要条件，没有科学、合理的评价方法，评价指标和评价标准就成了孤立的评价要素，评价结果就会出现偏差，误导评价主体，无法实现评价目标，对被评价对象也是不公平的。

1. 指标体系综合计分方法。

绩效评价计分方法可分为定量法和定性法。定量法主要有功效系数法和综合指数法等；定性法主要有素质法和行为法等。

（1）功效系数法，是指根据多目标规划原理，将所要评价的各项指标分别对照各自的标准，并根据各项指标的权重，通过功效函数转化为可以度量的评价分数，再对各项指标的单项评价分数进行加总，得出综合评价分数的一种方法。该方法的优点是从不同侧面对评价对象进行计算评分，满足了企业多目标、多层次、多因素的绩效评价要求，缺点是标准值确定难度较大，比较复杂。功效系数法的计算公式为：

绩效指标总得分 = $\sum$ 单项指标得分

单项指标得分 = 本档基础分 + 调整分

本档基础分 = 指标权重 × 本档标准系数

调整分 = 功效系数 × （上档基础分 - 本档基础分）

上档基础分 = 指标权重 × 上档标准系数

功效系数 = （实际值 - 本档标准值）÷ （上档标准值 - 本档标准值）

对评价标准值的选用，应结合评价的目的、范围、企业所处行业、企业规模等具体情况，参考国家相关部门或研究机构发布的标准值确定。

（2）综合指数法，是指根据指数分析的基本原理，计算各项绩效指标的单项评价指数和加权评价指数，据以进行综合评价的方法。该方法的优点是操作简单、容易理解，缺点是标准值存在异常时影响结果的准确性。综合指数法的计算公式为：

绩效指标总得分 = $\sum$ （单项指标评价指数 × 该项评价指标的权重）

（3）素质法，是指评估员工个人或团队在多大程度上具有组织所要求的某种基本素质、关键技能和主要特质的方法。

（4）行为法，是指专注于描述与绩效有关的行为状态，考核员工在多大程度上采取了管理者所期望或工作角色所要求的组织行为的方法。

2. 单项指标计分方法。

常见的单项指标计分方法主要有比率法、插值法、减分法、层差法、非此即彼法等。

（1）比率法。

比率法是指用指标的实际完成值除以目标值（或标准值），计算出百分比，然后乘以指标的权重分数，得到该指标的实际考核分数。比率法计算公式为：

某项比率得分值 = A/B × 100% × 权重分数

其中：A 为实际完成值；B 为考核评价目标值。

【例7-3】营业收入计划完成率 = 营业收入实际完成值/营业收入目标值，营业收入计划完成率在年度绩效考核中的权重为10%（即标准分为10分）。假如营业收入目标值为200亿元，实际完成值为190亿元，则营业收入计划完成率指标的考核得分为

9.5 分（190/200×100%×10）；假如实际完成值为 220 亿元，则营业收入计划完成率指标的考核得分为 11 分（220/200×100%×10）。

实务中，在应用比率法计分时，一般需要设置一个考核评价得分的区间，即该指标的最高得分和最低得分，以保证评价指标体系的总体得分处于一个预期目标范围之内。假设〖例7-3〗中营业收入计划完成率的最高得分为 15 分，最低得分为 5 分，如果实际完成值为 320 亿元，则考核得分修正为 15 分。

（2）插值法。

插值法又称"内插法"，是利用函数 f（x）在某区间中已知的若干点的函数值，作出适当的特定函数，在区间的其他点上用这个特定函数的值作为函数 f（x）的近似值。

〖例7-4〗 某集团企业绩效考核评价办法规定，利润总额权重为 30%（即标准分为 30 分），完成目标值得标准分；完成值每超过目标值 2%，加 5 分，最多加标准分的 50%；完成值每低于目标值 1%，扣 5 分，最多扣标准分的 50%。假如某子公司某年的利润总额目标值为 8 000 万元，实际完成值为 8 400 万元，则其利润总额指标考核评价得分通过插值法计算为 42.5 分。

（3）减分法。

减分法是指针对标准分进行减扣而不进行加分的方法。在执行指标过程中当发现有异常情况时，就按照一定的标准扣分，如果没有异常则得到满分。

〖例7-5〗 某集团企业对安全生产管理的考核评价权重为 10%（即 10 分），其考核评价办法规定，每发生一起特别重大事故，扣 10 分；每发生一起重大事故，扣 5 分；每发生一起较大事故扣 3 分；每发生一起一般事故扣 2 分。

（4）层差法。

层差法是指将考核结果分为几个层次，实际执行结果落在哪个层次内，该层次所对应的分数即为考核的分数。

〖例7-6〗 应收账款周转次数在绩效评价指标体系中的权重为 10%（即标准分为 10 分），其计分方法为：完成值在 5 次（含）以下的，得 5 分；5~6 次（含）的，得 10 分；6 次以上的，得 15 分。

（5）非此即彼法。

非此即彼法是指结果只有几个可能性，不存在中间状态。

〖例7-7〗 某项技术对某集团企业今后的发展至关重要，并急于在某年度内攻关成功，在对技术研发部门考核时规定，年内攻关成功得 10 分，未攻关成功得 0 分。

（五）绩效评价周期

绩效评价周期一般可分为月度、季度、半年度、年度、任期。月度、季度绩效评价一般适用于企业基层员工和管理人员，半年度绩效评价一般适用于企业中高层管理人员，年度绩效评价适用于企业所有被评价对象，任期绩效评价主要适用于企业负责人。

（六）绩效责任书

绩效计划制定后，评价主体与被评价对象一般应签订绩效责任书，明确各自的权利和义务，并作为绩效评价与激励管理的依据。绩效责任书的主要内容包括绩效指标、目标值及权重、评价计分方法、特别约定事项、有效期限、签订日期等。绩效责任书一般按年度或任期签订。

七、内部转移定价

（一）内部转移定价概述

在管理会计中，为明确各分部的管理责任，促进企业整体价值的增长，一般通过划分责任中心来进行业绩的计量、分析和评价。责任中心，是指企业内部独立提供产品（或服务）、资金等的责任主体。按照责任对象的特点和责任范围的大小，责任中心可以分为成本（费用）中心、收入中心、利润中心和投资中心。

为界定各责任中心的经济责任，科学、合理计量其绩效并实施激励，对于具有一定经营规模、业务流程相对复杂、设置了多个责任中心且责任中心之间存在内部供求关系的企业来说，通常需要应用内部转移定价工具方法制定内部转移价格。内部转移定价，是指企业内部转移价格的制定和应用方法。内部转移价格，是指企业内部分公司、分厂、车间、分部等责任中心之间相互提供产品（或服务）、资金等内部交易时所采用的计价标准。

内部转移定价能够清晰反映企业内部供需各方的责任界限，为绩效评价和激励提供客观依据，有利于企业优化资源配置。但是，也可能受到相关因素影响，内部转移定价体系产生的定价结果不合理，造成信息扭曲，误导相关方行为，从而损害企业局部或整体利益。

（二）内部转移定价应遵循的原则

企业一般由绩效管理委员会或类似机构负责搭建内部交易和内部转移价格管理体系，制定相关制度，审核、批准内部转移定价方案，并由财务、绩效管理等职能部门负责编制和修订内部转移价格、进行内部交易核算、对内部交易价格执行情况进行监控和报告等内部转移价格的日常管理。企业应用内部转移定价工具方法，一般应遵循以下原则：

1. 合规性原则。内部转移价格的制定、执行及调整应符合相关会计、财务、税收等法律法规的规定。

2. 效益性原则。企业应用内部转移定价工具方法，应以企业整体利益最大化为目标，避免为追求局部最优而损害企业整体利益的情况；同时，应兼顾各责任中心及员工利益，充分调动各方积极性。

3. 适应性原则。内部转移定价体系应当与企业所处行业特征、企业战略、业务流程、产品（或服务）特点、业绩评价体系等相适应，使企业能够统筹各责任中心利益，对内部转移价格达成共识。

（三）内部转移定价的类型

企业绩效管理委员会或类似机构应根据各责任中心的性质和业务特点，分别确定适当的内部转移定价形式。内部转移定价通常分为价格型、成本型和协商型。

1. 价格型内部转移定价。价格型内部转移定价是指以市场价格为基础制定的、由成本和毛利构成内部转移价格的方法，一般适用于内部利润中心。责任中心所提供的产品（或服务）经常外销且外销比例较大的，或所提供的产品（或服务）有外部活跃市场可靠报价的，可以外销价或活跃市场报价作为内部转移价格。责任中心一般不对外销售且外部市场没有可靠报价的产品（或服务），或企业管理层和有关各方认为不需要频繁变动价格的，可以参照外部市场价或预测价制定模拟市场价作为内部转移价格。没有外部市场但企业出于管理需要设置为模拟利润中心的责任中心，可以在生产成本基础上加一定比例毛利作为内部转移价格。

2. 成本型内部转移定价。成本型内部转移定价是指以标准成本等相对稳定的成本数据为基础，制定内部转移价格的方法，一般适用于内部成本中心。

3. 协商型内部转移定价。协商型内部转移定价是指企业内部供求双方为使双方利益相对均衡，通过协商机制制定内部转移价格的方法，主要适用于分权程度较高的情形。协商价的取值范围通常较宽，一般不高于市场价，不低于变动成本。

除以外销价或活跃市场报价制定的内部转移价格可能随市场行情波动而变动较频繁外，其余内部转移价格应在一定期间内保持相对稳定，以使需求方责任中心的绩效不受供给方责任中心绩效变化的影响。企业可以根据管理需要，核算各责任中心资金占用成本，将其作为内部利润的减项，或直接作为业绩考核的依据。责任中心占用的资金一般指货币资金，也可以包括原材料、半成品等存货以及应收款项等。占用资金的价格一般参考市场利率或加权资本成本制定。

第二节　关键绩效指标法

一、关键绩效指标法的含义及优缺点

（一）关键绩效指标法的含义

关键绩效指标法是指基于企业战略目标，通过建立关键绩效指标（Key Performance Indicator，KPI）体系，将价值创造活动与战略规划目标有效联系，并据此进行绩效管理的方法。关键绩效指标，是对企业绩效产生关键影响力的指标，是通过对企业战略目标、关键成果领域的绩效特征分析，识别和提炼出的最能有效驱动企业价值创造的指标。关键绩效指标法可单独使用，也可与经济增加值法、平衡计分卡等其他方法结合使用。

关键绩效指标法是基于以下理念：企业必须明确自己在一定时期的经营战略，明确判断哪些客户、项目、投资或活动超出了组织的战略边界，经理人员应该将精力集中在与公司战略推进有关的项目上，以提高管理效率。选择绩效评价指标的目的只有一个，那就是保证公司内所有人员的视线都盯住企业的战略目标。因此，必须简化评价指标体系，只要选择与战略推进密切相关的指标对相关人员进行评价即可。

企业应用关键绩效指标法，应综合考虑绩效评价期间宏观经济政策、外部市场环境、内部管理需要等因素，构建指标体系。战略目标是确定关键绩效指标体系的基础，关键绩效指标反映战略目标，对战略目标实施效果进行衡量和监控。企业应清晰识别价值创造模式，按照价值创造路径识别出关键驱动因素，科学地选择和设置关键绩效指标。

（二）关键绩效指标法的优缺点

1. 关键绩效指标法的优点。

关键绩效指标法的主要优点：一是使企业业绩评价与战略目标密切相关，有利于战略目标的实现；二是通过识别的价值创造模式把握关键价值驱动因素，能够更有效地实现企业价值增值目标；三是评价指标数量相对较少，易于理解和使用，实施成本相对较低，有利于推广实施。

2. 关键绩效指标法的缺点。

关键绩效指标法的主要缺点：关键绩效指标的选取需要透彻理解企业价值创造模式和战略目标，有效识别核心业务流程和关键价值驱动因素，指标体系设计不当将导致错误的价值导向或管理缺失。

二、关键绩效指标体系的制定程序

企业构建关键绩效指标体系，一般按照以下程序进行：

（一）制定企业级关键绩效指标

企业应根据战略目标，结合价值创造模式，综合考虑内外部环境等因素，设定企业级关键绩效指标。

（二）制定所属单位（部门）级关键绩效指标

根据企业级关键绩效指标，结合所属单位（部门）关键业务流程，按照上下结合、分级编制、逐级分解的程序，在沟通反馈的基础上，设定所属单位（部门）级关键绩效指标。

（三）制定岗位（员工）级关键绩效指标

根据所属单位（部门）级关键绩效指标，结合员工岗位职责和关键工作价值贡献，设定岗位（员工）级关键绩效指标。

三、关键绩效指标的类型

企业的关键绩效指标一般可分为结果类和动因类两类指标。结果类指标是反映企业绩效的价值指标，主要包括投资资本回报率、净资产收益率、经济增加值回报率、息税前利润、自由现金流量等综合指标；动因类指标是反映企业价值关键驱动因素的指标，主要包括资本性支出、单位生产成本、产量、销量、客户满意度、员工满意度等。

（一）结果类指标

1. 投资资本回报率。

投资资本回报率是指企业一定会计期间取得的息前税后利润占其所使用的全部投资资本的比例，反映企业在会计期间有效利用投资资本创造回报的能力。一般计算公式如下：

$$投资资本回报率 = [税前利润 \times (1 - 所得税税率) + 利息支出]$$
$$\div 投资资本平均余额 \times 100\%$$

$$投资资本平均余额 = (期初投资资本 + 期末投资资本) \div 2$$

$$投资资本 = 有息债务 + 所有者(股东)权益$$

2. 净资产收益率。

净资产收益率（也称"权益净利率"）是指企业一定会计期间取得的净利润占其所使用的净资产平均数的比例，反映企业全部资产的获利能力。一般计算公式如下：

$$净资产收益率 = 净利润 \div 平均净资产 \times 100\%$$

3. 经济增加值回报率。

经济增加值回报率是指企业一定会计期间内经济增加值与平均资本占用的比值。一般计算公式如下：

$$经济增加值回报率 = 经济增加值 \div 平均资本占用 \times 100\%$$

4. 息税前利润。

息税前利润是指企业当年实现税前利润与利息支出的合计数。一般计算公式如下：

$$息税前利润 = 税前利润 + 利息支出$$

5. 自由现金流量。

自由现金流量是指企业一定会计期间经营活动产生的净现金流量超过付现资本性支出的金额，反映企业可动用的现金。一般计算公式如下：

$$自由现金流量 = 经营活动净现金流量 - 付现资本性支出$$

（二）动因类指标

1. 资本性支出。

资本性支出是指企业发生的、其效益涉及两个或两个以上会计年度的各项支出。

2. 单位生产成本。

单位生产成本是指生产单位产品而平均耗费的成本。

3. 产量。

产量是指企业在一定时期内生产出来的产品的数量。

4. 销量。

销量是指企业在一定时期内销售商品的数量。

5. 客户满意度。

客户满意度是指客户期望值与客户体验的匹配程度，即客户通过对某项产品或服务的实际感知与其期望值相比较后得出的指数。客户满意度收集渠道主要包括问卷调查、客户投诉、与客户的直接沟通、消费者组织的报告、各种媒体的报告和行业研究的结果等。

6. 员工满意度。

员工满意度是指员工对企业的实际感知与其期望值相比较后得出的指数。主要通过问卷调查、访谈调查等方式，从工作环境、工作关系、工作内容、薪酬福利、职业发展等方面进行衡量。

四、关键绩效指标选取的方法

关键绩效指标应含义明确、可度量、与战略目标高度相关。指标的数量不宜过多，每一层级的关键绩效指标一般不超过 10 个。关键绩效指标选取的方法主要有关键成果领域分析法、组织功能分解法和工作流程分解法。

（一）关键成果领域分析法

关键成果领域分析法是基于对企业价值创造模式的分析，确定企业的关键成果领域，并在此基础上进一步识别关键成功要素，确定关键绩效指标的方法。

（二）组织功能分解法

组织功能分解法，是基于组织功能定位，按照各所属单位（部门）对企业总目标所承担的职责，逐级分解和确定关键绩效指标的方法。

（三）工作流程分解法

工作流程分解法，是按照工作流程各环节对企业价值贡献程度，识别出关键业务流程，将企业总目标层层分解至关键业务流程相关所属单位（部门）或岗位（员工），确定关键绩效指标的方法。

五、关键绩效指标的权重及目标值

（一）关键绩效指标的权重

关键绩效指标的权重分配应以企业战略目标为导向，反映被评价对象对企业价值贡献或支持的程度，以及各指标之间的重要性水平。单项关键绩效指标权重一般设定在 5%～30%，对特别重要的指标可适当提高权重。对特别关键、影响企业整体价值的指标可设立"一票否决"制度，即如果某项关键绩效指标未完成，无论其他指标是否完成，均视为未完成绩效目标。

（二）关键绩效指标目标值

企业确定关键绩效指标目标值，一般参考以下标准：

1. 依据国家有关部门或权威机构发布的行业标准或参考竞争对手标准。

2. 参照企业内部标准，包括企业战略目标、年度生产经营计划目标、年度预算目标、历年指标水平等。

3. 不能按前两项方法确定的，可根据企业历史经验值确定。

关键绩效指标的目标值确定后，应规定因内外部环境发生重大变化、自然灾害等不可抗力因素对绩效完成结果产生重大影响时，对目标值进行调整的办法和程序。一般情况下，由被评价对象或评价主体测算确定影响额度，向相应的绩效管理工作机构提出调整申请，报薪酬与考核委员会或类似机构审批。

【例7-8】A企业是一家生产销售通信设备的民营高科技公司。公司产品主要涉及通信网络中的交换网络、传输网络、无线及有线固定接入网络和数据通信网络及无线终端产品，为世界各地通信运营商及专业网络拥有者提供硬件设备、软件、服务和解决方案。

为了提升企业的核心竞争力，持续地取得竞争优势，A企业建立了"公司级关键绩效指标体系"。企业的主要责任中心有：研发系统、营销系统、采购系统、生产系统等。以研发系统、营销系统为例，其KPI如下：

(1) 研发系统的KPI。

指标1：新产品销售额比率增长率和老产品市场增长率。

定义：年度新产品订货额占全部销售订货额比率的增长率，老产品的净增幅。

指标2：人均新产品毛利增长率。

定义：计划期内新产品营业收入减去新产品销售成本后的毛利与研发系统员工平均人数比率的增长率。

指标3：老产品技术优化及物料成本降低额。

定义：计划期内，销售的老产品扣除可比采购成本升（降）因素后的物料成本降低额。

指标4：运行产品故障数下降率。

定义：计划期内，网上运行产品故障总数的下降率。

(2) 营销系统的KPI。

指标1：销售额增长率。

定义：计划期内，分别按订货口径计算和按销售回款口径计算的销售额增长率。

指标2：出口收入占营业收入比率增长率。

定义：计划期内，出口收入占营业收入比率的增长率。

指标3：人均销售毛利增长率。

定义：计划期内，产品营业收入减去产品销售成本后的毛利与营销系统平均员工人数比率的增长率。

指标4：销售费用率降低率。

定义：计划期内，销售费用支出占营业收入比率的降低率。

指标5：合同错误率降低率。

定义：计划期内，发生错误的合同数占全部合同数比率的降低率。

第三节 经济增加值法

一、经济增加值的含义

20 世纪 80 年代，一些财务咨询公司的实证研究表明，公司剩余收益变化与其股票市值变化存在高度相关性，而且剩余收益变化与股票价格变化的相关性显著高于投资报酬率变化与股票价格变化的相关性。因此，剩余收益作为绩效评价指标开始逐渐普及。

1982 年，剩余收益被思腾思特（Stern Steward）咨询公司重新设计命名为经济增加值（Economic Value Added，EVA），并把 EVA 注册为商标。经济增加值也称为经济利润，是指扣除了股东所投入的资本成本之后的真实利润。经济增加值是剩余收益的一种特殊的计算方法，即税后净营业利润扣除全部投入资本的成本后的剩余收益。经济增加值与传统的剩余收益有两个大的重大突破：一是对会计准则所歪曲的会计利润数据进行了调整；二是金融学中资本资产定价模型能够推导出反映非系统风险的权益成本率，进一步推导出加权平均资本成本率，经济增加值结合了资本资产定价模型，将加权平均资本成本率引入了计算公式。

经济增加值及其改善值是全面评价经营者有效使用资本和为企业创造价值的重要指标。经济增加值为正，表明经营者在为企业创造价值；经济增加值为负，表明经营者在损毁企业价值。

二、经济增加值的计算与应用

（一）经济增加值的计算

经济增加值的计算公式为：

经济增加值 = 税后净营业利润 − 平均资本占用 × 加权平均资本成本

其中：税后净营业利润衡量的是企业的经营盈利情况；平均资本占用反映的是企业持续投入的各种债务资本和股权资本；加权平均资本成本反映的是企业各种资本的平均成本率。

1. 税后净营业利润。

税后净营业利润等于会计上的税后净利润加上利息支出等会计调整项目后得到的税后利润。

计算经济增加值时，需要进行相应的会计项目调整，以消除财务报表中不能准确反映企业价值创造的部分。会计调整项目的选择应遵循价值导向性、重要性、可控性、可操作性与行业可比性等原则，根据企业实际情况确定。常用的调整项目有：

（1）研究开发费、大型广告费等一次性支出但收益期较长的费用，应予以资本化处理，不计入当期费用。

（2）反映付息债务成本的利息支出，不作为期间费用扣除，计算税后净营业利润时扣除所得税影响后予以加回。

（3）营业外收入、营业外支出具有偶发性，应将当期发生的营业外收支从税后净营业利润中扣除。

（4）将当期减值损失扣除所得税影响后予以加回，并在计算资本占用时相应调整资产减值准备发生额。

（5）递延税金不反映实际支付的税款情况，应将递延所得税资产及递延所得税负债变动影响的企业所得税从税后净营业利润中扣除，相应调整资本占用。

（6）其他非经常性损益调整项目，如股权转让收益等。

2. 平均资本占用。

平均资本占用是所有投资者投入企业经营的全部资本，包括债务资本和股权资本。其中债务资本包括融资活动产生的各类有息负债，不包括经营活动产生的无息流动负债。股权资本中包含少数股东权益。资本占用除根据经济业务实质相应调整资产减值损失、递延所得税等，还可根据管理需要调整研发支出、在建工程等项目，引导企业注重长期价值创造。

3. 加权平均资本成本。

加权平均资本成本是债务资本成本和股权资本成本的加权平均，反映了投资者所要求的必要报酬率。加权平均资本成本的计算公式如下：

$$K_{wacc} = K_d \frac{DC}{TC}(1-T) + K_s \frac{EC}{TC}$$

其中：TC 代表资本占用，EC 代表股权资本，DC 代表债务资本；T 代表所得税税率；K_{wacc} 代表加权平均资本成本，K_d 代表债务资本成本，K_s 代表股权资本成本。

债务资本成本是企业实际支付给债权人的税前利率，反映的是企业在资本市场中债务融资的成本率。如果企业存在不同利率的融资来源，债务资本成本应使用加权平均值。

股权资本成本是在不同风险下，所有者对投资者要求的最低回报率。通常根据资本资产定价模型确定，计算公式为：

$$K_s = R_f + \beta(R_m - R_f)$$

其中：R_f 为无风险收益率，R_m 为市场预期回报率，$R_m - R_f$ 为市场风险溢价。β 是企业股票相对于整个市场的风险指数。上市企业的 β 值，可采用回归分析法或单独使用最小二乘法等方法测算确定，也可以直接采用证券机构等提供或发布的 β 值；非上市企业的 β 值，可采用类比法，参考同类上市企业的 β 值确定。

企业级加权平均资本成本确定后，应结合行业情况、不同所属单位（部门）的特点，通过计算（能单独计算的）或指定（不能单独计算的）的方式确定所属单位（部门）的资本成本。通常情况下，企业对所属单位（部门）所投入资本即股权资本的成本率是相同的，为简化资本成本的计算，所属单位（部门）的加权平均资本成本一般与企业保持一致。

【例7-9】 根据《中央企业负责人年度经营业绩考核实施方案》及《中央企业负责人经济增加值考核实施方案》，国务院国有资产监督管理委员会对中央企业的年度经营业绩考核中，年度指标分为基本指标、分类指标和约束性指标，其中基本指标包括净利润和经济增加值。经济增加值是指经核定的企业税后净营业利润减去资本成本后的余额，其计算公式为：

经济增加值＝税后净营业利润－资本成本＝税后净营业利润－调整后资本×平均资本成本率

税后净营业利润＝净利润＋（利息支出＋研究开发费用调整项）×（1－25%）

调整后资本＝平均所有者权益＋平均带息负债－平均在建工程

平均资本成本率＝债务资本成本率×平均带息负债/（平均带息负债＋平均所有者权益）×（1－25%）＋股权资本成本率×平均所有者权益/（平均带息负债＋平均所有者权益）

其中，利息支出是指企业财务报表中"财务费用"项下的"利息支出"；研究开发费用调整项是指企业财务报表中"期间费用"项下的"研发费用"和当期确认为无形资产的开发支出；在建工程是指企业财务报表中的符合主业规定的"在建工程"；带息负债是指企业带息负债情况表中的带息负债合计；企业经营业务主要在国（境）外的，25%的企业所得税税率可予以调整。

资本成本率按差异化原则确定：（1）对主业处于充分竞争行业和领域的商业类企业股权资本成本率原则上定为6.5%，对主业处于关系国家安全、国民经济命脉的重要行业和关键领域、主要承担重大专项任务的商业类企业股权资本成本率原则上定为5.5%，对公益类企业股权资本成本率原则上定为4.5%。对军工、电力、农业等资产通用性较差的企业，股权资本成本率下浮0.5个百分点。（2）债务资本成本率＝利息支出总额÷平均带息负债。利息支出总额是指带息负债情况表中的"利息支出总额"，包括费用化利息和资本化利息。（3）资本负债率高于上年且在65%（含）至70%的科研技术企业、70%（含）至75%的工业企业或75%（含）至80%的非工业企业，平均资本成本率上浮0.2个百分点；资产负债率高于上年且在70%（含）以上的科研技术企业、75%（含）以上的工业企业或80%（含）以上的非工业企业，平均资本成本率上浮0.5个百分点。

（二）使用经济增加值指标进行绩效评价的效果

计算净利润时忽略了股权资本成本，而股权资本成本要远高于债权资本成本。由于净利润中没有扣除股权资本的成本，因此，净利润的值要高于EVA的值，绩效上体现为企业盈利，实际可能是亏损的。EVA指标则是经济利润（即投入资本回报率与加权平均资本成本之差再乘以投入资本额）的体现，在计算过程中合理调整了会计报表中的一些项目，充分考虑了股权资本成本对企业价值的影响。与净利润指标相比，EVA在衡量企业的价值创造能力和经营绩效时更为准确全面。

使用经济增加值指标进行绩效评价的效果主要包括：

1. 提高企业资金的使用效率。

EVA 的构成要素可以细分为资产周转率和资产报酬率等指标，由此可以看出，EVA 的计算离不开资本成本，能够促使企业提高资金的使用效率。通过实施 EVA，企业管理者追求经济增加值的最大化；基于提高 EVA 的动力，就必须提高资产周转率和投资报酬率，进一步提高资产收益水平。

2. 优化企业资本结构。

EVA 指标考虑了资本成本，EVA 与资本成本的高低呈负相关关系，资本成本是企业资本结构的重要决定因素。通过测算 EVA，企业会考虑优化已有的资本结构，更倾向于使用内部留存收益。盈利高的企业往往能保留更多的留存收益，其资本结构会趋向于低负债，在财务风险可控的前提下，适当地使用财务杠杆，维持有竞争力的资本成本率，使资本结构逐步优化。

3. 激励经营管理者，实现股东财富的保值增值。

EVA 是一个具有价值导向的激励体系。采用 EVA 进行绩效评价，可以改善经营管理者与企业所有者之间的委托代理关系，使二者的目标趋向一致，共同致力于实现企业价值的最大化。管理者的薪酬直接和 EVA 考核结果挂钩，EVA 价值创造得越多，管理者得到的回报也越多，这样，企业的管理者就会尽最大努力追求 EVA 的最大化，实现股东财富的保值增值。

4. 引导企业做大做强主业，优化资源配置。

从经济增加值的计算公式来看，在其他条件既定时，税后净经营利润越大，经济增加值就越大。在 EVA 考核体系引导下，企业必须对其投资进行有效的管理，在进行投资决策时充分考虑投资成本，把不具有投资价值的项目和非核心业务及时从企业中剥离，加大向极具投资价值的核心业务领域投资。通过投资项目的合理规划组合，实现整个企业资源的优化。

三、经济增加值法的含义及优缺点

（一）经济增加值法的含义

经济增加值法，是指以经济增加值为核心，建立绩效指标体系，引导企业注重价值创造，并据此进行绩效管理的方法。经济增加值，是指税后净营业利润扣除全部投入资本的成本后的剩余收益。经济增加值及其改善值是全面评价经营者有效使用资本和为企业创造价值的重要指标。经济增加值为正，表明经营者在为企业创造价值；经济增加值为负，表明经营者在损毁企业价值。经济增加值法较少单独应用，一般与关键绩效指标法、平衡计分卡等其他方法结合使用。

企业应用经济增加值法，应树立价值管理理念，明确以价值创造为中心的战略目标，建立以经济增加值为核心的价值管理体系，使价值管理成为企业的核心管理制度。企业应综合考虑宏观环境、行业特点和企业的实际情况，通过价值创造模式的识别，确定关键价值驱动因素，构建以经济增加值为核心的指标体系。企业应建立清晰的资本资产管理责任体系，确定不同被评价对象的资本资产管理责任。企业应建立健全会计核算体系，确保会计数据真实可靠、内容完整，并及时获取与经济增加值计算相关的会计数据。企业应加强融资管理，关注筹资来源与渠道，及时获取债务资本成本、股权资本成本等相关信息，合理确定资本成本。企业应加强投资管理，把能否增加价值作为新增投资项目决策的主要评判标准，以保持持续的价值创造能力。

（二）经济增加值法的优缺点

1. 经济增加值法的优点。

经济增加值法的主要优点是：考虑了所有资本的成本，更真实地反映了企业的价值创造能力；实现了企业利益、经营者利益和员工利益的统一，激励经营者和所有员工为企业创造更多价值；能有效遏制企业盲目扩张规模以追求利润总量和增长率的倾向，引导企业注重长期价值创造。

2. 经济增加值法的缺点。

经济增加值法的主要缺点是：一是仅对企业当期或未来 1～3 年价值创造情况的衡量和预判，无法衡量企业长远发展战略的价值创造情况；二是计算主要基于财务指标，无法对企业的营运效率与效果进行综合评价；三是不同行业、不同发展阶段、不同规模的企业，其会计调整项和加权平均资本成本各不相同，计算比较复杂，影响指标的可比性。

四、经济增加值指标体系的制定程序

构建经济增加值指标体系，一般按照以下程序进行：

（一）制定企业级经济增加值指标体系

首先应结合行业竞争优势、组织结构、业务特点、会计政策等情况，确定企业级经济增加值指标的计算公式、调整项目、资本成本等，并围绕经济增加值的关键驱动因素，制定企业级经济增加值指标体系。

（二）制定所属单位（部门）级经济增加值指标体系

根据企业级经济增加值指标体系，结合所属单位（部门）所处行业、业务特点、资产规模等因素，在充分沟通的基础上，设定所属单位（部门）级经济增加值指标的计算公式、调整项目、资本成本等，并围绕所属单位（部门）经济增加值的关键驱动因素，细化制定所属单位（部门）的经济增加值指标体系。

（三）制定高级管理人员的经济增加值指标体系

根据企业级、所属单位（部门）级经济增加值指标体系，结合高级管理人员的岗位职责，制定高级管理人员的经济增加值指标体系。

第四节　平衡计分卡

一、平衡计分卡的含义与优缺点

（一）平衡计分卡的含义

平衡计分卡，是指基于企业战略，从财务、客户、内部业务流程、学习与成长四个

维度，将战略目标逐层分解转化为具体的、相互平衡的绩效指标体系，并据此进行绩效管理的方法。平衡计分卡是采用多重指标、从多个维度或层面对企业或分部进行绩效评价。平衡计分卡的理论基础是：利润最大化是短期的，企业应体现战略目标，致力于追求未来的核心竞争能力。平衡计分卡通常与战略地图等其他工具结合使用，适用于战略目标明确、管理制度比较完善、管理水平相对较高的企业。

平衡计分卡提供了一个综合的绩效评价框架，是将企业的战略目标转化为一套条理分明的绩效评价体系。管理者通过回答下面四个层面的基本问题来关注企业的绩效，具体如图 7-1 所示。

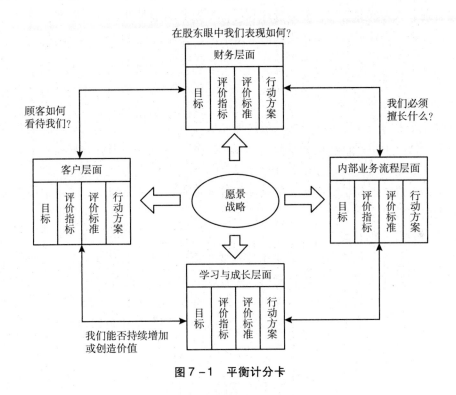

图 7-1　平衡计分卡

1. 我们的顾客如何看待我们？（客户层面）。
2. 我们必须擅长什么？（内部业务流程层面）。
3. 我们能否持续增加或创造价值？（学习与成长层面）。
4. 在股东眼中我们表现如何？（财务层面）。

平衡计分卡不仅是一个财务和非财务绩效指标的收集过程，还是一个战略业务单元的使命和战略所驱动的自上而下的过程。平衡计分卡将企业每个战略业务单元的使命和战略转换为一套绩效指标体系，该体系定义了长期的战略目标以及实现目标的机制。平衡计分卡中的"平衡"包括以下含义：财务绩效与非财务绩效的平衡；与客户有关的外部衡量以及与关键业务过程和学习成长有关的内部衡量的平衡；领先指标与滞后指标设计的平衡；结果衡量（过去努力的结果）与未来绩效衡量的平衡。

企业应用平衡计分卡工具方法，应有明确的愿景和战略，平衡计分卡应以战略目标为核心，全面描述、衡量和管理战略目标，将战略目标转化为可操作的行动。平衡计分卡可能涉及组织和流程变革，具有创新精神、变革精神的企业文化有助于成功实施平衡计分卡。企业应对组织结构和职能进行梳理，消除不同组织职能间的壁垒，实现良好的组织协同，既包括企业内部各级单位（部门）之间的横向与纵向协同，也包括与投资者、客户、供应商等外部利益相关者之间的协同。企业应注重员工学习与成长能力的提升，以更好地实现平衡计分卡的财务、客户、内部业务流程目标，使战略目标贯彻到每一名员工的日常工作中。平衡计分卡的实施是一项复杂的系统工程，企业一般需要建立由战略管理、人力资源管理、财务管理和外部专家等组成的团队，为平衡计分卡的实施提供机制保障。企业应建立高效集成的信息系统，实现绩效管理与预算管理、财务管理、生产经营等系统的紧密结合，为平衡计分卡的实施提供信息支持。

（二）平衡计分卡的优缺点

1. 平衡计分卡的优点。

平衡计分卡的主要优点：一是战略目标逐层分解并转化为被评价对象的绩效指标和行动方案，使整个组织行动协调一致；二是从财务、客户、内部业务流程、学习与成长四个维度确定绩效指标，使绩效评价更为全面完整；三是将学习与成长作为一个维度，注重员工的发展要求和组织资本、信息资本等无形资产的开发利用，有利于增强企业可持续发展的动力。

2. 平衡计分卡的缺点。

平衡计分卡的主要缺点：一是专业技术要求高，工作量比较大，操作难度也较大，需要持续地沟通和反馈，实施比较复杂，实施成本较高；二是各指标权重在不同层级及各层级不同指标之间的分配比较困难，且部分非财务指标的量化工作难以落实；三是系统性强、涉及面广，需要专业人员的指导、企业全员的参与和长期持续地修正与完善，对信息系统、管理能力有较高的要求。

二、战略地图及平衡计分卡指标体系的制定程序

（一）战略地图

企业应用平衡计分卡工具方法，首先应制定战略地图，即基于企业愿景与战略，将战略目标及其因果关系、价值创造路径以图示的形式直观、明确、清晰地呈现出来。战略地图基于战略主题构建，反映了企业价值创造的关键业务流程，每个战略主题包括相互关联的1~2个目标。战略地图制定后，应以平衡计分卡为核心编制绩效计划。

战略地图，是指为描述企业各维度战略目标之间的因果关系而绘制的可视化的战略因果关系图。战略地图通常以财务、客户、内部业务流程、学习与成长等四个维度为主要内容，通过分析各维度的相互关系，绘制战略因果关系图。企业可根据自身情况对各维度的名称、内容等进行修改和调整。

企业应用战略地图工具方法，应注重通过战略地图的有关路径设计，有效使用有形

资源和无形资源，高效实现价值创造；应通过战略地图实施将战略目标与执行有效绑定，引导各责任中心按照战略目标持续提升业绩，服务企业战略实施。企业应用战略地图工具方法，一般按照战略地图设计和战略地图实施等程序进行。

1. 战略地图设计。

企业设计战略地图，一般按照设定战略目标、确定业务改善路径、定位客户价值、确定内部业务流程优化主题、确定学习与成长主题、进行资源配置、绘制战略地图等程序进行。

2. 战略地图实施。

战略地图实施，是指企业利用管理会计工具方法，确保企业实现既定战略目标的过程。战略地图实施一般按照战略 KPI 设计、战略 KPI 责任落实、战略执行、执行报告、持续改善、评价激励等程序进行。

（二）平衡计分卡指标体系的制定程序

平衡计分卡指标体系的构建应围绕战略地图，针对财务、客户、内部业务流程和学习与成长四个维度的战略目标，确定相应的评价指标。

构建平衡计分卡指标体系的一般程序：

1. 制定企业级指标体系。

根据企业层面的战略地图，为每个战略主题的目标设定指标，每个目标至少应有 1 个指标。

2. 制定所属单位（部门）级指标体系。

依据企业级战略地图和指标体系，制定所属单位（部门）的战略地图，确定相应的指标体系，协同各所属单位（部门）的行动与战略目标保持一致。

3. 制定岗位（员工）级指标体系。

根据企业、所属单位（部门）级指标体系，按照岗位职责逐级形成岗位（员工）级指标体系。

三、平衡计分卡指标体系设计

构建平衡计分卡指标体系时，应注重短期目标与长期目标的平衡、财务指标与非财务指标的平衡、结果性指标与动因性指标的平衡、企业内部利益与外部利益的平衡。平衡计分卡每个维度的指标通常为 4~7 个，总数量一般不超过 25 个。构建平衡计分卡指标体系时，企业应以财务维度为核心，其他维度的指标都与核心维度的一个或多个指标相联系。通过梳理核心维度目标的实现过程，确定每个维度的关键驱动因素，结合战略主题，选取关键绩效指标。企业可根据实际情况建立通用类指标库，不同层级单位和部门结合不同的战略定位、业务特点选择适合的指标体系。

（一）财务维度

在企业战略业务单元层次上，可以使用基于成本、财务和价值的绩效评价方法。财务维度以财务术语描述了战略目标的有形成果。企业常用的指标有投资资本回报率、净资产收益率、经济增加值回报率、息税前利润、自由现金流量、资产负债率、总资产周转率、资本周转率等。

(二) 客户维度

在客户层面,管理者需要首先确定细分市场和细分客户,然后设定相应的绩效指标来考核其业务单元开发并维持目标细分客户的能力。客户维度界定了目标客户的价值主张。企业常用指标有市场份额、客户满意度、客户获得率、客户保持率、客户获利率、战略客户数量等。

(三) 内部业务流程维度

在内部业务流程层面,管理者需要确定企业所擅长的并能够实施战略的关键内部过程。该过程对客户满意度和实现企业财务目标有重大影响。卡普兰和诺顿 (Kaplan & Norton) 确定了三个首要的内部业务过程,分别是创新过程、经营过程和售后服务过程。创新过程的绩效可以通过新产品收入占总收入的比重、新产品开发与竞争对手的对比、与计划的对比、开发下一代产品所需要的时间、企业在市场排名靠前的产品的数量、盈亏平衡时间 (即从产品开发到赚取足够利润收回投资所需要的时间) 等指标来衡量。经营过程起始于收到客户订单截止于向顾客交付产品或服务。这一过程的目的是以高效、一致、及时的标准向顾客交付产品或服务,其绩效需要通过时间、质量和成本三方面来衡量。售后服务过程包括产品保修、问题产品处理、返修以及客户付款管理等,售后服务的业绩也可以通过在经营过程中所使用的时间、质量和成本指标来衡量。

内部业务流程维度确定了对战略目标产生影响的关键流程。企业常用的指标有交货及时率、生产负荷率、产品合格率、存货周转率、单位生产成本等。

(四) 学习与成长维度

学习与成长维度确定了对战略最重要的无形资产。企业常用的指标有员工保持率、员工生产率、培训计划完成率、员工满意度等。

四、平衡计分卡指标的权重与目标值

(一) 平衡计分卡指标的权重分配

平衡计分卡指标的权重分配应以战略目标为导向,反映被评价对象对企业战略目标贡献或支持的程度,以及各指标之间的重要性水平。企业绩效指标权重一般设定在 5% ~ 30%,对特别重要的指标可适当提高权重。对特别关键、影响企业整体价值的指标可设立"一票否决"制度,即如果某项绩效指标未完成,无论其他指标是否完成,均视为未完成绩效目标。

(二) 平衡计分卡绩效目标值

平衡计分卡绩效目标值应根据战略地图的因果关系分别设置。首先确定战略主题的目标值,其次确定主题内的目标值,最后基于平衡计分卡评价指标与战略目标的对应关系,为每个评价指标设定目标值,通常设计 3~5 年的目标值。

平衡计分卡绩效目标值确定后,应规定因内外部环境发生重大变化、自然灾害等不可抗力因素对绩效完成结果产生重大影响时，对目标值进行调整的办法和程序。一般情况下，由被评价对象或评价主体测算确定影响程度，向相应的绩效管理工作机构提出调整申请，报薪酬与考核委员会或类似机构审批。

五、平衡计分卡的有效应用

要有效使用平衡计分卡，将平衡计分卡的四个层面与公司战略相整合，应遵循以下三个原则：

（一）各个层面的指标间具有因果关系

平衡计分卡四个层面的指标应当具有因果关系，因果关系的情形可以用"如果……那么……"来表述。例如，如果加强对客户代表的培训，则公司可以吸引到更多的客户；如果缩短配送的时间，改进服务的流程，则可以接受更多的订单，取得更多的收入；等等。这种因果关系可以沿着平衡计分卡的四个层面推进，其最终的结果应当明确反映出公司的战略，具体如图 7-2 所示。

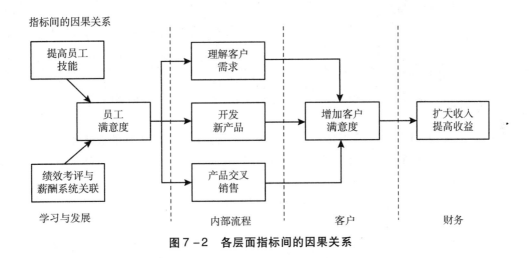

图 7-2 各层面指标间的因果关系

（二）结果计量指标与绩效动因相关联

结果计量指标是滞后指标，如获利能力指标、市场份额指标、客户满意度指标、员工技能指标等，结果计量指标是计量成功与否的综合性指标。绩效动因是领先指标，是某一特定部门战略的具体动因，如周转时间、准备时间和新专利等。如果没有结果计量指标，绩效动因虽能指明短期内如何运作，但无法揭示具体战略是否在长期内有效；反之，如果绩效动因缺位，结果计量指标虽能表明部门或团队的努力方向，但无法指明目标实现的具体路径，也不能实时提供相关的信息，具体如图 7-3 所示。

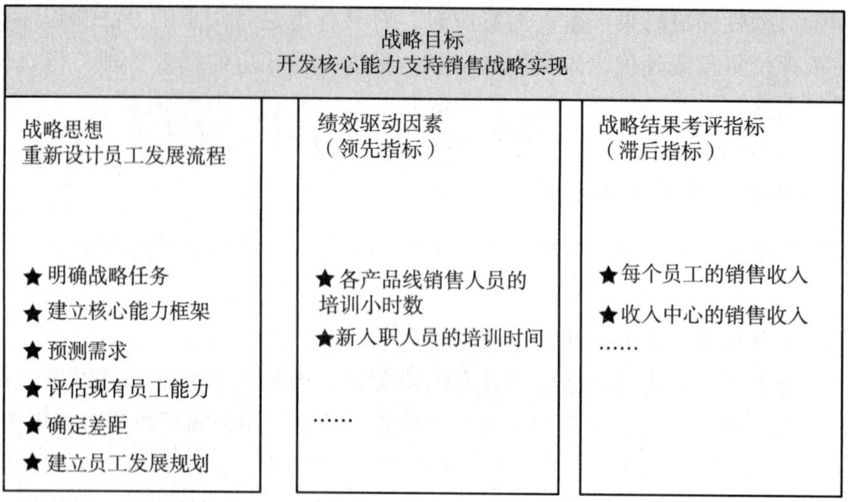

图7-3 结果计量指标与绩效动因的关联

(三) 与财务指标挂钩

如果不能将员工授权、全面质量管理等创新活动与企业财务指标的改善挂起钩来，则创新就成为单纯的目标，无法带来具体的成效，并会使相关的员工产生失落感。因此，所有的因素链最终都应采用财务指标来计量其结果。

需要特别指出的是，平衡计分卡主要用于高管层面，以支持企业战略的制定。例如，卡普兰和诺顿曾经描述了保险公司如何建立平衡计分卡的步骤，具体如下：

第一步：公司的10名高管成立一个团队，阐明公司履行其责任的战略和目标。

第二步：公司最高的三层管理者（100名）共同讨论新战略，并为公司的各个部门建立绩效指标。这些绩效指标就成为企业各个部门的计分卡。

第三步：管理者开始废除对公司目标无益的项目。

第四步：高管审查企业各个部门的计分卡。

第五步：根据第四步的审查，高管返回第一步，修订并进一步阐明公司的战略和目标。

本章思考题

1. 企业绩效计划包含哪些主要内容？
2. 制定内部转移定价应遵循哪些基本原则？内部转移定价包括哪些类型？
3. 关键绩效指标包括哪些类型？关键绩效指标如何选取？权重及目标值如何确定？
4. 经济增加值如何计算？使用经济增加值指标进行绩效评价的效果有哪些？
5. 平衡计分卡指标体系包括哪些维度？权重及目标值如何确定？有效应用平衡计分卡应遵循哪些基本原则？

第八章　企业财务共享服务

本章要求

掌握：企业财务共享服务的含义和特点、财务共享服务与其他相关概念的异同、财务共享的分类、传统财务共享建设的核心因素、虚拟财务共享服务中心的含义；**熟悉**：财务共享的兴起和发展历程、支撑传统财务共享服务的管理信息系统的构成、传统财务共享服务下主要业务的处理流程；**了解**：传统财务共享服务下财务部门的设置和职能分配，RPA机器人流程自动化程序、移动互联网、大数据、数据可视化给企业财务共享服务带来的影响。

本章主要内容

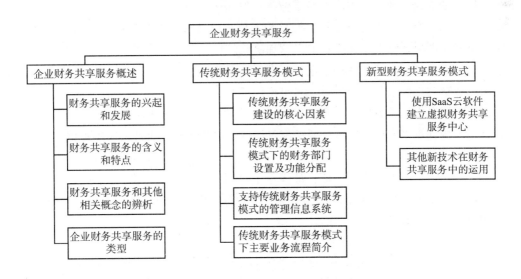

第一节　企业财务共享服务概述

一、财务共享服务的兴起和发展

（一）全球化给跨国集团财务管理带来的挑战

经济全球化是商品、技术、资本、人员、数据等生产要素在跨国、跨地区的频繁流动，这种流动将全世界连接成为一个统一的全球大市场，各国在全球大市场中发挥自己的优势，实现资源在世界范围内的优化配置。经济全球化本质的特征就是生产要素和商品的全球化流动，比如非洲的某个国家输出原材料和资源，东南亚的某个国家负责生产和组装，产品输出到其他国家市场进行销售。

全球化带来跨国企业的蓬勃发展，随着跨国企业的扩张，企业规模越来越大，覆盖的地理范围越来越广，管理层级越来越多。庞大的组织和广阔的地域分布给跨国企业的财务管理带来了一定的挑战，其突出表现为：

1. 会计处理效率低下。由于跨国公司的分支机构分布在全球不同地域，每个分支机构都需要进行日常会计处理，定期编制会计报告。会计报告按照企业层级层层汇总，需要花费大量的时间，会计信息的及时性大打折扣，影响信息使用者对信息的使用。

2. 会计信息的可靠程度降低。由于受到分支机构所在地财税政策、会计准则、人员素质等因素的影响，即使是相同的经济业务，跨国公司不同地域的分支机构的会计处理也可能不相同。经过层层汇总之后，汇总数据更难以反映经济活动的实际情况，会计信息的可靠程度降低，难以支持企业的经营和决策。

3. 会计处理成本高企。为了进行会计处理，跨国公司每个分支机构，无论大小，都要设置财务部门，配置相应的人员，整个集团的财务人员数量庞大，人力成本较高；另外，由于不同分支机构业务发展不平衡，可能导致不同分支机构财务人员的业务负载不平衡，集团内部难以实现跨区域的资源配置优化。这些都给企业带来成本负担。

4. 企业集团管控力度降低。多层级、跨地域的组织，不同地域的文化差异，信息传递的不及时，信息质量的难以保证，都降低了跨国集团的管控力度。由此带来企业运行效率降低，甚至影响整体经营活动的开展，政策的执行力度和效果不能得到保障，侵蚀了跨国企业跨国经营的优势。

（二）财务共享服务中心的出现和发展

科技的进步为跨国企业面临的财务问题提供了解决方案，1981 年美国福特公司在底特律创建了第一家财务共享服务中心，标志着财务共享服务实践的开始。20 世纪 80 年代中期至末期，为了应对跨国企业财务管理的需求，企业利用科技进步为财务管理变革提供的条件，不断发展和完善企业财务共享服务实践。

跨国企业建设财务共享服务中心初期最主要的目标是降低财务成本。在全球化背景下，不同区域人力资源成本存在显著的差异。跨国公司为了获得财务处理成本上的优势，通常在人力成本低的地方设置财务共享服务中心，将全球的会计处理集中在财务共享服务中心完成，可以降低成本。其后的实践表明财务共享服务中心同时还提升了会计信息的及时性和可靠性，也能部分解决企业管控问题。

因此，从 20 世纪 90 年代开始，更多的公司将目光投向具有劳动力成本优势的亚洲。摩托罗拉 1999 年在天津成立的亚洲结算中心，是其会计服务中心的前身；2000 年，通用电气在大连成立了亚太区服务共享中心；2001 年，牛奶国际有限公司在广州设立了共享服务中心；2003 年，埃森哲成立亚太共享服务中心，服务于亚太国家的 10 个公司的 1.4 万名员工；2004 年，惠普在大连建立财务共享服务中心，服务于其位于东北亚区的韩国、日本和中国的分支机构；2007 年，辉瑞在大连建立财务共享中心亚太分部；2009 年，DHL、安永、美国百得集团等在中国设立共享服务中心；2011 年，澳新银行在成都成立了全球第三个共享服务中心。

（三）财务共享服务中心在我国的发展

随着中国企业规模不断扩大，并且越来越多的企业走出国门走向世界，企业财务管控的压力和降低财务管理成本的需求越来越大，中国企业也开始学习国外跨国企业的经验，尝试运用财务共享服务的模式解决问题。2005 年，中兴通讯成为第一家建立财务共享服务中心的中国企业。

随着国内企业财务共享服务实践的发展，财务共享服务理念逐步被广泛接受，我国大型企业逐步推进财务共享中心的建设。中英人寿 2006 年在北京建立了财务共享服务中心，海尔 2007 年在青岛成立了财务共享服务中心，阳光保险 2011 年筹建财务共享服务中心，中国铁建 2012 年开始建设财务共享服务中心，等等。

与此同时，国家有关部门也关注和积极推动财务共享服务的发展。国务院国有资产监督管理委员会早在 2011 年《关于加强中央企业财务信息化工作的通知》中提出"具备条件的企业应当在集团层面探索开展会计集中核算和共享会计服务"。2013 年 12 月 6 日，财政部印发《企业会计信息化工作规范》，第三十四条规定："分公司、子公司数量多、分布广的大型企业、企业集团应当探索利用信息技术促进会计工作的集中，逐步建立财务共享服务中心。"这一文件为我国大型企业集团建立和实施财务共享服务提供了重要的政策依据。财政部在 2014 年颁布的《财政部关于全面推进管理会计体系建设的指导意见》中，要求企业推进面向管理会计的信息系统建设方面，提出"鼓励大型企业和企业集团充分利用专业化分工和信息技术优势，建立财务共享服务中心，加快会计职能从重核算到重管理决策的拓展，促进管理会计工作的有效开展"。

在上述政策的推动下，我国企业兴起了财务共享中心建设的热潮。根据中兴新云服务有限公司、ACCA（特许公认会计师公会）、厦门国家会计学院发布的《2020 年中国共享服务领域调研报告》数据显示，从 2005 年中兴通讯建立中国企业第一家财务共享服务中心开始，财务共享服务在中国已历经 15 年的发展。截至 2020 年底，中国境内财务共享服务中心已经超过 1 000 家。在受调研企业中，71.28% 的财务共享服务中心是在近 5 年内建设的，处于建设完成后的提升期。对于相当多的企业来说，建设和完善财务共享中心，提升财务管理水平，服务于企业的内部管理和外部信息披露是当前一项重要工作。

从上面内容我们可以看出，全球化带来跨国企业的发展，其经营活动的不断扩张和日益复杂化给财务管理带来挑战，为了解决这些问题，在跨国企业中产生了财务共享服务的实践。随着技术进步和企业实践的逐步成熟，财务共享服务从一种企业实践上升为一种新型的管理思想和管理模式。中国企业发展以及"一带一路"倡议的提出，激发了中国企业海外扩张和全球布局的热情。企业规模的不断扩大对企业财务管理提出挑战，也为财务共享服务在中国的发展带来了机遇，中国企业积极规划和建设财务共享服务中心，服务于国内外集团化经营和风险管控。

二、财务共享服务的含义和特点

企业财务共享服务中心（Financial Shared Service Center，FSSC）是企业集团中提供财务共享服务的部门。在传统的财务共享模式下，财务共享服务中心和财务共享服务是一对伴生概念。财务共享服务的提供依赖于财务共享中心这一组织机构的建立。财务共享服务是企业共享服务的一类。要想了解财务共享服务是什么，需要先理解企业共享服务的含义。

（一）共享服务的含义和特点

企业共享服务实践开始于财务共享服务，但其范围并不仅限于财务领域，而是涵盖了众多业务领域。在福特等公司实施的财务共享服务的实践上，外国专家首先对共享服务进行了定义。Robert W. Gunn 等人（1993）指出，共享服务是公司试图从分散管理和较少的层级结构中取得优势的一个新的管理概念，它的核心思想是通过共享组织成员和技术等资源为组织提供服务。Moller（1997）具体定义了共享服务的特点，他认为提供共享服务的"共享服务中心（Shared Service Center，SSC）"是一个独立组织实体，为企业内的不止一个业务单位（分子公司或业务部门）提供明确的活动支持。共享服务中心负责管理为内部顾客（指企业内部的分子公司等）提供的服务活动的成本、质量及时效。它拥有确定的资源，与服务对象即内部顾客通常存在着正式或非正式的契约，通常被称为"服务水平协议"。Barbara E. Quinn（1998）在"Shared Services：Mining for Corporate Gold"一书中认为："共享服务是一项商业经营活动，是以顾客需求为中心同时通过收费服务而构成的商业活动"。以顾客需求为中心意味着只有拥有明确的顾客群，公司后台部门的工作才能得到保障。公司后台部门在设计服务产品时，需要根据作为客户的公司其他部门的实际需要和其愿意支付的价格来提供有针对性的服务。Schulman 等（1999）定义共享服务为："将公司内跨组织的资源集中在一起，以更低的运营成本和更优质的服务为多样的内部合作伙伴提供专业服务，以最终提升企业价值。"Bergeron（2003）认为共享服务是将已经存在于不同单位、部门中的业务职能集中于一个新的、半自治的业务单位内，这一单位有着明确的管理结构，专门负责为母公司的内部顾客们提供可实现成本节约、高效率、创造价值的服务。陈虎等（2018）认为共享服务是一种创新的管理模式，其本质是由信息网络技术推动的运营管理模式的变革与创新。它不同于传统的集中式或分散式的管理模式，而是以顾客需求为导向，按照市场价格和服务水平协议为企业内部各业务单位及外部企业提供跨地区的专业化共享服务。它通过将企业各业务单位"分散式"进行的某些重复性的业务整合到共享服务中心进行处理，以促进企业集中有限的资源和精力专注于自身的核心业务，创建和保持长期竞争优势，并达到整合资源、降低成本、提高效率、保证质量、提高客户满意度的目的。

通过对上述概念的理解，我们可以对共享服务的特点总结如下：

1. 共享服务的适用对象是跨国、跨地区的大型企业集团。现代企业集团一般具有规模大、层级多、组织机构复杂、地缘分散等特点。在传统的多组织企业集团下，每个下属分子公司都是一个独立运营的个体，具备完整的组织架构，配备了相应的人员。由此，分子公司内部的部门可以提供各类服务。在拥有属地业务处理方便及时的优势的同时，这种模式也导致企业集团出现很多问题，如集团内人员配置多，人力成本高企；不同分子公司负载不均衡；不同机构业务操作、服务标准和服务质量不一致；总部管控力度不够等。共享服务就是为了解决这些大型企业集团存在的问题而产生的。另外，共享服务还适用于那些重组、并购、变革比较频繁的企业。由于企业的后台支撑部门的职能都整合到共享服务中心，所以企业在构建新业务、扩大企业规模时不必考虑为新业务、新业务单位建设财务、人力资源等职能，这样既可大大降低管理难度，也能促进新业务的快速整合。

2. 共享服务的首要特点是将对某类业务处理的服务在企业集团内共享。在一个传统的企业集团中，通常包含多个分子公司，每个分子公司中都同时存在提供某类服务的机构和人员，如每个分子公司都有财务部门、人力资源部门、采购部门等。其中，财务部门和人员提供财务服务，人力资源部门和人员提供人力资源服务，采购部门和人员提供采购服务。共享服务模式下，集团中分子公司不再设置提供某类服务的部门，相应地也不配置相关人员，而是由集团中一个特定的部门为集团中多个分子公司提供某类特定的服务，实现某个特定组织的特定服务在集团内部组织间的共享。

3. 共享服务可以提升企业集团特定服务的专业化水平和服务水平，有效促进集团内部管理变革。共享服务将集团某类特定服务的处理集中在一起，可以有效制定统一的服务流程和服务标准；同时共享服务变分散管理为集中管理，大量业务的集中处理有利于进行内部专业化分工，提升专业化水平。一些企业在组织内部为各项服务定价，鼓励通过购买服务的方式进行内部交易，进一步对共享服务提出了质量要求，有效促进组织内部的效率提升，同时将提供服务的部门从成本中心转化为利润中心，提升共享服务提供部门和人员的价值感。另外，企业集团的分子公司在将服务业务归并到共享中心后，有利于其将工作重心聚焦到核心业务上，将时间、精力投入高增值业务活动，促进企业提升核心竞争力。

4. 共享服务可以帮助企业集团降低成本、提升价值。企业集团建设共享服务部门后，通过调整组织结构和统一业务处理标准，通过专业化分工和信息化的支持，企业的工作效率大大提升；同时，通过在人工成本较低的地域建设共享服务中心，也可以大幅降低人工成本；分子公司专注核心业务也增强了企业竞争力，多种因素共同促进企业集团的成本节约和价值提升。

5. 共享服务可以提升企业集团整体的管控力度。建立共享服务中心，企业的同类业务集中在集团下一同处理，管控标准一致，信息的集中度提高，信息质量和及时性提升，便于集团的管理层进行信息分析，提升对企业经营的整体掌控能力。同时，完整的信息分析和有针对性的信息分发也可以较好地服务于企业集团内的分子公司，同样有利于基层组织进行管理决策，统一的业务管控标准也便于基层组织业务的有序开展。

6. 企业集团共享服务的建设是一个系统工程。共享服务的本质是一项企业管理变革。在企业开展共享服务建设的实践中，不仅需要建设匹配的信息系统，还需要进行组织变革，重新定义相关部门的职能，配备需要的人员，进行业务流程再造，其背后需要企业战略的支撑，也需要贯彻一定的管理理念，是一个系统性的工作。

通过对上述共享服务特点的总结，我们定义共享服务为：企业集团在组织中进行的一项管理变革，具体方式为在集团层面成立特定共享服务中心，将集团内分子公司原来的分散的某项业务处理职能集中在共享服务中心完成，使集团内各分子公司共享该共享服务中心的特定业务服务，通过制定共享服务中心服务标准等方式提升整体服务水平，促进企业集团降低成本、提高效率、保证质量和加强管控。

【例8-1】通用电气（GE）公司是世界著名公司，在175个国家和地区有30万员工，其在21世纪也逐渐进行转型，提倡"以客户为中心"的运营理念和行为特征，致力于打造引领前沿的全球数字工业公司，将物理世界与数字世界融合在一起，创造由软件定义的机器。GE全球运营中心是GE的跨职能共享服务团队，负责在GE内部建立并运营世界一流的企业运营流程，不仅有财务运营，还包括供应链管理、人力资源运营、税务、企业数据管理、商务运营、法务、司库管理等。GE全球运营中心提供跨职能的共享服务，涵盖的业务广泛，其使命为：（1）通过区域运营中心和地方分中心网络开展全球运营，传递知识，携手每个GE业务集团，使公司整体运营更加简化，更专注于公司客户；（2）利用自身各个方面的能力和优势，如流程规模和基础设施、领域专长、高标准高效率、快捷工作、精益管理等，打造服务于所有GE业务的解决方案；（3）扩展传统共享服务的边界，坚持创新，推动工作方式数字化革命，不断改善GE各项核心流程，实现事务工作机器人流程自动化，释放资源从事高附加值的工作；（4）弘扬和促进有助于推广最佳实践和知识共享的当代领导力和合作的文化；（5）推动简化战略，以更低的成本为GE和客户提供更好的服务；（6）为GE培养优秀人才。

GE全球运营中心是典型的跨国企业内部的共享服务中心，其目标明确，并且拥有强大的资源优势，在理念、经验和信息化技术上都具有领先水平。GE全球运营中心通过对业务流程以及专业资源的整合、共享，充分发掘、利用企业专长和资源，从而实现精益快速的运营模式，提升GE集团跨地区、多元化经营的竞争力，确保GE整个业务集团专注于为客户服务，确保各项业务在全球的可持续发展，是现代共享服务中心的典范。

（二）财务共享服务的含义和特点

根据上述对共享服务的理解，我们定义财务共享为：企业集团在组织中进行的一项财务管理变革，企业在集团层面成立财务共享服务中心，将集团内分子公司原来分散的财务处理职能集中在财务共享服务中心，使各分子公司共享财务共享服务中心的财务处理服务，以促进企业集团降低成本、提高效率、保证质量、加强管控。财务共享服务同样具备共享服务的相关特点。

从企业实践来看，财务工作是最先采用共享服务模式的业务。究其原因是财务工作具有业务量大、分散化、重复性高、业务标准化程度高的特点。业务量大是指财务处理工作在各个机构都同时存在，且数量巨大；分散化是指随着企业地域分布的广泛，财务处理需求呈现分散化的特点；重复性高是指企业的各类经济业务都是不断地大量重复发生的；标准化程度高是指财务工作，尤其是财务核算工作要遵循企业会计准则，经济实质相同的业务应该采用相同的会计处理标准，标准化程度高便于集中统一处理和自动化处理，这些特点都决定了企业集团的财务处理工作适合采用共享服务模式。

财务共享服务依赖财务共享服务中心的建设，财务共享服务中心的示意图如图 8-1，图中分别展示了传统企业集团的组织结构和财务共享服务模式下的企业集团的组织结构，我们能够清晰地看出两者的主要区别。

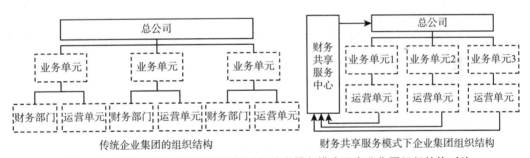

图 8-1 传统企业集团组织结构与财务共享服务模式下企业集团组织结构对比

三、财务共享服务和其他相关概念的辨析

为了更好地理解财务共享服务的含义，有必要将财务共享服务与相近概念进行辨析。

（一）财务共享服务与财务集中

我国企业集团财务管理实践中非常强调财务集中。财务共享服务和财务集中有一定的相似之处，但也有较大的区别。财务集中的主要目的是集团公司对下属单位实行集中管控，整合集团内部财务资源，提高资源使用效率，防范决策风险等。企业集团实现财务集中的手段主要有：实行资金的集中管理；实行全面预算管理；统一主要的财务管理制度和会计核算政策；实行财务人员委派制度，贯彻集团公司的整体战略方针；强化集团内部审计等。财务集中的主要目标是管控，采用的方法手段比较多样，包含了一整套财务管理内容。上述财务集中手段没有将财务人员物理地集中在一起，没有改变企业集团原有的组织架构、人员配置、业务处理流程等，与财务共享服务有实质性的区别。某些特定的企业即使是采取了财务人员物理上的集中，如将下属单位的财务人员集中在一起办公，但是企业原来的业务处理流程也没有改变，只是简单地将人员集中在一起，分工保持不变。财务共享服务强调将财务人员物理地集中在独立的财务共享服务中心完成企业集团的会计核算工作，为集团总部和下属单位服务。在这个变革中，组织机构、人员配置、处理流程、信息系统都发生了变化。尽管财务共享服务和财务集中有很多不同，但是财务共享服务实质上达到了部分财务集中的效果，企业将全集团的业务集中在财务共享服务中心处理，必然要统一会计制度和财务管理制度，采用统一的处理标准，同时也实现了财务信息的集中分析和分发，加强了企业的财务管控。

（二）财务共享与财务外包

财务外包是众多国外企业集团的选择，它是指将企业的财务处理流程外包给特定的公司。外包是企业与另一个公司的合约。常见的财务外包是通过付费的方式将财务核算流程委托给签约企业处理，获得签约企业的财务处理服务。企业财务外包的目的是将财务处理交给专业化团队，降低成本，提升效率，使企业的资源集中在核心业务流程上。财务共享和财务外包的相同之处是，企业集团的分子公司，都不再进行会计处理，相关业务的会计处理都委托给分子公司实体之外的其他单位或部门处理，并且都能帮助集团内部分子公司更多地把精力集中在核心业务上。财务共享服务和财务外包的区别是，财务共享服务中心是建立于企业集团内部的组织，人员归属于企业，是企业内部不同部门之间缔结的服务合约，财务共享服务中心的人员了解企业业务，企业的财务信息仅在企业内部进行流转；而财务外包是和企业集团外部的单位缔结合约，双方通过契约约定责任和权利，存在信息不对称的风险。另外，建设财务共享服务中心涉及企业组织机构的调整和业务流程再造，而财务外包一般只是削减财务部门，不涉及企业内部其他组织的调整，也不涉及业务流程的再造。当然，随着财务共享服务中心建设的成熟，企业可以将财务共享中心设计为一个利润部门，通过为下属分子公司提供优良的财务服务来收取服务费用，形成企业集团内部的委托—受托关系，在组织内部形成财务"外包"，促进财务共享服务水平的进一步提升。

（三）财务共享服务与 ERP

企业资源计划（Enterprise Resource Planning，ERP），是美国 Gartner Group 公司于 1990 年开发的企业资源管理信息系统，其中包含生产资源计划、制造、财务、销售、采购、质量管理、实验室管理、业务流程管理、产品数据管理、存货管理、分销与运输管理、人力资源管理和定期报告等子系统。它跳出了传统企业边界，从供应链角度去优化企业的资源管理。同时，ERP 系统有完整的组织框架，支持企业内部各个组织单元之间、企业与外部的业务单元之间的协调，支持企业跨国跨地区的经营。ERP 重在打通企业内部不同部门的信息壁垒，提升业务端到财务端的自动化处理程度，形成业务驱动的财务处理自动化。ERP 是企业的管理信息系统，而财务共享服务则是企业的财务管理变革，两者是不同的事物。不过，企业的财务共享服务需要依赖管理信息系统的升级才能实现，大部分企业的财务共享服务信息系统是在 ERP 系统基础上改进而来，但是由于财务共享服务的主要意图是打通企业集团不同分支机构地域之间的纸质信息传递壁垒，实现业务在集团的统一集中处理，提高业务处理的效率，因此，与 ERP 相比，财务共享服务有自己特有的技术路线，并且已经超越了信息系统的范畴，形成了包含概念、实践、理论在内的一套完整的管理思想。

四、企业财务共享服务的类型

企业财务共享服务按照不同的标准可以进行不同的分类。

（一）按照企业财务共享服务采用的主要技术路径分类

按照财务共享服务建设所采用的主要信息技术路径可以将财务共享服务分为传统财务共享服务模式和新型财务共享服务模式。传统财务共享服务的核心思想是在人力成本低的地方设置财务共享服务中心，会计人员通过专业化分工提高处理效率。在技术路径上主要依靠扫描和影像系统解决会计凭证的异地传递问题，是早期财务共享服务中心建设普遍采用的模式。新型财务共享服务则是采用云平台软件等近年来出现的新型技术手段解决财务处理的跨地域限制和自动化问题，企业中不一定要设置实体的财务共享服务中心，也不需要将财务人员物理地集中在人力成本低的地方，而是通过虚拟的财务共享服务中心来完成工作。新型财务共享服务模式下，企业的财务处理自动化程度进一步提高，也不需要大规模的流程再造，处理成本进一步降低，新型财务共享服务模式是未来财务共享服务建设的方向。

（二）按照企业财务共享服务中心覆盖的范围划分

按照企业财务共享服务中心覆盖的范围划分，可以将企业集团建设的财务共享服务中心分为全范围财务共享服务中心、区域财务共享服务中心和专业财务共享服务中心。如果企业的财务共享服务中心处理的业务覆盖了企业集团全部的业务就是全范围财务共享服务中心；如果企业财务共享服务中心处理的业务仅覆盖企业集团一定区域的业务，这时的财务共享服务中心就是区域财务共享服务中心；如果企业的财务共享服务中心处理的业务仅覆盖了企业集团的某类业务或某个板块的业务，这时的财务共享服务中心就是专业财务共享服务中心。

（三）按照财务共享服务中心的运作模式划分

按照财务共享服务中心的运作模式可以将其划分为基本模式、市场运营模式、高级市场运营模式和独立经营模式。基本模式是指财务共享服务中心只是企业内部的一个成本中心，仅为企业内部的分子公司提供财务服务，不收取服务费用；市场运营模式是指企业建设的财务共享服务中心仅对内部提供服务，但在企业内部模拟市场交易，集团内部的分子公司为财务共享服务中心提供的财务服务付费，财务共享服务中心成为一个模拟的利润中心；高级市场运营模式指企业建设的财务共享服务中心不仅对企业内部客户提供收费财务服务，同时为企业外部其他企业提供收费财务服务，企业财务共享服务中心成为一个有来自企业内外部收入的利润中心；独立经营模式是指财务共享服务中心从集团企业中独立出来，依靠其专业技能和优质服务在市场上立足，收费也由市场决定，成为独立自主经营的公司。

【例8-2】简柏特（GENPACT）是 GE 资本的一家业务流程后台服务公司，1997年成立于印度，为 GE 提供集团内部的共享服务。2005 年该公司引入 2 家新的美国投资者，成为一家独立运营的公司。之后，简柏特将服务对象扩展为面向国内外的所有客户，其从一家跨国集团内部的共享服务中心，变成一家面向全球客户提供外包服务的公司。

简柏特依靠其流程管理能力、分析能力和技术能力为广大客户提供广泛的服务，包括财务会计、收款、客户服务、保险、供应链、采购、分析、企业应用和 IT 基础设施服务等，其客户来自全世界的各行各业。简柏特从分布在 9 个国家的 30 多个营运中心的全球交付平台为全球多个区域的企业管理提供复杂的流程。简柏特在印度、中国、匈牙利、墨西哥、菲律宾、荷兰、罗马尼亚、西班牙和美国都设有分支机构，这些地区的分支机构拥有具备多语种能力的开发人才储备，拥有"近岸"优势来匹配客户所在的时区。2007 年 8 月简柏特在纽约证券交易所上市。

简柏特的发展历程展示了一家企业内部共享服务中心，在业务处理中不断地积累经验，打造服务文化，由基本模式过渡到典型的高级市场运营模式，并成功成为一家独立运营的上市公司。简柏特是企业集团内部共享服务中心走向独立运营模式的典范。

第二节　传统财务共享服务模式

由于所处行业不同、业务的复杂性不同、企业的信息化基础不同以及建设的时间不同，企业集团实施财务共享服务的具体做法不尽相同，为了帮助大家对财务共享服务有基本的理解，本节主要介绍传统的财务共享服务模式，即设置财务共享服务中心实体的传统的财务共享服务模式。

一、传统财务共享服务建设的核心因素

如前所述，企业集团建设财务共享服务不仅是信息系统的建设，也不仅仅是简单地把集团的财务人员聚集在一起工作，而是一项系统工程，必须有长远的战略规划，严谨地进行评估，科学地制定方案，一丝不苟地落实，才能实现既定的目标。企业集团建设财务共享服务时通常需要考虑和评估的内容有很多。

（一）进行财务共享服务的战略定位

企业采用财务共享模式是一项重大变革，企业集团需要从战略的高度对其进行思考。战略定位需要明确建设财务共享服务的根本目标是什么，其是否与企业目前的经营战略匹配，是否符合未来发展的需要，作为一项变革是否有足够的人力、物力以及企业文化等资源的支持等。从战略定位来讲，常见的财务共享服务建设目标包括：提高业务处理效率、降低成本、加强管控、加强数字化转型等，企业可以根据自己的情况进行选择。

（二）进行财务共享服务中心选址

财务共享服务中心的选址是传统财务共享服务建设中比较重要的一环。在选址前企业集团首先需明确要建设的财务共享服务中心的种类，如是专业化财务共享服务中心、地域化财务共享服务中心，还是全范围的财务共享服务中心。选址时需要考虑备选区域的成本、环境、人力资源和基础设施等因素。成本因素主要指人力成本、通信成本、房租成本等；环境因素指政策环境、发展能力和城市竞争力等；人力资源因素需要考虑教育资源、人员流动性、人力资源充沛性等；基础设施因素则包含交通、电信设施、自然环境等。

（三）明确运营模式，制定相关制度

如前所述，财务共享服务中心按照运行模式可以分为基本模式、市场模式、高级市场运营模式和独立经营模式，企业集团要明确其财务共享服务中心采用的运营模式，并在此基础上制定服务标准，如果财务共享服务中心要对服务对象收费，则要制定收费标准。另外，为了支持统一的服务标准，还需要制定统一的财务制度，作为财务共享服务中心的运营基础。

（四）流程再造

流程再造是企业财务共享服务建设中的基础环节。由于财务共享模式下企业的组织架构发生了变化，财务核算功能集中在单独设置的财务共享服务中心，企业的业务流程随之发生了变化。因此，企业集团需要根据财务共享建设目标，兼顾控制需求和效率，同时还要考虑信息系统执行的可行性，重新审视业务环节，合理设计标准化的业务流程。

（五）建设信息系统

为了达到财务共享服务的基本目标，企业需要建设与之匹配的信息系统。信息系统是财务共享服务实施的载体，支撑财务共享服务中心完成各项工作，提供服务对象满意的服务。因此，企业集团需要在原有的信息系统的基础上进行改造和升级，使其与再造后的业务流程匹配，保证运行效果，提高运作效率。

二、传统财务共享服务模式下的财务部门设置及功能分配

传统财务共享服务的实现首先需要对企业集团内部的财务部门进行组织调整。企业集团的财务管理职能包括：财务核算职能、管理分析职能、内控执行职能、财务政策制定职能、投融资职能、税务处理（筹划）职能、内部稽核职能等。在实施财务共享之前，上述职能在集团总部和分子公司的财务部门之间进行分配。在实施财务共享之后，上述职能需要在集团总部的财务部门、分子公司的财务部门（财务人员）和财务共享服务中心之间进行重新分配。

（一）集团内部财务职能的分配

1. 企业集团分子公司财务部门（财务人员）的职能。

根据财务共享服务的基本思路，企业集团下属的分子公司取消财务核算职能和人员，仅保留财务分析、业务支持（BP）、报税等财务职能和相应的人员，根据需要每个分子

公司还可以配备专职或兼职的单据扫描员，负责将公司业务发生所产生的单据扫描上传系统。

2. 财务共享服务中心的职能。

财务共享服务中心主要承担集团范围的财务核算职能。企业集团考虑人力成本等因素，选择财务共享服务中心建设的地点，按照财务核算的要求选聘人员，构建专业化的财务核算服务部门，制定财务共享服务中心的制度，明确服务标准，归并同类业务，通过专业化分工提高效率。在日常业务处理中，财务共享服务中心的人员通过分组完成不同类别的业务提升专业化程度。财务共享服务中心在承担财务核算职能外，还可能根据需要承担财务分析职能、税务处理职能等。

3. 企业集团财务管理部门的职能。

由于财务共享服务中心的存在，基础的会计核算等职能划分给了财务共享服务中心，企业集团总部财务管理部门原来的职能必须进行调整，集团总部的财务管理部门应将精力集中在政策规范制定、管理会计、投融资、税务筹划、内部稽核等职能上。

（二）集团财务管理部门和财务共享服务中心的关系

在实践中，集团财务管理部门和财务共享服务中心通常有两种关系模式：第一种是集团总部和财务共享服务中心属于平行关系，都直接向集团公司的财务总监汇报，两者之间属于协同合作的关系，这种模式下财务共享服务中心汇报的层级较少，有利于提高组织效率；第二种是归属关系，财务共享服务中心服从于集团财务管理部门管理，集团财务管理部门向集团财务总监报告，这种模式下两者属于上下级关系，财务共享服务中心的汇报层级增加了，但是同时集团政策推行的力度有所加强。

三、支持传统财务共享服务模式的管理信息系统

（一）支持财务共享服务的信息系统基础——ERP 系统

1. 管理信息系统的含义。

财务共享服务的实现需要依赖管理信息系统（以下简称"信息系统"）。信息系统是一个涉及组织、机器和软件的复杂系统，它的核心是应用先进技术手段解决管理问题，提升组织的运作效率。随着社会的不断发展，技术的不断演进，管理思想的不断出现，管理信息系统也在不断变化。管理信息系统是企业组织结构、信息技术和管理思想的有机结合，三者相辅相成，不可分割。这三者之间是相互适配的关系，信息系统与组织结构需要相互适应；管理思想和实践始终影响着组织机构和信息系统的设计和开发；信息技术的进步会带来新的管理思潮，进一步可能会影响组织结构的调整。

2. ERP 的含义和功能。

从 20 世纪中期开始，企业的管理信息系统不断进化。ERP 起源于 60 年代的物料需求计划（Materials Requirement Planning，MRP）系统概念。最早的 MRP 致力于解决企业内部的生产材料和库存问题，集成了企业内部的销售、生产和供应的信息，打破了这三个部分的分割状态。70 年代中后期，美国著名生产管理专家奥列弗·怀特（Oliver

Wight）提出了制造资源计划（Manufacturing Resources Planning，MRPⅡ），将财务子系统与生产子系统结合到一起，实现对物流和资金流的统一管理。90年代之后，特别是进入21世纪后，在经济全球化背景下，企业的供需关系和市场竞争范围扩大到全世界，这时企业的信息化管理必须要满足企业外部的供应链管理要求，Gartner Group公司发表了题为《ERP：下一代MRPⅡ的远景设想》的研究报告，第一次提出了ERP的概念，并提到了作为ERP核心的两个集成——"内部集成"和"外部集成"。之后Gartner Group公司不断改进，建设了包含生产计划模块、物料管理模块、销售管理模块、资产管理模块、质量管理模块、人力资源模块、财务会计模块、管理会计模块等在内的一整套的信息系统。与之前的信息系统相比，ERP系统不仅集成信息的范围更广，而且应用范围广泛，覆盖制造业以外的许多领域，开发了适合零售业、科技企业、通信业、金融业等应用系统。ERP是模块化的企业级管理信息系统，企业可以根据需要选择购买不同的模块。

正是由于ERP支持多组织的管理模式，同时又有效进行了企业内外部的信息集成，所以被大型企业集团广泛使用，也为支持企业集团财务共享服务的管理信息系统建设奠定了良好的基础。

（二）支持传统财务共享服务的信息系统

财务共享服务作为一种新型的财务管理模式，需要一整套信息系统来支撑才能实现。具体到系统应用层面，企业的建设基础不同、需求不同，财务共享服务中心的定位不同，都会影响信息系统的架构和内容，各个企业集团使用的系统生产厂家不同，购买模块不同，所包含的内容不尽相同，系统内集成相关信息的方式和过程也不尽相同。目前比较常见的企业集团财务共享服务使用的信息系统架构通常包含以下子系统：电子影像系统、网上报账系统、电子档案系统、会计核算系统、合并报表系统、资金管理系统、银企互联系统、预算控制系统和税务管理系统等。这些子系统各具特点，以一定的方式相互连接，发挥着自己的功能和价值。这里着重介绍支撑财务共享服务的特有的核心子系统，如电子影像系统、网上报账系统、电子档案系统、会计核算系统。

1. 电子影像系统。

电子影像系统作为财务共享服务支撑板块的核心子系统，可以将各类实物单据转换为电子影像，实现电子影像采集处理和传输、集中存储和影像查询、调阅管理等功能。电子影像系统是实现财务共享服务异地会计处理理念的基础。

电子影像系统可以直接从销售系统、采购系统等业务系统中采集电子影像，也可以通过在业务发生地对实物单据拍照、扫描等方式采集电子影像，将电子影像提供给网上报账系统，支持财务共享服务中心对单据的电子审核，最终将处理完毕的电子影像汇总至电子档案系统，同时还应进行实物单据和电子凭证的匹配归档。电子影像系统的主要功能有：

（1）影像采集。影像采集是电子影像系统流程中的第一步，也是最基础的活动。财务共享服务中的票据电子影像采集，早期多是由各分子机构当地的票据员扫描实物单据，上传给财务共享服务中心。随着信息技术的快速发展，目前已经有多种票据影像采集方式，也不一定必须由票据员进行扫描。例如，电子影像系统可以直接从销售系统、采购系统等业务系统中采集各种合同、单据的电子影像；报销人员使用手机上的费用报销App 或高拍仪直接将纸质发票拍照形成票据的电子影像上传；如果是电子发票的话，则可以通过费用报销 App 直接上传电子数据。

（2）影像处理。即对采集的电子影像进行图片处理，优化影像效果，包括进行电子影像的合并、旋转、去边、自动纠偏、影像压缩等。随着智能 OCR 技术和智能版面分析技术的发展，可对发票电子影像进行智能识别、分类，自动进行数字计算等。

（3）影像传输。采集和处理后的需与电子影像对应实物单据匹配，然后对其分组，系统按分组上传影像至服务器。影像传输功能支持即时上传、定时上传和断点续传，也支持逐单上传和批量上传。整个影像传输过程中通常采用加密的格式进行传递，确保数据在网络传输过程中的安全性。

（4）影像查询。电子影像系统提供电子影像查询调阅管理，可以进行影像查询、影像调阅、数据统计（如影像扫描业务量统计、影像处理时间、审核时间统计等影像操作日志查询）等。

电子影像系统的价值在于：

（1）解决异地实物单据传递问题，节省人力物力，降低成本，提高信息传递效率。在系统中电子影像可以随时调阅、审核，解决异地处理和异地查阅问题。

（2）保障档案安全，提高档案管理水平。电子影像归档降低了实物单据在异地流转下的遗失与损毁风险，同时方便归档，有助于提高档案资料管理的规范性和效率。

2. 网上报账系统。

网上报账系统是财务共享服务支撑板块的核心子系统，是财务共享服务中会计流程再造的关键所在。通过网上报账系统，可以实现 ERP 下各个业务模块和财务系统的集成。网上报账系统是财务共享服务模式下业务和财务的交互平台。对于业务部门，网上报账系统是共享服务中心财务服务的统一窗口和通道，也是电子业务单据流转的平台；对于财务部门，网上报账系统是财务结构化数据的采集平台，也是财务部门的管控平台。

网上报账系统前端是电子影像系统，实现业务数据和票据电子影像的采集；同时衔接预算管理系统，实现相关审核及审批；后端连接会计核算系统、税务管理系统和电子档案系统，实现业财税一体化和档案管理的电子化和自动化。

网上报账系统主要包括业务申请管理、报账申请管理、业务审批管理、任务分配管理、财务审核管理和查询分析管理等功能。

（1）业务申请管理。业务申请是指员工对某一业务事项的申请，如采购、出差等。企业根据单位的管控需要，规定哪些业务必须采用事前申请。对于这些业务，员工在网上报账系统提交事前申请，经领导审批后方可进入下一业务流程。

（2）报账申请管理。报账申请环节主要实现财务信息的采集，可以从业财连接板块的各业务系统中直接采集报账模板所需数据和单据电子影像，也可以由报账人执行报账信息的采集工作（如报账人采用高拍仪对单据进行拍照），或者由业务发生地的票据员扫描单据完成报账信息的采集工作等。

（3）业务审批管理。无论是业务申请还是报账申请，都需要相关领导进行审批。网上报账系统可以实现跨单位、跨部门的审批流程。业务处理时，电子单据在系统中按照定义好的流程进行签批流转，实现各类审批的流程化管理。网上报账系统还支持多种审批方式，如代理审批、加签审批、业务会签、退回审批和跳转审批等，系统可以根据企业需求在不同流程中配置不同的审批方式。

（4）任务分配管理。网上报账系统可以将经过审批、待审核的单据，通过设置各种灵活的任务分配规则（例如，单据的优先级、财务审核人员的工作效率、单据总量等），在共享服务中心财务审核人员中间进行分配，并对单据的处理过程进行详细记录，以备绩效考核和分析评价使用。除了系统根据规则进行任务分配的模式外，某些企业系统还支持"抢单"模式，即财务审核人员根据自己的单据处理库存情况在单据作业池中自主获取单据审核任务。

（5）财务审核管理。财务审核人员需针对已经通过领导审批的单据，审查系统中填写的单据信息与提交人提供的单据电子影像是否一致。经共享服务中心财务审核人员审核完成后，系统可以自动发送资金结算信息到资金管理系统进行资金结算，同时可以依据系统中预设的凭证模板在会计核算系统中自动生成会计凭证。

（6）查询分析管理。各级员工可以在网上报账系统中自助维护个人信息、查询报账处理进度。对于财务分析人员和企业决策者，网上报账系统支持自定义多维度的统计分析和可视化展示，如可按多种统计方式查询统计报账单发生情况，按照不同维度进行汇总显示和图表化展示。系统还可以对财务共享服务中心财务审核人员的工作时间、工作数量和质量等进行查询和多维度统计。

网上报账系统的价值有以下几个方面：（1）信息采集规范化和标准化。网上报账可以克服基于纸面的数据采集的很多不足，特别是信息采集规范化和标准化的问题；（2）信息传递无纸化、自动化，提高流程效率。网上报账系统基于电子影像系统，实现报账流程中影像单据传递代替纸面单据传递，使得领导审批、财务审核等环节都可以通过查看单据电子影像来完成，实现处理流程的无纸化、自动化；（3）提高业务处理全流程的透明度。网上报账系统可以让报账人和审批人在任何时间、任何地点提交单据报账或者进行相关审批，同时可以全程透明查询、追踪报账流程进展，这种自助模式大大提高了报账全流程的透明度，提升了服务对象的满意度。

3. 电子档案系统。

电子档案系统作为财务共享服务支持板块的子系统，是将企业会计档案纳入系统管理，实现会计凭证和电子影像的自动匹配、分册，对电子档案的打印、归档、借阅、销毁全流程进行系统内的留痕和规范管理。电子档案系统从网上报账系统、电子影像系统获取单据影像等信息，从会计核算系统获取会计凭证等信息。

电子档案系统功能包括凭证匹配、凭证分册、档案查询、档案借阅。

（1）凭证匹配。电子档案系统自动将会计凭证与电子报账单进行关联，形成凭证编号。

（2）凭证分册。根据凭证编号进行凭证分册，凭证分册分为连号分册和断号分册（例如，按照业务类型或日期分册），企业可根据不同需求进行选择。

（3）档案查询。电子档案系统提供统一平台对明细账、会计凭证、报账单信息以及原始票据的信息进行查询和统计。

（4）档案借阅。电子档案系统提供统一平台处理会计电子档案的调阅，包含借阅申请和系统内的电子审批流程。

电子档案系统的价值在于：（1）提高档案信息传递效率。通过将各分子公司的报账信息以规范化的形式集中到共享中心的电子档案系统，可以实现信息高效、完整、准确地传递，减少实物凭证传递的工作量，提高工作效率。（2）形成统一的凭证电子档案库。形成统一的电子档案，实现财务电子档案的电子化、集中化管理。

4. 会计核算系统。

会计核算系统是会计核算板块的核心部分，前端连接网上报账系统进行数据抽取，生成会计核算数据并与资金管理系统相连接，实现结算资金信息的传递，包括将待结算资金信息传给资金管理系统进行结算，以及接收已结算资金信息生成新的会计核算信息；同时，还将会计核算数据传给合并报表系统、税务管理系统和电子档案系统以完成相关业务活动，如图8-2所示。

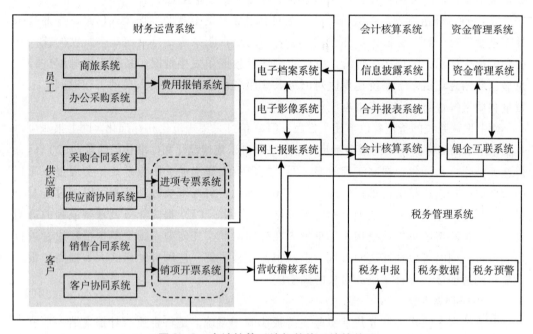

图8-2 会计核算系统与其他系统的关系

会计核算系统的内容包括：

（1）总账。依据从网上报账系统抽取的数据，完成凭证管理、记账、结账、对账、账簿查询和打印输出等作业。

（2）销售和应收管理。完成对各种应收账款的记录，进行账龄分析、坏账估计、核销等工作，帮助相关人员进行有效的应收账款管理。

（3）采购与应付管理。完成对各种应付账款的记录，进行应付账款账户统计、核销等工作，帮助相关人员进行有效的应付账款管理。

（4）费用报销。完成对各种费用的记录，进行费用明细统计、分析等工作，帮助相关人员进行有效的费用管理。

（5）存货核算。完成对存货的入库、出库的成本核算工作，进行存货库龄分析、呆滞积压分析、周转分析等，帮助相关人员进行有效的存货管理。

（6）薪资核算。完成职工薪资计算、工资费用汇总和分配、个人所得税计算等工作，实现各种工资信息查询、统计和打印等功能，帮助相关人员进行有效的人力资源管理。

（7）固定资产核算。完成固定资产增减变动核算、计提折旧和分配，管理固定资产卡片，实现各种灵活的查询、统计和打印等功能，帮助相关人员进行有效的固定资产管理。

会计核算系统的价值在于：（1）通过高度集成和融合，确保业务处理及时、准确。会计核算系统与网上报账系统、资金管理系统、合并报表系统、税务管理系统和电子档案系统连接，这种高度的集成和融合保证了会计凭证、账簿、报表（包括合并报表）等的及时、准确生成，也保证了资金结算、相关税务处理和信息归档等业务的及时、准确处理；（2）通过灵活多样的信息分析和展示，更好地进行决策支持。会计的目标是提供决策相关信息，财务业务一体化模式下的会计核算系统，能够为决策支持系统提供及时、准确并且充足的数据，为决策支持系统进行多种数据分析和灵活多样的信息展示夯实了基础。

四、传统财务共享服务模式下主要业务流程简介

传统财务共享服务主要集中在财务核算业务中，并且是财务核算业务中重复性高、业务量大、标准化程度较高的业务。财务核算业务是财务工作中最为基础和核心的业务。它包括总账管理、采购与付款管理、销售与应收管理、资产管理、成本管理和现金管理等。上述业务中，总账管理、销售与应收管理、采购与应付管理、资产管理是在财务共享服务中实施最多的业务。而从应付管理中衍生出的费用报销也是近年来财务共享服务的热点。本部分仅介绍财务共享服务下采购和付款、费用报销、销售和收款三个流程的基本内容。

（一）采购和付款流程

1. 采购与付款业务的特点。

采购与付款业务通常要经过请购、订货、验收和付款程序，不同企业根据其具体业务情况和内控要求不同，实际做法会有区别，但共同的特点是程序复杂，涉及的单据和记录繁多。以一般制造业为例，其采购涉及的主要业务活动通常包括编制采购计划、维护供应商清单、请购商品或劳务、编制采购申请单、验收商品、确认和记录负债等，涉及的单据和会计记录通常包括采购计划、供应商清单、采购申请单、采购合同、验收单、卖方发票、转账凭证等；而付款涉及的主要业务活动则包括办理付款和记录现金、银行存款支出等，涉及的单据和会计记录则包括付款凭证、应付账款明细账、库存现金日记账和银行存款日记账等。

采购与付款业务通常业务数量大、重复程度高，同时企业对采购和付款的内控要求高，因此它适合在流程再造和流程标准化后在集团范围内采用财务共享服务模式，是能

较好体现财务共享服务价值的业务领域。

2. 采购和付款共享服务流程。

在实行财务共享服务前，集团下各分子公司的采购和付款流程的业务流程、单据种类、格式都不相同。为了实现共享，需要对全集团的业务活动、流程和单据进行梳理和统一。

一般企业财务共享服务中的采购和付款流程通常以采购申请为起点，根据企业的实际业务发生情况和内控要求进行设计和个性化配置。采购和付款流程如图 8-3 所示，具体业务内容包括以下五方面。

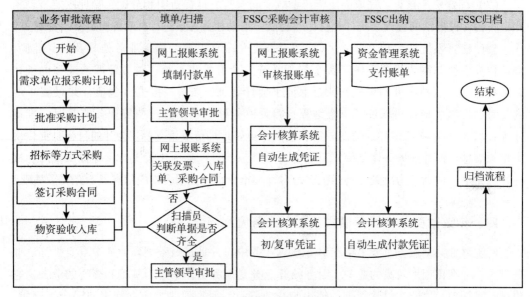

图 8-3 采购和付款共享流程

（1）业务审批流程。企业各分子公司等各需求单位提起采购计划，并由相关规口管理部门汇总以后报公司生产计划部审批，审批通过以后组织遴选供应商并签订采购合同，物资入库以后由库管部门安排入库验收。

（2）填单/扫描。企业各分子公司相关业务人员线上填写付款申请单、报账单据，并把附件整理好交给扫描员；扫描员核实附件是否完整准确后将附件扫描成电子影像。

（3）财务共享服务中心（FSSC）采购会计审核。审批完成后的电子单据流入财务共享服务中心，由财务共享服务中心采购会计审核，生成暂存凭证；审核后财务共享服务中心进行会计复核并自动生成正式凭证进入核算系统。

（4）财务共享服务中心（FSSC）出纳。采购物资记账成功后，出纳根据资金计划进行付款，付款后生成付款凭证。

（5）财务共享服务中心（FSSC）归档。企业各分子公司扫描员定期把纸质资料邮寄到财务共享服务中心，财务共享服务中心归档员将电子影像与实物进行稽核匹配并归档。

（二）费用报销流程

1. 费用报销业务的特点。

　　企业费用报销的主要内容通常为企业经办人员先垫付后报销的业务。企业的费用报销业务具有数量庞大、烦琐、重复率高、金额小、单据格式不一致等特点。传统线下费用报销业务，报销人员都需要经历一个较长的填单、贴票、报请领导签字、送审和等待报销的流程，财务人员处理报销业务耗时费力，大量的时间消耗在大量、小额、多笔的业务中；对员工填写单据要求高，容易出错导致流程重复，垫款时间长，报销人员体验差。由于费用报销业务比较容易标准化，适合采用财务共享服务模式实现高效处理，因此大部分公司在建设财务共享时优先将费用报销业务纳入共享服务范围，大幅度提升财务工作的效率，提升员工的报销体验。

　　2. 费用报销共享流程。

　　财务共享服务中的费用报销流程，可以根据企业的实际情况和内控要求进行设计。通常，企业的费用报销流程可分为先申请再报销和直接报销两种。为达到事前控制的目的，企业一般要求员工在业务实际发生之前先申请，经过部门领导审批后才能进行该项业务活动，完成业务活动后再就该项业务活动发生的费用进行报销。而报销又可以按照员工是否垫款分为先垫款再报销和先借款再报销两种形式。先垫款再报销，是指员工在发生业务活动时没有提前借款，而是自己垫款进行业务活动，之后再凭相关票据进行报销；先借款再报销，则是指员工在业务活动发生之前，先申请了借款或者备用金，自己不垫款，待业务活动发生之后再凭相关票据进行报销，并根据实际业务发生金额对借款金额多退少补。而有的企业则帮员工办理公务信用卡，员工在发生业务活动时刷卡付费，员工不垫款，只消耗公务卡额度，待业务活动发生之后再凭相关票据进行报销，报销后企业将员工的报销款打入公务卡中。这种新型模式是利用员工的公务信用卡额度，既不需要提前进行借款手续，又不实际占用员工资金，更加具有优势。费用报销流程如图 8-4 所示，具体业务内容如下：

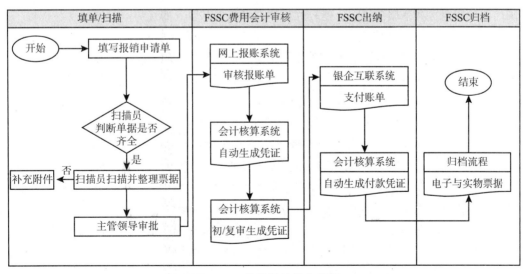

图 8-4　费用报销共享流程

（1）填单/扫描。业务人员在业务活动完成后开始报销，员工填写报销单，并将发票等实物票据提交至各分子公司扫描员，扫描员首先检查实物票据是否正确、合规、齐全，如果不齐全，需要补充欠缺资料，如果齐全，扫描员扫描实物票据作为单据附件，进入后续审批节点。主管部门领导对事项的真实性进行审查，审批通过后方可进行后续流程。

（2）财务共享服务中心（FSSC）费用会计审核。报销单线上流转到财务共享服务中心，财务人员对单据及票据影像进行审核，确认票据合法、合规、符合付款要求，财务共享服务中心费用会计对申请单及票据影像进行审核。

（3）财务共享服务中心（FSSC）出纳。出纳根据资金计划进行付款，付款后由往来会计生成付款凭证。

（4）财务共享服务中心（FSSC）归档。扫描员定期把纸质资料邮寄到财务共享服务中心，财务共享服务中心归档员将电子影像与实物进行稽核匹配并归档。

（三）销售和收款流程

1. 销售和收款业务的特点。

不同的企业根据其具体情况和内控要求不同，销售和收款业务的具体处理流程也有差异，但总体来讲都是程序复杂，涉及的单据和记录繁多，工作量大且容易出错。以一般制造业为例，销售涉及的主要业务活动通常包括接受客户订单、批准赊销信用、开出发运凭证并发货、为客户开具发票、记录销售、办理和记录销售退回、销售折扣和折让等，涉及的主要单据和会计记录通常包括客户订单、销售单、发运凭证、销售发票、记账凭证、汇款通知书、营业收入明细账、折扣折让明细账等；而收款涉及的主要业务活动通常包括办理和记录现金、银行存款收入、坏账核销等，涉及的主要单据和会计记录则包括收款凭证、应收账款明细账、库存现金和银行存款日记账、坏账审批表等。

销售与收款业务的这些特点，加之其往往业务数量大、重复度高，以及企业对客户分类管理和对应收账款进行集中管理等内部控制要求，决定了销售和收款业务在集团范围内应采用财务共享服务模式，能较好地体现财务共享服务的优势。

2. 销售和收款共享流程。

企业对销售和收款业务实施财务共享时，需要进行全集团范围的流程梳理和标准化。财务共享服务中的销售与收款流程，可以根据企业的实际情况和内控要求进行设计。对于一般制造业，财务共享服务中的销售与收款流程通常以销售合同的录入为起点展开，核心是销售子流程，如图8-5所示，具体业务内容如下：

（1）业务审批流程。这部分包括分子公司前期销售业务的开展，包括客户的评估、销售业务的洽谈和合同的签订，合同签订为业务的起点，同时也开始数据的建立。

（2）填单。从提起开票到收入确认需要遵循业务流程，分子公司业务人员在报账系统中先后提交开票申请与收入确认单，填写相关内容并提交后由相关领导对其真实性、合理性进行审批确认。

（3）财务共享服务中心（FSSC）收入会计审核。收入会计对 FSSC 的开票与收入确认进行审核，审核项目实际情况，核对表格信息的真实性和计算过程的正确性，审核通过的单据由系统生成相应会计凭证传递至核算系统并生成会计凭证。

（4）财务共享服务中心（FSSC）归档。打印的会计凭证、收入确认表等实物资料按照归档流程及时进行归档。

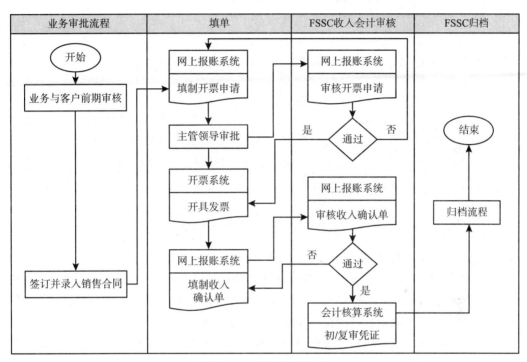

图 8-5 销售共享流程

【例 8-3】 中兴通讯是全球领先的综合性通信制造业上市公司，凭借在有线产品、无线产品、业务产品、终端产品四大产品领域的卓越实力，中兴通讯成为当时中国电信市场最主要的设备提供商之一，并为全球 120 多个国家的 500 多家运营商提供优质的、高性价比的产品与服务，是近年全球增长最快的通信解决方案提供商之一，中兴通讯成立于 1985 年。1997 年，中兴通讯 A 股在深圳证券交易所上市。2004 年 12 月，中兴通讯作为中国内地首家 B 股上市公司成功在香港上市。2006 年，中兴通讯主营业务收入超过 230 亿元，其中，国际收入占比达 44%。

2005 年之前，在中兴通讯发展过程中，形成了基于集团财务人员外派的分散式财务管理模式。随着规模的扩大以及业务模式的不断创新，分散式的财务核算和管理模式也面临了巨大的挑战：（1）分散的独立财务组织效率低下、成本高昂；（2）缺乏对业务的支持和战略推进能力；（3）集团缺乏对基层业务单位及子公司的管控能力。

面临上述亟待解决的关键问题，2005 年开始中兴通讯建立财务共享服务中心，采用了传统服务共享服务模式。中兴通讯这项财务创新主要包括：（1）集团内部财务制度标准化；（2）将集团的财务人员进行集中；（3）对内部业务流程进行梳理，财务管理流程化；（4）运用先进技术，形成财务管理网络化。

财务共享服务的成功实施对中兴通讯的整体财务核算和财务管理水平起到了巨大的推进作用。在经过两年的稳定和优化后，共享服务的价值日益凸显：（1）运作成本显著降低；（2）服务质量及运作效率提升；（3）实现财务业务一体化，集团战略推进得到落实；（4）实现了集团范围的财务监控。

第三节　新型财务共享服务模式

"大智移云"等新技术的发展和迅速普及，为企业集团财务共享服务带来了新的解决方案，传统的财务共享服务从集中处理中获取优势的做法被颠覆，企业积极利用各种先进的技术和工具，促使财务处理不断向自动化、智能化、无纸化方向发展。本节介绍目前企业集团财务共享服务中运用比较成熟的一些新做法。

一、使用 SaaS 云软件建立虚拟财务共享服务中心

（一）SaaS 云软件的含义

SaaS 是 Software-as-a-Service（软件即服务）的简称，是随着互联网技术的发展和应用软件的成熟，在 21 世纪开始兴起的一种完全创新的软件应用模式。在这种模式下，厂商将应用软件统一部署在自己的服务器上，通过互联网提供软件给客户，客户可以根据自己实际需求，通过互联网向厂商租用所需的应用软件服务，按租用的服务多少和时间长短向厂商支付费用，并通过互联网获得厂商提供的服务。在新型财务共享服务模式下，企业集团租用外部的 SaaS 云软件，取得 SaaS 云软件的使用权，从而获得云软件的业务处理服务。目前，比较成熟的、被广泛使用的云软件有商旅报销云软件、发票协同云软件、产供销协同云软件等。

（二）SaaS 云软件带来的革新

1. 企业通过云软件可以实现与上下游企业及政府税务系统的信息共享。

信息共享是指位于产业链中的各个企业通过共享资源的方式合作，打破信息资源垄断，通过共享信息提高效益。以产供销协同云软件为例，企业通过云平台与上下游的供应商、客户在同一平台上共享电子业务数据；以差旅报销云软件为例，企业通过云软件与差旅供应商共享电子业务数据，提高会计处理自动化程度。SaaS 云软件的发展，使得企业集团在业务处理上，不仅可以打通内部的业务端和财务端，实现信息集成，同时 SaaS 云软件可以帮助企业与外部单位有效连接，实现信息交互，从而进一步提升财务处理的自动化程度。当企业广泛使用 SaaS 云软件的情况下，企业不需要单独成立物理的财务共享服务中心，而是把集团的财务核算工作集中在总部，各分子公司的财务人员转型为业务财务人员，更多地支持业务活动，同样能够达到成立财务共享服务中心的效果，

而且效率更高。

2. 以高质量的电子数据作为记账依据，提升处理效率。

传统的会计处理依据纸质凭证进行，凭证的流转时间很大程度上决定了传统会计处理的效率。在传统的财务共享模式下，依然是以纸质票证为核算依据，凭证的获取地和凭证处理地空间的不同导致需要"扫描加影像传输系统"辅助解决问题。在采用 SaaS 云软件的财务共享模式下，通过与外部云平台软件对接，采集快捷、准确的电子数据进行自动化财务处理，实现票据的自动核对等，大大提高了会计处理自动化的程度，同时丰富了业务数据库的内容，支持更多的财务分析和管控。

3. 降低企业信息系统使用成本。

在 SaaS 云软件出现之前，企业构建信息系统费时费力，而且花费巨大，效果还未必尽如人意。云软件的概念出现后，大型企业可以自建私有云，将整个财务信息系统的功能集成在云平台中，任何下属单位的财务业务操作，都可以通过任何一个终端，在云平台完成。中小企业可以采用公共云软件服务，直接利用第三方企业提供的"云财务信息系统"，按需使用财务服务，企业可以根据自身特点及业务需求，选择自己所需的财务功能，进行弹性配置、即选即用，满足企业个性化需求，不需再费时费力定制软件，极大降低了软件使用成本。

4. 不单设实体财务共享中心，避免流程再造，降低财务共享的难度。

采用 SaaS 云软件进行财务共享，由于企业集团的组织架构没有发生变化，因此不需要进行流程再造，而是在财务部门内部进行流程优化即可。所谓的流程优化是在财务部内部进行专业化分工，改变传统的财务人员按照下属分子公司进行分工的做法，按照业务流程进行分工，同样能够通过专业分工实现效率提升。

【例 8-4】 大华股份成立于 2001 年，从事安防产业。截至 2019 年末，大华申请专利 2 500 多项，拥有 16 000 多名员工。大华股份的营销和服务网络覆盖全球，在国内 32 个省市设立 200 多个办事处，在全球建立 53 个分支机构，产品覆盖全球 180 个国家和地区。

大华为实现全球范围高效的财务运转，没有直接采用传统的财务共享模式，而是充分利用云软件，构建了新型的财务共享模式。这里主要介绍其采用的每刻云报销系统和产供销协同系统。

每刻云报销系统一边对接第三方服务平台，如高铁管家、滴滴、携程、连锁酒店、阳光公采等，一边和信用卡系统、银行支付系统、发票电子数据系统对接，同时每刻云报销还对接大华的人力资源系统、预算系统、费用审批系统。在每刻云平台上，通过对接企业的人力资源系统和财务预算系统，将企业复杂的差旅及费控规则内化于系统中；通过对接第三方服务平台，员工可以在手机每刻云报销 App 上订购机票、酒店和消费；每刻云平台通过发票电子数据云平台打通国家税务总局的发票底账库，对员工提交的个别电子发票进行查重和验真；每刻云平台的辅助核算模块能灵活支持企业各种费用核算要求；而报表模块，可以让企业管理者轻松获取全面的分析数据。通过对接每刻云平台，大华可以全链条打通差旅审批、消费、报销、财务审核、出纳支付、入账以及费用分析和管理环节。打破企业间信息的壁垒是每刻云报销的核心，在一次差旅中，在每刻云上，员工提出差旅申请，部门领导审核批准，员工打车、坐飞机、坐高铁、住宿、吃饭消费，差旅结束后员工点击生成报销单，系统自动计算补贴，计算报销金额，自动记账。这样既保证了消费的真实、有效、透明，也节省了员工手工填写费用整理票据的工作量，财务审核工作量也大大减少（见图8-6）。

图8-6 每刻云报销平台

大华的产供销生态共享系统包括供应商协同云平台、发票电子数据云平台、客户协同云平台，几个平台共同发挥作用，形成业务处理链条。产供销链的覆盖范围从采购原材料开始，包括制成中间产品以及最终产品、由销售网络把产品送到消费者手中等环节，将供应商、品牌商、加工商、物流商、分销商，直到最终用户连成一个整体的网络链结构。以供应商协同云平台为例，这个平台要求买卖双方在一个平台上进行交易处理，大华在云平台上提交购货订单，供应商发货后在云平台记录发货信息，大华收到货物后在云平台记录到货和验收信息，双方共享平台数据，系统自动处理订单与收货单、发票的三单匹配，进而自动记账。除了具有耗时少、差错小、效率高的优点外，还能够：（1）协同快速对账。买方在云平台下单采购，卖方发货后在云平台记录，买方收到货物验收入库后将数据即刻同步至云平台，采购全过程操作均在云平台上进行。由于买卖双方依赖云平台的同一套数据记账，保证了随时对账。大华2016年采购金额逾50亿元，有近千家供应商，在过去，把账对清楚几乎是不可能完成的任务，现在却简单而轻松。（2）发票快速验证记账。买方收到货物验收入库后将数据即刻同步至协同平台，系统根据开票规则及入库单数据，自动关联入库单与发票，生成标准的增值税专用发票开票申请数据；开票申请数据自动传输到供应商开票系统，供应商完成开票后，协同平台自动将开票数据传递到大华ERP系统应付模块；应付会计收到纸质的增值税专用发票后，可通过发票上的二维码快速扫码上传，系统结合订单、收货单和发票信息，按预设逻辑判断纸质发票与系统内的发票电子数据是否一致，然后进行账务处理并自动过账。（3）发票差异快速协查。发票电子数据云平台从国税底账库采集和大华有关的发票电子数据传输到大华 ERP，与大华 ERP 中发票电子数据自动比对差异，生成差异表，帮助应付会计快速查清差异原因，减少被动等待税务协查通知的困境。（4）进项税自动批量勾选认证。每月结账后，大华 ERP 系统自动将已到发票数据传输到发票电子数据云平台，实现自动批量勾选认证（见图 8-7）。

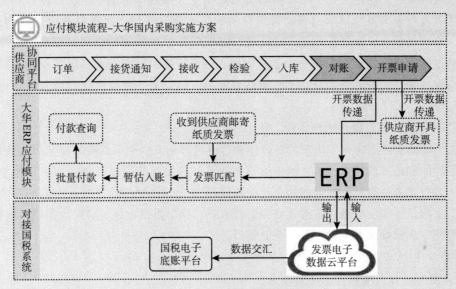

图 8-7　大华供应商协同平台

供应商协同云平台给大华带来很多好处，简化了大华与供应商的交互，并使多个业务环节自动化，大华采购业务会计处理时间缩短，降低了采购部门和结算付款部门的管理成本，利用云平台数据还可以更好地评估供应商的配合度，优化采购工作。大华测算如采用每刻云报销、产供销协同平台等"云生态共享"模式的效率较传统的财务共享模式下扫描单据入账模式的效率高出 5～10 倍。随着未来增值税专用发票的电子化的推进，会计处理效率会进一步提高。

二、其他新技术在财务共享服务中的运用

（一）移动互联网在财务共享服务中的运用

1. 移动互联网。

移动互联网将移动通信和互联网结合起来，通过包括智能手机、平板电脑等的智能移动终端和企业服务器、计算机等进行信息交互。依托各类软件及应用，移动互联网已经深深融入人们的工作和生活中。移动互联网让企业业务流程的 5A 模式成为可能，即任

何人（anyone）可在任何时间（anytime）、任何地点（anywhere），通过任何设备（anydevice）接入互联网，可以处理与业务相关的任何事情（anything）。借助于移动互联网，企业管理者及业务人员可以突破办公场所、上网条件等限制，通过手机、Pad、云桌面等智能终端对诸多业务进行方便快捷的移动管理。

2. 移动互联网给财务共享带来的影响。

（1）随时随地处理，快速响应。

当传统的财务管理软件融合"移动通信 + 互联网"等多个网络系统之后，部分财务信息系统终端将从电脑搬到手机等移动智能终端上，实现财务信息系统终端移动化。企业管理者及业务人员可以通过移动智能终端的自主配置平台，选择自身所关注的业务，实时获取所需信息，并进行业务实时处理，实现财务信息系统的全面、深入、个性化使用。通过移动 App 实现财务报销、业务审批、财务审核、报表查询等诸多业务的移动操作及远程处理，突破办公场所、上网条件等限制，使财务业务操作及管理随时随地触手可及。

（2）方便快捷，提升用户体验。

由于移动互联网带来了用户的良好体验，通过移动互联网可以随时接受和上传信息，不再受时间和地域的约束，与之相应的自助服务和帮助系统可以帮助用户更好地学习和体验。以报销业务为例，相当多的企业将差旅报销 App 和财务共享服务中心的系统进行连接，支持员工线上申请、审批、购买出行服务、提出报销申请、提取数据填写单据等，大大简化了原来烦琐的流程，支撑企业运行。

（二）RPA 机器人流程自动化在财务共享服务中的运用

1. RPA 机器人流程自动化的含义。

RPA 是 Robotic Process Automation 的英文缩写，中文翻译为机器人流程自动化，它是可以模仿人在计算机上的操作，重复执行大量标准化业务的软件。RPA 因提高了办公工作自动化程度，提高了生产效率，彻底消除人为错误而受到了很多发达国家企业的青睐。RPA 可以按照事先约定好的规则，通过对计算机进行鼠标点击、敲击键盘等进行数据处理等操作。设计 RPA 时首先需要梳理出人对某类业务的操作流程，然后将流程和相应的文件、数据都标准化，最后编写 RPA 程序。现阶段 RPA 应用最为广泛的领域集中在一般性事务、财务工作、税务工作等方面。

RPA 的优点非常明显，其能大量处理重复性的工作，还能 24 小时不间断地执行任务，大大降低了人力成本，提升工作效率，只要设计好程序，前期做好流程、文件、数据的标准化，RPA 就能做到零出错，避免人为造成的错误。并且，当前的 RPA 开发软件功能较为强大，对用户颇为友好，较为容易学习和掌握。

2. RPA 机器人流程自动化对财务共享服务的影响。

近年来，RPA 在财务工作领域被大量使用。RPA 财务机器人的应用已经涵盖了应付账款、应收账款、固定资产、费用与报销、现金管理、总账处理和其他一些流程性业务。例如，RPA 可以帮助会计人员完成固定资产账户维护、员工工资的计算、客户订单处理、银行对账、与客户对账并寄送对账单、基础财务审计，等等。很多企业将 RPA 技术应用于财务共享服务中心，替代人工劳动，进一步提升财务共享服务中心的效率。以发票识别录入场景为例，对于财务人员来说，发票识别录入是一项工作量非常大的工作，需要人工将发票信息在国家税务总局全国发票查验平台上校验，以辨别发票真伪，同时还要根据公司规章制度查出违规报销，如重复报销、超额报销等，不能出错。在部署 RPA 机器人流程自动化程序后，只需要简单几步，就可以完成重复、复杂的流程：（1）在收到发票后，RPA 提供 OCR 扫描发票信息并调用税务局接口进行自动验真；（2）发票验真后，RPA 自动登录 ERP 系统，匹配发票与合同；（3）单据校验成功后，RPA 根据记账规则自动处理应付账务，并推送异常业务提示给业务人员进行处理；（4）自动录入报账系统并生成报账单，自动发送指令打印报账单。整个业务操作时间缩短至之前人工处理所需时间的几十分之一，对人工的需求大大减少，准确率也大大提高。

（三）大数据分析和数据可视化在财务共享服务中的运用

1. 大数据分析和数据可视化的含义。

随着互联网的发展，无所不在的移动设备、数以亿计的互联网用户时时刻刻都在产生数据，在数据海量化、类型繁多的背景下，大数据技术便应运而生。大数据技术不仅要求企业在全流程、全生命周期的数据层面的快速协同，而且需要融合上下游供应链合作伙伴的数据。随着数据技术从关系型数据库到数据仓库、联机分析，再到数据挖掘和可视化，大数据的技术应用越来越丰富，这将帮助企业从海量数据中挖掘有价值的信息，支持企业管理者作出更明智的战略及经营决策。数据也将成为企业重要的资产，形成企业核心竞争力，影响着企业的未来。

数据可视化是和数据分析密切联系在一起的，任何数据的分析都要以一定的形式表现出来。数据可视化是关于数据视觉表现形式的科学技术。数据可视化借助于图形化手段，清晰有效地传达与沟通信息。为了有效地进行思想传达，数据传递中美学形式与功能需要并重，尽可能直观、有效地传达数据的关键内容与特征，促进数据使用者对数据的深入理解和洞察。数据可视化的终极目标是洞悉蕴含在数据中的现象和规律，包括对数据的发现、解释、分析、探索等，有效呈现数据的重要特征，揭示客观规律，促进不同人之间的沟通交流和合作等。

2. 大数据分析和数据可视化对财务共享服务的影响。

企业的财务共享服务中心是企业信息流的关键环节，负责加工处理企业基础业务数据。随着数字化的推进，企业汇聚了大量数据，大数据的出现使财务分析将不再局限于传统的财务维度，而是能够更好地基于企业内外部多种数据开展分析服务于业务部门。财务共享服务中心将逐步成为企业的数据中心，开展各种数据的分析，对数据进行深度挖掘，通过高效的报告系统，实现各类业务数据的实时可视化呈现和分发，为企业管理者提供决策依据，提升企业核心竞争力。当前很多企业集团的财务共享服务中心采用各种数据可视化方法进行数据展示，"财务驾驶舱"等数据看板对于企业内部的信息使用者了解企业的方方面面发挥了重要作用。

本章思考题

1. 企业集团为什么要开展财务共享服务实践？
2. 共享服务的含义是什么？它有哪些特点？
3. 什么是财务共享服务？
4. 如何理解财务共享服务和相关概念的异同？
5. 财务共享服务有哪些分类？
6. 什么是传统财务共享服务？传统财务共享服务建设需要考虑哪些因素？
7. 传统财务共享服务下，企业的财务组织如何进行职能分配？
8. 传统财务共享的信息系统有哪些重要的模块？
9. 新技术为企业财务共享服务带来哪些变革？

第九章 政府会计与预算管理

本章要求

掌握：部门预算编制的原则、方法及要求，部门预算执行及调整的要求，中央部门结转和结余资金管理要求，政府收支分类科目的内容及运用，国库集中收付制度和预算管理一体化的相关政策要求，政府会计中财务会计与预算会计的会计处理，政府财务报告的内容以及编制要求，政府采购制度的内容以及政府采购相关管理要求，行政事业单位国有资产的内容以及管理要求，行政事业单位内部控制的目标和原则，行政事业单位内部控制的组织实施、风险评估和控制方法，行政事业单位的单位层面和业务层面主要风险和关键控制措施，行政事业单位内部控制评价与监督，内部控制报告；**熟悉**：中央部门预算的编制规程、中央部门收支预算的内容，预算绩效管理的原则、内容方法及相关管理要求，中央级行政事业单位国有资产管理的特殊规定，政府会计准则制度及其解释的规定，行政事业单位内部控制报告的编报要求；**了解**：部门预算、政府收支分类、国库集中收付、政府采购、预算管理一体化、预算绩效管理、行政事业单位内部控制等概念。

本章主要内容

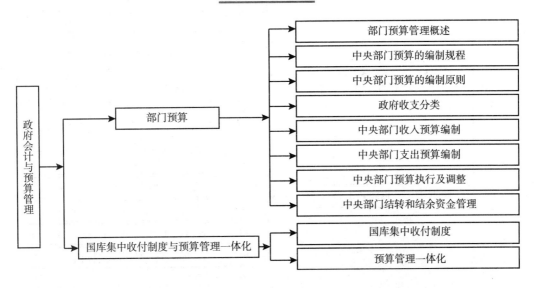

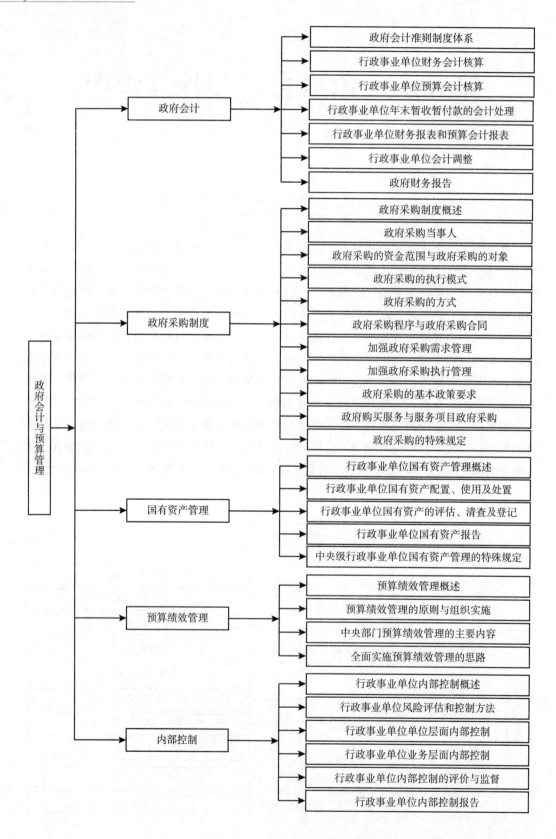

第一节 部门预算

一、部门预算管理概述

部门预算是指政府部门依据国家有关预算管理政策规定，结合自身未来一定时期履行职能需要，从基层预算单位开始逐级编制、审核、汇总、上报，由财政部门审核并提交各级人民代表大会依法批准的部门综合财务收支计划。部门预算实行"一个部门一本预算"的综合预算管理，其内容包括一个部门所有的收入和支出。其核心思想是将部门依法取得的包括所有财政性资金在内的各项收入和支出，都按照统一的编报内容和形式在一本预算中反映，实行统一管理，统筹安排，综合平衡。

从部门预算管理的层级及内容来看，可以分为中央政府部门预算和地方政府部门预算。中央政府部门预算由中央政府及其所属行政事业单位的预算组成，地方政府部门预算由地方政府及其所属行政事业单位的预算组成。各级预算应当遵循统筹兼顾、勤俭节约、量力而行、讲求绩效和收支平衡的原则。各级预算的编制、执行应当建立健全相互制约、相互协调的机制。

二、中央部门预算的编制规程

(一) 编制方式

中央部门预算编制采取自下而上的汇总方式，从基层预算单位编起，逐级汇总，所有开支项目落实到具体的预算单位。

(二) 编制流程

中央部门预算编制程序可分为"准备""一上""一下""二上""二下"五个阶段。

1. "准备"阶段。

"准备"阶段的主要工作是上一年度预算批复项目的清理，预算基础资料的收集、分析、论证等前期准备事宜，是编制好新一年度部门预算的基础。其基本要求是预算单位要按照部门预算编制的时间安排向财政部门报送相关资料，如果预算单位基础信息需要变更，应在项目清理完成后提出预算单位信息变更申请，并最晚在部门预算"二上"前报财政部。

2. "一上"阶段。

"一上"阶段的主要目的是由中央部门提出下一年度预算建议数。即从基层预算单位编起，由基层预算单位按照预算编制通知的精神和要求，在项目清理基础上结合中期规划编制项目预算建议数，并按照单位编制人数和实有人数以及基本支出定额标准编制基本支出预算，形成本单位年度部门预算；然后层层审核汇总，由一级预算单位审核汇编成部门预算建议数，报送财政部。

3. "一下"阶段。

"一下"阶段的主要任务是落实财政部下达的各部门预算指标控制数。即财政部对各中央部门上报的预算建议数进行审核、平衡，汇总形成中央本级预算初步方案报国务院，经批准后向中央各部门下达预算控制限额。中央各部门要及时将"一下"指标控制数下达到所属预算单位，并做好对所属预算单位的政策解释工作，督促其按时上报预算。

4. "二上"阶段。

"二上"阶段的主要目的是形成下一年度的中央预算和各部门预算草案。即中央部门根据"一下"阶段财政部下达的预算控制限额，按照确保重点、兼顾一般的原则编制部门预算草案上报财政部。该过程也是从部门所属基层预算单位编起，由基层预算单位编制本单位"二上"预算逐级上报，最后汇总形成"二上"部门预算草案。财政部在对中央各部门上报的预算草案审核后，汇总成中央本级财政预算草案和部门预算，报国务院审批后，再报全国人民代表大会预工委和财经委审核，最后提交人民代表大会审议。

5. "二下"阶段。

"二下"阶段的主要工作是以法律文件的形式逐级批复下达下一年度预算通知。包括财政部根据全国人民代表大会批准的中央预算草案批复部门预算，在财政部批复各部门预算后，各部门开展对下属单位的预算批复工作。即在人民代表大会批准预算草案后1个月内，财政部统一向中央各部门批复预算，各部门应在财政部批复本部门预算之日起15日内，批复所属各单位的预算，并负责做好预算公开工作。

三、中央部门预算的编制原则

中央部门在中期规划和预算编制过程中，应遵循以下原则：

（一）合法性原则

部门预算的编制要符合《中华人民共和国预算法》和国家其他法律、法规的要求，充分体现党和国家的方针政策，并在法律赋予部门的职能范围内进行。对预算年度收支增减因素的预测要充分体现与国民经济和社会发展计划的一致性，要与经济增长速度相匹配；支出的安排要体现厉行节约、反对浪费、勤俭办事的方针；人员经费支出要严格执行国家工资和社会保障的有关政策、规定及开支标准；日常公用经费支出要按国家、部门或单位规定的支出标准测算；部门预算需求不得超出法律赋予部门的职能。

（二）真实性原则

部门预算收支的预测必须以国家社会经济发展规划和履行部门职能的需要为依据，对每一收支项目的数字指标应认真测算，力求各项收支数据真实准确。机构、编制、人员、资产等基础数据资料要按实际情况填报；各项收入预算要结合近几年实际取得的收入并考虑增收减收因素测算，不能随意夸大或隐瞒收入；支出要按规定的标准，结合近几年实际支出情况测算，不得随意虚增或虚列支出；各项收支要符合部门的实际情况，测算时要有真实可靠的依据，不能人为提高开支范围和标准。

（三）完整性原则

部门预算编制要体现综合预算的要求。各部门应将所有收入和支出全部纳入部门预算，全面、准确地反映部门各项收支情况。

（四）科学性原则

预算编制的程序设置要科学，合理安排预算编制每个阶段的时间，既要以充裕的时间保证预算编制的质量，也要注重提高预算编制的效率。预算编制的方法要科学，测算的过程要有理有据。预算的核定要科学，基本支出预算定额要依照科学的方法制定，预算支出结构要科学，项目支出预算编制中要对项目进行评审排序。

（五）稳妥性原则

部门预算的编制要做到稳妥可靠，量入为出，收支平衡，不得编制赤字预算。收入预算要留有余地，没有把握的收入项目和数额，不要列入预算，以免收入不能实现时造成收小于支；预算要先保证基本支出，项目支出预算的编制要量力而行，避免预算执行中频繁调整。

（六）重点性原则

部门预算编制要合理安排各项资金，本着"统筹兼顾，留有余地"的方针，在兼顾一般的同时，优先保证重点支出。根据重点性原则，要先保证基本支出，后安排项目支出；先重点、急需项目，后一般项目。

（七）透明性原则

部门预算要体现公开、透明原则。要通过建立完善科学的预算支出标准体系，实现预算分配的标准化、科学化，减少预算分配中的主观随意，使预算分配更加规范、透明。主动接受人大、审计和社会的监督，建立健全部门预算信息披露制度和公开反馈机制，推进部门预算公开。

（八）绩效性原则

树立绩效管理理念，健全绩效管理机制，对预算的编制、执行和完成情况实行全面的追踪问效，不断提高预算资金的使用效益。

四、政府收支分类

政府收支分类是按照一定的原则、方法对政府收入和支出进行类别和层次划分，以全面、准确、清晰地反映政府收支活动。政府收支分类科目，也称为预算科目，是政府收支分类的具体项目。对政府收支进行科学分类，既是客观、全面、准确反映政府收支活动的基本前提，也是合理编制政府预决算、组织预算执行、实施宏观调控以及预算单位进行会计明细核算的重要基础。

政府收支分类科目体系包括收入分类、支出功能分类和支出经济分类三部分。

（一）收入分类

收入分类主要反映政府收入的来源和性质。收入分类设类、款、项、目四级科目。根据财政部制定的《2022年政府收支分类科目》，一般财政预算收入分类科目的类级科目包括：税收收入、非税收入、债务收入和转移性收入。

（二）支出功能分类

支出功能分类主要根据政府职能进行分类，反映政府支出的内容和方向。支出功能分类设置类、款、项三级科目。根据财政部制定的《2022年政府收支分类科目》，一般财政公共预算支出功能分类的类级科目包括：一般公共服务支出、外交支出、国防支出、公共安全支出、教育支出、科学技术支出、文化旅游体育与传媒支出、社会保障和就业支出、卫生健康支出、节能环保支出、城乡社区支出、农林水支出、交通运输支出、资源勘探工业信息等支出、商业服务业等支出、金融支出、援助其他地区支出、自然资源海洋气象等支出、住房保障支出、粮油物资储备支出、灾害防治及应急管理支出、预备费、债务还本支出、债务付息支出、债务发行费用支出、其他支出和转移性支出等。

（三）支出经济分类

支出经济分类主要反映政府各项支出的经济性质和具体用途。从形式上看，各项财政支出虽都表现为资金从政府流出，但最终的经济影响是存在差异的。有些表现为政府的商品和服务购买，直接对社会的生产和就业产生影响，并最终影响资源配置；有些表现为资金的无偿转移，关系到收入分配，最终对社会生产和就业产生间接影响。支出按功能分类后再按经济分类，除了要更加细化支出内容，说明政府各项职能的具体支出差别，比如，是用于发放工资、购置低值易耗的办公用品，还是用于购置资本性资产，这也更方便对政府的支出进行经济分析。

部门预算支出经济分类设类、款两级科目。根据财政部制定的《2022年政府收支分类科目》，部门预算支出经济分类的类级科目包括：工资福利支出、商品和服务支出、对个人和家庭的补助、债务利息及费用支出、资本性支出（发展改革部门安排的基本建设）、资本性支出（各单位安排的）、对企业补助（发展改革部门安排的基本建设支出中对企业补助）、对企业补助（除发展改革部门安排的基本建设支出中对企业补助以外，政府安排的对企业补助）、对社会保障基金补助和其他支出等。

行政事业单位在编制部门收支预算时，主要使用政府收支分类科目中的支出功能分类科目和支出经济分类科目。

五、中央部门收入预算编制

（一）收入预算的内容

中央部门收入预算，是部门或单位编制年度预算时，预计该年度将要从不同渠道取得的各类收入的总称，是中央部门履行职能、完成各项工作任务的财力保障。中央部门收入预算来源主要包括上年结转、财政拨款收入、上级补助收入、事业收入、事业单位经营收入、下级单位上缴收入、其他收入、用事业基金弥补收支差额等。

（二）收入预算的编制要求

中央部门在预测收入预算时，应本着科学、合理的原则，遵循项目合法合规、内容全面完整、数字真实准确的总体要求，与经济社会发展水平相适应，与财政政策相衔接。

1. 项目合法合规。中央部门填列的各项收入，必须是符合国家相关法律、行政法规规定的，预计依法取得的各项收入。从2011年起，除学费收入纳入财政专户实行专项管理以外，交通运输部主管部门集中收入纳入政府性基金预算管理，其余中央预算外资金全部取消，纳入公共预算管理。

2. 内容全面完整。中央部门收入预算的收入项目繁多，资金来源不同，各中央部门在填报预算时应做到全面考虑、完整填列，对单位预计取得的各项收入进行全面考虑，不应在部门预算外保留其他收入项目。

3. 数字真实准确。收入的预测应当以国家社会经济发展计划和履行部门职能的需要为依据，同时结合近几年实际取得的收入并考虑增收减收因素测算，不能随意夸大或隐瞒收入，力求各项收入预算数据真实准确。

（三）收入预算的测算依据

中央部门在编制部门收入预算时，应对各项需求和资金来源进行认真测算、分析。

1. 明确预算目标。各部门要依据国家的中长期发展计划和本部门的职能，提出工作重点、任务，列出部门需要安排的重要事项，建立起各部门的年度预算目标。

2. 收集相关资料。部门财政拨款收入的测算要在占有大量信息的基础上进行，部门应全面收集与部门预算编制相关的信息资料，如部门资产数量、资产分布状况、部门财务状况、财政货币政策、经济增长速度、中央财政对部门财政拨款需求的满足程度等。

3. 分析、归集部门预算需求。一方面，要对收集的有关部门预算的各类资料进行深入分析，确保数据、信息的真实、准确；另一方面，要对收集的信息资料进行归类汇总，形成部门完整的决策信息。

4. 测算部门预算需求。对部门预算需求应分为两个部分进行测算：一部分是基本支出。该项支出是以定员定额方式确定的，定员定额水平由财政部根据当年国家财政状况确定。因此，各部门应集中力量做好人员基础数据的整理工作。另一部分是项目支出。该项支出是根据部门履行行政职能和事业发展的实际需要确定的，各部门要根据本部门事业发展规划、国民经济发展计划以及中央财政的承受能力合理测算项目预算。

六、中央部门支出预算编制

中央部门预算支出，是部门或单位编制年度预算时，预计该年度为履行职能、完成各项工作任务所发生的各类支出的总称。中央部门预算支出包括基本支出、项目支出、上缴上级支出、事业单位经营支出以及对附属单位的补助支出。其中，基本支出预算和项目支出预算是部门支出预算的主要组成部分。基本支出预算是中央部门为保障其机构正常运转、完成日常工作任务而编制的年度基本支出计划，按其性质分为人员经费和日常公用经费。项目支出预算是中央部门为完成其特定的行政工作任务或事业发展目标，在基本支出预算之外编制的年度支出计划，包括基本建设、有关事业发展专项计划、专项业务费、大型修缮、大型购置、大型会议等项目支出。

（一）基本支出预算编制

1. 基本支出预算的编制原则。

（1）综合预算原则。在编制基本支出预算时，各部门要将当年财政拨款和以前年度结转和结余资金、其他资金，包括单位财政补助收入、非税收入和其他收入等全部纳入部门预算，统筹考虑、合理安排。

（2）优先保障原则。部门预算的编制要根据财力可能，结合单位的行政事业工作任务需要，合理安排各项资金。预算资金的安排，首先应当保障单位基本支出的合理需要，以维持各部门日常工作的正常运转。在此基础上，本着"有多少钱办多少事"的原则，安排各项事业发展所需的项目支出。

（3）定额管理原则。基本支出预算实行以定员定额（指预算分配定额）为主的管理方式，同时结合部门资产占有状况，通过建立实物费用定额标准，实现资产管理与定额管理相结合。对于基本支出没有财政拨款的事业单位，其基本支出预算可以按照国家财务规章制度的规定和部门预算编制的有关要求，结合单位的收支情况，采取其他方式合理安排。

2. 基本支出预算的主要内容。

基本支出的内容包括人员经费和日常公用经费两部分。人员经费在支出经济分类科目中体现为"工资福利支出"和"对个人和家庭的补助"两部分。构成人员经费的定额项目分别为：基本工资、津补贴及奖金、社会保障缴费、离退休费、助学金、医疗费、住房补贴和其他人员经费。日常公用经费在支出经济分类科目中体现为"商品和服务支出""其他资本性支出"等科目中属于基本支出的内容。构成日常公用经费的定额项目分别为：办公及印刷费、办公用房水电费、邮电费、办公用房取暖费、公务用车运行维护费、差旅费、会议费、福利费、办公用房物业管理费、日常维修费、专用材料及一般设备购置费、公务交通补贴和其他费用等。这些定额项目是以政府收支分类科目的支出经济分类、款级科目为基础，进行适当归并调整而形成的，主要为满足定额管理的需要。

3. 基本支出定员定额标准。

根据部门预算管理的有关规定，基本支出定员定额标准由"双定额"构成，即综合定额和财政补助定额。综合定额是针对综合预算而言，是指财政部按人或物核定的部门、单位总体或某个定额项目的大口径支出标准；财政补助定额是财政部对与其有预算拨款关系的部门、单位按人或物核定的财政补助标准，是为了保证财政预算分配的公平、公正和规范而制定的分配标准，即财政预算分配定额。大部分事业单位适用"双定额"。

4. 基本支出预算的编制程序。

基本支出预算的编制程序包括制定定额标准、审核基础数据、测算和下达控制数、编报部门基本支出预算、审批下达正式预算等阶段。

（1）制定定额标准。财政部根据规定的程序和方法，分别制定出行政和事业单位基本支出定额标准。

（2）审核基础数据。财政部对中央部门报送的基础数据和相关资料进行审核，确定测算基本支出所需的人员数据。

（3）测算和下达控制数。财政部根据制定的定额标准和核实的单位人员情况，结合部门基本支出结余情况，测算形成并下达各部门的基本支出预算控制数或财政拨款补助数。其中，人员经费根据编制内实有人数与各项定额标准核定；日常公用经费以人员为计算对象的部分，根据编制数或编制内实有人数与各项定额标准核定；以物耗为计算对象的部分，根据单位实物数量与实物费用定额标准核定。

（4）编制部门基本支出预算。中央部门在财政部下达的基本支出预算控制数额及财政拨款补助数额内，根据本部门的实际情况和国家有关政策、制度规定的开支范围及开支标准，在人员经费和日常公用经费各自的支出经济分类款级科目之间，自主调整编制本部门的基本支出预算，在规定的时间内报送财政部。在编制基本支出预算时，预算单位基本支出自主调整的范围仅限于人员经费经济分类、款级科目之间或日常公用经费支出经济分类、款级科目之间的必要调剂，人员经费和日常公用经费之间不允许自主调整。

【例9-1】甲单位为中央级事业单位，在2021年预算编报"二上"阶段，根据财政部下达的基本支出预算控制数11 500万元（其中人员经费7 300万元、日常公用经费4 200万元），拟安排在职人员经费6 600万元，离退休人员经费200万元，学生奖助学金500万元，办公费600万元，水费100万元，电费300万元，供暖费600万元，物业及保安费1 000万元，专用设备购置费1 600万元。则甲单位编报2021年"二上"预算时，基本支出预算总额不得超出11 500万元，而且人员经费7 300万元和日常公用经费4 200万元之间也不允许此增彼减，自主调整。但甲单位可以在人员经费和日常公用经费各自的支出经济分类、款级科目之间做必要调剂，比如适当减少专用设备购置费、增加物业及保安费。

【例9-2】对【例9-1】中甲单位编报2021年基本支出预算时拟安排的预算支出项目，按照2021年政府收支分类科目应当列入的支出经济分类科目如表9-1所示。

表9-1　　　　　　　　　　预算支出项目对应的经济分类科目

预算支出项目	支出经济分类科目
在职人员经费6 600万元	工资福利支出
离退休人员经费200万元	对个人和家庭的补助
学生奖助学金500万元	对个人和家庭的补助
办公费600万元	商品和服务支出
水费100万元	商品和服务支出
电费300万元	商品和服务支出
供暖费600万元	商品和服务支出
物业及保安费1 000万元	商品和服务支出
专用设备购置费1 600万元	资本性支出

（5）审批下达正式预算。财政部依法将审核汇总后的中央部门预算上报国务院审定。经全国人民代表大会批准后，在规定时间内向中央部门批复。

（二）项目支出预算编制

项目支出预算是围绕"项目"编制的支出计划，项目支出预算具有三方面特征：一是专项性，项目支出预算的专项性体现在预算与业务的结合之中，预算围绕项目，项目围绕特定的业务目标，预算是为完成特定业务目标而编制的经费支出计划，针对不同目标应分别设立项目。二是独立性，每个项目支出预算应有其支出的明确范围，项目之间支出不能交叉，项目支出与基本支出之间也不能交叉，如果出现交叉则说明项目的目标或任务有重叠，项目边界不清，设置不尽合理。三是完整性，项目支出预算应包括完成特定业务目标所涉及的全部经费支出，应避免为一个目标而发生的支出拆解分散到多个项目支出中去。

1. 项目的分级管理。

中央部门预算的项目实行分级管理，分为一级项目和二级项目两个层次。

（1）一级项目的管理。一级项目在年度预算编制的前期准备阶段进行设置或调整。通用项目由财政部制定，并统一下发给部门。部门专用项目，由各部门提出设置建议，经财政部审核后下发给部门，作为部门编制二级项目的基础。一级项目的内容应包括实施内容、支出范围和总体绩效目标。实施内容主要包括立项依据、涉及的工作任务、计划开展的活动等。支出范围指的是根据工作任务或开展的活动，计划发生的主要支出的范围。总体绩效目标指的是一级项目在预算年度内和三年内预期达到的产出和效果。"一上"时，根据部门申报的预算和规划情况，部门对一级项目的内容要进行完整的、更为详细的填报，而且相关内容中应分别描述与年度预算和规划对应的情况。"一下"后，根据财政部下达的控制数，在"二上"时，部门要对上述内容进行调整和修改。

（2）二级项目的管理。二级项目由具体预算单位，根据项目支出预算管理的相关规定和部门的有关要求，自主设立。按照部门规定的程序和时间要求逐级上报部门。二级项目要与对应的一级项目相匹配，有充分的立项依据、详细的实施方案、明确的支出内容、具体的支出计划、合理的绩效目标。二级项目的立项依据一般包括：法律法规规定的政府义务、国民经济社会发展五年规划、国务院政策文件、部门（单位）的职责等。无前述立项依据的项目，应对项目立项的意义和必要性进行全面阐述和论证，并对开展相关任务的决策过程进行描述。

2. 项目的审核及申报。

（1）部门审核和评审程序。部门内部的项目审核和评审程序，由部门自行确定。部门应结合部门内部的业务管理流程及预算分配机制，设计审核和评审程序。预算审核可以采取逐级审核、分级审核或部门集中审核等方式。部门审核和评审的内容主要包括完整性、必要性、可行性和合理性等方面。对应纳入评审范围的项目，评审的结果是项目审核信息的必要组成部分。部门内部审核和评审过程中，如需调整项目，可以由下级单位调整后重新上报，也可以由上级单位直接进行调整。项目的相关信息，最终以部门审核同意为准。部门要对一级项目下的二级项目进行优先排序，并将其作为预算和规划安排的重要参考因素。

（2）项目支出预算及项目库的申报。部门根据项目的优先排序情况，将项目列入预算和规划中，按照财政部要求的分年度项目支出控制规模，向财政部申报预算。同时，部门按照财政部要求的分年度项目库控制规模，部门根据项目的优先排序情况，向财政部申报项目库。项目库的申报与项目支出预算的申报需同步进行。申报的项目库中应包含已列入预算和规划的全部项目，其他未列入预算和规划的项目，根据优先排序情况选择申报。

3. 项目预算评审。

预算评审是完善预算编制流程、提高预算准确性的重要措施。通过开展项目预算评审工作，逐步建立健全预算评审机制，将预算评审实质性嵌入部门预算管理流程。规范项目入库管理，经过研究、论证、评审等程序后方可入库。所有项目纳入项目库管理，年度预算安排项目从项目库中择优选取。

项目预算评审的内容主要包括完整性、必要性、可行性和合理性等方面。（1）完整性主要是项目申报程序是否合规，项目申报内容填写是否全面，项目申报所需资料是否齐全等。（2）必要性主要是项目立项依据是否充分，与部门职责和宏观政策衔接是否紧密，与其他项目是否存在交叉重复等。（3）可行性主要是项目立项实施方案设计是否可行，是否具备执行条件等。（4）合理性主要是项目支出内容是否真实、合规，预算需求和绩效目标设置是否科学合理等。

4. 项目的调整及控制。

（1）财政部对项目的调整与控制。根据审核和评审情况，财政部对项目有三种处理方式：一是审核通过，纳入财政部项目库；二是审核未通过，且项目立项属于不符合国家有关政策的，财政部对相关项目明确标识"不予安排"；三是审核未通过，但不违反国家有关政策的项目，财政部通知部门进行调整后重新申报。对明确标识"不予安排"的项目，将随"一下"控制数一并反馈进入部门项目库，相关项目"二上"时不得再纳入预算或规划中安排。财政部根据全国中期财政规划、财政政策、部门需求等情况，综合平衡后，核定并下达部门三年项目支出控制数。控制数中明确一级项目和部分重点二级项目的具体分年控制数。财政部项目库随控制数一并下发给部门，相关信息反馈纳入部门项目库。

（2）部门对项目的调整。财政部控制数下达后，三年及分年支出总额不得调整。在一级项目的支出控制数规模内，部门可增减或替换二级项目，增加的二级项目必须是已申报纳入财政部项目库，且财政部未明确不予安排的项目。部门如需在一级项目之间进行调整，或需对控制数中已明确的二级项目进行调整的，应报财政部批准。在"一下"与"二上"之间，部门如有新项目需要纳入预算或规划中安排的，应单独报财政部，由财政部履行相关审核程序并纳入财政部项目库后下发给部门。部门再将相关项目纳入预算或规划中予以安排。对已经纳入财政部项目库的项目，部门如需调整，应通过项目调整功能，将项目调整为新状态，单独报财政部，由财政部履行相关审核程序并纳入财政部项目库后下发给部门。部门再将相关项目纳入预算或规划中予以安排。

5. 项目的批复和调整。

（1）项目的批复。全国人民代表大会批准中央预算后，财政部以"一级项目 + 二级项目"的形式批复各中央部门的年度项目支出预算。中央部门中期财政规划汇总并按程序报批后，财政部以"一级项目 + 二级项目"的形式下达各中央部门的三年项目支出规划。

（2）项目的调整。当年安排预算的项目一经批准，对当年的年初预算数不得再做调整，涉及调剂当年预算数的，在执行中，按照规定程序办理。需调增当年预算的项目，应通过部门其他已列入预算安排的项目调减的当年指标解决，部门申请调剂时应将调增和调减的项目同时报财政部审核。项目的调剂必须全部通过项目库完成。财政部审核同意的调剂，通过项目库将相关调整信息反馈进入部门项目库。对仅涉及项目后两个年度支出计划调整的，原则上预算执行中不做调整，在编制下一年度预算时统一调整。

七、中央部门预算执行及调整

（一）中央部门基本支出预算执行及调整

中央部门应当严格执行批准的基本支出预算。执行中发生的非财政补助收入超收部分，原则上不再安排当年的基本支出，可报财政部批准后，安排项目支出或结转下年使用；发生的短收，中央部门应当报经财政部批准后调减当年预算，当年的财政补助数不予调整。如遇国家出台有关政策，对预算执行影响较大，确需调整基本支出预算的，由中央部门报经财政部批准后进行调整。

（二）中央部门项目支出预算执行及调整

项目支出预算一经批复，中央部门应当按照批复的项目支出预算组织项目的实施，并责成项目单位严格执行项目计划和项目支出预算。中央部门和项目单位不得自行调整。预算执行过程中，如发生项目变更、终止的，必须按照规定的程序报经财政部批准，并进行预算调整。

【例9-3】甲单位为中央级事业单位，其房屋修缮项目原计划于2020年3~6月实施，经批复的项目支出预算为190万元，全部由财政以授权支付方式安排。甲单位已于2月收到财政授权支付额度，并于3月同工程施工方签订了合同。合同约定在合同签订首日付款30万元，然后根据工程施工进度在合同执行中期4月支付80万元，5月工程完工验收合格后支付80万元。由于施工设计存在问题，致使房屋修缮工程一直处于停滞状态，合同无法如期实施。2020年6月30日，甲单位为加快预算执行进度，将该项目资金用于正在实施的其他修缮工程项目。

本例中，甲单位的做法不正确。按照国家部门预算管理规定，甲单位应当按照批复的房屋修缮项目支出预算组织项目的实施，项目资金应按规定用途使用，不得自行调整。如房屋修缮项目预算执行过程中确需调整用途的，甲单位必须按照规定的程序报经财政部批准，并进行预算调整。

（三）行政事业单位预算执行及分析

1. 行政单位预算执行及分析。

行政单位应当严格执行预算，按照收支平衡的原则，合理安排各项资金，不得超预算安排支出。预算在执行中原则上不予调整。因特殊情况确需调整预算的，行政单位应当按照规定程序报送审批。同时要求通过计算当年预算支出完成率、支出增长率、人均开支、项目支出占总支出比率、人员支出占总支出比率、公用支出占总支出比率等指标，做好当年财务报告分析工作。

当年预算支出完成率，用于衡量行政单位当年支出总预算及分项预算完成的程度。计算公式为：

当年预算支出完成率＝年终执行数÷（年初预算数±年中预算调整数）×100%

上述年终执行数不含上年结转和结余支出数。

支出增长率，衡量行政单位支出的增长水平。计算公式为：

支出增长率＝（本期支出总额÷上期支出总额－1）×100%

人均开支，衡量行政单位人均年消耗经费水平。计算公式为：

人均开支＝本期支出数÷本期平均在职人员数×100%

项目支出占总支出的比率，衡量行政单位的支出结构。计算公式为：

项目支出比率＝本期项目支出数÷本期支出总数×100%

人员支出、公用支出占总支出的比率，衡量行政单位的支出结构。计算公式为：

人员支出比率＝本期人员支出数÷本期支出总数×100%

公用支出比率＝本期公用支出数÷本期支出总数×100%

2. 事业单位预算执行及分析。

事业单位应当严格执行批准的预算。在预算执行中，国家对财政补助收入和财政专户管理资金的预算一般不予调整。上级下达的事业计划有较大调整，或者根据国家有关政策增加或者减少支出，对预算执行影响较大时，事业单位应当报主管部门审核后报财政部门调整预算；财政补助收入和财政专户管理资金以外部分的预算需要调增或者调减的，由单位自行调整并报主管部门和财政部门备案。收入预算调整后，相应调增或者调减支出预算。同时要求通过计算预算收入和支出完成率、人员支出占总支出比率、公用支出占总支出比率、人均基本支出、资产负债率等指标，做好财务报告分析工作。

预算收入和支出完成率，用于衡量事业单位收入和支出总预算及分项预算完成的程度。计算公式为：

预算收入完成率＝年终执行数÷（年初预算数±年中预算调整数）×100%

预算支出完成率＝年终执行数÷（年初预算数±年中预算调整数）×100%

上述年终执行数不含上年结转和结余数。

人员支出、公用支出占事业支出的比率，衡量事业单位事业支出结构。计算公式为：

人员支出比率＝人员支出÷事业支出×100%

公用支出比率＝公用支出÷事业支出×100%

人均基本支出，衡量事业单位按照实际在编人数平均的基本支出水平。计算公式为：

人均基本支出＝（基本支出－离退休人员支出）÷实际在编人数

资产负债率，衡量事业单位利用债权人提供资金开展业务活动的能力，以及反映债权人提供资金的安全保障程度。计算公式为：

资产负债率 = 负债总额 ÷ 资产总额 × 100%

【例9-4】甲事业单位2020年初预算批复9 000万元，9月因国家出台相关政策对同级财政追加项目支出预算200万元。2020年度决算支出9 500万元，其中包含上年结转支出500万元。则：

预算收入完成率 = (9 000 + 200) ÷ (9 000 + 200) × 100% = 100%

预算支出完成率 = (9 500 - 500) ÷ (9 000 + 200) × 100% = 97.83%

八、中央部门结转和结余资金管理

(一) 结转和结余资金概述

中央部门结转和结余资金，是指与中央财政有缴拨款关系的中央级行政单位、事业单位（含企业化管理的事业单位）、社会团体及企业，按照财政部批复的预算，在年度预算执行结束时，未列支出的一般公共预算和政府性基金预算资金。其中，结转资金是指预算未全部执行或未执行，下年需按原用途继续使用的预算资金。结余资金，是指项目实施周期已结束、项目目标完成或项目提前终止，尚未列支的项目支出预算资金；因项目实施计划调整，不需要继续支出的预算资金；预算批复后连续两年未用完的预算资金。

中央部门核算和统计结转结余资金，应与会计账表相关数字保持一致。按照《中央部门结转和结余资金管理办法》管理的结转结余资金应扣除以下两项内容：一是已支付的预付账款；二是已用于购买存货，因存货未领用等原因尚未列支的账面资金。预付账款在以后年度收回资金，或者在以后年度因出售存货收回资金的，收回的资金应按照《中央部门结转和结余资金管理办法》相关规定管理。

(二) 结转资金管理

1. 基本支出结转资金管理。

年度预算执行结束时，尚未列支的基本支出全部作为结转资金管理，结转下年继续用于基本支出。基本支出结转资金包括人员经费结转资金和公用经费结转资金。编制年度预算时，中央部门应充分预计和反映基本支出结转资金，并结合结转资金情况统筹安排以后年度基本支出预算。财政部批复年初预算时一并批复部门上年底基本支出结转资金情况。部门决算批复后，决算中基本支出结转资金数与年初批复数不一致的，应以决算数据作为结转资金执行依据。中央部门在预算执行中因增人增编需增加基本支出的，应首先通过基本支出结转资金安排。

2. 项目支出结转资金管理。

项目实施周期内，年度预算执行结束时，除连续两年未用完的预算资金外，已批复的预算资金尚未列支的部分，作为结转资金管理，结转下年按原用途继续使用。基本建设项目竣工之前，均视为在项目实施周期内，年度预算执行结束时，已批复的预算资金尚未列支的部分，作为结转资金管理，结转下年按原用途继续使用。编制年度预算时，中央部门应充分预计和反映项目支出结转资金，并结合结转资金情况统筹安排以后年度项目支出预算。财政部批复年初预算时一并批复部门上年底项目支出结转资金情况。部门决算批复后，决算中项目支出结转资金数与年初批复数不一致的，应以决算数据作为结转资金执行依据。

3. 控制结转资金规模。

中央部门应努力提高预算编制的科学性、准确性，合理安排分年支出计划，根据实际支出需求编制年度预算，控制结转资金规模。预算执行中，中央部门应及时跟踪预算资金使用情况，定期进行统计，分析预算执行中存在的问题及原因，采取措施合理加快执行进度。对当年批复的预算，预计年底将形成结转资金的部分，除基本建设项目外，中央部门按照规定程序报经批准后，可调减当年预算或调剂用于其他急需资金的支出。对结转资金中预计当年难以支出的部分，除基本建设项目外，中央部门按照规定程序报经批准后，可调剂用于其他急需资金的支出。连续两年未用完的结转资金，由财政部收回。中央部门调减预算或对结转资金用途进行调剂后，相关支出如在以后年度出现经费缺口，应在部门三年支出规划确定的支出总规模内通过调整结构解决。

中央部门结转资金规模较大、占年度支出比重较高的，财政部可收回部分结转资金。

（三）结余资金管理

项目支出结余资金具体包括：项目目标完成或项目提前终止，尚未列支的预算资金；实施周期内，因实施计划调整，不需要继续支出的预算资金；实施周期内，连续两年未用完的预算资金；实施周期结束，尚未列支的预算资金；部门机动经费在预算批复当年未动用的部分。项目支出结余资金原则上由财政部收回。按照基本建设财务管理的有关规定，基本建设项目竣工后，项目建设单位应抓紧办理工程价款结算和清理项目结余资金，并编报竣工财务决算。财政部和相关主管部门应及时批复竣工财务决算。基本建设项目的结余资金，由财政部收回。年度预算执行结束后，中央部门应在45日内完成对结余资金的清理，将清理情况区分国库集中支付结余资金和非国库集中支付结余资金报财政部。财政部收到中央部门报送的结余清理情况后，应在30日内收回结余资金。部门决算批复后，决算中项目支出结余资金数超出财政部已收回结余资金数的，财政部应根据批复的决算，及时将超出部分的结余资金收回；决算中项目支出结余资金数低于财政部已收回结余资金数的，收回的资金不再退回中央部门。年度预算执行中，因项目目标完成、项目提前终止或实施计划调整，不需要继续支出的预算资金，中央部门应及时清理为结余资金并报财政部，由财政部收回。

第二节　国库集中收付制度与预算管理一体化

一、国库集中收付制度

（一）国库集中收付制度概述

国库集中收付，是指以国库单一账户体系为基础，将所有财政性资金都纳入国库单一账户体系管理，收入直接缴入国库和财政专户，支出通过国库单一账户体系支付到商品和劳务供应者或用款单位的一项国库管理制度。

实行国库集中收付制度，改革以往财政性资金主要通过征收机关和预算单位设立多重账户分散进行缴库和拨付的方式，有利于提高财政性资金的拨付效率和规范化运作程度，有利于收入缴库和支出拨付过程的有效监管，有利于预算单位用款及时和便利，增强了财政资金收付过程的透明度，解决了财政性资金截留、挤占、挪用等问题。

（二）国库单一账户体系

1. 国库单一账户体系的构成。

国库单一账户体系，是指以财政国库存款账户为核心的各类财政性资金账户的集合，所有财政性资金的收入、支付、存储及资金清算活动均在该账户体系运行。国库单一账户体系由下列银行账户构成：

（1）财政部门在中国人民银行开设的国库单一账户（简称"国库单一账户"）。

（2）财政部门按资金使用性质在商业银行开设的零余额账户（简称"财政部门零余额账户"）。

（3）财政部门在商业银行为预算单位开设的零余额账户（简称"预算单位零余额账户"）。

（4）财政部门在商业银行开设的财政专户。

（5）经国务院和省级人民政府批准或授权财政部门批准开设的特殊专户（简称"特设专户"）。

上述账户中，行政事业单位主要使用的是预算单位零余额账户。预算单位零余额账户用于财政授权支付和清算。预算单位零余额账户可以办理转账、提取现金等结算业务，可以向本单位按账户管理规定保留的相应账户划拨工会经费、住房公积金及提租补贴，以及经财政部门批准的特殊款项，不得违反规定向本单位其他账户和上级主管单位、所属下级单位账户划拨资金。此外，某些预算单位还可按规定申请设置特设专户，特设专户用于记录、核算和反映预算单位的特殊专项支出活动，并用于与国库单一账户清算。预算单位不得将特设专户资金与本单位其他银行账户资金相互划转。

2. 预算单位相关国库集中收付账户的设立。

预算单位使用财政性资金，应当按照规定的程序和要求，向财政部门提出设立零余额账户、特设专户等银行账户的申请，财政部门审核同意后，书面通知代理银行，为预算单位开设预算单位零余额账户，但需要开设特设专户的预算单位，需经财政部门审核并报国务院、省级人民政府批准或经国务院、省级人民政府授权财政部门批准后，由财政部门在代理银行为预算单位开设。一个基层预算单位只能开设一个预算单位零余额账户。

（三）财政收入收缴方式和程序

1. 收缴方式。

财政收入的收缴分为直接缴库和集中汇缴两种方式。其中，直接缴库是指由缴款单位或缴款人按有关法律法规规定，直接将应缴收入缴入国库单一账户或财政专户；集中汇缴是指由征收机关（有关法定单位）按有关法律规定，将所收的应缴收入汇总缴入国库单一账户或财政专户。

2. 收缴程序。

（1）直接缴库程序。直接缴库的税收收入，由纳税人或税务代理人提出纳税申报，经征收机关审核无误后，由纳税人通过开户银行将税款缴入国库单一账户。直接缴库的其他收入，比照上述程序缴入国库单一账户或财政专户。

（2）集中汇缴程序。小额零散税收和法律另有规定的应缴收入，由征收机关于收缴收入的当日汇总缴入国库单一账户。非税收入中的现金缴款，比照本程序缴入国库单一账户或财政专户。

（四）财政支出类型、支付方式和程序

1. 支出类型。

财政支出总体上分为购买性支出和转移性支出。根据支付管理需要，具体分为：（1）工资支出，即预算单位的工资性支出；（2）购买支出，即预算单位除工资支出、零星支出之外购买服务、货物、工程项目等支出；（3）零星支出，即预算单位购买支出中的日常小额部分，除《政府采购品目分类表》所列品目以外的支出，或虽列入《政府采购品目分类表》所列品目，但未达到规定数额的支出；（4）转移支出，即拨付给预算单位或下级财政部门，未指明具体用途的支出，包括拨付企业补贴和未指明具体用途的资金、中央对地方的一般性转移支付等。

2. 支付方式。

财政性资金的支付方式实行财政直接支付和财政授权支付两种方式。财政直接支付是指由财政部门向中国人民银行和代理银行签发支付指令，代理银行根据支付指令通过国库单一账户体系将资金直接支付到收款人（即商品或劳务的供应商等，下同）或用款单位（即具体申请和使用财政性资金的预算单位，下同）账户。财政授权支付是指预算单位按照财政部门的授权，自行向代理银行签发支付指令，代理银行根据支付指令，在财政部门批准的预算单位的用款额度内，通过国库单一账户体系将资金支付到收款人账户。

3. 支付程序。

（1）财政直接支付程序。

预算单位按照批复的部门预算和资金使用计划，向财政国库支付执行机构提出支付申请，财政国库支付执行机构根据批复的部门预算和资金使用计划及相关要求对支付申请审核无误后，向代理银行发出支付令，并通知中国人民银行国库部门，通过代理银行进入全国银行清算系统实时清算，财政资金从国库单一账户划拨到收款人的银行账户。

（2）财政授权支付程序。

预算单位按照批复的部门预算和资金使用计划，向财政国库支付执行机构申请授权支付的月度用款限额，财政国库支付执行机构将批准后的限额通知代理银行和预算单位，并通知中国人民银行国库部门。预算单位在月度用款限额内，自行开具支付令，通过财政国库支付执行机构转由代理银行向收款人付款，并与国库单一账户清算。

（五）公务卡管理制度

公务卡，是指预算单位工作人员持有的，主要用于日常公务支出和财务报销业务的信用卡。推行公务卡是进一步深化国库集中支付制度改革，规范预算单位财政授权支付业务，减少现金支付结算，提高政府支出透明度，加强公共财政管理与监督，方便预算单位用款，加强财政领域防腐体系建设的重要制度创新。

预算单位在公务卡管理工作中的主要职责：（1）选择本单位公务卡发卡行，签订公务卡服务协议；（2）组织本单位工作人员统一办理公务卡，做好新增、调动、退休等人员的公务卡管理工作；（3）督促本单位持卡人及时办理公务卡项下公务消费支出的财务报销手续；（4）协助发卡行向本单位有逾期欠款的持卡人催收欠款；（5）通过公务卡支持系统，审核本单位持卡人提请报销的公务卡消费信息，及时办理公务卡报销还款和资金退回等业务，及时下载保存报销还款信息，做好相关账务处理工作，并按月与发卡行就公务卡报销还款情况进行对账；（6）配合财政部门做好公务卡监督管理等有关工作。

公务卡管理制度的主要内容与操作流程如下：

1. 银行授信额度。公务卡为信用卡，持卡人不需要事先存入资金。公务卡的信用额度，由预算单位根据银行卡管理规定和业务需要，与发卡行协商设定。原则上每张公务卡的信用额度不超过 5 万元、不少于 2 万元。

2. 个人持卡支付。公务卡主要用于公务支出的支付结算。公务支出发生后，由持卡人及时向所在单位财务部门申请办理报销手续。公务卡也可用于个人支付结算业务，但不得办理财务报销手续，单位不承担私人消费行为引致的一切责任。持卡人在执行公务中原则上不允许通过公务卡提取现金。确有特殊需要，应当事前经过单位财务部门批准，未经批准的提现业务，提现手续费等费用由持卡人承担。

3. 单位报销还款。持卡人使用公务卡消费结算的各项公务支出，必须在发卡行规定的免息还款期内，到所在单位财务部门报销。因个人报销不及时造成的罚息、滞纳金等相关费用，由持卡人承担；因持卡人所在单位报销不及时造成的利息等费用，以及由此带来的对个人资信影响等责任，由单位承担。确因工作需要，持卡人不能在规定的免息还款期内返回单位办理报销手续的，可由持卡人或其所在单位相关人员向单位财务部门提供持卡人姓名、交易日期和每笔交易金额的明细信息，办理相关借款手续，经财务部门审核批准，于免息还款期之前，先将资金转入公务卡，持卡人返回单位后按财务部门规定时间补办报销手续。

4. 可暂不使用公务卡结算的情况包括：（1）在县级以下（不包括县级）地区发生的公务支出；（2）在县级及县级以上地区不具备刷卡条件的场所发生的单笔消费在 200 元以下的公务支出；（3）按规定支付给个人的支出；（4）签证费、快递费、过桥过路费、出租车费用等目前只能使用现金结算的支出。除上述情况外，因特殊情形确实不能使用公务卡结算的，应报经单位财务部门批准。

因向供应商退货等原因导致已报销资金退回公务卡的，持卡人应及时将相应款项退回所在单位财务部门，并由单位财务部门及时退回零余额账户。

所有实行公务卡制度改革的中央预算单位，都应严格执行中央预算单位公务卡强制结算目录。

【例9-5】甲事业单位实验室工作人员李某2020年2月购买实验耗材6 000元，通过公务卡结算并已经办理报销还款手续。4月李某使用该批实验耗材过程中发现其存在质量问题，经同供货企业协商，对方同意退回50%的货款，并将3 000元退货款退回李某公务卡。

本例中，李某应及时将收到的退款3 000元交甲单位财务部门办理相关退款手续，由财务部门将李某公务卡中的3 000元退货款退回甲单位零余额账户。

（六）严格控制向实有资金账户划转资金

除下列支出外，中央预算单位不得违规从本单位零余额账户向本单位或本部门其他预算单位实有资金账户划转资金：

1. 依照财政部、民政部、工商总局《关于印发〈政府购买服务管理办法（暂行）〉的通知》（财综〔2014〕96号）等制度规定，按合同约定需向本部门所属事业单位支付的政府购买服务支出。

2. 确需划转的工会经费、住房改革支出、应缴或代扣代缴的税金，以及符合相关制度规定的工资中的代扣事项。

3. 暂不能通过零余额账户委托收款的社会保险缴费、职业年金缴费、水费、电费、取暖费等。

4. 报经财政部审核批准的归垫资金和其他资金。

各部门各单位要从严控制从上级预算单位零余额账户向基层预算单位实有资金账户划转资金，年初原则上应将全部预算细化到基层用款单位，确实无法细化到基层用款单位的，应在执行中按照预算调整程序对预算进行细化，并依据细化调整后的预算进行资金支付。

二、预算管理一体化

（一）预算管理一体化概述

从国家宏观层面看，预算管理体现国家的战略和政策，反映政府的活动范围和方向，是推进国家治理体系和治理能力现代化的重要支撑，是宏观调控的重要手段。从行政事业单位微观层面看，预算管理体现单位落实国家政策情况和单位发展战略，反映单位的业务活动范围和履职方向，是改进单位管理运行机制和提高治理效能的重要手段。当前和未来较长时间，增强预算统筹和保障能力，预算支出全部以项目形式纳入项目库并进行项目全生命周期管理，对预算指标实行统一规范的核算管理并精准反映预算指标变化、实现预算指标对执行的有效控制，持续推动行政事业性国有资产共享共用，必须不断完善管理手段，创新管理技术，破除管理瓶颈，以信息化推进预算管理现代化，加强预算管理各项制度的系统集成、协同高效，提高预算管理规范化、科学化、标准化水平，提高预算透明度，探索推进预算管理一体化建设工作。

全面深化预算制度改革对财政预算管理的科学化、精细化水平提出了更高的要求，必须有先进的信息技术支撑。探索推进预算管理一体化就是要以统一预算管理规则为核心，将统一的管理规则嵌入信息系统，提高预算项目储备、预算项目编审、预算项目调整和调剂、资金支付、会计核算、决算和报告等工作的标准化、自动化水平，实现对预算管理全流程的动态反映和有效控制，保证各级预算管理规范高效。

探索推进预算管理一体化建设，构建"制度＋技术"的管理机制，将制度规范与信息系统建设紧密结合，其目的是实现各级财政部门对预算管理的动态反映和有效控制，提高财政资金使用效益，为完善标准科学、规范透明、约束有力的预算制度提供基础保障，推进财政治理体系和治理能力现代化，持续提高财政资金的使用效益，持续提升财政预算管理的现代化水平。

（二）预算管理一体化的主要内容

在总结多年财政预算改革经验基础上，2020年2月财政部印发了《预算管理一体化规范（试行）》的通知（财办〔2020〕13号，以下简称《规范》），用系统化思维全流程整合预算管理各环节业务规范，通过将规则嵌入系统强化预算管理制度执行力，为完善标准科学、规范透明、约束有力的预算管理制度提供了管理规范、技术规范、监管要求。这项工作的顺利推进有利于落实《中华人民共和国预算法》和《中华人民共和国预算法实施条例》的有关要求；有利于加强中央与地方协同配合，强化全国"一盘棋"思想，提高财政系统贯彻党中央、国务院决策部署的执行力，更好地发挥财政预算在国家治理中的基础和重要支柱作用；有利于完善国库集中支付控制体系和集中校验机制，实行全流程电子支付，优化预算支出审核流程，全面提升资金支付效率；有利于建立和完善全覆盖、全链条的转移支付资金监控机制，实时记录和动态反映转移支付资金分配、拨付、使用情况，实现资金从预算安排源头到使用末端全过程来源清晰、流向明确、账目可查、账实相符。

预算管理一体化的主要内容包括：

1. 基础信息管理。主要规范单位信息、人员信息、资产信息、政府债务信息、支出标准、绩效指标、政府收支分类科目、会计科目、政府非税收入项目信息、政府采购基础信息、账户信息等基础信息的具体内容、管理流程和规则等。

2. 项目库管理。主要明确项目库管理框架，规范预算项目的分类，以及各类项目的管理流程、管理规则和管理要素等。

3. 预算编制。主要规范政府预算、部门预算、单位预算的编制原则、编制内容、管理流程和规则。

4. 预算批复。主要规范政府预算批准、转移支付预算下达、部门预算批复、政府和部门预算公开的管理流程和规则。

5. 预算调整和调剂。主要规范预算执行中预算调整和调剂的管理流程和规则。

6. 预算执行。主要规范政府和部门收支预算执行的管理流程和规则。

7. 会计核算。主要规范总预算会计核算、单位会计核算、预算指标会计核算的管理流程和规则。

8. 决算和报告。主要规范财政总决算、部门决算、部门财务报告、政府综合财务报告、行政事业单位国有资产报告的管理流程和规则。

《规范》发布实施后，财政部要求部分试点地区自 2020 年开始依据《规范》开展预算管理一体化建设，并严格按照《规范》试点实施。同时，明确各试点地区在推进试点工作过程中，要以保证平稳运行为基础和前提，合理确定试点范围和实施步骤，按照"不立不破、先立后破"的原则稳步推进试点工作，确保不出现影响财政稳定运行的情况。各试点地区在推进预算管理一体化建设工作中，要将《规范》作为目标模式，参照《规范》并结合本地区实际情况，修订完善预算管理有关规程，梳理本地区预算管理一体化建设业务的实际需求，合理确定实施步骤，有序推进预算管理一体化建设。各试点地区推进实施预算管理一体化建设，原则上应当依据《规范》规定的管理流程、规则和要素，支撑上下级业务协同和数据共享；对于《规范》中未统一和需要进一步细化的管理流程、规则和要素，可结合本地区实际情况扩充和细化；对于《规范》中明确需要逐步实现的有关建设内容，可结合本地区实际情况分步推进实施。财政部将根据预算管理一体化建设情况，进一步做好《规范》更新和拓展完善工作。

（三）预算管理一体化系统

落实《规范》要求，必须尽快构建预算管理一体化系统。预算管理一体化系统集中反映单位基础信息和预算管理、资产管理、账户管理、绩效管理等预算信息，其构建和运行是财政部门牵头、其他政府部门配合、各级预算单位积极参与，以完善预算管理，规范预算管理工作流程，统一数据标准，推动数据共享共用，增强预算透明度，提高预算管理信息化水平的重要手段和重大举措。

构建预算管理一体化系统应以《规范》为业务基础，以《预算管理一体化系统技术标准》为开发指南，采用新技术、新架构建设新系统，实现预算管理一体化建设目标。预算管理一体化系统建设过程中应借鉴整合以前的先进做法，注重对财政预算管理的业务流程、业务要素等内容进行梳理、分析、整合和优化。预算管理一体化系统，一般应具有预算项目管理、预算编制管理、预算指标管理、预算执行、账户管理、资金动态监控、绩效管理等功能，应涵盖预算管理全部业务的管理功能，从而支撑从财政预算项目登记入库、预算安排、预算执行到滚动管理及绩效评价的完整预算项目管理流程，并及时更新基础信息，实现与预算管理的无缝连接。预算管理一体化系统构建完成后，应是一套多用户共享共用、实时在线运行的预算管理可视化系统。

项目库管理是预算管理的基础，预算项目是预算管理的基本单元。按照《规范》要求，全部预算支出应以预算项目的形式纳入项目库，进行全生命周期管理。项目库管理一般包括项目登记、项目入库、项目整合、项目变更、项目公示等预算管理功能。

以项目库管理的入库业务为例，预算管理一体化系统主要流程包括：（1）财政、部门、单位用户登记或细化项目，并授权实施单位。其中，人员类项目、公用经费、其他运转类项目确认后，视同入库；（2）实施单位需要通过入库申请，选取项目、补齐项目信息（项目辅助信息、成本测算、资金构成、绩效、采购、资产等），进行入库申请；（3）主管部门根据本部门职能，结合本部门事业发展规划、工作重点等对预算单位新增项目或项目调整的合理性、可行性、必要性、完整性进行审核，审核通过后报送财政部门进行审核；(4) 财政部门业务归口处室按照规定的项目入库条件，审核入库项目是否符合国家政策法规、财政投入方向，确定项目可否纳入项目库，可同时提交职能处室（指绩效处、资产处、评审中心、信息中心等）并行评审；(5) 完成上述审核后的项目即可纳入项目库管理。

预算管理一体化系统，是实现预算管理一体化建设目标的重要载体和平台。构建和完善预算管理一体化系统必须以《规范》为基础，并结合各地区、各级财政的实际，从便捷性、可靠性、共享性出发，有序稳步推进，才能为预算管理一体化建设提供坚实的技术保障。

第三节　政府会计

一、政府会计准则制度体系

(一) 政府会计准则

党的十八届三中全会《关于全面深化改革若干重大问题的决定》提出"建立权责发生制的政府综合财务报告制度"的重要战略部署，新《预算法》也对各级政府财政部门按年度编制以权责发生制为基础的政府综合财务报告提出了明确要求。2014 年，国务院批转了财政部制定的《权责发生制政府综合财务报告制度改革方案》（以下简称《改革方案》），确立了政府会计改革的指导思想、总体目标、基本原则、主要任务、具体内容、配套措施、实施步骤和组织保障。《改革方案》提出，权责发生制政府综合财务报告制度改革是基于政府会计规则的重大改革，其前提和基础就是要构建统一、科学、规范的政府会计准则体系，包括制定政府会计基本准则、具体准则及应用指南和健全完善政府会计制度。其中，《政府会计准则——基本准则》（以下简称《基本准则》）于 2015 年正式发布，自 2017 年 1 月 1 日起实施。它作为政府会计的"概念框架"，统驭政府会计具体准则和政府会计制度的制定，并为政府会计实务提供处理原则，为编制政府财务报告提供基础标准。

《基本准则》是多年来我国政府会计理论研究和改革成果的重要体现，其重大制度理论创新主要体现在以下方面：

一是构建了政府预算会计和财务会计适度分离并相互衔接的政府会计核算体系。相对于实行多年的预算会计核算体系，《基本准则》强化了政府财务会计核算，即政府会计由预算会计和财务会计构成，前者一般实行收付实现制，后者实行权责发生制。通过预算会计核算形成决算报告，通过财务会计核算形成财务报告，全面、清晰地反映政府预算执行信息和财务信息。

二是确立了"3 + 5"要素的会计核算模式。《基本准则》规定了预算收入、预算支出和预算结余 3 个预算会计要素和资产、负债、净资产、收入和费用 5 个财务会计要素。其中，首次提出收入、费用两个要素，有别于现行预算会计中的收入和支出要素，主要是为了准确反映政府会计主体的运行成本，科学评价政府资源管理能力和绩效。同时，按照政府会计改革最新理论成果对资产、负债要素进行了重新定义。

三是科学界定了会计要素的定义和确认标准。《基本准则》针对每个会计要素，规范了其定义和确认标准，为在政府会计具体准则和政府会计制度层面规范政府发生的经济业务或事项的会计处理提供了基本原则，保证了政府会计标准体系的内在一致性。特别是，《基本准则》对政府资产和负债进行界定时，充分考虑了当前财政管理的需要，例如，在界定政府资产时，特别强调了"服务潜力"，除了自用的固定资产等以外，将公共基础设施、政府储备资产、文化文物资产、保障性住房和自然资源资产等纳入政府会计核算范围；对政府负债进行界定时，强调了"现时义务"，将政府因承担担保责任而产生的预计负债也纳入会计核算范围。

四是明确了资产和负债的计量属性及其应用原则。《基本准则》提出，资产的计量属性主要包括历史成本、重置成本、现值、公允价值和名义金额，负债的计量属性主要包括历史成本、现值和公允价值。同时，《基本准则》强调了历史成本计量原则，即政府会计主体对资产和负债进行计量时，一般应当采用历史成本。采用其他计量属性的，应当保证所确定的金额能够持续、可靠计量。这样规定，既体现了资产负债计量的前瞻性，也充分考虑了政府会计实务的现状。

五是构建了政府财务报告体系。《基本准则》要求政府会计主体除按财政部要求编制决算报表外，至少还应编制资产负债表、收入费用表和现金流量表，并按规定编制合并财务报表。同时强调，政府财务报告包括政府综合财务报告和政府部门财务报告，构建了满足现代财政制度需要的政府财务报告体系。

《基本准则》印发后，财政部根据《基本准则》，按照政府会计改革的要求，陆续制定并发布了《存货》《固定资产》《无形资产》《投资》《公共基础设施》《政府储备物资》《会计调整》《负债》《财务报表编制和列报》《政府和社会资本合作项目合同》等具体准则，以及固定资产准则应用指南、政府和社会资本合作项目合同准则应用指南。

（二）政府会计制度

为构建统一、科学、规范的政府会计核算标准体系，夯实政府财务报告的编制基础，2017 年 10 月 24 日，财政部印发了《政府会计制度——行政事业单位会计科目和报表》（以下简称《政府会计制度》），明确了新的行政事业单位会计处理标准，自 2019 年 1 月 1 日起施行。

《政府会计制度》的制定出台，是财政部全面贯彻落实党的十八届三中全会精神和《权责发生制政府综合财务报告制度改革方案》的重要成果，是服务全面深化财税体制改革的重要举措，对于提高政府会计信息质量、提升行政事业单位财务和预算管理水平、全面实施绩效管理、建立现代财政制度具有重要的政策支撑作用。

《政府会计制度》继承了多年来我国行政事业单位会计改革的有益经验，确立了新的行政事业单位会计处理标准，反映了政府会计改革发展的内在需要和发展方向。其重大变化体现在：

一是构建了"财务会计和预算会计适度分离并相互衔接"的会计核算模式。这种会计核算模式兼顾了部门决算报告制度的需要，又能满足部门编制权责发生制财务报告的要求，对于规范政府会计行为、夯实政府会计主体预算和财务管理基础、强化政府绩效管理具有深远的影响。

所谓"适度分离"，是指适度分离政府预算会计和财务会计功能，决算报告和财务报告功能，全面反映政府会计主体的预算执行信息和财务信息。主要体现在以下几个方面：（1）"双功能"，在同一会计核算系统中实现财务会计和预算会计双重功能，通过资产、负债、净资产、收入、费用5个要素进行财务会计核算，通过预算收入、预算支出和预算结余3个要素进行预算会计核算。（2）"双基础"，财务会计采用权责发生制，预算会计采用收付实现制，国务院另有规定的，依照其规定。（3）"双报告"，通过财务会计核算形成财务报告，通过预算会计核算形成决算报告。

所谓"相互衔接"，是指在同一会计核算系统中政府预算会计要素和相关财务会计要素相互协调，决算报告和财务报告相互补充，共同反映政府会计主体的预算执行信息和财务信息。主要体现在：（1）对纳入部门预算管理的现金收支进行"平行记账"。对于纳入部门预算管理的现金收支业务，在进行财务会计核算的同时也应当进行预算会计核算。对于其他业务，仅需要进行财务会计核算。（2）财务报表与预算会计报表之间存在勾稽关系。通过编制"本期预算结余与本期盈余差异调节表"并在附注中进行披露，反映单位财务会计和预算会计因核算基础和核算范围不同所产生的本年盈余数（即本期收入与费用之间的差额）与本年预算结余数（本年预算收入与预算支出的差额）之间的差异，从而揭示了财务会计和预算会计的内在联系。

二是统一了原有的各项行政事业单位会计制度。《政府会计制度》有机整合了原《行政单位会计制度》《事业单位会计制度》和医院、高等学校、科学事业单位等行业事业单位会计制度的内容。在科目设置、科目和报表项目说明中，一般情况下，不再区分行政和事业单位，也不再区分行业事业单位；在核算内容方面，基本保留了原有制度中的通用业务和事项，同时根据改革需要增加各级各类行政事业单位的共性业务和事项；在会计政策方面，对同类业务尽可能作出同样的处理规定。通过会计处理标准的统一，大大提高了政府各部门、各单位会计信息的可比性，为合并单位、部门财务报表和逐级汇总编制部门决算奠定了坚实的制度基础。

三是强化了财务会计功能。《政府会计制度》在财务会计核算中全面引入了权责发生制，在会计科目设置和账务处理说明中着力强化财务会计功能，如增加了收入和费用两个财务会计要素的核算内容，并原则上要求按照权责发生制进行核算；增加了应收款项和应付款项的核算内容，对长期股权投资采用权益法核算，确认自行开发形成的无形资产的成本，要求对固定资产、公共基础设施、保障性住房和无形资产计提折旧或摊销，引入坏账准备等减值概念，确认预计负债、待摊费用和预提费用等。在政府会计核算中强化财务会计功能，对于科学编制权责发生制政府财务报告、准确反映单位财务状况和运行成本等情况具有重要的意义。

四是扩大了政府资产负债核算范围。《政府会计制度》在原有制度基础上，扩大了资产负债的核算范围。除按照权责发生制核算原则增加有关往来账款的核算内容外，在资产方面，增加了公共基础设施、政府储备物资、文物文化资产、保障性住房和受托代理资产的核算内容，以全面核算单位控制的各类资产；增加了"研发支出"科目，以准确反映单位自行开发无形资产的成本。在负债方面，增加了预计负债、受托代理负债等核算内容，以全面反映单位所承担的现时义务。此外，为了准确反映单位资产扣除负债之后的净资产状况，新的行政事业单位会计处理标准立足单位会计核算需要、借鉴国际公共部门会计准则相关规定，将净资产按照主要来源分类为累计盈余和专用基金，并根据净资产其他来源设置了权益法调整、无偿调拨净资产等会计科目。资产负债核算范围的扩大，有利于全面规范政府单位各项经济业务和事项的会计处理，准确反映政府"家底"信息，为相关决策提供更加有用的信息。

五是改进了预算会计功能。《政府会计制度》对预算会计科目及其核算内容进行了调整和优化，以进一步完善预算会计功能。在核算内容上，预算会计仅需核算预算收入、预算支出和预算结余。在核算基础上，预算会计除按《预算法》要求的权责发生制事项外，均采用收付实现制核算，有利于避免原制度下存在的虚列预算收支的问题。在核算范围上，为了体现新《预算法》的精神和部门综合预算的要求，预算会计还将依法纳入部门预算管理的现金收支纳入其核算范围，如增设了债务预算收入、债务还本支出、投资支出等。调整完善后的预算会计，能够更好地贯彻落实《预算法》的相关规定，更加准确反映部门和单位预算收支情况，更加满足部门、单位预算和决算管理的需要。

六是整合了基建会计核算。依据《基本建设财务规则》和相关预算管理规定，《政府会计制度》在充分吸收《国有建设单位会计制度》合理内容的基础上对单位建设项目会计核算进行了规定。单位对基本建设投资按照《政府会计制度》的规定，统一进行会计核算，不再单独建账，大大简化了单位基本建设业务的会计核算，有利于提高单位会计信息的完整性。

七是完善了报表体系和结构。《政府会计制度》将报表分为财务报表和预算会计报表两大类。财务报表由会计报表和附注构成，会计报表由资产负债表、收入费用表、净资产变动表和现金流量表组成，其中，单位可自行选择编制现金流量表。预算会计报表由预算收入表、预算结转结余变动表和财政拨款预算收入支出表组成，是编制部门决算报表的基础。此外，针对新的核算内容和要求，《政府会计制度》对报表结构进行了调整和优化，对报表附注应当披露的内容进行了细化，对会计报表重要项目说明提供了可参考的披露格式，要求按经济分类披露费用信息、本年预算结余和本年盈余的差异调节过程等。调整完善后的报表体系，对于全面反映单位财务信息和预算执行信息，提高部门、单位会计信息的透明度和决策有用性具有重要的意义。

（三）政府会计准则制度解释

为了进一步健全和完善政府会计准则制度，确保政府会计准则制度有效实施，根据《基本准则》，2019 年 7 月起，财政部陆续制定并印发了《政府会计准则制度解释第 1 号》《政府会计准则制度解释第 2 号》《政府会计准则制度解释第 3 号》。印发实施政府会计准则制度解释的主要目的体现在以下三个方面：

（1）及时解决政府会计准则制度实施过程中有关各方提出的问题。政府会计准则制度自 2019 年 1 月 1 日起在各级各类行政事业单位全面实施以来，有关部门、单位和基层会计人员通过多种方式反映了制度实施中的一些问题，其中有部分问题具有一定的普遍性，很有必要通过解释予以明确。

（2）对政府会计准则制度相关内容做进一步的解释说明。在已经印发实施的政府会计准则制度中，有关规定较为原则或可操作性不强，会计人员在学习和具体应用时对同一问题可能会出现不同理解，如果不对此类问题做进一步的解释说明，不仅会影响到会计信息的可比性，也会导致会计人员无所适从。

（3）补充和完善政府会计准则制度中的相关规定。在政府会计准则制度实施过程中，实务中出现了一些新的问题或者新的情况，导致已经印发实施的政府会计准则制度的相关规定难以满足实务需要，但这些问题在短时间内又不能通过制定具体准则或应用指南的形式予以规范，因此亟需通过解释形式对有关规定作出补充或完善。

（四）成本核算基本指引

自 2019 年 1 月 1 日起实施的政府会计准则制度较为全面地引入了权责发生制基础，为行政事业单位全面开展成本核算提供了可行条件和基础。2019 年 12 月，财政部制定发布了《事业单位成本核算基本指引》，旨在促进事业单位加强成本核算工作，提升单位内部管理水平和运行效率，夯实绩效管理基础。《事业单位成本核算基本指引》的主要定位和作用包括两个方面：一是为事业单位树立成本的基本概念和理念，明确成本核算的基本原则和基本方法，为事业单位开展成本核算工作提供基本遵循依据；二是确立事业单位成本核算技术层面的顶层设计，统御各类事业单位成本核算具体指引等的制定。

二、行政事业单位财务会计核算

（一）资产

1. 资产的内容。

行政事业单位的资产是指行政事业单位过去的经济业务或者事项形成的，由行政事业单位控制的，预期能够产生服务潜力或者带来经济利益流入的经济资源。服务潜力是指行政事业单位利用资产提供公共产品和服务以履行政府职能的潜在能力。经济利益流入表现为现金及现金等价物的流入，或者现金及现金等价物流出的减少。符合资产定义且同时满足以下条件时，确认为资产：与该经济资源相关的服务潜力很可能实现或者经济利益很可能流入行政事业单位；该经济资源的成本或者价值能够可靠地计量。

行政事业单位的资产按照流动性，分为流动资产和非流动资产。流动资产包括货币资金、短期投资、应收及预付款项、存货等。非流动资产是指流动资产以外的资产，包括固定资产、在建工程、无形资产、长期投资、公共基础设施、政府储备资产、文物文化资产、保障性住房和自然资源资产等。

2. 资产的核算。

行政事业单位资产的计量属性主要包括历史成本、重置成本、现值、公允价值和名义金额。在历史成本计量下，资产按照取得时支付的现金金额或者支付对价的公允价值计量。在重置成本计量下，资产按照现在购买相同或者相似资产所需支付的现金金额计量。在现值计量下，资产按照预计从其持续使用和最终处置中所产生的未来净现金流入量的折现金额计量。在公允价值计量下，资产按照市场参与者在计量日发生的有序交易中，出售资产所能收到的价格计量。无法采用上述计量属性的，采用名义金额（即人民币1元）计量。以下主要阐述应收及预付款项、存货、对外投资、固定资产、在建工程、无形资产、公共基础设施、政府储备物资、受托代理资产等的核算。

（1）应收及预付款项。行政事业单位的应收及预付款项主要包括应收账款、预付账款、其他应收款等。行政事业单位应当于每年末对预付账款进行全面检查。如果有确凿证据表明预付账款不再符合预付款项性质，或者因供应单位破产、撤销等原因可能无法收到所购货物、服务的，应当先将其转入其他应收款，再按照规定进行处理。行政单位应当于每年末对其他应收款进行全面检查。对于超过规定年限、确认无法收回的其他应收款，应当按照有关规定报经批准后予以核销，按照核销金额，计入资产处置费用。已核销的其他应收款在以后期间又收回的，按照收回金额，计入其他收入。事业单位应当于每年末对收回后不需上缴财政的应收账款和其他应收款进行全面检查，分析其可收回性，对预计可能产生的坏账损失计提坏账准备，计入其他费用。

（2）存货。存货是指行政事业单位在开展业务活动及其他活动中为耗用或出售而储存的资产，如材料、产品、包装物和低值易耗品等，以及未达到固定资产标准的用具、装具、动植物等。存货主要通过"在途物品""库存物品""加工物品"3个科目进行核算。

存货在取得时应当按照成本进行初始计量。

购入的存货，其成本包括购买价款、相关税费、运输费、装卸费、保险费以及使得存货达到目前场所和状态所发生的归属于存货成本的其他支出。自行加工的存货，其成本包括耗用的直接材料费用、发生的直接人工费用和按照一定方法分配的与存货加工有关的间接费用。委托加工的存货，其成本包括委托加工前存货成本、委托加工的成本（如委托加工费以及按规定应计入委托加工存货成本的相关税费等）以及使存货达到目前场所和状态所发生的归属于存货成本的其他支出。

通过置换取得的存货，其成本按照换出资产的评估价值，加上支付的补价或减去收到的补价，加上为换入存货发生的其他相关支出确定。

接受捐赠的存货，其成本按照有关凭据注明的金额加上相关税费、运输费等确定；没有相关凭据可供取得，但按规定经过资产评估的，其成本按照评估价值加上相关税费、运输费等确定；没有相关凭据可供取得、也未经资产评估的，其成本比照同类或类似资产的市场价格加上相关税费、运输费等确定；没有相关凭据且未经资产评估、同类或类似资产的市场价格也无法可靠取得的，按照名义金额入账，相关税费、运输费等计入当期费用。

无偿调入的存货，其成本按照调出方账面价值加上相关税费、运输费等确定。盘盈的存货，按规定经过资产评估的，其成本按照评估价值确定；未经资产评估的，其成本按照重置成本确定。

行政事业单位应当根据实际情况采用先进先出法、加权平均法或者个别计价法确定发出存货的实际成本。计价方法一经确定，不得随意变更。对于性质和用途相似的存货，应当采用相同的成本计价方法确定发出存货的成本。对于不能替代使用的存货、为特定项目专门购入或加工的存货，通常采用个别计价法确定发出存货的成本。

对于已发出的存货，行政事业单位应当将其成本结转为当期费用或者计入相关资产成本。按规定报经批准对外捐赠、无偿调出的存货，应当将其账面余额予以转销，对外捐赠、无偿调出中发生的归属于捐出方、调出方的相关费用应当计入当期费用。

行政事业单位应当采用"一次转销法"或者"五五摊销法"对低值易耗品、包装物进行摊销，将其成本计入当期费用或者相关资产成本。

对于发生的存货毁损，应当将存货账面余额转销计入当期费用，并将毁损存货处置收入扣除相关处置税费后的差额按规定作应缴款项处理（差额为净收益时）或计入当期费用（差额为净损失时）。

存货盘亏造成的损失，按规定报经批准后应当计入当期费用。

【例9-6】甲事业单位2020年2月20日从年初经过遴选的A供应商购入一批价值为20万元的材料，该批材料已经于购入当月验收入库，因合同约定按季度结算材料款，材料款尚未支付；2020年3月31日经计算3月份因开展专业业务活动领用上月购入的材料5万元。假定不考虑增值税因素。

本例中，甲事业单位2020年2月20日购入材料验收入库时，应增加库存物品和应付账款各20万元，2020年3月31日结转发出材料成本时，应增加业务活动费用5万元，减少库存物品5万元。

（3）对外投资。对外投资是指事业单位按规定履行相关审批程序后，以货币资金、实物资产、无形资产等方式形成的债权或股权投资，分为短期投资和长期投资。

短期投资在取得时，应当按照实际成本（包括购买价款和相关税费）作为初始投资成本。实际支付价款中包含的已到付息期但尚未领取的利息，应当于收到时冲减短期投资成本。短期投资持有期间的利息，应当于实际收到时确认为投资收益。期末，短期投资应当按照账面余额计量。按规定出售或到期收回短期投资，应当将收到的价款扣除短期投资账面余额和相关税费后的差额计入投资损益。

长期债券投资在取得时，应当按照实际成本（包括购买价款和相关税费）作为初始投资成本。实际支付价款中包含的已到付息期但尚未领取的债券利息，应当单独确认为应收利息，不计入长期债券投资初始投资成本。长期债券投资持有期间，应当按照以票面金额与票面利率计算确认利息收入。对于分期付息、一次还本的长期债券投资，应当将计算确定的应收未收利息确认为应收利息，计入投资收益；对于一次还本付息的长期债券投资，应当将计算确定的应收未收利息计入投资收益，并增加长期债券投资的账面余额。按规定出售或到期收回长期债券投资，应当将实际收到的价款扣除长期债券投资账面余额和相关税费后的差额计入投资损益。

长期股权投资在取得时，应当按照实际成本（包括购买价款和相关税费）作为初始投资成本。长期股权投资在持有期间，通常应当采用权益法进行核算。事业单位无权决定被投资单位的财务和经营政策或无权参与被投资单位的财务和经营政策决策的，应当采用成本法进行核算。在成本法下，长期股权投资的账面余额通常保持不变，但追加或收回投资时，应当相应调整其账面余额。长期股权投资持有期间，被投资单位宣告分派的现金股利或利润，单位应当按照宣告分派的现金股利或利润中属于其应享有的份额确认为投资收益。在权益法下，按照如下原则进行会计处理：取得长期股权投资后，对于被投资单位所有者权益的变动，应当按照下列规定进行处理：①按照应享有或应分担的被投资单位实现的净损益的份额，确认为投资损益，同时调整长期股权投资的账面余额。②按照被投资单位宣告分派的现金股利或利润计算应享有的份额，确认为应收股利，同时减少长期股权投资的账面余额。③按照被投资单位除净损益和利润分配以外的所有者权益变动的份额，确认为净资产，同时调整长期股权投资的账面余额。如果被投资单位发生的净亏损，应当以长期股权投资的账面余额减记至零为限，但事业单位负有承担额外损失义务的除外。事业单位因处置部分长期股权投资等原因无权再决定被投资单位的财务和经营政策或者参与被投资单位的财务和经营政策决策的，应当对处置后的剩余股权投资改按成本法核算，并以该剩余股权投资在权益法下的账面余额作为按照成本法核算的初始投资成本。

（4）固定资产。固定资产是指行政事业单位为满足自身开展业务活动或其他活动需要而控制的、使用年限超过 1 年（不含 1 年）、单位价值在 1 000 元以上（其中，专用设备单位价值在 1 500 元以上），并且在使用过程中基本保持原有物质形态的资产，一般包括房屋及构筑物、专用设备、通用设备等。单位价值虽未达到规定标准，但是使用年限超过 1 年（不含 1 年）的大批同类物资，如图书、家具、用具、装具等，应当确认为固定资产。行政事业单位的固定资产一般分为六类：①房屋及构筑物；②专用设备；③通用设备；④文物和陈列品；⑤图书、档案；⑥家具、用具、装具及动植物。固定资产的各组成部分具有不同使用年限或者以不同方式为行政事业单位实现服务潜力或提供经济利益，适用不同折旧率或折旧方法且可以分别确定各自原价的，应当分别将各组成部分确认为单项固定资产。应用软件构成相关硬件不可缺少的组成部分的，应当将该软件的价值包括在所属的硬件价值中，一并确认为固定资产；不构成相关硬件不可缺少的组成部分的，应当将该软件确认为无形资产。购建房屋及构筑物时，不能分清购建成本中的房屋及构筑物部分与土地使用权部分的，应当全部确认为固定资产；能够分清购建成本中的房屋及构筑物部分与土地使用权部分的，应当将其中的房屋及构筑物部分确认为固定资产，将其中的土地使用权部分确认为无形资产。行政事业单位购入需要安装的固定资产，应当先通过在建工程核算，安装完毕交付使用时再转入固定资产。

固定资产在取得时应当按照成本进行初始计量。外购的固定资产，其成本包括购买价款、相关税费以及固定资产交付使用前所发生的可归属于该项资产的运输费、装卸费、安装费和专业人员服务费等。以一笔款项购入多项没有单独标价的固定资产，应当按照各项固定资产同类或类似资产市场价格的比例对总成本进行分配，分别确定各项固定资产的成本。自行建造的固定资产，其成本包括该项资产至交付使用前所发生的全部必要支出。在原有固定资产基础上进行改建、扩建、修缮后的固定资产，其成本按照原固定资产账面价值加上改建、扩建、修缮发生的支出，再扣除固定资产被替换部分的账面价值后的金额确定。为建造固定资产借入的专门借款的利息，属于建设期间发生的，计入在建工程成本；不属于建设期间发生的，计入当期费用。已交付使用但尚未办理竣工决算手续的固定资产，应当按照估计价值入账，待办理竣工决算后再按实际成本调整原来的暂估价值。通过置换取得的固定资产，其成本按照换出资产的评估价值加上支付的补价或减去收到的补价，加上换入固定资产发生的其他相关支出确定。接受捐赠的固定资产，其成本按照有关凭据注明的金额加上相关税费、运输费等确定；没有相关凭据可供取得，但按规定经过资产评估的，其成本按照评估价值加上相关税费、运输费等确定；没有相关凭据可供取得、也未经资产评估的，其成本比照同类或类似资产的市场价格加上相关税费、运输费等确定；没有相关凭据且未经资产评估、同类或类似资产的市场价格也无法可靠取得的，按照名义金额入账，相关税费、运输费等计入当期费用。无偿调入的固定资产，其成本按照调出方账面价值加上相关税费、运输费等确定。盘盈的固定资产，按规定经过资产评估的，其成本按照评估价值确定；未经资产评估的，其成本按照重置成本确定。

行政事业单位应当对除文物和陈列品、动植物、图书、档案、单独计价入账的土地以及以名义金额计量的固定资产以外的固定资产计提折旧，固定资产应计的折旧额为其成本，计提固定资产折旧时不考虑预计净残值。行政事业单位应当根据相关规定以及固定资产的性质和使用情况，合理确定固定资产的使用年限。固定资产的使用年限一经确定，不得随意变更。一般应当采用年限平均法或者工作量法计提固定资产折旧。在确定固定资产的折旧方法时，应当考虑与固定资产相关的服务潜力或经济利益的预期实现方式。固定资产折旧方法一经确定，不得随意变更。固定资产应当按月计提折旧，并根据用途计入当期费用或者相关资产成本。固定资产提足折旧后，无论能否继续使用，均不再计提折旧；提前报废的固定资产，也不再补提折旧。固定资产因改建、扩建或修缮等原因而延长其使用年限的，应当按照重新确定的固定资产的成本以及重新确定的折旧年限计算折旧额。

【例9-7】2020年2月，甲事业单位因开展业务活动需要购入一台设备，原价为96万元，折旧年限为8年，采用年限平均法计提折旧。

本例中，甲事业单位应当自2020年2月起，每月计提设备折旧，每月折旧额的计算如下：

每月折旧额=固定资产原价÷折旧年限÷12=96÷8÷12=1（万元）

自2020年2月起，每月计提设备折旧时应当增加业务活动费用1万元、增加固定资产累计折旧1万元。

行政事业单位发生与固定资产有关的后续支出，分别以下情况处理：为增加固定资产使用效能或延长其使用年限而发生的改建、扩建或修缮等后续支出，应当计入固定资产成本。为维护固定资产的正常使用而发生的日常修理等后续支出，应当计入当期费用。

行政事业单位按规定报经批准出售、转让固定资产或固定资产报废、毁损的，应当将固定资产账面价值转销计入当期费用，并将处置收入扣除相关处置税费后的差额按规定作应缴款项处理（差额为净收益时）或计入当期费用（差额为净损失时）。行政事业单位按规定报经批准对外捐赠、无偿调出固定资产的，应当将固定资产的账面价值予以转销，对外捐赠、无偿调出中发生的归属于捐出方、调出方的相关费用应当计入当期费用。行政事业单位按规定报经批准以固定资产对外投资的，应当将该固定资产的账面价值予以转销，并将固定资产在对外投资时的评估价值与其账面价值的差额计入当期收入或费用。固定资产盘亏造成的损失，按规定报经批准后应当计入当期费用。

（5）在建工程。行政事业单位在建工程是指已经发生必要成本支出，但尚未完工交付使用的各种建筑（包括新建、改建、扩建、修缮等）工程、设备安装工程、信息系统项目工程、公共基础设施项目工程、保障性住房项目工程等。

行政事业单位将固定资产转入改扩建或修缮、发生建筑工程成本、购入需要安装设备、发生安装费用等时，应当增加在建工程，据实归集在建的建设项目的实际成本；行政事业单位对于应付未付的建设项目工程价款，应当确认应付账款。事业单位为建造固定资产、公共基础设施等借入的专门借款应支付的利息，属于工程项目建设期间发生的，计入在建工程成本；属于工程项目完工交付使用后发生的，计入当期费用。行政事业单位在建工程完工交付使用时，应当增加固定资产的同时减少在建工程。

（6）无形资产。行政事业单位无形资产，是指行政事业单位控制的没有实物形态的可辨认非货币性资产，如专利权、商标权、著作权、土地使用权、非专利技术等。

行政事业单位的无形资产在取得时应当按照其实际成本进行入账。行政事业单位外购的无形资产，其成本包括购买价款、相关税费以及可归属于该项资产达到预定用途前所发生的其他支出。行政事业单位委托软件公司开发的软件，视同外购无形资产确定其成本。行政事业单位自行开发的无形资产，其成本包括自该项目进入开发阶段后至达到预定用途前所发生的支出总额。行政事业单位通过置换取得的无形资产，其成本按照换出资产的评估价值加上支付的补价或减去收到的补价，加上换入无形资产发生的其他相关支出确定。行政事业单位接受捐赠的无形资产，其成本按照有关凭据注明的金额加上相关税费确定；没有相关凭据可供取得，但按规定经过资产评估的，其成本按照评估价值加上相关税费确定；没有相关凭据可供取得、也未经资产评估的，其成本比照同类或类似资产的市场价格加上相关税费确定；没有相关凭据且未经资产评估、同类或类似资产的市场价格也无法可靠取得的，按照名义金额入账，相关税费计入当期费用。无偿调入的无形资产，其成本按照调出方账面价值加上相关税费确定。

行政事业单位自行研究开发项目的支出，应当区分研究阶段支出与开发阶段支出。研究是指为获取并理解新的科学或技术知识而进行的独创性的有计划调查。开发是指在进行生产或使用前，将研究成果或其他知识应用于某项计划或设计，以生产出新的或具有实质性改进的材料、装置、产品等。自行研究开发项目研究阶段的支出，应当于发生时计入当期费用。自行研究开发项目开发阶段的支出，先按合理方法进行归集，如果最终形成无形资产的，应当确认为无形资产；如果最终未形成无形资产的，应当计入当期费用。自行研究开发项目尚未进入开发阶段，或者确实无法区分研究阶段支出和开发阶段支出，但按法律程序已申请取得无形资产的，应当将依法取得时发生的注册费、聘请律师费等费用确认为无形资产。

行政事业单位应当于取得或形成无形资产时合理确定其使用年限。无形资产的使用年限为有限的，应当估计该使用年限。无法预见无形资产为行政事业单位提供服务潜力或者带来经济利益期限的，应当视为使用年限不确定的无形资产。行政事业单位应当对使用年限有限的无形资产进行摊销，但已摊销完毕仍继续使用的无形资产和以名义金额计量的无形资产除外。对于使用年限有限的无形资产，行政事业单位应当按照以下原则确定无形资产的摊销年限：法律规定了有效年限的，按照法律规定的有效年限作为摊销年限；法律没有规定有效年限的，按照相关合同或单位申请书中的受益年限作为摊销年限；法律没有规定有效年限、相关合同或单位申请书也没有规定受益年限的，应当根据无形资产为行政事业单位带来服务潜力或经济利益的实际情况，预计其使用年限；非大批量购入、单价小于 1 000 元的无形资产，可以于购买的当期将其成本一次性全部转销。应当按月对使用年限有限的无形资产进行摊销，并根据用途计入当期费用或者相关资产成本。应当采用年限平均法或者工作量法对无形资产进行摊销，应摊销金额为其成本，不考虑预计残值。因发生后续支出而增加无形资产成本的，对于使用年限有限的无形资产，应当按照重新确定的无形资产成本以及重新确定的摊销年限计算摊销额。使用年限不确定的无形资产不应摊销。

按规定报经批准出售无形资产，应当将无形资产账面价值转销计入当期费用，并将处置收入大于相关处置税费后的差额按规定计入当期收入或者作应缴款项处理，将处置收入小于相关处置税费后的差额计入当期费用。按规定报经批准对外捐赠、无偿调出无形资产的，应当将无形资产的账面价值予以转销，对外捐赠、无偿调出中发生的归属于捐出方、调出方的相关费用应当计入当期费用。行政事业单位按规定报经批准以无形资产对外投资的，应当将该无形资产的账面价值予以转销，并将无形资产在对外投资时的评估价值与其账面价值的差额计入当期收入或费用。

（7）公共基础设施。公共基础设施，是指行政事业单位为满足社会公共需求而控制的、同时具有以下特征的有形资产：是一个有形资产系统或网络的组成部分；具有特定用途；一般不可移动。公共基础设施主要包括市政基础设施（如城市道路、桥梁、隧道、公交场站、路灯、广场、公园绿地、室外公共健身器材，以及环卫、排水、供水、供电、供气、供热、污水处理、垃圾处理系统等）、交通基础设施（如公路、航道、港口等）、水利基础设施（如大坝、堤防、水闸、泵站、渠道等）和其他公共基础设施。

公共基础设施在取得时应当按照成本进行初始计量。行政事业单位自行建造的公共基础设施，其成本包括完成批准的建设内容所发生的全部必要支出，包括建筑安装工程投资支出、设备投资支出、待摊投资支出和其他投资支出。在原有公共基础设施基础上进行改建、扩建等建造活动后的公共基础设施，其成本按照原公共基础设施账面价值加上改建、扩建等建造活动发生的支出，再扣除公共基础设施被替换部分的账面价值后的金额确定。为建造公共基础设施借入的专门借款的利息，属于建设期间发生的，计入该公共基础设施在建工程成本；不属于建设期间发生的，计入当期费用。已交付使用但尚未办理竣工决算手续的公共基础设施，应当按照估计价值入账，待办理竣工决算后再按照实际成本调整原来的暂估价值。行政事业单位接受其他会计主体无偿调入的公共基础设施，其成本按照该项公共基础设施在调出方的账面价值加上归属于调入方的相关费用确定。行政事业单位接受捐赠的公共基础设施，其成本按照有关凭据注明的金额加上相关费用确定；没有相关凭据可供取得，但按规定经过资产评估的，其成本按照评估价值加上相关费用确定；没有相关凭据可供取得、也未经资产评估的，其成本比照同类或类似资产的市场价格加上相关费用确定。如受赠的系旧的公共基础设施，在确定其初始入账成本时应当考虑该项资产的新旧程度。行政事业单位外购的公共基础设施，其成本包括购买价款、相关税费以及公共基础设施交付使用前所发生的可归属于该项资产的运输费、装卸费、安装费和专业人员服务费等。

行政事业单位应当对公共基础设施计提折旧，但行政事业单位持续进行良好的维护使得其性能得到永久维持的公共基础设施和确认为公共基础设施的单独计价入账的土地使用权除外。公共基础设施应计提的折旧总额为其成本，计提公共基础设施折旧时不考虑预计净残值。行政事业单位应当对暂估入账的公共基础设施计提折旧，实际成本确定后不需调整原已计提的折旧额。行政事业单位一般应当采用年限平均法或者工作量法计提公共基础设施折旧。在确定公共基础设施的折旧方法时，应当考虑与公共基础设施相关的服务潜力或经济利益的预期实现方式。公共基础设施折旧方法一经确定，不得随意变更。公共基础设施应当按月计提折旧，并计入当期费用。当月增加的公共基础设施，当月开始计提折旧；当月减少的公共基础设施，当月不再计提折旧。处于改建、扩建等建造活动期间的公共基础设施，应当暂停计提折旧。因改建、扩建等原因而延长公共基础设施使用年限的，应当按照重新确定的公共基础设施的成本和重新确定的折旧年限计算折旧额，不需调整原已计提的折旧额。公共基础设施提足折旧后，无论能否继续使用，均不再计提折旧；已提足折旧的公共基础设施，可以继续使用的，应当继续使用，并规范实物管理。提前报废的公共基础设施，不再补提折旧。

行政事业单位按规定报经批准无偿调出、对外捐赠公共基础设施的，应当将公共基础设施的账面价值予以转销，无偿调出、对外捐赠中发生的归属于调出方、捐出方的相关费用应当计入当期费用。公共基础设施报废或遭受重大毁损的，行政事业单位应当在报经批准后将公共基础设施账面价值予以转销，并将报废、毁损过程中取得的残值变价收入扣除相关费用后的差额按规定做应缴款项处理（差额为净收益时）或计入当期费用（差额为净损失时）。

（8）政府储备物资。政府储备物资，是指为满足实施国家安全与发展战略、进行抗灾救灾、应对公共突发事件等特定公共需求而控制的，同时具有下列特征的有形资产：在应对可能发生的特定事件或情形时动用；其购入、存储保管、更新（轮换）、动用等由政府及相关部门发布的专门管理制度规范。政府储备物资包括战略及能源物资、抢险抗灾救灾物资、农产品、医药物资和其他重要商品物资，通常情况下由行政事业单位委托承储单位存储。

政府储备物资在取得时应当按照成本进行初始计量。行政事业单位购入的政府储备物资，其成本包括购买价款和行政事业单位承担的相关税费、运输费、装卸费、保险费、检测费以及使政府储备物资达到目前场所和状态所发生的归属于政府储备物资成本的其他支出。行政事业单位委托加工的政府储备物资，其成本包括委托加工前物料成本、委托加工的成本（如委托加工费以及按规定应计入委托加工政府储备物资成本的相关税费等）以及行政事业单位承担的使政府储备物资达到目前场所和状态所发生的归属于政府储备物资成本的其他支出。行政事业单位接受捐赠的政府储备物资，其成本按照有关凭据注明的金额加上行政事业单位承担的相关税费、运输费等确定；没有相关凭据可供取得，但按规定经过资产评估的，其成本按照评估价值加上行政事业单位承担的相关税费、运输费等确定；没有相关凭据可供取得、也未经资产评估的，其成本比照同类或类似资产的市场价格加上行政事业单位承担的相关税费、运输费等确定。行政事业单位接受无偿调入的政府储备物资，其成本按照调出方账面价值加上归属于行政事业单位的相关税费、运输费等确定。仓储费用、日常维护费用以及不能归属于使政府储备物资达到目前场所和状态所发生的其他支出，不计入政府储备物资成本。行政事业单位盘盈的政府储备物资，其成本按照有关凭据注明的金额确定；没有相关凭据，但按规定经过资产评估的，其成本按照评估价值确定；没有相关凭据、也未经资产评估的，其成本按照重置成本确定。

行政事业单位应当根据实际情况采用先进先出法、加权平均法或者个别计价法确定政府储备物资发出的成本。计价方法一经确定，不得随意变更。因动用而发出无须收回的政府储备物资的，行政事业单位应当在发出物资时将其账面余额予以转销，计入当期费用。因动用而发出需要收回或者预期可能收回的政府储备物资的，行政事业单位应当在按规定的质量验收标准收回物资时，将未收回物资的账面余额予以转销，计入当期费用。因行政管理主体变动等原因而将政府储备物资调拨给其他主体的，行政事业单位应当在发出物资时将其账面余额予以转销。

政府储备物资报废、毁损的，行政事业单位应当按规定报经批准后将报废、毁损的政府储备物资的账面余额予以转销，确认应收款项（确定追究相关赔偿责任的）或计入当期费用（因储存年限到期报废或非人为因素致使报废、毁损的）；同时，将报废、毁损过程中取得的残值变价收入扣除行政事业单位承担的相关费用后的差额按规定作应缴款项处理（差额为净收益时）或计入当期费用（差额为净损失时）。政府储备物资盘亏的，行政事业单位应当按规定报经批准后将盘亏的政府储备物资的账面余额予以转销，确定追究相关赔偿责任的，确认应收款项；属于正常耗费或不可抗力因素造成的，计入当期费用。

（9）受托代理资产。行政事业单位受托代理资产是指接受委托方委托管理的各项资产，包括受托指定转赠的物资、受托存储保管的物资等。行政事业单位管理的罚没物资也应当通过受托代理资产核算。

接受委托人委托存储保管或需要转赠给受赠人的物资，其成本按照有关凭据注明的金额确定。受托协议约定由受托方承担的相关税费、运输费等计入其他费用。转赠物资的委托人取消了对捐赠物资的转赠要求，且不再收回捐赠物资的，应当将转赠物资转为单位的存货、固定资产等，增加其他收入。

> **【例 9-8】** 2020 年 3 月，甲事业单位接受委托方委托管理一批价值 30 万元物资，并于 2020 年 6 月，根据委托管理协议，按约定将该批物资转交委托方。
>
> 本例中，甲事业单位 2020 年 3 月接受委托对该批物资进行管理时，应当增加受托代理资产、受托代理负债各 30 万元，2020 年 6 月将该批物资转交委托方时，应当减少受托代理资产、受托代理负债各 30 万元。

（二）负债

1. 负债的内容。

负债是指行政事业单位过去的经济业务或者事项形成的，预期会导致经济资源流出的现时义务。现时义务是指行政事业单位在现行条件下已承担的义务。符合负债定义且同时满足以下条件时，确认为负债：履行该义务很可能导致含有服务潜力或者经济利益的经济资源流出行政事业单位；该义务的金额能够可靠地计量。

行政事业单位的负债包括偿还时间与金额基本确定的负债和由或有事项形成的预计负债。

行政事业单位的负债按照流动性，分为流动负债和非流动负债。流动负债是指预计在 1 年内（含 1 年）偿还的负债，包括短期借款、应付短期政府债券、应付及预收款项、应缴款项等。其中应付及预收款项，是指行政事业单位在运营活动中形成的应当支付而尚未支付的款项及预先收到但尚未实现收入的款项，包括应付职工薪酬、应付账款、预收款项、应交税费、应付国库集中支付结余和其他应付未付款项。应付职工薪酬，是指行政事业单位为获得职工（含长期聘用人员）提供的服务而给予各种形式的报酬或因辞退等原因而给予职工补偿所形成的负债。职工薪酬包括工资、津贴补贴、奖金、社会保险费等。应付账款，是指行政事业单位因取得资产、接受劳务、开展工程建设等而形成的负债。预收款项，是指行政事业单位按照货物、服务合同或协议或者相关规定，向接受货物或服务的主体预先收款而形成的负债。应交税费，是指行政事业单位因发生应税事项导致承担纳税义务而形成的负债。其他应付未付款项，是指行政事业单位因有关政策明确要求其承担支出责任等而形成的应付未付款项。非流动负债是指流动负债以外的负债，包括长期借款、长期应付款、应付长期政府债券等。

2. 负债的核算。

负债的计量属性主要包括历史成本、现值和公允价值。在历史成本计量下，负债按照因承担现时义务而实际收到的款项或者资产的金额，或者承担现时义务的合同金额，或者按照为偿还负债预期需要支付的现金计量。在现值计量下，负债按照预计期限内需要偿还的未来净现金流出量的折现金额计量。在公允价值计量下，负债按照市场参与者在计量日发生的有序交易中，转移负债所需支付的价格计量。

行政事业单位在对负债进行计量时，一般应当采用历史成本。采用现值、公允价值计量的，应当保证所确定的负债金额能够持续、可靠计量。

以下主要阐述借入款项、应付职工薪酬、应付账款、预收款项、应交税费、应缴财政款、预提费用等的核算。

对于事业单位借入款项，初始确认为负债时应当按照借款本金计量；借款本金与取得的借款资金的差额应当计入当期费用。

对于行政事业单位在职工为其提供服务的会计期间，计算确认的当期应付职工薪酬（含单位为职工计算缴纳的社会保险费、住房公积金），其中：从事专业及其辅助活动人员的职工薪酬，计入业务活动费用、单位管理费用；应由在建工程、加工物品、自行研发无形资产负担的职工薪酬，分别计入在建工程、加工物品、研发支出；从事专业及其辅助活动之外的经营活动人员的职工薪酬，计入经营费用；因解除与职工的劳动关系而给予的补偿，计入单位管理费用。

【例9-9】2020年1月，甲事业单位按规定计算出本月应付人员薪酬300万元，其中业务部门人员薪酬260万元，管理部门人员薪酬30万元，经营部门人员薪酬10万元。

本例中，甲事业单位计算分配人员薪酬时，应当分别增加业务活动费用260万元、单位管理费用30万元、经营费用10万元，同时增加应付职工薪酬300万元。

对于应付账款，行政事业单位应当在取得资产、接受劳务，或外包工程完成规定进度时，按照应付未付款项的金额予以确认。

对于预收款项，行政事业单位应当在收到预收款项时，按照实际收到款项的金额予以确认。

对于应交税费，行政事业单位应当在发生应税事项导致承担纳税义务时，按照税法等规定计算的应交税费金额予以确认。

对于应缴财政款，行政事业单位通常应当在实际收到相关款项时，按照相关规定计算确定的上缴金额予以确认。

行政事业单位预先提取的已经发生但尚未支付的费用，以及事业单位按规定从科研项目收入中提取的项目间接费用或管理费，应增加当期费用的同时确认负债，增加预提费用、应付利息等。

【例9-10】2020年12月，甲事业单位与中标的物业公司签订业务楼宇区域的物业服务合同，合同总金额360万元，合同执行期限为2021年1~12月。合同约定按月考核物业服务质量，按季度结算并支付物业服务费。

本例中，2021年1月，甲事业单位应当根据物业服务合同提取已经发生但尚未支付的费用30万元，增加业务活动费用和预提费用各30万元。

行政事业单位对因或有事项所产生的现时义务确认的负债应通过预计负债核算。或有事项是指由过去的经济业务或者事项形成的，其结果须由某些未来事项的发生或不发生才能决定的不确定事项。未来事项是否发生不在行政事业单位控制范围内。行政事业单位常见的或有事项主要包括：未决诉讼或未决仲裁、对外国政府或国际经济组织的贷款担保、承诺（补贴、代偿）、自然灾害或公共事件的救助等。确认预计负债时，按照预计的金额，计入当期费用。

（三）净资产

1. 净资产的内容。

行政事业单位净资产是指行政事业单位资产扣除负债后的净额。

行政单位的净资产包括累计盈余、无偿调拨净资产、本期盈余等。事业单位的净资产包括累计盈余、专用基金、无偿调拨净资产、权益法调整、本期盈余等。其中：累计盈余是指行政事业单位期末未分配盈余（或未弥补亏损）以及无偿调拨净资产变动的累计数。专用基金是指事业单位期末累计提取或设置但尚未使用的专用基金余额。权益法调整是指事业单位期末在被投资单位除净损益和利润分配以外的所有者权益变动中累积享有的份额。无偿调拨净资产是指行政事业单位本年度截至报告期期末无偿调入的非现金资产价值扣减无偿调出的非现金资产价值后的净值。本期盈余是指行政事业单位本年度截至报告期期末实现的累计盈余或亏损。

2. 净资产的核算。

（1）累计盈余。年末，行政事业单位将本年盈余分配、无偿调拨净资产、以前年度盈余调整的余额转入累计盈余。按照规定上缴财政拨款结转结余、缴回非财政拨款结转资金、向其他单位调出财政拨款结转资金时，按照实际上缴、缴回、调出金额，减少累计盈余。按照规定从其他单位调入财政拨款结转资金时，按照实际调入金额，增加累计盈余。

（2）专用基金。事业单位按照规定提取或设置的具有专门用途的职工福利基金、科技成果转换基金等时，增加专用基金。按照规定使用提取的专用基金时，减少专用基金。使用提取的专用基金购置固定资产、无形资产的，还应当增加累计盈余。

（3）无偿调拨净资产。行政事业单位按照规定取得无偿调入的非现金资产，按照调入非现金资产确定的入账成本，扣除调入过程中发生的归属于调入方的相关费用，差额转入无偿调拨净资产。按照规定经批准无偿调出的非现金资产，将调出资产的账面余额或账面价值，计入无偿调拨净资产。年末，将无偿调入的非现金资产价值扣减无偿调出的非现金资产价值后的净值转入累计盈余。

（4）本期盈余。期末，行政事业单位将各类收入的本期发生额转入本期盈余，将各类费用本期发生额转入本期盈余。收入费用结转后余额，反映行政事业单位自年初至当期期末累计实现的盈余或累计发生的亏损。年末，行政事业单位将本期盈余结转后余额转入本年盈余分配。

【例9-11】2020年1月，甲事业单位累计发生财政拨款收入500万元、事业收入300万元、非同级财政拨款收入1万元，业务活动费用400万元、单位管理费用60万元。

本例中，2020年1月末，甲事业单位应将各类收入的本月发生额转入本期盈余，增加本期盈余801万元，同时将各类费用本月发生额转入本期盈余，减少本期盈余460万元。

（四）收入

1. 收入的内容。

行政事业单位收入是指报告期内导致行政事业单位净资产增加的、含有服务潜力或者经济利益的经济资源的流入。收入的确认应当同时满足以下条件：与收入相关的含有服务潜力或者经济利益的经济资源很可能流入行政事业单位；含有服务潜力或者经济利益的经济资源流入会导致行政事业单位资产增加或者负债减少；流入金额能够可靠地计量。

行政单位收入主要包括财政拨款收入、非同级财政拨款收入、捐赠收入、利息收入和其他收入。

事业单位收入主要包括财政拨款收入、事业收入、上级补助收入、附属单位上缴收入、经营收入、非同级财政拨款收入、投资收益、捐赠收入、利息收入、租金收入和其他收入。

2. 收入的核算。

以下主要阐述财政拨款收入、事业收入以及非同级财政拨款收入的核算。

（1）财政拨款收入。财政拨款收入是指行政事业单位从同级政府财政部门取得的各类财政拨款，一般应当在收到款项时予以确认，并按照实际收到的金额进行计量。但同级政府财政部门预拨的下期预算款和没有纳入预算的暂付款项，以及采用实拨资金方式通过本单位转拨给下属单位的财政拨款，在收到款项时不作为财政拨款收入核算。年末，根据本年度财政直接支付预算指标数与当年财政直接支付实际支付数的差额，以及本年度财政授权支付预算指标数大于零余额账户用款额度下达数的未下达用款额度，计入财政拨款收入。

【例9-12】2020年1月，甲事业单位根据年度部门预算和用款计划，向同级财政部门申请财政授权支付额度500万元，并收到了代理银行转来的"财政授权支付到账通知书"，到账额度500万元。

本例中，甲事业单位2020年1月收到"财政授权支付到账通知书"时，应根据通知书所列金额，增加零余额账户用款额度、财政拨款收入各500万元。

（2）事业收入。事业收入是指事业单位开展专业业务活动及其辅助活动实现的收入，不包括从同级政府财政部门取得的各类财政拨款。事业单位取得的事业收入一般应按权责发生制进行收入确认。收到从财政专户返还的事业收入时，按照实际收到的返还金额，计入事业收入。以合同完成进度确认事业收入时，按照基于合同完成进度计算的金额，计入事业收入。

【例9－13】2020年1月10日，甲事业单位接受委托承担横向科研项目，合同总金额106万元（含增值税6万元），研究期限12个月。1月20日，甲事业单位收到合同约定的50%合同款53万元，其中增值税3万元。该项目研究工作2020年1月份的完成进度为合同总工作量的10%。

本例中，甲事业单位2020年1月20日收到合同款53万元时，应当增加银行存款53万元，同时增加预收账款50万元、应交增值税3万元。甲事业单位1月31日应当根据合同完成进度10%计算当月应确认的事业收入10万元，增加事业收入10万元、减少预收账款10万元。

（3）非同级财政拨款收入。非同级财政拨款收入是指行政事业单位从非同级政府财政部门取得的经费拨款，包括从同级政府其他部门取得的横向转拨财政款、从上级或下级政府财政部门取得的经费拨款等。但事业单位因开展科研及其辅助活动从非同级政府财政部门取得的经费拨款，不作为非同级财政拨款收入核算。确认非同级财政拨款收入时，按照应收或实际收到的金额，计入非同级财政拨款收入。

（五）费用

1. 费用的内容。

费用是指报告期内导致行政事业单位净资产减少的、含有服务潜力或者经济利益的经济资源的流出。费用的确认应当同时满足以下条件：与费用相关的含有服务潜力或者经济利益的经济资源很可能流出行政事业单位；含有服务潜力或者经济利益的经济资源流出会导致行政事业单位资产减少或者负债增加；流出金额能够可靠地计量。

行政单位的费用主要包括业务活动费用、资产处置费用和其他费用。

事业单位的费用主要包括业务活动费用、单位管理费用、经营费用、资产处置费用、上缴上级费用、对附属单位补助费用、所得税费用和其他费用。

2. 费用的核算。

以下主要阐述业务活动费用和单位管理费用的核算。

（1）业务活动费用。业务活动费用是指行政事业单位为实现其职能目标，依法履职或开展专业业务活动及其辅助活动所发生的各项费用。行政事业单位发生的业务活动费用应按权责发生制进行确认，并按以下规定进行计量：为履职或开展业务活动人员计提的薪酬、外部人员劳务费，按照计算确定的金额，计入业务活动费用；为履职或开展业务活动领用库存物品，以及动用发出相关政府储备物资，按照领用库存物品或发出相关政府储备物资的账面余额，计入业务活动费用；为履职或开展业务活动所使用的固定资产、无形资产以及为所控制的公共基础设施、保障性住房计提的折旧、摊销，按照计提金额，计入业务活动费用；为履职或开展业务活动发生的城市维护建设税、教育费附加、地方教育附加、车船税、房产税、城镇土地使用税等，按照计算确定应交纳的金额，计入业务活动费用；为履职或开展业务活动发生其他各项费用时，包括从收入中提取专用基金并计入费用的，按照费用确认金额，计入业务活动费用；发生当年购货退回等业务，对于已计入本年业务活动费用的，按照收回或应收的金额，冲减业务活动费用。

（2）单位管理费用。单位管理费用是指事业单位本级行政及后勤管理部门开展管理活动发生的各项费用，包括单位行政及后勤管理部门发生的人员经费、公用经费、资产折旧（摊销）等费用，以及由单位统一负担的离退休人员经费、工会经费、诉讼费、中介费等。事业单位发生的单位管理费用应按权责发生制进行确认，并按以下规定进行计量：为开展管理活动人员计提的薪酬、外部人员劳务费，按照计算确定的金额，计入单位管理费用；开展管理活动内部领用库存物品，按照领用物品实际成本，计入单位管理费用；为管理活动所使用固定资产、无形资产计提的折旧、摊销，按照应提折旧、摊销额，计入单位管理费用；为开展管理活动发生城市维护建设税、教育费附加、地方教育附加、车船税、房产税、城镇土地使用税等，按照计算确定应交纳的金额，计入单位管理费用；为开展管理活动发生的其他各项费用，按照费用确认金额，计入单位管理费用；发生当年购货退回等业务，对于已计入本年单位管理费用的，按照收回或应收的金额，冲减单位管理费用。

【例9-14】2020年1月31日，甲事业单位以授权支付方式支付当月水电费28万元，其中：业务活动开展过程中消耗的水电费20万元，管理部门消耗的水电费8万元。

本例中，甲事业单位2020年1月31日应当根据代理银行实际支付款项的回单，增加业务活动费用20万元、单位管理费用8万元，减少零余额账户用款额度28万元。

三、行政事业单位预算会计核算

（一）预算收入

1. 预算收入的内容。

预算收入是指行政事业单位在预算年度内依法取得的并纳入预算管理的现金流入。

行政单位预算收入主要包括财政拨款预算收入、非同级财政拨款预算收入、其他预算收入等。

事业单位预算收入主要包括财政拨款预算收入、事业预算收入、上级补助预算收入、附属单位上缴预算收入、经营预算收入、债务预算收入、非同级财政拨款预算收入、投资预算收益、其他预算收入等。

2. 预算收入的核算。

以下主要阐述财政拨款预算收入、事业预算收入以及非同级财政拨款预算收入的核算。

（1）财政拨款预算收入。财政拨款预算收入是指行政事业单位从同级政府财政部门取得的各类财政拨款，包括上个预算期收到的本期预算拨款。财政拨款预算收入一般在实际收到时予以确认，并按照实际收到的金额进行计量。在财政直接支付方式下，单位根据收到的"财政直接支付入账通知书"及相关原始凭证，按照通知书中的直接支付金额，计入财政拨款预算收入。财政授权支付方式下，单位根据收到的"财政授权支付额度到账通知书"，按照通知书中的授权支付额度，计入财政拨款预算收入。其他方式下，单位按照本期预算收到财政拨款预算收入时，按照实际收到的金额，计入财政拨款预算收入。年末，根据本年度财政直接支付预算指标数与当年财政直接支付实际支付数的差额，以及本年度财政授权支付预算指标数大于零余额账户用款额度下达数的未下达用款额度，计入财政拨款预算收入。

【例9-15】承接例〖9-12〗，本例中，甲事业单位2020年1月收到"财政授权支付到账通知书"时，应根据通知书所列金额，在进行财务会计处理的同时，在预算会计中应当增加资金结存、财政拨款预算收入各500万元。

（2）事业预算收入。事业预算收入是指事业单位开展专业业务活动及其辅助活动取得的现金流入。事业预算收入一般在实际收到时予以确认，并按照实际收到的金额进行计量。采用财政专户返还方式管理的事业预算收入，收到从财政专户返还的事业预算收入时，按照实际收到的返还金额，计入事业预算收入。

【例9-16】承接例〖9-13〗，本例中，甲事业单位2020年1月20日在进行财务会计处理的同时，在预算会计中应当增加资金结存、事业预算收入各53万元。

（3）非同级财政拨款预算收入。非同级财政拨款预算收入是指行政事业单位从非同级政府财政部门取得的财政拨款，包括本级横向转拨财政款和非本级财政拨款。但事业单位因开展科研及其辅助活动从非同级政府财政部门取得的经费拨款，不作为非同级财政拨款预算收入核算。非同级财政拨款预算收入一般在实际收到时予以确认，并按照实际收到的金额进行计量。确认非同级财政拨款预算收入时，按照实际收到的金额，计入非同级财政拨款预算收入。

（二）预算支出

1. 预算支出的内容。

预算支出是指行政事业单位在预算年度内依法发生并纳入预算管理的现金流出。

行政单位的预算支出主要包括行政支出和其他支出。

事业单位的预算支出主要包括事业支出、经营支出、上缴上级支出、对附属单位补助支出、投资支出、债务还本支出和其他支出。

2. 预算支出的核算。

以下主要阐述行政支出和事业支出的核算。

（1）行政支出。行政支出是指行政单位履行其职责实际发生的各项现金流出，一般在实际支付时予以确认，并以实际支付的金额计量。向单位职工个人支付薪酬、向外部人员支付劳务费、为购买资产以及在建工程支付相关款项时，按照实际支付的金额，计入行政支出。发生预付账款及其他各项支出时，按照实际支付的金额，计入行政支出。

（2）事业支出。事业支出是指事业单位开展专业业务活动及其辅助活动实际发生的各项现金流出，一般在实际支付时予以确认，以实际支付的金额计量。事业单位向单位职工个人支付薪酬（经营部门职工除外）、因开展专业业务活动及其辅助活动支付外部人员劳务费、开展专业业务活动及其辅助活动过程中为购买存货、固定资产、无形资产等以及在建工程支付相关款项时，按照实际支付的金额，计入事业支出。事业单位开展专业业务活动及其辅助活动过程中缴纳的相关税费以及发生的其他各项支出，按照实际支付的金额，计入事业支出。

【例9-17】承接例〖9-14〗，本例中，甲事业单位2020年1月31日在进行财务会计处理的同时，在预算会计中应当增加事业支出、减少资金结存各28万元。

（三）预算结余

1. 预算结余的内容。

预算结余是指行政事业单位预算年度内预算收入扣除预算支出后的资金余额，以及历年滚存的资金余额。预算结余包括结余资金和结转资金。结余资金是指年度预算执行终了，预算收入实际完成数扣除预算支出和结转资金后剩余的资金。结转资金是指预算安排项目的支出年终尚未执行完毕或者因故未执行，且下年需要按原用途继续使用的资金。

2. 预算结余的核算。

（1）资金结存。资金结存是指行政事业单位纳入部门预算管理的资金的流入、流出、调整和滚存数额，是各项结转结余所对应的资金数额之和。取得预算收入时，按照实际收到的金额，增加资金结存；发生预算支出时，按照实际支付的金额，减少资金结存。

（2）财政拨款结转和财政拨款结余。财政拨款结转是指行政事业单位当年预算已执行但尚未完成，或因故未执行，下一年度需要按照原定用途继续使用的财政拨款滚存资金。财政拨款结余是指行政事业单位当年预算工作目标已完成，或因故终止，剩余的财政拨款滚存资金。行政事业单位应当于年末将财政拨款预算收入、行政支出（事业支出）和其他支出中的财政拨款支出的本年发生额，结转入财政拨款结转，并于年末将财政拨款结转余额中符合财政拨款结余性质的部分转入财政拨款结余。行政事业单位从其他单位调入财政拨款结余资金或额度，或者上缴财政拨款结转结余资金或额度的，相应增加或减少财政拨款结转、财政拨款结余。

（3）非财政拨款结转和非财政拨款结余。非财政拨款结转是指行政事业单位当年预算已执行但尚未完成，或因故未执行，下一年度需要按照原定用途继续使用的非经营的非同级财政拨款专项滚存资金。非财政拨款结余是指行政事业单位当年预算工作目标已完成，或因故终止，剩余的非限定用途的非同级财政拨款滚存资金。行政事业单位应当于年末将非财政拨款预算收入、非经营预算收入、行政支出（事业支出）和其他支出中的非财政拨款专项资金支出的本年发生额，结转入非财政拨款结转，并于年末将非财政拨款结转余额中符合非财政拨款结余性质的部分转入非财政拨款结余。

（4）经营结余和其他结余。经营结余是指事业单位年度经营活动收支相抵后余额弥补以前年度经营亏损后的余额。年末，经营预算收支相抵后如有结余，则将其余额转入非财政拨款结余，否则不予结转。其他结余是指行政事业单位年度除财政拨款收支、非同级财政专项资金收支和经营收支以外各项收支相抵后的余额。年末，行政单位将其他结余转入非财政拨款结余，事业单位将其他结余转入非财政拨款结余分配。

【例9-18】甲事业单位2020年全年累计发生财政拨款预算收入6 000万元，非同级财政拨款预算收入800万元，其他预算收入100万元。全年累计发生事业支出5 750万元，其中含财政拨款支出5 000万元、非财政专项资金支出750万元。全年累计发生其他支出60万元，均为非财政拨款非专项资金支出。甲事业单位年末结转资金余额中，符合结余性质且留归本单位使用的部分为非财政结转资金50万元。甲事业单位年末未对非财政拨款结余资金进行分配。

本例中，年末，甲事业单位应当作以下会计处理：

（1）将财政拨款预算收入的本年发生额转入财政拨款结转，增加财政拨款结转6 000万元，同时将事业支出中的财政拨款支出的本年发生额转入财政拨款结转，减少财政拨款结转5 000万元；

（2）将非同级财政拨款预算收入的本年发生额转入非财政拨款结转，增加非财政拨款结转800万元，同时将事业支出中非财政专项资金支出的本年发生额转入非财政拨款结转，减少非财政拨款结转750万元；

（3）将结转资金余额中符合结余性质且留归本单位使用的非财政拨款转为非财政拨款结余资金，增加非财政拨款结余资金50万元，减少非财政拨款结转资金50万元；

（4）将其他预算收入的本年发生额转入其他结余，增加其他结余100万元；

（5）将其他支出的本年发生额转入其他结余，减少其他结余60万元；

（6）将其他结余通过非财政拨款结余分配转入非财政拨款结余40万元。

四、行政事业单位年末暂收暂付款的会计处理

（一）年末暂收暂付非财政资金的会计处理

1. 对于纳入本年度部门预算管理的暂付款项，按照《政府会计制度》规定，行政事业单位在支付款项时可不作预算会计处理，待结算或报销时，按照结算或报销的金额，借记相关预算支出科目，贷记"资金结存"科目。但是，在年末结账前，对于尚未结算或报销的暂付款项，行政事业单位应当按照暂付的金额，借记相关预算支出科目，贷记"资金结存"科目。以后年度，实际结算或报销金额与已计入预算支出的金额不一致的，行政事业单位应当通过相关预算结转结余科目"年初余额调整"明细科目进行处理。

2. 对于应当纳入下一年度部门预算管理的暂收款项，行政事业单位在收到款项时，借记"银行存款"等科目，贷记"其他应付款"科目；本年度不作预算会计处理。待下一年初，行政事业单位应当按照上年暂收的款项金额，借记"其他应付款"科目，贷记有关收入科目；同时在预算会计中，按照暂收款项的金额，借记"资金结存"科目，贷记有关预算收入科目。

对于应当纳入下一年度部门预算管理的暂付款项，行政事业单位在付出款项时，借记"其他应收款"科目，贷记"银行存款"等科目，本年度不作预算会计处理。待下一

年实际结算或报销时，行政事业单位应当按照实际结算或报销的金额，借记有关费用科目，按照之前暂付的款项金额，贷记"其他应收款"科目，按照退回或补付的金额，借记或贷记"银行存款"等科目；同时，在预算会计中，按照实际结算或报销的金额，借记有关支出科目，贷记"资金结存"科目。

3. 对于不纳入部门预算管理的暂收暂付款项（如应上缴、应转拨或应退回的资金），行政事业单位应当按照《政府会计制度》规定，仅作财务会计处理，不作预算会计处理。

（二）年末暂收暂付财政资金的会计处理

行政事业单位收到同级财政部门以实拨资金形式预拨的下期预算款，按收到的金额，借记"银行存款——财政拨款资金"科目，贷记"其他应付款"科目；预算会计不作处理。待到下个预算期时，借记"其他应付款"科目，贷记"财政拨款收入"科目；同时，在预算会计中按照预收的款项金额，借记"资金结存——货币资金"科目，贷记"财政拨款预算收入"科目。

五、行政事业单位财务报表和预算会计报表

（一）财务报表

财务报表是反映行政事业单位某一特定日期的财务状况和某一会计期间的运行情况和现金流量等信息的文件。财务报表的编制主要以权责发生制为基础，以财务会计核算生成的数据为准。

财务报表是对行政事业单位财务状况、运行情况和现金流量等信息的结构性表述，由会计报表及其附注构成。

1. 会计报表一般包括资产负债表、收入费用表和现金流量表。

（1）资产负债表是反映行政事业单位在某一特定日期财务状况，即全部资产、负债和净资产情况的报表。

（2）收入费用表是反映行政事业单位在一定会计期间的运行情况，即在某一会计期间内发生的收入、费用及当期盈余情况的报表。

（3）现金流量表是反映行政事业单位在一定会计期间现金及现金等价物流入和流出情况的报表。

行政事业单位可根据实际情况自行选择编制现金流量表。

2. 会计报表附注是对在资产负债表、收入费用表、现金流量表等报表中列示项目所作的进一步说明，以及对未能在这些报表中列示项目的说明。

（二）预算会计报表

预算会计报表是综合反映行政事业单位年度预算收支执行结果的文件。预算会计报表的编制主要以收付实现制为基础，以预算会计核算生成的数据为准。

预算会计报表至少应当包括预算收入支出表、预算结转结余变动表和财政拨款预算收入支出表。

（1）预算收入支出表是反映行政事业单位在某一会计年度内各项预算收入、预算支出和预算收支差额的情况的报表。

（2）预算结转结余变动表是反映行政事业单位在某一会计年度内预算结转结余的变动情况的报表。

（3）财政拨款预算收入支出表是反映行政事业单位本年财政拨款预算资金收入、支出及相关变动的具体情况。

六、行政事业单位会计调整

会计调整，是指行政事业单位因按照法律、行政法规和政府会计准则制度的要求，或者在特定情况下对其原采用的会计政策、会计估计，以及发现的会计差错、发生的报告日后事项等所作的调整。

行政事业单位应当根据《政府会计准则第7号——会计调整》及相关政府会计准则制度的规定，结合自身实际情况，确定本行政事业单位具体的会计政策和会计估计，并履行本行政事业单位内部报批程序；法律、行政法规等规定应当报送有关方面批准或备案的，从其规定。行政事业单位的会计政策和会计估计一经确定，不得随意变更。如需变更，应履行必要的报批程序，并按《政府会计准则第7号——会计调整》的规定处理。

（一）会计政策及其变更

会计政策，是指行政事业单位在会计核算时所遵循的特定原则、基础以及所采用的具体会计处理方法。行政事业单位应当对相同或者相似的经济业务或者事项采用相同的会计政策进行会计处理，但其他政府会计准则制度另有规定的除外。行政事业单位采用的会计政策，在每一会计期间和前后各期应当保持一致。行政事业单位变更会计政策应当满足以下条件：法律、行政法规或者政府会计准则制度等要求变更，或者会计政策变更能够提供有关行政事业单位财务状况、运行情况等更可靠、更相关的会计信息。行政事业单位对于本期发生的经济业务或者事项与以前相比具有本质差别而采用新的会计政策，以及对初次发生的或者不重要的经济业务或者事项采用新的会计政策，不属于会计政策变更。行政事业单位应当按照政府会计准则制度规定对会计政策变更进行处理。政府会计准则制度对会计政策变更未作出规定的，通常情况下，行政事业单位应当采用追溯调整法进行处理。

（二）会计估计及其变更

会计估计，是指行政事业单位对结果不确定的经济业务或者事项以最近可利用的信息为基础所作的判断，如固定资产、无形资产的预计使用年限等。行政事业单位据以进行估计的基础发生了变化，或者由于取得新信息、积累更多经验以及后来的发展变化，可能需要对会计估计进行修订。会计估计变更应以掌握的新情况、新进展等真实、可靠的信息为依据。

行政事业单位应当对会计估计变更采用未来适用法处理。

行政事业单位对某项变更难以区分为会计政策变更或者会计估计变更的，应当按照会计估计变更的处理方法进行处理。

（三）会计差错及其更正

会计差错，是指行政事业单位在会计核算时，在确认、计量、记录、报告等方面出现的错误，通常包括计算或记录错误、应用会计政策错误、疏忽或曲解事实产生的错误、财务舞弊等。

行政事业单位在本报告期（以下简称"本期"）发现的会计差错，应当按照以下原则处理：

一是本期发现的与本期相关的会计差错，应当调整本期报表相关项目。

二是本期发现的与前期相关的重大会计差错，如影响收入、费用或者预算收支的，应当将其对收入、费用或者预算收支的影响或者累积影响调整发现当期期初的相关净资产项目或者预算结转结余，并调整其他相关项目的期初数；如不影响收入、费用或者预算收支的，应当调整发现当期相关项目的期初数。重大会计差错，是指行政事业单位发现的使本期编制的报表不再具有可靠性的会计差错，一般是指差错的性质比较严重或者差错的金额比较大。通常情况下，导致差错的经济业务或者事项对报表某一具体项目的影响或者累积影响金额占该类经济业务或者事项对报表同一项目的影响金额的 10% 及以上，则认为金额比较大。行政事业单位滥用会计政策、会计估计及其变更，应当作为重大会计差错予以更正。

三是本期发现的与前期相关的非重大会计差错，应当将其影响数调整相关项目的本期数。

（四）报告日后事项

报告日后事项，是指自报告日（年度报告日通常为 12 月 31 日）至报告批准报出日之间发生的需要调整或说明的事项，包括调整事项和非调整事项两类。

报告日以后获得新的或者进一步的证据，有助于对报告日存在状况的有关金额作出重新估计，应当作为调整事项，据此对报告日的报表进行调整。调整事项包括已证实资产发生了减损、已确定获得或者支付的赔偿、财务舞弊或者差错等。报告日以后发生的调整事项，应当如同报告所属期间发生的事项一样进行会计处理，对报告日已编制的报表相关项目的期末数或者本期数作相应的调整，并对当期编制的报表相关项目的期初数或者上期数进行调整。

报告日以后才发生或者存在的事项，不影响报告日的存在状况，但如不加以说明，将会影响报告使用者作出正确估计和决策，这类事项应当作为非调整事项，在财务报表附注中予以披露，如自然灾害导致的资产损失、外汇汇率发生重大变化等。

七、政府财务报告

（一）政府财务报告的内容

政府财务报告以权责发生制为基础编制，包括政府部门财务报告和政府综合财务报告。政府部门财务报告由政府部门编制，主要反映本部门财务状况、运行情况等，为加强政府部门资产负债管理、预算管理、绩效管理等提供信息支撑。政府综合财务报告由政府财政部门编制，主要反映政府整体财务状况、运行情况和财政中长期可持续性等，可作为考核地方政府绩效、开展地方政府信用评级、评估预警地方政府债务风险、编制全国和地方资产负债表以及制定财政中长期规划和其他相关规划的重要依据。

1. 政府部门财务报告的构成及内容。

政府部门财务报告应当包括会计报表、报表附注、财务分析等。会计报表主要包括资产负债表、收入费用表及当期盈余与预算结余差异表等。资产负债表重点反映政府部门年末财务状况。资产负债表应当按照资产、负债和净资产分类分项列示。其中，资产应当按照流动性分类分项列示，包括流动资产、非流动资产等；负债应当按照流动性分类分项列示，包括流动负债、非流动负债等。收入费用表重点反映政府部门年度运行情况。收入费用表应当按照收入、费用和盈余分类分项列示。当期盈余与预算结余差异表重点反映政府部门权责发生制基础当期盈余与现行会计制度下当期预算结余之间的差异。报表附注重点对财务报表作进一步解释说明，一般应当按照下列顺序披露：报表的编制基础、遵循政府会计准则和会计制度的声明；报表涵盖的主体范围；重要会计政策和会计估计；报表中重要项目的明细资料和进一步说明；或有和承诺事项、资产负债表日后重大事项的说明；部门及所属单位代表政府管理的有关经济业务或事项的说明，包括政府储备资产、公共基础设施、保障性住房等；需要说明的其他事项。政府部门财务分析主要包括资产负债状况分析、运行情况分析、相关指标变化情况及趋势分析等。

2. 政府综合财务报告的构成及内容。

政府综合财务报告应当包括会计报表、报表附注、财政经济分析、政府财政财务管理情况等。会计报表主要包括资产负债表、收入费用表及当期盈余与预算结余差异表等。资产负债表重点反映政府整体年末财务状况。资产负债表应当按照资产、负债和净资产分类分项列示。其中，资产应当按照流动性分类分项列示，包括流动资产、非流动资产等；负债应当按照流动性分类分项列示，包括流动负债、非流动负债等。收入费用表重点反映政府整体年度运行情况。收入费用表应当按照收入、费用和盈余分类分项列示。当期盈余与预算结余差异表重点反映政府整体权责发生制基础当期盈余与现行会计制度下当期预算结余之间的差异。报表附注重点对会计报表作进一步解释说明，一般应当按照下列顺序披露：报表的编制基础、遵循政府会计准则和会计制度的声明；报表涵盖的主体范围；重要会计政策和会计估计；报表中重要项目的明细资料和进一步说明，包括政府重要资产转让及其出售情况，重大投资、融资活动等；或有和承诺事项、资产负债表日后重大事项的说明；与政府履职和财务情况密切相关的经济业务或事项的说明，包括政府储备资产、公共基础设施、保障性住房、政府持有的企业的出资人权益等；需要说明的其他事项。政府财政经济分析应当包括财务状况分析、运行情况分析、财政中长期可持续性分析等。

（二）政府财务报告编制

1. 政府部门财务报告编制。

政府部门财务报告由本部门所属单位逐级编制。政府各单位应当以经核对无误的会计账簿数据为基础编制本单位财务报表。政府各单位应当严格按照相关财政财务管理制度以及会计制度规定，全面清查核实单位的资产负债，做到账实相符、账证相符、账账相符、账表相符。对代表政府管理的资产，各单位应全面清查核实，完善基础资料，全面、准确、真实、完整地反映。

政府各部门应当对所属各单位财务报表进行合并编制本部门财务报表。编制合并财务报表时，对部门内部单位之间发生的经济业务或事项应当经过确认后抵销，并编制抵销分录，在此基础上分项合并财务报表项目。政府部门财务报表之间、财务报表各项目之间，凡有对应关系的数字，应当相互一致；报表中本期与上期有关的数字应当衔接。

2. 政府综合财务报告编制。

政府财政部门应当以财政总预算会计报表、农业综合开发资金会计报表、部门财务报表、土地储备资金财务报表、物资储备资金会计报表等为基础编制政府综合财务报表。政府财政部门应当严格按照相关财政管理制度以及会计制度规定，全面清查核实财政部门代表政府管理的资产负债等，做到账实相符、账证相符、账账相符、账表相符。政府财政部门应当对本级财政总预算会计报表、农业综合开发资金会计报表、部门财务报表、土地储备资金财务报表、物资储备资金会计报表等进行合并，编制本级政府综合财务报表。对于未在财政总预算会计报表中反映的政府股权投资、投资收益等，暂按权益法从国有企业财务会计决算报表中取得相关数据纳入政府综合财务报表。

编制本级政府综合财务报表时，经确认后，应当对被合并报表之间经济业务或事项进行抵销，并编制抵销分录，在此基础上分项加总财务报表项目。县级以上政府财政部门要合并汇总本级政府综合财务报表和下级政府综合财务报表，编制本行政区政府综合财务报表。

第四节　政府采购制度

一、政府采购制度概述

政府采购是指各级国家机关、事业单位和团体组织，使用财政性资金采购依法制定的集中采购目录以内的或者采购限额标准以上的货物、工程和服务的行为。

政府采购制度是为增强政府宏观调控能力、规范政府采购行为、提高资金使用效益而制定的一系列法律、规章和办法的总称。我国的政府采购制度由《中华人民共和国政府采购法》以及一系列的部门规章、地方性法规和政府规章组成。

二、政府采购当事人

政府采购当事人是指在政府采购活动中享有权利和承担义务的各类主体，包括采购人、供应商和采购代理机构等。采购人是指依法进行政府采购的国家机关、事业单位、团体组织。供应商是指向采购人提供货物、工程或者服务的法人、其他组织或者自然人。

政府采购代理机构包括以下两类：

一是设区的市、自治州以上人民政府根据本级政府采购项目组织集中采购的需要设立的集中采购机构（属于非营利事业法人）。

二是取得省级以上财政部门认定资格，依法接受采购人委托，从事政府采购代理业务的社会中介机构。

采购人应当根据项目特点、代理机构专业领域和综合信用评价结果，从政府采购代理机构名录中自主择优选择代理机构。任何单位和个人不得以摇号、抽签、遴选等方式干预采购人自行选择代理机构。

代理机构受采购人委托办理采购事宜，应当与采购人签订委托代理协议，明确采购代理范围、权限、期限、档案保存、代理费用收取方式及标准、协议解除及终止、违约责任等具体事项，约定双方权利义务。代理费用可以由中标、成交供应商支付，也可由采购人支付。由中标、成交供应商支付的，供应商报价应当包含代理费用。代理费用超过分散采购限额标准的，原则上由中标、成交供应商支付。

供应商可以在采购活动结束后 5 个工作日内，在政府采购信用评价系统中记录代理机构的职责履行情况。

三、政府采购的资金范围与政府采购的对象

（一）政府采购的资金范围

政府采购资金是指财政性资金。这里的财政性资金包括财政预算资金以及与财政预算资金相配套的单位自筹资金。

（二）政府采购的对象

政府采购的对象包括货物、工程和服务：（1）货物指各种形态和种类的物品，包括原材料、燃料、设备、产品等。（2）工程指建设工程，包括建筑物和构筑物的新建、改建、扩建、装修、拆除、修缮等。（3）服务指除货物和工程以外的其他政府采购对象。

四、政府采购的执行模式

政府采购实行集中采购和分散采购相结合的模式。

（一）集中采购

采购人采购纳入集中采购目录的政府采购项目，应当实行集中采购。集中采购目录由省级以上人民政府确定并公布。属于中央预算的政府采购项目，其集中采购目录由国务院确定并公布；属于地方预算的政府采购项目，其集中采购目录由省级人民政府或者其授权的机构确定并公布。采购人采购纳入集中采购目录的政府采购项目，必须委托集中采购机构（即采购代理机构）代理采购。

（二）分散采购

采购人采购集中采购目录之外且达到限额标准以上的采购项目，应当实行分散采购。政府采购限额标准由省级以上人民政府确定并公布。属于中央预算的政府采购项目，其

政府采购限额标准由国务院确定并公布；属于地方预算的政府采购项目，其政府采购限额标准由省级人民政府或者其授权的机构确定并公布。采购未纳入集中采购目录的政府采购项目，可以自行采购，也可以委托集中采购机构在委托的范围内代理采购。

五、政府采购的方式

政府采购采用公开招标、邀请招标、竞争性谈判、单一来源、询价以及国务院政府采购监督管理部门认定的其他采购方式。其中，公开招标应作为政府采购的主要采购方式。

1. 公开招标，是指采购人或其委托的政府采购代理机构以招标公告的方式邀请不特定的供应商参加投标竞争，从中择优选择中标供应商的采购方式。采购人采购货物或者服务应当采用公开招标方式的，其具体数额标准，属于中央预算的政府采购项目，由国务院规定；属于地方预算的政府采购项目，由省、自治区、直辖市人民政府规定。

《政府采购货物和服务招标投标管理办法》（2017 年财政部令第 87 号）规定，公开招标公告应当包括以下主要内容：采购人及其委托的采购代理机构的名称、地址和联系方法；采购项目的名称、预算金额，设定最高限价的，还应当公开最高限价；采购人的采购需求；投标人的资格要求；获取招标文件的时间期限、地点、方式及招标文件售价；公告期限；投标截止时间、开标时间及地点；采购项目联系人姓名和电话。采购人根据价格测算情况，可以在采购预算额度内合理设定最高限价，但不得设定最低限价。

2. 邀请招标，是指采购人或其委托的政府采购代理机构以投标邀请书的方式邀请 3 家或 3 家以上特定的供应商参与投标的采购方式。符合下列情形之一的货物或者服务，可以采用邀请招标方式采购：（1）具有特殊性，只能从有限范围的供应商处采购的；（2）采用公开招标方式的费用占政府采购项目总价值的比例过大的。

采购人、采购代理机构采购以下货物、工程和服务之一的，可以采用竞争性谈判、单一来源采购方式采购；采购货物的，还可以采用询价采购方式：（1）依法制定的集中采购目录以内，且未达到公开招标数额标准的货物、服务；（2）依法制定的集中采购目录以外、采购限额标准以上，且未达到公开招标数额标准的货物、服务；（3）达到公开招标数额标准、经批准采用非公开招标方式的货物、服务；（4）按照招标投标法及其实施条例必须进行招标的工程建设项目以外的政府采购工程。达到公开招标数额标准的货物、服务采购项目，拟采用非招标采购方式（即竞争性谈判、单一来源和询价）的，采购人应当在采购活动开始前，报经主管预算单位同意后，向设区的市、自治州以上人民政府财政部门申请批准；拟采用单一来源采购方式的，采购人、采购代理机构报财政部门批准之前，还应当在省级以上财政部门指定媒体上公示（公示期不得少于 5 个工作日），并将公示情况一并报财政部门。

3. 竞争性谈判，是指谈判小组与符合资格条件的供应商就采购货物、工程和服务事宜进行谈判，供应商按照谈判文件的要求提交响应文件和最后报价，采购人从谈判小组提出的成交候选人中确定成交供应商的采购方式。符合下列情形之一的采购项目，可以采用竞争性谈判方式采购：（1）招标后没有供应商投标或者没有合格标的，或者重新招标未能成立的；（2）技术复杂或者性质特殊，不能确定详细规格或者具体要求的；（3）非采购人所能预见的原因或者非采购人拖延造成采用招标所需时间不能满足用户紧急需要的；（4）因艺术品采购、专利、专有技术或者服务的时间、数量事先不能确定等原因不能事先计算出价格总额的。

4. 单一来源，是指采购人从某一特定供应商处采购货物、工程和服务的采购方式。符合下列情形之一的采购项目，可以采用单一来源方式采购：（1）只能从唯一供应商处采购的；（2）发生了不可预见的紧急情况不能从其他供应商处采购的；（3）必须保证原有采购项目一致性或者服务配套的要求，需要继续从原供应商处添购，且添购资金总额不超过原合同采购金额10%的。

【例9-19】甲事业单位2020年经财政批复购置一套仪器设备，项目预算总金额600万元，甲单位同中标的A公司签订了总价600万元的政府采购合同。由于该套设备需要同与其配套的设备组装后才能正常投入使用，为此甲事业单位研究决定用财政专户返还的资金58万元购置配套设备。为了保证服务配套的要求，需要继续从原供应商A公司采购，由于采购资金总额58万元不超过原合同采购金额600万元的10%，符合采用单一来源方式采购的条件，因此甲单位可以同A公司签订配套设备的政府采购合同。

5. 询价，是指询价小组向符合资格条件的供应商发出采购货物询价通知书，要求供应商一次报出不得更改的价格，采购人从询价小组提出的成交候选人中确定成交供应商的采购方式。采购的货物规格、标准统一、现货货源充足且价格变化幅度较小的政府采购项目，可以采用询价方式采购。

六、政府采购程序与政府采购合同

（一）编制和批准政府采购预算

负有编制部门预算职责的部门在编制下一财政年度部门预算时，应当将该财政年度政府采购的项目及资金预算列出，报本级财政部门汇总。部门预算的审批，按预算管理权限和程序进行。

（二）选择采购方式、适用程序与合同签订

货物或者服务项目采取邀请招标方式采购的，采购人应当从符合相应资格条件的供应商中，通过随机方式选择三家以上的供应商，并向其发出投标邀请书。

货物和服务项目实行招标方式采购的，自招标文件开始发出之日起至投标人提交投标文件截止之日止，不得少于20日。在招标采购中，出现下列情形之一的，应予废标：（1）符合专业条件的供应商或者对招标文件作实质响应的供应商不足3家的；（2）出现影响采购公正的违法、违规行为的；（3）投标人的报价均超过了采购预算，采购人不能支付的；（4）因重大变故，采购任务取消的。废标后，采购人应当将废标理由通知所有投标人。废标后，除采购任务取消情形外，应当重新组织招标；需要采取其他方式采购的，应当在采购活动开始前获得设区的市、自治州以上人民政府采购监督管理部门或者政府有关部门批准。

《政府采购货物和服务招标投标管理办法》（2017年财政部令第87号）规定，评标委员会负责具体评标事务，并独立履行下列职责：审查、评价投标文件是否符合招标文件的商务、技术等实质性要求；要求投标人对投标文件有关事项作出澄清或者说明；对投标文件进行比较和评价；确定中标候选人名单，以及根据采购人委托直接确定中标人；向采购人、采购代理机构或者有关部门报告评标中发现的违法行为。评标委员会由采购人代表和评审专家组成，成员人数应当为5人以上单数，其中评审专家不得少于成员总数的2/3。采购项目符合下列情形之一的，评标委员会成员人数应当为7人以上单数：采购预算金额在1 000万元以上；技术复杂；社会影响较大。

采用竞争性谈判方式或询价方式采购的，应当遵循下列程序：（1）成立竞争性谈判小组或询价小组。竞争性谈判小组或询价小组由采购人代表和评审专家共3人以上的单数组成，其中评审专家的人数不得少于竞争性谈判小组或询价小组成员总数的2/3。采购人不得以评审专家身份参加本部门或本单位采购项目的评审。采购代理机构人员不得参加本机构代理的采购项目的评审。达到公开招标数额标准的货物或者服务采购项目，或者达到招标规模标准的政府采购工程，竞争性谈判小组或者询价小组应当由5人以上单数组成。采用竞争性谈判、询价方式采购的政府采购项目，评审专家应当从政府采购评审专家库内相关专业的专家名单中随机抽取。技术复杂、专业性强的竞争性谈判采购项目，通过随机方式难以确定合适的评审专家的，经主管预算单位同意，可以自行选定评审专家。技术复杂、专业性强的竞争性谈判采购项目，评审专家中应当包含1名法律专家。（2）竞争性谈判小组或询价小组确认或制定谈判文件、询价通知书。谈判文件、询价通知书不得要求或者标明供应商名称或者特定货物的品牌，不得含有指向特定供应商的技术、服务等条件。谈判文件、询价通知书应当包括供应商资格条件、采购邀请、采购方式、采购预算、采购需求、采购程序、价格构成或者报价要求、响应文件编制要求、提交响应文件截止时间及地点、保证金缴纳数额和形式、评定成交的标准等；谈判文件还应当明确谈判小组根据与供应商谈判情况可能发生实质性变动的内容，包括采购需求中的技术、服务要求以及合同草案条款。从谈判文件、询价通知书发出之日起至供应商提交首次响应文件截止之日止不得少于3个工作日。（3）确定参加谈判或询价的供应商名单。采购人、采购代理机构应当通过发布公告、从省级以上财政部门建立的供应商库中随机抽取或者采用采购人和评审专家分别书面推荐的方式邀请不少于3家符合相应资格条件的供应商参与竞争性谈判或者询价采购活动。（4）评审及确定成交候选人。谈判小组、询价小组应当对响应文件进行评审。谈判小组应当根据谈判文件规定的程序、评定成交的标准等事项与符合实质性响应谈判文件要求的供应商进行谈判。参加询价采购活动的供应商，应当按照询价通知书的规定一次报出不得更改的价格。谈判小组、询价小组应当从质量和服务均能满足采购文件实质性响应要求的供应商中，按照最后报价（竞争性谈判方式）/报价（询价方式）由低到高的顺序提出3名以上成交候选人，并编写评审报告。（5）确定成交供应商。采购人应当在收到评审报告后5个工作日内，从评审报告提出的成交候选人中，根据质量和服务均能满足采购文件实质性响应要求且最后报价（竞争性谈判方式）/报价（询价方式）最低的原则确定成交供应商，也可以书面授权谈判小组、询价小组直接确定成交供应商。（6）公告成交结果、签订政府采购合同。采购人或者采购代理机构应当在成交供应商确定后2个工作日内，在省级以上财政部门指定的媒体上公告成交结果，同时向成交供应商发出成交通知书，并将竞争性谈判文件、询价通知书随成交结果同时公告。采购人与成交供应商应当在成交通知书发出之日起30日内签订政府采购合同。

采用单一来源采购方式采购的，采购人、采购代理机构应当组织具有相关经验的专业人员与供应商商定合理的成交价格并保证采购项目质量。

招标文件要求投标人提交投标保证金的，投标保证金不得超过采购项目预算金额的2%。采购文件要求中标或者成交供应商提交履约保证金的，供应商应当以支票、汇票、本票或者金融机构、担保机构出具的保函等非现金形式提交。履约保证金的数额不得超过政府采购合同金额的10%。

七、加强政府采购需求管理

1. 关于政府采购需求管理。政府采购需求管理，是指采购人组织确定采购需求和编制采购实施计划，并实施相关风险控制管理的活动。采购需求管理应当遵循科学合理、厉行节约、规范高效、权责清晰的原则。采购人对采购需求管理负有主体责任，对采购需求和采购实施计划的合法性、合规性、合理性负责。

2. 关于政府采购需求。采购需求，是指采购人为实现项目目标，拟采购的标的及其需要满足的技术、商务要求。技术要求是指对采购标的的功能和质量要求，包括性能、材料、结构、外观、安全，或者服务内容和标准等。商务要求是指取得采购标的的时间、地点、财务和服务要求，包括交付（实施）的时间（期限）和地点（范围），付款条件（进度和方式），包装和运输，售后服务，保险等。采购需求应当符合法律法规、政府采购政策和国家有关规定，符合国家强制性标准，遵循预算、资产和财务等相关管理制度规定，符合采购项目特点和实际需要。采购需求应当依据部门预算（工程项目概预算）确定。确定采购需求应当明确实现项目目标的所有技术、商务要求，功能和质量指标的设置要充分考虑可能影响供应商报价和项目实施风险的因素。采购需求应当清楚明了、表述规范、含义准确。技术要求和商务要求应当客观，量化指标应当明确相应等次，有连续区间的按照区间划分等次。需由供应商提供设计方案、解决方案或者组织方案的采购项目，应当说明采购标的的功能、应用场景、目标等基本要求，并尽可能明确其中的客观、量化指标。

采购需求可以直接引用相关国家标准、行业标准、地方标准等标准、规范，也可以根据项目目标提出更高的技术要求。采购人可以在确定采购需求前，通过咨询、论证、问卷调查等方式开展需求调查，了解相关产业发展、市场供给、同类采购项目历史成交信息，可能涉及的运行维护、升级更新、备品备件、耗材等后续采购，以及其他相关情况。面向市场主体开展需求调查时，选择的调查对象一般不少于3个，并应当具有代表性。对于下列采购项目，应当开展需求调查：1 000 万元以上的货物、服务采购项目，3 000 万元以上的工程采购项目；涉及公共利益、社会关注度较高的采购项目，包括政府向社会公众提供的公共服务项目等；技术复杂、专业性较强的项目，包括需定制开发的信息化建设项目、采购进口产品的项目等。

3. 关于政府采购实施计划。采购实施计划，是指采购人围绕实现采购需求，对合同的订立和管理所做的安排。采购实施计划主要包括以下内容：合同订立安排，包括采购项目预（概）算、最高限价，开展采购活动的时间安排，采购组织形式和委托代理安排，采购包划分与合同分包，供应商资格条件，采购方式、竞争范围和评审规则等；合同管理安排，包括合同类型、定价方式、合同文本的主要条款、履约验收方案、风险管控措施等。采购人应当通过确定供应商资格条件、设定评审规则等措施，落实支持创新、绿色发展、中小企业发展等政府采购政策功能。采购人要根据采购项目实施的要求，充分考虑采购活动所需时间和可能影响采购活动进行的因素，合理安排采购活动实施时间。采购人要按照有利于采购项目实施的原则，明确采购包或者合同分包要求。采购项目划分采购包的，要分别确定每个采购包的采购方式、竞争范围、评审规则和合同类型、合同文本、定价方式等相关合同订立、管理安排。根据采购需求特点提出的供应商资格条件，要与采购标的的功能、质量和供应商履约能力直接相关，且属于履行合同必需的条件，包括特定的专业资格或者技术资格、设备设施、业绩情况、专业人才及其管理能力等。业绩情况作为资格条件时，要求供应商提供的同类业务合同一般不超过 2 个，并明确同类业务的具体范围。涉及政府采购政策支持的创新产品采购的，不得提出同类业务合同、生产台数、使用时长等业绩要求。采购方式、评审方法和定价方式的选择应当符合法定适用情形和采购需求特点，除法律法规规定可以在有限范围内竞争或者只能从唯一供应商处采购的情形外，一般采用公开方式邀请供应商参与政府采购活动。采用综合性评审方法的，评审因素应当按照采购需求和与实现项目目标相关的其他因素确定。采购需求客观、明确的采购项目，采购需求中客观但不可量化的指标应当作为实质性要求，不得作为评分项；参与评分的指标应当是采购需求中的量化指标，评分项应当按照量化指标的等次，设置对应的不同分值。如果不能完全确定客观指标，需由供应商提供设计方案、解决方案或者组织方案的采购项目，可以结合需求调查的情况，尽可能明确不同技术路线、组织形式及相关指标的重要性和优先级，设定客观、量化的评审因素、分值和权重。价格因素应当按照相关规定确定分值和权重。

4. 关于风险控制。采购人应当将采购需求管理作为政府采购内控管理的重要内容，建立健全采购需求管理制度，加强对采购需求的形成和实现过程的内部控制和风险管理。采购人可以自行组织确定采购需求和编制采购实施计划，也可以委托采购代理机构或者其他第三方机构开展。采购人应当建立审查工作机制，在采购活动开始前，针对采购需求管理中的重点风险事项，对采购需求和采购实施计划进行审查，包括一般性审查和重点审查。对于审查不通过的，应当修改采购需求和采购实施计划的内容并重新进行审查。一般性审查主要审查是否按照规定的程序和内容确定采购需求、编制采购实施计划，具体审查内容包括：采购需求是否符合预算、资产、财务等管理制度规定；对采购方式、评审规则、合同类型、定价方式的选择是否说明适用理由；属于按规定需要报相关监管部门批准、核准的事项，是否作出相关安排；采购实施计划是否完整。重点审查是在一般性审查的基础上，再开展以下审查：非歧视性审查、竞争性审查、采购政策审查、履约风险审查以及采购人或者主管预算单位认为应当审查的其他内容。

八、加强政府采购执行管理

1. 优化采购活动办事程序。对于供应商法人代表已经出具委托书的，不得要求供应商法人代表亲自领购采购文件或者到场参加开标、谈判等。对于采购人、采购代理机构可以通过互联网或者相关信息系统查询的信息，不得要求供应商提供。除必要的原件核对外，对于供应商能够在线提供的材料，不得要求供应商同时提供纸质材料。对于供应商依照规定提交各类声明函、承诺函的，不得要求其再提供有关部门出具的相关证明文件。

2. 细化采购活动执行要求。采购人允许采用分包方式履行合同的，应当在采购文件中明确可以分包履行的具体内容、金额或者比例。采购人、采购代理机构对投标（响应）文件的格式、形式要求应当简化明确，不得因装订、纸张、文件排序等非实质性的格式、形式问题限制和影响供应商投标（响应）。实现电子化采购的，采购人、采购代理机构应当向供应商免费提供电子采购文件；暂未实现电子化采购的，鼓励采购人、采购代理机构向供应商免费提供纸质采购文件。

3. 规范保证金收取和退还。采购人、采购代理机构应当允许供应商自主选择以支票、汇票、本票、保函等非现金形式缴纳或提交保证金。收取投标（响应）保证金的，采购人、采购代理机构约定的到账（保函提交）截止时间应当与投标（响应）截止时间一致，并按照规定及时退还供应商。收取履约保证金的，应当在采购合同中约定履约保证金退还的方式、时间、条件和不予退还的情形，明确逾期退还履约保证金的违约责任。采购人、采购代理机构不得收取没有法律法规依据的保证金。

4. 及时支付采购资金。政府采购合同应当约定资金支付的方式、时间和条件，明确逾期支付资金的违约责任。对于满足合同约定支付条件的，采购人应当自收到发票后30日内将资金支付到合同约定的供应商账户，不得以机构变动、人员更替、政策调整等为由延迟付款，不得将采购文件和合同中未规定的义务作为向供应商付款的条件。

5. 完善对供应商的利益损害赔偿和补偿机制。采购人和供应商应当在政府采购合同中明确约定双方的违约责任。对于因采购人原因导致变更、中止或者终止政府采购合同的，采购人应当依照合同约定对供应商受到的损失予以赔偿或者补偿。

九、政府采购的基本政策要求

1. 除需要采购的货物、工程或服务在中国境内无法获取或者无法以合理的商业条件获取、为在中国境外使用而进行采购、法律法规另有规定的情况外，政府采购应当采购本国货物、工程和服务。

【例9-20】2020年2月，甲事业单位召集分管财务与政府采购的负责人，就公务车购置事项进行讨论。会议决议：（1）公务车购置金额达到政府采购限额标准以上，应当按照当年财政批复的预算标准履行政府采购程序进行采购；（2）由于同等价格的进口车同国产车相比在性能及安全方面有明显优势，应要求接受委托的集中采购机构购买进口车。

本例中，甲单位决议（2）不正确。按照政府采购法有关政府采购应当采购本国货物、工程和服务的规定，尽管采购价格等同的进口车在性能及安全方面更优，甲单位也应采购国产车。

2. 政府采购的信息应当在政府采购监督管理部门指定的媒体上及时向社会公开发布，但涉及商业秘密的除外。

3. 政府采购活动中，采购人员及相关人员与供应商有利害关系的，必须回避。供应商认为采购人员及相关人员与其他供应商有利害关系的，可以申请其回避。这里的相关人员，包括招标采购中评标委员会的组成人员、竞争性谈判采购中谈判小组的组成人员、询价采购中询价小组的组成人员等。

4. 采购人可以委托经国务院有关部门或者省级人民政府有关部门认定资格的采购代理机构，在委托的范围内办理政府采购事宜。采购人有权自行选择采购代理机构，任何单位和个人不得以任何方式为采购人指定采购代理机构。

十、政府购买服务与服务项目政府采购

政府购买服务属于政府采购的范畴，应当遵循政府采购法律法规和有关制度的规定。国务院办公厅发布的《关于政府向社会力量购买服务的指导意见》（国办发〔2013〕96号）和《政府购买服务管理办法（暂行）》（财综〔2014〕96号）均规定政府购买服务按照政府采购相关法律制度规定执行。2015年3月1日开始施行的《中华人民共和国政府采购法实施条例》，明确服务包括政府自身需要的服务和政府向社会公众提供的公共服务，确立了政府购买服务的法律地位，进一步明确了政府购买服务适用政府采购相关法律法规的规定，并在制定采购需求、适用采购方式、履约验收等方面对采购公共服务作出了专门规定。

对于政府购买服务与政府采购的概念，从内涵上看，政府购买与政府采购没有实质上的差别；从外延上看，二者略有差异。政府采购的主体范围要大于政府购买服务。政府采购的主体是指各级国家机关、事业单位和社会团体组织；而政府购买服务的主体是各级行政机关和具有行政管理职能的事业单位。不具备行政管理职能的事业单位服务项目采购，属于政府采购范围，但不属于政府购买服务范围。

根据现行政府采购品目分类，可以按照服务受益对象将服务项目分为三类：（1）第一类为保障政府部门自身正常运转需要向社会购买的服务，如公文印刷、物业管理、公车租赁、系统维护等。（2）第二类为政府部门为履行宏观调控、市场监管等职能需要向

社会购买的服务，如法规政策、发展规划、标准制定的前期研究和后期宣传、法律咨询等。(3) 第三类为增加国民福利、受益对象特定，政府向社会公众提供的公共服务。包括：以物为对象的公共服务，如公共设施管理服务、环境服务、专业技术服务等；以人为对象的公共服务，如教育、医疗卫生和社会服务等。

推进和完善服务项目政府采购应制定完整、明确、符合国家法律法规以及政府采购政策规定的服务采购需求标准。第一类中列入政府集中采购目录的服务项目，采购需求标准由集中采购机构提出。其他服务项目的采购需求标准由采购人（购买主体）提出。采购人、集中采购机构制定采购需求标准时，应当广泛征求相关供应商（承接主体）、专家意见。对于第三类服务项目，还应当征求社会公众的意见。各省级财政部门可以根据实际情况，分品目制定发布适用于本行政区域的服务项目采购需求标准。

十一、政府采购的特殊规定

1. 采购人在政府采购活动中，应当优先购买自主创新产品，按照《政府采购自主创新产品目录》中的货物和服务编制自主创新产品政府采购预算。采购人在预算执行过程中因购买自主创新产品确需超出采购预算的，可按规定程序申请调整预算。

2. 采购人用财政性资金进行采购的，应当优先采购节能产品，逐步淘汰低能效产品。政府采购属于国家有关部门公布的"节能产品政府采购品目清单"中的产品时，在技术服务等指标同等条件下，应当优先采购节能清单所列的节能产品。采购人或其委托的采购代理机构未按要求采购节能产品的，财政部门视其具体情况可以拒付采购资金。

3. 采购人用财政性资金进行采购的，应当优先采购环境标志产品，不得采购危害环境及人体健康的产品。政府采购属于国家有关部门公布的"环境标志产品政府采购品目清单"中的产品时，在性能、技术、服务等指标同等条件下，应当优先采购环境标志产品品目清单所列的环境标志产品。采购人或其委托的采购代理机构未按要求采购环境标志产品的，财政部门视具体情况可以拒付采购资金。

4. 采购人采购进口产品时，应当坚持有利于本国企业自主创新或消化吸收核心技术的原则，优先购买向我方转让技术、提供培训服务及其他补偿贸易措施的产品。采购人需要采购的产品在中国境内无法获取或者无法以合理的商业条件获取，以及法律法规另有规定确需采购进口产品的，应当在获得财政部门核准后，依法开展政府采购活动。采购人采购国家限制进口的重大技术装备和重大产业技术的，应当出具发展改革委的意见。采购人采购国家限制进口的重大科学仪器和装备的，应当出具科技部的意见。政府采购进口产品应当以公开招标为主要方式。因特殊情况需要采用公开招标以外采购方式的，按照政府采购有关规定执行。政府采购进口产品合同履行中，采购人确需追加与合同标的相同的产品，在不改变合同其他条款的前提下，且所有补充合同的采购金额不超过原合同采购金额的 10% 的，可以与供应商协商签订补充合同，不需要重新审核。

第五节　国有资产管理

一、行政事业单位国有资产管理概述

行政事业单位国有资产，是指行政事业单位占有、使用的，依法确认为国家所有，能以货币计量的各种经济资源的总称，即行政事业性国有资产，具体包括行政单位、事业单位通过以下方式取得或者形成的资产：使用财政资金形成的资产；接受调拨或者划转、置换形成的资产；接受捐赠并确认为国有的资产；其他国有资产。

行政事业单位国有资产表现形式为流动资产、固定资产、无形资产和对外投资等。

行政事业单位国有资产实行国家统一所有，政府分级监管，单位占有、使用的管理体制。各级财政部门是政府负责行政事业单位国有资产管理的职能部门，对行政事业单位的国有资产实施综合管理。事业单位的主管部门负责对本部门所属事业单位的国有资产实施监督管理。行政事业单位对本单位占有、使用的国有资产实施具体管理。

加强行政事业单位国有资产管理，应当坚持资产管理与预算管理相结合的原则，推行实物费用定额制度，促进行政事业资产整合与共享共用，实现资产管理和预算管理的紧密统一；应当坚持所有权和使用权相分离的原则；应当坚持资产管理与财务管理、实物管理与价值管理相结合的原则。

二、行政事业单位国有资产配置、使用及处置

（一）行政单位国有资产配置、使用及处置

1. 资产配置。

行政单位国有资产配置应当遵循以下原则：严格执行法律、法规和有关规章制度；与行政单位履行职能需要相适应；科学合理，优化资产结构；勤俭节约，从严控制。对有规定配备标准的资产，应当按照标准进行配备；资产配置标准应当按照勤俭节约、讲求绩效和绿色环保的要求，根据国家有关政策、经济社会发展水平、市场价格变化、科学技术进步等因素适时调整。对没有规定配备标准的资产，应当从实际需要出发，从严控制，合理配备。财政部门对要求配置的资产，能通过调剂解决的，原则上不重新购置。不能调剂的，可以采用购置、建设、租用等方式。

行政单位购置有规定配备标准的资产，除国家另有规定外，应当按下列程序报批：

（1）行政单位的资产管理部门会同财务部门审核资产存量，提出拟购置资产的品目、数量，测算经费额度，经单位负责人审核同意后报同级财政部门审批，并按照同级财政部门要求提交相关材料。

（2）同级财政部门根据单位资产状况对行政单位提出的资产购置项目进行审批。

（3）经同级财政部门审批同意，各单位可以将资产购置项目列入单位年度部门预

算，并在编制年度部门预算时将批复文件和相关材料一并报同级财政部门，作为审批部门预算的依据。未经批准，不得列入部门预算，也不得列入单位经费支出。

行政单位购置纳入政府采购范围的资产，依法实施政府采购。

2. 资产使用。

行政单位应当认真做好国有资产的使用管理工作，做到物尽其用，充分发挥国有资产的使用效益；建立严格的国有资产管理责任制，将国有资产管理责任落实到人，对所占有、使用的国有资产应当定期清查盘点，做到家底清楚，账、卡、实相符，防止国有资产流失，保障国有资产的安全完整，避免国有资产使用中的不当和浪费。

行政单位国有资产应当用于本单位履行职能的需要。除法律另有规定外，行政单位不得以任何形式将国有资产用于对外投资或者设立营利性组织，不得用国有资产对外担保，法律另有规定的除外。行政单位将占有、使用的国有资产对外出租、出借的，必须事先上报同级财政部门审核批准。行政单位应严格控制出租出借国有资产行为，确需出租出借资产的，在按照规定程序履行报批手续后，原则上实行公开竞价招租，必要时可以采取评审或者资产评估等方式确定出租价格，确保出租出借过程的公正透明。行政单位出租出借的国有资产，其所有权性质不变，仍归国家所有；所形成的收入，应当按照政府非税收入管理的规定，在扣除相关税费后及时、足额上缴国库，严禁隐瞒、截留、坐支和挪用。

3. 资产处置。

行政单位国有资产处置，是指行政单位国有资产产权的转移及核销，包括各类国有资产的无偿转让、出售、置换、报损、报废等。行政单位处置国有资产应当严格履行审批手续，未经批准不得处置。

行政单位需处置的国有资产范围包括：（1）闲置资产；（2）因技术原因并经过科学论证，确需报废、淘汰的资产；（3）因单位分立、撤销、合并、改制、隶属关系改变原因发生的产权或者使用权转移的资产；（4）盘亏、呆账及非正常损失的资产；（5）已超过使用年限无法使用的资产；（6）依照国家有关规定需要进行资产处置的其他情形。

行政单位国有资产处置应当按照公开、公正、公平的原则进行。资产的出售与置换应当采取拍卖、招投标、协议转让及国家法律、行政法规规定的其他方式进行，处置变价收入和残值收入，应当按照政府非税收入管理的规定，在扣除相关税费后及时、足额上缴国库，严禁隐瞒、截留、坐支和挪用。

（二）事业单位国有资产的配置、使用及处置

1. 资产配置。

事业单位国有资产配置是指财政部门、主管部门、事业单位等根据事业单位履行职能的需要，按照国家有关法律、法规和规章制度规定的程序，通过调剂、购置、建设、租用等方式为事业单位配备资产的行为。事业单位国有资产配置应当符合以下条件：（1）现有资产无法满足事业单位履行职能的需要；（2）难以与其他单位共享、共用相关资产；（3）难以通过市场购买或者租用的方式代替资产配置，或者采取市场购买或者租用方式的成本过高。

事业单位国有资产配置应当符合规定的配置标准；没有规定配置标准的，应当从严

控制，合理配置。对于事业单位长期闲置、低效运转或者超标准配置的资产，原则上由主管部门进行调剂，并报同级财政部门备案；跨部门、跨地区的资产调剂应当报同级或者共同上一级的财政部门批准。

事业单位向财政部门申请用财政性资金购置规定限额以上资产的（包括事业单位申请用财政性资金举办大型会议、活动需要进行的购置），除国家另有规定外，按照下列程序报批：

（1）年度部门预算编制前，事业单位资产管理部门会同财务部门审核资产存量，提出下一年度拟购置资产的品目、数量，测算经费额度，报主管部门审核。

（2）主管部门根据事业单位资产存量状况和有关资产配置标准，审核、汇总事业单位资产购置计划，报同级财政部门审批。

（3）同级财政部门根据主管部门的审核意见，对资产购置计划进行审批。

（4）经同级财政部门批准的资产购置计划，事业单位应当列入年度部门预算，并在上报年度部门预算时附送批复文件等相关材料，作为财政部门批复部门预算的依据。

事业单位向主管部门或者其他部门申请项目经费的，有关部门在下达经费前，应当将所涉及的规定限额以上的资产购置事项报同级财政部门批准。事业单位用其他资金购置规定限额以上资产的，报主管部门审批；主管部门应当将审批结果定期报同级财政部门备案。购置纳入政府采购范围的资产，应当按照国家有关政府采购的规定执行。

2. 资产使用。

事业单位国有资产的使用包括单位自用和对外投资、出租、出借、担保等方式。除法律法规另有规定外，事业单位利用国有资产对外投资、出租、出借和担保等，应当进行必要的可行性论证，并提出申请，经主管部门审核同意后，报同级财政部门审批。除国家另有规定外，事业单位应严格控制出租出借国有资产行为，确需出租出借资产的，在按照规定程序履行报批手续后，原则上实行公开竞价招租，必要时可以采取评审或者资产评估等方式确定出租价格，确保出租出借过程的公正透明。事业单位对外投资收益以及利用国有资产出租、出借和担保等取得的收入应当纳入单位预算，统一核算，统一管理。

国家设立的研究开发机构、高等院校对其持有的科技成果，可以自主决定转让、许可或者作价投资，不需报主管部门、财政部门审批或者备案，并通过协议定价、在技术交易市场挂牌交易、拍卖等方式确定价格。通过协议定价的，应当在本单位公示科技成果名称和拟交易价格。

国家设立的研究开发机构、高等院校转化科技成果所获得的收入全部留归本单位。

3. 资产处置。

事业单位国有资产处置，是指事业单位对其占有、使用的国有资产进行产权转让或者注销产权的行为。事业单位国有资产处置应当遵循公开、公正、公平的原则。处置方式包括出售、出让、转让、对外捐赠、报废、报损以及货币性资产损失核销等。事业单位处置国有资产，应当严格履行审批手续，未经批准不得自行处置。但国家设立的研究开发机构、高等院校对其持有的科技成果，可以自主处置。国家法律、行政法规另有规定的，依照其规定。

事业单位占有、使用的房屋建筑物、土地和车辆的处置，货币性资产损失的核销，以及单位价值或者批量价值在规定限额以上的资产的处置，经主管部门审核后报同级财政部门审批；规定限额以下的资产的处置报主管部门审批，主管部门将审批结果定期报同级财政部门备案。事业单位出售、出让、转让、变卖资产数量较多或者价值较高的，应当通过拍卖等市场竞价方式公开处置。事业单位国有资产处置收入属于国家所有，应当按照政府非税收入管理的规定，实行"收支两条线"管理。但国家设立的研究开发机构、高等院校转化科技成果所获得的收入全部留归本单位。

三、行政事业单位国有资产的评估、清查及登记

（一）资产评估

行政单位有以下情形之一的，应当对相关国有资产进行评估：（1）行政单位取得的没有原始价格凭证的资产；（2）拍卖、有偿转让、置换国有资产；（3）依照国家有关规定需要进行资产评估的其他情形。

事业单位有下列情形之一的，应当对相关国有资产进行评估：（1）整体或者部分改制为企业；（2）以非货币性资产对外投资；（3）合并、分立、清算；（4）资产拍卖、转让、置换；（5）整体或者部分资产租赁给非国有单位；（6）确定涉讼资产价值；（7）法律、行政法规规定的其他需要进行评估的事项。

事业单位有下列情形之一的，可以不进行资产评估：（1）经批准事业单位整体或者部分资产无偿划转；（2）行政、事业单位下属的事业单位之间的合并、资产划转、置换和转让；（3）国家设立的研究开发机构、高等院校将其持有的科技成果转让、许可或者作价投资给国有全资企业的；（4）发生其他不影响国有资产权益的特殊产权变动行为，报经同级财政部门确认可以不进行资产评估的。

国家设立的研究开发机构、高等院校将其持有的科技成果转让、许可或者作价投资给非国有全资企业的，由单位自主决定是否进行资产评估。

行政事业单位国有资产评估项目实行核准制和备案制。行政事业单位国有资产评估工作应当委托具有资产评估资质的资产评估机构进行。

（二）资产清查

行政事业单位有下列情形之一的，应当进行资产清查：（1）根据本级政府部署要求；（2）发生重大资产调拨、划转以及单位分立、合并、改制、撤销、隶属关系改变等情形；（3）因自然灾害等不可抗力造成资产毁损、灭失；（4）会计信息严重失真；（5）国家统一的会计制度发生重大变更，涉及资产核算方法发生重要变化；（6）财政部门认为应当进行资产清查的其他情形。

行政事业单位进行资产清查，应当向主管部门提出申请，按规定程序报同级财政部门批准立项后组织实施，但根据各级政府及其财政部门专项工作要求进行的资产清查除外。

行政事业单位的资产清查工作内容包括单位基本情况清理、账务清理、财产清查、损益认定、资产核实和完善制度等。其中，资产核实是指财政部门根据国家资产清查政

策和有关财务、会计制度，对行政事业单位资产清查工作中的资产盘盈、资产损失和资金挂账进行认定批复，并对资产总额进行确认的工作。

行政事业单位资产损益经过规定程序和方法进行确认后，按照以下原则进行账务处理：（1）财政部门批复、备案前的资产盘盈（含账外资产）可以按照财务、会计制度的有关规定暂行入账。待财政部门批复、备案后，进行账务调整和处理。（2）财政部门批复、备案前的资产损失和资金挂账，单位不得自行进行账务处理。待财政部门批复、备案后，进行账务处理。（3）资产盘盈、资产损失和资金挂账按规定权限审批后，按国家统一的会计制度进行账务处理。

由于资产使用人、管理人的原因造成资产毁损、灭失的，应当依法追究相关责任。

（三）资产登记

事业单位应当向同级财政部门或者经同级财政部门授权的主管部门申报、办理产权登记，产权登记包括占有产权登记、变更产权登记和注销产权登记。

行政事业单位应当建立资产登记档案，按照规定对其占有、使用国有资产的状况定期作出报告和分析说明。

四、行政事业单位国有资产报告

行政事业单位国有资产报告，是指行政事业单位年度终了，根据资产管理、预算管理等工作需要，在日常管理基础上编制报送的反映行政事业单位年度资产占有、使用、变动等情况的文件，包括行政事业单位资产报表、填报说明和分析报告。各级财政部门、主管部门和行政事业单位应当依托行政事业单位资产管理信息系统，做好资产报告工作，按照各自职责对资产报告的真实性、准确性和完整性负责。

（一）国有资产报告内容

国有资产报告由行政事业单位资产报表、填报说明和分析报告三部分构成。

行政事业单位资产报表分为单户报表和汇总报表两类。单户报表是指行政事业单位在会计核算、资产盘点基础上对账簿记录进行加工编制而成的资产报表，反映行政事业单位资产占有、使用、变动等总体情况以及房屋、土地、车辆、大型设备等重要资产信息。汇总报表是财政部门、主管部门按照财务隶属关系汇总本地区、本部门行政事业单位资产数据形成的资产报表，主要反映本地区、本部门行政事业单位资产总量、分布、构成、变动等总体情况。涉密单位按照国家保密管理有关规定开展资产报告工作，由主管部门报送汇总报表和汇总数据。

行政事业单位资产报表填报说明是对资产报表编制相关情况的说明，主要内容包括：（1）对数据填报口径等情况的说明；（2）对数据审核情况的说明；（3）对账面数与实有数、账面数与财务会计报表数据差异情况的说明；（4）其他需要说明的情况。

分析报告应当以资产和财务状况为主要依据，对资产占有、使用、变动情况，以及资产管理情况等进行分析说明，主要内容包括：（1）部门（单位）的基本情况；（2）资产情况分析，包括资产总量、分布、构成、变动情况及原因分析，与部门（单位）履行职能和促进事业发展相关的主要资产的配置、使用、处置等情况，国有资产收益规模及其管理情况；（3）资产管理工作的成效及经验；（4）资产管理工作存在的问题及原因分析；（5）加强行政事业单位国有资产管理工作的建议；（6）其他需要报告的事项。

（二）国有资产报告编报

行政事业单位应当在做好财务管理、会计核算的基础上，全面盘点资产情况，完善资产卡片数据，编制资产报告，并按照财务隶属关系逐级上报。资产报表数据应当真实、准确、完整，表内数据、表间数据、本期与上期数据、资产与财务数据应当相互衔接。填报说明和分析报告内容应当全面翔实。资产报告编制完毕后，须经编制人员、资产管理部门负责人和单位负责人审查、签字并加盖单位公章后，于规定时间内上报。单位负责人对本单位编制的资产报告的真实性、准确性和完整性负责。行政事业单位应当认真、如实编制资产报告，不得故意瞒报、漏报、编造虚假资产信息。

（三）国有资产报告审核

各级财政部门、主管部门应当对本地区、本部门所属行政事业单位报送的资产报告进行审核。

资产报告审核的主要内容包括：（1）编制范围是否全面完整，是否存在漏报和重复编报现象；（2）编制方法是否符合国家财务、会计制度和资产管理制度规定，是否符合资产报告的编制要求；（3）编制内容是否真实、准确、完整，表内、表间数据勾稽关系是否正确，单户数据与汇总数据、报表数据与资产管理信息系统数据、纸介质数据与电子介质数据是否一致；（4）本期资产报告期初数与上期资产报告期末数、本期资产报告与同期财务报告同口径数据是否一致，数据差异是否合理合规，是否作出合理说明；（5）资产报表填报说明和分析报告是否符合资产报告管理办法规定；（6）其他需要审核的事项。

五、中央级行政事业单位国有资产管理的特殊规定

（一）中央级行政单位国有资产管理的特殊规定

1. 中央行政单位国有资产处置收入（包括国有资产的出售收入、出让收入、置换差价收入、报废报损残值变价收入等）和出租出借收入统称为国有资产收入，属于中央政府非税收入，由财政部负责收缴和监管。

中央行政单位国有资产处置收入上缴中央国库，纳入预算；出租出借收入上缴中央财政专户，支出从中央财政专户中拨付。中央行政单位处置和出租出借国有资产应缴纳的税款和所发生的相关费用（资产评估费、技术鉴定费、交易手续费等），在收入中抵扣，抵扣后的余额按照政府非税收入收缴管理有关规定上缴中央财政。

2. 国有资产收入有关收支，应统一纳入部门预算统筹安排。中央行政单位要如实反映和缴纳国有资产收入，不得隐瞒；不得截留、挤占、坐支和挪用国有资产收入；不得违反规定使用国有资产收入。国有资产收入原来用于发放津贴补贴的部分，上缴中央财政后，由财政部统筹安排，作为规范后中央行政单位统一发放津贴补贴的资金来源。除

此之外，国有资产收入不得再用于人员经费支出。其余国有资产收入原则上由财政部统筹安排用于中央行政单位固定资产更新改造和新增资产配置，可优先安排用于收入上缴单位。

（二）中央级事业单位国有资产管理的特殊规定

1. 中央级事业单位国有资产处置的范围包括：闲置资产，报废、淘汰资产，产权或使用权转移的资产，盘亏、呆账及非正常损失的资产，以及依照国家有关规定需要处置的其他资产。处置方式包括无偿调拨（划转）、对外捐赠、出售、出让、转让、置换、报废报损、货币性资产损失核销等。

2. 中央级事业单位国有资产处置按以下权限予以审批：（1）中央级事业单位一次性处置单位价值或批量价值（账面原值，下同）在800万元人民币（以下简称"规定限额"）以上（含800万元）的国有资产，经主管部门审核后报财政部审批；（2）中央级事业单位一次性处置单位价值或批量价值在规定限额以下的国有资产，由财政部授权主管部门进行审批。主管部门应当于批复之日起15个工作日内，将批复文件（一式三份）报财政部备案。

【例9-21】甲单位为中央级事业单位，其重点实验室一台大型仪器设备于2020年6月提前报废，该仪器设备的账面原值为900万元，累计折旧为800万元，账面价值为100万元，甲单位资产管理部门认为，该仪器设备的账面价值不足800万元，未达到财政部门审批标准，报上级主管部门审批即可。

本例中，甲单位资产管理部门的观点不正确，因为资产处置的审批权限按照资产的原值确定，该仪器设备的账面原值达到800万元，应报经上级主管部门审核后报财政部审批。

3. 中央级事业单位国有资产出售、出让、转让，应当通过产权交易机构、证券交易系统、协议方式以及国家法律、行政法规规定的其他方式进行。中央级事业单位国有资产出售、出让、转让应当严格控制产权交易机构和证券交易系统之外的直接协议方式。中央级事业单位国有资产出售、出让、转让，以按规定权限由财政部、主管部门备案或核准的资产评估报告所确认的评估价值作为市场竞价的参考依据，意向交易价格低于评估结果90%的，应当按规定权限报财政部或主管部门重新确认后交易。

4. 中央级事业单位国有资产处置收入是指在出售、出让、转让、置换、报废报损等处置国有资产过程中获得的收入，包括出售实物资产和无形资产的收入、置换差价收入、报废报损残值变价收入、保险理赔收入、转让土地使用权收益等。中央级事业单位国有资产处置收入，在扣除相关税金、评估费、拍卖佣金等费用后，按照政府非税收入管理和财政国库收缴管理的规定上缴中央国库，实行"收支两条线"管理。

5. 中央级事业单位利用国有资产对外投资形成的股权（权益）的出售、出让、转让收入，按以下规定办理：

（1）利用现金对外投资形成的股权（权益）的出售、出让、转让，属于中央级事业单位收回对外投资，股权（权益）出售、出让、转让收入纳入单位预算，统一核算，统一管理。

（2）利用实物资产、无形资产对外投资形成的股权（权益）的出售、出让、转让收入，按以下情形分别处理：

①收入形式为现金的，扣除投资收益，以及税金、评估费等相关费用后，上缴中央国库，实行"收支两条线"管理；投资收益纳入单位预算，统一核算，统一管理。

【例9-22】甲单位为中央级事业单位，在履行报批手续后对外转让一项股权投资，该投资系以单位拥有的设备对外投资形成的。投资的账面成本为40万元，转让此项股权投资获取的转让款60万元已存入银行。转让投资过程中发生的税金、评估费等相关费用合计5万元。则甲单位转让此项股权投资获取的投资收益为20万元，扣除投资收益以及税金、评估费等相关费用后，甲单位应上缴中央国库35万元。

②收入形式为资产和现金的，现金部分扣除投资收益，以及税金、评估费等相关费用后，上缴中央国库，实行"收支两条线"管理。

6. 中央级事业单位国有资产出租、出借，资产单项或批量价值在800万元人民币以上（含800万元）的，经主管部门审核后报财政部审批；资产单项或批量价值在800万元以下的，由主管部门按照有关规定进行审批，并于15个工作日内将审批结果（一式三份）报财政部备案。中央级事业单位国有资产出租，原则上应采取公开招租的形式确定出租的价格，必要时可采取评审或者资产评估的办法确定出租的价格。中央级事业单位利用国有资产出租、出借的，期限一般不得超过5年。中央级事业单位国有资产出租、出借取得的收入，应按照《财政部关于将按预算外资金管理的收入纳入预算管理的通知》（财预〔2010〕88号）规定纳入一般预算管理，全部上缴中央国库，支出通过一般预算安排，用于收入上缴部门的相关支出，专款专用。

第六节 预算绩效管理

一、预算绩效管理概述

预算绩效管理是政府绩效管理的重要组成部分，是注重支出结果、讲求支出绩效的预算管理新要求。

预算绩效是指预算资金所达到的产出和结果。预算绩效管理是指在预算管理中引入绩效理念，在关注预算投入的同时重视预算产出和效益，将绩效目标设定、绩效跟踪、绩效评价及结果应用纳入预算编制、执行、考核全过程，以提高政府资金配置的经济性、效率性和效益性为目的的一系列管理活动。

2015年实施的新《预算法》明确各级预算应当遵循"讲求绩效"的原则，并对绩效目标管理、绩效评价实施和结果应用、绩效信息公开等作出具体规定。党的十九大报告明确提出了"建立全面规范透明、标准科学、约束有力的预算制度，全面实施绩效管理"的要求。加强预算绩效管理，是公共财政的内在要求，是预算管理的应有之义，其根本目的是改进预算支出管理，优化财政资源配置，提高公共产品和服务的质量。

2018 年 9 月中共中央、国务院下发了《关于全面实施预算绩效管理的意见》，明确指出，全面实施预算绩效管理是推进国家治理体系和治理能力现代化的内在要求，是深化财税体制改革、建立现代财政制度的重要内容，是优化财政资源配置、提升公共服务质量的关键举措，并在构建全方位预算绩效管理格局、建立全过程预算绩效管理链条、完善全覆盖预算绩效管理体系、健全预算绩效管理制度、硬化预算绩效管理约束等方面提出了具体要求，这表明预算绩效管理已从部门推动上升到国家层面。

当前和今后一段时期我国推进预算绩效管理，就是要逐步建立以绩效目标实现为导向，以绩效评价为手段，以结果应用为保障，以改进预算管理、优化资源配置、控制节约成本、提高公共产品质量和公共服务水平为目的，覆盖所有财政性资金，贯穿预算编制、执行、监督全过程的具有中国特色的预算绩效管理体系。

二、预算绩效管理的原则与组织实施

（一）预算绩效管理的原则

1. 目标管理原则。预算管理要围绕绩效目标来进行，事前设定目标、事中跟踪监控目标实现进程、事后评价目标完成情况。

2. 绩效导向原则。预算管理的各环节、每项工作都要以绩效为核心导向，将绩效管理贯穿于预算管理全过程、各环节，实现财政资金运行和预算管理效益最大化。

3. 责任追究原则。预算管理强调各部门的预算支出责任和财政部门的监督责任，实行绩效问责。对无绩效或低绩效的部门，进行责任追究。

4. 信息公开原则。预算绩效信息要逐步向社会公开，接受有关机构和社会公众的监督。

（二）预算绩效管理的组织实施

预算绩效管理的组织实施应按照"统一领导，分级管理"的基本原则进行。各级财政部门负责预算绩效管理工作的统一领导，组织对重点支出进行绩效评价和再评价。预算单位负责具体实施本单位的预算绩效管理工作，包括：（1）按规定编报绩效目标，配合财政部门开展事前绩效评估工作；（2）对预算的执行进行绩效跟踪，并按规定及时将执行中存在的问题和整改措施报主管部门；（3）配合财政部门和主管部门开展绩效评价工作，实施本单位绩效自评工作；（4）根据评价结果加强资金管理，改进绩效管理工作。

三、中央部门预算绩效管理的主要内容

中央部门预算绩效管理是指财政部和中央部门及其所属单位以绩效目标为对象，以绩效目标的设定、审核、批复以及绩效监控、绩效自评和绩效评价等为主要内容所开展的预算管理活动。财政部和中央部门及其所属单位是中央部门预算绩效管理的主体。中

央部门预算绩效管理的对象是纳入中央部门预算管理的全部资金。

（一）绩效目标及其分类

绩效目标是指财政预算资金计划在一定期限内达到的产出和效果。绩效目标是建设项目库、编制部门预算、实施绩效监控、开展绩效评价等的重要基础和依据。

按照预算支出的范围和内容划分，绩效目标包括基本支出绩效目标、项目支出绩效目标和部门（单位）整体支出绩效目标：（1）基本支出绩效目标，是指中央部门预算中安排的基本支出在一定期限内对本部门（单位）正常运转的预期保障程度。一般不单独设定，而是纳入部门（单位）整体支出绩效目标统筹考虑。（2）项目支出绩效目标是指中央部门依据部门职责和事业发展要求，设立并通过预算安排的项目支出在一定期限内预期达到的产出和效果。（3）部门（单位）整体支出绩效目标是指中央部门及其所属单位按照确定的职责，利用全部部门预算资金在一定期限内预期达到的总体产出和效果。

按照时效性划分，绩效目标包括中长期绩效目标和年度绩效目标。中长期绩效目标是指中央部门预算资金在跨度多年的计划期内预期达到的产出和效果。年度绩效目标是指中央部门预算资金在一个预算年度内预期达到的产出和效果。

（二）绩效目标与绩效指标的设定

1. 绩效目标设定。

绩效目标设定是指中央部门或其所属单位按照部门预算管理和绩效目标管理的要求，编制绩效目标并向财政部或中央部门报送绩效目标的过程。绩效目标是部门预算安排的重要依据。未按要求设定绩效目标的项目支出，不得纳入项目库管理，也不得申请部门预算资金。按照"谁申请资金，谁设定目标"的原则，绩效目标由中央部门及其所属单位设定。

绩效目标要能清晰地反映预算资金的预期产出和效果，并以相应的绩效指标予以细化、量化描述。主要包括：（1）预期产出，是指预算资金在一定期限内预期提供的公共产品和服务情况；（2）预期效果，是指上述产出可能对经济、社会、环境等带来的影响情况，以及服务对象或项目受益人对该项产出和影响的满意程度等。

绩效目标设定的依据包括：（1）国家相关法律、法规和规章制度，国民经济和社会发展规划；（2）部门职能、中长期发展规划、年度工作计划或项目规划；（3）中央部门中期财政规划；（4）财政部中期和年度预算管理要求；（5）相关历史数据、行业标准、计划标准等；（6）符合财政部要求的其他依据。

设定的绩效目标应当符合以下要求：（1）指向明确。绩效目标要符合国民经济和社会发展规划、部门职能及事业发展规划等要求，并与相应的预算支出内容、范围、方向、效果等紧密相关。（2）细化量化。绩效目标应当从数量、质量、成本、时效以及经济效益、社会效益、生态效益、可持续影响、满意度等方面进行细化，尽量进行定量表述。不能以量化形式表述的，可采用定性表述，但应具有可衡量性。（3）合理可行。设定绩效目标时要经过调查研究和科学论证，符合客观实际，能够在一定期限内如期实现。（4）相应匹配。绩效目标要与计划期内的任务数或计划数相对应，与预算确定的投资额或资金量相匹配。

【例 9 - 23】甲单位为中央级事业单位，2020 年申报 2021 年财政项目预算共计 36 000 万元。其中，基础设施改造 A 项目预算 800 万元。甲单位填报的该项目绩效目标申报表部分内容如下：产出数量指标仅表述为"改造一栋楼宇"；产出质量指标仅表述为"符合施工合同要求"；产出成本指标仅表述为"控制在预算以内"；产出时效指标仅表述为"项目获批后一次完成"。

本例中，甲单位未能按照指向明确、细化量化、合理可行、相应匹配的要求，正确设定基础设施改造 A 项目的绩效目标。

2. 绩效目标设定的方法。

（1）项目支出绩效目标的设定。

首先，对项目的功能进行梳理，包括资金性质、预期投入、支出范围、实施内容、工作任务、受益对象等，明确项目的功能特性。

其次，依据项目的功能特性，预计项目实施在一定时期内所要达到的总体产出和效果，确定项目所要实现的总体目标，并以定量和定性相结合的方式进行表述。

再次，对项目支出总体目标进行细化分解，从中概括、提炼出最能反映总体目标预期实现程度的关键性指标，并将其确定为相应的绩效指标。

最后，通过收集相关基准数据，确定绩效标准，并结合项目预期进展、预计投入等情况，确定绩效指标的具体数值。

（2）部门（单位）整体支出绩效目标的设定。

首先，对部门（单位）的职能进行梳理，确定部门（单位）的各项具体工作职责。

其次，结合部门（单位）中长期规划和年度工作计划，明确年度主要工作任务，预计部门（单位）在本年度内履职所要达到的总体产出和效果，将其确定为部门（单位）总体目标，并以定量和定性相结合的方式进行表述。

再次，依据部门（单位）总体目标，结合部门（单位）的各项具体工作职责和工作任务，确定每项工作任务预计要达到的产出和效果，从中概括、提炼出最能反映工作任务预期实现程度的关键性指标，并将其确定为相应的绩效指标。

最后，通过收集相关基准数据，确定绩效标准，并结合年度预算安排等情况，确定绩效指标的具体数值。

3. 绩效目标设定的程序。

（1）基层单位设定绩效目标。申请预算资金的基层单位按照要求设定绩效目标，随同本单位预算提交上级单位；根据上级单位审核意见，对绩效目标进行修改完善，按程序逐级上报。

（2）中央部门设定绩效目标。中央部门按要求设定本级支出绩效目标，审核、汇总所属单位绩效目标，提交财政部；根据财政部审核意见对绩效目标进行修改完善，按程序提交财政部。

4. 绩效指标设定。

绩效指标是绩效目标的细化和量化描述，主要包括产出指标、效益指标和满意度指标等。

（1）产出指标是对预期产出的描述，包括数量指标、质量指标、时效指标、成本指标等。

（2）效益指标是对预期效果的描述，包括经济效益指标、社会效益指标、生态效益指标、可持续影响指标等。

（3）满意度指标是反映服务对象或项目受益人的认可程度的指标。

5. 绩效标准。

绩效标准是设定绩效指标时所依据或参考的标准。一般包括：

（1）历史标准，是指同类指标的历史数据等。

（2）行业标准，是指国家公布的行业指标数据等。

（3）计划标准，是指预先制定的目标、计划、预算、定额等数据。

（4）财政部认可的其他标准。

（三）绩效目标的审核

绩效目标审核是指财政部或中央部门对相关部门或单位报送的绩效目标进行审查核实，并将审核意见反馈相关单位，指导其修改完善绩效目标的过程。按照"谁分配资金，谁审核目标"的原则，绩效目标由财政部或中央部门按照预算管理级次进行审核。根据工作需要，绩效目标可委托第三方予以审核。

绩效目标审核是部门预算审核的有机组成部分。绩效目标不符合要求的，财政部或中央部门应要求报送单位及时修改、完善。审核符合要求后，方可进入项目库，并进入下一步预算编审流程。

中央部门对所属单位报送的项目支出绩效目标和单位整体支出绩效目标进行审核。有预算分配权的部门应对预算部门提交的有关项目支出绩效目标进行审核，并据此提出资金分配建议。经审核的项目支出绩效目标，报财政部备案。财政部根据部门预算审核的范围和内容，对中央部门报送的项目支出绩效目标和部门（单位）整体支出绩效目标进行审核。对经有预算分配权的部门审核后的横向分配项目的绩效目标，财政部可根据需要进行再审核。

绩效目标审核的主要内容：（1）完整性审核。绩效目标的内容是否完整，绩效目标是否明确、清晰。（2）相关性审核。绩效目标的设定与部门职能、事业发展规划是否相关，是否对申报的绩效目标设定了相关联的绩效指标，绩效指标是否细化、量化。（3）适当性审核。资金规模与绩效目标之间是否匹配，在既定资金规模下，绩效目标是否过高或过低；或者要完成既定绩效目标，资金规模是否过大或过小。（4）可行性审核。绩效目标是否经过充分论证和合理测算；所采取的措施是否切实可行，并能确保绩效目标如期实现；综合考虑成本效益，是否有必要安排财政资金。

（四）绩效目标的批复与调整

按照"谁批复预算，谁批复目标"的原则，财政部和中央部门在批复年初部门预算或调整预算时，一并批复绩效目标。原则上，中央部门整体支出绩效目标、纳入绩效评价范围的项目支出绩效目标和一级项目绩效目标，由财政部批复；中央部门所属单位整体支出绩效目标和二级项目绩效目标，由中央部门或所属单位按预算管理级次批复。绩效目标确定后，一般不予调整。预算执行中因特殊原因确需调整的，应按照绩效目标管理要求和预算调整流程报批。

（五）绩效监控、绩效自评和绩效评价

中央部门及所属单位应按照批复的绩效目标组织预算执行，并根据设定的绩效目标开展绩效监控、绩效自评和绩效评价。（1）绩效监控。预算执行中，中央部门及所属单位应对资金运行状况和绩效目标预期实现程度开展绩效监控，及时发现并纠正绩效运行中存在的问题，力保绩效目标如期实现。（2）绩效自评。预算执行结束后，资金使用单位应对照确定的绩效目标开展绩效自评，形成相应的自评结果，作为部门（单位）预、决算的组成内容和以后年度预算申请、安排的重要基础。（3）绩效评价。财政部或中央部门要有针对性地选择部分重点项目或部门（单位），在资金使用单位绩效自评的基础上，开展项目支出或部门（单位）整体支出绩效评价，并对部分重大专项资金或财政政策开展中期绩效评价试点，形成相应的评价结果。

四、全面实施预算绩效管理的思路

（一）构建全方位预算绩效管理体系

将预算绩效管理实施对象从项目为主向政策、部门整体拓展，从转移支付为主向政府财政运行拓展，形成政府预算、部门预算、政策和项目预算等全方位绩效管理格局。各级政府预算收支全面实施绩效管理，预算收入应当讲求质量，预算支出应当符合统筹兼顾、勤俭节约、量力而行、讲求绩效、收支平衡的原则。要加强部门和单位预算绩效管理，推动提高整体绩效水平。要深化政策和项目预算绩效管理，对中长期重大政策和项目实行全周期跟踪问效，建立动态调整、清理和退出机制。

（二）绩效管理深度融入预算管理全过程

将绩效理念和方法深度融入预算编制、执行、决算、监督全过程，构建事前、事中、事后"三位一体"的绩效管理闭环系统。一是建立事前绩效评估机制。对新增重大政策、项目及转移支付开展事前绩效评估，重点论证立项必要性、投入经济性、绩效目标合理性、实施方案可行性和筹资合规性等。二是强化绩效目标管理。提高绩效目标编制质量，加强绩效目标审核，绩效目标与预算同步批复下达，并逐步公开。三是做好绩效运行监控。对绩效目标实现程度和预算执行进度实行"双监控"，发现问题及时纠正，确保绩效目标按期保质实现。四是开展多维度绩效评价。提高绩效自评质量，完善重点民生政策和重大专项绩效评价常态机制，健全绩效评价结果反馈制度和绩效问题整改责任制，加强绩效评价结果应用。

（三）绩效管理覆盖各级政府和所有财政资金

推动各级政府、各部门、各单位全面实施预算绩效管理，将绩效管理责任层层传导和落实到基层政府及部门，延伸至资金使用终端。将一般公共预算、政府性基金预算、国有资本经营预算、社会保险基金预算全部纳入绩效管理范围，积极开展政府投资基金、政府和社会资本合作（PPP）、政府采购、政府购买服务、政府债务项目的绩效管理。

（四）加强预算绩效管理制度建设

完善预算绩效管理制度，建立健全各环节管理办法，制定预算绩效管理工作流程和实施细则，增强实用性和可操作性。建立专家咨询机制，引导并规范第三方机构参与预算绩效管理，严格执业质量监督管理。健全绩效指标和标准体系，实现细化量化、科学合理、可比可测、动态调整、共建共享。创新绩效评估评价方法，提高绩效评价结果的客观性和准确性。

（五）硬化预算绩效责任约束

压实绩效管理责任，强化各部门、各单位的预算绩效管理主体责任，体现"谁使用、谁负责"。实施绩效激励约束，建立绩效结果与预算安排和政策调整的挂钩机制，鼓励高绩效行为。推进绩效信息公开，建立预算绩效信息向同级政府和全国人大报告制度，并与预算草案、决算草案同步向社会公开。加强绩效监督问责，充分发挥人大、审计等机关的职能作用，对预算绩效目标实现程度及绩效管理情况进行监督，建立"花钱必问效、无效必问责"机制。

第七节　内部控制

一、行政事业单位内部控制概述

（一）行政事业单位内部控制的定义

行政事业单位内部控制是指单位为实现控制目标，通过制定制度、实施措施和执行程序，对经济活动的风险进行防范和管控。从静态上讲，内部控制是单位为了防范和管控经济活动风险而建立的内部管理系统，该系统由内部控制环境、风险评估、控制活动、信息与沟通和内部监督等要素组成，具体体现为各项内部管理制度以及落实制度所需的控制程序和措施；从动态上讲，内部控制是单位通过制定制度、实施措施和执行程序，为实现控制目标而应对风险的自我约束和规范的过程。

财政部2012年发布、2014年1月1日起实施的《行政事业单位内部控制规范（试行）》将单位内部控制的客体界定为单位经济活动的风险，主要包括预算业务、收支业务、政府采购业务、资产管理、建设项目、合同等。财政部2015年印发的《关于全面推进行政事业单位内部控制建设的指导意见》要求单位全面建立、有效实施内部控制，确保内部控制覆盖单位经济和业务活动的全范围，贯穿内部权力运行的决策、执行和监督全过程，规范单位内部各层级的全体人员。

为进一步指导和促进各单位有效开展内部控制建立与实施工作，切实落实好《财政部关于全面推进行政事业单位内部控制建设的指导意见》要求，财政部2016年制定并印发了《关于开展行政事业单位内部控制基础性评价工作的通知》决定以量化评价为导向，开展单位内部控制基础性评价工作；2017年制定并印发了《行政事业单位内部控制报告管理制度（试行）》，以规范行政事业单位内部控制报告的编制、报送、使用及报告信息质量的监督检查等工作，促进行政事业单位内部控制信息公开，提高行政事业单位内部控制报告质量。

（二）行政事业单位内部控制目标

内部控制目标是单位建立和实施内部控制所要达到的目的，总体上讲，内部控制目标和单位的总体目标相一致。行政事业单位内部控制目标包括以下五个方面：

1. 合理保证单位经济活动合法合规。合理保证行政事业单位经济活动在法律法规允许的范围内进行，避免违法违规行为的发生，这是行政事业单位内部控制最基本的目标。

2. 合理保证单位资产安全和使用有效。行政事业单位的货币资金和其他资产存在被挪用、贪污、盗窃的风险，必须加强控制，确保资产的安全完整；同时，资产配置不合理、资产损失浪费、使用效率低下等，也是内部控制必须着力解决的问题。良好的内部控制，应当为资产安全和有效使用提供制度保障。

3. 合理保证单位财务信息真实完整。行政事业单位的财务信息既包括财务报告，又包括预算草案、决算草案和预算执行情况报告，还包括以其他形式报告的与单位经济活动相关的、能以货币计量的信息。财务信息是对单位经济活动的客观反映，提供真实完整的财务信息是行政事业单位的法定义务，也是行政事业单位解除受托责任的必要手段。内部控制应为单位财务信息的真实完整提供合理保证。

4. 有效防范舞弊和预防腐败。我国行政事业单位掌握了大量的社会公共资源，在进行资源和资金的分配过程中，由于监督不力等各种原因，舞弊和贪污腐败行为时有发生，造成社会资源分配不公和极大浪费，损害社会公共利益。发挥内部控制防范舞弊和预防腐败的作用是内部控制的重要目标。

5. 提高公共服务的效率和效果。我国行政事业单位的整体职责使命是有效管理国家和提供公共服务，其提供公共服务的效率和效果直接影响其职责履行的好坏。建立和实施内部控制能够改善单位内部管理，提升单位公共服务水平，从而最终有利于其职责的履行。

（三）行政事业单位内部控制原则

内部控制原则是单位在建立和实施内部控制过程中所需要遵循的基本要求。在内部控制原则指导下，各单位应当根据自身的实际情况，建立和实施内部控制。

1. 全面性原则。内部控制应当贯穿单位经济活动决策、执行和监督的全过程，覆盖经济活动所涉及的各种业务和事项，实现对经济活动的全面、全过程控制。全面性原则还要求单位的所有相关工作人员包括单位负责人都要参与内部控制建设工作。

2. 重要性原则。在全面控制基础上，内部控制应当关注单位重要经济活动和经济活动的重大风险，并采取更为严格的控制措施，确保不存在重大缺陷。

3. 制衡性原则。内部控制应当在单位内部的部门管理、职责分工、业务流程等方面形成相互制约和相互监督。

4. 适应性原则。内部控制应当符合国家有关规定和单位的实际情况，并随着外部环境的变化、单位经济活动的调整和管理要求的提高，不断修订和完善。

（四）行政事业单位内部控制建设的组织与实施

1. 行政事业单位内部控制建设的组织。

单位负责人应当对本单位内部控制的建立健全和有效实施负责。因此，单位负责人应当对本单位内部控制建设采取积极支持的态度，并直接参与内部控制建设过程，提供必要的人力、物力支持，保证内部控制建设的有效开展和内部控制的有效实施。

单位应当单独设置内部控制职能部门（以下简称"内控部门"）或者确定负责内部控制建设和实施工作的牵头部门（以下简称"牵头部门"）。牵头部门一般应由各单位主管财务工作的部门担当，如中央单位的机关事务管理局、办公厅或者计划财务部，地方政府部门、学校、医院的财务处等。内控部门或者牵头部门的主要职责包括：负责组织协调单位内部控制日常工作；研究提出单位内部控制体系建设方案或规划；研究提出单位内部跨部门的重大决策、重大风险、重大事件和重要业务流程的内部控制工作；组织协调单位内部跨部门的重大风险评估工作；研究提出风险管理策略和跨部门的重大风险管理解决方案，并负责方案的组织实施和对风险的日常监控；组织协调相关部门或岗位落实内部控制的整改计划和措施；组织协调单位内部控制的其他有关工作。内控部门或者牵头部门在开展内部控制相关工作过程中，应当充分发挥财会、内部审计、纪检监察、政府采购、基建、资产管理等部门或岗位的作用。

2. 行政事业单位内部控制建设的实施。

内部控制建设需要经过梳理各类经济活动业务流程、明确业务环节、系统分析经济活动风险、确定风险点、选择风险应对策略、相应建立健全内部管理制度和控制措施并督促相关人员认真执行等一系列程序。具体可划分为以下七个步骤：

（1）梳理单位各类经济活动的业务流程。即根据单位"三定"规定，通过组织相关人员包括邀请外部专家对单位的预算业务、收支业务、政府采购业务、资产管理、建设项目管理、合同管理等构成经济活动的各项业务进行调研和访谈，既包括业务层面的组织机构设置，也包括业务层面本身的各项业务流程，对各项业务特点进行总结和归纳，明确各项业务的目标、范围和内容。

（2）明确业务环节。即按照业务实现的时间顺序和逻辑顺序，将各个业务中的决策机制、执行机制和监督机制融入业务流程中的每个业务环节，细化业务流程中各个环节的部门和岗位设置，明确其职责范围和分工。

（3）系统分析经济活动风险。即在明确了单位的各个业务范围和业务的各个环节后，进一步对单位经济活动中面临的各种风险进行分析。风险分析要从各个业务所面临的内外部环境入手，讨论环境对单位内部控制的负面作用，运用多种手段进行风险的定性和定量评估。

（4）确定风险点。即将业务整体风险按照各个不同业务单元划分为具体的风险点。确定风险点要依据业务流程梳理，对机构设置和岗位设置进行具体分析，从业务环节角度评估特定风险，找出可能造成单位经济利益流出的风险点。

（5）选择风险应对策略。即对已经识别的风险进行定性分析、定量分析和进行风险排序，制定相应的应对措施和整体策略。行政事业单位的风险主要是业务中的低效、浪费和舞弊，要将这些风险控制在可承受范围内。

（6）建立健全单位各项内部管理制度。即在前面五个步骤基础上，对风险识别结果进行反复验证，对风险评估结果进行反复测算，按照不同的风险应对策略，制定单位有针对性的各项内部控制管理制度。

（7）督促相关工作人员认真执行。行政事业单位内部控制相关工作人员泛指单位内部参与内部控制建立和执行工作中的所有相关干部和职工。单位应当明确各个部门、各个岗位和相关工作人员的分工和责任，设立相关部门和岗位对相关工作人员执行内部控制管理制度的结果进行监督和奖惩，形成完善的内控执行机制。

二、行政事业单位风险评估和控制方法

行政事业单位内部控制建设的主要内容就是分析经济业务活动的风险，识别风险点，然后因地制宜设置控制方法并监督执行。

（一）风险评估工作机制

风险通常是指潜在事项的发生对目标实现产生的影响。风险评估是量化测评风险发生的可能程度及其造成的后果。

单位开展经济活动风险评估应当成立风险评估工作小组，并且由单位领导（单位负责人、分管财务工作的领导等）担任组长。风险评估工作小组可以是跨部门的，也可以设置在内控部门或者牵头部门，但必须密切与各业务部门之间的联系，充分发挥相关部门的作用。

为及时发现风险，单位应当建立经济活动风险定期评估机制，对经济活动存在的风险进行全面、系统和客观评估。经济活动风险评估至少每年进行一次；外部环境、经济活动或管理要求等发生重大变化的，应及时对经济活动风险进行重估。经济活动风险评估结果应当形成书面报告并及时提交单位领导班子，作为完善内部控制的依据。

（二）风险评估程序

风险评估可分为目标设定、风险识别、风险分析和风险应对四个步骤。

1. 目标设定。目标设定是指单位采取恰当的程序去设定对于控制对象的控制目标，确保所选定的目标支持并切合单位的职责使命。每个控制对象的控制目标总体上是与内部控制的整体目标一致的，但是每个控制对象的控制目标又各有其侧重点，如货币资金的控制目标重点是保证货币资金的安全完整，而支出业务的控制目标重点是支出业务符合开支范围标准并经过适当的授权审批。

2. 风险识别。风险识别是对单位面临的各种不确定因素进行梳理、汇总，形成风险点清单。

在进行单位层面的风险评估时，单位应当重点关注以下方面：

（1）内部控制工作的组织情况。包括是否确定内部控制职能部门或牵头部门；是否建立单位各部门在内部控制中的沟通协调和联动机制。

（2）内部控制机制的建设情况。包括经济活动的决策、执行、监督是否实现有效分离；权责是否对等；是否建立健全议事决策机制、岗位责任制、内部监督等机制。

（3）内部管理制度的完善情况。包括内部管理制度是否健全；执行是否有效。

（4）内部控制关键岗位工作人员的管理情况。包括是否建立工作人员的培训、评价、轮岗等机制；工作人员是否具备相应的资格和能力。

（5）财务信息的编报情况。包括是否按照国家统一的会计制度对经济业务事项进行账务处理；是否按照国家统一的会计制度编制财务会计报告。

（6）其他情况。

在进行经济活动业务层面的风险评估时，单位应当重点关注以下方面：

（1）预算管理情况。包括在预算编制过程中单位内部各部门间沟通协调是否充分，预算编制与资产配置是否相结合、与具体工作是否相对应；是否按照批复的额度和开支范围执行预算，进度是否合理，是否存在无预算、超预算支出等问题；决算编报是否真实、完整、准确、及时。

（2）收支管理情况。包括收入是否实现归口管理，是否按照规定及时向财会部门提供收入的有关凭据，是否按照规定保管和使用印章及票据等；发生支出事项时是否按照规定审核各类凭据的真实性、合法性，是否存在使用虚假票据套取资金的情形。

（3）政府采购管理情况。包括是否按照预算和计划组织政府采购业务；是否按照规定组织政府采购活动和执行验收程序；是否按照规定保存政府采购业务相关档案。

（4）资产管理情况。包括是否实现资产归口管理并明确使用责任；是否定期对资产进行清查盘点，对账实不符的情况及时进行处理；是否按照规定处置资产。

（5）建设项目管理情况。包括是否按照概算投资；是否严格履行审核审批程序；是否建立有效的招投标控制机制；是否存在截留、挤占、挪用、套取建设项目资金的情形；是否按照规定保存建设项目相关档案并及时办理移交手续。

（6）合同管理情况。包括是否实现合同归口管理；是否明确应签订合同的经济活动范围和条件；是否有效监控合同履行情况，是否建立合同纠纷协调机制。

（7）其他情况。

3. 风险分析。风险分析是在风险识别的基础之上，运用定量和定性方法进一步分析风险发生的可能性和对单位目标实现的影响程度，并对风险的状况进行综合评价，以便为制定风险应对策略、选择应对措施提供依据。

4. 风险应对。风险应对是指在风险分析的基础之上，针对单位所存在的风险，提出各种风险解决方案，经过分析论证与评价从中选择最优方案并予以实施的过程。风险应对的策略一般有风险规避、风险降低、风险分担和风险承受四种。选定应对策略以后，还应当有针对性地设计控制方法。

（三）风险控制方法

在风险评估之后，单位应当采取相应的控制方法将风险控制在可承受程度之内。单位内部控制的控制方法一般包括：

1. 不相容岗位相互分离。该方法要求合理设置内部控制关键岗位，明确划分职责权限，实施相应的分离措施，形成相互制约、相互监督的工作机制。

2. 内部授权审批控制。该方法要求明确各岗位办理业务和事项的权限范围、审批程序和相关责任，建立重大事项集体决策和会签制度。相关工作人员应当在授权范围内行使职权、办理业务。

3. 归口管理。该方法要求根据本单位实际情况，按照权责对等的原则，采取成立联合工作小组并确定牵头部门或牵头人员等方式，对有关经济活动实行统一管理。

4. 预算控制。该方法要求单位强化对经济活动的预算约束，使预算管理贯穿于单位经济活动的全过程。

5. 财产保护控制。该方法要求建立资产日常管理制度和定期清查机制，采取资产记录、实物保管、定期盘点、账实核对等措施，确保资产安全完整。

6. 会计控制。该方法要求建立健全本单位财会管理制度，加强会计机构建设，提高会计人员业务水平，强化会计人员岗位责任制，规范会计基础工作，加强会计档案管理，明确会计凭证、会计账簿和财务会计报告处理程序。

7. 单据控制。该方法要求单位根据国家有关规定和单位的经济活动业务流程，在内部管理制度中明确界定各项经济活动所涉及的表单和票据，要求相关工作人员按照规定填制、审核、归档、保管单据。

8. 信息内部公开。该方法要求建立健全经济活动相关信息内部公开制度，根据国家有关规定和单位的实际情况，确定信息内部公开的内容、范围、方式和程序。

三、行政事业单位单位层面内部控制

单位层面的内部控制为业务层面内部控制提供环境基础。单位层面内部控制建设主要包括如下几个方面：

（一）建立内部控制的组织架构

单位应当单独设置内部控制职能部门或者确定内部控制牵头部门，负责组织协调内部控制工作。同时，应当发挥两个作用：一是建立起财会、政府采购、基建、资产管理、合同管理等部门或岗位之间的沟通协调机制，积极发挥经济活动相关部门或岗位在内部控制中的作用；二是充分发挥单位内部审计、纪检监察部门在内部控制中的作用。

（二）建立内部控制的工作机制

1. 建立单位经济活动的决策、执行和监督相互分离的机制。行政事业单位在根据决策、执行和监督相互分离的原理进行组织架构和岗位设置时，应当符合单位的实际情况。既要服从本单位"三定"规定的要求，在现有编制内按照内控的要求设计工作机制，又可以从经济活动的特点出发，建立联合工作机制。

2. 建立健全议事决策机制。单位建立议事决策机制应当符合以下要求：

（1）建立健全议事决策制度。包括确定议事成员构成、决策事项范围、投票表决规则、决策纪要撰写、流转和保存以及对决策事项的贯彻落实和监督程序等。特别应当明确实行单位领导班子集体决策的重大经济事项的范围。行政事业单位的重大经济事项一般包括大额资金使用、大宗资产采购、基本建设项目、重大外包业务、对外投资和融资业务（如果国家有关规定允许的话）、重要资产处置、信息化建设以及预算调整等。由

于各单位实际情况不同，重大经济事项的认定标准应当根据有关规定和本单位实际情况确定，一经确定，不得随意变更。

（2）集体研究与专家论证、技术咨询相结合。单位应当建立健全集体研究、专家论证和技术咨询相结合的议事决策机制。单位领导班子集体决策应当坚持民主集中制原则；对于业务复杂、专业性强的经济活动，特别是基本建设项目和政府采购业务，应当听取专家的意见，必要时可以组织技术咨询。

（3）做好决策纪要的记录、流转和保存工作。对重大经济事项的内部决策，应当形成书面决策纪要，如实反映议事过程以及每一位议事成员的意见，并要求议事成员进行核实、签字认可，并将决策纪要及时归档、妥善保存。

（4）加强对决策执行的追踪问效。行政事业单位应当注重决策的落实，对决策执行的效率和效果进行跟踪评价，避免决策走过场，失去权威性。

3. 建立健全内部控制关键岗位责任制。

单位应当建立健全内部控制关键岗位责任制，明确岗位职责及分工。内部控制关键岗位主要包括预算业务管理、收支业务管理、政府采购业务管理、资产管理、建设项目管理、合同管理以及内部监督等经济活动的关键岗位。

单位应当科学设置内部控制关键岗位，确保不相容岗位相互分离、相互制约和相互监督。通常要求单位经济活动的决策、执行、监督相互分离相互制约，即申请与审核审批、审核审批与具体业务执行、业务执行与信息记录、业务审批、执行与内部监督的岗位分离。

单位应当以书面形式（岗位责任书或其他相关文件）规定内部控制关键岗位的专业能力和职业道德要求，明确岗位职责、岗位权力以及与其他岗位或外界的关系，并将上述书面要求落实到岗位设置和人员配置中。

单位应当实行内部控制关键岗位工作人员的轮岗制度，明确轮岗周期。不具备轮岗条件的单位应当采取专项审计等控制措施。

（三）对内部控制关键岗位工作人员的要求

单位应当把好人员入口关，将职业道德修养和专业胜任能力作为选拔和任用员工的重要标准，确保为内部控制关键岗位配备的工作人员具备与其工作岗位相适应的资格和能力。同时，还应当切实加强员工业务培训和职业道德教育，不断提升员工的素质。

（四）编报财务信息的要求

单位在财会管理上通常应符合以下几方面要求：

1. 严格按照法律规定进行会计机构设置和人员配备。单位应当根据《会计法》的规定建立会计机构，配备具有相应资格和能力的会计人员。

2. 落实岗位责任制，确保不相容岗位相互分离。单位应当保障财会部门的人员编制，以便财会部门能够实施必要的不相容岗位相互分离。同时，应当实行财会部门关键岗位定期轮岗制度或采取替代控制措施，防止财务舞弊的发生。

3. 加强会计基础工作管理，完善财务管理制度。单位应当根据国家有关规定并结合单位实际制定和完善各项财务管理制度，如制定财务管理办法、经费支出标准、差旅费报销管理办法、会议费报销管理办法、库存现金管理办法、采购管理办法等内部管理制度。

4. 按法定要求编制和提供财务信息。单位应当根据实际发生的经济业务事项，按照国家统一的会计制度及时进行账务处理、编制财务报告，确保财务信息真实、完整。

5. 建立财会部门与其他业务部门的沟通协调机制。单位财会部门应当与其他业务部门之间加强信息沟通，定期开展必要的信息核对，实现重要经济活动信息共享。

（五）运用现代科技手段加强内部控制

单位应当积极推进信息化建设，对信息系统建设实施归口管理，在日常办公、财务管理、资产管理等领域，尽快实施信息化。单位在实施办公自动化、经济活动管理信息化系统的过程中，应当将经济活动及其内部控制的流程和措施嵌入单位信息系统中，减少或消除人为操纵的因素，保护信息安全。

【例9－24】2020年上半年，某中央单位组织财务和审计人员对所有下属二级单位的货币资金进行了一次突击盘点和审计，发现甲单位银行账户存在432万元的短缺，从保险柜里找到了30多张"白条"，所有金额相加正好是432万元。经查，这些"白条"都是行政处副处长兼会计李某所打，李某对此事供认不讳，并坦白用"白条"所套取的大部分资金都已用于网络赌球，无法追回。

进一步核查，由于该单位业务比较单一，只设有一个会计（行政处副处长兼任）和一个出纳，分别在岗位上工作已经有10年和8年，从未轮岗。

关于用"白条"套取资金一事，出纳张某解释说："由于我们是中央单位，保密意识比较强，不该问的不问，李某是领导，领导的事我更不敢问，他说领导需要，并签字出具条子，我自然就得付款。"

李某坦白说："我第一次用'白条'向单位借款是在5年前，那时我急于为女朋友租房，就想着向单位借钱。我写了一张2万元的'借据'，交给出纳，出纳二话没说就把钱打给了我。到了年底，我发现出纳也没有找我讨要，我想只要我不在账上反映，上级单位也不知道，这一年过去了，果然平安无事。第二年我被提拔为副处长，胆子更大了点，于是我打了第二张'借据'，找张某要20万元，张某倒是问我这些钱要干什么，我跟她说是领导要的，别问那么多，她就把钱打给了我，实际上我是把这些钱拿去赌球了。可是，这20万元去赌球以后就血本无归。20万元对我就是天文数字，于是我不惜铤而走险，再次以同样手法借出了40万元，我想一举翻本。结果我一而再、再而三以'白条'借款，无法自拔了！"

从单位层面内部控制进行分析，本例中至少暴露出甲单位内部控制存在以下缺陷：

（1）关键岗位长期不轮岗。即使甲单位不具备轮岗条件，也应采取专项审计等替代控制措施。

（2）财务管理制度不健全。缺乏完善的库存现金管理办法、支出授权审批程序等制度。

（3）会计人员管理弱化。本案例中出纳张某没有尽到应有的职业谨慎，没有坚持原则，严格把关；会计李某沉迷于网络赌博。说明甲单位在关键岗位人员配备、职业道德教育等方面存有缺陷。

四、行政事业单位业务层面内部控制

行政事业单位业务层面内部控制主要包括预算业务控制、收支业务控制、政府采购业务控制、资产控制、建设项目控制和合同控制，这些业务涵盖了行政事业单位主要的经济活动内容。

（一）预算业务控制

预算业务是对单位年度收支的规模和结构进行的预计和测算，其具体形式是按一定的标准将单位预算年度的收支分门别类地列入各种计划表格，通过这些表格可以反映一定时期单位收入的具体来源和支出方向。单位应当建立健全预算编制、审批、执行、决算与评价等预算内部管理制度，合理设置岗位，明确相关岗位的职责权限，确保预算编制、审批、执行、评价等不相容岗位相互分离。

1. 预算业务的主要风险。

（1）预算编制的过程短，时间紧，准备不充分，可能导致预算编制质量低；财会部门与其他职能部门之间缺乏有效沟通或业务部门不参与其中，可能导致预算编制与预算执行，预算管理与资产管理、政府采购和基建管理等经济活动脱节；预算项目不细、编制粗糙，随意性大，可能导致预算约束不够。

（2）单位内部预算指标分解批复不合理，可能导致内部各部门财权与事权不匹配，影响部门职责的履行和资金使用效率。

（3）未按规定的额度和标准执行预算，资金收支和预算追加调整随意无序，存在无预算、超预算支出等问题，可能会影响预算的严肃性；不对预算执行进行分析，沟通不畅，可能导致预算执行进度偏快或偏慢。

（4）未按规定编报决算报表，不重视决算分析工作，决算分析结果未得到有效运用，单位决算与预算相互脱节，可能导致预算管理的效率低下；未按规定开展预算绩效管理，评价结果未得到有效应用，可能导致预算管理缺乏监督。

2. 预算编制环节的关键控制措施。

单位的预算编制应当做到程序规范、方法科学、编制及时、内容完整、项目细化、数据准确。

（1）落实单位内部各部门的预算编制责任。在预算业务内部管理制度中明确规定各业务部门在预算编制中的职责并加以落实。

（2）采取有效措施确保预算编制的合规性。单位财会部门应当正确把握预算编制有关政策，做好基础数据的准备和相关人员的培训，统一部署预算编报工作，确保预算编制相关人员及时全面掌握相关规定。

（3）建立单位内部部门之间沟通协调机制。单位应当建立内部预算编制、预算执行、资产管理、基建管理、人事管理等部门或岗位的沟通协调机制，按照规定进行项目评审，确保预算编制部门及时取得和有效运用与预算编制相关的信息，提高预算编制的科学性。

（4）完善编制方法，细化预算编制。单位各部门（及下属单位）编制预算应在对当年预算执行情况进行评价的基础上，根据各部门（本单位）制定的下一预算年度工作计划，对各项收支的规模和结构进行预计和测算，工作计划应尽可能具体，以便细化预算编制；财会部门审核汇总各部门（及下属单位）预算时，应核对该部门当年预算执行情况以及项目细化程度是否符合有关预算管理政策。

（5）强化相关部门的审核责任。单位内部各业务部门提交的预算建议数及基础申报数据应当经过归口管理部门和财会部门的审核。归口管理部门主要对归口管理范围内的业务事项进行合理性审核，即根据业务部门的工作计划对其具体工作安排和资金额度的合理性进行审核。财会部门主要对预算建议数进行合规性审核，即审核业务部门对预算建议数的测算是否符合规定的标准，预算安排是否符合国家的政策要求等。

（6）重大预算项目采取立项评审方式。对于建设工程、大型修缮、信息化项目和大宗物资采购等重大事项，可以在预算编制环节采取立项评审的方式，对预算事项的目的、效果和金额等方面进行综合立项评审。除遵照财政等有关部门规定由指定专业机构评审以外，单位还可以成立评审小组自行组织评审，也可以委托外聘专家或中介机构等进行外部评审。

3. 预算批复环节的关键控制措施。

（1）明确预算批复的责任。明确财会部门负责对单位内部的预算批复工作进行统一管理；设置预算管理岗负责单位内部预算批复工作，对按法定程序批复的预算在单位内部进行指标分解和细化，对内部预算指标的名称、额度、开支范围和执行方式进行逐一界定；设立预算领导小组（或者通过单位领导班子会议）对预算指标的内部分配实施统一决策。

（2）合理进行内部预算指标分解。财会部门收到财政部门（或上级部门）的年度预算批复后，应当在本单位年度预算总额控制范围内，及时细化分解本年度内部预算指标。内部指标分解应按照各部门（及各下属单位）业务工作计划对预算资金进行分配，对各项业务工作计划的预算金额、标准和具体支出方向进行限定。

（3）合理采用内部预算批复方法。内部预算指标的批复，可以采取的方式有总额控制、逐项批复、分期批复、上级单位统筹管理、归口部门统一管理等。进行预算批复时，应结合实际预留机动财力。对于在预算批复时尚无法确定事项具体内容的业务，可先批复该类事项的总额，在预算执行过程中履行执行申请与审批管理。由上级单位统筹管理的预算，可一次性或分次分批下达预算指标，以保留适当的灵活性，避免频繁的预算调整。

（4）严格控制内部预算追加调整。单位应当明确预算追加调整的相关制度和审批程序。无合理理由的追加调整，应予拒绝。

4. 预算执行环节的关键控制措施。

单位应当根据批复的预算安排各项收支，确保预算严格有效执行。

（1）预算执行申请控制。预算执行一般包括三种方式：直接执行、政府采购执行、依申请执行，其中除了政府采购外，支出金额较大、非经常性发生的业务应当先进行预算执行申请。业务部门应当根据已批复的预算指标提出申请，不得超出可用指标额度，必须将指标额度、支出事项和执行申请一一对应，符合指标批复时的业务范围以及经费支出管理办法和细则的相关规定。

（2）预算执行审核和审批控制。预算执行申请提出后，应当由归口管理部门和财会部门进行审核，并按规定的审批权限进行审批。审批通过以后，业务部门才能办理业务事项以及后续的报销等事宜。

（3）资金支付控制。在资金支付环节，业务部门借款申请或报销申请按规定的审批权限和程序审批完成后，由审核岗进行凭证、票据等方面审核后，由出纳岗依据支付审核阶段已明确的借款申请或报销申请的资金来源和账户类型，办理具体的资金支付业务。

（4）预算执行分析控制。单位应当建立预算执行分析机制，定期通报各部门预算执行情况。单位可以通过定期召开预算执行分析会议的形式，开展预算执行分析。预算执行分析会由财会部门通报上期的预算执行情况，传达近期国家及上级有关部门出台的财务制度及规定；各部门逐一介绍所负责预算的执行进度、下一步工作计划等情况，预算执行分析会应研究解决预算执行中存在的问题，提出改进措施，提高预算执行的有效性。

5. 决算与评价环节的关键控制措施。

（1）决算控制。单位应当加强决算管理，确保决算真实、完整、准确、及时，加强决算分析工作，强化决算分析结果运用，建立健全单位预算与决算相互反映、相互促进的机制。

（2）绩效评价控制。单位应当加强预算绩效管理，建立"预算编制有目标、预算执行有监控、预算完成有评价、评价结果有反馈、反馈结果有应用"的全过程预算绩效管理机制。

（二）收支业务控制

单位应当加强收支业务管理，建立健全收支业务内部管理制度，合理设置岗位，明确相关岗位的职责权限，确保收款和会计核算、支出申请和内部审批、付款审批和付款执行、业务经办和会计核算等不相容岗位相互分离。

单位应当按照支出业务的类型，明确内部审批、审核、支付、核算和归档等支出各关键岗位的职责权限。实行国库集中支付的，应当严格按照财政国库管理制度有关规定执行。

1. 收入业务控制。

（1）收入业务的主要风险。

①各项收入未按照法定项目和标准征收，或者收费许可证未经有关部门年检，可能导致收费不规范或乱收费的风险。

②未由财会部门统一办理收入业务，缺乏收入统一管理和监控，其他部门和个人未经批准办理收款业务，可能导致贪污舞弊或者私设"小金库"的风险。

③违反"收支两条线"管理规定，截留、挪用、私分应缴财政的收入，或者各项收入不入账或设立账外账，可能导致私设"小金库"或者资金体外循环的风险。

④执收部门和财会部门沟通不够，单位没有掌握所有收入项目的金额和时限，造成应收未收，可能导致单位利益受损的风险。

⑤没有加强对各类票据、印章的管控和落实保管责任，可能导致票据丢失、相关人

员发生错误或舞弊的风险。

（2）收入业务的关键控制环节及控制措施。

①对收入业务实施归口管理。明确由财会部门归口管理各项收入并进行会计核算，严禁设立账外账。财会部门应定期清理掌握本单位各部门的收费项目，做好收费许可证的年检，确保各项收费项目符合国家有关规定。业务部门应当在涉及收入的合同协议签订后及时将合同等有关材料提交财会部门作为账务处理依据，确保各项收入应收尽收，及时入账。财会部门应当定期检查收入金额是否与合同约定相符；对应收未收项目应当查明情况，明确责任主体，落实催收责任。

②严格执行"收支两条线"管理规定。有政府非税收入收缴职能的单位，应当按照规定项目和标准征收政府非税收入，按照规定开具财政票据，做到收缴分离、票款一致，并及时、足额上缴国库或财政专户，不得以任何形式截留、挪用或者私分。

③建立收入分析和对账制度。财会部门应当根据收入预算、所掌握的合同情况，对收入征收情况的合理性进行分析，判断有无异常情况；应定期与负有征收义务的部门进行对账，及时检查并作出必要的处理。

④建立健全票据和印章管理制度。单位应当明确规定票据保管、登记、使用和检查的责任。财政票据、发票等各类票据的申领、启用、核销、销毁均应履行规定手续。单位应当按照规定设置票据专管员，建立票据台账，做好票据的保管和序时登记工作。票据应当按照顺序号使用，不得拆本使用，做好废旧票据管理。负责保管票据的人员要配置单独的保险柜等保管设备，并做到人走柜锁。单位不得违反规定转让、出借、代开、买卖财政票据、发票等票据，不得擅自扩大票据适用范围。

2. 支出业务控制。

（1）支出业务的主要风险。

①支出申请不符合预算管理要求，支出范围及开支标准不符合相关规定，基本支出与项目支出之间相互挤占，可能导致单位预算失控或者经费控制目标难以实现的风险。

②支出未经适当的审核、审批，重大支出未经单位领导班子集体研究决定，可能导致错误或舞弊的风险。

③支出不符合国库集中支付、政府采购、公务卡结算等国家有关政策规定，可能导致支出业务违法违规的风险。

④采用虚假或不符合要求的票据报销，可能导致虚假发票套取资金等支出业务违法违规的风险。

⑤对各项支出缺乏定期的分析与监控，对重大问题缺乏应对措施，可能导致单位支出失控的风险。

（2）支出业务的关键控制环节及控制措施。

①明确各支出事项的开支范围和开支标准。明确支出事项的开支范围，就是对该支出事项及其事项明细进行界定。支出事项的开支标准包括外部标准和内部标准。外部标准是指国家或者地方性法规制度规定的标准，如人员工资标准、差旅费报销标准、公用事业收费标准等，都由国家相关部门规定，单位必须遵照执行。内部标准是指在国家有

关法规允许的范围内，根据单位实际制定的标准，如接待费标准、食堂用餐标准等。

【例9-25】某事业单位对部分支出事项开支范围的界定如表9-2所示。

表9-2　　　　　　　　　部分支出事项开支范围

支出事项	开支范围
人员经费	用于单位职工的工资、津贴补贴、奖金、社会保障费、离退休费、抚恤金、生活补助及其他对个人和家庭的补助支出等
差旅费	用于单位工作人员出差发生的城市间交通费、住宿费、伙食补助费和市内交通费
会议费	用于单位在会议期间按规定开支的住宿费、伙食费、会议室租金、交通费、文件印刷费等

②加强支出事前申请控制。单位在发生相关支出前应当履行支出事前申请程序，经审核通过后再开展相关业务。

③加强支出审批控制。审批控制要求各项支出都应经过规定的审批才能向财会部门申请资金支付或者办理报销手续。单位应当明确支出的内部审批权限、程序、责任和相关控制措施。审批控制包括对审批的权限和级别进行规定，包括分级审批、分额度审批、逐项审批等方式。审批人应当在授权范围内审批，不得越权审批。

④加强支出审核控制。财会部门在办理资金支付前应当全面审核各类单据，重点审核单据来源是否合法，内容是否真实、完整，使用是否准确，是否符合预算，审批手续是否齐全。支出凭证应当附反映支出明细内容的原始单据，并由经办人员签字或盖章。通常对原始单据也应作出明确要求。超出规定标准的支出事项应由经办人员说明原因并附审批依据，确保与经济业务事项相符。

⑤加强资金支付和会计核算控制。财会部门应当按照规定办理资金支付业务，签发的支付凭证应当进行登记。使用公务卡结算的，应当按照公务卡使用和管理有关规定办理业务。财会部门应当根据支出凭证及时准确登记账簿，涉及合同或者内部签报的，财会部门应当要求业务部门提供与支出业务相关的合同或内部签报作为账务处理的依据。

⑥加强支出业务分析控制。单位应定期编制支出业务预算执行情况分析报告，为单位领导管理决策提供信息支持。对于支出业务中发现的异常情况，应及时采取有效措施。

3. 债务业务控制。

根据国家规定可以举借债务的单位应当建立健全债务内部管理制度，加强对债务的管理。

（1）债务业务的主要风险。

①未经充分论证或者未经集体决策，擅自对外举借大额债务，可能导致不能按期还本付息、单位利益受损的风险。

②债务管理和监控不严，债务的具体情况不清，没有做好还本付息的相关安排，可能导致单位利益受损或者财务风险。

③债务没有按照国家统一的会计制度规定纳入单位会计核算，形成账外债务，可能

导致单位财务风险。

（2）债务业务的关键控制环节及控制措施。

①不相容岗位分离控制。单位应当指定专门部门或者岗位负责债务管理，明确相关岗位的职责权限，实施不相容岗位相互分离，确保债务管理与资金收付、债务管理与债务会计核算、债务会计核算与资金收付等不相容岗位相互分离。不得由一人办理债务业务的全过程。

②授权审批控制。单位应当建立举借和偿还债务的审批程序。大额债务的举借和偿还属于重大经济事项，应当进行充分论证，并由单位领导班子集体研究决定后，按国家有关规定履行报批手续。

③日常管理控制。单位应当做好债务的会计核算和档案保管工作。加强债务的对账和检查控制，定期与债权人核对债务余额，进行债务清理，防范和控制财务风险。

（三）政府采购业务控制

单位应当加强政府采购管理，建立健全政府采购预算与计划管理、政府采购活动管理、验收管理等政府采购内部管理制度，明确相关岗位的职责权限，确保政府采购需求制定与内部审批、招标文件准备与复核、合同签订与验收、验收与保管等不相容岗位相互分离。

1. 政府采购业务的主要风险。

（1）政府采购、资产管理和预算编制部门之间缺乏沟通协调，没有编制采购预算和计划，政府采购预算和计划编制不合理，可能导致采购失败或者资金、资产浪费的风险。

（2）政府采购活动不规范，未按规定选择采购方式、发布采购信息，以化整为零或其他方式规避公开招标，在招投标中存在舞弊行为，可能导致单位被提起诉讼或受到处罚、采购的产品价高质次、单位资金损失的风险。

（3）采购验收不规范，付款审核不严格，可能导致实际接收产品与采购合同约定有差异、资金损失或单位信用受损等风险。

（4）采购业务相关档案保管不善，可能导致采购业务无效、责任不清等风险。

2. 政府采购业务的关键控制环节及控制措施。

（1）合理设置政府采购业务管理机构和岗位。单位一般情况下应当设置政府采购业务决策结构（如成立政府采购领导小组）、政府采购业务实施机构（包括政府采购归口部门、财会部门以及相关业务部门等），并在政府采购业务岗位设置上确保不相容岗位相互分离。

（2）采购预算与计划管理。单位应当按照"先预算、后计划、再采购"的工作原则，根据本单位实际需求和相关标准编制政府采购预算，按照已批复的预算安排政府采购计划，实现预算控制计划，计划控制采购，采购控制支出。各业务部门应当按照实际需求提出政府采购预算建议数，政府采购部门作为归口管理部门应当严格审核政府采购预算，财会部门作为预算编制部门应当从预算指标额度控制的角度进行汇总平衡。业务部门应当在政府采购预算指标批准范围内，定期提交本部门的政府采购计划，由政府采购部门对政府采购计划的合理性进行审核，由财会部门就政府采购计划是否在预算指标的额度之内进行审核。单位还应当合理设置政府采购计划的审批权限、程序和相关责任。

（3）采购活动管理。单位应当加强对政府采购活动的管理，对政府采购活动实施归口管理，在政府采购活动中建立政府采购、资产管理、财务、内部审计、纪检监察等部门或岗位相互协调、相互制约的机制。单位应当加强对政府采购申请的内部审核，按照规定选择政府采购方式、发布政府采购信息。对政府采购进口产品、变更政府采购方式等事项应当加强内部审核，严格履行审批手续。

（4）采购项目验收管理。单位应当加强对政府采购项目验收的管理，根据规定的验收制度和政府采购文件，由指定部门或专人对所购物品的品种、规格、数量、质量和其他相关内容进行验收，并出具验收证明。

（5）质疑投诉答复管理。单位应当加强对政府采购业务质疑投诉答复的管理，指定牵头部门负责、相关部门参加，按照国家有关规定做好政府采购业务质疑投诉答复工作。

（6）采购业务记录控制。单位应当加强对政府采购业务的记录控制。妥善保管政府采购预算与计划、各类批复文件、招标文件、投标文件、评标文件、合同文本、验收证明等政府采购业务相关资料。定期对政府采购业务信息进行分类统计，并在内部进行通报。

（7）涉密采购项目管理。单位应当加强对涉密政府采购项目安全保密的管理，规范涉密项目的认定标准和程序。对于涉密政府采购项目，单位应当与相关供应商或采购中介机构签订保密协议或者在合同中设定保密条款。

（四）资产控制

行政事业单位应当对资产实行分类管理，建立健全资产内部管理制度，合理设置岗位，明确相关岗位的职责权限，确保资产安全和有效使用。

1. 货币资金控制。

（1）货币资金业务的主要风险。

①财会部门未实现不相容岗位相互分离，出纳人员既办理资金支付又经管账务处理，由一个人保管收付款项所需的全部印章，可能导致货币资金被贪污挪用的风险。

②对资金支付申请没有严格审核把关，支付申请缺乏必要的审批手续，大额资金支付没有实行集体决策和审批，可能导致资金被非法套取或者被挪用的风险。

③货币资金的核查控制不严，未建立定期、不定期抽查核对库存现金和银行存款余额的制度，可能导致货币资金被贪污挪用的风险。

④未按照有关规定加强银行账户管理，出租、出借账户，可能导致单位违法违规或者利益受损的风险。

（2）货币资金业务的关键控制环节及控制措施。

①不相容岗位分离控制。单位应当建立健全货币资金管理岗位责任制，合理设置岗位，不得由一人办理货币资金业务的全过程，确保不相容岗位相互分离。关键控制措施包括如下几个方面：

一是加强出纳人员管理。任用出纳人员之前应当对其职业道德、业务能力和背景等进行必要的调查，确保其具备从事出纳工作的职业道德水平和业务能力。出纳不得兼管稽核、会计档案保管和收入、支出、债权、债务账目的登记工作。

二是加强印章管理。严禁一人保管收付款项所需的全部印章。财务专用章应当由专人保管，个人名章应当由本人或其授权人员保管。负责保管印章的人员要配置单独的保管设备，并做到人走柜锁。

三是加强签章管理。按照规定应当由有关负责人签字或盖章的，应当严格履行签字或盖章手续。

②授权审批控制。单位应当建立货币资金授权制度和审核批准制度，明确审批人对货币资金的授权批准方式、权限、程序、责任和相关控制措施，规定经办人办理货币资金业务的职责范围和工作要求。审批人应当根据货币资金授权批准制度的规定，在授权范围内进行审批，不得超越权限审批。大额资金支付审批应当实行集体决策。经办人应当在职责范围内，按照审批人的批准意见办理货币资金业务。对于审批人超越授权范围审批的货币资金业务，经办人有权拒绝办理。

③银行账户控制。单位应当加强对银行账户的管理，严格按照规定的审批权限和程序开立、变更和撤销银行账户。禁止出租、出借银行账户。

④货币资金核查控制。单位应当指定不办理货币资金业务的会计人员定期和不定期抽查盘点库存现金，核对银行存款余额，抽查银行对账单、银行日记账及银行存款余额调节表，核对是否账实相符、账账相符。对调节不符、可能存在重大问题的未达账项应当及时查明原因，并按照相关规定处理。

【例9-26】某市卫生局出纳李某在4年时间里挪用公款192万余元，用于自己和男友赵某消费。经法院开庭审理，李某因挪用公款罪被判处有期徒刑6年。以下是其犯罪过程：

（1）2016年1月，李某作为某医院新聘用的合同工，被借调到某市卫生局任出纳工作。2017年7月，由于该卫生局会计张某休产假，为应对日常资金收付业务，将其负责的财务印章交由李某代为管理，以便李某能够从银行提取现金。李某以现金支票提现不入账的方式从单位"借出"了一笔租房款1.5万元，替男友赵某租了一间房子。李某从单位"借出"第一笔款项时，打了借条，想着日后还回去。

（2）赵某得知女友"有条件"养活自己，便开始了挥霍的日子，他常对李某说："反正从单位拿钱也没人知道。"于是在赵某的鼓励下，李某在会计张某休产假期间多次利用职务之便，以现金支票提现不入账、收款不入账等手段挪用公款20余万元，用于二人的吃喝玩乐。

（3）2018年1月，会计张某回来上班，李某将财务印章交还张某，张某没有发现任何异常。2018年1月~2020年1月，李某以同样方式挪用公款170余万元。

（4）2020年1月，李某得知有关部门要审计账目，这才慌了神。经过激烈的思想斗争，李某最后投案自首。

本例中，某市卫生局在货币资金业务内部控制方面至少存在以下缺陷：

（1）出纳人员管理不力。李某作为医院新聘合同工，某市卫生局在未对其职业道德和业务能力进行充分调查了解的情况下，将其借调为本单位出纳，埋下隐患。

（2）不相容岗位分离措施无效。该卫生局虽然设一个会计、一个出纳，但会计休假的时候，将财务印章都交给出纳保管，这样出纳就保管了收付款项所需的全部印章，导致不相容岗位分离的控制措施在实际执行中无效。

（3）票据管理薄弱。从李某挪用资金所采用的收入不入账的做法看，该单位在票据管理上存在薄弱环节。因为收款应当开具收据，如果能够定期核对票据的存根和收入记账的数目，应当能发现这一问题。

（4）货币资金核查缺失。该卫生局没有指定不办理资金业务的会计人员定期和不定期抽查盘点库存现金、核对银行存款余额，导致现金支票提现不入账不被发现。

（5）监督检查机制缺失。多年未开展审计，导致李某4年间挪用公款192万元没有被发现。

2. 实物资产和无形资产控制。

单位应当加强对实物资产和无形资产的管理，明确相关部门和岗位的职责权限，强化对配置、使用和处置等关键环节的管控。

（1）实物资产和无形资产管理的主要风险。

①资产管理职责不清，没有明确归口管理部门，没有明确资产的使用和保管责任，可能导致资产毁损、流失或被盗的风险。

②资产管理不严，资产领用、发出缺乏严格登记审批制度，没有建立资产台账和定期盘点制度，可能导致资产流失、资产信息失真、账实不符等风险。

③未按照国有资产管理相关规定办理资产的调剂、租借、对外投资、处置等业务，可能导致资产配备超标、资源浪费、资产流失、投资遭受损失等风险。

④资产日常维护不当、长期闲置，可能导致资产使用年限减少、使用效率低下的风险。

⑤对应当投保的资产不办理投保，不能有效防范资产损失的风险。

（2）实物资产和无形资产关键控制环节及控制措施。

①明确各种资产的归口管理部门，如固定资产由资产管理部门负责、办公用品由办公室负责、工程物资由基建部门负责等。

②明确资产使用和保管责任人，落实资产使用人在资产管理中的责任。对于固定资产，应当建立卡片账（实行信息化管理的按信息系统要求处理），在卡片账上明确资产的使用人、存放地、购买日期、使用寿命、资产价值等内容；对固定资产应当贴上标签，标签的内容与卡片账类似。贵重资产、危险资产、有保密等特殊要求的资产，应当指定专人保管、专人使用，并规定严格的接触限制条件和审批程序。

③按照国有资产管理相关规定，明确资产的调剂、租借、对外投资、处置的程序、审批权限和责任。行政事业单位应当执行国家和地方关于办公用房、办公家具、公务用车等资产的配备标准，严禁超标配置资产。

④建立资产台账，加强资产的实物管理。单位应当定期清查盘点资产，确保账实相符。财会、资产管理、资产使用等部门或岗位应当定期对账，发现不符的，应当及时查明原因，并按照相关规定处理。

⑤建立资产信息管理系统，做好资产的统计、报告、分析工作，实现对资产的动态管理。

3. 对外投资控制。

单位应当根据国家有关规定加强对对外投资的管理，建立健全对外投资内部管理制度，合理设置岗位，明确相关岗位的职责权限，确保对外投资的可行性研究与评估、对外投资决策与执行、对外投资处置的审批与执行等不相容岗位相互分离。

（1）对外投资业务的主要风险。

①未按国家有关规定进行投资，可能导致对外投资失控、国有资产重大损失甚至舞弊。

②对外投资决策程序不当，未经集体决策，缺乏充分可行性论证，超过单位的资金实力进行投资，可能导致投资失败和财务风险。

③没有明确管理责任、建立科学有效的资产保管制度，没有加强对投资项目的追踪管理，可能导致对外投资被侵吞或者严重亏损。

（2）对外投资业务的关键控制环节及控制措施。

①投资立项控制。单位应当明确投资的管理部门，投资管理部门及其人员应当具备相关的经验和能力；审慎选择对外投资项目，保证对外投资项目符合国家产业政策、单位目标实现和社会需要；对项目可行性要进行严格周密论证，组织专家或者相关中介机构对拟立项的对外投资项目进行分析论证；财会部门要对投资项目所需资金、预期收益以及投资的安全性等进行测算和分析，确保投资有资金保障。

②投资决策控制。单位对外投资应当由单位领导班子集体研究决定后，按国家有关规定履行报批手续。对决策过程中的各种意见应当详细记录并妥善保存，以便明确决策责任。

③投资实施控制。投资立项通过以后，应当编制投资计划，严格按照计划确定的项目、进度、时间、金额和方式投出资产。提前或延迟投出资产、变更投资额、改变投资方式、中止投资等，应当经单位领导班子审批。

④追踪管理控制。对于股权投资，单位应当指定部门或岗位对投资项目进行跟踪管理，及时掌握被投资单位的财务状况和经营情况，对被投资单位的重要决策、重大经营事项、关键人事变动和收益分配，要及时向单位领导班子汇报。单位应当加强对投资项目的会计核算，及时、全面、准确地记录对外投资的价值变动和投资收益情况。

⑤建立责任追究制度。对在对外投资中出现重大决策失误、未履行集体决策程序和不按规定执行对外投资业务的部门及人员，应当追究相应的责任。

（五）建设项目控制

单位应当加强建设项目管理，建立健全建设项目内部管理制度，合理设置岗位，明确内部相关部门和岗位的职责权限，确保项目建议和可行性研究与项目决策、概预算编制与审核、项目实施与价款支付、竣工决算与竣工审计等不相容岗位相互分离。

1. 建设项目的主要风险。

（1）立项缺乏可行性研究或者可行性研究流于形式、决策不当、审核审批不严、盲目上马，可能导致建设项目难以实现预期目标甚至导致项目失败。

（2）违规或超标建设楼、堂、馆、所，可能导致财政资金极大浪费或者单位违纪。

（3）项目设计方案不合理，概预算脱离实际，技术方案未能有效落实，可能导致建设项目质量存在隐患、投资失控以及项目建成后运行成本过高等风险。

（4）招投标过程中存在串通、"暗箱操作"或商业贿赂等舞弊行为，可能导致招标工作违法违规、中标人实际难以胜任等风险。

（5）项目变更审核不严格、工程变更频繁，可能导致预算超支、投资失控、工期延误等风险。

（6）建设项目价款结算管理不严格，价款结算不及时，项目资金不落实、使用管理混乱，可能导致工程进度延迟或中断、资金损失等风险。

（7）竣工验收不规范、最终把关不严，可能导致工程交付使用后存在重大隐患。

（8）虚报项目投资完成额、虚列建设成本或者隐匿结余资金，未经竣工财务决算审计，可能导致竣工决算失真等风险。

（9）建设项目未及时办理资产及档案移交、资产未及时结转入账，可能导致存在账外资产等风险。

2. 建设项目的关键控制环节及控制措施。

（1）立项、设计与概预算控制。

①单位应当建立与建设项目相关的议事决策机制，对项目建议和可行性研究报告的编制、项目决策程序等作出明确规定，确保项目决策科学、合理。建设项目应当经单位领导班子集体研究决定，严禁任何个人单独决策或者擅自改变集体决策意见。决策过程及各方面意见应当形成书面文件，与相关资料一同妥善归档保管。

②单位应当择优选取具有相应资质的设计单位，并签订合同，重大建设项目应采用招标方式选取设计单位。

③单位应当建立与建设项目相关的审核机制。项目建议书、可行性研究报告、设计方案、概预算等应当由单位内部的规划、技术、财会、法律等相关工作人员或者根据国家有关规定委托具有相应资质的中介机构进行审核，出具评审意见。

（2）招标控制。单位应当依据国家有关规定组织建设项目招标工作，并接受有关部门的监督。采取签订保密协议、限制接触等必要措施，确保标底编制、评标等工作在严格保密的情况下进行，保证招标活动的公平、公正和合法、合规。

（3）建设项目资金和工程价款支付控制。单位应当按照审批单位下达的投资计划和预算对建设项目资金实行专款专用，严禁截留、挪用和超批复内容使用资金。财会部门应当加强与建设项目承建单位的沟通，准确掌握建设进度，加强价款支付审核，按照规定办理价款结算。实行国库集中支付的建设项目，单位应当按照财政国库管理制度相关规定支付资金。

（4）工程变更控制。经批准的投资概算是工程投资的最高限额，未经批准，不得调整和突破。如需调整投资概算，应当按国家有关规定报经批准。单位建设项目工程洽商和设计变更应当按照有关规定履行相应的审批程序。

（5）项目记录控制。单位应当加强对建设项目档案的管理，做好相关文件、资料的收集、整理、归档和保管工作。

（6）竣工决算控制。建设项目竣工后，单位应当按照规定的时限及时办理竣工决算，组织竣工决算审计，并根据批复的竣工决算和有关规定办理建设项目档案和资产移交等工作。建设项目已实际投入使用但超时限未办理竣工决算的，单位应当根据对建设项目的实际投资暂估入账，转作相关资产管理。

（六）合同控制

单位应当加强合同管理，建立健全合同内部管理制度，合理设置岗位，明确合同授权审批制度，确保合同管理规范有序开展；确定合同归口管理部门，建立财务部门与合同归口管理部门的沟通协调机制，实现合同管理与预算管理、收支管理相结合。

1. 合同管理的主要风险。

（1）未明确合同订立的范围和条件，对应签订合同的经济活动未订立合同，或者违规签订担保、投资和借贷合同，可能导致单位经济利益受损的风险。

（2）故意将需要招标管理或需要较高级别领导审批的重大合同拆分成标的金额较小的若干不重要的合同，规避国家有关规定，导致经济活动违法违规的风险。

（3）对合同对方的资格审查不严格，对方当事人不具有相应的能力和资质，可能导致合同无效或单位经济利益受损的风险。

（4）对技术性强或法律关系复杂的经济事项，未组织熟悉技术、法律和财会知识的人员参与谈判等相关工作，对合同条款、格式审核不严格，可能使单位面临诉讼或经济利益受损的风险。

（5）未明确授权审批和签署权限，合同专用章保管不善，可能发生未经授权或超越权限对外订立合同的风险。

（6）合同生效后，对合同条款未明确约定的事项没有及时协议补充，可能导致合同无法正常履行的风险。

（7）未按合同约定履行合同，可能导致单位经济利益受损或面临诉讼的风险。

（8）对合同履行缺乏有效监控，未能及时发现问题或采取有效措施弥补损失，可能导致单位经济利益受损的风险。

（9）未按规定的程序办理合同变更、解除等，可能导致单位经济利益受损的风险。

（10）合同及相关资料的登记、流转和保管不善，合同及相关资料丢失，可能导致影响合同正常履行、产生合同纠纷的风险。

（11）合同涉及的国家秘密、工作秘密或商业秘密泄露，可能导致单位或国家利益受损的风险。

（12）合同纠纷处理不当，可能导致单位利益、信誉和形象受损的风险。

2. 合同管理关键控制环节及控制措施。

（1）合同订立控制。单位应当加强对合同订立的管理，明确合同订立的范围和条件。对于影响重大、涉及较高专业技术或法律关系复杂的合同，应当组织法律、技术、财会等工作人员参与谈判，必要时可聘请外部专家参与相关工作。谈判过程中的重要事项和参与谈判人员的主要意见，应当予以记录并妥善保管。单位应当妥善保管和使用合同专用章。严禁未经授权擅自以单位名义对外签订合同，严禁违规签订担保、投资和借贷合同。

（2）合同履行控制。单位应当对合同履行情况实施有效监控。合同履行过程中，因对方或单位自身原因导致可能无法按时履行的，应当及时采取应对措施。单位应当建立合同履行监督审查制度，对合同履行中签订补充合同，或变更、解除合同等应当按照国家有关规定进行审查。财会部门应当根据合同履行情况办理价款结算和进行账务处理。未按照合同条款履约的，财会部门应当在付款之前向单位有关负责人报告。

（3）合同登记控制。合同归口管理部门应当加强对合同登记的管理，定期对合同进行统计、分类和归档，详细登记合同的订立、履行和变更情况，实行对合同的全过程管理。与单位经济活动相关的合同应当同时提交财务部门作为账务处理的依据。单位应当加强合同信息安全保密工作，不得以任何形式泄露合同订立与履行过程中涉及的国家秘密、工作秘密或商业秘密。

（4）合同纠纷控制。单位应当加强对合同纠纷的管理。合同发生纠纷的，单位应当在规定时效内与对方协商谈判。合同纠纷协商一致的，双方应当签订书面协议；合同纠纷经协商无法解决的，经办人员应向单位有关负责人报告，并根据合同约定选择仲裁或诉讼方式解决。

五、行政事业单位内部控制的评价与监督

内部控制的评价与监督是确保内部控制建设不断完善并有效实施的重要环节。行政事业单位内部控制评价与监督包括自我评价、内部监督和外部监督三个层次。

（一）内部控制自我评价

行政事业单位内部控制自我评价是指由行政事业单位自行组织的，对单位内部控制的有效性进行评价，形成评价结论，出具评价报告的过程。

1. 内部控制自我评价的实施主体。

开展内部控制自我评价，首先要明确评价工作的具体实施主体。单位负责人应当指定专门部门或专人负责对单位内部控制的有效性进行评价，并出具单位内部控制自我评价报告。在实践中，行政事业单位负责人通常应当指定内部审计部门负责对单位内部控制的有效性进行评价。

2. 内部控制自我评价的内容。

内部控制自我评价是对单位内部控制有效性发表意见，内部控制有效性包括内部控制设计的有效性和内部控制执行的有效性。

内部控制设计的有效性是指为实现控制目标所必需的内部控制程序都存在并且设计恰当，能够为控制目标的实现提供合理保证。评价行政事业单位内部控制设计的有效性，应当着重考虑以下四个方面：（1）内部控制设计的合理性、合法性，即内部控制设计是否符合内部控制的基本原理，以《行政事业单位内部控制规范（试行）》等相关法律法规和相关规定为依据；（2）内部控制设计的全面性，即内部控制的设计是否覆盖了单位所有经济活动、经济活动的全过程、所有内部控制关键岗位，是否对单位内部各相关部

门和人员都具备约束力；（3）内部控制设计的重要性，即内部控制的设计是否重点关注了单位的重要经济活动和经济活动的重大风险；（4）内部控制设计的适应性，即内部控制的设计是否与单位所处环境、业务特点、复杂程度以及风险管理要求相匹配。

内部控制执行的有效性是指在内部控制设计有效的前提下，内部控制能否按照设计的内部控制程序正确地执行，从而为控制目标的实现提供合理保证。评价内部控制执行的有效性，应当着重考虑以下四个方面：（1）各个业务控制在评价期内是如何运行的；（2）各个业务控制是否得到了持续、一致的执行；（3）相关内部控制机制、内部管理制度、岗位责任制、内部控制措施是否得到有效执行；（4）执行业务控制的相关工作人员是否具备必要的权限、资格和能力。

3. 内部控制自我评价报告。

负责单位内部控制评价的部门或专人在完成评价工作之后，应当编写单位内部控制自我评价报告。评价报告应当对单位内部控制的有效性发表意见，指出内部控制存在的缺陷，并提出整改建议。评价报告应当提交单位负责人，单位负责人应当对拟采取的整改措施作出决定，并督促落实。

（二）内部控制的内部监督

行政事业单位内部控制的内部监督是单位对其自身内部控制的建立与实施情况进行监督检查。单位应当建立健全内部监督制度，明确各相关部门或岗位在内部监督中的职责权限，规定内部监督的程序和要求，确保内部监督检查工作有效开展。

1. 内部监督的实施主体。

根据监督与执行分离的基本原理，内部控制内部监督应当与内部控制的建立和实施保持相对独立。为此，内部控制监督不能由具体组织实施和日常管理的工作部门承担。对于设立了独立内部审计部门或者专职内审岗位的单位，应当指定内审部门或者岗位作为内部监督的实施主体，同时还应当发挥内部纪检监察部门在内部监督中的作用；对于没有内审部门或岗位，或者内审部门因人手不足、力量薄弱等原因无法有效履行内部控制监督检查职能的单位，可以成立内部监督联合工作小组履行相应的职能。

2. 内部监督的内容和要求。

负责内部监督的部门或岗位应当定期或不定期检查单位内部管理制度和机制的建立与执行情况，以及内部控制关键岗位及人员的设置情况等，及时发现内部控制存在的问题并提出改进建议。单位应当根据本单位实际情况确定内部监督检查的方法、范围和频率，通常不能少于一年一次。

（三）内部控制的外部监督

内部控制的外部监督主要由财政部门和审计部门承担，同时，应当充分发挥纪检、监察等部门的作用，构建严密的外部监督网络。

1. 财政部门的外部监督。

国务院财政部门及其派出机构和县级以上地方各级人民政府财政部门应当对单位内部控制的建立和实施情况进行监督检查，有针对性地提出检查意见和建议，并督促单位进行整改。

2. 审计部门的外部监督。

国务院审计机关及其派出机构和县级以上地方各级人民政府审计机关对单位进行审计时，应当调查了解单位内部控制建立和实施的有效性，揭示相关内部控制的缺陷，有针对性地提出审计处理意见和建议，并督促单位进行整改。

六、行政事业单位内部控制报告

内部控制报告，是指行政事业单位在年度终了，依据《财政部关于全面推进行政事业单位内部控制建设的指导意见》《行政事业单位内部控制规范（试行）》《行政事业单位内部控制报告管理制度（试行）》的有关要求，结合本单位实际情况编制的，能够综合反映本单位内部控制建立与实施情况的总结性文件。内部控制报告编报工作按照"统一部署、分级负责、逐级汇总、单向报送"的方式，由财政部统一部署，各地区、各垂直管理部门分级组织实施并以自下而上的方式逐级汇总，非垂直管理部门向同级财政部门报送，各行政事业单位按照行政管理关系向上级行政主管部门单向报送。单位主要负责人对本单位内部控制报告的真实性和完整性负责。

（一）内部控制报告编制原则

行政事业单位编制内部控制报告应当遵循下列原则：

1. 全面性原则。内部控制报告应当包括行政事业单位内部控制的建立与实施、覆盖单位层面和业务层面各类经济业务活动，能够综合反映行政事业单位的内部控制建设情况。

2. 重要性原则。内部控制报告应当重点关注行政事业单位重点领域和关键岗位，突出重点、兼顾一般，推动行政事业单位围绕重点开展内部控制建设，着力防范可能产生的重大风险。

3. 客观性原则。内部控制报告应当立足于行政事业单位的实际情况，坚持实事求是，真实、完整地反映行政事业单位内部控制建立与实施情况。

4. 规范性原则。行政事业单位应当按照财政部规定的统一报告格式及信息要求编制内部控制报告，不得自行修改或删减报告及附表格式。

（二）内部控制报告的编制与报送

1. 行政事业单位内部控制报告的编制与报送。

年度终了，行政事业单位应当根据本单位当年内部控制建设工作的实际情况及取得的成效，以能够反映内部控制工作基本事实的相关材料为支撑，按照财政部发布的统一报告格式编制内部控制报告，经本单位主要负责人审批后对外报送。行政事业单位能够反映内部控制工作基本事实的相关材料一般包括内部控制领导机构会议纪要、内部控制制度、流程图、内部控制检查报告、内部控制培训会相关材料等。

2. 部门行政事业单位内部控制报告的编制与报送。

各部门应当在所属行政事业单位上报的内部控制报告和部门本级内部控制报告的基础上，汇总形成本部门行政事业单位内部控制报告。各部门汇总的行政事业单位内部控制报告应当以所属行政事业单位上报的信息为准，不得虚报、瞒报和随意调整。

3. 地区行政事业单位内部控制报告的编制与报送。

地方各级财政部门应当在下级财政部门上报的内部控制报告和本地区部门内部控制报告的基础上，汇总形成本地区行政事业单位内部控制报告。地方各级财政部门汇总的本地区行政事业单位内部控制报告应当以本地区部门和下级财政部门上报的信息为准，不得虚报、瞒报和随意调整。

（三）内部控制报告的使用

行政事业单位应当加强对本单位内部控制报告的使用，通过对内部控制报告中反映的信息进行分析，及时发现内部控制建设工作中存在的问题，进一步健全制度，提高执行力，完善监督措施，确保内部控制有效实施。各地区、各部门应当加强对行政事业单位内部控制报告的分析，强化分析结果的反馈和使用，切实规范和改进财政财务管理，更好地发挥对行政事业单位内部控制建设的促进和监督作用。

（四）内部控制报告的监督检查

各地区、各部门汇总的内部控制报告报送后，各级财政部门、各部门应当组织开展对所报送的内部控制报告内容的真实性、完整性和规范性进行监督检查。中央部门内部控制报告信息质量监督检查工作由财政部组织实施，各地区行政事业单位内部控制报告信息质量监督检查工作由同级财政部门按照统一的工作要求分级组织实施，各部门所属行政事业单位内部控制报告的信息质量监督检查由本部门组织实施。

本章思考题

1. 中央部门基本支出结转资金与项目支出结转资金在管理方面的差异。
2. 行政事业单位如何理解并积极应对预算管理一体化提出的新要求？
3. 如何理解政府会计中财务会计与预算会计之间的关系？
4. 如何提高政府财务报告的编制质量？
5. 实行招标方式采购与非招标方式采购在适用条件与采购程序方面的区别。
6. 行政事业单位国有资产管理存在的不足及改进措施。
7. 如何理解绩效目标管理在预算绩效管理中的重要地位和作用？
8. 行政事业单位进行经济业务层面的风险评估时应关注哪些方面的情况？

第十章　金融工具会计

本章要求

掌握：金融负债与权益工具的区分，金融资产转移是否终止确认的分析和判断及其相应的会计处理，套期保值的原则、方式和实际操作，各类套期的会计处理，股权激励计划的拟订、审批和实施程序，股权激励业务的会计处理；**熟悉**：金融资产和金融负债的分类，以及各类金融工具后续计量的会计处理，金融资产减值的会计处理；**了解**：金融资产转移的类型、股权激励的方式和实施股权激励的条件。

本章主要内容

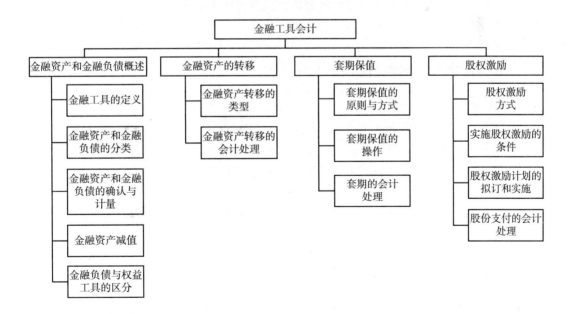

第一节　金融资产和金融负债概述

一、金融工具的定义

金融工具，是指形成一方的金融资产并形成其他方的金融负债或权益工具的合同。金融工具包括金融资产、金融负债和权益工具。其中，金融资产通常包括企业的现金、银行存款、应收账款、应收票据、贷款、股权投资、债权投资等资产；金融负债通常包括企业的应付账款、应付票据、应付债券等负债；权益工具通常包括企业发行的普通股、认股权等。本章不涉及《企业会计准则第 2 号——长期股权投资》（财会〔2014〕14号）等规范的其他金融工具。

金融工具可以分为基础金融工具和衍生工具。基础金融工具，包括企业持有的现金、存放于金融机构的款项、普通股，以及代表在未来期间收取或支付金融资产的合同权利或义务等，如应收账款、应付账款、其他应收款、其他应付款、存出保证金、存入保证金、客户贷款、客户存款、债券投资、应付债券等。衍生工具通常包括远期合同、期货合同、互换合同和期权合同，以及具有远期合同、期货合同、互换和期权中一种或一种以上特征的工具。需要注意的是，能够以现金或其他金融工具净额结算，或通过交换金融工具结算的买入或卖出非金融项目的合同，虽然不属于金融工具，但仍视同金融工具进行会计处理。

二、金融资产和金融负债的分类

（一）金融资产的分类

金融资产的分类是其确认和计量的基础。企业除非在某金融资产初始确认时，就将其直接指定为以公允价值计量且其变动计入当期损益或其他综合收益的金融资产，否则，根据该管理金融资产的业务模式和金融资产的合同现金流量特征，将金融资产划分为以下三类：（1）以摊余成本计量的金融资产；（2）以公允价值计量且其变动计入其他综合收益的金融资产；（3）以公允价值计量且其变动计入当期损益的金融资产。金融资产分类流程可用图 10-1 简示。

企业初始确认某金融资产时对其进行分类后，按照金融工具会计准则的规定，重分类是允许的，但须符合严格的条件。

（二）金融负债的分类

金融负债的分类同样是其确认和计量的基础。类似地，金融负债的分类大致也有"直接指定"和"直接指定之外"两种分类方法。企业可以在初始确认某金融负债时，将其直接指定为以公允价值计量且其变动计入当期损益的金融负债，但直接指定须符合某些条件。对于"直接指定之外"的分类，按照金融工具会计准则的规定，除下列情况

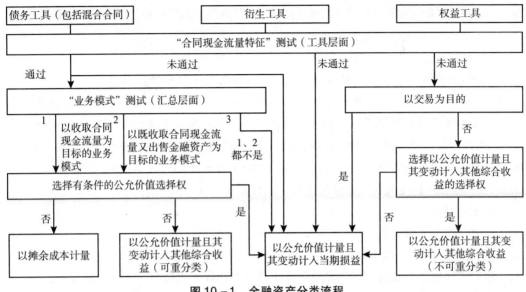

图 10 - 1　金融资产分类流程

外，企业应当将金融负债分类为以摊余成本计量的金融负债：（1）以公允价值计量且其变动计入当期损益的金融负债，包括交易性金融负债（含属于金融负债的衍生工具）和指定为以公允价值计量且其变动计入当期损益的金融负债。（2）金融资产转移不符合终止确认条件或继续涉入被转移金融资产所形成的金融负债。对此类金融负债，企业应当按照《企业会计准则第 23 号——金融资产转移》相关规定进行计量。（3）不属于以上情况之一的财务担保合同，以及不属于以上（1）的以低于市场利率贷款的贷款承诺。企业作为此类金融负债发行方的，应当在初始确认后按照依据金融工具会计准则确定的损失准备金额以及初始确认金额扣除依据《企业会计准则第 14 号——收入》相关规定所确定的累计摊销额后的余额孰高进行计量。

与金融资产重分类不同，金融负债不允许在初始确认后进行重分类。

三、金融资产和金融负债的确认与计量

（一）金融资产和金融负债的确认

当企业成为金融工具合同的一方时，就应当确认一项金融资产或金融负债。当然，对于发行权益工具的交易，在初始确认该交易时，发行方确认一项权益工具。

（二）金融资产和金融负债的终止确认

金融资产或金融负债的终止确认，就是指企业将之前确认的金融资产或金融负债从其资产负债表中予以转出。就金融资产而言，只有符合以下条件之一时，才终止确认：（1）收取该金融资产现金流量的合同权利终止。（2）该金融资产已转移，且该转移满足金融资产转移相关会计准则关于金融资产终止确认的规定。详见本章第二节。

就金融负债而言，只有该金融负债（或其一部分）的现时义务已经解除，才能终止确认该金融负债（或该部分金融负债）。金融负债（或其一部分）终止确认的，企业应当将其账面

价值与支付的对价（包括转出的非现金资产或承担的负债）之间的差额，计入当期损益。

（三）金融资产和金融负债的计量

1. 初始计量。

企业在初始确认金融资产或金融负债时，按照公允价值计量。

对于以公允价值计量且其变动计入当期损益的金融资产或金融负债，相关交易费用直接计入当期损益；对于其他类别的金融资产或金融负债，相关交易费用计入初始确认金额。但是企业初始确认的应收账款未包含重大融资成分，或根据《企业会计准则第14号——收入》规定不考虑不超过一年的合同中的融资成分的，应当按照《企业会计准则第14号——收入》定义的交易价格进行初始计量。

2. 后续计量。

金融资产和金融负债后续计量的总体原则是：

第一，金融资产初始确认后，应当按不同类别分别以摊余成本、以公允价值计量且其变动计入其他综合收益或以公允价值计量且其变动计入当期损益进行后续计量。

第二，对于金融负债，在初始确认后，也应当按不同类别，分别以摊余成本、以公允价值计量且其变动计入当期损益或其他适当方法进行后续计量。

第三，金融资产或金融负债被指定为被套期项目的，应当根据套期会计准则规定进行后续计量。

四、金融资产减值

（一）金融资产减值范围

金融资产种类和数量很多，此处对减值问题所涉及的金融资产有所限定。按照金融工具会计准则规定，企业以预期信用损失为基础，对下列项目进行减值会计处理并确认损失准备：（1）以摊余成本计量的金融资产和以公允价值计量且其变动计入其他综合收益的金融资产；（2）租赁应收款；（3）合同资产，即《企业会计准则第14号——收入》定义的合同资产；（4）企业发行的分类为以公允价值计量且其变动计入当期损益的金融负债以外的贷款承诺和符合规定的财务担保合同。

预期信用损失，是指以发生违约的风险为权重的金融工具信用损失的加权平均值。

（二）金融资产减值损失的确认

1. 金融资产减值损失确认的"一般"方法。

除以下"2. 针对购买或源生的已发生信用减值的金融资产的'特定'方法"和"3. 针对应收款项、合同资产和租赁应收款的'简化'方法"涉及的情形外，企业应当在每个资产负债表日评估相关金融工具的信用风险自初始确认后是否已显著增加，并按照下列情形分别计量其损失准备、确认预期信用损失及其变动：

（1）如果该金融工具的信用风险自初始确认后已显著增加，企业应当按照相当于该金融工具整个存续期内预期信用损失的金额计量其损失准备。无论企业评估信用损失的基础是单项金融工具还是金融工具组合，由此形成的损失准备的增加或转回金额，应当作为减值损失或利得计入当期损益。其中，整个存续期预期信用损失，是指因金融工具整个预计存续期内所有可能发生的违约事件而导致的预期信用损失。

（2）如果该金融工具的信用风险自初始确认后并未显著增加，企业应当按照相当于该金融工具未来 12 个月内预期信用损失的金额计量其损失准备，无论企业评估信用损失的基础是单项金融工具还是金融工具组合，由此形成的损失准备的增加或转回金额，应当作为减值损失或利得计入当期损益。

其中，未来 12 个月内预期信用损失，是指因资产负债表日后 12 个月内（若金融工具的预计存续期少于 12 个月，则为预计存续期）可能发生的金融工具违约事件而导致的预期信用损失，是整个存续期预期信用损失的一部分。

企业在进行相关评估时，应当考虑所有合理且有依据的信息，包括前瞻性信息。为确保自金融工具初始确认后信用风险显著增加即确认整个存续期预期信用损失，企业在某些情况下应当以组合为基础考虑评估信用风险是否显著增加。

2. 针对购买或源生的已发生信用减值的金融资产的"特定"方法。

对于购买或源生的已发生信用减值的金融资产，企业应当在资产负债表日仅将自初始确认后整个存续期内预期信用损失的累计变动确认为损失准备。在每个资产负债表日，企业应当将整个存续期内预期信用损失的变动金额作为减值损失或利得计入当期损益。即使该资产负债表日确定的整个存续期内预期信用损失小于初始确认时估计现金流量所反映的预期信用损失的金额，企业也应当将预期信用损失的有利变动确认为减值利得。

3. 针对应收款项、合同资产和租赁应收款的"简化"方法。

对于下列各项目，企业应当始终按照相当于整个存续期内预期信用损失的金额计量其损失准备：

（1）由《企业会计准则第 14 号——收入》规范的交易形成的应收款项或合同资产，且符合下列条件之一：

第一，该项目未包含《企业会计准则第 14 号——收入》所定义的重大融资成分，或企业根据《企业会计准则第 14 号——收入》规定不考虑不超过一年的合同中的融资成分。

第二，该项目包含《企业会计准则第 14 号——收入》所定义的重大融资成分，同时企业作出会计政策选择，按照相当于整个存续期内预期信用损失的金额计量损失准备。企业应当将该会计政策选择适用于所有此类应收款项和合同资产，但可对应收款项类和合同资产类分别作出会计政策选择。

（2）由《企业会计准则第 21 号——租赁》规范的交易形成的租赁应收款，同时企业作出会计政策选择，按照相当于整个存续期内预期信用损失的金额计量损失准备。企业应当将该会计政策选择适用于所有租赁应收款，但可对应收融资租赁款和应收经营租赁款分别作出会计政策选择。

在运用以上要求时，企业可对应收款项、合同资产和租赁应收款分别选择减值会计政策。

（三）金融资产减值损失的计量

企业计量金融工具预期信用损失的方法，应当反映下列各项要素：（1）通过评价一系列可能的结果而确定的无偏概率加权平均金额；（2）货币时间价值；（3）在资产负债表日无须付出不必要的额外成本或努力即可获得的有关过去事项、当前状况以及未来经济状况预测的合理且有依据的信息。

据此，企业应当按照下列方法，确定相关金融资产的信用损失：

1. 对于金融资产，信用损失应为企业应收取的合同现金流量与预期收取的现金流量之间差额的现值。

2. 对于租赁应收款项，信用损失应为企业应收取的合同现金流量与预期收取的现金流量之间差额的现值。其中，用于确定预期信用损失的现金流量，应与按照《企业会计准则第 21 号——租赁》用于计量租赁应收款项的现金流量保持一致。

3. 对于未提用的贷款承诺，信用损失应为在贷款承诺持有人提用相应贷款的情况下，企业应收取的合同现金流量与预期收取的现金流量之间差额的现值。企业对贷款承诺预期信用损失的估计，应当与其对该贷款承诺提用情况的预期保持一致。

4. 对于财务担保合同，信用损失应为企业就该合同持有人发生的信用损失向其作出赔付的预计付款额，减去企业预期向该合同持有人、债务人或任何其他方收取的金额之间差额的现值。

5. 对于资产负债表日已发生信用减值但并非购买或源生已发生信用减值的金融资产，信用损失应为该金融资产账面余额与按原实际利率折现的估计未来现金流量的现值之间的差额。

金融资产减值损失相关会计处理如图 10-2 所示。

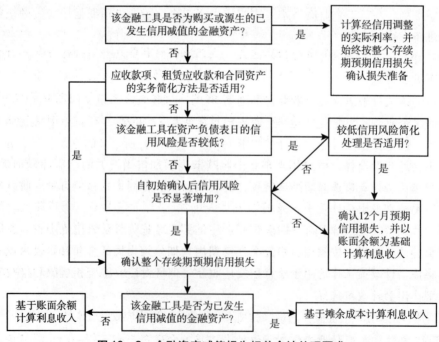

图 10-2　金融资产减值损失相关会计处理要求

五、金融负债与权益工具的区分

（一）总体要求

企业应根据所发行金融工具的合同条款及其所反映的经济实质而非仅以法律形式，结合金融资产、金融负债和权益工具的定义，在初始确认时将该金融工具或其组成部分分类为金融资产、金融负债或权益工具，并进行相应的会计处理。通常情况下，企业比较容易分辨所发行金融工具是权益工具还是金融负债，但是也会遇到较为复杂的情况，如企业发行的优先股、永续债（例如，长期含权中期票据）、认股权、可转换公司债券等金融工具。

金融负债，是指企业符合下列条件之一的负债：（1）向其他方交付现金或其他金融资产的合同义务（如应付账款）；（2）在潜在不利条件下，与其他方交换金融资产或金融负债的合同义务（如企业签出的金融期权）；（3）将来须以企业自身权益工具结算或可以企业自身权益工具结算的合同，且该合同是一项非衍生工具，该工具使企业承担或可能承担交付可变数量自身权益工具的义务（如按工具的余额可以企业自身股票赎回的工具）；（4）将来须以企业自身权益工具结算或可以企业自身权益工具结算的合同，且该合同是一项衍生工具，该工具将通过或可通过以固定金额的现金或其他金融资产换取固定数量的企业自身权益工具以外的其他方式结算（如以股票净额结算的、针对企业自身股票的签出看涨期权）。

权益工具，是指能证明拥有某个企业在扣除所有负债后的资产中剩余权益的合同。同时满足下列条件的，发行方应当将发行的金融工具分类为权益工具：（1）该金融工具不包括交付现金或其他金融资产给其他方，或在潜在不利条件下与其他方交换金融资产或金融负债的合同义务；（2）将来须用或可用企业自身权益工具结算该金融工具的，如该金融工具为非衍生工具，不包括交付可变数量的自身权益工具进行结算的合同义务；如为衍生工具，企业只能通过以固定数量的自身权益工具交换固定金额的现金或其他金融资产结算该金融工具。

对于归类为权益工具的金融工具，无论其名称中是否包含"债"，其利息支出或股利分配都应当作为发行企业的利润分配，其回购、注销等作为权益的变动处理；对于归类为金融负债的金融工具，无论其名称中是否包含"股"，其利息支出或股利分配原则上按照借款费用进行处理，其回购或赎回产生的利得或损失等计入当期损益。发行方发行金融工具，其发生的手续费、佣金等交易费用，如分类为债务工具且以摊余成本计量的，应当计入所发行工具的初始计量金额；如分类为权益工具的，应当从权益中扣除。

（二）区分的基本原则

1. 通过交付现金、其他金融资产、交换金融资产或金融负债结算。

如果企业不能无条件地避免以交付现金或其他金融资产来履行一项合同义务，则该合同义务符合金融负债的定义。有些金融工具虽然没有明确地包含交付现金或其他金融资产义务的条款和条件，但有可能通过其他条款和条件间接地形成合同义务。

例如，某企业发行 10 年后按面值强制赎回的优先股；其中，由于发行人存在支付现金偿还本金的合同义务（发行人无法避免 10 年后的现金流出），因而该优先股应分类为金融负债。又如，某项以面值 3 亿元发行的永续工具要求每年按 6% 的利率支付票息；假定 6% 是发行时此类工具的市场利率，则发行人承担了支付未来 6% 利息的合同义务；利息付款额的净现值是 1 亿元，且反映了该工具的公允价值；因而该工具应归类为金融负债。

如果发行的金融工具将以现金或其他金融资产结算，那么该工具导致企业承担了交付现金或其他金融资产的义务。如果该工具要求企业在潜在不利条件下通过交换金融资产或金融负债结算（例如，该工具包含发行方签出的以现金或其他金融资产结算的期权），该工具同样导致企业承担了合同义务。在这种情况下，发行方对于发行的金融工具应当归类为金融负债。

2. 通过自身权益工具结算。

如果发行的金融工具须用或可用企业自身权益工具结算，需要考虑用于结算该工具的企业自身权益工具，是作为现金或其他金融资产的替代品，还是为了使该工具持有人享有在发行方扣除所有负债后的资产中的剩余权益。如果是前者，该工具是发行方的金融负债；如果是后者，该工具是发行方的权益工具。

3. 对于将来须用或可用企业自身权益工具结算的金融工具的分类，应当区分是衍生工具还是非衍生工具。

对于非衍生工具，如果发行方未来没有义务交付可变数量的自身权益工具进行结算，则该非衍生工具是权益工具；否则，该非衍生工具是金融负债。

对于衍生工具，如果发行方只能通过以固定数量的自身权益工具交换固定金额的现金或其他金融资产进行结算，则该衍生工具是权益工具；如果发行方以固定数量自身权益工具交换可变金额现金或其他金融资产，或以可变数量自身权益工具交换固定金额现金或其他金融资产，或在转换价格不固定的情况下以可变数量自身权益工具交换可变金额现金或其他金融资产，则该衍生工具应当确认为金融负债或金融资产。

（三）或有结算条款和结算选择权

1. 或有结算条款。

或有结算条款，是指是否通过交付现金或其他金融资产进行结算，或者是否以其他导致该金融工具成为金融负债的方式结算，需要由发行方和持有方均不能控制的未来不确定事项（如股价指数、消费价格指数变动，利率或税法变动，发行方未来收入、净收益或债务权益比率等）的发生或不发生（或发行方和持有方均不能控制的未来不确定事项的结果）来确定的条款。除下列情况外，对于附加或有结算条款的金融工具，发行方应将其归类为金融负债：

（1）要求以现金、其他金融资产或以其他导致该工具成为金融负债的方式进行结算的或有结算条款几乎不具有可能性，即相关情形极端罕见、显著异常或几乎不可能发生。

（2）只有在发行方清算时，才需以现金、其他金融资产或以其他导致该工具成为金融负债的方式进行结算。

（3）按照企业会计准则分类为权益工具的可回售工具。

2. 结算选择权。

对于存在结算选择权的衍生工具（例如，合同规定发行方或持有方能选择以现金净额或以发行股份交换现金等方式进行结算的衍生工具），发行方应当将其确认为金融资产或金融负债。如果合同条款中所有可能的结算方式均表明该衍生工具应当确认为权益工具的，则应当确认为权益工具。

【例 10-1】 情形 1：或有结算条款——会计或税务法规变更。

A 企业发行了由其自行决定是否派发股利的含 5% 非累积股利的优先股。如果适用的税务或会计处理要求被修订，该股份将被赎回。

本例中，鉴于发行人和持有人均无法控制的或有事项是现实的，且可能导致 A 企业在除其清算之外的时间必须交付现金或其他金融资产，该金融工具应分类为一项金融负债。但是，由于 5% 的股利可由 A 企业自行决定，所以它是 A 企业的权益。因此，该优先股同时包含负债和权益特征，即一项复合金融工具。

情形 2：或有结算条款——首次公开发行 1。

B 企业定向发行了 3 亿元的股票，其可自行决定是否派发股利。如果 B 企业进行筹资或首次公开发行（IPO），则其必须按面值赎回该股票。

本例中，B 企业不能保证筹资或 IPO 的成功，但它确实可以决定是否发起筹资活动或寻求 IPO。鉴于 B 企业可以通过避免筹资或 IPO 来避免赎回股票，该工具应分类为权益。

情形 3：或有结算条款——首次公开发行 2。

C 企业定向发行了 3 亿元的股票，其可自行决定是否派发股利。如果 C 企业在自该股票发行之日起 5 年内未能成功筹资或 IPO，则其必须按面值赎回该股票。

本例中，鉴于该或有事项（成功筹资或 IPO）不受 C 企业控制，其属于或有结算条款。由于 C 企业不能避免赎回股票，因此该工具应分类为金融负债。

情形 4：或有结算条款——控制权变更。

D 企业定向发行了 3 亿元的股票，其可自行决定是否派发股利。如果 D 企业的控制权发生了变更，则 D 企业必须按面值赎回该股票。控制权的变更被定义为 D 企业至少有 50% 所有权的变更。

本例中，鉴于该或有事项（D 企业被其中一批股东出售给另一批股东）不受 D 企业控制，其属于或有结算条款。由于 D 企业不能避免赎回股票，因此该工具应分类为金融负债。

（四）可回售工具或仅在清算时才有义务按比例交付净资产的工具

1. 可回售工具。

如果发行方发行的金融工具合同条款中约定，持有方有权将该工具回售给发行方以获取现金或其他金融资产，或者在未来某一不确定事项发生或者持有方死亡或退休时，自动回售给发行方的，则为可回售工具。在这种情况下，符合金融负债定义但同时具有下列特征的可回售金融工具，应当分类为权益工具：

（1）赋予持有方在企业清算时按比例份额获得该企业净资产的权利。企业净资产，是指扣除所有优先于该工具对企业资产要求权之后的剩余资产。按比例份额是指清算时将企业的净资产分拆为金额相等的单位，并且将单位金额乘以持有方所持有的单位数量。

（2）该工具所属的类别次于其他所有工具类别。该工具在归属于该类别前无须转换为另一种工具，且在清算时对企业资产没有优先于其他工具的要求权。

（3）该类别的所有工具具有相同的特征（例如，它们必须都具有可回售特征，并且用于计算回购或赎回价格的公式或其他方法都相同）。

（4）除了发行方应当以现金或其他金融资产回购或赎回该工具的合同义务外，该工具不满足金融负债定义中的任何其他特征。

（5）该工具在存续期内的预计现金流量总额，应当实质上基于该工具存续期内企业的损益、已确认净资产的变动、已确认和未确认净资产的公允价值变动（不包括该工具的任何影响）。

2. 仅在清算时才有义务按比例交付净资产的工具。

某些金融工具的发行合同约定，发行方仅在清算时才有义务向另一方按比例交付其净资产，这种清算确定将会发生并且不受发行方的控制，或者发生与否取决于该工具的持有方。对于发行方仅在清算时才有义务向另一方按比例交付其净资产的金融工具，符合金融负债定义但同时具有下列特征的，应当分类为权益工具：

（1）赋予持有方在企业清算时按比例份额获得该企业净资产的权利。

（2）该工具所属的类别次于其他所有工具类别。该工具在归属于该类别前无须转换为另一种工具，且在清算时对企业资产没有优先于其他工具的要求权。

（3）在次于其他所有类别的工具类别中，发行方对该类别中所有工具都应当在清算时承担按比例份额交付其净资产的同等合同义务。

3. 对发行方发行在外的其他金融工具的要求。

分类为权益的可回售工具，或发行方仅在清算时才有义务向另一方按比例交付其净资产的金融工具，除应具备上述特征外，其发行方应当没有同时具备下列特征的其他金融工具或合同：

（1）现金流量总额实质上基于企业的损益、已确认净资产的变动、已确认和未确认净资产的公允价值变动（不包括该工具或合同的任何影响）。

（2）实质上限制或固定了可回售工具或仅在清算时才有义务按比例交付净资产的工具的持有方所获得的剩余回报。

在运用上述条件时，对于发行方与上述可回售或仅在清算时才有义务向另一方按比例交付其净资产的工具持有方签订的非金融合同，如果其条款和条件与发行方和其他方之间可能订立的同等合同类似，不考虑该非金融合同的影响。但是，如果不能作出此判断，则不得将该工具分类为权益工具。

（五）金融负债和权益工具区分原则的运用

1. 根据金融负债和权益工具区分的原则，金融工具发行条款中的一些约定将影响发行方是否承担交付现金、其他金融资产或在潜在不利条件下交换金融资产或金融负债的义务。例如，发行条款规定强制付息，将导致发行方承担交付现金的义务，则该义务构成发行方的一项金融负债。

如果发行的金融工具合同条款中包含在一定条件下转换成发行方普通股的约定（例如，可转换优先股中的转换条款），该条款将影响发行方是否没有交付可变数量自身权益工具的义务或者是否以固定数量的自身权益工具交换固定金额的现金或其他金融资产。

因此，企业发行各种金融工具，应当按照该金融工具的合同条款及所反映的经济实质而非仅以法律形式，运用金融负债和权益工具区分的原则，正确地确定该金融工具或其组成部分的会计分类和进行会计处理，而不能仅仅依据监管规定或工具名称来判断。

2. 在合并财务报表中对金融工具（或其组成部分）进行分类时，企业应当考虑集团成员和金融工具的持有方之间达成的所有条款和条件。如果集团作为一个整体由于该工具而承担交付现金、其他金融资产或以其他导致该工具成为金融负债的方式进行结算的义务，则该工具应当分类为金融负债。

企业发行的可回售工具或仅在清算时才有义务按比例交付净资产的工具，如果满足企业会计准则要求在财务报表中分类为权益工具的，在其母公司的合并财务报表中对应的少数股东权益部分，应当分类为金融负债。

（六）永续债

永续债发行方在确定永续债（或其他类似工具）的会计分类是权益工具还是金融负债时，应当根据《企业会计准则第 37 号——金融工具列报》规定同时考虑下列因素：

1. 到期日。

永续债发行方应当以合同到期日等条款内含的经济实质为基础，谨慎判断是否能无条件地避免交付现金或其他金融资产的合同义务。当永续债合同其他条款未导致发行方承担交付现金或其他金融资产的合同义务时，发行方应当区分下列情况处理：

（1）永续债合同明确规定无固定到期日且持有方在任何情况下均无权要求发行方赎回该永续债或清算的，通常表明发行方没有交付现金或其他金融资产的合同义务。

（2）永续债合同未规定固定到期日且同时规定了未来赎回时间（即"初始期限"）的：①当该初始期限仅约定为发行方清算日时，通常表明发行方没有交付现金或其他金融资产的合同义务。但清算确定将会发生且不受发行方控制，或者清算发生与否取决于该永续债持有方的，发行方仍具有交付现金或其他金融资产的合同义务。②当该初始期限不是发行方清算日且发行方能自主决定是否赎回永续债时，发行方应当谨慎分析自身是否能无条件地自主决定不行使赎回权。如不能，通常表明发行方有交付现金或其他金融资产的合同义务。

2. 清偿顺序。

永续债发行方应当考虑合同中关于清偿顺序的条款。当永续债合同其他条款未导致发行方承担交付现金或其他金融资产的合同义务时，发行方应当区分下列情况处理：

（1）合同规定发行方清算时永续债劣后于发行方发行的普通债券和其他债务的，通常表明发行方没有交付现金或其他金融资产的合同义务。

（2）合同规定发行方清算时永续债与发行方发行的普通债券和其他债务处于相同清偿顺序的，应当审慎考虑此清偿顺序是否会导致持有方对发行方承担交付现金或其他金融资产合同义务的预期，并据此确定其会计分类是权益工具还是金融负债。

3. 利率跳升和间接义务。

永续债发行方应当考虑《企业会计准则第37号——金融工具列报》第十条规定的"间接义务"。永续债合同规定没有固定到期日，同时规定了未来赎回时间、发行方有权自主决定未来是否赎回且如果发行方决定不赎回则永续债票息率上浮（即"利率跳升"或"票息递增"）的，发行方应当结合所处实际环境考虑该利率跳升条款是否构成交付现金或其他金融资产的合同义务。如果跳升次数有限、有最高票息限制（即"封顶"）且封顶利率未超过同期同行业同类型工具平均的利率水平，或者跳升总幅度较小且封顶利率未超过同期同行业同类型工具平均的利率水平，可能不构成间接义务；如果永续债合同条款虽然规定了票息封顶，但该封顶票息水平超过同期同行业同类型工具平均的利率水平，通常构成间接义务。

（七）复合金融工具

企业应当对发行的非衍生金融工具进行评估，以确定所发行的工具是否为复合金融工具。企业所发行的非衍生金融工具可能同时包含金融负债成分和权益工具成分。

企业发行的非衍生金融工具同时包含金融负债成分和权益工具成分的，应于初始计量时先确定金融负债成分的公允价值（包括其中可能包含的非权益性嵌入衍生工具的公允价值），再从复合金融工具公允价值中扣除负债成分的公允价值，作为权益工具成分的价值。

【例10-2】情形1：可转换债券。

A企业在2018年1月1日发行2 000份可转换债券。该债券期限为3年，按面值1 000元发行，取得的总发行收入为2 000 000元。利息按6%的年利率在借款期内按年支付。持有人可以决定在到期之前的任何时间将每份债券转换为250股普通股。在债券发行时，不具备转换选择权的类似债券的市场利率为9%。

本例中，在初始确认时，首先应对负债部分的合同现金流量进行计量，债券发行收入（金融工具整体的公允价值）与负债公允价值之间的差额则分配至权益。负债部分的现值（即公允价值）按9%的折现率（即具有相同信用等级的没有转换选择权的类似债券的市场利率）计算。计算如下（假设不考虑税收因素，金额单位为人民币元）：

第3年末本金的现值*	1 544 367
利息（3年期内每年末应付的利息120 000）的现值**	303 755
负债部分（B）（初始确认的金融负债金额）	1 848 122
债券发行收入（A）（初始确认的银行存款金额）	2 000 000

剩余的权益部分（A－B）（初始确认的权益金额）　　　　　　151 878

其中，＊表示本金的现值（按9%折现）：

$2\ 000\ 000 \div 1.09^3 = 1\ 544\ 367$（元）

＊＊表示3年期内每年末应付的利息（120 000）的现值：

第1年末：$120\ 000 \div 1.09 = 110\ 092$（元）

第2年末：$120\ 000 \div 1.09^2 = 101\ 002$（元）

第3年末：$120\ 000 \div 1.09^3 = 92\ 661$（元）

利息的现值合计＝303 755元

此外，交易费用应根据其相对公允价值在负债部分和权益部分之间进行分配。

情形2：带息的永久性优先股。

A企业发行不可赎回的优先股。该优先股每年每股的固定累积强制股利为46欧元（欧元是A企业的功能货币）。如果当年的收益不足以支付股利，则该股利将在未来的年度支付。A企业可以宣告额外的股利，但是必须在各类不同的股票间平均分配。

本例中，优先股是同时包含负债和权益部分的复合金融工具；负债部分是发行人交付现金的合同义务（每年每股424欧元），而权益部分则是持有人以额外股利的形式获得权益收益的权利（如果宣告股利的话）。负债的公允价值是按不含任意股利剩余利益的类似金融工具的市场利率折现后计算的永续支付的每年每股强制股利424欧元的现值。权益部分则按金融工具整体公允价值扣除单独确定为负债部分金额后的剩余金额计量。

（八）金融负债和权益工具之间的重分类

由于发行的金融工具原合同条款约定的条件或事项随着时间的推移或经济环境的改变而发生变化，可能导致已发行金融工具重分类。

发行方原分类为权益工具的金融工具，自不再被分类为权益工具之日起，发行方应当将其重分类为金融负债，以重分类日该工具的公允价值计量，重分类日权益工具的账面价值和金融负债的公允价值之间的差额确认为权益。

发行方原分类为金融负债的金融工具，自不再被分类为金融负债之日起，发行方应当将其重分类为权益工具，以重分类日金融负债的账面价值计量。

第二节　金融资产的转移

金融资产转移，是指企业（转出方）将金融资产让与或交付给该金融资产发行方之外的另一方（转入方）。其中，金融资产既包括单项金融资产，也包括一组类似的金融资产；既包括单项金融资产（或一组类似金融资产）的一部分，也包括单项金融资产（或一组类似金融资产）整体。

一、金融资产转移的类型

实务中，金融资产转移的类型包括但不限于以下方面：

（一）应收账款保理

应收账款保理，是指企业（供货方或提供劳务方）将因销售商品、提供劳务等形成的应收账款转移给商业银行，由商业银行为其提供贸易融资等相关服务，其实质是应收账款质押取得借款和应收账款出售。根据商业银行是否保留对企业（供货方或提供劳务方）的追索权可分为：（1）附追索权应收账款保理，即在购货方或接受劳务方逾期未支付款项时，商业银行有权向企业（供货方或提供劳务方）进行追偿；（2）不附追索权应收账款保理，即在购货方或接受劳务方逾期未支付款项时，商业银行无权向企业（供货方或提供劳务方）进行追偿。出于谨慎性考虑，商业银行从事的保理业务通常要求附追索权。

（二）应收票据贴现

应收票据贴现，是指企业以未到期应收票据，通过背书手续向商业银行融通资金，商业银行按照贴现率自票据价值中扣除贴现日至到期日的贴现息后，将余额兑付给企业的筹资行为。

应收票据贴现可分为：（1）不附追索权应收票据贴现，与该应收票据所有权有关的风险和报酬立即发生转移，贴现企业应当终止确认应收票据，实际收到的金额与应收票据账面价值之间的差额计入当期损益。（2）附追索权应收票据贴现，贴现企业因背书在法律上负有连带还款责任，这种责任可能发生，也可能不发生。实务中，贴现企业应当分析这一经济业务的实质：如果与该应收票据所有权有关的风险和报酬已经发生转移，则会计处理同（1）；如果与该应收票据所有权有关的风险和报酬没有转移，其实质是贴现企业以应收票据为质押取得银行借款，贴现企业不应终止确认应收票据，实际收到的金额应确认为一项负债。

（三）应收票据背书转让

应收票据背书是指持票人在票据背面或者粘单上记载有关事项并签章的票据行为。签字人称为背书人，背书人对票据的到期付款承担连带还款责任。

企业将持有的应收票据背书转让以取得所需物资，与该应收票据所有权有关的风险和报酬通常已经发生转移，贴现企业应当终止确认应收票据。

（四）金融资产证券化

在我国，金融资产证券化最初主要是指信贷资产证券化，即被证券化的金融资产主要是信贷资产，包括住房抵押贷款和其他信贷资产。近年来，被证券化的金融资产已不再限于金融机构的信贷资产，而是延展到工商企业的应收款项。

中国证监会、上海证券交易所和深圳证券交易所就工商企业应收账款证券化提出了明确要求，有关规定包括《证券公司及基金管理公司子公司资产证券化业务管理规定》（证监会公告〔2014〕49号）、《上海证券交易所资产支持证券挂牌条件确认业务指引》

（上证发〔2017〕28 号）、《深圳证券交易所资产证券化业务指引（2014 年修订）》（深证会〔2014〕130 号）等。其中，企业应收账款资产支持证券，是指证券公司、基金管理公司子公司作为管理人，通过设立资产支持专项计划开展资产证券化业务，以企业应收账款债权为基础资产或基础资产现金流量来源所发行的资产支持证券。而这里所称的"应收账款"，暂时限定在企业因履行合同项下销售商品、提供劳务等经营活动的义务后获得的付款请求权，不包括因持有票据或其他有价证券而产生的付款请求权。2018 年，为推动资产证券化市场高质量、规范化、标准化发展，进一步提升资产证券化服务实体经济的能力和水平，有关监管等部门就资产证券化出台了相关规定，比如中国人民银行、银保监会、证监会、外管局四部委联合印发《关于规范金融机构资产管理业务的指导意见》，银保监会发布《商业银行理财业务监督管理方法》，交易商协会发布新版《微小企业贷款资产支持证券信息披露指引》（2018 年版），上海证券交易所和深圳证券交易所发布《资产支持证券存续期信用风险管理指引（试行）》和《资产支持证券定期报告内容与格式指引》等。

下面以金融机构的金融资产证券化为例作简要介绍。

1. 金融资产证券化的种类。

金融资产证券化，是指发起机构将其缺乏即期流动性，但具有可预期的稳定未来现金流量的金融资产转移给受托机构设立的特定目的主体，由特定目的主体以资产支持证券的形式向投资机构发行资产支持证券，以该金融资产所产生的现金流量支付资产支持证券收益的结构性融资活动。

按照被证券化的金融资产（即基础资产）的不同，金融资产证券化可以分为住房抵押贷款证券化（MBS）和资产支持证券化（ABS）两大类，其中，前者的基础资产是住房抵押贷款，后者的基础资产是除住房抵押贷款以外的其他金融资产。

2. 金融资产证券化的业务流程。

金融资产证券化的基本业务流程是：发起机构将可证券化的金融资产（基础资产）转移给特定目的主体，由特定目的主体以基础资产产生的现金流量为支持发行资产支持证券。通常情况下，完成一次金融资产证券化，需要经过以下程序：

（1）发起机构确定可证券化的金融资产，以基础资产组建资产池。

（2）受托机构设立特定目的主体。特定目的主体介于发起机构和投资机构之间，是资产支持证券的发行机构，其资产来源于发起机构转移的金融资产，负债是发行的资产支持证券。特定目的主体在金融资产证券化过程中起着承上启下的作用，即与发起机构签订合同，将拟证券化的金融资产自发起机构转移至特定目的主体，再以其产生的未来现金流量为支持向投资机构发行资产支持证券。受托机构是负责管理基础资产并以基础资产产生的未来现金流量为支持发行资产支持证券的机构。在我国，参与金融资产证券化的受托机构主要是信托公司，特定目的主体主要是特定目的信托。

（3）发起机构将基础资产转移给受托机构设立的特定目的主体。

（4）信用增级机构对特定目的主体发行的资产支持证券进行信用增级，即对特定目的主体发行的资产支持证券提供额外的信用支持，以提高资产支持证券的信用评级，保护投资机构利益，并为此承担金融资产证券化交易活动中的相关风险。信用增级是指在金融资产证券化交易结构中通过合同安排所提供的信用保护，分为内部信用增级和外部信用增级两种方式。内部信用增级主要由金融资产证券化交易结构的自身设计来完成，包括但不限于超额抵押、资产支持证券分层结构、现金抵押账户和利差账户等；外部信用增级主要由第三方提供信用支持，包括但不限于备用信用证、担保和保险等。

（5）信用评级机构对特定目的主体发行的资产支持证券进行信用评级，以增强投资机构信心、保护投资机构利益。信用评级机构在对金融资产证券化的全过程进行详细审查后，得出的资产支持证券的最终信用评级，在很大程度上决定了资产支持证券市场交易的前景。

（6）承销机构销售特定目的主体发行的资产支持证券，特定目的主体获得发行对价后按合同约定支付发起机构。在金融资产证券化的设计阶段，承销机构有时扮演融资顾问，负责设计融资方案。

（7）服务机构和资金保管机构负责管理基础资产。服务机构是接受受托机构委托、负责管理基础资产的机构。服务机构可以是金融资产证券化的发起机构。资金保管机构是接受受托机构委托、负责保管特定目的主体账户资金的机构。发起机构和服务机构不得担任同一交易的资金保管机构。

3. 金融资产证券化的参与主体。

（1）发起机构。发起机构是基础资产（即金融资产）的原始权益人，也是基础资产的转出方。其作用主要是发起并根据自身融资需求选择拟证券化的金融资产等基础资产，将基础资产组建成资产池，并将其转移（出售或作为金融资产证券化的担保品）给受托机构设立的特定目的主体，由特定目的主体发行资产支持证券。

（2）特定目的主体。特定目的主体介于发起机构和投资机构之间，是资产支持证券的发行机构，其资产来源于发起机构转移的金融资产，负债是发行的资产支持证券。特定目的主体在金融资产证券化过程中起着承上启下的作用，即与发起机构签订合同，将拟证券化的金融资产自发起机构转移至特定目的主体，再以其产生的未来现金流量为支持向投资机构发行资产支持证券。

（3）受托机构。受托机构是负责管理基础资产并以基础资产产生的未来现金流量为支持发行资产支持证券的机构。受托机构主要履行下列职责：管理基础资产；发行资产支持证券；持续披露基础资产和资产支持证券信息；按照合同约定向投资机构偿付本金和利息，对没有立即转付的现金进行再投资；监督金融资产证券化各参与主体的行为，实施补救措施。

（4）信用增级机构。信用增级机构对特定目的主体发行的资产支持证券提供额外的信用支持，即信用增级，以提高资产支持证券的信用评级，保护投资机构利益，并为此承担金融资产证券化交易活动中的相关风险。信用增级分为内部信用增级和外部信用增级两种方式。

（5）信用评级机构。信用评级机构负责对特定目的主体发行的资产支持证券进行评级，以增强投资机构信心、保护投资机构利益。信用评级机构能够帮助发起机构确定信用增级的方式和规模，为投资机构设立明确的、可被理解和接受的信用标准。

（6）承销机构。承销机构是负责销售特定目的主体发行的资产支持证券的机构。在金融资产证券化的设计阶段，承销机构有时扮演融资顾问，负责设计融资方案。

（7）资金保管机构。资金保管机构是接受受托机构委托、负责保管特定目的主体账户资金的机构。资金保管机构主要履行下列职责：安全保管特定目的主体资金；以特定目的主体名义开设资金账户；按照资金保管合同约定向投资机构支付本金和利息；按照资金保管合同约定和受托机构指令管理特定目的主体账户资金；按照资金保管合同约定，定期向受托机构提供资金保管报告，报告资金管理情况，以及资产支持证券本金和利息的支付情况。

（8）服务机构。服务机构是接受受托机构委托、负责管理基础资产的机构。服务机构可以是金融资产证券化的发起机构。服务机构主要履行下列职责：收取基础资产产生的现金流量；管理基础资产；保管基础资产相关法律文件，并使其独立于自身财产的法律文件；定期向受托机构提供服务报告，报告基础资产相关信息。

4. 金融资产证券化的风险管理总体要求。

根据本企业的经营目标、资本实力、风险管理能力和金融资产证券化业务的风险特征，确定是否从事金融资产证券化业务以及参与的方式和规模。

充分识别和评估可能面临的信用风险、利率风险、流动性风险、操作风险、法律风险和声誉风险等各类风险，建立相应的内部审批程序、业务处理流程、风险管理和内部控制制度，并由相关部门对金融资产证券化的业务处理和风险管理程序进行审核和认可，必要时应当获得董事会或其授权的专门委员会的批准。

充分认识因从事金融资产证券化业务而承担的义务和责任，并根据在金融资产证券化业务中担当的具体角色，针对金融资产证券化业务的风险特征，制定相应的风险管理政策和程序，以确保持续有效地识别、计量、监测和控制金融资产证券化业务风险，同时避免因在金融资产证券化交易中担当多种角色可能产生的利益冲突。

了解金融资产证券化业务及其包含的风险，确定开展金融资产证券化业务的整体战略和政策，确保具备从事金融资产证券化业务和风险管理所必要的专业人员、管理信息系统和会计核算系统等人力、物力资源。

充分了解金融资产证券化业务的法律关系、交易结构、主要风险及其控制方法和技术。

此外，企业将持有的股权投资、债权投资、基金投资等金融资产出售给其他企业，也是金融资产转移的常见表现形式。

需要指出的是，除金融资产证券化以外，非金融资产证券化也在非金融企业逐步展开。

二、金融资产转移的会计处理

金融资产转移的会计处理遵循《企业会计准则第 23 号——金融资产转移》的规定。

金融资产转移会计的核心问题是被转移的金融资产是否终止确认，以及如果终止确认，在多大程度上终止确认。金融资产终止确认，是指企业将之前确认的金融资产从其资产负债表中予以转出。

需要注意的是，企业（转出方）在判断被转移的金融资产是否终止确认前，先要看金融资产转出方对金融资产转入方是否具有控制权；如果具有控制权，除在转出方个别报表上运用金融资产终止确认会计处理规定外，还在编制合并财务报表时，按照《企业会计准则第 33 号——合并财务报表》的规定合并所有纳入合并范围的子公司（含结构性主体），并在合并财务报表层面考虑运用金融资产终止确认会计处理规定。有关转出方是否将转入方纳入合并财务报表范围的问题在此不予讨论，而仅讨论被转出金融资产是否从转出方个别财务报表中终止确认的问题。

（一）符合终止确认条件的金融资产转移

1. 符合终止确认条件的判断。

（1）企业已将金融资产所有权上几乎所有的风险和报酬转移给了转入方。

企业在判断时比较转移前后该金融资产未来现金流量净现值及时间分布的波动使其面临的风险。企业面临的风险因金融资产转移发生实质性改变，致使该风险与所转移金融资产未来现金流量净现值的总体变化相比显得不重大的，表明该企业已将金融资产所有权上几乎所有的风险和报酬转移给了转入方。这里的"几乎所有风险和报酬"，企业应当根据具体情况作出判断。

通常情况下，通过分析金融资产转移协议中的条款，可以比较容易地确定出企业是否已经将企业金融资产所有权上几乎所有的风险和报酬转移给转入方。存在下列情形之一的，表明企业已将金融资产所有权上几乎所有的风险和报酬转移给转入方：①企业无条件出售金融资产。企业出售金融资产时，如果根据与购买方之间的协议约定，在任何时候（包括所出售金融资产的现金流量逾期未收回时）购买方均不能够向企业进行追偿，企业也不承担任何未来损失，此时，企业可以认定几乎所有的风险和报酬已经转移，应当终止确认该金融资产。②企业出售金融资产，同时约定按回购日该金融资产的公允价值回购。企业通过与购买方签订协议，按一定价格向购买方出售了一项金融资产，同时约定到期日企业再将该金融资产购回，回购价为到期日该金融资产的公允价值。此时，该项金融资产如果发生公允价值变动，其公允价值变动由购买方承担，因此可以认定企业已经转移了该项金融资产所有权上几乎所有的风险和报酬，应当终止确认该金融资产。同样，企业在金融资产转移以后只保留了优先按照回购日公允价值回购该金融资产的权利的，也应当终止确认所转移的金融资产。③企业出售金融资产，同时与转入方签订看跌或看涨期权合约，且该看跌或看涨期权为深度价外期权（即到期日之前不大可能变为价内期权），此时可以认定企业已经转移了该项金融资产所有权上几乎所有的风险和报酬，应当终止确认该金融资产。

【例10-3】2020年4月1日，甲公司将其持有的乙上市公司股票转让给丙公司，甲公司与丙公司约定，在3个月后（即7月1日）将按照7月1日乙公司股票的市价回购被转让股票。

本例中，由于甲公司已经将乙公司股票的所有价值变动风险和报酬转让给丙公司，可以认定甲公司已经转移了该项金融资产所有权上几乎所有的风险和报酬，应当终止确认其转让的乙公司股票。

对于其他一些复杂的金融资产转移，其是否符合终止确认条件，应当比较转移前后该金融资产未来现金流量净现值即时间分布的波动使其面临的风险来判断。

（2）企业既没有转移也没有保留金融资产所有权上几乎所有的风险和报酬，但放弃了对该金融资产的控制。

在企业保留了部分但不是几乎所有金融资产所有权上的风险和报酬时，企业进而判断是否放弃了对该金融资产的控制。如果放弃了对该金融资产的控制的，应当终止确认该金融资产。

判断是否已放弃对所转移金融资产的控制，重点关注转入方出售所转移金融资产的实际能力。如果转入方能够单独将转入的金融资产整体出售给与其不存在关联方关系的第三方，且没有额外条件对此项出售加以限制，说明转入方有出售该金融资产的实际能力，同时表明企业（转出方）已放弃对该资产的控制。理解时应注意：①转入方是否能够将转入的金融资产整体出售给与其不存在关联方关系的第三方，应当关注该金融资产是否存在活跃市场。如果不存在活跃市场，即使合同约定转入方有权处置该金融资产，也不表明转入方有"实际能力"。②转入方是否能够单独出售所转入的金融资产且没有额外条件对此销售加以限制（即"自由地处置所转入金融资产"），主要关注是否存在与出售密切相关的约束性条款。例如，转入方出售转入的金融资产时附有一项看涨期权，且该看涨期权又是重大价内期权，以至于可以认定转入方将来很可能会行权，因此不表明转入方有出售所转入金融资产的实际能力。

企业对金融资产进行终止确认时，如果该金融资产转移使企业新获得了某项权利或承担了某项义务，或保留了某项权利，则企业应当将这些权利或义务分别确认为资产或负债。

2. 符合终止确认条件时的计量。

（1）金融资产整体转移满足终止确认条件的，应当将下列两项金额的差额计入当期损益：①所转移金融资产的账面价值；②因转移而收到的对价，与原直接计入所有者权益的公允价值变动累计额（涉及转移的金融资产分类为以公允价值计量且其变动计入其他综合收益的金融资产的情形）之和。

因金融资产转移获得了新金融资产或承担了新金融负债（包括看涨期权、看跌期权、担保负债、远期合同、互换等）的，应当在转移日按照公允价值确认该金融资产或金融负债，并将该金融资产扣除金融负债后的净额作为上述对价的组成部分。企业与金融资产转入方签订服务合同提供相关服务的（包括收取该金融资产的现金流量，并将所收取的现金流量交付给指定的资金保管机构等），应当就该服务合同确认一项服务资产或服务负债。服务负债应当按照公允价值进行初始计量，并作为上述对价的组成部分。

综上所述，因转移收到的对价＝因转移交易收到的价款＋新获得金融资产的公允价值＋因转移获得服务资产的价值－新承担金融负债的公允价值－因转移承担的服务负债的公允价值。

【例10-4】2020年1月1日，甲公司将持有的乙公司发行的10年期公司债券出售给丙公司，经协商出售价格为330万元，2019年12月31日该债券公允价值为310万元。该债券于2019年1月1日发行，甲公司持有该债券时已将其分类为以公允价值计量且其变动计入其他综合收益的金融资产，面值为300万元，年利率6%（等于实际利率），每年末支付利息。

本例中，甲公司将债券所有权上的风险和报酬已经全部转移给丙公司，因此，应当终止确认该金融资产。

甲公司出售该债券形成的损益＝因转移收到的对价－所出售债券的账面价值＋原直接计入所有者权益的公允价值变动累积利得＝330－310＋（310－300）＝30（万元）。

【例10-5】沿用【例10-4】，甲公司将债券出售给丙公司时，同时签订了一项看涨期权合约，期权行权日为2020年12月31日，行权价为400万元，期权的公允价值（时间价值）为10万元。假定行权日该债券的公允价值为300万元。其他条件不变。

本例中，由于期权的行权价（400万元）大于行权日债券的公允价值（300万元），该看涨期权属于重大价外期权，因此甲公司在行权日不会重新购回该债券。所以，在转让日，可以判定债券所有权上的风险和报酬已经全部转移给丙公司，甲公司终止确认该债券。但同时，由于签订了看涨期权合约，甲公司获得了一项新的资产，按照在转让日的公允价值（10万元）将该期权作为衍生工具确认。

（2）金融资产部分转移满足终止确认条件的，应当将所转移金融资产整体的账面价值，在终止确认部分和未终止确认部分（所保留的服务资产视同未终止确认金融资产的一部分）之间，按照各自的相对公允价值进行分摊，并将下列两项金额的差额计入当期损益：①终止确认部分的账面价值；②终止确认部分的对价，与原直接计入所有者权益的公允价值变动累计额中对终止确认部分的金额（涉及转移的金融资产分类为以公允价值计量且其变动计入其他综合收益的金融资产的情形）之和。原直接计入所有者权益的公允价值变动累计额中对终止确认部分的金额，按照金融资产终止确认部分和未终止确认部分的相对公允价值，对该累计额进行分摊后确定。

未终止确认部分金融资产的公允价值按照下列规定确定：①企业出售过与此部分类似的金融资产，或发生过与此部分有关的其他市场交易的，应当按照最近实际交易价格确定。②此部分在活跃市场上没有报价，且最近市场上也没有与其有关的实际交易价格的，应当按照所转移金融资产整体的公允价值扣除终止确认部分对价后的余额确定。该金融资产整体的公允价值确实难以合理确定的，按照金融资产整体的账面价值扣除终止确认部分的对价后的余额确定。

> **【例 10-6】** A 银行与 B 银行签订一笔贷款转让协议，A 银行将该笔贷款 90% 的受益权转让给 B 银行，该笔贷款公允价值为 110 万元，账面价值为 100 万元。假定不存在其他服务性资产或负债，转移后该部分贷款的相关债权债务关系由 B 银行继承，当借款人不能偿还该笔贷款时，也不能向 A 银行追索。不考虑其他条件。
>
> 本例中，由于 A 银行将贷款的一定比例转移给 B 银行，并且转移后该部分的风险和报酬不再由 A 银行承担，A 银行也不再对所转移的贷款具有控制权，因此，符合将所转移部分终止确认的条件，A 银行应当部分终止确认该贷款。
>
> 贷款已转移部分的公允价值＝出售贷款所收到的价款＝110×90%＝99（万元）
>
> 贷款未转移部分的公允价值＝保留的贷款受益权＝110-99＝11（万元）
>
> 贷款已转移部分应分摊的账面价值＝100×99÷110＝90（万元）
>
> 贷款未转移部分应分摊的账面价值＝100×11÷110＝10（万元）
>
> A 银行应确认的转移收益＝99-90＝9（万元）

（二）不符合终止确认条件的金融资产转移

1. 不符合终止确认条件的判断。

金融资产转移后，企业（转出方）仍保留了该金融资产所有权上几乎所有的风险和报酬的，则不应当终止确认该金融资产。以下情形通常就表明企业保留了金融资产所有权上的几乎所有风险和报酬，不应当终止确认相关金融资产：

（1）企业出售金融资产并与转入方签订回购协议，协议规定企业将按照固定价格或是按照原售价加上合理的资金成本向转入方回购原被转移金融资产，或者与售出的金融资产相同或实质上相同的金融资产。例如，采用买断式回购、质押式回购交易卖出债券等。

（2）企业融出证券或进行证券出借。例如，证券公司将自身持有的证券借给客户，合同约定借出期限和出借费率，到期客户需归还相同数量的同种证券，并向证券公司支付出借费用。证券公司保留了融出证券所有权上几乎所有的风险和报酬。因此，证券公司应当继续确认融出的证券。

（3）企业出售金融资产并附有将市场风险敞口转回给企业的总回报互换。在附总回报互换的金融资产出售中，企业出售了一项金融资产，并与转入方达成一项总回报互换协议，如转入方将该资产实际产生的现金流量支付给企业以换取固定付款额或浮动利率付款额，该项资产公允价值的所有增减变动由企业（转出方）承担，从而使企业保留了该金融资产所有权上几乎所有的风险和报酬。在这种情况下，企业应当继续确认所出售的金融资产。

（4）企业出售短期应收款项或信贷资产，并且全额补偿转入方可能因被转移金融资产发生的信用损失。企业将短期应收款项或信贷资产整体出售，符合金融资产转移的条件。但由于企业出售金融资产时作出承诺，当已转移的金融资产将来发生信用损失时，由企业（出售方）进行全额补偿。在这种情况下，企业保留了该金融资产所有权上几乎所有的风险和报酬，因此不应当终止确认所出售的金融资产。这种情形经常出现在资产证券化实务中。例如，企业通过持有次级权益或承诺对特定现金流量担保，实现了对证券化资产的信用增级。如果通过这种信用增级，企业保留了被转移资产所有权上几乎所有的风险和报酬，那么企业就不应当终止确认该金融资产。

（5）企业出售金融资产，同时与转入方签订看跌或看涨期权合约，且该看跌期权或看涨期权为一项价内期权。例如，企业出售某金融资产但同时持有深度价内的看涨期权（即到期日之前不大可能变为价外期权），或者企业出售金融资产而转入方有权通过同时签订的深度价内看跌期权在以后将该金融资产回售给企业。在这两种情况下，由于企业都保留了该项金融资产所有权上几乎所有的风险和报酬，因此不应当终止确认该金融资产。

（6）采用附追索权方式出售金融资产。企业出售金融资产时，如果根据与购买方之间的协议约定，在所出售金融资产的现金流量无法收回时，购买方能够向企业进行追偿，企业也应承担未来损失。此时，可以认定企业保留了该金融资产所有权上几乎所有的风险和报酬，不应当终止确认该金融资产。

但是，对于相对复杂的金融资产转移，仍应通过分析计算来判断。如果分析计算表明，企业面临的风险没有因金融资产转移发生实质性改变，则表明该企业仍保留了金融资产所有权上几乎所有的风险和报酬，不应当终止确认该金融资产。

2. 不符合终止确认时的计量。

企业应当继续确认所转移金融资产整体，并将收到的对价确认为一项金融负债。

此类金融资产转移实质上具有融资性质，不能将金融资产与所确认的金融负债相互抵销。在随后的会计期间，企业应当继续确认该金融资产产生的收入和该金融负债产生的费用。所转移的金融资产以摊余成本计量的，确认的相关负债不得指定为以公允价值计量且其变动计入当期损益的金融负债。

【例10-7】甲公司为一家在上海证券交易所挂牌交易的非金融类上市公司。甲公司在编制2019年年度财务报告时，内审部门对当年以下有关业务的处理提出异议：

（1）2019年1月1日，甲公司与A银行签订一项应收账款保理合同，将因销售商品而形成的对乙公司的应收账款234万元出售给A银行，价款为185万元。在应收乙公司货款到期无法收回时，A银行不能向甲公司追偿。假定不考虑其他因素，甲公司终止确认了234万元的应收账款。

（2）2019年2月1日，甲公司将收到的C公司开出并承兑的不带息商业承兑汇票向D商业银行贴现，取得贴现款380万元。合同约定，在票据到期日不能从C公司收到票款时，D商业银行可向甲公司追偿。该票据系C公司于2019年1月1日为支付购料款而开出的，票面金额为400万元，到期日为2019年5月31日。假定不考虑其他因素，甲公司终止确认了该项金融资产。

（3）2019年5月1日，甲公司将其一项金融资产出售给乙公司，取得出售价款180万元，同时与乙公司签订协议，在约定期限结束时按照回购当日的市场价格再将该金融资产回购，甲公司在处理时终止确认了该项金融资产。

（4）2019年6月1日，甲公司将其一项金融资产出售给丙公司，同时与丙公司签订了看跌期权合约，但从合约条款判断，该看跌期权是一项重大价内期权，甲公司在处理时终止确认了该项金融资产。

（5）2019年7月1日，甲公司将持有的丁公司债券（甲公司将其初始确认为以公允价值计量且其变动计入其他综合收益的金融资产）出售给B公司，取得价款1 150万元已于当日收存银行；同时，甲公司与B公司签订协议，约定2019年12月31日按1 170万元的价格回购该债券，该债券的初始确认金额为1 000万元。7月1日，甲公司终止确认了该项金融资产，并将收到的价款与其账面价值之间的差额计入投资收益。

（6）2019年8月1日，甲公司将其信贷资产整体转移给戊信托机构，同时保证对戊信托公司可能发生的信用损失进行全额补偿，甲公司在处理时终止确认了该金融资产。

本例中：

（1）不附追索权的应收账款出售符合金融资产的终止确认条件，因此甲公司终止确认该项金融资产的处理正确。甲公司应将应收账款的账面价值与收到价款之间的差额计入营业外支出。

（2）甲公司终止确认该项金融资产的处理不正确。附追索权方式的应收票据贴现，不应当终止确认相关的金融资产，应当继续确认所转移金融资产整体，并将收到的对价确认为一项金融负债（短期借款）。

（3）甲公司将金融资产出售，同时与买入方签订协议，在约定期限结束时按当日该金融资产的公允价值回购，因此甲公司已经转移了该项金融资产所有权上几乎所有的风险和报酬，应当终止确认该金融资产。因此甲公司终止确认该项金融资产的处理正确。

（4）甲公司在将金融资产出售的同时与买入方签订了看跌期权合约，买入方有权将该金融资产返售给甲公司，并且从期权合约的条款设计来看，买方很可能会到期行权，因此甲公司不应终止确认该金融资产。

（5）在附回购协议的金融资产出售中，转出方将予回购的资产与售出的金融资产相同或实质上相同、回购价格固定或是原售价加上合理回报的，表明企业保留了金融资产所有权上几乎所有风险和报酬，不应终止确认所出售的金融资产。因此甲公司终止确认对丁公司债券的投资不正确。

（6）甲公司在将其信贷资产进行转移的同时对买方可能发生的信用损失进行全额补偿，这说明该金融资产相关的风险并没有全部转移，因此甲公司不应终止确认该项金融资产。

（三）继续涉入条件下的金融资产转移

1. 继续涉入条件下金融资产转移的判断。

企业既没有转移也没有保留金融资产所有权上几乎所有的风险和报酬，但未放弃对该金融资产控制的，应当按照其继续涉入所转移金融资产的程度确认有关金融资产，并相应确认有关金融负债。继续涉入所转移金融资产的程度，是指该金融资产价值变动使企业面临的风险水平。继续涉入的方式主要有：享有继续服务权、签订回购协议、签发或持有期权以及提供担保等。

在企业仅继续涉入所转移金融资产的一部分时，企业应当按照其继续涉入所转移金融资产的部分确认有关金融资产，并相应确认有关负债。例如，企业保留一项买入期权，以回购所转移金融资产的某一部分；保留所转移金融资产上的一项剩余权益，该剩余权益使企业仅保留了所转移金融资产所有权上的部分重大风险和报酬。

2. 继续涉入条件下金融资产转移的计量。

企业应当按照其继续涉入所转移金融资产的程度，在充分反映保留的权利和承担的义务的基础上，确认有关金融资产和金融负债。企业应当对因继续涉入所转移金融资产形成的有关资产确认相关收入，对继续涉入形成的有关负债确认相关费用。继续涉入所形成的相关资产和负债不应当相互抵销。

企业仅继续涉入所转移金融资产一部分的，应当将该部分金融资产视作一个整体，并在此基础上运用继续涉入会计处理原则。

通过对所转移金融资产提供财务担保方式继续涉入的，在转移日按照金融资产的账面价值和财务担保金额两者之中的较低者，确认继续涉入形成的资产，同时按照财务担保金额（企业所收到的对价中将被要求偿还的最高金额）和财务担保合同的公允价值（提供担保的取费）之和确认继续涉入形成的负债。在随后的会计期间，财务担保合同的初始确认金额在该财务担保合同期间内按照时间比例摊销，确认为各期收入。因担保形成的资产的账面价值，应当在资产负债表日进行减值测试。

【例10-8】A银行持有一组住房抵押贷款，借款方可提前偿付。2019年1月1日，该组贷款的本金和摊余成本均为10 000万元，票面利率和实际利率均为10%。经批准，A银行拟将该组贷款转移给某信托机构（以下简称"受让方"）进行证券化。有关资料如下：

2019年1月1日，A银行与受让方签订协议，将该组贷款转移给受让方，并办理有关手续。A银行收到款项9 115万元，同时保留以下权利：（1）收取本金1 000万元以及这部分本金按10%的利率所计算确定利息的权利；（2）收取以9 000万元为本金、以0.5%为利率所计算确定利息（超额利差账户）的权利。受让人取得收取该组贷款本金中的9 000万元以及这部分本金按9.5%的利率收取利息的权利。根据双方签订的协议，如果该组贷款被提前偿付，则偿付金额按1∶9的比例在A银行和受让人之间进行分配；但是，如该组贷款发生违约，则违约金额从A银行拥有的1 000万元贷款本金中扣除，直到扣完为止。

2019 年 1 月 1 日，该组贷款的公允价值为 10 100 万元、0.5% 的超额利差账户的公允价值为 40 万元。

本例中：

（1）A 银行转移了该组贷款所有权相关的部分重大风险和报酬（如重大提前偿付风险），但由于设立了次级权益（即内部信用增级），因而也保留了所有权相关的部分重大风险和报酬，并且能够对留存的该部分权益实施控制。因此，A 银行应采用继续涉入法对该金融资产转移交易进行会计处理。

（2）A 银行收到 9 115 万元对价，由两部分构成：一部分是转移的 90% 贷款及相关利息的对价，即 9 090 万元（10 100×90%）；另一部分是因为使保留的权利次级化所取得的对价 25 万元。此外，由于超额利差账户的公允价值为 40 万元，从而 A 银行该项金融资产转移交易的信用增级相关的对价为 65 万元。

假定 A 银行无法取得所转移该组贷款的 90% 和 10% 部分各自的公允价值，则 A 银行所转移该组贷款的 90% 部分形成的利得或损失计算如表 10-1 所示。

表 10-1　　　　　　　　　　银行金融资产转移相关利得或损失计算表

项目	估计公允价值（万元）	比率（%）	分摊后的账面价值（万元）
已转移部分	9 090	90	9 000
未转移部分	1 010	10	1 000
合计	10 100	100	10 000

该项金融资产转移形成的利得 = 9 090 - 9 000 = 90（万元）

（3）A 银行仍保留贷款部分的账面价值为 1 000 万元。

（4）在金融资产转移日，A 银行因继续涉入而确认资产的金额，按双方协议约定的、因信用增级使 A 银行不能收到的现金流入最大值为 1 000 万元；另外，超额利差账户形成的资产 40 万元本质上也是继续涉入形成的资产。

因继续涉入而确认负债的金额，按因信用增级使 A 银行不能收到的现金流入最大值 1 000 万元和信用增级的公允价值总额 65 万元，两项合计为 1 065 万元。

（5）金融资产转移后，A 银行应根据收入确认原则，采用实际利率法将信用增级取得的对价 65 万元分期予以确认。此外，还应在资产负债表日对已确认资产确认可能发生的减值损失。

金融资产转移终止确认相关会计处理如图 10-3 所示：

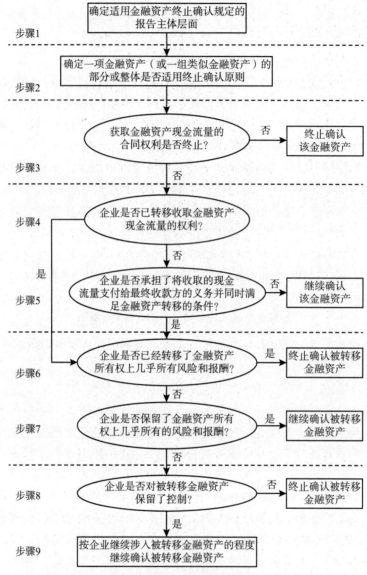

图 10-3 金融资产转移终止确认相关会计处理要求

第三节 套 期 保 值

套期保值，是指企业为管理外汇风险、利率风险、商品价格风险、股票价格风险、信用风险等引起的风险敞口，指定一项或一项以上套期工具，使套期工具的公允价值或现金流量变动，预期抵销被套期项目全部或部分公允价值或现金流量变动。企业在风险管理实务中，经常会运用套期保值方法。套期保值的作用，主要体现在：有效规避风险；参与资源配置；实现成本战略；提升核心竞争力。

一、套期保值的原则与方式

(一) 套期保值的一般原则

1. 种类相同或相关原则。在做套期保值交易时，所选择的期货品种通常要和套期保值者将在现货市场中买进或卖出的现货商品或资产在种类上相同或有较强的相关性。

2. 数量相等或相当原则。在做套期保值交易时，买卖期货合约的规模通常要与套期保值者在现货市场上所买卖的商品或资产的规模相等或相当。

3. 交易方向相反原则。在做套期保值交易时，套期保值者通常要在同时或相近时间内在现货市场上和期货市场上采取相反的买卖行动，即进行反向操作。

4. 月份相同或相近原则。在做套期保值交易时，所选用的期货合约的交割月份最好与交易者将来在现货市场上实际买进或卖出现货商品的时间相同或相近。

上述四项原则是建立在完美假设基础上的风险对冲原则。为适应复杂多变的市场变化，除了"交易方向相反原则"外，其他三项原则根据实际进行适当调整，使套期保值操作更好地发挥防范企业经营风险的作用。此外，具体实务中还要考虑风险可控和可对冲原则。风险可控，是指企业的套期保值方案设计及操作管理，都应使保值行动处于明确的风险可承受度以内，甚至要做到风险可测，并采取相应的防范措施。

(二) 套期保值的方式

1. 买入套期保值（即多头套期保值或买期保值）。

套期保值者为了回避价格上涨的风险，先在期货市场上买入与其将在现货市场上买入的现货商品或资产数量相等、交割日期相同或相近的以该商品或资产为标的的期货合约，当该套期保值者在现货市场上买入现货商品或资产的同时，将原买进的期货合约对冲平仓，从而为其在现货市场上买进现货商品或资产的交易进行保值。

买入套期保值适用于准备在将来某一时间内购进某种商品或资产，防止实际买入现货商品或资产时价格上涨，使价格仍能维持在目前自己认可的水平的机构和个人。具体适用于：(1) 加工制造企业为了防止日后购进原料时价格上涨的情况；(2) 供货方已经与需求方签订好现货供货合同，约定未来时间交货，但供货方此时尚未购进货源，防止日后购进货源价格上涨的情况；(3) 需求方由于资金不足、缺少外汇、仓库已满等情况不能立即买进现货，防止日后购入现货价格上涨的情形。

【例 10-9】某精炼企业 A 在 2019 年 8 月 10 日发现，当时的菜籽油现货价格为 7 300 元/吨，市场价格有反弹的迹象，预计到 9 月 10 日企业的库存已经降至低点，需要补库 1 000 吨。由于前期菜籽收购价较高，压榨利润越来越薄，使得多数油厂减少了压榨量，相应菜籽油供给量也会减少。而同期各精炼企业的库存较低，A 企业担心到 9 月菜籽油价格出现上涨。此时菜籽油期货市场 9 月合约报价 7 300 元/吨，A 企业在 8 月 10 日以 7 300 元/吨的价格买入 200 手 9 月菜籽油期货合约。

> 9 月 10 日菜籽油期货、现货市场价格均出现上扬，并且期货市场的涨幅大于现货市场，此时现货报价 7 800 元/吨，期货市场 9 月合约报价涨至 7 900 元/吨。A 企业在现货市场买入了 1 000 吨四级菜籽油，采购价格为 7 800 元/吨，同时在期货市场以 7 900 元/吨的价格卖出 200 手（1 手 = 5 吨）9 月合约平仓。
>
> 本例中，A 企业通过买入套期保值而使购入菜籽油的成本实际为 7 200 元/吨 [7 800 - (7 900 - 7 300)]；而假定 A 企业未采取套期保值措施，则购入菜籽油的成本为 7 800 元/吨。可见，A 企业的买入套期保值稳妥地规避了现货市场价格波动的风险，而采购成本的锁定是企业经营的关键所在。

2. 卖出套期保值（即空头套期保值或卖期保值）。

套期保值者为了回避价格下跌的风险，先在期货市场上卖出与其将在现货市场上卖出的现货商品或资产数量相等、交割日期相同或相近的以该商品或资产为标的的期货合约，当该套期保值者在现货市场上卖出现货商品或资产的同时，将原卖出的期货合约对冲平仓，从而为其在现货市场上卖出现货商品或资产的交易进行保值。

卖出套期保值适用于准备在将来某一时间内卖出某种商品或资产，防止实际卖出现货商品或资产时价格下跌，使价格仍能维持在目前自己认可的水平的机构和个人。具体适用于：（1）直接生产商品的厂家有库存商品尚未销售，防止日后出售时价格下跌的情况；（2）储运商、贸易商有库存现货尚未出售或已签订将来以特定价格买进某一商品但尚未转售，防止日后出售时价格下跌的情况；（3）加工制造企业防止库存原材料价格下跌的情况。

二、套期保值的操作

（一）做好套期保值前的准备

1. 企业在进行套期保值前，不但要了解期货市场的基本运行特点，而且要了解我国期货市场的自身特点，灵活运用理论知识进行套期保值以达到规避风险的目的。

2. 企业重视相关交易制度及规则，包括：

（1）健全风险管理制度，即期货交易所为保证期货交易平稳有序进行，降低期货交易风险的一系列制度。主要有保证金制度、涨跌停板制度、持仓限额制度、强行平仓制度等。

（2）健全套期保值管理制度，即期货交易所对套期保值交易专门制定的套期保值管理办法，主要规定套期保值的申请条件、审批程序、建仓方式与监督管理等。

（3）健全交割制度，即期货交易所规范不同交易品种的交割，对仓单注册及注销管理、品种交割流程、交割费用等进行规定的制度规范。

（二）识别和评估被套期风险

1. 价格波动风险。

价格波动风险是指由企业的商品市场价格变动导致衍生工具价格变动或价值变动而

引起的风险。在套期保值中，主要指企业要进行套期保值的被套期对象的价格波动风险，在进行套期保值之前就予以考虑。

2. 汇率风险。

汇率风险是指预期以外的汇率变动对企业价值的影响，由交易风险、外币折算风险和经济风险而产生。

（1）被套期项目为很可能发生的预期交易时，必须识别和评估预期交易的交易风险，分析其对套期有效性的影响。

（2）被套期的现货和远期合约主要取决于外汇市场的供给和需求，必然受到外汇汇率的影响，企业在对其进行套期保值之前，应识别和评估被套期现货和远期合同的外币折算风险。

（3）经济风险主要体现于竞争对手的地理位置和活动，在套期保值中，企业应评估被套期项目所处企业竞争对手的外部环境和经济活动，识别被套期项目所处的经济风险。

3. 利率风险。

利率风险是利率变动对收益或资本所产生的风险，作为被套期项目的金融资产或负债均具有利率风险。在套期保值开始之前，企业应识别被套期项目的利率风险，尤其是由被套期的不同金融工具间的利率关系发生改变而产生的基准风险和由被套期金融产品中嵌入的利率相关期权而产生的期权风险。

（三）制定套期保值策略与计划

1. 企业根据不同业务特点，统一确定风险偏好和风险承受度，据此确定风险预警线，确定是否进行套期保值。此外，还应该综合考虑融资及管理层的要求，比较特定阶段现货敞口净额与套期保值可能的相关成本，确定是否进行套期保值。

确定进行套期保值后，应根据不同的套期保值项目确定合理的套期保值目标。套期保值目标一般分为两类：（1）完全套期保值，即为了最大限度防范不利价格风险，锁定正常利润；（2）部分套期保值，即在防范一定风险、降低利润波动率的同时，充分利用风险可能带来的机会，提高经营效率。

2. 企业在确定套期保值方向时，根据经营状况判明绝对风险的所在（正库存或负库存），针对风险来源做反向操作。套期保值净持仓方向取决于正负库存相加后的净库存，与净库存的方向相反。

3. 确定套期保值比例，即保值力度，指进行套期保值的现货资产数量占总的现货资产数量的比例。完全套期保值时，套期保值比例等于1；部分套期保值时，套期保值比例小于1。

确定套期保值比例时，主要考虑：（1）企业风险承受能力，即选择的套期保值比例必须位于企业风险承受能力之下。（2）市场价格预期，即根据对市场价格的预期，选择在风险承受能力下最有利于企业的套期保值比例。（3）市场基差结构，即当市场出现有利于或不利于企业套期保值比例的基差结构时，必须根据其性质和大小调整套期保值比例。（4）流动资金规模，如果保值规模过大，价格一旦剧烈波动，企业可能面临保证金支付危机。

4. 企业应综合考虑风险来源、套期保值工具特点、套期保值效果以及成本等因素，选择结构简单、流动性强、风险可控的金融衍生工具开展套期保值业务。套期保值工具包括远期合约、期货、期权、互换以及各种组合型衍生品。企业还应综合考虑套期保值期限、不同合约的流动性和基差水平等因素，选择符合企业要求的期货品种进行套期保值。套期保值品种指期货交易所可供交易的期货合约的种类。

5. 企业应根据套期保值品种、套期保值合约和套期保值期限等实际要求，选择合适的最优套期保值比率模型，计算最优套期保值比率。套期保值比率指套期保值者在建立交易头寸时所确定的期货合约总值与所保值的现货合同总值之间的比例关系。

6. 企业应根据套期保值目的选择套期保值期限。套期保值期限分为固定期限和非固定期限：固定期限指企业一旦建立套期保值合约就不再变化，只有在现货市场进行买进或卖出交易时，才在期货市场进行相反的交易；非固定期限指企业建立套期保值合约后，根据市场走势的预期确定套期保值的大致期限，以后根据市场状况变化灵活改变平仓时机。

7. 企业根据自身购销情况、市场实际情况和趋势，结合数量分析模型与市场经验数据，确定合理的套期保值目标价位。一般做法是分级设定不同档次的价位，分步建仓。

（四）优化套期保值方案

1. 企业制定切实可行的套期保值策略，使自身更好地把握经营活动中的风险点和风险度，精确考虑风险承受能力，预备防范对策。

2. 企业根据确定的套期保值目标价格及基差情况来科学选择建仓时机。建仓时机决定了建仓价格、合适性和风险性。

3. 企业根据市场情况、经营特点、经营策略、资金实力和人员专业能力等实际情况制定和不断完善操作策略。套期保值策略根据不同标准，可以分为静态套期保值策略和动态套期保值策略、单一目标价位策略和多级目标价位策略、完全套期保值策略和部分套期保值策略等。

4. 套期保值必要的配套工作主要包括：（1）配备熟练掌握套期保值理论和实务的专业人才队伍；（2）制定正确的风险管理理念及合理的套期保值决策体制；（3）对套期保值所需财务支持做好计划和准备，对套期保值本身的风险敞口作出预计和防范安排；（4）经营活动各环节认真落实套期保值方案。此外，针对复杂的套期保值，可以寻求专业第三方的支持。

（五）套期保值跟踪与控制

1. 企业应正确评价保值效果，即评价是否实现企业现货经营风险的对冲和转移。在评价时坚持：（1）从现货和期货两个市场盈亏相抵后的净值看是否达到预定目标；（2）从较长时间段评价套期保值的效果。

2. 企业套期保值的效果。企业建立应急处理机制，及时有效地应对市场价格出现对套期保值头寸的不利变化。应急处理机制具体包括：（1）确立判断危机的标准，据此决定是否启动应急处理机制；（2）组建专业团队，处理危机事件；（3）建立备选应急预案。

【例 10 - 10】 甲公司是境内国有控股大型化工类上市公司，其产品所需的原材料 C 主要依赖进口。近期以来，由于国际市场上原材料 C 价格波动较大，且总体上涨趋势明显，甲公司决定尝试利用境外衍生品市场开展套期保值业务。套期保值属该公司新业务，且需向有关主管部门申请境外交易相关资格。甲公司管理层组织相关方面人员进行专题研究，主要观点如下：

（1）公司作为大型上市公司，如任凭原材料 C 价格波动，加之汇率波动较大的影响，可能不利于实现公司成本战略。因此，应当在遵守国家法律法规的前提下，充分利用境外衍生品市场对原材料 C 进口进行套期保值。

（2）近年来，某些国内大型企业由于各种原因发生境外衍生品交易巨额亏损事件，造成重大负面影响。有鉴于此，公司应当慎重利用境外衍生品市场对原材料 C 进口进行套期保值，不应开展境外衍生品投资业务。

（3）公司应当利用境外衍生品市场开展原材料 C 套期保值。针对原材料 C 国际市场价格总体上涨的情况，可以采用卖出套期保值方式进行套期保值。

（4）公司应当在开展境外衍生品交易前抓紧各项制度建设，对于公司衍生品交易前台操作人员应予特别限制，所有重大交易均需实行事前报批、事中控制、事后报告制度。

本例中：

观点（1）、观点（4）不存在不当之处。

观点（2）中的"不应开展境外衍生品投资业务"不当，理由是不能因为其他企业曾经发生过境外衍生品投资巨额亏损事件，就不利用境外衍生品市场进行原材料 C 套期保值。

观点（3）中的"采用卖出套期保值方式进行套期保值"不当，因为卖出套期保值主要防范的是价格下跌的风险，而买入套期保值才能防范价格上涨风险。

三、套期的会计处理

（一）套期的分类

从会计角度看，套期按套期关系可划分为公允价值套期、现金流量套期和境外经营净投资套期三类。

1. 公允价值套期，是指对已确认资产或负债、尚未确认的确定承诺，或上述项目组成部分的公允价值变动风险敞口进行的套期。该公允价值变动源于特定风险，且将影响企业的损益或其他综合收益。其中，影响其他综合收益的情形，仅限于企业对指定为以公允价值计量且其变动计入其他综合收益的非交易性权益工具投资的公允价值变动风险敞口进行的套期。

以下是公允价值套期的例子：（1）某企业签订一项以固定利率换浮动利率的利率互换合约，对其承担的固定利率负债的利率风险引起的公允价值变动风险敞口进行套期。（2）某石油公司签订一项 6 个月后以固定价格购买原油的合同（尚未确认的确定承诺），为规避原油价格风险，该公司签订一项未来卖出原油的期货合约，对该确定承诺的价格风险引起的公允价值变动风险敞口进行套期。（3）某企业购买一项看跌期权合约，对持有的选择以公允价值计量且其变动计入其他综合收益的非交易性权益工具投资的证券价格风险引起的公允价值变动风险敞口进行套期。

2. 现金流量套期，是指对现金流量变动风险敞口进行的套期。该现金流量变动源于与已确认资产或负债、极可能发生的预期交易，或与上述项目组成部分有关的特定风险，且将影响企业的损益。

以下是现金流量套期的例子：（1）某企业签订一项以浮动利率换固定利率的利率互换合约，对其承担的浮动利率债务的利率风险引起的现金流量变动风险敞口进行套期。（2）某橡胶制品公司签订一项未来转入橡胶的远期合同，对3个月后预期极可能发生的与购买橡胶相关的价格风险引起的现金流量变动风险敞口进行套期。（3）某企业签订一项购入外币的外汇远期合同，对以固定外币价格转入原材料的极可能发生的预期交易的外汇风险引起的现金流量变动风险敞口进行套期。

3. 境外经营净投资套期，是指对境外经营净投资外汇风险敞口进行的套期。境外经营净投资，是指企业在境外经营净资产中的权益份额。

以下是境外经营净投资套期的例子：某航空公司签订一项3个月后以固定外币金额购买飞机的合同（尚未确认的确定承诺），为规避外汇风险，签订一项外汇远期合同，对该确定承诺的外汇风险引起的公允价值变动或者现金流量变动风险敞口进行套期。

对确定承诺的外汇风险进行的套期，企业可以将其作为公允价值套期或现金流量套期处理。

针对套期保值业务所规定的会计方法，就是套期会计方法。从概念上讲，它是指企业将套期工具和被套期项目产生的利得或损失在相同会计期间计入当期损益（或其他综合收益），以反映风险管理活动影响的方法。

（二）套期工具及被套期项目的认定

1. 套期工具。

套期工具是指企业为进行套期而指定的、其公允价值或现金流量变动预期可抵销被套期项目的公允价值或现金流量变动的金融工具，包括：

（1）以公允价值计量且其变动计入当期损益的衍生工具，但签出期权除外。企业只有在对购入期权（包括嵌入在混合合同中的购入期权）进行套期时，签出期权才可以作为套期工具。嵌入在混合合同中但未分拆的衍生工具不能作为单独的套期工具。

（2）以公允价值计量且其变动计入当期损益的非衍生金融资产或非衍生金融负债，但指定为以公允价值计量且其变动计入当期损益且其自身信用风险变动引起的公允价值变动计入其他综合收益的金融负债除外。

企业自身权益工具不属于企业的金融资产或金融负债，不能作为套期工具。

【例 10 - 11】甲公司持有 1 年期的票据，其收益率与黄金价格指数挂钩。甲公司将该票据分类为以公允价值计量且其变动计入当期损益的金融资产。同时，甲公司签订了一项 1 年后以固定价格购买黄金的合同（尚未确认的确定承诺），以满足生产需要。

本例中，该票据作为以公允价值计量且其变动计入当期损益的非衍生金融资产，可以被指定为套期工具，对尚未确认的确定承诺的价格风险引起的公允价值变动风险敞口进行套期。

关于套期工具，还有以下几点需要说明：

（1）对于外汇风险套期，企业可以将非衍生金融资产（选择以公允价值计量且其变动计入其他综合收益的非交易性权益工具投资除外）或非衍生金融负债的外汇风险成分指定为套期工具。

【例 10 - 12】甲公司的记账本位币为人民币，发行了 3 000 万美元、年利率 4.5% 的固定利率债券，每半年支付一次利息，2 年后到期。甲公司将该债券分类为以摊余成本计量的金融负债。甲公司同时签订了 2 年后到期的、3 000 万美元的固定价格销售承诺（尚未确认的确定承诺）。

本例中，甲公司可以将以摊余成本计量的美元负债的外汇风险成分作为套期工具，对固定价格销售承诺的外汇风险引起的公允价值变动或者现金流量变动风险敞口进行套期。

（2）在确立套期关系时，企业应当将符合条件的金融工具整体指定为套期工具，但下列情形除外：

第一，对于期权，企业可以将期权的内在价值和时间价值分开，只将期权的内在价值变动指定为套期工具。

第二，对于远期合同，企业可以将远期合同的远期要素和即期要素分开，只将即期要素的价值变动指定为套期工具。

第三，对于金融工具，企业可以将金融工具的外汇基差单独分拆，只将排除外汇基差后的金融工具指定为套期工具。

第四，企业可以将套期工具的一定比例指定为套期工具，但不可以将套期工具剩余期限内某一时段的公允价值变动部分指定为套期工具。

（3）企业可以将两项或两项以上金融工具（或其一定比例）的组合指定为套期工具（包括组合内的金融工具形成风险头寸相互抵销的情形）。

【例 10 - 13】甲公司发行了 10 年期的固定利率债券。甲公司的风险管理策略为固定未来 12 个月的利率。因此，甲公司在发行该债券时签订了 10 年期收取固定利率、支付浮动利率的互换合同（互换条款与债券条款完全匹配）和 1 年期收取浮动利率、支付固定利率的互换合同。

本例中，如果其他套期会计条件均满足，甲公司可以将这两个互换合同的组合指定为对该债券第 2 年到第 10 年利率风险进行公允价值套期的套期工具。

对于一项由签出期权和购入期权组成的期权（如利率上下限期权），或对于两项或两项以上金融工具（或其一定比例）的组合，其在指定日实质上相当于一项净签出期权的，不能将其指定为套期工具。只有在对购入期权（包括嵌入在混合合同中的购入期权）进行套期时，净签出期权才可以作为套期工具。

2. 被套期项目。

被套期项目是指使企业面临公允价值或现金流量变动风险，且被指定为被套期对象的、能够可靠计量的项目。企业可以将下列单个项目、项目组合或其组成部分指定为被套期项目：

（1）已确认资产或负债。

（2）尚未确认的确定承诺。确定承诺是指在未来某特定日期或期间，以约定价格交换特定数量资源、具有法律约束力的协议；尚未确认，是指尚未在资产负债表中确认。

（3）极可能发生的预期交易。预期交易是指尚未承诺但预期会发生的交易。

（4）境外经营净投资。境外经营净投资是指企业在境外经营净资产中的权益份额。境外经营可以是企业在境外的子公司、合营安排、联营企业或分支机构；在境内的子公司、合营安排、联营企业或分支机构，采用不同于企业记账本位币的，也视同境外经营。

上述项目组成部分是指小于项目整体公允价值或现金流量变动的部分，企业只能将下列项目组成部分或其组合指定为被套期项目：

（1）项目整体公允价值或现金流量变动中仅由某一个或多个特定风险引起的公允价值或现金流量变动部分（风险成分）。根据在特定市场环境下的评估，该风险成分应当能够单独识别并可靠计量。风险成分也包括被套期项目公允价值或现金流量的变动仅高于或仅低于特定价格或其他变量的部分。

（2）一项或多项选定的合同现金流量。

（3）项目名义金额的组成部分，即项目整体金额或数量的特定部分，其可以是项目整体的一定比例部分，也可以是项目整体的某一层级部分。若某一层级部分包含提前还款权，且该提前还款权的公允价值受被套期风险变化影响的，企业不得将该层级指定为公允价值套期的被套期项目，但企业在计量被套期项目的公允价值时已包含该提前还款权影响的情况除外。

【例10－14】甲公司为我国境内机器生产企业，采用人民币作为记账本位币。甲公司与境外乙公司签订了一项设备购买合同，约定6个月后按固定的外币价格购入设备，即甲公司与乙公司达成了一项确定承诺。同时，甲公司签订了一份外币远期合同，以对该项确定承诺产生的外汇风险进行套期。

本例中，该确定承诺可以被指定为被套期项目，外币远期合同可以被指定为公允价值套期或现金流量套期中的套期工具。

关于被套期项目，还有以下几点需要说明：

（1）企业可以将符合被套期项目条件的风险敞口与衍生工具组合形成的汇总风险敞

口指定为被套期项目。

> **【例10－15】** 某国内企业预计在未来12个月内从境外采购铜。铜价以美元标价，预期持续呈现波动状态。该交易让企业面临两项主要风险，即铜价波动风险和外汇风险。该企业可以分两步对这些风险进行套期。该企业可以采用铜期货合约对铜价波动风险进行套期，从而锁定拟采购的铜按固定价格结算，不过此时外汇风险仍然存在。为此，该企业可以在3个月后通过签订一项在9个月内购买固定金额美元的外汇远期合约，从而对可能面临的外汇风险进行套期。
>
> 在此例中，该企业是对一项汇总风险敞口进行套期，该汇总风险敞口是最初铜价波动风险敞口与铜期货合约的组合。换句话说，该企业可将外汇远期合约指定在对最初风险敞口与铜期货合约的组合（即汇总风险敞口）的现金流量套期中，而不影响第一项套期关系；因此，也无须终止并重新指定第一步的套期关系。

（2）当企业出于风险管理目的对一组项目进行组合管理且组合中的每一个项目（包括其组成部分）单独都属于符合条件的被套期项目时，可以将该项目组合指定为被套期项目。

在现金流量套期中，企业对一组项目的风险净敞口（存在风险头寸相互抵销的项目）进行套期时，仅可以将外汇风险净敞口指定为被套期项目，并且应当在套期指定中明确预期交易预计影响损益的报告期间，以及预期交易的性质和数量。

（3）企业将一组项目名义金额的组成部分指定为被套期项目时，应当分别满足以下条件：

第一，企业将一组项目的一定比例指定为被套期项目时，该指定应当与该企业的风险管理目标相一致。

第二，企业将一组项目的某一层级部分指定为被套期项目时，应当同时满足以下条件：一是该层级能够单独识别并可靠计量；二是企业的风险管理目标是对该层级进行套期；三是该层级所在的整体项目组合中的所有项目均面临相同的被套期风险；四是对于已经存在的项目（如已确认资产或负债、尚未确认的确定承诺）进行的套期，被套期层级所在的整体项目组合可识别并可追踪；五是该层级包含提前还款权的，应当符合《企业会计准则第24号——套期会计》关于项目名义金额的组成部分中的相关要求。此处所指风险管理目标，是指企业在某一特定套期关系层面上，确定如何指定套期工具和被套期项目，以及如何运用指定的套期工具对指定为被套期项目的特定风险敞口进行套期。

（4）如果被套期项目是净敞口为零的项目组合（即各项目之间的风险完全相互抵消），同时满足下列条件时，企业可以将该组项目指定在不含套期工具的套期关系中：

第一，该套期是风险净敞口滚动套期策略的一部分，在该策略下，企业定期对同类型的新的净敞口进行套期；

第二，在风险净敞口滚动套期策略整个过程中，被套期净敞口的规模会发生变化，当其不为零时，企业使用符合条件的套期工具对净敞口进行套期，并通常采用套期会计方法；

第三，如果企业不对净敞口为零的项目组合运用套期会计，将导致不一致的会计结果，因为不运用套期会计方法将不会确认在净敞口套期下确认的相互抵销的风险敞口。

3. 企业集团层面套期关系的指定。

运用套期会计时，在合并财务报表层面，只有与企业集团之外的对手方之间交易形成的资产、负债、尚未确认的确定承诺或极可能发生的预期交易才能被指定为被套期项目；在合并财务报表层面，只有与企业集团之外的对手方签订的合同才能被指定为套期工具。对于同一企业集团内的主体之间的交易，在企业个别财务报表层面可以运用套期会计，在企业集团合并财务报表层面不得运用套期会计，但下列情形除外：

（1）在合并财务报表层面，符合《企业会计准则第 33 号——合并财务报表》规定的投资性主体与其以公允价值计量且其变动计入当期损益的子公司之间的交易，可以运用套期会计。

（2）企业集团内部交易形成的货币性项目的汇兑收益或损失，不能在合并财务报表中全额抵销的，企业可以在合并财务报表层面将该货币性项目的外汇风险指定为被套期项目。

（3）企业集团内部极可能发生的预期交易，按照进行此项交易的主体的记账本位币以外的货币标价，且相关的外汇风险将影响合并损益的，企业可以在合并财务报表层面将该外汇风险指定为被套期项目。

（三）运用套期会计的条件

公允价值套期、现金流量套期或境外经营净投资套期同时满足下列条件的，才能运用套期会计准则规定的套期会计方法进行处理：

1. 套期关系仅由符合条件的套期工具和被套期项目组成。

2. 在套期开始时，企业正式指定了套期工具和被套期项目，并准备了关于套期关系和企业从事套期的风险管理策略和风险管理目标的书面文件。该文件至少载明了套期工具、被套期项目、被套期风险的性质以及套期有效性评估方法（包括套期无效部分产生的原因分析以及套期比率确定方法）等内容。

3. 套期关系符合套期有效性要求。

关于套期会计运用条件，还有以下几点需要说明：

1. 套期有效性。它是指套期工具的公允价值或现金流量变动能够抵销被套期风险引起的被套期项目公允价值或现金流量变动的程度。套期工具的公允价值或现金流量变动大于或小于被套期项目的公允价值或现金流量变动的部分为套期无效部分。

套期同时满足下列条件的，企业应当认定套期关系符合套期有效性要求：

（1）被套期项目和套期工具之间存在经济关系。该经济关系使得套期工具和被套期项目的价值因面临相同的被套期风险而发生方向相反的变动。

（2）被套期项目和套期工具经济关系产生的价值变动中，信用风险的影响不占主导地位。

（3）套期关系的套期比率，应当等于企业实际套期的被套期项目数量与对其进行套期的套期工具实际数量之比，但不应当反映被套期项目和套期工具相对权重的失衡，这种失衡会导致套期无效，并可能产生与套期会计目标不一致的会计结果。例如，企业确定拟采用的套期比率是为了避免确认现金流量套期的套期无效部分，或是为了创造更多的被套期项目进行公允价值调整以达到增加使用公允价值会计的目的，可能会产生与套期会计目标不一致的会计结果。

2. 套期关系评估。企业应当在套期开始日及以后期间持续地对套期关系是否符合套期有效性要求进行评估,尤其应当分析在套期剩余期限内预期将影响套期关系的套期无效部分产生的原因。企业至少应当在资产负债表日及相关情形发生重大变化将影响套期有效性要求时对套期关系进行评估。

3. 套期关系再平衡。它是指对已经存在的套期关系中被套期项目或套期工具的数量进行调整,以使套期比率重新符合套期有效性要求。基于其他目的对被套期项目或套期工具所指定的数量进行变动,非此处所指套期关系再平衡。

套期关系由于套期比率的原因而不再符合套期有效性要求,但指定该套期关系的风险管理目标没有改变的,企业应当进行套期关系再平衡。

企业在套期关系再平衡时,应当首先确认套期关系调整前的套期无效部分,并更新在套期剩余期限内预期将影响套期关系的套期无效部分产生原因的分析,同时相应更新套期关系的书面文件。

企业指定套期关系所需的步骤如图 10 – 4 所示。

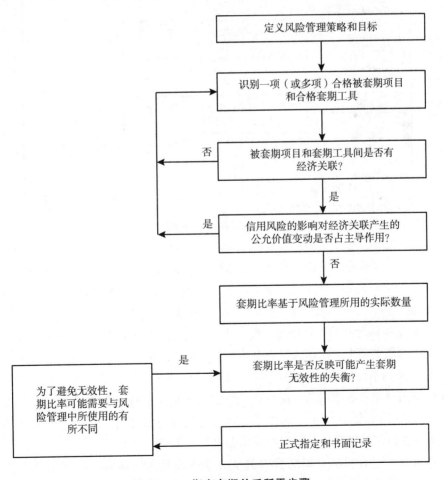

图 10 – 4 指定套期关系所需步骤

套期有效性评价和再平衡如图 10－5 所示。

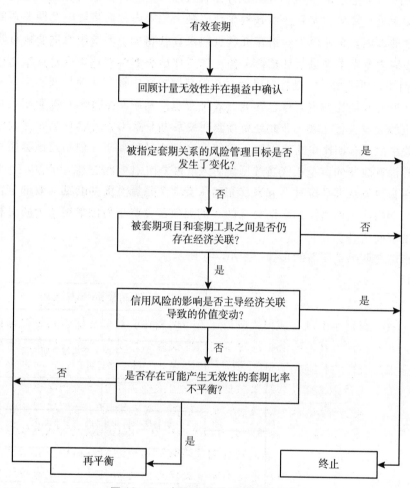

图 10－5　套期有效性评价和再平衡

企业发生下列情形之一的，应当终止运用套期会计：

1. 因风险管理目标发生变化，导致套期关系不再满足风险管理目标。

2. 套期工具已到期、被出售、合同终止或已行使。

3. 被套期项目与套期工具之间不再存在经济关系，或者被套期项目和套期工具经济关系产生的价值变动中，信用风险的影响开始占主导地位。

4. 套期关系不再满足运用套期会计方法的其他条件。在适用套期关系再平衡的情况下，企业应当首先考虑套期关系再平衡，然后评估套期关系是否满足运用套期会计方法的条件。

关于终止运用套期会计，还有以下几点需要说明：

1. 终止套期会计可能会影响套期关系的整体或其中一部分，在仅影响其中一部分时，剩余未受影响的部分仍适用套期会计。

2. 套期关系同时满足下列条件的，企业不得撤销套期关系的指定并由此终止套期关系：

（1）套期关系仍然满足风险管理目标。

（2）套期关系仍然满足运用套期会计方法的其他条件。在适用套期关系再平衡的情况下，企业应当首先考虑套期关系再平衡，然后评估套期关系是否满足运用套期会计方法的条件。

3. 企业发生下列情形之一的，不作为套期工具已到期或合同终止处理：

（1）套期工具展期或被另一项套期工具替换，而且该展期或替换是企业书面文件所载明的风险管理目标的组成部分。

（2）由于法律法规或其他相关规定的要求，套期工具的原交易对手方变更为一个或多个清算交易对手方（例如清算机构或其他主体），以最终达成由同一中央交易对手进行清算的目的。如果存在套期工具其他变更的，该变更应当仅限于达成此类替换交易对手方所必需的变更。

（四）套期的确认和计量

1. 公允价值套期。

公允价值套期满足运用套期会计方法条件的，应当按照下列规定处理：

（1）套期工具产生的利得或损失应当计入当期损益。如果套期工具是对选择以公允价值计量且其变动计入其他综合收益的非交易性权益工具投资（或其组成部分）进行套期的，套期工具产生的利得或损失应当计入其他综合收益。

（2）被套期项目因被套期风险敞口形成的利得或损失应当计入当期损益，同时调整未以公允价值计量的已确认被套期项目的账面价值。被套期项目为按照《企业会计准则第22号——金融工具确认和计量》分类为以公允价值计量且其变动计入其他综合收益的金融资产（或其组成部分）的，其因被套期风险敞口形成的利得或损失应当计入当期损益，其账面价值已经按公允价值计量，不需要调整；被套期项目为企业选择以公允价值计量且其变动计入其他综合收益的权益工具投资（或其组成部分）的，其因被套期风险敞口形成的利得或损失应当计入其他综合收益，其账面价值已经按公允价值计量，不需要调整。

被套期项目为尚未确认的确定承诺（或其组成部分）的，其在套期关系指定后因被套期风险引起的公允价值累计变动额应当确认为一项资产或负债，相关的利得或损失应当计入各相关期间损益。当履行确定承诺而取得资产或承担负债时，应当调整该资产或负债的初始确认金额，以包括已确认的被套期项目的公允价值累计变动额。

需要进一步说明的是，公允价值套期中，被套期项目为以摊余成本计量的金融工具（或其组成部分）的，企业对被套期项目账面价值所做的调整应当按照开始摊销日重新计算的实际利率进行摊销，并计入当期损益。该摊销可以自调整日开始，但不应当晚于对被套期项目终止进行套期利得和损失调整的时点。被套期项目系分类为以公允价值计量且其变动计入其他综合收益的金融资产（或其组成部分）的，企业应当按照相同的方式对累计已确认的套期利得或损失进行摊销，并计入当期损益，但不调整金融资产（或其组成部分）的账面价值。

2. 现金流量套期。

现金流量套期满足运用套期会计方法条件的，应当按照下列规定处理：

（1）套期工具产生的利得或损失中属于套期有效的部分，作为现金流量套期储备，应当计入其他综合收益。现金流量套期储备的金额，应当按照下列两项的绝对额中较低者确定：

①套期工具自套期开始的累计利得或损失；

②被套期项目自套期开始的预计未来现金流量现值的累计变动额。每期计入其他综合收益的现金流量套期储备的金额应当为当期现金流量套期储备的变动额。

（2）套期工具产生的利得或损失中属于套期无效的部分（即扣除计入其他综合收益后的其他利得或损失），应当计入当期损益。

关于现金流量套期会计处理，需要进一步说明以下几点：

第一，现金流量套期储备的金额，应当按照下列规定处理：

（1）被套期项目为预期交易，且该预期交易使企业随后确认一项非金融资产或非金融负债的，或者非金融资产或非金融负债的预期交易形成一项适用于公允价值套期会计的确定承诺时，企业应当将原在其他综合收益中确认的现金流量套期储备金额转出，计入该资产或负债的初始确认金额。

（2）对于不属于以上（1）涉及的现金流量套期，企业应当在被套期的预期现金流量影响损益的相同期间，将原在其他综合收益中确认的现金流量套期储备金额转出，计入当期损益。

（3）如果在其他综合收益中确认的现金流量套期储备金额是一项损失，且该损失全部或部分预计在未来会计期间不能弥补的，企业应当在预计不能弥补时，将预计不能弥补的部分从其他综合收益中转出，计入当期损益。

第二，当企业对现金流量套期终止运用套期会计时，在其他综合收益中确认的累计现金流量套期储备金额，应当按照下列规定进行处理：

（1）被套期的未来现金流量预期仍然会发生的，累计现金流量套期储备的金额应当予以保留，并按照上述"第一"的有关要求进行会计处理。

（2）被套期的未来现金流量预期不再发生的，累计现金流量套期储备的金额应当从其他综合收益中转出，计入当期损益。预期不再极可能发生的被套期的未来现金流量预期仍然会发生的，累计现金流量套期储备的金额应当予以保留，并按照上述"第一"的有关要求进行会计处理。

3. 境外经营净投资套期。

对境外经营净投资的套期，包括对作为净投资的一部分进行会计处理的货币性项目的套期，应当按照类似于现金流量套期会计的规定处理：

（1）套期工具形成的利得或损失中属于套期有效的部分，应当计入其他综合收益。

全部或部分处置境外经营时，上述计入其他综合收益的套期工具利得或损失应当相应转出，计入当期损益。

（2）套期工具形成的利得或损失中属于套期无效的部分，应当计入当期损益。

关于套期保值的确认和计量，还应关注以下几点说明：

第一，企业对套期关系作出再平衡的，应当在调整套期关系之前确定套期关系的套期无效部分，并将相关利得或损失计入当期损益。

套期关系再平衡可能会导致企业增加或减少指定套期关系中被套期项目或套期工具的数量。企业增加了指定的被套期项目或套期工具的，增加部分自指定增加之日起作为套期关系的一部分进行处理；企业减少了指定的被套期项目或套期工具的，减少部分自指定减少之日起不再作为套期关系的一部分，作为套期关系终止处理。

第二，对于被套期项目为风险净敞口的套期，被套期风险影响利润表不同列报项目的，企业应当将相关套期利得或损失单独列报，不应当影响利润表中与被套期项目相关的损益列报项目金额（如营业收入或营业成本）。

对于被套期项目为风险净敞口的公允价值套期，涉及调整被套期各组成项目账面价值的，企业应当对各项资产和负债的账面价值做相应调整。

此外，对于被套期项目为一组项目的公允价值套期，企业在套期关系存续期间，应当针对被套期项目组合中各组成项目，分别确认公允价值变动所引起的相关利得或损失，按照公允价值套期会计处理有关要求计入当期损益或其他综合收益。涉及调整被套期各组成项目账面价值的，企业应当对各项资产和负债的账面价值做相应调整。而对于被套期项目为一组项目的现金流量套期，企业在将其他综合收益中确认的相关现金流量套期储备转出时，应当按照系统、合理的方法将转出金额在被套期各组成项目中分摊，并按照现金流量套期会计处理有关要求进行相应处理。

【例 10-16】2020 年 1 月 1 日，甲公司计划在 12 个月内采购 100 万桶 A 类原油。该公司在现金流量套期中制定一份 105 万桶 B 类原油的期货合约，以对很可能发生的 100 万桶原油的计划采购进行套期（套期比率为 1.05：1）。

2020 年 6 月 30 日，被套期项目的公允价值累计变动为 200 万元，而套期工具的公允价值累计变动为 229 万元。

甲公司对该套期业务的会计处理如下（金额单位为万元，假定不考虑其他因素）：

借：其他综合收益——套期储备 200
　　套期损益 29
　　贷：套期工具——期货合同 229

以上反映套期工具的公允价值变动。

假定甲公司对套期无效性非常敏感，为此考虑对套期关系进行再平衡。甲公司资金业务部分析认为，目前 B 类原油对 A 类原油两者价格的敏感性不如预期，预期今后两种原油的基准价格间的关系会有所不同，经授权将套期比率重新设定为 0.98：1。

为了在 2020 年 6 月 30 日进行再平衡，甲公司可以指定更大的 A 类原油风险敞口或终止指定部分套期工具。综合考虑，甲公司选择了后者，即终止 7 万桶 B 类原油衍生工具的套期会计。

在总计105万桶B类原油的衍生工具中,7万桶不再属于该套期关系,为此,甲公司需要在资产负债表中将7/105(或6.7%)的套期工具重新分类为以公允价值计量且其变动计入当期损益的金融资产;套期书面记录予以相应更新。

甲公司对该再平衡的会计处理如下:

借:套期工具——期货合同   15
    贷:套期工具——交易性金融资产   15

以上反映部分衍生工具(期货合约)不再属于套期关系。

第四节 股权激励

股权激励主要是指上市公司以本公司股票为标的,对激励对象进行的长期性激励。激励对象可以包括上市公司的董事、高级管理人员、核心技术人员或者核心业务人员,以及公司认为应当激励的对公司经营业绩和未来发展有直接影响的其他员工,但不应当包括独立董事和监事。外籍员工任职上市公司董事、高级管理人员、核心技术人员或者核心业务人员的,可以成为激励对象。单独或合计持有上市公司5%以上股份的股东或实际控制人及其配偶、父母、子女,不得成为激励对象;但是,单独或合计持有科创板上市公司5%以上股份的股东或实际控制人及其配偶、父母、子女,作为董事、高级管理人员、核心技术人员或者核心业务人员的,可以成为激励对象。此外,中国证监会认定的某些人员也不得成为激励对象。其中,高级管理人员是指对公司决策、经营、管理负有领导职责的人员,包括经理、副经理、财务负责人(或其他履行上述职责的人员)、董事会秘书和公司章程规定的其他人员。

一、股权激励方式

(一)股票期权

股票期权是指公司授予激励对象在未来一定期限内以预先确定的价格(行权价)和条件购买公司一定数量股票的权利。激励对象有权行使或放弃这种权利,但不得用于转让、担保或者偿还债务。

股票期权的特点是高风险、高回报,适合处于成长初期或扩张期的企业。

(二)限制性股票

限制性股票是指激励对象按照股权激励计划规定的条件,获得的转让等部分权利受到限制的本公司股票。限制性股票在解除限售前不得转让、用于担保或偿还债务。

相比较而言,股票期权是未来收益的权利,所起的主要作用是留住人;而限制性股票是已现实持有的、归属受到限制的收益,往往可以激励人和吸收人。限制性股票适用于成熟型企业或者对资金投入要求不是非常高的企业。

我国上市公司授予激励对象限制性股票,应当在股票激励计划中载明有关事项,如获取股票的业绩条件、禁售期限、授予价格等。

（三）股票增值权

股票增值权是指公司授予激励对象在未来一定时期和约定条件下，获得规定数量的股票价格上升所带来收益的权利。被授权人在约定条件下行权，上市公司按照行权日与授权日二级市场股票差价乘以授权股票数量，发放给被授权人现金。

股票增值权的行权期一般超过激励对象任期，有助于约束激励对象短期行为，适用于现金流量充裕且发展稳定的公司。

我国境外上市公司大多使用股票增值权，激励对象在行权时直接获得当时股价与行权价的价差。激励对象不拥有这些股票的所有权，也不拥有股东表决权、配股权。股票增值权不能转让和用于担保、偿还债务等。

（四）虚拟股票

虚拟股票是指公司授予激励对象一种虚拟的股票，激励对象可以根据被授予虚拟股票的数量参与公司的分红并享受股价升值收益，但没有所有权和表决权，也不能转让和出售，且在离开公司时自动失效。

虚拟股票和股票期权有类似特征和操作方法，但虚拟股票不是实质性的股票认购权，本质上是将奖金延期支付，其资金来源于公司的奖励基金。有些非上市公司选择虚拟股票方式（即假定公司净资产折成若干数量股份）进行股权激励。

（五）业绩股票

业绩股票是指年初确定一个合理的业绩目标和一个科学的绩效评估体系，如果激励对象经过努力后实现了该目标，则公司授予其一定数量的股票或提取一定比例的奖励基金购买股票后授予。

业绩股票的流通变现通常有时间和数量限制。激励对象在以后的若干年内经业绩考核通过后可以获准兑现规定比例的业绩股票；但激励对象未能通过业绩考核或出现有损公司的行为、非正常离职等情况时，其未兑现部分的业绩股票将予以取消。

业绩股票激励模式比较规范，可以将激励对象的业绩与报酬紧密地联系在一起，适合于业绩稳定并持续增长、现金流量充裕的企业。

二、实施股权激励的条件

公司实施股权激励应当符合一定条件。我国证券监管部门、国有资产管理部门、财政部门等对一般的上市公司、科创板上市公司、挂牌公司、国有控股境内和境外上市公司实行股权激励计划的条件作出了相应的规定。

《上市公司股权激励管理办法》规定，上市公司具有下列情形之一的，不得实行股权激励：（1）最近一个会计年度的财务会计报告被注册会计师出具否定意见或者无法表示意见的审计报告；（2）最近一个会计年度的财务报告内部控制被注册会计师出具否定意见或无法表示意见的审计报告；（3）上市后最近36个月内出现过未按法律法规、公司章程、公开承诺进行利润分配的情形；（4）法律法规规定不得实行股权激励的；（5）中国证监会认定的其他情形。

除上述规定外，国有控股上市公司实行股权激励计划还应当具备有关规定的条件，在公司治理结构、发展战略、绩效考核体系、基础管理制度等方面符合要求。

上市公司应当设立激励对象获授权益、行使权益的条件。拟分次授出权益的，应当就每次激励对象获授权益分别设立条件；分期行权的，应当就每次激励对象行使权益分别设立条件。激励对象为董事、高级管理人员的，上市公司应当设立绩效考核指标作为激励对象行使权益的条件。

绩效考核指标应当包括公司业绩指标和激励对象个人绩效指标。相关指标应当客观公开、清晰透明，符合公司的实际情况，有利于促进公司竞争力的提升。上市公司可以以公司历史业绩或同行业可比公司相关指标作为公司业绩指标对照依据，公司选取的业绩指标可以包括净资产收益率、每股收益、每股分红等能够反映股东回报和公司价值创造的综合性指标，以及净利润增长率、主营业务收入增长率等能够反映公司盈利能力和市场价值的成长性指标。以同行业可比公司相关指标作为对照依据的，选取的对照公司不少于 3 家。

上市公司可以同时实行多期股权激励计划。同时实行多期股权激励计划的，各期激励计划设立的公司业绩指标应当保持可比性；后期激励计划的公司业绩指标低于前期激励计划的，上市公司应当充分说明其原因与合理性。

三、股权激励计划的拟订和实施

（一）股权激励计划的拟订

上市公司制定股权激励计划的，应当在股权激励计划中载明以下事项：（1）股权激励的目的。（2）激励对象的确定依据和范围。（3）拟授出的权益数量，拟授出权益涉及的标的股票种类、来源、数量及占上市公司股本总额的百分比；分次授出的，每次拟授出的权益数量、涉及的标的股票数量及占股权激励计划涉及的标的股票总额的百分比、占上市公司股本总额的百分比；设置预留权益的，拟预留权益的数量、涉及标的股票数量及占股权激励计划的标的股票总额的百分比。（4）激励对象为董事、高级管理人员的，其各自可获授的权益数量、占股权激励计划拟授出权益总量的百分比；其他激励对象（各自或者按适当分类）的姓名、职务、可获授的权益数量及占股权激励计划拟授出权益总量的百分比。（5）股权激励计划的有效期，限制性股票的授予日、限售期和解除限售安排，股票期权的授权日、可行权日、行权有效期和行权安排。（6）限制性股票的授予价格或者授予价格的确定方法，股票期权的行权价格或者行权价格的确定方法。（7）激励对象获授权益、行使权益的条件。（8）上市公司授出权益、激励对象行使权益的程序。（9）调整权益数量、标的股票数量、授予价格或者行权价格的方法和程序。（10）股权激励会计处理方法、限制性股票或股票期权公允价值的确定方法、涉及估值模型重要参数取值合理性、实施股权激励应当计提费用及对上市公司经营业绩的影响。（11）股权激励计划的变更、终止。（12）上市公司发生控制权变更、合并、分立以及激励对象发生职务变更、离职、死亡等事项时股权激励计划的执行。（13）上市公司与激励对象之间相关纠纷或争端解决机制。（14）上市公司与激励对象的其他权利义务。

1. 标的股票来源和数量。

上市公司主要采用两种方式解决股权激励股票的来源，即向激励对象发行股份和回购公司自己的股份。上市公司可以回购不超过公司已发行股份总额的 5% 用于奖励公司员工。实际操作上，上市公司可以实行一次批准所需标的股票总额度，以后随着公司向激励对象授予或激励对象行权而分次发行的做法。国有控股上市公司实施股权激励的标的股票来源，可以根据本公司的实际情况，通过向激励对象发行股份、回购本公司在外发行的股份以及法律法规允许的其他方式确定，不得是由单一国有股股东支付或擅自无偿量化国有股权。

股权激励标的股票的数量是股权激励计划中特别需要均衡考虑的因素。如数量过多，对股本影响过大，还可能导致股东权益摊薄；如数量过少，可能难以起到激励作用。对于一般上市公司，全部在有效期内的股权激励计划所涉及的标的股票总数累计不得超过股本总额的 10%。非经股东大会特别决议批准，任何一名激励对象通过全部在有效期内的股权激励计划获授的本公司股票，累计不得超过公司股本总额的 1%。科创板上市公司全部在有效期内的股权激励计划所涉及的标的股票总数，累计不得超过公司股本总额的 20%。此处所称股本总额是指股东大会批准最近一次股权激励计划时公司已发行的股本总额。

除应遵循上市公司规定外，国有控股上市公司首次授权授予数量应控制在上市公司股本总额的 1% 以内。国有控股境内上市公司任何一名激励对象通过全部有效的股权奖励计划获授的本公司股权，累计不得超过公司股本总额的 1%，经股东大会特别决议批准的除外。国有控股境外上市公司在股权激励计划有效期内任何 12 个月期间授予任一人员的股权（包括已行使和未行使的股权）超过上市公司发行总股本的 1% 的，上市公司不再授予其股权。中小市值中央企业（指国资委履行出资人职责的中央企业，本章下同）控股上市公司及科技创新型中央企业控股上市公司，首次实施股权激励计划授予的权益数量占公司股本总额的比重，最高可以由 1% 上浮至 3%。中央企业控股上市公司两个完整年度内累计授予的权益数量一般在公司总股本的 3% 以内，公司重大战略转型等特殊需要的可以适当放宽至总股本的 5% 以内。

对于国有控股境内上市公司的高管人员，股权授予的具体数量应从严把握。在股权激励计划有效期内，授予股权激励的高管人员个人股权激励预期收益水平应控制在薪酬总水平的 30% 以内；授予董事、核心技术人员和管理骨干的股权数量比照高级管理人员的办法确定。对于国有控股境外上市公司这个限制比例为 40%。但是，对于中央企业控股上市公司，董事、高级管理人员的权益授予价值，境内外上市公司统一按照不高于授予时薪酬总水平（含权益授予价值）的 40% 确定，管理、技术和业务骨干等其他激励对象的权益授予价值，由上市公司董事会合理确定。

2. 激励计划的时间要素。

（1）股权激励计划的有效期。

上市公司的股权激励计划的有效期从首次授予日起不得超过 10 年。

上市公司在推出股权激励计划时，可以设置预留权益，预留比例不得超过本次股权激励计划拟授予权益数量的 20%。上市公司应当在股权激励计划经股东大会审议通过后12 个月内明确预留权益的授予对象；超过 12 个月未明确激励对象的，预留权益失效。相关法律、行政法规、部门规章对上市公司董事、高级管理人员买卖本公司股票的期间有限制的，上市公司不得在相关限制期间向激励对象授出限制性股票，激励对象也不得行使权益。

上市公司启动及实施增发新股、并购重组、资产注入、发行可转债、发行公司债券等重大事项期间，可以实行股权激励计划。

激励对象参与股权激励计划的资金来源应当合法合规，不得违反法律、行政法规及中国证监会的相关规定。上市公司不得为激励对象依股权激励计划获取有关权益提供贷款以及其他任何形式的财务资助，包括为其贷款提供担保。

（2）股票期权行权时间限制。

采用股票期权激励方式的，应当设置行权限制和行权有效期，并按设定的时间表分批行权：

行权限制期为股权自授予日（授权日）至可行权日止的期限。行权限制期原则上不得少于两年，在限制期内不可以行权。

行权有效期为股权生效日至股权失效日止的期限，由上市公司根据实际确定，但不得低于 3 年。在行权有效期内原则上采取匀速分批行权办法。超过行权有效期的，其权利自动失效，并不可追溯行使。

授权日是指上市公司向激励对象授予限制性股票、股票期权的日期，且须为交易日。可行权日是指激励对象可以开始行权的日期，且须为交易日。

（3）其他时间要求。

限制性股票授予日与首次解除限售日之间的间隔不得少于 12 个月。

在限制性股票有效期内，上市公司应当规定分期解除限售，每期时限不得少于 12 个月，各期解除限售的比例不得超过激励对象获授限制性股票总额的 50%。

股票期权授权日与获授股票期权首次可行权日之间的间隔不得少于 12 个月。在股票期权有效期内，上市公司应当规定激励对象分期行权，每期时限不得少于 12 个月，后一行权期的起算日不得早于前一行权期的届满日。每期可行权的股票期权比例不得超过激励对象获授股票期权总额的 50%。股票期权各行权期结束后，激励对象未行权的当期股票期权应当终止行权，上市公司应当及时注销。

对于科创板中央企业控股上市公司，以限制性股票方式实施股权激励的，若授予价格低于公平市场价格的 50%，公司应当适当延长限制性股票的禁售期及解锁期，并设置不低于公司近 3 年平均业绩水平或同行业 75 分位值水平的解锁业绩目标条件。

3. 股权授予价格的确定。

上市公司在授予激励对象限制性股票时，应当确定授予价格或授予价格的确定方法。授予价格不得低于股票票面金额，且原则上不得低于下列价格较高者：（1）股权激励计划草案公布前 1 个交易日的公司股票交易均价的 50%；（2）股权激励计划草案公布前 20

个交易日、60 个交易日或者 120 个交易日的公司股票交易均价之一的 50%。上市公司采用其他方法确定限制性股票授予价格的，应当在股权激励计划中对定价依据及定价方式作出说明。对于科创板上市公司，其授予激励对象限制性股票的价格，低于股权激励计划草案公布前 1 个交易日、20 个交易日、60 个交易日或者 120 个交易日公司股票交易均价的 50% 的，应当说明定价依据及定价方式。对于尚未盈利的科创板中央企业控股上市公司实施股权激励的，限制性股票授予价格按照不低于公平市场价格的 60% 确定。

上市公司在授予激励对象股票期权时，应当确定行权价格或者行权价格的确定方法。行权价格不得低于股票票面金额，且原则上不得低于下列价格较高者：（1）股权激励计划草案公布前 1 个交易日的公司股票交易均价；（2）股权激励计划草案公布前 20 个交易日、60 个交易日或者 120 个交易日的公司股票交易均价之一。上市公司采用其他方法确定行权价格的，应当在股权激励计划中对定价依据及定价方式作出说明。

国有控股境内、境外上市公司和中央企业控股上市公司实施股权激励时，确定股权的授予价格或行权价格还应当遵循国有资产管理部门的有关规定。

（二）股权激励计划的实施

上市公司董事会下设的薪酬与考核委员会负责拟订股权激励计划草案。上市公司实行股权激励，董事会应当依法对股权激励计划草案作出决议，拟作为激励对象的董事或与其存在关联关系的董事应当回避表决。董事会应当依规定履行公示、公告程序后，将股权激励计划提交股东大会审议。独立董事及监事会应当就股权激励计划草案是否有利于上市公司的持续发展，是否存在明显损害上市公司及全体股东利益的情形发表意见。独立董事或监事会认为有必要的，可以建议上市公司聘请独立财务顾问，对股权激励计划的可行性、是否有利于上市公司的持续发展、是否损害上市公司利益以及对股东利益的影响发表专业意见。上市公司未按照建议聘请独立财务顾问的，应当就此事项作特别说明。

上市公司应当在召开股东大会前，通过公司网站或者其他途径，在公司内部公示激励对象的姓名和职务，公示期不少于 10 日。监事会应当对股权激励名单进行审核，充分听取公示意见。上市公司应当在股东大会审议股权激励计划前 5 日披露监事会对激励名单审核及公示情况的说明。

上市公司召开股东大会审议股权激励计划时，独立董事应当就股权激励计划向所有的股东征集委托投票权。股东大会应当对股权激励计划内容进行表决，并经出席会议的股东所持表决权的 2/3 以上通过。除上市公司董事、监事、高级管理人员、单独或合计持有上市公司 5% 以上股份的股东以外，其他股东的投票情况应当单独统计并予以披露。

上市公司股东大会审议股权激励计划时，拟为激励对象的股东或者与激励对象存在关联关系的股东，应当回避表决。

上市公司董事会应当根据股东大会决议，负责实施限制性股票的授予、解除限售和回购以及股票期权的授权、行权和注销。上市公司监事会应当对限制性股票授予日及期权授予日激励对象名单进行核实并发表意见。

国有控股境内、境外上市公司和中央企业控股上市公司股权激励计划的实施，还应当遵循国有资产管理部门的有关规定。

四、股份支付的会计处理

股权激励业务的会计处理遵循《企业会计准则第11号——股份支付》的规定。股份支付是指企业为获取职工和其他方提供服务而授予权益工具或者承担以权益工具为基础确定的负债的交易。其中，权益工具仅指企业自身权益工具，包括企业本身、企业的母公司或同集团其他会计主体的权益工具。股份支付的会计处理必须以完整、有效的股份支付协议为基础。

IPO公司大股东若将其持有的拟IPO企业股份以较低价格转让给高管、核心技术人员，或高管、核心技术人员以较低的价格向IPO企业增资，上述两种行为均应视为股权激励，以股份支付进行会计处理。

（一）股份支付的四个主要环节

1. 授予日，是指股份支付协议获得批准的日期。获得批准，是指企业与职工或其他方就股份支付的协议条款和条件已达成一致，该协议获得股东大会或类似机构的批准。达成一致，是指双方在对该计划或协议内容充分形成一致理解的基础上，均接受其条款和条件。如果按照相关法规的规定，在提交股东大会或类似机构之前存在必要程序或要求，则应履行该程序或满足该要求。

2. 可行权日，是指可行权条件得到满足、职工或其他方具有从企业取得权益工具或现金权利的日期。从授予日至可行权日的时段，称为"等待期"或"行权限制期"。

3. 行权日，是指职工和其他方行使权利、获取现金或权益工具的日期。行权是按期权的约定价格实际购买股票，一般是在可行权日之后到期权到期日之前的可选择时段内行权。

4. 出售日，是指股票的持有人将行使期权所取得的期权股票出售的日期。

会计上对授予日、可行权日、行权日、出售日等有特别规定，请注意与相关监管规定结合起来理解。

（二）可行权条件的种类

可行权条件包括服务期限条件和业绩条件。服务期限条件是指职工完成规定服务期间才可行权的条件。业绩条件是指企业达到特定业绩目标职工才可行权的条件，具体包括市场条件和非市场条件。

市场条件是指行权价格、可行权条件以及行权可能性与权益工具的市场价格相关的业绩条件，如股份支付协议中关于股价至少上升至何种水平职工可相应取得多少股份的规定。企业确定权益工具在授予日的公允价值时，应考虑市场条件的影响，而不考虑非市场条件的影响。但市场条件是否得到满足，不影响企业对预计可行权情况的估计。

非市场条件是指除市场条件之外的其他业绩条件，如股份支付协议中关于达到最低盈利目标或销售目标才可行权的规定。企业确定权益工具在授予日的公允价值时，不考虑非市场条件的影响。但非市场条件是否得到满足，影响企业对预计可行权情况的估计。

对于可行权条件为业绩条件的股份支付，只要职工满足了其他所有非市场条件（如利润增长率等），企业就应当确认已取得的服务。

（三）股份支付的确认和计量原则

1. 以权益结算的股份支付。

以权益结算的股份支付，是指企业为获取服务以股份或其他权益工具作为对价进行结算的交易。以权益结算的股份支付最常用的工具是限制性股票和股票期权。

（1）换取职工服务的权益结算的股份支付。

企业应当以股份支付所授予的权益工具的公允价值计量；并在等待期内的每个资产负债表日，以对可行权权益工具数量的最佳估计为基础，按照权益工具在授予日的公允价值，将当期取得的服务计入相关资产成本或当期费用，同时计入资本公积。

对于授予后立即可行权的换取职工提供服务的权益结算的股份支付（例如，授予限制性股票的股份支付），应在授予日按照权益工具的公允价值，将取得的服务计入相关资产成本或当期费用，同时计入资本公积。

（2）换取其他方服务的权益结算的股份支付。

换取其他方服务，是指企业以自身权益工具换取职工以外其他有关方面为企业提供的服务。

企业应当以股份支付所换取服务的公允价值计量。一般而言，职工以外的其他方提供的服务能够可靠计量的，应当优先采用其他方所提供服务在取得日的公允价值；如果其他方服务的公允价值不能可靠计量，但权益工具的公允价值能够可靠计量的，应当按照权益工具在服务取得日的公允价值计量。企业应当根据所确定的公允价值计入相关资产成本或费用。

（3）权益工具公允价值无法可靠确定时的处理。

在授予权益工具的公允价值无法可靠计量的极少数情况下，企业应当在获取对方提供服务的时点、后续的每个报告日以及结算日，以内在价值计量该权益工具，内在价值变动计入当期损益。同时，企业应当以最终可行权或实际行权的权益工具数量为基础，确认取得服务的金额。内在价值是指交易对方有权认购或取得的股份的公允价值，与其按照股份支付协议应当支付的价格间的差额。企业对上述以内在价值计量的已授予权益工具进行结算，应当遵循以下要求：

①结算发生在等待期内的，企业应当将结算作为加速可行权处理，即立即确认本应于剩余等待期内确认的服务金额。

②结算时支付的款项应当作为回购该权益工具处理，即减少所有者权益。结算支付的款项高于该权益工具在回购日内在价值的部分，计入当期损益。

2. 以现金结算的股份支付。

以现金结算的股份支付是指企业为获取服务承担以股份或其他权益工具为基础计算确定的支付现金或其他资产义务的交易。以现金结算的股份支付最常用的工具是虚拟股票和股票增值权。

企业应当在等待期内的每个资产负债表日，以对可行权情况的最佳估计为基础，按照企业承担负债的公允价值，将当期取得的服务计入相关资产成本或当期费用，同时计入负债，并在结算前的每个资产负债表日和结算日对负债的公允价值重新计量，将其变动计入损益。

对于授予后立即可行权的现金结算的股份支付（例如，授予虚拟股票或业绩股票的股份支付），企业应当在授予日按照企业承担负债的公允价值计入相关资产成本或费用，同时计入负债，并在结算前的每个资产负债表日和结算日对负债的公允价值重新计量，将其变动计入损益。

（四）股份支付的具体会计处理

1. 以权益结算的股份支付的会计处理。

（1）除了立即可行权的股份支付外，企业在授予日均不作会计处理。

（2）企业应当在等待期内的每个资产负债表日，以对可行权权益工具数量的最佳估计为基础，按照权益工具在授予日的公允价值，将当期取得的服务计入相关资产成本或当期费用，同时计入资本公积，但不确认其后续公允价值变动的影响。

对于授予的存在活跃市场的期权等权益工具，应当按照活跃市场中的报价确定其公允价值。对于授予的不存在活跃市场的期权等权益工具，应当采用期权定价模型等确定其公允价值。

还需要注意以下几点：①可行权权益工具的数量在可行权日之前是不能准确确定的，是预计的，并且每个资产负债表日均需估计。可行权日最终预计可行权权益工具的数量应与实际可行权权益工具数量一致。②确认各期成本费用，均以权益工具在授予日的公允价值计量，不确认其后续公允价值变动的影响。根据金融工具确认与计量准则，权益工具是不进行重新计量的，这与现金结算的股份支付不同。③可行权日之后不再对已确认的成本费用和所有者权益总额进行调整。

（3）企业应在行权日根据行权情况，确认股本和股本溢价，同时结转等待期内确认的资本公积。

【例10-17】2018年1月1日，A公司为其100名管理人员每人授予1 000份股票期权，一旦达到如下可行权条件之一则可按照每股4元的价格购买1 000股A公司股票：2018年末，公司当年净利润增长率达到20%；2019年末，公司2018～2019年两年净利润平均增长率达到15%；2020年末，公司2018～2020年三年净利润平均增长率达到10%。每份期权在2018年1月1日的公允价值为6元。

2018年12月31日，公司净利润增长了18%，同时有8名管理人员离开，公司预计2019年将以同样速度增长，即2018～2019年两年净利润平均增长率能够达到18%，因此预计2019年12月31日可行权。另外，预计第二年又将有8名管理人员离开公司。

2019年12月31日，公司净利润仅增长了10%，但公司预计2018～2020年净利润平均增长率可达到12%，因此预计2020年12月31日可行权。另外，实际有10名管理人员离开，预计第三年将有12名管理人员离开公司。

2020 年 12 月 31 日，公司净利润增长了 8%，3 年平均增长率为 12%，满足了可行权条件（即 3 年净利润平均增长率达到 10%）。当年有 8 名管理人员离开。

本例中，可行权条件是一项非市场业绩条件。

第一年末，虽然没能实现净利润增长 20% 的要求，但公司预计下年将以同样的速度增长，因此能实现两年平均增长 15%，所以公司将其预计等待期调整为 2 年。由于有 8 名管理人员离开，公司同时调整了期满后预计可行权期权的数量（100 − 8 − 8）。

第二年末，虽然 2 年实现 15% 增长的目标再次落空，但公司仍然估计能够在第三年取得较理想的业绩，从而实现 3 年平均增长 10% 的目标，所以公司将其预计等待期调整为 3 年。由于第二年有 10 名管理人员离开，高于预计数字，因此公司相应调整了第三年离开的人数（100 − 8 − 10 − 12）。

第三年末，目标实现，实际离开人数为 8 人。公司根据实际情况确定累计费用，并据此确认第三年费用和调整额。

计算过程如表 10 − 2 所示。

表 10 − 2　　　　　　　　　　　　A 公司股票期权的计算　　　　　　　　　　　　单位：元

年份	计算	当期费用	累计费用
2018	(100 − 8 − 8) × 1 000 × 6 × 1/2	252 000	252 000
2019	(100 − 8 − 10 − 12) × 1 000 × 6 × 2/3 − 252 000	28 000	280 000
2020	(100 − 8 − 10 − 8) × 1 000 × 6 − 280 000	164 000	444 000

（1）2018 年 1 月 1 日，A 公司在授予日不作账务处理。

（2）2018 年 12 月 31 日、2019 年 12 月 31 日、2020 年 12 月 31 日，A 公司应当根据表 10 − 2 中"当期费用"的计算结果，将当期取得的服务计入管理费用，并同时计入资本公积。

（3）2021 年 1 月 1 日，假定 74 名管理人员全部行权，A 公司的股份面值为 1 元，则 A 公司应当按实际行权的数量确认股本 74 000 元（74 × 1 000 × 1），同时结转等待期内确认的资本公积 444 000 元。A 公司应确认的股本溢价 = 74 × 1 000 × 4 + 444 000 − 74 000 = 666 000（元）。

2. 以现金结算的股份支付的会计处理。

（1）除了立即可行权的股份支付外，企业在授予日不作会计处理。

（2）企业应当在等待期内的每个资产负债表日，以对可行权情况的最佳估计为基础，按照企业承担负债的公允价值，将当期取得的服务计入相关资产成本或当期费用，同时计入负债。

在结算前的每个资产负债表日和结算日对负债的公允价值重新计量，将其变动计入损益。

（3）可行权日之后不再确认成本费用，但是负债公允价值变动应当计入公允价值变动损益。

【例10-18】2016年初，A公司为其200名中层以上职员每人授予100份现金股票增值权，这些职员从2016年1月1日起在该公司连续服务3年，即可按照当时股价的增长幅度获得现金，该增值权应在2020年12月31日之前行使。A公司估计，该增值权在负债结算之前的每一资产负债表日以及结算日的公允价值和可行权后的每份增值权现金支出额如表10-3所示。

表10-3 公允价值及现金支出额 单位：元

年份	公允价值	支付现金
2016	14	
2017	15	
2018	18	16
2019	21	20
2020		25

第一年有20名职员离开A公司，A公司估计3年中还将有15名职员离开；第二年又有10名职员离开公司，公司估计还将有10名职员离开；第三年又有15名职员离开。第三年末，有70人行使股份增值权取得了现金。第四年末，有50人行使了股份增值权。第五年末，剩余35人也行使了股份增值权。

本例中，计算过程如表10-4所示。

表10-4 行权计算过程 单位：元

年份	负债计算（1）	支付现金计算（2）	负债（3）	支付现金（4）	当期费用（5）
2016	(200-35)×100×14×1/3		77 000		77 000
2017	(200-40)×100×15×2/3		160 000		83 000
2018	(200-45-70)×100×18	70×100×16	153 000	112 000	105 000
2019	(200-45-70-50)×100×21	50×100×20	73 500	100 000	20 500
2020	0	35×100×25	0	87 500	14 000
总计				299 500	299 500

注：(1)计算得(3)，(2)计算得(4)；当期(3)-前期(3)+当期(4)=当期(5)。

2016~2018年每年12月31日，A公司应当根据表10-4中"当期费用"的计算结果，将当期取得的服务计入管理费用，并同时确认应付职工薪酬负债。

2019~2020年每年12月31日，A公司应当根据表10-4中"负债"的计算结果，对负债的公允价值重新计量，并将其变动计入当期损益。

3. 回购股份进行职工期权激励。

企业以回购股份形式奖励本企业职工的，属于权益结算的股份支付，应当进行以下处理：

（1）企业回购股份时，应当按照回购股份的全部支出作为库存股处理，同时进行备查登记。

（2）按照权益结算股份支付的规定，企业应当在等待期内每个资产负债表日按照权益工具在授予日的公允价值，将取得的职工服务计入成本费用，同时增加资本公积。

（3）企业应于职工行权购买本企业股份收到价款时，转销交付职工的库存股成本和等待期内资本公积（其他资本公积）累计金额，同时，按照其差额调整资本公积（股本溢价）。

4. 条款和条件的修改。

（1）条款和条件的有利修改。

①如果修改增加了所授予的权益工具的公允价值，企业应按照权益工具公允价值的增加（即修改前后的权益工具在修改日的公允价值之间的差额）相应地确认取得服务的增加。

如果修改发生在等待期内，在确认修改日至修改后的可行权日之间取得服务的公允价值时，应当既包括在剩余原等待期内以原权益工具授予日公允价值为基础确定的服务金额，也包括权益工具公允价值的增加。如果修改发生在可行权日之后，企业应当立即确认权益工具公允价值的增加。如果股份支付协议要求职工只有先完成更长期间的服务才能取得修改后的权益工具，则企业应在整个等待期内确认权益工具公允价值的增加。

②如果修改增加了所授予的权益工具的数量，企业应将增加的权益工具的公允价值相应地确认为取得服务的增加。

如果修改发生在等待期内，在确认修改日至增加的权益工具可行权日之间取得服务的公允价值时，应当既包括在剩余原等待期内以原权益工具授予日公允价值为基础确定的服务金额，也包括增加的权益工具的公允价值。

③如果企业按照有利于职工的方式修改可行权条件，如缩短等待期、变更或取消业绩条件（而非市场条件），企业在处理可行权条件时，应当考虑修改后的可行权条件。

（2）条款和条件的不利修改。

如果企业以减少股份支付公允价值总额的方式或其他不利于职工的方式修改条款和条件，企业仍应继续对取得的服务进行会计处理，如同该变更从未发生，除非企业取消了部分或全部已授予的权益工具。具体情形包括：

①如果修改减少了授予的权益工具的公允价值，企业应当继续以权益工具在授予日的公允价值为基础，确认取得服务的金额，而不应考虑权益工具公允价值的减少。

②如果修改减少了授予的权益工具的数量，企业应当将减少部分作为已授予的权益工具的取消来进行处理。

③如果企业以不利于职工的方式修改了可行权条件，如延长等待期、增加或变更业绩条件（非市场条件），企业在处理可行权条件时，不应考虑修改后的可行权条件。

（3）取消或结算。

如果企业在等待期内取消了所授予的权益工具或结算了所授予的权益工具（因未满足可行权条件而被取消的除外），企业应当：

①将取消或结算作为加速可行权处理，立即确认原本应在剩余等待期内确认的金额。

②在取消或结算时支付给职工的所有款项均应作为权益的回购处理，回购支付的金额高于该权益工具在回购日公允价值的部分，计入当期费用。

③如果向职工授予新的权益工具，并在新权益工具授予日认定所授予的新权益工具是用于替代被取消的权益工具的，企业应以与处理原权益工具条款和条件修改相同的方式，对所授予的替代权益工具进行处理。权益工具公允价值的增加是指在替代权益工具的授予日，替代权益工具公允价值与被取消的权益工具净公允价值（即其在取消前立即计量的公允价值减去因取消原权益工具而作为权益回购支付给职工的款项）之间的差额。如果企业未将新授予的权益工具认定为替代权益工具，则应将其作为一项新授予的股份支付进行处理。

企业如果回购其职工已可行权的权益工具，应当借记所有者权益，回购支付的金额高于该权益工具在回购日公允价值的部分，计入当期费用。

5. 集团内股份支付的特别考虑。

企业集团（由母公司和其全部子公司构成）内发生的股份支付交易，应当按照以下规定进行会计处理：

（1）结算企业以其本身权益工具结算的，应当将该股份支付交易作为权益结算的股份支付处理；除此之外，应当作为现金结算的股份支付处理。

结算企业是接受服务企业的投资者的，应当按照授予日权益工具的公允价值或应承担负债的公允价值确认为对接受服务企业的长期股权投资，同时确认资本公积（其他资本公积）或负债。

（2）接受服务企业没有结算义务或授予本企业职工的是其本身权益工具的，应当将该股份支付交易作为权益结算的股份支付处理；接受服务企业具有结算义务且授予本企业职工的是企业集团内其他企业权益工具的，应当将该股份支付交易作为现金结算的股份支付处理。

本章思考题

1. 什么是金融工具？金融工具包括哪些主要类型？
2. 在会计上金融资产和金融负债分别如何进行分类的？分类后是否可以进行重分类？
3. 金融资产和金融负债的确认和终止确认分别要满足什么条件？
4. 金融资产和金融负债分别按照什么计量属性进行初始计量？如何进行后续计量？
5. 哪些项目属于金融资产减值的范围？金融资产减值损失应当如何确认和计量？
6. 在会计上对金融负债和权益工具的区分原则是什么？

7. 什么是金融资产转移？常见的类型包括哪些？

8. 金融资产转移的会计处理包括哪些不同情形？各情形的判断要点和会计处理要点是什么？

9. 什么是套期保值？套期保值的原则是什么？具体有哪几种方式？

10. 对套期工具、被套期项目的认定需要注意什么？

11. 运用套期会计需要具备哪些条件？

12. 公允价值套期、现金流量套期、境外经营净投资套期在确认和计量方面的原则分别是什么？

13. 什么是股权激励？股权激励的对象包括哪些？

14. 股权激励通常有哪些方式？

15. 股权激励计划应当包括哪些内容？

16. 在会计上股份支付包括哪些主要环节？

17. 以权益结算的股份支付、以现金结算的股份支付的确认和计量原则分别是什么？